경비지도사
최종점검 FINAL 모의고사

2차 [일반경비]

끝까지 책임진다! 시대에듀!
QR코드를 통해 도서 출간 이후 발견된 오류나 개정법령, 변경된 시험 정보, 최신기출문제, 도서 업데이트 자료 등이 있는지 확인해 보세요! 시대에듀 합격 스마트 앱을 통해서도 알려 드리고 있으니 구글 플레이나 앱 스토어에서 다운받아 사용하세요.
또한, 파본 도서인 경우에는 구입하신 곳에서 교환해 드립니다.

편집진행 이재성 · 고광옥 · 백승은 **표지디자인** 박종우 **본문디자인** 윤준하 · 임창규

2025 시대에듀 경비지도사 2차 시험 최종점검 FINAL 모의고사 [일반경비]

Always with you

사람의 인연은 길에서 우연하게 만나거나 함께 살아가는 것만을 의미하지는 않습니다. 책을 펴내는 출판사와 그 책을 읽는 독자의 만남도 소중한 인연입니다. **시대에듀**는 항상 독자의 마음을 헤아리기 위해 노력하고 있습니다. 늘 독자와 함께하겠습니다.

보다 깊이 있는 학습을 원하는 수험생들을 위한
시대에듀의 동영상 강의가 준비되어 있습니다.
www.sdedu.co.kr ➜ 회원가입(로그인) ➜ 강의살펴보기

머리말
PREFACE

"생명과 재산을 지켜주는 수호자! 경비지도사"

현대인들은 자신의 의지와 상관없이 외부로부터 가해지는 각종의 위협에 노출되어 있다. 그러나 국가 경찰력이 각종 범죄의 급격한 증가 추세를 따라잡기에는 현실적으로 한계가 있으며, 이에 국가가 사회의 다변화 및 범죄의 증가에 효과적으로 대응하고 경찰력을 보완할 수 있는 전문인력을 양성하고자 경비지도사 국가자격시험을 시행한 지도 28년이 되었다.

경비지도사는 사람의 신변보호, 국가중요시설의 방호, 시설에 대한 안전업무 등을 담당하는 경비인력을 효율적으로 관리, 감독할 수 있는 전문인력으로서 그 중요성이 나날이 커지고 있으며, 그 수요 역시 꾸준히 증가하고 있지만, 합격인원을 한정하고 있기 때문에 경비지도사를 준비하는 수험생들의 부담감 역시 커지고 있다. 해마다 높아지고 있는 합격점에 대한 부담감을 안고 시험 준비에 어려움을 겪고 있을 수험생들을 위하여 본서를 권하는 바이다.

대부분의 자격시험이 그러하듯, 학습을 시작하는 수험생에게는 기출문제를 통해 출제경향과 난이도 등을 파악하는 것이 가장 기초라 할 수 있다. 그 다음이 학습계획에 따라 이론을 숙지하고 반복된 문제풀이를 통하여 지식을 완전히 습득하는 것이라 할 수 있을 것이다. 경비지도사 시험에는 분명 "출제의 흐름"이 있고, 빈출되는 주제와 문제가 있다. 실전문제와 유사하게 구성한 최종모의고사 10회분은 학습한 내용을 최종적으로 점검하고 실전 적응력을 높일 수 있는 기회를 제공할 것이다.

"2025 시대에듀 경비지도사 2차 시험 최종점검 FINAL 모의고사 [일반경비]"의 특징은 다음과 같다.

1. 최신 개정법령과 최근 기출문제의 출제경향을 완벽하게 반영하여 수록하였다.
2. 문제편과 해설편을 분리하였고, 해설편에는 각 보기에 대응하는 상세해설을 수록하였다.
3. 핵심만 콕과 꼼꼼한 첨삭해설, 필요한 법령을 수록하여 심화학습까지 가능하도록 구성하였다.
4. 최근 5년간의 주제별 출제빈도, 난이도 등을 고려하여 실제 시험과 유사하게 구성하였다.
5. 시험에 자주 출제되는 중요 부분과 핵심내용을 중심으로 문제를 제작하였다.

끝으로 본서가 모든 수험생들에게 합격의 지름길을 제시하는 안내서가 될 것을 확신하면서 본서로 공부하는 모든 수험생들에게 행운이 함께하기를 기원한다.

대표 편저자 씀

STRUCTURES
도서의 구성 및 특징

PART 01 문제편

최종모의고사 10회분, 핵심만 엄선한 적중예상 800제

▶ 실전 테스트 및 반복 학습이 가능하도록 정답 및 해설편과 분리하여 수록하였다.
▶ 최근 5년간의 주제별 출제빈도, 난이도 등을 고려하여 실제 시험과 유사하게 구성하였다.
▶ 시험에 자주 출제되는 중요 부분과 핵심내용을 중심으로 문제를 제작하였다.

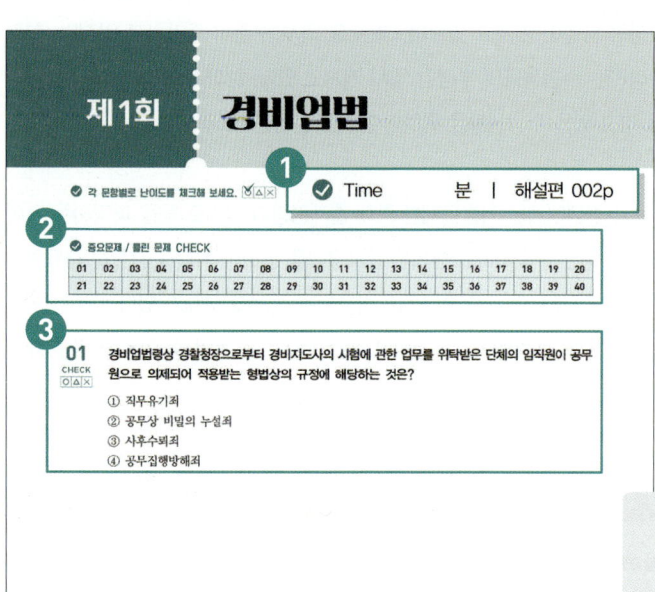

❶ 소요 시간&해당 정답 및 해설 페이지
❷ 중요문제 & 틀린 문제 CHECK
❸ 최종점검 FINAL 모의고사 문제
❹ 난이도 체크 박스

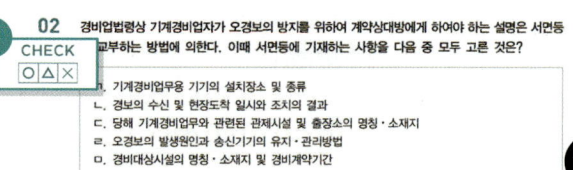

※ 실제 시험장에서 사용되는 답안지와는 규격, 형식, 재질 등이 상이한 연습용 모의 답안지입니다.

PART 02 정답 및 해설편

최종모의고사 10회분의 정답 및 상세해설

▶ 최신 개정법령 및 최근 출제경향을 완벽하게 반영하여 수록하였다.
▶ 꼼꼼하게 학습할 수 있도록 각 보기에 대응하는 상세해설과 정답을 함께 수록하였다.
▶ 자주 출제되는 중요 부분과 핵심내용에 대한 심화학습까지 가능하도록 구성하였다.

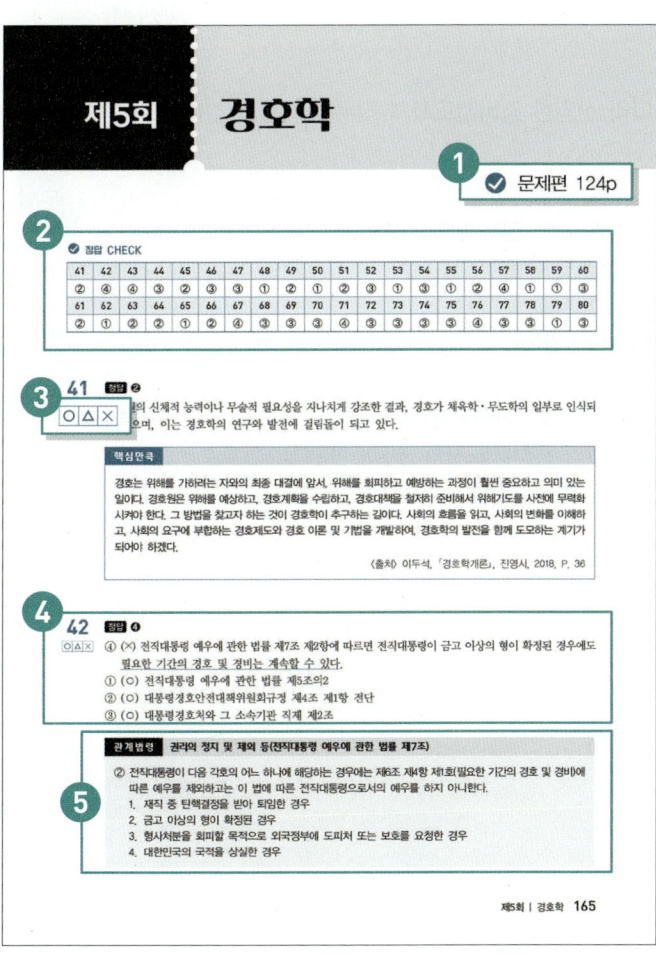

① 해당 문제편 페이지
② 정답 CHECK
③ 난이도 확인 CHECK
④ 정답 및 해설
⑤ 심화학습까지 가능한 핵심만 콕&법령

INTRODUCTION

경비지도사 소개 및 시험안내

➕ 경비지도사란?

경비원을 지도·감독 및 교육하는 자를 말하며, 일반경비지도사와 기계경비지도사로 구분한다.

➕ 주요업무

경비업자가 대통령령이 정하는 바에 따라 선임한 경비지도사의 직무는 다음과 같다(경비업법 제12조 제2항, 동법 시행령 제17조 제1항).

1. 경비원의 지도·감독·교육에 관한 계획의 수립·실시 및 그 기록의 유지
2. 경비현장에 배치된 경비원에 대한 순회점검 및 감독
3. 경찰기관 및 소방기관과의 연락방법에 대한 지도
4. 집단민원현장에 배치된 경비원에 대한 지도·감독
5. 그 밖에 대통령령이 정하는 직무
   [1] 기계경비업무를 위한 기계장치의 운용·감독(기계경비지도사의 경우에 한한다)
   [2] 오경보방지 등을 위한 기기관리의 감독(기계경비지도사의 경우에 한한다)

➕ 응시자격 및 결격사유

응시자격	제한 없음
결격사유	경비업법 제10조 제1항 각호의 1에 해당하는 자

※ 결격사유에 해당하는 자는 시험 합격 여부와 관계없이 시험을 무효처리한다.

2025년 일반·기계경비지도사 시험 일정

회 차	응시원서 접수기간	제1차·제2차 시험 동시 실시	합격자 발표일
27	9.22~9.26/ 11.6~11.7(추가)	11.15 (토)	12.31 (수)

합격기준

구 분	합격기준
제1차 시험	매 과목 100점을 만점으로 하여 매 과목 40점 이상, 전 과목 평균 60점 이상 득점한 자
제2차 시험	• 선발예정인원의 범위 안에서 전 과목 평균 60점 이상을 득점한 자 중에서 고득점순으로 결정 • 동점자로 인하여 선발예정인원이 초과되는 때에는 동점자 모두를 합격자로 결정

※ 제1차 시험 불합격자는 제2차 시험을 무효로 한다.

경비지도사 자격시험

구 분	과목구분	일반경비지도사	기계경비지도사	문항수	시험시간	시험방법
제1차 시험	필 수	1. 법학개론 2. 민간경비론		과목당 40문항 (총 80문항)	80분 (09:30~10:50)	객관식 4지택일형
제2차 시험	필 수	1. 경비업법(청원경찰법 포함)		과목당 40문항 (총 80문항)	80분 (11:30~12:50)	객관식 4지택일형
	선택 (택1)	1. 소방학 2. 범죄학 3. 경호학	1. 기계경비개론 2. 기계경비기획 및 설계			

INTRODUCTION
경비지도사 소개 및 시험안내

일반경비지도사 제2차 시험 검정현황

구 분	대상자	응시자	합격자	합격률
2020년(제22회)	12,578	7,700	791	10.27%
2021년(제23회)	12,418	7,677	659	8.58%
2022년(제24회)	11,919	7,325	573	7.82%
2023년(제25회)	10,325	6,462	574	8.88%
2024년(제26회)	10,102	6,487	873	13.47%

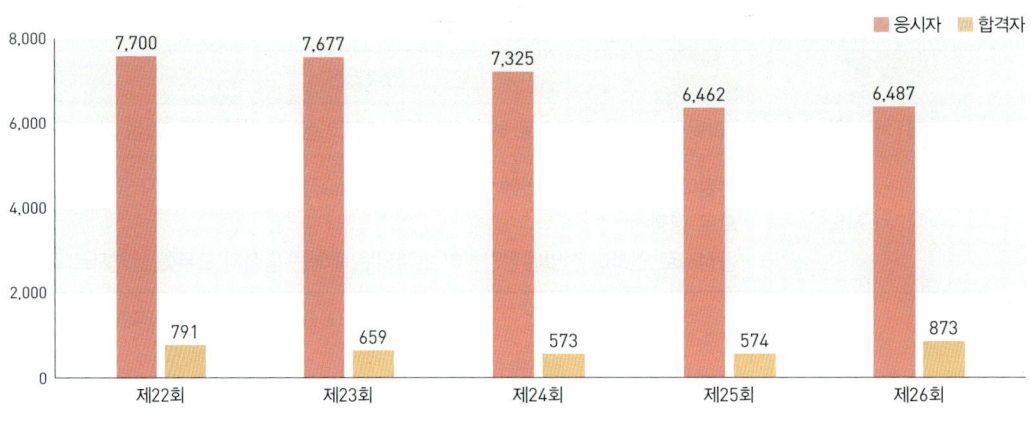

제2차 시험 응시자와 합격자수

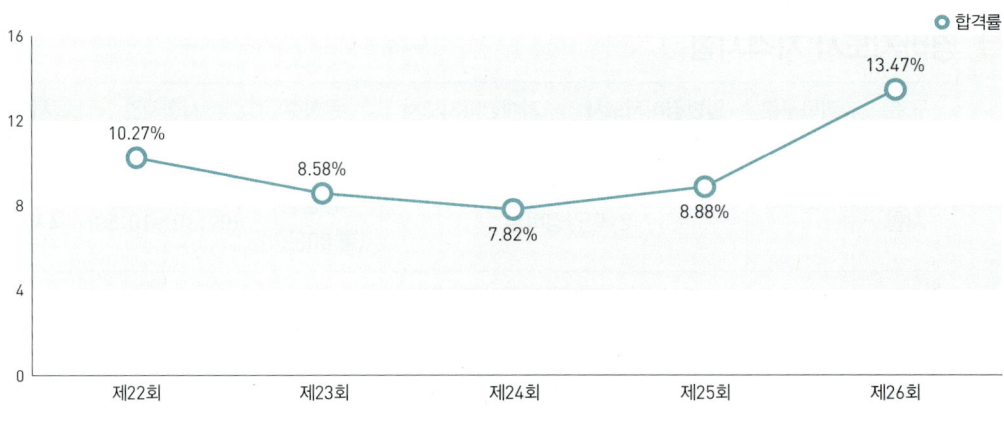

제2차 시험 합격률

REVISED LAW

최신 개정법령 소개

➕ 경비지도사 제2차 시험 관련 법령

본 도서에 반영된 주요 최신 개정법령은 아래와 같다(적색 : 2024년 이후 개정법령).

구 분	법 령	시행일
경비업법	경비업법	2025.10.02
	경비업법 시행령	2025.01.31
	경비업법 시행규칙	2025.01.31
청원경찰법	청원경찰법	2022.11.15
	청원경찰법 시행령	2025.04.22
	청원경찰법 시행규칙	2022.11.10
경호학 관련 법령	대통령 등의 경호에 관한 법률	2025.06.04
	대통령 등의 경호에 관한 법률 시행령	2025.06.04
	대통령경호처와 그 소속기관 직제	2025.05.20
	전직대통령 예우에 관한 법률	2017.09.22
	전직대통령 예우에 관한 법률 시행령	2021.01.05
	대통령경호안전대책위원회규정	2022.11.01
	국민보호와 공공안전을 위한 테러방지법	2024.02.09
	국민보호와 공공안전을 위한 테러방지법 시행령	2022.11.01
	국민보호와 공공안전을 위한 테러방지법 시행규칙	2024.10.17
	국가테러대책위원회 및 테러대책실무위원회 운영규정	2017.08.23
	다자간 정상회의의 경호 및 안전관리 업무에 관한 규정	2014.07.04
	보안업무규정	2021.01.01
	보안업무규정 시행규칙	2022.11.28

※ 경비지도사 자격시험에서 법률 등을 적용하여 정답을 구하여야 하는 문제는 시험 시행일 현재 시행 중인 법률 등을 적용하여 정답을 구하여야 한다.

➕ 개정법령 관련 대처법

❶ 최신 개정사항은 당해 연도 시험에 출제될 확률이 높으므로, 시험 시행일 전까지 최신 개정법령 및 개정사항을 필히 확인해야 한다.

❷ 최신 개정법령은 아래 법제처의 국가법령정보센터 홈페이지 등을 통해 확인이 가능하다.

법제처 국가법령정보센터	www.law.go.kr

❸ 도서 출간 이후의 최신 개정법령 및 개정사항에 대한 도서 업데이트(추록)는 아래의 시대에듀 홈페이지 및 서비스를 통해 제공받을 수 있다.

시대에듀 홈페이지	www.sdedu.co.kr / www.edusd.co.kr
시대에듀 경비지도사 독자지원카페	cafe.naver.com/sdsi

ANALYSIS
최근 5년간 출제경향 분석

➕ 제1과목 경비업법

❖ 경비업법 회당 평균 출제횟수 : 경비지도사 및 경비원(9.8문제), 보칙(4.2문제) 순이다.

출제영역		2020 (제22회)	2021 (제23회)	2022 (제24회)	2023 (제25회)	2024 (제26회)	총계 (문항수)	회별출제 (평균)
제1장	총 칙	–	1	1	1	1	4	0.8
제2장	경비업의 허가 등	3	3	2	3	3	14	2.8
제3장	기계경비업무	1	1	1	1	1	5	1
제4장	경비지도사 및 경비원	10	9	11	9	10	49	9.8
제5장	행정처분 등	4	4	3	4	2	17	3.4
제6장	경비협회	2	1	2	2	2	9	1.8
제7장	보 칙	4	4	4	4	5	21	4.2
제8장	벌 칙	3	4	3	3	3	16	3.2
합계(문항수)		27	27	27	27	27	135	27

⋯▶ 2024년도 경비업법 총평 : 경비업법 개정이 있었으나 경비지도사 · 경비원 교육기관의 업무정지와 관련한 17번 한 문제만 출제되었고, 어렵거나 논란이 될 만한 지문은 없었기 때문에 합격생 기준 만점이 상당히 많을 것으로 예상된다.

❖ 청원경찰법 회당 평균 출제횟수 : 청원경찰의 배치 · 임용 · 교육 · 징계(3.4문제), 청원경찰의 배치장소와 직무(2.6문제) 순이다.

출제영역		2020 (제22회)	2021 (제23회)	2022 (제24회)	2023 (제25회)	2024 (제26회)	총계 (문항수)	회별출제 (평균)
제1장	청원경찰의 배치장소와 직무	1	3	3	3	3	13	2.6
제2장	청원경찰의 배치 · 임용 · 교육 · 징계	4	3	3	3	4	17	3.4
제3장	청원경찰의 경비와 보상금 및 퇴직금	2	2	2	1	2	9	1.8
제4장	청원경찰의 제복착용과 무기휴대 · 비치부책	1	3	2	2	2	10	2
제5장	보칙(감독 · 권한위임 · 면직 및 퇴직 등)	4	1	2	3	1	11	2.2
제6장	벌칙과 과태료	1	1	1	1	1	5	1
합계(문항수)		13	13	13	13	13	65	13

⋯▶ 2024년도 청원경찰법 총평 : 경비업법과 비교하여 학습량이 적다는 점과 빈출 주제별로 반복 출제된다는 점을 고려하면 빈출 주제별 반복 학습 및 암기노트 작성이 가장 효율적인 학습전략이라 판단된다.

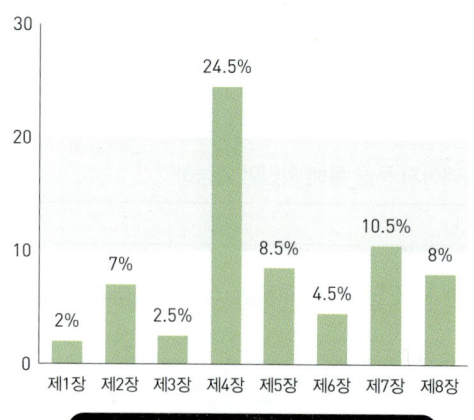

2020~2024년 경비지도사 경비업법 출제경향

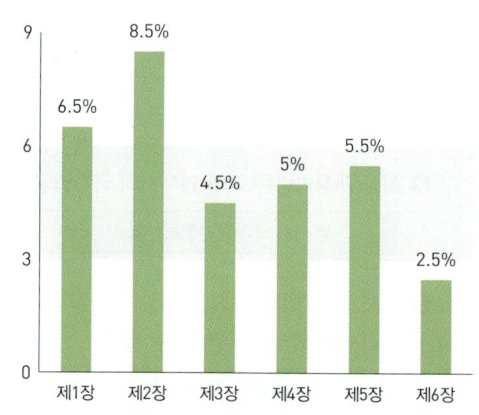

2020~2024년 경비지도사 청원경찰법 출제경향

2024년 제26회 경비업법 주제별 출제 분석

기본서의 목차별로 정리한 2024년 경비업법 과목의 기출주제이다(중복 출제된 주제 있음).

PART	CHAPTER	2024년 제26회 기출주제
PART 1 경비업법	1. 총 칙	용어의 정의(호송경비업무)
	2. 경비업의 허가 등	경비업 허가(경비업자의 신고사항), 경비업 허가 여부 결정을 위한 검토사항, 법인 임원의 결격사유
	3. 기계경비업무	기계경비업자의 관리 서류
	4. 경비지도사 및 경비원	경비지도사·경비원 교육기관의 업무정지처분 대상, 경비지도사의 선임 및 경비지도사의 직무, 경비원의 교육 등, 특수경비원의 의무, 특수경비원의 무기관리, 경비원의 복장 등, 경비원의 장비, 결격사유 확인을 위한 범죄경력조회 요청 시 첨부 서류, 경비원의 배치 허가, 경비원의 명부와 배치허가
	5. 행정처분 등	경비업 허가취소 사유, 경비지도사 자격정지처분 기준
	6. 경비협회	경비협회 일반, 경비협회의 공제사업
	7. 보 칙	경찰청장 등의 지도·감독, 경비업자의 책임(손해배상), 권한의 위임, 경비지도사 시험 응시수수료 반환 기준, 벌칙 적용에서 공무원 의제
	8. 벌 칙	벌칙, 형의 가중처벌, 과태료 최고액
PART 2 청원경찰법	1. 청원경찰의 배치장소와 직무	청원경찰법의 목적, 용어의 정의 등, 청원경찰의 신분 및 직무수행
	2. 청원경찰의 배치·임용·교육·징계	청원경찰의 배치, 청원경찰의 임용, 청원경찰의 징계, 청원경찰의 직무와 표창
	3. 청원경찰의 경비와 보상금 및 퇴직금	청원경찰 보수산정 시의 경력 인정 등, 청원경찰의 보상금과 퇴직금
	4. 청원경찰의 제복착용과 무기휴대·비치부책	무기관리수칙, 문서와 장부의 비치(관할 경찰서장)
	5. 보칙(감독·권한위임·면직 및 퇴직 등)	청원경찰의 감독
	6. 벌칙과 과태료	과태료

ANALYSIS
최근 5년간 출제경향 분석

제2과목 경호학

❖ 경호학 회당 평균 출제횟수 : 경호업무 수행방법(19.2문제), 경호학과 경호(6문제), 경호의 조직(4.8문제) 순이다.

출제영역		2020 (제22회)	2021 (제23회)	2022 (제24회)	2023 (제25회)	2024 (제26회)	총 계 (문항수)	회별출제 (평균)
제1장	경호학과 경호	6	7	6	5	6	30	6
제2장	경호의 조직	5	5	3	5	6	24	4.8
제3장	경호업무 수행방법	20	17	19	21	19	96	19.2
제4장	경호복장과 장비	2	4	3	2	2	13	2.6
제5장	경호의전과 구급법	3	3	4	2	3	15	3
제6장	경호의 환경	4	4	5	5	4	22	4.4
합계(문항수)		40	40	40	40	40	200	40

⋯▶ 2024년도 경호학 총평 : 전체적으로 주요 빈출 주제에서 출제되었고, 합격의 당락을 결정한 문제는 41번, 42번, 70번, 76번이라고 생각된다. 41번과 42번은 경호기관의 시대순을 묻는 문제로 실수 가능성이 높은 문제였고, 우발상황의 특성에 관한 문제(70번)와 응급처치 및 구급법에 관한 문제(76번)는 수험생들의 이의제기가 있었으나 한국산업인력공단은 이를 수용하지 않았다.

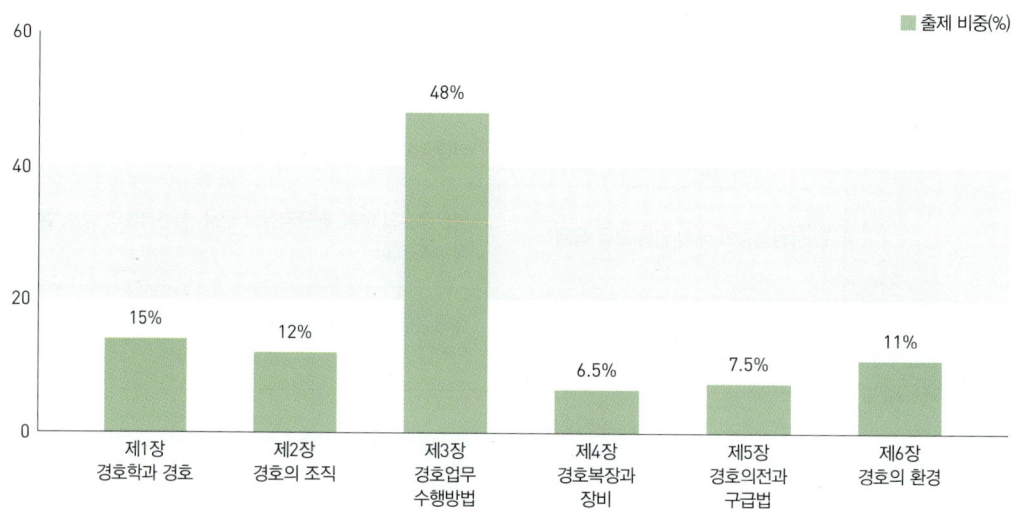

2020~2024년 경비지도사 경호학 출제경향

2024년 제26회 경호학 주제별 출제 분석

기본서의 목차별로 정리한 2024년 경호학 과목의 기출주제이다(중복 출제된 주제 있음).

CHAPTER	POINT	2024년 제26회 기출주제
제1장 경호학과 경호	1. 경호의 정의	–
	2. 경호 및 경비의 분류	경호의 분류
	3. 경호의 법원	경호의 성문법원
	4. 경호의 목적과 원칙	경호의 원칙, 근접경호의 기본원리(주의력효과와 대응효과)
	5. 경호의 발달과정과 배경	구한말 경호조직의 변천, 대한민국의 경호제도
제2장 경호의 조직	1. 경호조직의 의의 및 특성과 구성원칙	경호조직의 특성, 경호조직의 구성원칙
	2. 각국의 경호조직	–
	3. 경호의 주체와 객체	경호의 주체, 경호등급 구분 운영 시 협의 대상, 대통령경호처의 경호대상
제3장 경호업무 수행방법	1. 경호임무의 수행절차	경호작용의 기본 고려요소, 경호임무 수행절차, 경호행사계획 수립 시 고려사항
	2. 사전예방경호(선발경호)	선발경호의 목적, 산발경호의 특성, 사전예방경호(경호안전작용), 안전검측(방에서의 안전검측활동 단계), 검식활동
	3. 근접경호(수행경호)	근접경호의 특성(기만성), 경호원의 활동수칙 등, 근접경호원의 임무원칙, 근접경호 수행방법, 근접도보경호, 차량경호
	4. 출입자 통제대책	출입자 통제, 출입자 통제업무 수행, 출입통제대책
	5. 우발상황(돌발사태) 대응방법	우발상황의 특성, 우발상황 시 근접경호원의 대응
제4장 경호복장과 장비	1. 경호원의 복장과 장비	경호원의 복제, 경호장비
	2. 경호장비의 유형별 관리	–
제5장 경호의전과 구급법	1. 경호원의 자격과 윤리	–
	2. 경호원의 의전과 예절	경호의전(국기게양 등), 탑승 시 경호예절
	3. 응급처치 및 구급법	심폐소생술 및 자동심장충격(AED) 사용방법
제6장 경호의 환경	1. 경호의 환경요인	경호 환경요인
	2. 암 살	–
	3. 테 러	국민보호와 공공안전을 위한 테러방지법, 테러사건대책본부 설치·운영 주체, 테러단체 구성원의 처벌

PROCESS
시험접수부터 자격증 취득까지

1. 응시자격조건

- 경비업법 제10조 제1항의 결격사유에 해당하지 않는 어느 누구나 응시할 수 있습니다.
- 결격사유 기준일은 원서접수 마감일이며, 해당자는 시험합격 여부와 상관없이 시험을 무효처리합니다.

2. 필기원서접수

※ 인터넷 원서 접수 사이트 : q-net.or.kr

8. 자격증 발급

- 경비지도사 기본교육 종료 후 교육 기관에서 일괄 자격증 신청
- 경찰청에서 교육 사항 점검 후, 20일 이내 해당 주소지로 우편 발송

7. 경비지도사 기본교육

CONTENTS

이 책의 차례

PART 1 | 문제편

제1과목 경비업법

제 1 회 최종점검 FINAL 모의고사	4
제 2 회 최종점검 FINAL 모의고사	31
제 3 회 최종점검 FINAL 모의고사	57
제 4 회 최종점검 FINAL 모의고사	85
제 5 회 최종점검 FINAL 모의고사	112
제 6 회 최종점검 FINAL 모의고사	136
제 7 회 최종점검 FINAL 모의고사	161
제 8 회 최종점검 FINAL 모의고사	189
제 9 회 최종점검 FINAL 모의고사	214
제10회 최종점검 FINAL 모의고사	240

제2과목 경호학

제 1 회 최종점검 FINAL 모의고사	18
제 2 회 최종점검 FINAL 모의고사	44
제 3 회 최종점검 FINAL 모의고사	72
제 4 회 최종점검 FINAL 모의고사	99
제 5 회 최종점검 FINAL 모의고사	124
제 6 회 최종점검 FINAL 모의고사	149
제 7 회 최종점검 FINAL 모의고사	176
제 8 회 최종점검 FINAL 모의고사	202
제 9 회 최종점검 FINAL 모의고사	228
제10회 최종점검 FINAL 모의고사	255

PART 2 | 정답 및 해설편

제1과목 경비업법

제 1 회 최종점검 FINAL 모의고사 정답 및 해설	2
제 2 회 최종점검 FINAL 모의고사 정답 및 해설	36
제 3 회 최종점검 FINAL 모의고사 정답 및 해설	76
제 4 회 최종점검 FINAL 모의고사 정답 및 해설	112
제 5 회 최종점검 FINAL 모의고사 정답 및 해설	145
제 6 회 최종점검 FINAL 모의고사 정답 및 해설	181
제 7 회 최종점검 FINAL 모의고사 정답 및 해설	216
제 8 회 최종점검 FINAL 모의고사 정답 및 해설	252
제 9 회 최종점검 FINAL 모의고사 정답 및 해설	289
제10회 최종점검 FINAL 모의고사 정답 및 해설	323

제2과목 경호학

제 1 회 최종점검 FINAL 모의고사 정답 및 해설	19
제 2 회 최종점검 FINAL 모의고사 정답 및 해설	56
제 3 회 최종점검 FINAL 모의고사 정답 및 해설	94
제 4 회 최종점검 FINAL 모의고사 정답 및 해설	129
제 5 회 최종점검 FINAL 모의고사 정답 및 해설	165
제 6 회 최종점검 FINAL 모의고사 정답 및 해설	200
제 7 회 최종점검 FINAL 모의고사 정답 및 해설	233
제 8 회 최종점검 FINAL 모의고사 정답 및 해설	269
제 9 회 최종점검 FINAL 모의고사 정답 및 해설	309
제10회 최종점검 FINAL 모의고사 정답 및 해설	342

P/A/R/T/1

문제편

최종모의고사 10회분

제1회	최종점검 FINAL 모의고사
제2회	최종점검 FINAL 모의고사
제3회	최종점검 FINAL 모의고사
제4회	최종점검 FINAL 모의고사
제5회	최종점검 FINAL 모의고사
제6회	최종점검 FINAL 모의고사
제7회	최종점검 FINAL 모의고사
제8회	최종점검 FINAL 모의고사
제9회	최종점검 FINAL 모의고사
제10회	최종점검 FINAL 모의고사

2025

경비지도사 제2차 시험 최종모의고사

❶ 경비업법
❷ 경호학

2025년도 제27회 경비지도사 2차 국가자격시험

교시	문제형별	시험시간	시험과목
1교시	A	80분	❶ 경비업법 ❷ 경호학

수험번호		성 명	

【수험자 유의사항】

1. **시험문제지 표지**와 시험문제지 내 **문제형별**의 **동일여부** 및 시험문제지의 **총면수, 문제번호 일련순서, 인쇄상태** 등을 확인하시고, 문제지 표지에 수험번호와 성명을 기재하시기 바랍니다.

2. 답은 각 문제마다 요구하는 **가장 적합하거나 가까운 답 1개**만 선택하고, 답안카드 작성 시 시험문제지 **형별누락, 마킹착오**로 인한 불이익은 전적으로 **수험자에게 책임**이 있음을 알려드립니다.

3. 답안카드는 국가전문자격 공통 표준형으로 문제번호가 1번부터 125번까지 인쇄되어 있습니다. 답안 마킹 시에는 반드시 **시험문제지의 문제번호와 동일한 번호**에 마킹하여야 합니다.

4. **감독위원의 지시에 불응하거나 시험시간 종료 후 답안카드를 제출하지 않을 경우** 불이익이 발생할 수 있음을 알려 드립니다.

5. 시험문제지는 시험 종료 후 가져가시기 바랍니다.

안내사항

1. 수험자는 QR코드를 통해 가답안을 확인하시기 바랍니다.
   (※ 사전 설문조사 필수)
2. 시험 합격자에게 '합격축하 SMS(알림톡) 알림 서비스'를 제공하고 있습니다.

- 수험자 여러분의 합격을 기원합니다 -

제1회 경비업법

중요문제 / 틀린 문제 CHECK

| 01 | 02 | 03 | 04 | 05 | 06 | 07 | 08 | 09 | 10 | 11 | 12 | 13 | 14 | 15 | 16 | 17 | 18 | 19 | 20 |
| 21 | 22 | 23 | 24 | 25 | 26 | 27 | 28 | 29 | 30 | 31 | 32 | 33 | 34 | 35 | 36 | 37 | 38 | 39 | 40 |

01 경비업법령상 경찰청장으로부터 경비지도사의 시험에 관한 업무를 위탁받은 단체의 임직원이 공무원으로 의제되어 적용받는 형법상의 규정에 해당하는 것은?

① 직무유기죄
② 공무상 비밀의 누설죄
③ 사후수뢰죄
④ 공무집행방해죄

02 경비업법령상 기계경비업자가 오경보의 방지를 위하여 계약상대방에게 하여야 하는 설명은 서면등을 교부하는 방법에 의한다. 이때 서면등에 기재하는 사항을 다음 중 모두 고른 것은?

> ㄱ. 기계경비업무용 기기의 설치장소 및 종류
> ㄴ. 경보의 수신 및 현장도착 일시와 조치의 결과
> ㄷ. 당해 기계경비업무와 관련된 관제시설 및 출장소의 명칭·소재지
> ㄹ. 오경보의 발생원인과 송신기기의 유지·관리방법
> ㅁ. 경비대상시설의 명칭·소재지 및 경비계약기간

① ㄱ, ㄴ
② ㄱ, ㄷ
③ ㄱ, ㄷ, ㄹ
④ ㄴ, ㄹ, ㅁ

03 경비업법령상 "경비업 허가사항 등의 변경신고서"를 제출할 때 신고인이 첨부해야 할 서류를 모두 연결한 것으로 옳지 않은 것은?

① 명칭 변경 - 허가증 원본
② 대표자 변경 - 법인 대표자의 이력서 1부
③ 주사무소 또는 출장소 변경 - 허가증 원본
④ 정관의 목적 변경 - 법인의 정관 1부

04 경비업법령상 경비협회의 공제사업 등에 관한 설명으로 옳지 않은 것은?

① 경비협회는 공제사업을 하고자 하는 때에는 공제계약의 내용 등 필요한 사항을 정한 공제규정을 제정하여야 한다.
② 행정안전부장관은 가입자의 보호를 위하여 공제사업의 감독에 관한 기준을 정할 수 있다.
③ 경찰청장은 공제규정을 승인하는 경우에는 미리 금융위원회와 협의하여야 한다.
④ 경찰청장은 공제사업에 대하여 금융감독원의 원장에게 검사를 요청할 수 있다.

05 경비업법상 용어에 관한 설명으로 옳지 않은 것은?

① 혼잡·교통유도경비업무란 경비대상시설에서의 도난·화재 그 밖의 혼잡 등으로 인한 위험발생을 방지하는 업무를 말한다.
② 호송경비업무란 운반 중에 있는 현금·유가증권·귀금속·상품 그 밖의 물건에 대하여 도난·화재 등 위험발생을 방지하는 업무를 말한다.
③ 신변보호업무란 사람의 생명이나 신체에 대한 위해의 발생을 방지하고 그 신변을 보호하는 업무를 말한다.
④ 특수경비업무란 공항(항공기를 포함한다) 등 대통령령이 정하는 국가중요시설의 경비 및 도난·화재 그 밖의 위험발생을 방지하는 업무를 말한다.

06 경비업법령상 경비업 허가를 받은 법인이 시·도 경찰청장에게 신고해야 하는 경우가 아닌 것은?

① 영업을 폐업한 때
② 법인의 주사무소나 출장소를 이전한 때
③ 관제시설을 폐지한 때
④ 도급받아 행하고자 하는 경비업무를 변경하는 때

07 경비업법령상 경비지도사 제1차 시험의 면제대상으로 옳은 것은?

① 경찰공무원법에 따른 경찰공무원으로 7년 이상 재직한 사람
② 일반경비원 또는 특수경비원 신임교육을 받은 사람으로서 채용 전 3년 이내에 경비업무에 종사한 경력이 있는 사람
③ 「대통령 등의 경호에 관한 법률」에 따른 경호공무원 또는 별정직공무원으로 근무한 경력이 있는 사람
④ 「군인사법」에 따른 부사관 이상으로 근무한 경력이 있는 사람

08 경비업법령상 행정처분의 일반기준에 관한 설명으로 옳지 않은 것은?

① 행정처분이 영업정지인 경우에는 위반행위의 동기, 내용 및 위반의 정도 등을 고려하여 가중하거나 감경할 수 있다.
② 위반행위의 횟수에 따른 행정처분 기준은 최근 3년간 같은 위반행위로 행정처분을 받은 경우에 적용한다.
③ 위반행위의 횟수에 따른 행정처분 기준 적용일은 위반행위에 대한 행정처분일과 그 처분 후의 위반행위가 다시 적발된 날을 기준으로 한다.
④ 위반행위가 2 이상인 경우로서 2 이상의 처분기준이 동일한 영업정지인 경우에는 중한 처분기준의 2분의 1까지 가중할 수 있으나, 각 처분기준을 합산한 기간을 초과할 수 없다.

09 경기도 수원시에서 경비업을 영위하는 A경비법인은 수원시 소재 B은행의 현금 20억원을 2023년 5월 16일 대전광역시의 B은행으로 운반하는 업무를 담당하게 되었다. 이에 관한 설명으로 옳지 않은 것은?

① 이것은 호송경비에 해당한다.
② 호송경비통지서는 수원경찰서장에게 제출하여야 한다.
③ 호송경비통지서는 전자문서로 된 통지서를 포함한다.
④ 현금수송을 위하여 관할 경찰서의 협조를 얻고자 하는 경우에는 2023년 5월 16일 오전 12시까지 호송경비통지서를 제출하여야 한다.

10 경비업 갱신허가와 관련하여, A 경비법인은 2015년 6월 1일 시설경비 신규허가를 받고, 2016년 4월 1일 기계경비업 추가·변경허가를 얻었으며, 2017년 5월 1일 특수경비업 추가·변경허가를 얻었다. 이 경우 갱신허가된 A 경비법인의 허가 유효기간 만료일은?(단, 허가 유효기간 기산일은 경비업무의 추가·변경허가일로 간주할 것)

① 2020년 5월 31일
② 2021년 3월 31일
③ 2022년 4월 30일
④ 2023년 4월 30일

11 경비업법령상 경찰청장 등의 지도·감독·점검에 관한 사항으로 옳지 않은 것은?

① 시·도 경찰청장은 특수경비업자에 대하여 보안지도·점검을 연 2회 이상 실시하여야 하고, 필요한 경우 관계기관에 보안측정을 요청할 수 있다.
② 관할 경찰관서장은 경비업자가 경비업법을 위반하는 행위를 하는 경우 그 위반행위의 중지를 명할 수 있다.
③ 시·도 경찰청장 또는 관할 경찰관서장은 경비업무 장소가 집단민원현장으로 판단되는 경우에는 그때부터 48시간 이내에 경비업자에게 경비원 배치 허가를 받을 것을 고지하여야 한다.
④ 관할 경찰관서장은 소속 경찰공무원으로 하여금 관할구역 안에 있는 경비업자의 주사무소 및 출장소와 경비원 배치장소에 출입하여 근무상황 및 교육훈련상황 등을 감독하며 필요한 명령을 하게 할 수 있다.

12 다음은 경비업법 시행규칙 제24조의2(집단민원현장에의 일반경비원 배치허가 신청 등) 규정이다. ( ) 안에 들어갈 내용으로 알맞은 것은?

> 집단민원현장에 일반경비원 배치허가를 받은 경비업자가 집단민원현장에 새로운 경비원을 배치하려는 경우에는 새로운 경비원을 배치하기 ( ) 전까지 배치허가 신청서를 관할 경찰관서장에게 제출하여 허가를 받아야 한다.

① 12시간
② 24시간
③ 48시간
④ 72시간

13 경비업법령상 경비협회에 관한 설명으로 옳은 것은?

① 경비협회의 업무에는 경비업자의 손해배상책임 보장이 포함된다.
② 경비지도사는 경비업무의 건전한 발전 등을 위하여 경비협회를 설립할 수 있다.
③ 경비업법에 특별한 규정이 있는 것을 제외하고는 「민법」 중 재단법인에 관한 규정을 준용한다.
④ 경찰청장은 공제규정을 승인하거나 공제사업의 감독에 관한 기준을 정하는 경우 미리 금융위원회와 협의하여야 한다.

14 경비업법령상 경비지도사의 선임 및 경비지도사의 직무에 관한 내용이다. (　)의 ㄱ~ㄷ에 들어가지 않는 숫자는?

- 경비업자는 경비업법령에 의하여 선임·배치된 경비지도사에 결원이 있거나 자격정지 등의 사유로 그 직무를 수행할 수 없는 때에는 (ㄱ)일 이내에 경비지도사를 새로이 충원하여야 한다.
- 기계경비지도사는 기계경비업무를 위한 기계장치의 운용·감독 직무를 월 (ㄴ)회 이상 수행하여야 한다.
- 경비지도사는 경비업법에 따라 경비원에 대한 교육을 실시하고, 행정안전부령으로 정하는 경비원 직무교육 실시대장에 그 내용을 기록하여 (ㄷ)년간 보존하여야 한다.

① 1　　② 2
③ 15　④ 30

15 경비업법령상 다음 중 양벌규정이 적용되는 행위자를 모두 고른 것은?

ㄱ. 법인의 대표자
ㄴ. 개인의 대리인
ㄷ. 사용인
ㄹ. 직계비속

① ㄱ, ㄴ
② ㄴ, ㄷ
③ ㄱ, ㄴ, ㄷ
④ ㄱ, ㄷ, ㄹ

16 경비업법령상 경비업의 허가요건으로 옳은 것을 모두 고른 것은?

ㄱ. 시설경비업무와 특수경비업무를 겸업하고자 하는 경우 자본금은 1억원 이상을 보유하여야 한다.
ㄴ. 호송경비업무의 장비 등의 기준은 호송용 차량 1대 이상, 현금호송백 1개 이상, 기준 경비인력 수 이상의 경비원 복장 및 경적, 단봉, 분사기가 구비되어야 한다.
ㄷ. 기계경비업무의 시설은 기준 경비인력 이상을 동시에 교육할 수 있는 교육장·관제시설이 있어야 한다.
ㄹ. 기계경비업무의 경비인력은 전자·통신 분야 기술자격증소지자 3명을 포함한 일반경비원 10명 이상, 경비지도사 1명 이상이 있어야 한다.
ㅁ. 특수경비업자 외의 자가 특수경비업무를 추가하려는 경우에는 이미 갖추고 있는 자본금을 포함하여 특수경비업무의 자본금 기준에 적합하여야 한다.

① ㄱ, ㄴ, ㄷ
② ㄱ, ㄹ, ㅁ
③ ㄴ, ㄷ, ㄹ
④ ㄴ, ㄷ, ㅁ

17 경비업법령상 허가관청이 경비업 허가를 취소하여야 하는 경우에 해당하지 않는 것은?

① 경비업자가 관할 경찰관서장의 배치폐지명령에 따르지 아니한 때
② 경비업자가 집단민원현장에 일반경비원 명부를 작성·비치하지 아니한 때
③ 경비업자가 영업정지처분을 받고 계속하여 영업을 한 때
④ 경비업자가 정당한 사유 없이 최종 도급계약 종료일의 다음 날부터 2년 이내에 경비 도급실적이 없을 때

18 청원경찰법령상 청원경찰을 배치하고 있는 사업장이 하나의 경찰서의 관할구역에 있는 경우, 시·도 경찰청장이 관할 경찰서장에게 위임하는 권한으로 명시된 것을 모두 고른 것은?

ㄱ. 청원경찰 배치의 결정 및 요청에 관한 권한
ㄴ. 청원경찰의 임용승인에 관한 권한
ㄷ. 청원경찰의 징계처분 요청에 관한 권한
ㄹ. 무기대여 및 휴대에 관한 권한
ㅁ. 과태료 부과·징수에 관한 권한
ㅂ. 청원주에 대한 지도 및 감독상 필요한 명령에 관한 권한
ㅅ. 무기의 관리 및 취급사항을 감독하는 권한

① ㄱ, ㄴ, ㅁ, ㅂ
② ㄱ, ㄴ, ㄹ, ㅁ, ㅂ
③ ㄱ, ㄷ, ㅁ, ㅂ, ㅅ
④ ㄱ, ㄴ, ㄷ, ㄹ, ㅁ, ㅂ, ㅅ

19. 다음 중 청원경찰법령상 무기관리수칙의 내용으로 옳은 것을 모두 고른 것은?

ㄱ. 청원주가 무기와 탄약을 대여받았을 때에는 경찰청장이 정하는 무기·탄약 출납부 및 무기장비 운영카드를 갖춰 두고 기록하여야 한다.
ㄴ. 청원주는 무기와 탄약의 관리를 위하여 관리책임자를 지정하고 시·도 경찰청장에게 그 사실을 통보하여야 한다.
ㄷ. 탄약고는 무기고와 떨어진 곳에 설치하고, 그 위치는 사무실이나 그 밖에 여러 사람을 수용하거나 여러 사람이 오고 가는 시설로부터 격리되어야 한다.
ㄹ. 청원주는 무기와 탄약이 분실되거나 도난당하거나 빼앗기거나 훼손되었을 때에는 관할 경찰서장이 정하는 바에 따라 그 일부를 배상해야 한다. 다만, 전시·사변·천재지변이나 그 밖의 불가항력적인 사유가 있다고 시·도 경찰청장이 인정하였을 때에는 그렇지 않다.
ㅁ. 청원주는 직무상 비위(非違)로 징계대상이 된 사람, 형사사건으로 조사대상이 된 사람 등에 해당하는 청원경찰에게 무기와 탄약을 지급해서는 아니 되며, 지급한 무기와 탄약은 회수하여야 한다.
ㅂ. 청원주로부터 무기와 탄약을 지급받은 청원경찰은 별도의 지시가 없으면 무기와 탄약을 분리하여 휴대하여야 하며, 소총은 "우로 어깨 걸어 총"의 자세를 유지하고, 권총은 "권총집에 넣어 총"의 자세를 유지하여야 한다.

① ㄱ, ㄴ, ㄹ, ㅁ
② ㄱ, ㄷ, ㅁ, ㅂ
③ ㄴ, ㄷ, ㄹ, ㅁ
④ ㄷ, ㄹ, ㅁ, ㅂ

20. 다음 중 경비업법령상 과태료 부과기준에 관한 설명으로 옳지 않은 것은?

① 경비원의 근무상황을 기록하여 보관하지 않은 경우 1회 위반 시 100만원의 과태료가 부과된다.
② 이름표를 부착하게 하지 않거나, 신고된 동일 복장을 착용하게 하지 않고 경비원을 경비업무에 배치한 경우 1회 위반 시 100만원의 과태료가 부과된다.
③ 배치허가를 받지 않고 경비원을 배치하거나, 경비원 명단 및 배치일시·배치장소 등 배치허가 신청의 내용을 거짓으로 한 경우 1차 위반 시 과태료는 1,000만원이다.
④ 위반행위의 횟수에 따른 과태료의 가중된 부과기준은 최근 2년간 같은 위반행위로 과태료 부과처분을 받은 경우에 적용한다. 이 경우 기간의 계산은 위반행위에 대하여 과태료 부과처분을 받은 날과 그 처분 후 다시 같은 위반행위를 하여 적발된 날을 기준으로 한다.

21 다음 중 특수경비업자의 경비업무에 관한 설명으로 옳지 않은 것은?

① 특수경비업무의 개시신고를 하는 때에는 국가중요시설에 대한 특수경비업무의 수행이 중단되는 경우 시설주의 동의를 얻어 다른 특수경비업자 중에서 경비업무를 대행할 자(경비대행업자)를 지정하여 허가관청에 신고하여야 한다.
② 특수경비업자는 국가중요시설에 대한 특수경비업무를 중단하게 되는 경우에는 미리 이를 경비대행업자에게 통보하여야 하며 경비대행업자는 통보받은 다음 날부터 경비업무를 인수하여야 한다.
③ 특수경비업자는 경비업과 경비장비의 제조·설비·판매업, 네트워크를 활용한 정보산업, 시설물 유지관리업 및 경비원 교육업 등 대통령령이 정하는 경비관련업 외의 영업을 하여서는 아니 된다.
④ 특수경비업자는 특수경비원으로 하여금 배치된 경비구역안에서 관할 경찰서장 및 공항경찰대장 등 국가중요시설의 경비책임자(관할 경찰관서장)와 국가중요시설의 시설주의 감독을 받아 시설을 경비하고 도난·화재 그 밖의 위험의 발생을 방지하는 업무를 수행하게 하여야 한다.

22 경비업법령상 경비지도사자격의 취소와 정지에 관한 설명으로 옳지 않은 것은?

① 경찰청장은 경비지도사가 자격정지 기간 중에 경비지도사로 선임되어 활동한 때에는 1년의 범위 내에서 정지기간을 연장시킬 수 있다.
② 경찰청장은 경비지도사가 허위로 경비지도사자격증을 교부받은 때에는 그 자격을 취소하여야 한다.
③ 경찰청장은 경비지도사가 시·도 경찰청장의 명령을 위반한 때에는 1년의 범위 내에서 그 자격을 정지시킬 수 있다.
④ 경찰청장은 경비지도사의 자격을 정지한 때에는 그 정지기간 동안 경비지도사자격증을 회수하여 보관하여야 한다.

23 다음 중 청원경찰법령상 청원주와 관할 경찰서장이 공통적으로 갖추어 두어야 할 문서와 장부(A)에 해당하는 것과 관할 경찰서장과 시·도 경찰청장이 공통적으로 갖추어 두어야 할 문서와 장부(B)에 해당하는 것이 바르게 연결된 것은?

① A : 청원경찰 명부,   B : 전출입 관계철
② A : 감독 순시부,   B : 배치결정 관계철
③ A : 교육훈련 실시부,   B : 청원경찰 임용승인 관계철
④ A : 무기·탄약 대여대장, B : 징계요구서철

24. 경비업법령상 경비원의 교육에 관한 설명으로 옳은 것은 모두 몇 개인가?

ㄱ. 일반경비원과 특수경비원의 신임교육 모두 교육비 부담 주체는 원칙적으로 경비업자이다.
ㄴ. 일반경비원으로 채용된 사람이 경찰공무원법에 따른 경찰공무원으로 근무한 경력이 있는 사람인 경우에는 그를 신임교육 및 직무교육의 대상에서 제외할 수 있다.
ㄷ. 특수경비원으로 채용된 사람이 군인사법에 의한 부사관 이상의 경력을 가진 사람인 경우에는 그를 신임교육의 대상에서 제외할 수 있다.
ㄹ. 일반경비원과 특수경비원 모두 신임교육은 매 3년마다 정기적으로 실시하여야 한다.
ㅁ. 경비지도사자격이 있는 사람은 일반경비원 신임교육의 대상에서 제외할 수 있다.

① 2개
② 3개
③ 4개
④ 5개

25. 특수경비업자에 대한 내용이다. ( ) 안에 들어갈 말을 순서대로 바르게 연결한 것은?

- 특수경비업자는 첫 업무개시의 신고를 하기 전에 ( )의 비밀취급인가를 받아야 한다.
- ( )은 특수경비업자에게 비밀취급인가를 하고자 하는 때에는 특수경비업자로 하여금 ( )을 거쳐 ( )에게 보안측정을 요청하도록 하여야 한다.

① 시·도 경찰청장 - 시·도 경찰청장 - 경찰청장 - 국가정보원장
② 경찰청장 - 시·도 경찰청장 - 관할 경찰관서장 - 시·도 경찰청장
③ 경찰청장 - 경찰청장 - 관할 경찰관서장 - 시·도 경찰청장
④ 시·도 경찰청장 - 경찰청장 - 관할 경찰관서장 - 국가정보원장

26 다음 중 경비업법령상 벌칙의 형량이 무거운 순서로 나열한 것은?

> ㄱ. 집단민원현장에 20명 이상의 경비인력을 배치하면서 그 경비인력을 직접 고용한 자
> ㄴ. 국가중요시설에 대한 경비업무 수행 중 고의로 국가중요시설의 정상적인 운영을 해치는 장해를 일으킨 특수경비원
> ㄷ. 직무를 수행함에 있어 타인에게 위력을 과시하거나 물리력을 행사하는 등 경비업무의 범위를 벗어난 행위를 한 경비원
> ㄹ. 정당한 사유 없이 무기를 소지하고 배치된 경비구역을 벗어난 특수경비원

① ㄱ - ㄴ - ㄷ - ㄹ
② ㄱ - ㄷ - ㄴ - ㄹ
③ ㄴ - ㄱ - ㄷ - ㄹ
④ ㄴ - ㄱ - ㄹ - ㄷ

27 경비업법령상 경비원이 경비업무 수행 중에 경비업법령에서 정한 장비 외에 흉기 또는 그 밖의 위험한 물건을 휴대하고 죄를 범한 경우, 그 죄에 정한 형의 2분의 1까지 가중처벌되는 형법상의 범죄가 아닌 것은?

① 특수폭행죄(「형법」 제261조)
② 특수협박죄(「형법」 제284조)
③ 특수강요죄(「형법」 제324조 제2항)
④ 특수공갈죄(「형법」 제350조의2)

28 경비업법령상 특수경비원의 직무 및 무기사용에 관한 설명 중 옳지 않은 것은?

① 특수경비원은 국가중요시설에 대한 경비업무 수행 중 국가중요시설의 정상적인 운영을 해치는 장해를 일으켜서는 아니 된다.
② 특수경비원은 정당한 사유 없이 무기를 소지하고 배치된 경비구역을 벗어나서는 아니 된다.
③ 시·도 경찰청장은 무기의 적정한 관리를 위하여 무기를 대여받은 시설주에 대하여 필요한 명령을 발할 수 있다.
④ 시설주로부터 무기의 관리를 위하여 지정받은 책임자는 무기를 직접 지급·회수하여야 한다.

29 청원경찰법령상 근무요령 중 경비구역의 정문이나 그 밖의 지정된 장소에서 경비구역의 내부, 외부 및 출입자의 움직임을 감시하는 근무자(A)와 소내근무에 협조하거나 휴식하면서 불의의 사고에 대비하는 근무자(B)의 연결이 옳은 것은?

	A	B
①	입초근무자	소내근무자
②	입초근무자	대기근무자
③	순찰근무자	대기근무자
④	순찰근무자	소내근무자

30 청원경찰법령상 청원경찰의 교육에 관한 설명으로 옳지 않은 것은?

① 청원주는 청원경찰로 임용된 사람으로 하여금 경비구역에 배치하기 전에 경찰교육기관에서 직무 수행에 필요한 교육을 받게 하여야 하는데, 교육기간·교육과목·수업시간 및 그 밖에 필요한 사항은 행정안전부령으로 정한다.
② 청원경찰의 직무 수행에 필요한 교육기간은 2주로 한다.
③ 청원경찰의 교육에 관하여는 대통령령으로 정한다.
④ 청원경찰에서 퇴직한 사람이 퇴직한 날부터 2년 이내에 청원경찰로 임용되었을 때에는 직무 수행에 필요한 교육을 면제할 수 있다.

31 청원경찰법령상 청원경찰의 복제에 대한 내용이다. 순서대로 정오를 바르게 표시한 것은?

> ㄱ. 제복의 형태·규격 및 재질은 청원주가 결정한다. ……………………………… (   )
> ㄴ. 청원경찰은 교육훈련 중에도 허리띠와 경찰봉을 착용하거나 휴대해야 하나 휘장은 부착하지 아니할 수 있다. ……………………………………………………………………… (   )
> ㄷ. 장구의 형태·규격과 재질은 경찰 장구와 같이 한다. ……………………………… (   )
> ㄹ. 기동모·기동복의 색상은 진한 청색으로 한다. ……………………………………… (   )

① ○ - ○ - ○ - ×
② × - ○ - ○ - ×
③ ○ - × - × - ×
④ ○ - × - ○ - ○

32 청원경찰법령상 청원경찰의 직무 등에 관한 설명으로 옳지 않은 것은?

① 청원경찰은 청원주와 관할 경찰서장의 감독을 받아 그 경비구역만의 경비를 목적으로 필요한 범위에서 「경찰관직무집행법」에 따른 경찰관의 직무를 수행한다.
② 청원경찰은 「경찰관직무집행법」에 따른 직무 외의 수사활동 등 사법경찰관리의 직무를 수행할 수 있다.
③ 청원경찰은 청원주 등이 경비(經費)를 부담할 것을 조건으로 사업장 등의 경비(警備)를 담당하게 하기 위하여 배치하는 경찰이다.
④ 청원경찰이 직무를 수행할 때에 「경찰관직무집행법」 및 같은 법 시행령에 따라 하여야 할 모든 보고는 관할 경찰서장에게 서면으로 보고하기 전에 지체 없이 구두로 보고하고 그 지시에 따라야 한다.

33 경비업법령상 경비원 휴대장비의 구체적인 기준에 관한 설명으로 옳지 않은 것은?

① 경적 - 금속이나 플라스틱 재질의 호루라기
② 안전방패 - 플라스틱 재질의 폭 500mm 이하, 길이 1,000mm 이하의 방패로 경찰공무원이 사용하는 안전방패와 색상 및 디자인이 명확히 구분되어야 함
③ 분사기 - 「경찰관직무집행법」에 따른 분사기
④ 단봉 - 금속(합금 포함)이나 플라스틱 재질의 전장 700mm 이하의 호신용 봉

34 경비업법령상 경비원의 복장, 장비, 출동차량 등에 관한 설명으로 옳지 않은 것은?

① 경비원이 휴대할 수 있는 장비의 종류는 경적·단봉·분사기 등 대통령령으로 정하되, 근무 중에만 이를 휴대할 수 있다.
② 시·도 경찰청장으로부터 복장 변경 등에 대한 시정명령을 받은 경비업자는 이를 이행하여야 하고, 시정명령 이행보고서에 이행사실을 입증할 수 있는 사진 등의 서류를 첨부하여 시정명령을 한 시·도 경찰청장에게 제출하여야 한다.
③ 경비원은 경비업무를 위하여 필요하다고 인정되는 상당한 이유가 있을 때에는 필요한 최소한도에서 경적·단봉·분사기를 사용할 수 있다.
④ 경비업자는 출동차량 등의 도색 및 표지를 경찰차량 및 군차량과 명확히 구별될 수 있게 하여야 한다.

35 청원경찰법령상 ( ) 안에 들어갈 숫자의 합은?

감독자 지정기준(청원경찰법 시행규칙 [별표 4])

근무인원	직급별 지정기준		
	대 장	반 장	조 장
9명까지	-	-	1명
10명 이상 (ㄱ)명 이하	-	1명	2~3명
(ㄴ)명 이상 40명 이하	-	(ㄹ)명	3~4명
41명 이상 60명 이하	1명	2명	6명
61명 이상 120명 이하	(ㄷ)명	4명	12명

① 43
② 44
③ 61
④ 62

36 다음은 청원경찰법령상 징계에 관한 내용이다. ( )의 ㄱ~ㄹ에 들어갈 숫자의 합은?

- 청원경찰의 징계 중 정직(停職)은 (ㄱ)개월 이상 (ㄴ)개월 이하로 하고, 그 기간에 청원경찰의 신분은 보유하나 직무에 종사하지 못하며, 보수의 (ㄴ)분의 (ㄷ)을/를 줄인다. 반면 감봉은 (ㄱ)개월 이상 (ㄴ)개월 이하로 하고, 그 기간에 보수의 (ㄴ)분의 (ㄱ)을/를 줄인다.
- 청원주는 청원경찰 배치결정의 통지를 받았을 때에는 통지를 받은 날부터 (ㄹ)일 이내에 청원경찰에 대한 징계규정을 제정하여 관할 시·도 경찰청장에게 신고하여야 한다.

① 16
② 21
③ 26
④ 31

37 甲은 군 복무를 필하고 청원경찰로 2년간 근무하다가 퇴직하였다. 그 후 다시 청원경찰로 임용되었다면 청원경찰법령상 봉급산정에 있어서 산입되는 경력은?(단, 甲이 배치된 사업장의 취업규칙에 특별한 규정이 없는 것을 전제로 한다)

① 군 복무경력과 청원경찰로 근무한 경력 중 어느 하나만 산입하여야 한다.
② 군 복무경력은 반드시 산입하여야 하고 청원경찰 경력은 산입하지 않아도 된다.
③ 군 복무경력과 청원경찰 경력 모두 산입하여야 한다.
④ 군 복무경력은 산입하지 않아도 되고 청원경찰 경력은 산입하여야 한다.

38 청원경찰법령상 청원경찰의 임용에 관한 설명으로 옳은 것은?

① 청원경찰은 관할 경찰서장이 임용한다.
② 청원경찰의 임용자격에 관하여는 행정안전부령으로 정한다.
③ 청원주는 청원경찰 배치 결정의 통지를 받은 날부터 30일 이내에 배치 결정된 인원수의 임용예정자에 대하여 청원경찰 임용승인을 시·도 경찰청장에게 신청하여야 한다.
④ 청원주가 청원경찰을 임용하였을 때에는 임용한 날부터 30일 이내에 그 임용사항을 관할 경찰서장을 거쳐 시·도 경찰청장에게 보고하여야 한다.

39 다음 중 청원경찰법령상 500만원 이하의 과태료를 부과하는 대상이 아닌 자를 모두 고른 것은?

ㄱ. 시·도 경찰청장의 배치 결정을 받지 아니하고 청원경찰을 배치한 자
ㄴ. 정당한 사유 없이 경찰청장이 고시한 최저부담기준액 이상의 보수를 지급하지 아니한 자
ㄷ. 청원경찰로서 직무를 수행할 때 직권을 남용하여 국민에게 해를 끼친 자
ㄹ. 파업, 태업 또는 그 밖에 업무의 정상적인 운영을 방해하는 쟁의행위를 한 자
ㅁ. 시·도 경찰청장의 감독상 필요한 명령을 정당한 사유 없이 이행하지 아니한 자

① ㄱ, ㄴ
② ㄴ, ㄷ
③ ㄷ, ㄹ
④ ㄹ, ㅁ

40 청원경찰법령상 청원경찰에게 지급하는 대여품에 해당하는 것은?

① 기동복
② 가슴표장
③ 호루라기
④ 정 모

제1회 경호학

41 경호활동의 원칙에 관한 설명으로 옳지 않은 것은?

① 하나의 통제된 지점을 통한 접근의 원칙이란 경호대상자에게 접근할 수 있는 출입구나 통로는 하나만 필요하고, 통제된 출입구나 통로라도 접근자는 경호원에게 허가 절차 등을 거쳐야 한다는 것이다.
② 3중 경호의 원칙이란 경호대상자가 위치한 집무실이나 행사장으로부터 내부, 내곽, 외곽으로 구분하여 경호 행동반경을 거리개념으로 설명한 것이다.
③ 은밀경호의 원칙이란 경호대상자의 활동에 방해를 주지 않고 타인의 눈에 잘 띄지 않게 활동하여야 한다는 것이다.
④ 방어경호의 원칙이란 경호대상자를 암살자 또는 위해기도자로부터 가능한 한 멀리 떼어놓아야 하며, 경호대상자의 행사장소는 일반 대중에게 알려지지 않도록 해야 한다는 것이다.

42 경호의 분류에 관한 설명으로 옳지 않은 것은?

① 약식경호는 출·퇴근 시 일상적으로 실시하는 경호이다.
② 경호의 성격에 의한 분류에 따라 1(A)급 경호, 2(B)급 경호, 3(C)급 경호로 분류된다.
③ 행사장경호는 경호대상자가 참석하거나 주관하는 행사에서의 경호업무를 말한다.
④ 비공식경호는 비공식행사 시 사전에 통보나 협의 없이 이루어지는 경호이다.

43 우리나라 경호제도의 역사적 변천에 관한 설명으로 옳지 않은 것은?

① 고구려의 경호기관으로 볼 수 있는 대모달은 왕권강화를 위하여 수도의 방위(궁성경비)를 담당하고 중앙군을 지휘하였다.
② 백제의 경호기관으로 볼 수 있는 5부(部)·5방(方)은 궁성 경비 및 도성 수비를 담당하였다. 또한 6좌평 중 위사좌평은 오늘날의 경호처장에 해당하고 병관좌평은 오늘날의 국방부장관에 해당한다.
③ 신라의 경호기관인 시위부는 궁성의 숙위와 왕 및 왕실세력 행차 시 호위하는 것이 주된 임무였으며, 시위부 소속의 금군은 모반·반란 등을 평정하고 진압하는 임무를 수행하였다.
④ 고려시대의 순마소는 왕명출납과 왕궁숙위를 담당하여 우리나라 최초의 전문 공경호기관으로 평가된다.

44 경호정보작용에 관한 설명으로 옳은 것을 모두 고른 것은?

ㄱ. 경호정보작용은 경호활동의 원천적 사전지식을 생산·제공하는 작용이다.
ㄴ. 경호정보작용의 3대 요건은 정확성, 적시성, 완전성이다.
ㄷ. 경호정보작용은 경호안전작용, 경호보안작용, 안전대책작용으로 나눌 수 있다.
ㄹ. 경호정보작용에서는 경호와 관련된 기본적 정보, 기획정보, 분석정보, 판단정보, 예고정보 등을 작성하고 경호지휘소로 집결하여 전파한다.
ㅁ. 경호정보작용은 경호관련 인원, 문서, 시설, 지역, 자재, 통신 등에 대하여 불순분자로부터 완벽한 보호대책을 수립하여 지속적으로 보안을 유지해 나가는 작용을 말한다.

① ㄱ, ㄷ
② ㄴ, ㅁ
③ ㄱ, ㄴ, ㄹ
④ ㄷ, ㄹ, ㅁ

45 경호대형에 관한 설명 중 옳지 않은 것은?

① 1인 경호대형의 경우, 위해 상황이 발생되었을 때 대적을 중심으로 방호한다.
② 2인 경호대형은 경호대상자의 위해수준 및 지명도가 비교적 낮을 때, 위해자의 원거리 저격 가능성은 없으나 기습공격의 가능성이 있을 때 이용된다.
③ 3인 경호대형은 쐐기 대형이라고도 하는데, 대규모 군중 속에서 치명적인 안전구역 확보가 필수적인 때에 이용된다.
④ 5인 경호대형은 경호대상자가 국가원수급 등으로서 지명도가 대단히 높을 때, 위해자의 원거리 저격 가능성이 상존할 때 등에 이용된다.

46 각국의 경호 유관기관에 관한 설명으로 옳지 않은 것은?

① 미국 중앙정보국(CIA) : 국제 테러조직, 적성국 동향에 대한 첩보수집·분석 전파, 외국 국빈방문에 따른 국내 각급 정보기관 조정을 통한 경호정보 제공
② 영국 비밀정보국(SIS) : 내무성 소속으로 MI6으로 불리기도 하며, 국내 경호 관련 정보의 수집·분석·처리 업무 담당
③ 독일 국방보안국(MAD) : 국방성 산하 정보기관으로 군 관련 첩보 및 경호 관련 첩보 제공 임무수행
④ 프랑스 해외안전총국(DGSE) : 국방성 소속으로 해외 정보 수집 및 분석 업무수행

47 경호의전에 관한 설명으로 옳지 않은 것은?

① 정부행사 시 서열 관행상 좌석배치 순서는 대통령 – 국회의장 – 대법원장 – 국무총리 – 헌법재판소장 순이다.
② 공식적인 의전서열을 가지지 않은 사람의 좌석은 당사자의 개인적·사회적 지위 및 연령 등을 고려한다.
③ '문화의 반영(Reflecting Culture) 등 가변성(Variability)'은 의전의 중요한 원칙 중 하나이다.
④ '상대에 대한 존중(Respect)과 배려(Consideration)'는 의전의 중요한 원칙 중 하나이다.

48 각국의 대테러부대에 관한 설명 중 옳은 내용으로 묶은 것은?

ㄱ. 영국의 SAS는 공군소속 대테러 특수부대이며, 세계 최초의 전문화된 특수부대로서 유괴, 폭파, 암살 등의 테러 업무를 전담하고 있다.
ㄴ. Shayetet 13은 이스라엘 해군소속의 대테러부대로 흑해에서 주로 활동하며, 자국 비행기 납치를 예방하고 아랍권 국가의 이스라엘에 대한 테러공격을 방지하는 등의 임무를 수행한다.
ㄷ. 미국의 SWAT은 미국의 경찰 특수기동대로 미국의 각주 경찰서에 위치하여 테러진압활동을 한다.
ㄹ. 독일의 GSG-9은 1972년 뮌헨올림픽에서 검은 9월단 사건을 계기로 창설된 대테러 경찰특공대이다.
ㅁ. 프랑스의 GIGN은 1994년 에어프랑스 항공기 납치사건을 해결하였다.

① ㄱ, ㄴ, ㄷ
② ㄱ, ㄹ, ㅁ
③ ㄴ, ㄷ, ㅁ
④ ㄷ, ㄹ, ㅁ

49 3중 경호에 관한 설명으로 옳지 않은 것은?

① 1선은 안전구역으로 권총 등의 유효사거리를 고려한 건물 내부의 개념으로 설정한다.
② 3선은 소구경 곡사화기의 유효사거리를 고려한 경계구역으로, 경호대상자의 안전에 직접적인 위협은 되지 않으나 행사에 간접적으로 영향을 미칠 수 있는 영향권을 말한다.
③ 경호영향권역을 공간적으로 구분한 3중의 경호막을 통해 구역별로 동등한 경호조치로 위해요소에 대한 중첩확인이 이루어진다.
④ 경호대상자가 위치한 지역에서 가장 근거리부터 엄중한 경호를 취하는 순서를 따져 근접경호, 중간경호, 외곽경호로 나눈다.

50 경호현장의 안전검측활동에 관한 설명으로 옳지 않은 것은?

① 특수시설이나 기술적 조치가 필요한 시설의 검측은 전문가를 초빙하여 검측조에 편성하고 자문을 통해 실시하며, 기술적 분야는 전문가가 직접 안전조치하여 하자가 발생하지 않도록 한다.
② 검측은 적(위해자)의 입장이 아닌 경호원의 입장에서 실시한다.
③ 검측은 기본지식이 없어도 수행할 수 있는 일반검측과 교육을 받은 전문검측담당으로서 행하는 정밀검측이 있다.
④ 검측인원의 책임구역을 명확하게 하며 중복되게 점검이 이루어져야 한다.

51 대한민국의 경호 관련 법제도에 관한 설명으로 옳은 것은?

① 경호대상에 대한 경호업무를 수행할 때에는 관계기관의 책임을 명확하게 하고, 협조를 원활하게 하기 위하여 경호처에 대통령경호안전대책위원회를 둔다.
② 대통령경호처 지원본부장은 경호업무를 효율적으로 수행하기 위해 필요한 경우 관계기관의 장과 협의하여 경호구역에서의 경호업무를 지원하는 인력·시설·장비 등에 관한 사항을 조정할 수 있다.
③ 대통령경호처의 기획관리실장·경호본부장·경비안전본부장 및 지원본부장은 3급 경호공무원으로 보한다.
④ 대통령경호처의 소속기관에 두는 공무원의 직급별 정원은 대통령령으로 정한다.

52 경호작전지휘소(Command Post)와 관련된 설명으로 옳지 않은 것은?

① 경호작전지휘소는 경호정보의 수집과 배포, 경호통신시스템의 관리 및 유지를 위해 설치한다.
② 경호작전지휘소는 행사 간 우발사태 발생 시 근접경호에 대한 즉각 대응체계를 통합지휘한다.
③ 경호작전지휘소 운영은 선발경호활동에 해당한다.
④ 위협평가를 하는 목적은 경호작전지휘소를 통해 행사 성격에 맞는 경호 수준 및 경호작전의 규모를 결정하고 합리적인 경호작전요소를 결정하기 위해서이다.

53 숙소경호에 관한 설명으로 옳지 않은 것은?

① 주야간 경계근무로 경호원의 피로가 누적된다.
② 일반인의 출입이 빈번한 숙소의 특성상 통제가 어렵고 보안을 유지하기 어렵다.
③ 호텔 등 유숙지의 시설물은 경호적 방어 환경이 뛰어나다.
④ 동일한 장소에 경호대상자가 장시간 체류하게 되므로 고정성이 있다.

54 경호의 주체 및 객체에 관한 설명으로 옳지 않은 것은?

① 경호주체는 경호목적을 달성하기 위해 적극적으로 일정한 경호작용을 주도적으로 실시하는 당사자를 말한다.
② 경호객체는 경호임무를 제공받는 경호대상자를 말한다.
③ 퇴임 후 7년이 된 전직대통령과 그 직계존비속은 대통령경호처의 경호대상에 해당한다.
④ 경호대상자가 경호에 협조적인 경우라 하더라도 경호대상자 주위의 안전구역을 해제하여서는 아니 된다.

55 행사장경호에 관한 설명으로 옳지 않은 것은?

① 행사장경호란 경호대상자가 참석하는 행사장 등에 경호요원을 배치하여 경호상 취약지점을 경계하는 안전작용이다.
② 정문 근무자는 행사 주최 측과 협조하여 초청장 발급·비표 패용 여부를 확인한다.
③ 근무자는 국민의례 등에 참석하지 않고 오로지 군중경계에 전념하여야 한다.
④ 행사장경호 시 기동순찰조 운용은 제2선(내곽경비)에서 필요하다.

56 우발상황 대응기법에 관한 설명으로 옳은 것을 모두 고른 것은?

〈보기〉
ㄱ. 경호원의 주의력효과 면에서는 경호원과 군중의 거리가 가까울수록 유리하다.
ㄴ. 위험을 가장 먼저 인지한 경호원은 동료들에게 신속히 전파하여 공조체제를 유지하도록 한다.
ㄷ. 수류탄 혹은 폭발물과 같은 폭발성 화기에 의한 공격에는 방어적 원형 대형을 유지한다.

① ㄱ, ㄴ
② ㄱ, ㄷ
③ ㄴ, ㄷ
④ ㄱ, ㄴ, ㄷ

57 다음 〈보기〉는 경비수단의 주요 원칙에 관한 설명이다. 〈보기〉의 내용과 주요 원칙의 연결이 옳지 않은 것은?

〈보기〉
a. 한정된 경비력을 가지고 최대의 효과를 발휘할 수 있도록 상황과 대상에 따라서 유효적절하게 부대를 배치하여 실력행사를 실행하는 것
b. 경비사태에 있어 실력행사를 함에 있어서 상대방보다 유리한 지점과 위치를 신속하게 확보 유지하는 것
c. 상대방의 기세와 힘이 가장 허약한 시점을 포착하여 그때를 기준으로 하여 집중적인 강력한 실력행사를 감행하는 것
d. 경비사태 발생 시 경비병력이나 군중들을 사고 없이 안전하게 진압해야 한다는 것

〈주요 원칙〉
ㄱ. 균형의 원칙   ㄴ. 위치의 원칙
ㄷ. 적당성의 원칙   ㄹ. 안전의 원칙

① a - ㄱ
② b - ㄴ
③ c - ㄷ
④ d - ㄹ

58 도보이동 간 근접경호에 관한 설명으로 옳지 않은 것은?

① 도보경호는 이동속도가 빠르기 때문에 외부 노출시간이 짧아 위해자가 위해를 가할 기회가 줄어들게 된다.
② 도보이동 속도는 경호대상자의 보폭, 신장 등을 기준으로 정한다.
③ 출입문을 통과할 경우 경호원이 먼저 통과하여 안전을 확인한 후 경호대상자를 통과시킨다.
④ 근접도보대형은 장소와 상황 등 행사장 환경에 따라 유연하게 적용시켜야 한다.

59 제시문이 설명하는 경호·안전 대책기구의 명칭은?

> 대한민국에서 개최되는 다자간 정상회의의 경호 및 안전관리 업무를 효율적으로 수행하기 위하여 대통령 등의 경호에 관한 법률에 따라 설치되는 경호·안전 대책기구

① 경호안전종합본부
② 경호안전통제단
③ 경호안전대책본부
④ 경호처 특별본부

60 차량경호 임무수행에 관한 설명으로 옳지 않은 것은?

① 선도경호차량은 행·환차로를 안내하고, 행사시간에 맞게 주행속도를 조절하며, 전방의 각종 상황에 대한 경계임무를 수행한다.
② 경호대상자 차량 운행 시 차문은 우발상황 시 긴급히 대피하기 위하여 열어 두어야 하며, 도로의 중앙차선을 이용한다.
③ 경호대상자는 가장 먼저 차량의 뒷좌석 오른쪽에 탑승하고 경호책임자의 안내에 따라 가장 마지막에 하차한다.
④ 목적지에 도착하면 경호책임자는 가장 먼저 하차하고 출발 시에는 가장 나중에 승차하며 경호대상자 승·하차 시 차량 문의 개폐와 잠금장치를 통제한다.

61. 출입통제에 관한 설명으로 옳지 않은 것은?

① 출입증은 모든 참가자에게 운용함을 원칙으로 한다.
② 오관에 의한 검색은 지양하고, 문형 금속탐지기와 휴대용 금속탐지기 등 기계에 의한 검색을 실시한다.
③ 경호구역 설정에 따라 각 통제의 범위를 결정한다.
④ 비표 관리는 안전대책 중 인적 위해요소의 배제에 해당한다.

62. 근접경호 임무수행 시 주위경계(사주경계) 방법으로 옳지 않은 것은?

① 전체적으로 보아 주위 사물과 어울리지 않는 부조화에 주의한다.
② 더운 날씨나 추운 날씨에 주변환경과 어울리지 않는 복장을 착용하고, 주위상황과 어울리지 않게 행동하는 사람을 특히 주의 깊게 관찰한다.
③ 인접해 있는 경호원과 경계범위는 중복되지 않게 명확히 구분한다.
④ 위해를 가하려는 자는 심리적으로 대중들 가운데 둘째 열에 위치하는 경우가 많다는 것을 참고한다.

63. 검측요원 甲이 검측을 실시하였다. 옳지 않은 것은?

① 책임구역을 명확히 구분하고 밖에서 안으로, 아래에서 위로, 좌에서 우로 체계적인 안전점검을 실시하였다.
② 통로보다는 양 측면, 아래보다는 높은 곳, 의심나는 곳을 반복해서 실시하였다.
③ 전기제품은 소유자의 민원이 발생하지 않도록 투시장비로만 확인하였다.
④ 위해자의 입장에서 폭발물 설치 가능한 곳을 의심하여 검색하였다.

64. 경호조직의 특성에 관한 설명으로 옳지 않은 것은 모두 몇 개인가?

> ㄱ. 경호조직은 본질적으로 보안성을 높이는 폐쇄적 조직구조로 구성한다.
> ㄴ. 경호조직의 권위는 권력의 힘에 의존하는 데에서 탈피하여 경호의 전문성에서 찾아야 한다.
> ㄷ. 경호조직은 군조직과 같이 명령체계의 하향성과 피라미드형의 조직구조로 이루어진다.
> ㄹ. 과학 기술의 진보와 더불어 거대정부의 양상은 경호기능의 간접적인 대규모화의 계기가 되었다.
> ㅁ. 교통수단의 발달과 인구집중현상·환경보호, 더 나아가 세계공동체를 향한 외교활동 증대로 고도의 유동성을 띠게 되어 경호조직도 그에 대응하여 높은 기동성을 띤 조직으로 변해가고 있다.

① 없음 ② 1개
③ 2개 ④ 3개

65 다음에서 설명하는 경호위기관리단계는?

- 안전활동단계로서 발생가능성이 있는 위해요소에 대비하기 위해 사전에 준비하는 단계이다.
- 정보보안활동, 안전대책활동, 거부작전 등으로 세분화된다.

① 예방단계
② 대비단계
③ 대응단계
④ 평가단계

66 다음 〈보기〉는 경호작용의 기본적인 고려요소에 관한 설명이다. 〈보기〉의 내용과 기본적인 고려요소가 바르게 연결된 것은?

〈보기〉
a. 경호환경을 극복하기 위한 예비 및 우발계획 준비
b. 경호임무는 명확하게 부여하고 각각의 임무형태에 책임 부과
c. 경호경비상황에 관한 보안 유출에 대한 엄격한 통제
d. 대중 앞에서의 노출이나 제반 여건에 의해서 필연적으로 노출을 수반하는 행차의 지속시간과 사전 위해첩보 수집 간 획득된 내재적인 위협을 분석

〈기본적인 고려요소〉
ㄱ. 계획수립
ㄴ. 책임분배
ㄷ. 자원동원
ㄹ. 보안유지

① a - ㄹ
② b - ㄱ
③ c - ㄴ
④ d - ㄷ

67 근접경호의 특성에 관한 설명으로 옳지 않은 것은?

① 노출성 – 행사 일정과 장소 및 시간이 대외적으로 알려진 상태에서 업무를 수행해야 하는 특성이 있다.
② 방벽성 – 외부의 공격으로부터 방벽을 구축해야 하는 특성이 있다.
③ 기만성 – 기도자로 하여금 행사 상황을 오판하도록 실제상황을 은폐하고 허위 상황을 제공하여 행사의 효율성을 높이려는 특성이 있다.
④ 방호 및 대피성 – 비상사태의 발생 시 범인을 대적하여 제압한 후 신속·과감한 행동으로 경호대상자를 방호 및 대피시켜야 한다는 특성이 있다.

68 경호장비의 종류에 관한 설명으로 옳은 것은?

① 경호업무에 있어서 인력부족으로 인한 경호취약점을 보완하는 수단으로써 침입행위를 사전에 알아내는 역할을 하는 장비를 호신장비라고 한다.
② 경호위해요소에 대한 분석과 판단으로 적절한 조치를 강구하여 위해요소를 사전에 제거하는 데 활용되는 장비를 검색장비라고 한다.
③ 경호원이 자신의 생명·신체가 위험상태에 놓였을 때 스스로를 보호하는 장비를 방호장비라고 한다.
④ 방벽을 설치하여 침입하려는 적의 심리상태를 불안·좌절시키는 효과를 가진 장비를 감시장비라고 한다.

69 경호복장에 관한 설명으로 옳지 않은 것은?

① 공식일정, 비공식일정 등 경호상황에 맞는 복장을 착용한다.
② 경호원으로서의 신분이 노출되지 않도록 화려한 복장을 착용한다.
③ 대통령경호처장은 필요하다고 인정하는 경우 대통령경호처 직원에게 제복을 지급할 수 있다.
④ 대통령경호처 직원의 복제에 관하여 필요한 사항은 대통령경호처장이 정한다.

70 대통령경호안전대책위원회규정상 대통령경호안전대책위원회의 위원에 해당하는 자는?

① 국방부 조사본부장
② 문화체육관광부 관광산업정책관
③ 관세청 조사감시국장
④ 외교부 해외안전관리기획관

71 비표 운용에 관한 설명으로 옳지 않은 것은?

① 보안성 강화를 위해 비표의 종류는 적을수록 좋으며, 리본, 명찰, 완장, 모자, 배지 등이 있다.
② 구역별로 다른 색상으로 구분하여 비표를 운용하면 통제가 용이하다.
③ 비표는 식별이 용이하도록 선정하여야 하며, 복잡하게 제작되어야 한다.
④ 비표 분실사고 발생 시에는 즉각 보고하고 전체 비표를 무효화하며, 새로운 비표를 해당자 전원에게 지급해야 한다.

72 다음에서 설명하는 경호조직의 구성원칙은?

> 경호조직이 비록 완벽하고 경호요원의 수가 많다고 하더라도 모든 위해요소를 직접 인지할 수 없을 뿐 아니라 모든 사태에 대응하기가 여의치 못하므로 완벽한 경호를 위해서는 경호조직이 국민 속에 깊이 뿌리를 내려 국민과 결합해야 한다.

① 경호지휘단일성의 원칙
② 경호기관단위작용의 원칙
③ 경호체계통일성의 원칙
④ 경호협력성의 원칙

73 정보보안(정보보호)의 목적 중 "인가를 받은 사용자가 정보나 서비스를 요구할 경우 정보시스템에 대한 접근이 언제든지 가능하도록 보장하는 것"과 관련이 있는 것은?

① 무결성
② 비밀성
③ 가용성
④ 보안성

74 대통령 등의 경호에 관한 법령상 대통령경호처의 경호대상으로 옳지 않은 것은?

① 대통령 당선인과 그의 배우자 및 직계존비속
② 대통령권한대행과 그의 배우자
③ 본인의 의사에 반하지 않는 경우에 한하여 퇴임 후 5년 이내의 전직대통령과 그 배우자
④ 대한민국을 방문하는 외국의 국가원수 또는 행정수반과 그 배우자

75 미국의 대표적인 경호기관인 비밀경호국의 주된 임무가 아닌 것은?

① 백악관 및 외국대사관의 경비
② 범죄예방 및 시위진압업무
③ 대통령 및 요인의 경호
④ 통화위조 수사, 기타 재무법령의 집행

76 경호원의 응급처치 사항으로 옳지 않은 것은 모두 몇 개인가?

> ㄱ. 의약품을 사용하여 처치하는 것이 원칙이다.
> ㄴ. 응급처치의 기본요소에는 상처보호, 지혈, 기도확보, 전문치료이다.
> ㄷ. 두부 손상의 응급조치는 기도를 확보하여 산소를 공급한 후, 뇌손상으로 인해 체온이 떨어지는 경향이 있으므로 보온을 유지한다.
> ㄹ. 심한 출혈 시 출혈 부위를 심장부위보다 낮게 하고 출혈부위에 더러운 것이 묻어 있을 때에는 물로 씻어낸다.
> ㅁ. 환자가 의식이 없을 때, 매스껍거나 토할 때, 배에 상처나 복통, 수술 전, 쇼크 상태에서는 마실 것을 주어서는 안 된다.
> ㅂ. 응급처치를 실시하는 처치원 자신의 안전을 확보한다.

① 1개
② 2개
③ 3개
④ 4개

77 경호의전과 예절에 관한 설명으로 옳지 않은 것은?

① 함정의 경우 승선 시 상급자가 먼저 타고, 하선 시에도 먼저 내린다.
② 에스컬레이터 이용 시 올라갈 때에는 상급자가 먼저 올라가고, 내려올 때에는 하급자가 먼저 내려온다.
③ 항공기 탑승 시 상급자가 나중에 타고 먼저 내린다.
④ 엘리베이터 탑승 시 안내하는 사람이 있을 때에는 상급자가 먼저 타고 나중에 내린다.

78 경호의 환경에 관한 설명으로 옳지 않은 것은?

① 제4차 산업의 발달에 따라 드론을 활용하여 북한이 남한을 위협하는 것은 특수적 환경요인이다.
② 국제 관계와 정세로 인하여 해외에서 우리 국민을 대상으로 한 테러위협이 증가되는 것은 특수적 환경요인이다.
③ 사이버범죄 증가에 따라 경호방법 다변화의 일환으로 「개인정보보호법」은 적용하지 않는다.
④ 개인주의 보편화로 경호작용의 비협조적 경향이 증가하고 있다.

79 국민보호와 공공안전을 위한 테러방지법령상 국가테러대책위원회에 관한 설명으로 옳은 것은?

① 대책위원회는 국무총리 및 관계기관의 장 중 대통령령으로 정하는 사람으로 구성하고 위원장은 국무총리로 한다.
② 대책위원회 회의는 위원장이 필요하다고 인정하거나 대책위원회 위원 3분의 1의 요청이 있는 경우에 위원장이 소집한다.
③ 대책위원회는 재적위원 3분의 2의 출석으로 개의(開議)하고, 출석위원 과반수의 찬성으로 의결한다.
④ 대책위원회의 회의는 공개가 원칙이다.

80 다음은 국민보호와 공공안전을 위한 테러방지법상 테러단체를 구성하거나 구성원으로 가입한 사람의 처벌에 관한 내용이다. (   )에 들어가지 않는 숫자는?

> ㄱ. 수괴(首魁)는 사형·무기 또는 (   )년 이상의 징역
> ㄴ. 테러를 기획하는 등 중요한 역할을 맡은 사람은 무기 또는 (   )년 이상의 징역
> ㄷ. 테러를 지휘하는 등 중요한 역할을 맡은 사람은 무기 또는 (   )년 이상의 징역
> ㄹ. 타국의 외국인테러전투원으로 가입한 사람은 (   )년 이상의 징역

① 3　　　　　　　　　　　② 5
③ 7　　　　　　　　　　　④ 10

제2회 경비업법

01 경비업법령상 규정된 용어에 관한 설명으로 옳지 않은 것은?

① 경비원은 경비업자가 채용한 고용인으로서 일반경비원과 특수경비원으로 구분한다.
② 경비지도사는 경비원을 지도·감독 및 교육하는 자를 말하며 일반경비지도사와 특수경비지도사로 구분한다.
③ 무기라 함은 인명 또는 신체에 위해를 가할 수 있도록 제작된 권총·소총 등을 말한다.
④ 국가중요시설에는 공항·항만, 원자력발전소 등의 시설 중 국가정보원장이 지정하는 국가보안목표시설도 해당된다.

02 경비업을 영위하고자 하는 甲법인의 영업구역이 다수의 경찰서 관할구역에 걸칠 경우 甲법인은 누구의 허가를 받아야 하는가?

① 행정안전부장관
② 경찰청장
③ 주사무소 소재지 관할 시·도 경찰청장
④ 주사무소 소재지 관할 경찰서장

03 경비업법령상 기계경비업자가 오경보의 방지를 위해 계약상대방에게 설명하여야 할 사항으로 옳지 않은 것은?

① 당해 기계경비업무와 관련된 관제시설 및 출장소의 명칭·소재지
② 기계경비업자가 경비대상시설에서 발생한 경보를 수신한 경우에 취하는 조치
③ 기계경비업무용 기기의 설치장소 및 종류와 그 밖의 기계장치의 개요
④ 기계경비지도사의 명단·배치일자·배치장소와 출동차량의 대수

04 다음 중 일반경비원과 특수경비원의 결격사유에 공통으로 해당하는 것을 모두 고른 것은?

ㄱ. 18세 미만인 사람
ㄴ. 60세 이상인 사람
ㄷ. 금고 이상의 형의 집행유예선고를 받고 그 유예기간 중에 있는 자
ㄹ. 금고 이상의 형의 선고유예를 받고 그 유예기간 중에 있는 자
ㅁ. 두 눈의 교정시력이 각각 0.8 미만인 자

① ㄱ, ㄷ
② ㄴ, ㄹ, ㅁ
③ ㄴ, ㄷ, ㄹ, ㅁ
④ ㄱ, ㄴ, ㄷ, ㄹ, ㅁ

05 경비업법령상 경비업무 도급인 등의 의무에 관한 내용이다. ( )의 ㄱ~ㄹ에 들어갈 내용이 잘못된 것은?

누구든지 집단민원현장에 경비인력을 (ㄱ)명 이상 배치하려고 할 때에는 그 경비인력을 직접 고용하여서는 아니 되고, 경비업자에게 경비업무를 (ㄴ)하여야 한다. 다만, (ㄷ) 등이 집단민원현장 발생 (ㄹ)개월 전까지 직접 고용하여 경비업무를 수행하는 피고용인의 경우에는 그러하지 아니하다.

① ㄱ : 20
② ㄴ : 도 급
③ ㄷ : 경비업자
④ ㄹ : 3

06 경비업법령상 경비업 허가신청 등에 관한 설명으로 옳지 않은 것은?

① 경비업 허가신청 시 시설을 갖출 수 없는 경우에는 시설 확보계획서를 제출한 후 허가를 받은 날부터 1월 이내에 법령 규정에 의한 시설을 갖추고 시·도 경찰청장의 확인을 받아야 한다.
② 경비업의 허가를 받은 법인은 기계경비업무 수행을 위한 관제시설을 폐지한 때에는 시·도 경찰청장에게 신고하여야 한다.
③ 경비업 변경허가신청 시 자본금을 갖출 수 없는 경우에는 자본금 확보계획서를 제출한 후 변경허가를 받은 날부터 1월 이내에 자본금을 갖추고 시·도 경찰청장의 확인을 받아야 한다.
④ 경비업자가 허가를 받은 경비업무를 변경하려는 경우에는 변경허가신청서를 법인의 주사무소를 관할하는 시·도 경찰청장 또는 해당 시·도 경찰청 소속의 경찰서장에게 제출하여야 한다.

07 다음 중 경비업법령상 일반경비원 신임교육대상에서 제외할 수 있는 경우가 아닌 것은?

① 경비지도사자격이 있는 사람
② 「군인사법」에 따른 부사관 이상으로 근무한 경력이 있는 사람
③ 채용 당시 일반경비원 신임교육을 받은 지 5년이 지나지 아니한 사람
④ 「대통령 등의 경호에 관한 법률」에 따른 경호공무원 또는 별정직 공무원으로 근무한 경력이 있는 사람

08 경비업법령상 민감정보 및 고유식별정보를 처리할 수 있는 사무가 아닌 것은?

① 시설경비업자에 대한 보안지도·점검 및 보안측정에 관한 사무
② 경비업 허가의 취소에 따른 행정처분에 관한 사무
③ 임원, 경비지도사 및 경비원의 결격사유 확인에 관한 사무
④ 특수경비원의 직무 및 무기사용 등에 관한 사무

09 경비업법령상 경비업 허가사항 등의 변경신고서 제출 시 첨부서류로 허가증 원본을 필요로 하는 경우가 아닌 것을 모두 고른 것은?

> ㄱ. 법인의 명칭 변경
> ㄴ. 법인의 대표자 변경
> ㄷ. 법인의 임원 변경
> ㄹ. 법인의 주사무소 또는 출장소 변경
> ㅁ. 법인 정관의 목적 변경

① ㄱ, ㄷ
② ㄷ, ㅁ
③ ㄱ, ㄴ, ㄷ
④ ㄱ, ㄴ, ㄹ

10 경비업법령상 경비지도사 시험의 시험출제위원의 임명·위촉 등에 관한 내용으로 옳지 않은 것은?

① 경감 이상의 경찰공무원(범죄예방·경비 업무를 담당한 경력이 3년 이상인 사람으로 하되, 경감이 되기 전의 경력을 포함한다)을 임명할 수 있다.
② 석사 이상의 학위소지자로 경찰청장이 정하는 바에 의하여 경비업무에 관한 연구실적이나 전문경력이 인정되는 사람을 임명할 수 있다.
③ 시험출제위원의 수는 시험과목별로 3인 이상으로 한다.
④ 시험출제위원과 시험관리업무에 종사하는 자에 대하여는 예산의 범위 안에서 수당과 여비를 지급할 수 있다.

11 A경비법인에 소속된 경비원 B가 자신이 파견되어 있는 ○○은행 앞에서 근무 중 우연히 지나가던 행인과 말다툼을 하다가 행인을 폭행하여 전치 3주의 상해를 입혔다. 이에 관한 설명으로 옳지 않은 것은?

① 경비업자 A는 소속경비원이 업무수행 중 제3자에게 손해를 입힌 경우에 해당하므로 배상책임을 진다.
② 비록 근무 중이었으나 우연히 지나가던 행인과 말다툼을 한 것은 업무수행의 범위를 일탈한 것으로 경비원 B만이 개인적으로 불법행위 손해배상책임을 진다.
③ ①의 경비업자의 배상책임은 일종의 사용자책임에 해당한다.
④ 만약 경비원 B가 근무가 없는 일요일에 우연히 자신이 파견되어 있는 ○○은행 앞에서 제3자에게 과실로 손해를 가한 경우라면 이는 업무수행 중의 손해가 아니므로 경비원 B가 개인적으로 손해배상책임을 지게 된다.

12 경비업법령상 특수경비원의 무기사용 등에 관한 설명 중 옳지 않은 것은?

① 시·도 경찰청장은 국가중요시설에 대한 경비업무의 수행을 위하여 필요하다고 인정하는 때에는 시설주의 신청에 의하여 무기를 구입한다.
② ①의 경우, 시설주는 그 무기의 구입대금을 지불하고, 구입한 무기를 국가에 기부채납하여야 한다.
③ 무기는 시설주로부터 무기관리를 위하여 지정받은 책임자가 직접 지급·회수하여야 한다.
④ 특수경비원의 무기휴대, 무기종류, 그 사용기준 및 안전검사의 기준 등에 관하여 필요한 사항은 행정안전부령으로 정한다.

13 경비업법령상 경비업을 영위하는 법인의 임원 결격사유에 해당하지 않는 것은?

ㄱ. 피한정후견인
ㄴ. 파산선고를 받고 복권되지 아니한 자
ㄷ. 금고 이상의 형의 선고를 받고 그 형이 실효되지 아니한 자
ㄹ. 경비업법을 위반하여 벌금형의 선고를 받고 3년이 지나지 아니한 자
ㅁ. 허가받은 경비업무 외의 업무에 경비원을 종사하게 하여 허가가 취소된 법인의 허가취소 당시의 임원이었던 자로서 그 취소 후 3년이 지난 자
ㅂ. 허위의 방법으로 허가를 받아 허가가 취소된 법인의 허가취소 당시의 임원이었던 자로서 그 취소 후 3년이 지난 자

① ㄱ, ㅂ
② ㄱ, ㅁ, ㅂ
③ ㄱ, ㄴ, ㄷ, ㄹ
④ ㄴ, ㄷ, ㄹ, ㅁ

14 다음 중 경비업법령상 경비지도사 교육과 특수경비원 신임교육의 공통적인 교육과목에 해당하지 않는 것을 모두 고른 것은?

ㄱ. 범죄예방론
ㄴ. 응급처치법
ㄷ. 화재대처법
ㄹ. 테러 대응요령
ㅁ. 실무Ⅱ
ㅂ. 사 격

① ㄱ, ㄴ, ㄷ
② ㄱ, ㅁ, ㅂ
③ ㄴ, ㄷ, ㅁ
④ ㄷ, ㅁ, ㅂ

15 다음 중 경비업법령상 관할 경찰관서장이 경비업자에 대하여 경비원 배치폐지를 명할 수 있는 경우를 모두 고른 것은?

> ㄱ. 경비원의 복장·장비 등에 대하여 내려진 필요한 명령을 이행하지 아니한 때
> ㄴ. 경비원 명단 및 배치일시·배치장소 등 배치허가 신청의 내용을 거짓으로 한 때
> ㄷ. 결격사유에 해당하는 자를 집단민원현장에 일반경비원으로 배치한 때
> ㄹ. 경비업자 또는 경비원이 위력이나 흉기 또는 그 밖의 위험한 물건을 사용하여 집단적 폭력사태를 일으킨 때
> ㅁ. 신임교육을 이수하지 아니한 자를 경비원으로 배치한 때

① ㄴ, ㄷ, ㄹ
② ㄱ, ㄴ, ㄷ, ㄹ
③ ㄱ, ㄴ, ㄷ, ㅁ
④ ㄴ, ㄷ, ㄹ, ㅁ

16 경비업법령상 경비원 배치 등에 관한 설명으로 옳지 않은 것은?

① 경비업자는 시설경비업무를 수행하기 위하여 20일 이상 경비원을 배치하거나 그 기간을 연장하려는 때에는 경비원을 배치한 후 7일 이내에 배치지를 관할하는 경찰관서장에게 배치신고서를 제출해야 한다.
② 특수경비원을 배치하는 경우에는 경비원을 배치하는 기간과 관계없이 경비원을 배치하기 전까지 배치지를 관할하는 경찰관서장에게 배치신고서를 제출해야 한다.
③ 경비업자가 시설경비업무 중 집단민원현장에 일반경비원을 배치하는 경우 경비원을 배치하기 48시간 전까지 관할 경찰관서장의 배치허가를 받아야 한다.
④ 경비업무범위 위반 및 신임교육 유무 등을 확인하기 위해 관할 경찰관서장은 그 배치장소를 방문하여 조사하여야 한다.

17 경비업법령상 경비협회에 관한 설명으로 옳지 않은 것은?

① 경비업자가 경비협회를 설립하는 경우에는 정관을 작성하여야 하며, 협회는 정관이 정하는 바에 의하여 회원으로부터 회비를 징수할 수 있다.
② 경찰청장은 공제사업에 대하여 「금융위원회의 설치 등에 관한 법률」에 따른 금융위원회 위원장에게 검사를 요청할 수 있다.
③ 경비원이 업무수행과 관계없이 제3자에게 손해를 입힌 때의 손해배상은 경비협회의 공제사업 대상에 해당하지 않는다.
④ 경비협회는 경비업자가 경비업을 운영할 때 필요한 입찰보증, 계약보증(이행보증을 포함한다), 하도급보증을 위한 공제사업을 할 수 있다.

18 청원경찰법령상 관할 경찰서장에게 위임된 권한이 아닌 것은?(청원경찰을 배치하고 있는 사업장이 하나의 경찰서의 관할구역에 있는 경우에 한함)

① 청원주에 대한 지도 및 감독상 필요한 명령에 관한 권한
② 청원경찰 임용승인에 관한 권한
③ 청원경찰 배치의 결정 및 요청에 관한 권한
④ 청원경찰에게 지급할 봉급·수당의 최저부담기준 결정에 관한 권한

19 다음 중 청원경찰법령상 청원경찰의 복제에 관한 사항 중 장구에 해당하는 것은 모두 몇 개인가?

• 기동화	• 포 승
• 호루라기	• 장 갑
• 허리띠	• 넥타이핀

① 2개　　　　　　　　　　② 3개
③ 4개　　　　　　　　　　④ 5개

20 경비업법령상 허가증 등의 수수료에 관한 설명으로 옳은 것은?

① 경비지도사 시험에 응시하고자 하는 자는 시·도 경찰청장이 정하여 고시하는 수수료를 납부하여야 한다.
② 경비업 허가사항의 변경신고로 인한 허가증 재교부의 경우에는 1만원의 수수료를 납부하여야 한다.
③ 경비지도사 시험에 응시하고자 하는 자가 경찰청장이 정하여 고시하는 응시수수료를 과오납한 경우, 시험시행기관의 귀책사유로 시험에 응시하지 못한 경우, 시험시행일 20일 전까지 접수를 취소한 경우에는 납부한 응시수수료의 전액을 각각 반환받는다.
④ 경비업의 허가를 받거나 허가증을 재교부받고자 하는 자는 대통령령이 정하는 바에 따라 수수료를 납부하여야 한다.

21 경비업법령상 A회사에서 선임·배치하여야 할 최소 일반경비지도사의 인원으로 옳은 것은?

> A회사는 부산지역에 소재하는 시설경비, 호송경비를 전문으로 하는 경비업체이다. 현재 A회사는 부산지역에만 시설경비원 400명과 호송경비원 200명을 배치하여 경비업무를 수행하고 있는 중이다.

① 4명　　　　　　　　　　② 5명
③ 6명　　　　　　　　　　④ 7명

22 경비업법령상 경비업자 또는 경비원의 행위와 벌칙에 관한 설명으로 옳지 않은 것은?

① 파업·태업 그 밖에 경비업무의 정상적인 운영을 저해하는 일체의 쟁의행위를 한 특수경비원은 1년 이하의 징역 또는 1천만원 이하의 벌금에 처한다.
② 직무상 알게 된 비밀을 누설한 경비업자의 임·직원은 3년 이하의 징역 또는 3천만원 이하의 벌금에 처한다.
③ 국가중요시설의 정상적인 운영을 해치는 장해를 일으킨 특수경비원은 3년 이하의 징역 또는 3천만원 이하의 벌금에 처한다.
④ 정당한 사유 없이 무기를 소지하고 배치된 경비구역을 벗어난 특수경비원은 2년 이하의 징역 또는 2천만원 이하의 벌금에 처한다.

23 청원경찰법령상 청원경찰경비 등에 관한 설명으로 옳지 않은 것은?

① 국가기관 또는 지방자치단체에 근무하는 청원경찰의 보수는 청원경찰법에서 정한 구분에 따라 같은 재직기간에 해당하는 경찰공무원의 보수를 감안하여 대통령령으로 정한다.
② 청원주의 청원경찰에 대한 봉급·수당의 최저부담기준액(국가기관 또는 지방자치단체에 근무하는 청원경찰의 봉급·수당은 제외한다)은 경찰청장이 정하여 고시(告示)한다.
③ 청원주는 청원경찰이 직무수행으로 인하여 부상을 입거나, 질병에 걸리거나 또는 사망한 경우 대통령령으로 정하는 바에 따라 청원경찰 본인 또는 그 유족에게 보상금을 지급하여야 한다.
④ 국가기관이나 지방자치단체에 근무하는 청원경찰의 퇴직금에 관하여는 행정안전부령으로 정한다.

24 경비업법령상 2차 위반 시 경비업자에 대한 행정처분 기준이 무거운 순서대로 나열한 것은?

ㄱ. 경비지도사를 집단민원현장에 선임·배치하지 않은 경우
ㄴ. 시·도 경찰청장의 허가 없이 경비업무를 변경한 경우
ㄷ. 기계경비업자가 경비대상시설에 관한 경보 대응체제를 갖추지 아니한 경우
ㄹ. 경비원의 복장·장비 및 출동차량 등에 관한 규정을 위반한 경우

① ㄱ - ㄴ - ㄷ - ㄹ
② ㄴ - ㄱ - ㄷ - ㄹ
③ ㄴ - ㄱ - ㄹ - ㄷ
④ ㄷ - ㄴ - ㄱ - ㄹ

25 다음 중 경비업법령상 경비지도사 교육기관의 필요적 지정 취소 사유에 해당하는 것은?

① 거짓이나 그 밖의 부정한 방법으로 경비지도사 교육기관의 지정을 받은 경우
② 지정받은 사항을 위반하여 업무를 행한 경우
③ 경찰청장의 교육지침을 위반하여 시정명령을 받고도 정당한 사유 없이 정하여진 기간 이내에 시정하지 아니한 경우
④ 경비지도사 교육기관의 지정 기준에 적합하지 아니하게 된 경우

26 경비업법령상 경비업자 또는 시설주에게 부과되는 과태료 금액이 다른 것은?

① 경비원의 복장에 관한 신고를 하지 아니하고 집단민원현장에 경비원을 배치한 경비업자
② 이름표를 부착하게 하지 아니하거나, 신고된 동일 복장을 착용하게 하지 아니하고 집단민원현장에 경비원을 배치한 경비업자
③ 관할 경찰서장이 무기의 적정한 관리를 위하여 발한 감독상 필요한 명령을 정당한 이유 없이 이행하지 아니한 무기를 대여받은 시설주
④ 신임교육을 이수하지 아니한 특수경비원을 배치한 경비업자

27 경비업법령상 2회 위반의 경우 과태료 부과기준이 다른 것은?

① 경비업자가 결격사유에 해당하는 경비원을 배치한 경우
② 경비업자가 경비지도사를 선임하지 않은 경우
③ 특수경비업무를 수행하는 경비업자가 경비대행업자 지정신고를 허위로 한 경우
④ 경비업자가 복장 등에 관한 신고규정을 위반하여 신고를 하지 않은 경우

28 경비업법령상 (   ) 안의 ㄱ~ㄷ에 들어갈 숫자의 합은?

> 허가관청은 경비업자가 정당한 사유 없이 허가를 받은 날부터 (ㄱ)년 이내에 경비 도급실적이 없거나 계속하여 (ㄴ)년 이상 휴업한 때, 정당한 사유 없이 최종 도급계약 종료일의 다음 날부터 (ㄷ)년 이내에 경비 도급실적이 없을 때에는 그 허가를 취소하여야 한다.

① 5 ② 6
③ 9 ④ 12

29 다음은 경비지도사의 자격정지처분 기준을 나타낸 표이다. ( ) 안의 ㄱ~ㄷ에 들어갈 숫자의 합으로 옳은 것은?

위반행위	해당 법조문	행정처분 기준		
		1차	2차	3차 이상
1. 법 제12조 제3항의 규정에 위반하여 직무를 성실하게 수행하지 아니한 때	법 제20조 제2항 제1호	자격정지 (ㄱ)월	자격정지 6월	자격정지 (ㄴ)월
2. 법 제24조의 규정에 의한 경찰청장, 시·도 경찰청장의 명령을 위반한 때	법 제20조 제2항 제2호	자격정지 1월	자격정지 6월	자격정지 (ㄷ)월

① 9
② 12
③ 24
④ 29

30 경비업법령상 경찰청장이 시·도 경찰청장에게 위임하는 권한에 해당하지 않는 것은?
① 경비지도사자격의 정지에 관한 권한
② 경비지도사자격의 취소에 관한 권한
③ 경비지도사의 시험에 관한 권한
④ 경비지도사자격의 취소에 관한 청문의 권한

31 청원경찰법령상 청원경찰에게 지급하는 급여품 중 사용기간이 다른 것은?
① 비 옷
② 정 모
③ 기동모
④ 기동복

32 청원경찰법령상 청원경찰의 배치와 이동에 관한 설명으로 옳지 않은 것은?

① 청원경찰을 배치받으려는 자는 대통령령으로 정하는 바에 따라 관할 시·도 경찰청장에게 청원경찰 배치를 신청하여야 한다.
② 시·도 경찰청장은 청원경찰 배치가 필요하다고 인정하는 기관의 장 또는 시설·사업장의 경영자에게 청원경찰을 배치할 것을 요청할 수 있다.
③ 청원주는 청원경찰을 이동배치하였을 때에는 전입지를 관할하는 경찰서장에게 그 사실을 통보하여야 한다.
④ 청원주는 청원경찰이 배치된 기관·시설 또는 사업장 등이 배치인원의 변동사유 없이 다른 곳으로 이전하는 경우에는 청원경찰의 배치인원을 감축할 수 없다.

33 청원경찰의 원활한 운영을 목적으로 청원경찰법에서 규정하고 있는 것은 모두 몇 개인가?

ㄱ. 청원경찰의 직무
ㄴ. 청원경찰의 임용
ㄷ. 청원경찰의 배치
ㄹ. 청원경찰의 보수
ㅁ. 청원경찰의 복리후생

① 2개
② 3개
③ 4개
④ 5개

34 청원경찰법령상 청원경찰의 배치대상으로 명시되지 않은 것은?

① 국가기관
② 공공단체와 그 관리하에 있는 중요 시설 또는 사업장
③ 국내 주재(駐在) 외국기관
④ 대통령령으로 정하는 중요 시설, 사업장 또는 장소

35 청원경찰법령상 다음 중 청원주가 비치해야 할 문서와 장부에 해당하는 것은?
① 징계 관계철
② 감독 순시부
③ 전출입 관계철
④ 징계요구서철

36 청원경찰법령상 과태료에 관한 설명으로 옳지 않은 것은?(단, 가중·감경은 고려하지 않음)
① 시·도 경찰청장의 배치 결정을 받지 아니하고 청원경찰을 배치한 경우 500만원 이하의 과태료가 부과된다.
② 정당한 사유 없이 경찰청장이 고시한 최저부담기준액 이상의 보수를 지급하지 아니한 경우 500만원 이하의 과태료가 부과된다.
③ 감독상 필요한 명령을 정당한 사유 없이 이행하지 아니하였을 경우 500만원 이하의 과태료가 부과된다.
④ 청원경찰이 직무를 수행할 때 직권을 남용하여 국민에게 해를 끼친 경우 500만원 이하의 과태료가 부과된다.

37 청원경찰법령상 청원경찰의 임용 등에 관한 설명으로 옳지 않은 것은?
① 2024년 6월 20일에 청원경찰이 60세가 된 경우 2024년 6월 30일에 당연 퇴직된다.
② 청원경찰의 복무에 관하여는 「국가공무원법」 제57조(복종의무), 제58조 제1항(직장이탈금지), 제60조(비밀엄수의무) 및 「경찰공무원법」 제24조(거짓보고 등의 금지)를 준용한다.
③ 청원경찰은 청원주가 임용하되, 임용을 할 때에는 「경찰공무원법」이 정하는 특별한 경우를 제외하고는 미리 경찰청장의 승인을 받아야 한다.
④ 청원주가 청원경찰을 임용하였을 때에는 임용한 날부터 10일 이내에 그 임용사항을 관할 경찰서장을 거쳐 시·도 경찰청장에게 보고하여야 한다.

38 청원경찰법령상 청원경찰의 징계에 관한 설명으로 옳은 것은?

① 청원주는 청원경찰이 직무상의 의무를 위반하거나 직무를 태만히 한 때에는 행정안전부령으로 정하는 징계절차를 거쳐 징계처분을 할 수 있다.
② 청원경찰에 대한 징계의 종류는 파면·해임·강등·정직·감봉·견책(譴責)으로 구분한다.
③ 청원주는 청원경찰 배치 결정의 통지를 받았을 때에는 통지를 받은 날부터 20일 이내에 청원경찰에 대한 징계규정을 제정하여 관할 시·도 경찰청장에게 신고하여야 한다.
④ 감봉은 1개월 이상 3개월 이하로 하고, 그 기간에 보수의 3분의 1을 줄인다.

39 청원경찰법령상 청원주의 무기관리수칙에 관한 내용이다. ( )의 ㄱ~ㄷ에 들어가지 않는 숫자는?

- 소총의 탄약은 1정당 (ㄱ)발 이내, 권총의 탄약은 1정당 (ㄴ)발 이내로 출납하여야 한다. 이 경우 생산된 후 오래된 탄약을 우선하여 출납하여야 한다.
- 청원경찰에게 지급한 무기와 탄약은 매주 (ㄷ)회 이상 손질하게 하여야 한다.

① 1
② 7
③ 10
④ 15

40 청원경찰법령상 감독자 지정기준에 의할 때 청원경찰의 근무인원이 50명일 경우에 지정해야 할 대장, 반장, 조장의 인원을 순서대로 나열한 것은?

① 0명, 1명, 4명
② 1명, 2명, 6명
③ 1명, 4명, 12명
④ 1명, 6명, 15명

제2회 경호학

41 경호의 목적에 관한 설명으로 옳지 않은 것은?

① 국내외 주요 요인(要人)에 대한 완벽한 경호는 국제적인 지위향상과 국위선양에 기여한다.
② 주요 요인(要人)과 정치지도자나 사회 저명인사 등의 체면 또는 기품 등을 유지시켜 준다.
③ 안전을 위하여 경호대상자와 환송자·환영자 간에 친화도모를 위한 활동은 배제하여야 한다.
④ 경호대상자에 대한 직접적인 위해를 방지 및 제거함으로써 신변안전을 도모한다.

42 경호학에 관한 설명으로 옳지 않은 것은?

① 경호학은 법학, 행정학, 경찰학, 사회학 등의 학문과 밀접한 관련성을 지니고 있다.
② 경호학의 연구대상 중 경호제도는 경호의 정당성을 제공하는 중요한 근거이다.
③ 경호학의 연구대상 중 경호이론은 구체적으로 경호조치를 하는 기술과 방법을 제공한다.
④ 경호학의 연구대상 중 경호의식은 사람들이 경호를 어떻게 생각하고 인식하는가의 문제를 연구한다.

43 경호의 개념에 관한 설명으로 옳지 않은 것은?

① 경호를 본질적·이론적인 입장에서 이해한 것은 실질적 의미의 경호개념이다.
② 실질적 의미의 경호개념은 경호대상자에 대한 신변 위해요인을 사전에 방지 또는 제거하기 위한 제반활동을 의미한다.
③ 경호기관을 기준으로 정립한 개념은 실질적 의미의 경호개념이다.
④ 대통령 등의 경호에 관한 법률에서의 경호는 형식적 의미의 경호개념이다.

44 경비의 분류에 관한 설명으로 옳은 것은?

① 경비 성격에 의해 인력경비와 기계경비로 구분할 수 있다.
② 경비 목적에 의해 자체경비와 계약경비로 구분할 수 있다.
③ 경계개념에 의해 정(正)비상경계와 준(準)비상경계로 구분할 수 있다.
④ 경비업법상 특수경비업무는 공경비로 분류된다.

45 다음은 대통령 등의 경호에 관한 법률의 내용으로 옳은 것은?

① 대통령경호처장의 제청으로 서울중앙지방검찰청 검사장이 지명한 경호공무원은 일반범죄에 대하여 수사상 긴급을 요하는 한도 내에서 사법경찰관리의 직무를 수행할 수 있다.
② 대통령경호처에 파견된 경찰공무원은 이 법에 규정된 임무 외의 경찰공무원의 직무를 수행할 수 없다.
③ 대통령경호처 차장은 직무를 수행하기 위하여 필요하다고 인정할 때에는 소속공무원에게 무기를 휴대하게 할 수 있다.
④ 대통령경호처장은 소속공무원의 위법한 직무집행으로 인하여 손실발생의 원인에 대하여 책임이 없는 자가 입은 생명·신체 또는 재산상의 손실을 입은 자에 대하여 손실보상심의위원회의 심의를 거쳐 정당한 보상을 하여야 한다.

46 각국 경호 유관기관의 역할에 관한 설명으로 옳지 않은 것은?

① 미국의 비밀경호국(Secret Service)의 경호대상은 전·현직 대통령과 부통령 및 그 직계가족이다.
② 독일 연방정보부(BND)는 해외 정보 수집·분석·관리 업무를 수행한다.
③ 영국 보안국(SS)은 국내 경호 관련 정보의 수집·분석·처리 업무를 담당한다. MI6으로 불리기도 한다.
④ 일본 공안조사청(PSIA)은 법무성 산하에 있는 정보기관으로 주로 국내첩보를 수집한다.

47 다음 중 우발상황의 특성에 관한 설명으로 옳지 않은 것은 모두 몇 개인가?

> ㄱ. 우발상황은 발생 여부가 불확실하고 사전예측이 곤란하다.
> ㄴ. 우발상황은 사전예고 없이 돌발적으로 발생한다.
> ㄷ. 우발상황에 대처할 충분한 시간적 여유가 없다.
> ㄹ. 우발상황은 경호대상자의 신변에 중대한 결과를 초래할 수 있다.
> ㅁ. 우발상황은 현장에서 발생하고 이에 대한 경호조치도 현장에서 이루어져야 한다.

① 없음
② 1개
③ 2개
④ 3개

48 경호안전작용에 관한 설명으로 옳지 않은 것은?

① 경호안전작용에는 경호보안작용, 경호정보작용, 안전대책작용 등이 있다.
② 경호대상자의 절대안전을 도모하기 위하여 모든 수단과 방법을 이용하여 사전에 각종 위해요소를 탐지·봉쇄·제거하는 것을 의미한다.
③ 경호보안작용은 경호작용의 원천적 사전지식을 생산·제공하는 것으로 경호대상자의 신변안전을 위협하는 인적·물적·지리적 취약요소를 사전에 수집·분석·예고하는 것을 의미한다.
④ 안전대책의 3대 작용원리는 안전점검, 안전검사, 안전유지를 말한다.

49 경호기법 중 기만경호에 관한 설명으로 옳은 것은?

① 위해기도자로부터 공격행위를 포기하게 하거나 실패하도록 유도하는 비계획적이고 정형적인 경호기법이다.
② 기동 간 경호기만은 경호대상자가 도보수단을 이용하여 이동할 때 실시하는 경호기법이다.
③ 가능한 한 현저한 위해정보를 인지한 공식행사의 경우에만 사용한다.
④ 경호대상자의 차량 위치, 차량의 종류를 수시로 바꾼다.

50 위협의 평가에 따른 경호 대응 방안에는 5가지가 있다. 다음에서 설명하는 위협에의 대응 방안은?

> 위험의 발생 횟수나 발생 규모를 줄이려는 기법이나 도구 또는 전략

① 위험의 통제
② 위험의 회피
③ 위험의 제거
④ 위험의 감소

51 대통령경호처는 대통령경호안전대책위원회를 소집하고자 한다. 다음 중 대통령경호안전대책위원회의 위원이 아닌 사람은?

① 외교부 의전기획관
② 과학기술정보통신부 통신정책관
③ 원자력안전위원회 위원장
④ 해양경찰청 경비국장

52 선발경호임무 수행단계에 관한 설명으로 옳지 않은 것은?

① 계획단계는 경호임무 수령 후 선발대가 행사장에 도착하기 전의 단계이다.
② 준비단계는 행사장 안전검측, 취약요소 분석, 최종적인 대안이 제시되는 단계이다.
③ 행사단계는 경호원이 행사장에 도착한 후부터 행사시작 전까지의 단계이다.
④ 결산단계는 경호행사 종료부터 철수 및 결과를 보고하는 단계이다.

53 응급처치에 관한 다음 설명 중 옳은 것은?

① 경호원은 응급처치를 위해 항상 기본적인 의료장비와 약품을 준비해두어야 한다.
② 응급처치원은 환자나 부상자에 대한 안전을 자신보다 우선 확보한다.
③ 상해자를 발견했을 때에는 기도유지 → 지혈 → 생명력 유지 → 운반 순으로 응급처치를 진행한다.
④ 응급처치원은 의약품을 사용하여 처치하는 것이 원칙이다.

54 경호조직의 원칙에 관한 설명으로 옳지 않은 것은?

① 경호는 업무의 성격상 기관단위작용으로 이루어지지 않고 개인단위작용으로 이루어진다.
② 경호업무가 긴급성을 요하고, 모순과 중복 및 혼란을 없애기 위해 지휘단일성이 요구된다.
③ 일반기업의 책임과 분업원리와 연계되는 경호조직의 원칙은 경호체계통일성의 원칙이다.
④ 경호조직이 비록 완벽하고 경호요원의 수가 많다고 하더라도 모든 위해요소를 직접 인지할 수 없을 뿐 아니라 모든 사태에 대응하기가 여의치 못하므로 완벽한 경호를 위해서는 국민의 절대적인 협력이 필요하다.

55 경호·경비의 분류에 관한 설명으로 옳지 않은 것은 모두 몇 개인가?

ㄱ. 경호의 성격에 따라 1급, 2급, 3급으로 구분할 수 있다.
ㄴ. 경호의 대상에 따라 甲(A)호 경호, 乙(B)호 경호, 丙(C)호 경호로 구분할 수 있다.
ㄷ. 국왕 및 대통령과 그 가족, 외국의 원수, 수상 등은 甲(A)호 경호 대상이다.
ㄹ. 연도경호는 경호행사의 장소에 의한 분류에 따라 구분할 수 있다.
ㅁ. 중요시설경비란 시설의 재산, 비인가자의 문서에 대한 접근을 방지하고 간첩, 태업, 절도, 기타 침해행위에 대하여 예방·경계·진압하는 경비작용을 의미한다.
ㅂ. 치안경비란 공공의 안녕과 질서를 문란케 하는 경비사태에 대하여 경비부대의 활동으로서 예방·경계·진압하는 경비작용을 의미한다.

① 1개
② 2개
③ 3개
④ 4개

56 다음은 우발상황의 유형 중 어느 것에 해당하는가?

야외행사 중 갑자기 소나기가 내려 군중이 한곳으로 몰리면서 혼잡상황이 발생하였다.

① 자연발생적 우발상황
② 부주의에 의한 우발상황
③ 계획적 우발상황
④ 천재지변에 의한 우발상황

57 다음에서 설명하고 있는 경호의 원칙은?

> 경호는 위해기도자를 공격하는 것이 아니라, 위해요소로부터 경호대상자를 방어하는 것이다.

① 3중 경호의 원칙
② 은밀경호의 원칙
③ 두뇌경호의 원칙
④ 방어경호의 원칙

58 선발경호 시 분야별 업무담당에 관한 설명으로 옳지 않은 것은?

① 주행사장 담당 - 주최 측의 행사진행계획을 면밀히 검토하여 참석대상, 성격분석, 시차별 입장계획 등을 작전 담당에게 전달
② 차량 담당 - 출동인원에 근거하여 선발대 및 본대 사용차량 배정, 이동수단별 인원, 코스, 휴게실 등을 계획하여 작전 담당에게 전달
③ 보도 담당 - 보도요원 확인, 보도요원 위장침투 차단, 행사장별 취재계획 수립 전파
④ 행정 담당 - 출장여비 신청 및 수령, 각 대의 숙소 및 식사장소 선정, 비상연락망 구성

59 대통령경호안전대책위원회 위원 중 대검찰청 공공수사정책관의 업무가 아닌 것을 모두 고른 것은?

> ㄱ. 위해가능인물의 관리 및 자료수집
> ㄴ. 위해가능인물에 대한 동향파악
> ㄷ. 우범지대 및 취약지역에 대한 안전조치
> ㄹ. 위해음모 발견 시 수사지휘 총괄
> ㅁ. 국제테러범죄 조직과 연계된 위해사범의 방해책동 사전차단
> ㅂ. 불법무기류의 단속 및 분실무기의 수사

① ㄱ, ㄷ, ㅂ
② ㄴ, ㄷ, ㅂ
③ ㄴ, ㅁ, ㅂ
④ ㄷ, ㄹ, ㅁ

60 차량경호에 관한 설명으로 옳은 것은?

① 차량이 하차지점에 도착하면 제일 먼저 차량 문을 개방하여 경호대상자가 하차하도록 해야 한다.
② 차량이 주행 중일 때보다 정차 시에 경호상 위험도가 증가한다.
③ 주차 장소는 일정하고 고정된 곳이 좋다.
④ 경호차량의 효과적인 은폐, 엄폐환경을 제공하기 용이하도록 주차나 정차해 있는 차량 가까이에 정지한다.

61 「대통령 등의 경호에 관한 법률」에 규정된 경호처의 경호대상 중 본인과 그 배우자만 경호대상인 사람을 모두 고른 것은?

ㄱ. 대통령	ㄴ. 대통령 당선인
ㄷ. 전직대통령	ㄹ. 대통령권한대행
ㅁ. 방한 외국 국가원수	ㅂ. 방한 외국 행정수반

① ㄹ, ㅁ
② ㄴ, ㄹ, ㅁ, ㅂ
③ ㄷ, ㄹ, ㅁ, ㅂ
④ ㄱ, ㄷ, ㄹ, ㅁ, ㅂ

62 근접경호의 기본원리에 관한 설명으로 옳지 않은 것은?

① 위해기도자의 접근에 대해서 이를 제지하기 위한 반응시간을 고려하여, 경호요원이 위해기도자의 접근을 효과적으로 제지하기 위해서 군중과 경호대상자는 최소한 4~5m의 거리를 유지해야 한다.
② 자연방벽효과의 원리에서 경호대상자의 위치가 고정된 경우, 수평적 방벽효과는 근접경호원이 경호대상자와 가까이 위치할수록 감소한다.
③ 대응시간의 원리는 경호의 원칙 중 방어경호의 원칙이나 자기희생의 원칙과 연결된다.
④ 주의력효과는 경호원이 군중(경계 대상)과 가까울수록 증가하고 대응효과는 경호원이 경호대상자와 가까울수록 증가한다.

63 검측에 관한 설명으로 옳지 않은 것은?

① 검측인원의 책임구역을 명확하게 하며 중복되지 않게 점검이 이루어져야 한다.
② 전자제품은 분해하여 확인하고, 확인이 불가능한 것은 현장에서 제거한다.
③ 통로보다는 양 측면을 점검하고, 의심나는 곳은 반복하여 실시한다.
④ 검측은 타 업무보다 우선하여 예외를 불허하고 선 선발개념으로 실시하며, 인원 및 장소를 최대한 지원받아 활용한다.

64 경호조직의 특성에 관한 설명으로 옳은 것을 모두 고른 것은?

ㄱ. 암살 및 테러의 고도화에 따라 경호장비의 과학화, 지원체제의 기동성 등이 요구되고 있다.
ㄴ. 경호조직은 전체 구조가 통일적인 피라미드형을 구성하면서, 경호행사를 직접 담당하는 경호기관의 조직은 다른 부서에 비해 계층성이 더욱 강조된다.
ㄷ. 경호를 완전무결하게 수행하기 위해서는 경호조직의 비공개와 경호기법의 비노출 등 폐쇄적인 특성을 가져야 한다.
ㄹ. 테러행위의 수법이 지능화·고도화되고 있으므로 경호조직에 있어서도 기능의 전문화 내지 분화 현상이 광범위하게 나타나고 있다.
ㅁ. 경호조직은 과거에 비해서 그 기구 및 인원 면에서 점차 규모가 축소되고 있다.

① ㄱ, ㄹ
② ㄴ, ㄷ
③ ㄱ, ㄷ, ㅁ
④ ㄱ, ㄴ, ㄷ, ㄹ

65 경호관련 장비의 휴대 및 사용에 관한 사항을 규정한 법률의 연결로 옳은 것은?

① 신변보호업무를 수행하는 경비원의 분사기 - 위험물안전관리법
② 청원경찰의 권총 - 경찰관직무집행법
③ 특수경비원의 소총 - 경비업법
④ 경찰관의 권총 - 총포·도검·화약류 등의 안전관리에 관한 법률

66 경호활동의 4단계 중 수집된 정보나 첩보 중 위해 가능성 여부를 확인하고 판단하는 과정으로서 경호원의 정확하고 신속하며 주의 깊은 고도의 판단력을 필요로 하는 단계는?

① 예견(예측) 단계
② 인식(인지) 단계
③ 조사(분석) 단계
④ 무력화(억제) 단계

67 근접경호의 도보대형 형성 시 고려사항이 아닌 것은?

① 물적 취약요소의 위치
② 주변 감시통제 건물의 취약도
③ 인적 취약요소의 이격도
④ 근접경호원의 성향과 인원 수

68 막대 끝에 장착된 소형 카메라가 잡은 영상을 모니터로 판독하여, 육안 확인이 불가능하거나 시야가 제한된 좁은 공간 및 차량 하부 등의 점검 시 사용하는 탐지장비는?

① 서치탭
② X-Ray 검색기
③ 검색경
④ 봉형 금속탐지기

69 국민보호와 공공안전을 위한 테러방지법령상 테러정보통합센터의 임무로 옳지 않은 것은?

① 테러취약요인의 사전 예방·점검 지원
② 국내외 테러 관련 정보의 통합관리·분석 및 관계기관에의 배포
③ 24시간 테러 관련 상황 전파체계 유지
④ 테러 위험 징후 평가

70 경호의 주체와 객체에 관한 설명으로 옳은 것을 모두 고른 것은?

> ㄱ. 경호의 주체는 경호조직 또는 실질적인 경호작용을 할 수 있는 법적인 근거를 취득한 자를 말한다.
> ㄴ. 경호객체는 경호관계에서 경호주체의 상대방인 경호대상자를 말한다.
> ㄷ. 경호대상자가 경호에 협조적이라 하더라도 안전구역을 해제하여서는 아니 된다.
> ㄹ. 경호대상자의 경호활동에 대한 관심은 경호업무의 효율성에 어떠한 영향도 없다.
> ㅁ. 대통령경호처의 경호대상으로는 대통령, 대통령권한대행과 그 배우자, 대통령후보자가 있다.

① ㄱ, ㄴ, ㄷ
② ㄱ, ㄴ, ㄹ
③ ㄴ, ㄷ, ㄹ
④ ㄴ, ㄹ, ㅁ

71 우발상황의 대응방법에 관한 설명으로 옳은 것을 모두 고른 것은?

> ㄱ. 우발상황의 특성으로는 사전 예측가능성, 돌발성, 시간제약성, 중대성 및 현장성이 있다.
> ㄴ. 우발상황 발생 시 대응은 '경고-방호-대피'가 거의 동시에 이루어져야 한다.
> ㄷ. 우발상황 발생 시 경호원은 경호대상자에게 신체적 무리가 가지 않도록 가급적 과감하게 행동하지 않는다.
> ㄹ. 우발상황 발생 시 경호원은 자기희생의 원칙에 따라 체위를 확장하여 경호대상자의 노출을 최소화하고 최대의 방호벽을 형성한다.

① ㄱ, ㄴ
② ㄱ, ㄹ
③ ㄴ, ㄹ
④ ㄷ, ㄹ

72 경호업무 수행절차에 관한 내용이다. 다음이 설명하는 관리단계는?

> 주요 활동은 정보활동이며, 정보의 수집 및 평가가 나타난다. 위협의 평가 및 대응방안을 강구하는 세부 활동이 수행된다.

① 예방단계
② 대비단계
③ 대응단계
④ 학습단계

73 경호의 일반적 환경요인에 해당하지 않는 것은?

① 경제발전 및 과학기술의 발전
② 정보의 팽창과 범죄의 광역화
③ 우리나라에 대한 북한 테러 위협 증가
④ 사회구조와 국민의식 구조의 변화

74 국민보호와 공공안전을 위한 테러방지법상 용어의 정의로 옳은 것은?

① 외국인테러전투원 : 테러를 실행・계획・준비하거나 테러에 참가할 목적으로 국적국인 국가의 테러단체에 가입하기 위하여 이동을 시도하는 외국인
② 테러단체 : 국가정보원이 지정한 테러단체
③ 테러위험인물 : 테러단체의 조직원이거나 테러단체 선전, 테러자금 모금・기부, 그 밖에 테러 예비・음모・선전・선동을 하였거나 하였다고 의심할 상당한 이유가 있는 사람
④ 테러수사 : 대테러활동에 필요한 정보나 자료를 수집하기 위하여 현장조사・문서열람・시료채취 등을 하거나 조사대상자에게 자료제출 및 진술을 요구하는 활동

75 다음 중 경호・경비의 법적 근거에 관한 설명으로 옳지 않은 것은 모두 몇 개인가?

ㄱ. 「대통령경호처와 그 소속기관 직제」는 대통령 등에 대한 경호를 효율적으로 수행하기 위하여 경호의 조직・직무범위와 그 밖에 필요한 사항을 규정함을 목적으로 한다.
ㄴ. 「경찰관직무집행법」은 국민의 자유와 권리 및 모든 개인이 가지는 불가침의 기본적 인권을 보호하고 사회공공의 질서를 유지하기 위한 경찰관(경찰공무원만 해당한다)의 직무 수행에 필요한 사항을 규정함을 목적으로 한다.
ㄷ. 「경비업법」은 경비업의 육성 및 발전과 그 체계적 관리에 관하여 필요한 사항을 정함으로써 경비업의 건전한 운영에 이바지함을 목적으로 한다.
ㄹ. 「청원경찰법」은 청원경찰의 직무・임용・배치・보수・사회보장 및 그 밖에 필요한 사항을 규정함으로써 청원경찰의 원활한 운영을 목적으로 한다.
ㅁ. 「전직대통령 예우에 관한 법률」은 전직대통령(前職大統領)의 예우에 관한 사항을 규정함을 목적으로 한다.

① 없음
② 1개
③ 2개
④ 3개

76 다음 중 경호 비표의 운용에 관한 내용으로 옳지 않은 것은?

① 비표의 종류에는 리본, 명찰, 완장, 모자, 배지 등이 있으며 대상과 용도에 맞게 적절히 운용한다.
② 경호근무자의 경호안전활동 시에도 비표를 운용해야 한다.
③ 시국불만자, 신원이 특이한 교포 및 외국인, 일반 요시찰인, 피보안처분자, 공격형 정신병자 등을 위해 비표 관리를 한다.
④ 비표의 종류는 많을수록 좋고, 행사 참석자를 위한 비표는 구역별로 그 색상을 달리 구분한다.

77 다음은 차량에 국기를 부착하는 의전관례에 관한 설명이다. ( ) 안의 ㄱ~ㄷ에 들어갈 알맞은 내용은?(단, 차량은 우리나라 차량으로 운전자 중심에서 볼 때 왼쪽이 운전석, 오른쪽이 조수석이다)

- 우리나라 국기만 부착할 경우에는 (ㄱ)에 위치하도록 한다.
- 양(兩) 국기를 부착할 경우에는 우리나라 국기를 (ㄴ)에 부착하고, 외국 국기를 (ㄷ)에 부착한다.

	ㄱ	ㄴ	ㄷ
①	조수석 방향	조수석 방향	운전석 방향
②	조수석 방향	운전석 방향	조수석 방향
③	운전석 방향	조수석 방향	운전석 방향
④	운전석 방향	운전석 방향	조수석 방향

78 다음은 근접경호대형에 관한 내용이다. 경호대형과 해당 내용의 연결이 옳은 것은?

[근접경호대형]
A. 다이아몬드(마름모) 대형
B. 쐐기형 대형
C. 역쐐기형 대형
D. 원형 대형

[내 용]
ㄱ. 경호대상자가 완전히 경호원에 의해 둘러싸여 있는 인상을 주게 되어 대외적인 이미지는 안 좋을 수 있으나 경호효과가 높은 대형으로, 평상시에는 잘 사용하지 않으나, 군중이 밀려오거나 군중에 둘러싸여 있을 경우와 같은 위협이 예상될 경우에 적합한 대형이다.
ㄴ. 외부로부터 위협이 없다고 판단되며 안전이 확보된 행사장 입장 시와 대외적인 이미지를 중시하는 경호대상자에게 적합한 도보대형이다.
ㄷ. 무장한 위해자와 직면했을 때 적당한 대형이다.
ㄹ. 혼잡한 복도, 군중이 밀집해 있는 통로 등에서 적합한 대형으로 경호대상자의 전후좌우 전 방향에 대해 둘러싸고, 각각의 경호원에게는 기동로에 대해 360° 경계를 할 수 있도록 책임구역이 부여된다.

① A - ㄱ
② B - ㄹ
③ C - ㄴ
④ D - ㄷ

79 다음 중 국민보호와 공공안전을 위한 테러방지법령상 국가테러대책위원회의 위원이 아닌 사람을 모두 고른 것은?

> ㄱ. 대통령경호처장
> ㄴ. 국무조정실장
> ㄷ. 관세청 조사감시국장
> ㄹ. 질병관리청장
> ㅁ. 과학기술정보통신부 통신정책관
> ㅂ. 국토교통부장관

① ㄱ, ㄴ
② ㄴ, ㅁ
③ ㄷ, ㄹ
④ ㄷ, ㅁ

80 다음의 내용이 설명하는 사이버테러 기법의 유형에 해당하는 것은?

> 위장된 홈페이지에 정보를 입력하도록 유도하여 개인·금융정보 등을 빼내는 기법

① 스니핑(sniffing)
② 스미싱(smishing)
③ 스푸핑(spoofing)
④ 트로이 목마

제3회 경비업법

01 경비업법령상 집단민원현장에 해당하는 것은?

① 「행정절차법」에 따라 대집행을 하는 장소
② 「노동조합 및 노동관계조정법」에 따라 쟁의행위가 발생한 사업장
③ 「도시개발법」에 따라 도시개발사업을 시행하기 위하여 지정·고시된 도시개발구역
④ 「공유토지분할에 관한 특례법」에 따라 공유토지에 대한 소유권행사와 토지의 이용에 문제가 있는 장소

02 경비업법령상 결격사유 확인을 위한 범죄경력조회 등에 관한 설명으로 옳지 않은 것은?

① 경비업자는 범죄경력조회를 요청하는 경우 경비업 허가증 사본과 취업자 또는 취업예정자 범죄경력조회 동의서를 첨부하여 신청서를 제출하여야 한다.
② 경비업자는 선출하려는 임원이 결격사유에 해당하는지를 확인하기 위하여 범죄경력조회를 요청할 수 있다.
③ 범죄경력조회 요청을 받은 시·도 경찰청장 또는 관할 경찰관서장은 경비업자에게 그 결과를 통보할 때에는, 결격사유에 관한 한 제한 없이 통보해야 한다.
④ 시·도 경찰청장 또는 관할 경찰관서장은 경비업자의 임원, 경비지도사 또는 경비원이 결격사유에 해당하는 사실을 알게 된 때에는 경비업자에게 그 사실을 통보하여야 한다.

03 경비업법령상 특수경비업자의 의무에 관한 설명으로 옳지 않은 것은?

① 특수경비업자는 특수경비업무의 개시신고를 하는 때에는 국가중요시설에 대한 특수경비업무의 수행이 중단되는 경우 시설주의 동의를 불문하고 다른 특수경비업자 중에서 경비업무를 대행할 자를 지정하여 허가관청에 신고할 수 있다.
② 특수경비업자는 첫 업무개시의 신고를 하기 전에 시·도 경찰청장의 비밀취급인가를 받아야 한다.
③ 특수경비업자는 국가중요시설에 대한 특수경비업무를 중단하게 되는 경우에는 미리 이를 경비대행업자에게 통보하여야 하며, 경비대행업자는 통보받은 즉시 그 경비업무를 인수하여야 한다.
④ 특수경비업자는 경비업법에 의한 경비업과 경비장비의 제조·설비·판매업, 네트워크를 활용한 정보산업, 시설물 유지관리업 및 경비원 교육업 등 대통령령이 정하는 경비관련업 외의 영업을 하여서는 안 된다.

04 경비업법령상 경비원의 배치 및 배치폐지에 관한 내용으로 옳지 않은 것은?

① 경비업자는 경비업무를 수행하기 위하여 20일 이상 경비원을 배치하거나 그 기간을 연장하려는 때에는 경비원을 배치한 후 7일 이내에 경비원 배치신고서를 배치지를 관할하는 경찰관서장에게 제출해야 한다.
② 집단민원현장이 아닌 곳에서 신변보호업무를 수행하는 일반경비원을 배치하는 경우에는 경비원을 배치하기 48시간 전까지 관할 경찰관서장에게 신고하여야 한다.
③ 일반경비원 배치허가를 받은 경비업자가 집단민원현장에 새로운 경비원을 배치하려는 경우에는 새로운 경비원을 배치하기 48시간 전까지 배치허가 신청서를 관할 경찰관서장에게 제출하여 허가를 받아야 한다.
④ 경비원의 배치신고를 한 경비업자가 경비원의 배치를 폐지한 때에는 배치폐지를 한 날부터 7일 이내에 경비원 배치폐지신고서를 배치지의 관할 경찰관서장에게 제출해야 한다.

05 다음 중 경비업법령상 경비업 허가를 받은 법인이 시·도 경찰청장에게 신고하여야 하는 경우에 해당하지 않는 것은 모두 몇 개인가?

ㄱ. 영업을 폐업하거나 휴업한 때
ㄴ. 법인의 명칭이나 대표자·임원을 변경한 때
ㄷ. 법인의 주사무소나 출장소를 신설·이전 또는 폐지한 때
ㄹ. 시설경비업무의 수행을 위한 관제시설을 신설·이전 또는 폐지한 때
ㅁ. 기계경비업무를 개시하거나 종료한 때
ㅂ. 행정안전부령이 정하는 중요사항을 변경한 때

① 1개
② 2개
③ 3개
④ 4개

06 경비업의 갱신허가를 받으려는 경비업자는 누구(A)에게 언제(B)까지 갱신허가신청서를 제출하여야 하는가?

① 법인의 주사무소를 관할하는 시·도 경찰청장 또는 해당 시·도 경찰청 소속의 경찰서장(A) − 허가의 유효기간 만료일 10일 전(B)
② 법인의 주사무소를 관할하는 시·도 경찰청장 또는 해당 시·도 경찰청 소속의 경찰서장(A) − 허가의 유효기간 만료일 30일 전(B)
③ 법인의 주사무소를 관할하는 시·도 경찰청장 또는 경찰청장(A) − 허가의 유효기간 만료일 10일 전(B)
④ 법인의 주사무소를 관할하는 시·도 경찰청장 또는 경찰청장(A) − 허가의 유효기간 만료일 30일 전(B)

07 다음 중 경비업법령상 경비지도사 교육기관에 관한 설명으로 옳은 것은 모두 몇 개인가?

ㄱ. 경비업자에 의해 선임·배치된 경비지도사는 행정안전부령으로 정하는 바에 따라 경찰청장이 실시하는 보수교육을 받아야 한다.
ㄴ. 경찰청장은 경비지도사에 대한 기본교육 및 보수교육에 관한 업무를 전문인력 및 시설 등을 갖춘 법인으로서 경찰청장이 지정하는 기관 또는 단체에 위탁할 수 있다.
ㄷ. 경찰청장은 경비지도사 교육기관이 경비지도사에 대한 기본교육 및 보수교육의 교육수준 및 교육방법 등에 필요한 지침을 위반한 경우에는 기간을 정하여 시정을 명할 수 있다.
ㄹ. 경찰청장은 경비지도사에 대한 기본교육 및 보수교육의 전국적 균형을 유지하기 위하여 교육수준 및 교육방법 등에 필요한 지침을 마련하여 시행할 수 있다.
ㅁ. 경비지도사 교육기관의 지정 기준 및 절차 등에 필요한 사항은 행정안전부령으로 정한다.

① 1개
② 2개
③ 3개
④ 4개

08 경비업법령상 감독, 보안지도·점검 등에 관한 설명으로 옳은 것은?

① 경찰청장 또는 시·도 경찰청장은 경비업무의 적정한 수행을 위하여 경비업자 및 경비지도사를 지도·감독하며 필요한 명령을 할 수 있다.
② 시·도 경찰청장은 기계경비업자에 대하여 보안지도·점검을 연 2회 이상 실시하여야 한다.
③ 관할 경찰관서장은 경비업무 장소가 집단민원현장으로 판단되는 경우에 지체 없이 경비업자에게 경비원 배치허가를 받을 것을 고지하여야 한다.
④ 시·도 경찰청장 또는 관할 경찰관서장은 배치된 경비원이 경비업법이나 경비업법에 따른 명령, 「폭력행위 등 처벌에 관한 법률」을 위반하는 행위를 하는 경우 그 위반행위의 중지를 명하여야 한다.

09 경비업법령상 경비업을 영위하는 법인의 임원이 될 수 있는 자를 모두 고르면?

ㄱ. 파산선고를 받고 복권된 지 3년이 지나지 아니한 갑(甲)
ㄴ. 금고 이상의 형의 선고를 받고 그 형이 실효된 후 3년이 지난 을(乙)
ㄷ. 「대통령 등의 경호에 관한 법률」에 위반하여 벌금형의 선고를 받은 후 1년이 지나지 않고 특수경비업무를 수행하는 법인의 임원이 되려는 병(丙)
ㄹ. 「경비업법」을 위반하여 벌금형의 선고를 받고 3년이 지난 후 특수경비업무를 수행하는 법인의 임원이 되려는 정(丁)

① ㄴ
② ㄱ, ㄴ
③ ㄴ, ㄷ
④ ㄱ, ㄴ, ㄹ

10 다음은 경비업법령상 경비지도사의 직무이다. 이 중 월 1회 이상 수행하여야 하는 직무를 모두 고른 것은?

> ㄱ. 경비원의 지도·감독·교육에 관한 계획의 수립·실시 및 그 기록의 유지
> ㄴ. 경비현장에 배치된 경비원에 대한 순회점검 및 감독
> ㄷ. 오경보방지 등을 위한 기기관리의 감독(기계경비지도사의 경우에 한한다)
> ㄹ. 집단민원현장에 배치된 경비원에 대한 지도·감독
> ㅁ. 경찰기관 및 소방기관과의 연락방법에 대한 지도

① ㄱ, ㄴ
② ㄴ, ㄷ
③ ㄱ, ㄴ, ㄷ
④ ㄱ, ㄴ, ㄷ, ㄹ, ㅁ

11 경비업법령상 경비업자의 손해배상책임에 관한 설명으로 옳지 않은 것은?

① 경비업자는 경비원이 업무수행 중 고의 또는 과실로 경비대상에 손해가 발생하는 것을 방지하지 못한 때에는 그 손해를 배상하여야 한다.
② 경비원이 과실로 경비대상에게 부상을 입힌 경우 경비업자의 책임은 채무불이행책임이다.
③ 경비업자는 경비원이 업무수행 중 고의로 제3자에게 손해를 입힌 경우에만 이를 배상할 책임이 있다.
④ ③의 경비업자의 배상책임은 일종의 사용자책임에 해당한다.

12 경비업법령상 경비협회에 관한 설명으로 옳지 않은 것은?

① 경비협회는 공제사업을 하는 경우 공제사업의 회계는 다른 사업의 회계와 함께 경리할 수 있다.
② 경비업자가 경비협회를 설립하려는 경우에는 정관을 작성하여야 한다.
③ 경비협회에 관하여 경비업법에 특별한 규정이 있는 것을 제외하고는 「민법」 중 사단법인에 관한 규정을 준용한다.
④ 경비업자는 경비업무의 건전한 발전과 경비원의 자질향상 및 교육훈련 등을 위하여 대통령령이 정하는 바에 따라 경비협회를 설립할 수 있다.

13 다음은 경비업자가 경비업법을 위반한 경우이다. 이에 대한 1차 위반 시 행정처분 기준과 1회 위반 시 과태료 부과기준으로 옳지 않은 것은?

> • A경비업자는 관할 경찰관서장의 배치허가를 받지 아니하고 특수경비원을 배치하였다.
> • B경비업자는 甲이 결격사유에 해당하는 자임을 알면서도 경비지도사로 선임·배치하여 근무하게 하고 있다.

① A경비업자에 대한 행정처분 기준은 영업정지 3개월이다.
② B경비업자에 대한 행정처분 기준은 영업정지 1개월이다.
③ A경비업자에 대한 과태료 부과기준은 과태료 1,000만원이다.
④ B경비업자에 대한 과태료 부과기준은 과태료 100만원이다.

14 다음 중 경비업법령상 행정처분의 일반기준에 관한 옳은 설명을 모두 고른 것은?

> ㄱ. 행정처분이 영업정지인 경우에는 위반행위의 동기, 내용 및 위반의 정도 등을 고려하여 가중하거나 감경할 수 있다.
> ㄴ. 위반행위가 2 이상인 경우로서 그에 해당하는 각각의 처분기준이 다른 경우에는 그중 경한 처분기준에 따른다.
> ㄷ. 위반행위가 2 이상인 경우로서 2 이상의 처분기준이 동일한 영업정지인 경우에는 중한 처분기준의 2분의 1까지 가중할 수 있으나, 각 처분기준을 합산한 기간을 초과할 수 없다.
> ㄹ. 위반행위의 횟수에 따른 행정처분 기준은 최근 3년간 같은 위반행위로 행정처분을 받은 경우에 적용한다.
> ㅁ. 위반행위의 횟수에 따른 행정처분 기준 적용일은 위반행위에 대한 행정처분일과 그 처분 후의 위반행위가 다시 적발된 날을 기준으로 한다.
> ㅂ. 영업정지처분에 해당하는 위반행위가 적발된 날 이전 최근 3년간 같은 위반행위로 2회 영업정지처분을 받은 경우에도 개별기준에 따른다.

① ㄱ, ㄴ, ㄹ
② ㄱ, ㄷ, ㅁ
③ ㄴ, ㄹ, ㅂ
④ ㄷ, ㅁ, ㅂ

15 다음은 경비업법령상 일반경비원 및 특수경비원의 신임교육 제외 대상을 표로 구분한 것이다. ( ) 안의 ㄱ~ㄷ에 들어갈 숫자의 합은?

구 분	신임교육 제외 대상
일반경비원	• 일반경비원 신임교육을 받은 사람으로서 채용 전 (ㄱ)년 이내에 경비업무에 종사한 경력이 있는 사람 • 「경찰공무원법」에 따른 경찰공무원으로 근무한 경력이 있는 사람 • 「대통령 등의 경호에 관한 법률」에 따른 경호공무원 또는 별정직 공무원으로 근무한 경력이 있는 사람 • 「군인사법」에 따른 부사관 이상으로 근무한 경력이 있는 사람, • 경비지도사자격이 있는 사람 • 채용 당시 일반경비원 신임교육을 받은 지 (ㄴ)년이 지나지 아니한 사람
특수경비원	• 채용 전 (ㄷ)년 이내에 특수경비업무에 종사하였던 경력이 있는 사람

① 4
② 6
③ 9
④ 10

16 경비업법령상 기계경비업자가 출장소별로 갖추어 두어야 할 서류에 기재하여야 할 사항이 아닌 것은?

① 기계경비지도사의 명단·배치일자·배치장소와 출동차량의 대수
② 경보의 수신 및 현장도착 일시와 조치의 결과
③ 오경보인 경우 오경보가 발생한 경비대상시설 및 그 오경보에 대한 조치의 결과
④ 기계경비업자가 경비대상시설에서 발생한 경보를 수신한 경우에 취하는 조치

17 경비업법령상 행정처분 기준에 관한 설명으로 옳지 않은 것은?(단, 행정처분 기준의 경감이나 가중은 고려하지 않는다)

① 경비업자가 시·도 경찰청장의 허가 없이 경비업무를 변경한 경우 1차 위반 시 경고, 2차 위반 시 영업정지 6개월이다.
② 기계경비업자가 경비대상시설에 관한 경보 대응체제를 갖추지 않은 경우 1차 위반 시 경고, 2차 위반 시 경고이다.
③ 경비업자가 경비원의 복장 등에 관한 규정을 위반한 경우 1차 위반 시 경고, 2차 위반 시 영업정지 1개월이다.
④ 경비업자가 집단민원현장에 일반경비원 명부를 작성·비치하지 않은 경우 1차 위반 시 경고, 2차 위반 시 영업정지 3개월이다.

18 청원경찰법령상 청원경찰의 지휘·감독을 위한 감독자 지정기준에 관한 설명으로 옳지 않은 것은?

① 2명 이상의 청원경찰을 배치한 사업장의 청원주는 청원경찰의 지휘·감독을 위하여 청원경찰 중에서 유능한 사람을 선정하여 조장, 반장, 대장으로 지정하여야 한다.
② 청원경찰의 지휘·감독을 위한 감독자 중 대장은 근무인원이 40명 이하인 경우에는 지정하지 않아도 된다.
③ 근무인원이 20명인 경우 반장 1명, 조장 2~3명을 지정하여야 한다.
④ 근무인원이 120명인 경우에는 대장 1명, 반장 6명, 조장 12명을 지정하여야 한다.

19 청원경찰법령상 무기관리수칙의 내용으로 옳지 않은 것은?

① 청원경찰은 지급받은 무기를 타인에게 보관하거나 휴대시킬 수 없으며, 손질을 의뢰할 수도 없다.
② 청원경찰은 무기를 손질 또는 조작할 때에는 반드시 총구를 바닥으로 향해야 한다.
③ 청원경찰은 무기 및 탄약을 반납할 때에는 손질을 철저히 하여야 한다.
④ 청원경찰은 근무시간 이후에는 무기 및 탄약을 청원주에게 반납하거나 교대근무자에게 인계하여야 한다.

20 경비업법령상 경찰청장 권한의 위임사항에 해당하지 않는 것은 모두 몇 개인가?

> ㄱ. 경비지도사자격의 취소
> ㄴ. 경비지도사자격의 정지
> ㄷ. 경비지도사자격의 취소에 관한 청문
> ㄹ. 경비지도사자격의 정지에 관한 청문
> ㅁ. 경비지도사 시험에 관한 업무

① 없음
② 1개
③ 2개
④ 3개

21 경비업법령상 특수경비원의 무기 안전사용수칙으로 옳은 것은?

① 특수경비원은 사람을 향하여 권총 또는 소총을 발사하고자 하는 때에는 미리 구두 또는 공포탄에 의한 사격으로 상대방에게 경고하여야 한다.
② 특수경비원을 급습하거나 타인의 생명·신체에 대한 중대한 위험을 야기하는 범행이 목전에 실행되고 있는 등 상황이 급박하여 경고할 시간적 여유가 없는 경우에도 미리 구두 또는 공포탄에 의한 사격으로 상대방에게 경고하여야 한다.
③ 인질·간첩 또는 테러사건에 있어서 은밀히 작전을 수행하는 경우에도 미리 구두 또는 공포탄에 의한 사격으로 상대방에게 경고하여야 한다.
④ 특수경비원은 총기 또는 폭발물을 가지고 대항하는 경우를 제외하고는 19세 미만의 자에 대하여는 권총 또는 소총을 발사하여서는 아니 된다.

22 경비업법령상 벌칙과 관련하여 다음 밑줄 친 경우에 포함되지 않는 것은?

> <u>다음의 어느 하나</u>에 해당하는 자는 3년 이하의 징역 또는 3천만원 이하의 벌금에 처한다.

① 직무상 알게 된 비밀을 누설하거나 부당한 목적을 위하여 사용한 자
② 정당한 사유 없이 무기를 소지하고 배치된 경비구역을 벗어난 특수경비원
③ 집단민원현장에 20명 이상의 경비인력을 배치하면서 그 경비인력을 직접 고용한 자
④ 경비업자의 경비원 채용 시 무자격자나 부적격자 등을 채용하도록 관여하거나 영향력을 행사한 도급인

23 경비업법령상 허가증 등의 수수료에 관한 설명으로 옳지 않은 것은?

① 경비업의 허가를 받거나 허가증을 재교부받고자 하는 자는 행정안전부령이 정하는 바에 따라 수수료를 납부하여야 한다.
② 경비업 허가사항의 변경신고로 인한 허가증 재교부의 경우에는 2천원의 수수료를 납부하여야 한다.
③ 경비지도사 시험에 응시하고자 하는 자는 경찰청장이 정하여 고시하는 수수료를 납부하여야 한다.
④ 경찰청장은 시험에 응시하고자 하는 자가 응시수수료를 과오납한 경우 과오납한 금액 전액을 반환하여야 한다.

24 경비업법령상 경비지도사자격의 취소사유(A)와 정지사유(B)가 올바르게 연결된 것은?

① 허위 그 밖의 부정한 방법으로 경비지도사자격증을 교부받은 때(A) - 자격정지 기간 중에 경비지도사로 선임되어 활동한 때(B)
② 경비업법 제10조 제1항 각호의 결격사유에 해당하게 된 때(A) - 경찰청장 또는 시·도 경찰청장의 명령을 위반한 때(B)
③ 경찰청장 또는 시·도 경찰청장의 명령을 위반한 때(A) - 직무를 성실하게 수행하지 아니한 때(B)
④ 직무를 성실하게 수행하지 아니한 때(A) - 자격정지 기간 중에 경비지도사로 선임되어 활동한 때(B)

25 경비업법령상 특수경비원은 될 수 없으나 일반경비원은 될 수 있는 자는?(단, 다른 결격사유는 고려하지 않음)

① 마약·대마·향정신성의약품 또는 알코올 중독자
② 팔과 다리가 완전하고 두 눈의 교정시력이 각각 0.8인 자
③ 금고 이상의 실형의 선고를 받고 그 집행이 종료되거나 집행이 면제된 날부터 5년이 지나지 아니한 자
④ 금고 이상의 형의 집행유예선고를 받고 그 유예기간 중에 있는 자

26 청원경찰법령상 청원주가 부담하여야 하는 청원경찰경비에 해당하지 않는 것을 모두 고른 것은?

ㄱ. 청원경찰에게 지급할 봉급과 각종 수당
ㄴ. 청원경찰의 피복비
ㄷ. 청원경찰의 교육비
ㄹ. 청원경찰의 경조사비
ㅁ. 청원경찰 본인 또는 유족 보상금
ㅂ. 청원경찰의 교통비
ㅅ. 퇴직금

① ㄴ, ㅂ
② ㄹ, ㅁ
③ ㄹ, ㅂ
④ ㄴ, ㄹ, ㅂ

27. 경비업법령상 벌칙 및 양벌규정에 관한 설명으로 옳은 것은?

① 고의로 국가중요시설에 대한 경비업무 수행 중 국가중요시설의 정상적인 운영을 해치는 장해를 일으킨 특수경비원은 3년 이하의 징역 또는 3천만원 이하의 벌금에 처한다.
② 특수경비원이 국가중요시설의 정상적인 운영을 해치는 장해를 일으킨 경우에는 행위자인 특수경비원뿐만 아니라 그 특수경비원이 소속된 법인에게도 동일한 법정형을 과한다.
③ 집단민원현장에 경비원을 배치하면서 허가를 받지 아니한 자에게 경비업무를 도급한 자는 3년 이하의 징역 또는 3천만원 이하의 벌금에 처한다.
④ 경비업무의 범위를 벗어난 행위를 한 경비원은 3년 이하의 징역 또는 3천만원 이하의 벌금에 처하고, 경비원이 소속된 법인에게는 3천만원 이하의 벌금형을 과한다.

28. 다음 중 청원경찰법령상 청원경찰의 배치에 관한 설명으로 옳은 것은 모두 몇 개인가?

ㄱ. 청원경찰을 배치받으려는 자는 대통령령으로 정하는 바에 따라 관할 시·도 경찰청장에게 청원경찰 배치를 신청하여야 한다.
ㄴ. 시·도 경찰청장은 배치신청을 받은 후 20일 이내에 배치 여부를 결정하여 신청인에게 알려야 한다.
ㄷ. 시·도 경찰청장은 청원경찰 배치가 필요하다고 인정하는 기관의 장 또는 시설·사업장의 경영자에게 청원경찰을 배치할 것을 요청할 수 있다.
ㄹ. 청원경찰의 배치를 받고자 하는 배치장소가 둘 이상의 도에 해당하는 경우에는 각 사업장의 관할 경찰서장 간의 협의를 통해 배치신청을 할 시·도 경찰청장을 결정한다.
ㅁ. 청원경찰법령상 청원경찰이 배치될 수 있는 곳은 국가기관 또는 공공단체와 그 관리하에 있는 중요시설 또는 사업장, 국내 주재 외국기관으로 한정된다.

① 1개
② 2개
③ 3개
④ 4개

29. 청원경찰법령상 청원경찰의 임용 등에 관한 설명으로 옳지 않은 것은?

① 청원경찰로 임용되기 위해서는 신체가 건강하고 팔다리가 완전하며, 시력(교정시력을 포함한다)은 양쪽 눈이 각각 0.8 이상이어야 한다.
② 청원경찰의 임용자격·임용방법·교육 및 보수에 관하여는 대통령령으로 정한다.
③ 청원경찰의 복무에 관하여는 「국가공무원법」 및 「경찰법」을 준용한다.
④ 청원주가 청원경찰을 임용하였을 때에는 임용한 날부터 10일 이내에 그 임용사항을 관할 경찰서장을 거쳐 시·도 경찰청장에게 보고하여야 한다.

30 청원경찰법령에 관한 설명으로 옳지 않은 것은?

① 청원경찰법은 1962년에 제정되었다.
② 청원경찰 배치신청서에 첨부하여야 할 서류는 경비구역 평면도 1부와 배치계획서 1부이다.
③ 청원주는 경찰청장이 정하는 바에 따라 매월 무기와 탄약의 관리실태를 파악하여 다음 달 3일까지 관할 경찰서장에게 통보하여야 한다.
④ 지방자치단체에 근무하는 청원경찰의 직무상 불법행위에 대한 배상책임에 관하여는 「민법」의 규정을 따른다.

31 청원경찰법령상 청원경찰의 무기휴대 등에 관한 설명으로 옳지 않은 것은?

① 청원주 및 청원경찰은 행정안전부령으로 정하는 무기관리수칙을 준수하여야 한다.
② 청원주가 청원경찰이 휴대할 무기를 대여받으려는 경우에는 관할 경찰서장에게 무기대여를 신청하여야 한다.
③ 시·도 경찰청장이 무기를 대여하여 휴대하게 하려는 경우에는 청원주로부터 국가에 기부채납된 무기에 한정하여 관할 경찰서장으로 하여금 무기를 대여하여 휴대하게 할 수 있다.
④ 무기를 대여하였을 때에는 관할 경찰서장은 청원경찰의 무기관리상황을 수시로 점검하여야 한다.

32 청원경찰을 배치한 A은행은 서울 서초구 서초동에 소재하고 있다. 이 경우 청원경찰법령상 서울특별시경찰청장이 서초경찰서장에게 위임할 수 있는 권한으로 옳지 않은 것은?

① 무기의 관리 및 취급사항을 감독하는 권한
② 과태료 부과·징수에 관한 권한
③ 청원경찰의 임용승인에 관한 권한
④ 청원경찰 배치의 결정 및 요청에 관한 권한

33 경비업법령상 경비협회의 공제사업에 관한 설명으로 옳지 않은 것은?

① 경비협회는 경비원의 복지향상과 업무상 재해로 인한 손실을 보상하기 위한 공제사업을 할 수 있다.
② 경찰청장은 공제사업에 대하여 금융감독원 원장에게 검사를 요청하여야 한다.
③ 공제규정에는 공제사업의 범위, 공제계약의 내용, 공제금, 공제료 및 공제금에 충당하기 위한 책임준비금 등 공제사업의 운영에 관하여 필요한 사항을 정하여야 한다.
④ 경찰청장은 공제규정을 승인하거나 공제사업의 감독에 관한 기준을 정하는 경우에는 미리 금융위원회와 협의하여야 한다.

34 경비업법령상 경비지도사 교육과 특수경비원 신임교육의 공통적인 교육과목에 해당하는 것을 모두 고른 것은?

ㄱ. 경비업법
ㄴ. 응급처치법
ㄷ. 화재대처법
ㄹ. 테러 대응요령
ㅁ. 개인정보보호법에 따른 개인정보 보호지침
ㅂ. 헌법 및 형사법

① ㄴ, ㄷ, ㅁ
② ㄴ, ㄷ, ㅂ
③ ㄱ, ㄴ, ㄷ, ㄹ
④ ㄴ, ㄷ, ㅁ, ㅂ

35 청원경찰의 복제에 관한 설명 중 옳지 않은 것은?

① 제복은 정모(正帽), 기동모, 근무복(하복, 동복), 한여름 옷, 기동복, 점퍼, 비옷, 방한복, 외투, 단화, 기동화 및 방한화로 구분한다.
② 기동모와 기동복의 색상은 진한 녹색으로 한다.
③ 제복의 형태·규격 및 재질은 청원주가 결정하되, 경찰공무원 또는 군인 제복의 색상과 명확하게 구별될 수 있어야 하며, 사업장별로 통일하여야 한다.
④ 장구의 형태·규격 및 재질은 경찰 장구와 같이 한다.

36 경비업법령상 시설주가 무기를 지급할 수 있는 특수경비원은?

① 민사재판에 증인으로 출석 예정인 특수경비원
② 무기를 지급하기에 부적합하다고 인정되는 특수경비원
③ 사직 의사를 표명한 특수경비원
④ 정신질환자인 특수경비원

37 다음은 청원경찰법 제1조의 내용이다. (   ) 안에 들어갈 용어가 아닌 것은?

> 이 법은 청원경찰의 (   ) 및 그 밖에 필요한 사항을 규정함으로써 청원경찰의 원활한 운영을 목적으로 한다.

① 직 무
② 배 치
③ 복 지
④ 사회보장

38 청원경찰법령상 청원경찰의 교육에 관한 설명으로 옳은 것은 모두 몇 개인가?

ㄱ. 청원주는 청원경찰로 임용된 사람으로 하여금 경비구역에 배치하기 전에 경찰교육기관에서 직무수행에 필요한 교육을 받게 하여야 한다. 다만, 경찰교육기관의 교육계획상 부득이하다고 인정할 때에는 우선 배치하고 임용 후 1년 이내에 교육을 받게 할 수 있다.
ㄴ. 의무경찰에서 퇴직한 날부터 3년 이내에 청원경찰로 임용되었을 때에는 직무수행에 필요한 교육을 면제할 수 있다.
ㄷ. 청원경찰에서 퇴직한 날부터 5년 이내에 청원경찰로 임용되었을 때에는 직무수행에 필요한 교육을 면제할 수 있다.
ㄹ. 직무수행에 필요한 교육기간은 2주이며, 수업시간은 80시간이다.
ㅁ. 청원주는 소속 청원경찰에게 그 직무집행에 필요한 교육을 매월 4시간 이상 하여야 한다.

① 1개
② 2개
③ 3개
④ 4개

39 청원경찰법령상 벌칙 및 과태료에 관한 내용으로 옳은 것은?

① 청원경찰이 직무를 수행할 때 직권을 남용하여 국민에게 해를 끼친 경우 1년 이하의 징역 또는 1,000만원 이하의 벌금에 처한다.
② 청원경찰로서 청원경찰법 제9조의4를 위반하여 파업, 태업 또는 그 밖에 업무의 정상적인 운영을 방해하는 쟁의행위를 한 자는 1년 이하의 징역이나 금고에 처한다.
③ 시·도 경찰청장의 배치 결정을 받지 아니하고 청원경찰을 배치한 청원주에게는 500만원 이하의 과태료를 부과한다.
④ 청원경찰로서 직무에 관하여 거짓으로 보고하거나 통보하는 자에게는 500만원 이하의 과태료를 부과한다.

40 다음 중 청원경찰법령상 청원주와 관할 경찰서장이 갖추어 두어야 할 문서와 장부로서 공통적인 것을 모두 고른 것은?

ㄱ. 청원경찰 명부
ㄴ. 감독 순시부
ㄷ. 징계요구서철
ㄹ. 순찰표철
ㅁ. 배치결정 관계철
ㅂ. 교육훈련 실시부
ㅅ. 전출입 관계철
ㅇ. 무기·탄약 대여대장

① ㄱ, ㄹ
② ㄱ, ㅂ
③ ㄹ, ㅂ, ㅇ
④ ㄱ, ㄷ, ㅂ, ㅅ

제3회 경호학

41 경호행사 시 주의력효과와 대응효과에 관한 설명으로 옳지 않은 것은 모두 몇 개인가?

ㄱ. 주의력효과와 대응효과는 서로 상반된 개념이므로 위치 선정에 유의해야 한다.
ㄴ. 대응력은 경호대상자를 보호하고 대피시켜 신변을 보호하는 능력이다.
ㄷ. 주의력은 위해자를 사전에 색출하기 위한 노력으로 예리한 사주경계가 요구된다.
ㄹ. 대응효과 측면에서는 경호원이 경호대상자와의 거리를 좁히는 것이 효과적이다.
ㅁ. 주의력효과 측면에서는 경호원과 경계대상과의 거리가 멀수록 유리하다.

① 1개
② 2개
③ 3개
④ 4개

42 다음 중 경호의 원칙에 관한 설명으로 옳지 않은 것을 모두 고른 것은?

ㄱ. 3중 경호의 원칙 : 경호대상자가 위치한 집무실이나 행사장으로부터 내부, 내곽, 외곽으로 구분하여 경호 행동반경을 거리개념으로 설명한 것이다.
ㄴ. 은밀경호의 원칙 : 경호대상자의 얼굴을 닮은 경호원 또는 비서관을 임명하여 경호위해자로부터 경호대상자를 은밀하게 보호하는 방법이다.
ㄷ. 자기희생의 원칙 : 경호대상자를 암살자 또는 위해를 가할 가능성이 있는 자로부터 떼어 놓아야 한다.
ㄹ. 두뇌경호의 원칙 : 사전에 치밀한 계획을 세우고 준비를 철저히 하여 위험요소를 제거하는 데 중점을 두며, 경호임무 수행 중 긴급하고 위험한 상황이 발생하였을 때에는 고도의 예리하고 순간적인 판단력이 중요시된다.
ㅁ. 방어경호의 원칙 : 경호대상자는 어떠한 상황하에서도 절대적으로 보호되어야 한다.
ㅂ. 하나의 통제된 지점을 통한 접근의 원칙 : 하나의 통제된 출입구나 통로라 하더라도 접근자는 경호요원에 의하여 인지되고 확인되어야 하며 허가절차를 거쳐 접근토록 해야 한다.

① ㄱ, ㄴ, ㄷ
② ㄱ, ㄹ, ㅂ
③ ㄴ, ㄷ, ㅁ
④ ㄹ, ㅁ, ㅂ

43 다음 구한말 경호기관 중에서 시대순(과거부터)으로 세 번째에 해당하는 경호기관의 명칭은?

① 무위영
② 황궁경위국
③ 무위소
④ 친위대

44 선발경호에 관한 설명으로 옳지 않은 것은?

① 사전예방경호활동이다.
② 행사장의 취약요소를 판단하여 필요한 안전조치를 강구하고 행사장을 안전하게 확보·유지하는 경호활동이다.
③ 예방적 경호조치는 위해자의 입장이 아닌 경호원의 입장에서 면밀히 분석되고 조치되어야 한다.
④ 각 근무자별로 부여된 임무수행을 위한 활동계획을 세우고 점검활동을 위한 점검리스트를 작성한다.

45 사주경계에 관한 설명으로 옳은 것은 모두 몇 개인가?

ㄱ. 인적 경계대상은 위해 가능한 인원으로 제한하며 사회적 권위와 지위를 고려한다.
ㄴ. 위해기도자가 은폐하기 좋은 장소나 공격하기 용이한 장소도 경계대상이다.
ㄷ. 시각의 한계를 고려하여 주위경계의 범위를 선정하고, 인접한 경호원과의 경계범위를 중복되지 않게 실시한다.
ㄹ. 경호행사 시 영향을 미칠 수 있는 간접적 위해요인도 경계대상이다.

① 1개
② 2개
③ 3개
④ 4개

46 경호조직의 구성원칙에 관한 설명으로 옳은 것은?

① 경호협력성의 원칙 – 경호조직과 국민과의 관계에서 요구되는 것으로, 경호대상자를 위한 완벽한 경호를 위해서는 국민들의 협력이 필수요소이다.
② 경호체계통일성의 원칙 – 명령과 지휘체계는 반드시 하나의 계통으로 구성해야 한다는 원칙으로 경호업무가 긴급성을 요한다는 점에서도 요청된다.
③ 경호지휘단일성의 원칙 – 일반기업의 책임과 분업원리와 연계되는 경호조직의 원칙이다.
④ 경호기관단위작용의 원칙 – 경호기관을 관리하기 위한 지휘권 및 장비가 편성되어 있어야 한다는 원칙으로, 경호조직의 관리 등의 최종결정은 경호조직원 모두에게 있다.

47 다음 중 근접경호의 악수 시 대형에 관한 내용으로 옳지 않은 것은 모두 몇 개인가?

ㄱ. 경호대상자와 불특정 다수인의 악수행위는 위해의 노출 기회가 가장 많으므로 최근접 경호를 강화한다.
ㄴ. 전방 경호원은 우발상황 발생 시 방어와 대적 업무를 수행해야 한다.
ㄷ. 후방 경호원은 경호대상자와 악수하거나 악수를 마친 자들에 대한 경계근무를 강화한다.
ㄹ. 후방 경호원은 악수 대기자들의 수상한 행동, 눈빛, 손 등을 주시하면서 경호대상자를 보호한다.

① 없음
② 1개
③ 2개
④ 3개

48 입국하는 국빈, 장관급 이상의 관료 등에 대한 경호를 목적으로 총포를 소지하고 입국하려는 사람이 총포의 일시 반출입 및 일시 소지 허가를 신청할 경우 경찰청장에게 신고하여야 할 내용이 아닌 것은?

① 입국자의 국적 및 여권번호
② 입국이나 출국의 일시, 이용 항공 등 교통편명
③ 총포의 종류, 제품명, 일련번호
④ 총포의 이력추적관리 내역

49 검식활동에 관한 설명으로 옳은 것은?

① 조리가 완료된 후에는 검식활동이 종료된다.
② 식재료의 신선도는 검식활동의 영역 밖의 일이다.
③ 검식활동은 사전예방경호에 해당한다.
④ 경호대상자에게 식음료 운반 시 원거리 감시를 실시한다.

50 다음 중 선도경호차량 - VIP차량 - 후미경호차량으로 구성된 차량대형에서 선도경호차량의 역할에 해당하는 것은 모두 몇 개인가?

ㄱ. 행사시간에 맞게 주행속도를 조절한다.
ㄴ. 전방의 각종 상황에 대한 경계임무를 수행한다.
ㄷ. 기동 간 이동지휘소의 역할을 한다.
ㄹ. 경호요원이나 의료진의 이동수단이 된다.
ㅁ. VIP 예비차량의 임무를 수행한다.

① 1개
② 2개
③ 3개
④ 4개

51 대통령 등의 경호에 관한 법률상 다음 ( ) 안에 들어갈 내용은?

> 소속공무원과 관계기관의 공무원으로서 경호업무를 지원하는 사람은 경호 목적상 불가피하다고 인정되는 상당한 이유가 있는 경우에만 ( )에서 질서유지, 교통관리, 검문·검색, 출입통제, 위험물 탐지 및 안전조치 등 위해 방지에 필요한 안전활동을 할 수 있다.

① 안전구역
② 경계구역
③ 통제구역
④ 경호구역

52 경호업무 수행절차에 관한 설명으로 옳지 않은 것은?

① 준비단계에서는 법과 제도를 정비하여 우호적인 경호환경을 조성한다.
② 대비단계에서는 위험요소에 대한 거부작전을 실시한다.
③ 실시단계에서는 행사장의 취약요소에 대한 안전대책을 강구한다.
④ 평가단계에서는 경호실시 결과를 분석하고 평가하여 보완한다.

53 경호임무 수행 시 발생한 환자유형별 응급처치 방법으로 옳지 않은 것은?

① 얼굴이 붉은 인사불성환자의 경우 머리와 어깨를 낮게 하여 안정시킨다.
② 두부손상환자는 귀나 코를 통해 혈액과 함께 흘러나오는 액체를 막지 말고 그냥 흐르게 한다.
③ 화상환자는 화상부위를 심장보다 높게 올리도록 한다.
④ 골절환자의 경우 찬물 찜질을 하고 부상부위를 높여 준다.

54 차량경호에 관한 설명으로 옳은 것은?

① 운전요원은 경호대상자의 위험지역 하차 후 즉시 그 지역을 신속히 벗어나야 한다.
② 같은 방향으로 2대의 경호차량이 교차로에 진입 시 방호차원에서 우측 경호차량이 우선 통과해야 한다.
③ 공격받을 위험성은 정차하고 있는 차량보다 주행하고 있는 차량이 더 높다.
④ 근접도보경호에 비해 차량경호는 위해자가 범행을 가할 수 있는 기회가 더욱 많다.

55 범죄 발생에 따른 초동조치와 현장보존방법에 관한 설명으로 옳지 않은 것은?

① 범행현장에서 현행범으로 판단될 경우 경찰뿐 아니라 민간경호원 등 누구나 영장 없이 체포할 수 있다.
② 범행현장에서 가스 누출 발생 시 즉시 선풍기나 배기팬을 작동시켜 환기시킨다.
③ 범죄현장의 범위를 최초에는 광범위한 지역으로 설정한 후 점차 축소해간다.
④ 범죄 발생 건물 소유자 등 관리권을 가진 자라도 범죄현장에 대해 경찰관의 출입통제에 따라야 한다.

56 경호장비에 관한 설명으로 옳지 않은 것은?

① 호신장비는 자신의 생명과 신체가 위험한 상태에 놓였을 때 스스로 보호하는 데 사용하는 도구이다.
② 방호장비는 경호대상자가 사용하는 시설물을 보호하기 위한 장치를 말한다.
③ 검측장비는 위해기도자의 침입이나 범죄행위를 감시하고, 거동수상자의 동태를 추적하는 장비를 말한다.
④ 기동장비는 경호대상자의 경호를 위하여 사용하는 기동수단을 말한다.

57 대통령 등의 경호에 관한 법률의 내용으로 옳지 않은 것은?

① 대통령경호처장은 직무상 필요하다고 인정할 때에는 국가기관, 지방자치단체, 그 밖의 공공단체의 장에게 그 공무원 또는 직원의 파견이나 그 밖에 필요한 협조를 요청할 수 있다.
② 대한민국의 국적을 가지지 아니한 사람은 대통령경호처 직원으로 임용될 수 없다.
③ 비밀엄수규정의 적용을 받는 사람은 소속 공무원, 퇴직한 사람, 원 소속 기관에 복귀한 사람이다.
④ 5급 이상 경호공무원과 5급 상당 이상 별정직 국가공무원은 대통령경호처 차장의 제청으로 대통령경호처장이 임용한다.

58 경호경찰관이 무기사용으로 위해를 주어도 면책되는 경우가 아닌 것은?

① 정당방위와 긴급피난에 해당할 때
② 대간첩 작전 수행 과정에서 무장간첩이 항복하라는 경찰관의 명령을 받고도 따르지 아니할 때
③ 사형·무기 또는 장기 3년 이상의 징역이나 금고에 해당하는 죄를 범하거나 범하였다고 의심할 만한 충분한 이유가 있는 사람이 경찰관의 직무집행에 항거하거나 도주하려고 할 때
④ 범인이나 소요를 일으킨 사람이 위험한 물건을 지니고 경찰관으로부터 2회 이상 물건을 버리라는 명령이나 항복하라는 명령을 받고도 따르지 아니하면서 계속 항거할 때

59 경호의 주체 및 객체에 관한 설명으로 옳은 것은?

① 경호는 경호의 객체의 신변안전에 위협이 되는 제반 경호환경을 경호의 주체가 관리하고 통제하는 과정이다.
② 퇴임 후 7년이 된 전직대통령과 그 직계존비속은 대통령경호처의 경호대상에 해당한다.
③ 5급 이상 경호공무원과 5급 상당 이상 별정직 국가공무원은 대통령경호처 차장의 제청으로 대통령경호처장이 임용한다.
④ 전직대통령이 형사처분을 회피할 목적으로 외국정부에 도피처 또는 보호를 요청한 경우 '필요한 기간의 경호 및 경비(警備)'의 예우를 하지 아니한다.

60 출입자 통제대책에 관한 설명으로 옳은 것은?

① 행사장 내의 모든 출입자와 반입물품은 지정된 통로만을 사용하여야 하며 기타 통로는 자유롭게 출입을 허용해야 한다.
② 2선 경비구역은 행사 참석자를 비롯한 모든 출입요소의 1차 통제점이다.
③ 행사가 대규모일 때에는 참석대상이나 좌석별 출입통로를 선정할 필요가 없고 출입을 자유롭게 허용해야 한다.
④ 행사장 출입관리는 면밀하게 실시하여야 하며 안전검색을 철저히 하기 위하여 기본예절을 지킬 필요는 없다.

61 암살의 동기에 관한 설명으로 옳지 않은 것은?

① 정신분열증, 편집증, 조울증 등은 암살의 개인적 동기에 해당된다.
② 금전적 보상 혹은 경제적 어려움을 해소하기 위하여 피암살자의 희생이 필요하다는 신념은 암살의 경제적 동기에 해당한다.
③ 암살자가 극히 중요하다고 생각하는 사상을 암살대상자들이 위태롭게 하고 있다고 생각하는 것은 암살의 이념적 동기에 해당된다.
④ 정권을 바꾸거나 교체하려는 욕망은 암살의 정치적 동기에 해당한다.

62 다음은 기동 간 차량 운전방법 중 신호등 대기 시 운전방법에 관한 내용이다. (   ) 안에 들어갈 알맞은 말을 순서대로 바르게 나열한 것은?

> 신호등 대기 시 선도경호차량은 대형 전체가 동시에 통과 가능한지 판단하고, 대형 전체가 통과 불가능한 때에는 (   )에 접근해서 정차를 한다. 경호대상자 차량은 선도경호차량과 2~3m의 간격을 유지시킨 상태에서 선도경호차량 (   )에 정차하며, 후미경호차량은 경호대상자의 (   )에 정차하여 경호대상자 차량의 노출을 방지하면서 방호임무를 수행한다.

① 갓길, 좌측 1차로, 좌측 2차로
② 갓길, 좌측 1차로, 좌측 3차로
③ 중앙선, 우측 1차로, 우측 2차로
④ 중앙선, 우측 1차로, 우측 3차로

63 근접경호작용에 관한 설명으로 옳지 않은 것은?

① 근접경호는 노출성, 방벽성, 기만성, 기동 및 유동성, 방호 및 대피성 등의 특성을 갖고 있다.
② 행사 시 각종 위해요소로부터 경호대상자의 신변보호를 위해 기동 간 및 행사장에서 실시하는 호위활동이다.
③ 경호대상자가 행사장에 도착하기 전에 현장조사를 실시하고 효과적인 경호협조와 준비를 하는 활동이다.
④ 근접경호요원은 위해공격에 대비하여 제반사항들을 철저히 계획하고, 우발상황 발생 시 피해를 최소화하겠다는 태도로 임무를 수행하여야 한다.

64 우리나라 경호공무원에 관한 설명으로 옳은 것은?

① 경찰청장의 제청으로 검찰총장이 지명한 경호공무원은 일정 범위 내에서 사법경찰관리의 직무를 수행할 수 있다.
② 소속공무원이 경호처의 직무와 관련된 사항을 발간하거나 그 밖의 방법으로 공표하려면 미리 차장의 허가를 받아야 한다.
③ 경호공무원의 유족은 국가유공자 등 예우 및 지원에 관한 법률에 따른 보상의 대상이 되지 아니한다.
④ 경호공무원이 신체적·정신적 이상으로 6개월 이상 직무를 수행하지 못할 만한 지장이 있을 때에는 직권면직의 대상이 된다.

65 보안업무규정상 보호지역이 아닌 것은?

① 통제구역 ② 제한지역
③ 제한구역 ④ 보호구역

66 행사를 주도적으로 준비하고 총괄하는 주무 담당관으로서 주로 경호상황본부를 담당하는 자는?

① 작전 담당자 ② 출입통제 담당자
③ 주행사장 담당자 ④ 안전대책 담당자

67 근접경호요원의 준수사항으로 옳은 것을 모두 고른 것은?

ㄱ. 항상 수행 비서팀과의 긴밀한 협조 및 무선망의 운용이 필요하다.
ㄴ. 각각의 경호조장을 중심으로 한 절대적 명령복종의 체제를 유지해야 한다.
ㄷ. 복장은 보호색의 원리에 따라 노출적 근무를 해야 한다.
ㄹ. 책임을 완수하기 위해서는 과감한 육탄방어 정신에 의한 경호 임무를 수행해야 한다.
ㅁ. 근접경호요원은 예의와 친절에 신경을 쓰지 말고 경호 업무에만 전념해야 한다.

① ㄱ, ㄴ, ㄹ ② ㄱ, ㄷ, ㄹ
③ ㄷ, ㄹ, ㅁ ④ ㄱ, ㄴ, ㄷ, ㄹ, ㅁ

68 국빈행사 시 의전서열에 관한 설명으로 옳은 것은?

① 외국방문 시 의전관행은 항상 자국 관행이 방문국 관행보다 우선한다.
② 좌석 서열 배치는 지위가 비슷한 경우 남자를 여자보다 우선한다.
③ 공식 서열은 신분별 지위에 따라 인정된 서열로 국제적으로 동일하게 적용한다.
④ 비공식 서열의 경우 원만하고 조화된 좌석배치를 위해서 서열 결정상의 원칙은 다소 조정될 수 있다.

69 순교적 테러리스트에 관한 설명으로 옳은 것은?

① 이념보다는 개인적 이유로 인해 테러행위를 자행한다.
② 이념적으로 동기화되어 정치적·종교적 신념의 영향을 받는다.
③ 정신적 장애가 있는 사람들에 의한 테러행위이다.
④ 부적절한 영웅숭배 혹은 전화폭력을 일삼는다.

70 경호보안활동에서 '보안과 능률의 원칙'에 관한 설명인 것은?

① 보안을 지나치게 강조할 경우 생산된 정보가 사용자에게 제대로 전달되지 않아 정책결정에 사용하지 못할 수 있다.
② 사용자가 필요한 만큼 적당한 양의 정보를 전달하도록 한다.
③ 알 필요성이 없는 사람은 경호대상자에 관한 정보에 접근해서는 안 된다.
④ 내용과 가치의 정도에 따라 다른 비밀과 관련되지 않게 독립시켜야 한다.

71 다음 중 근접경호 도보대형을 검토할 때 고려 사항이 아닌 것은 모두 몇 개인가?

> ㄱ. 주변 감시통제 건물의 취약도
> ㄴ. 행사장 사전예방경호의 수준
> ㄷ. 행사장 참석자 인원수 및 성향
> ㄹ. 행차로와 환차로 등 주변 도로망 파악
> ㅁ. 대피소 및 최기병원 선정 등 주변 구호시설의 파악
> ㅂ. 공식, 비공식행사 등 행사 성격

① 1개
② 2개
③ 3개
④ 4개

72 대통령 등의 경호에 관한 법률에 관한 설명으로 옳지 않은 것은?

① 경호처장은 6급 이하 경호공무원과 6급 상당 이하 별정직 국가공무원에 대하여 모든 임용권을 가진다.
② 5급 이상 경호공무원의 전보·휴직·겸임·파견·직위해제 등에 관한 사항은 경호처장이 행한다.
③ 임용권자는 경호공무원이 직무 수행 능력이 현저하게 부족하거나 근무태도가 극히 불량하여 직원으로서 부적합하다고 인정될 때에는 행정안전부령으로 정하는 바에 따라 고등징계위원회의 동의를 받아 면직할 수 있다.
④ 경호공무원 각 계급의 직무의 종류별 명칭은 대통령령으로 정한다.

73 대통령경호안전대책위원회규정상 다음의 업무분장에 해당하는 자는?

- 입수된 경호 관련 첩보 및 정보의 신속한 전파·보고
- 위해요인의 제거
- 정보 및 보안대상기관에 대한 조정
- 행사참관 해외동포 입국자에 대한 동향파악 및 보안조치
- 그 밖에 국내·외 경호행사의 지원

① 국군방첩사령부 소속 장성급 장교 또는 2급 이상의 군무원 중 위원장이 지명하는 1명
② 국가정보원 테러정보통합센터장
③ 외교부 의전기획관
④ 법무부 출입국·외국인정책본부장

74 국민보호와 공공안전을 위한 테러방지법에 관한 설명으로 옳지 않은 것은?

① 국가 및 지방자치단체는 테러로부터 국민의 생명·신체 및 재산을 보호하기 위하여 테러의 예방과 대응에 필요한 제도와 여건을 조성하고 대책을 수립하여 이를 시행하여야 한다.
② 대테러활동에 관하여 다른 법률에 우선하여 적용한다.
③ 대테러활동과 관련하여 국가테러대책위원회를 두고, 이 위원회는 국가 대테러활동 관련 임무분담 및 협조사항 실무조정을 수행한다.
④ 국가정보원장은 정보 수집 및 분석의 결과 테러에 이용되었거나 이용될 가능성이 있는 금융거래에 대하여 지급정지 등의 조치를 취하도록 금융위원회 위원장에게 요청할 수 있다.

75 응급처치 및 구급법에 관한 설명으로 옳은 것은?

① 심폐소생술의 순서는 기도개방 – 가슴압박 – 인공호흡이다.
② 심폐소생술 실시 중 자발적인 호흡으로 회복되어도 계속 흉부(가슴)압박을 실시한다.
③ 자동심장충격기 사용 시 요동 방지를 위해 환자를 붙잡은 상태에서 제세동을 실시한다.
④ 심폐소생술의 흉부(가슴)압박은 분당 100~120회 속도로 실시한다.

76 암살에 관한 설명으로 옳지 않은 것은?

① 암살범의 적개심과 과대망상적 사고는 개인적 동기에 해당된다.
② 뉴테러리즘의 일종으로 불특정 다수를 대상으로 한다.
③ 암살범은 자신을 학대하고 무능력을 비판하는 심리적 특징을 보이는 경우도 있다.
④ 암살범은 암살에 대한 동기가 확연해지면 빠른 수행방법을 모색하는 경향이 있다.

77 다음 중 경호의 환경 중 일반적 환경요인(A)과 특수적 환경요인(B)을 바르게 연결한 것은?

	A	B
①	범죄의 다양화와 증가	정보화 및 범죄의 광역화
②	수출소득의 증대	지역이기주의
③	북한의 위협	한국의 국제적 지위 향상
④	증오범죄의 등장	생활양식과 국민의식의 변화

78 우발상황에 관한 설명으로 옳은 것은 모두 몇 개인가?

ㄱ. 사전예측이 불가능하므로 즉각조치가 어렵다.
ㄴ. 자기보호본능으로 위해가해자에 대한 대적과 제압이 제한적이다.
ㄷ. 즉각조치의 과정은 경고 – 대피 – 방호의 순서로 전개된다.
ㄹ. 경고 시 방향이나 위치 등에 대해 명확한 내용으로 전달한다.
ㅁ. 경고와 동시에 대적 여부는 촉수거리의 원칙에 따라 위해기도자와 가장 가까이에 있는 경호원이 판단·대응한다.
ㅂ. 폭발물 공격을 받았을 때는 방어적 원형 대형을 형성한다.

① 1개
② 2개
③ 3개
④ 4개

79 경비수단에 관한 다음의 설명 중 옳은 내용으로 묶은 것은?

ㄱ. 경비수단에는 직접적인 실력행사와 간접적인 실력행사가 있다.
ㄴ. 직접적인 실력행사는 경비사태 발생 시 상대방에게 물리적인 힘을 가하여 범죄의 실행을 불가능하게 하는 것을 말한다.
ㄷ. 일본 판례에 따르면 해산을 촉구하기 위해 경찰봉으로 밀어내는 행위는 직접적 실력행사로 보고 있다.
ㄹ. 주의를 주거나 일정한 행위를 요구하는 임의처분이나 해산명령은 간접적 실력행사에 포함된다.

① ㄱ, ㄴ
② ㄱ, ㄷ
③ ㄴ, ㄹ
④ ㄷ, ㄹ

80 경호의 개념에 관한 설명으로 옳은 것은 모두 몇 개인가?

ㄱ. 경호의 본질적·이론적인 입장에서 이해한 것으로, 학문적 측면에서 고찰된 개념은 실질적 의미의 경호개념이다.
ㄴ. 경호기관을 기준으로 하여 정립된 개념은 형식적 의미의 경호개념이다.
ㄷ. 경호대상자의 신변안전을 위하여 사용 가능한 모든 수단과 방법을 동원하는 것은 실질적 의미의 경호개념에 해당한다.
ㄹ. 수많은 경호작용 중에서 공통적인 특성을 추상화한 개념은 실질적 의미의 경호개념이다.

① 1개
② 2개
③ 3개
④ 4개

제4회 경비업법

◆ 각 문항별로 난이도를 체크해 보세요. ◎△×   ◆ Time   분 | 해설편 112p

◆ 중요문제 / 틀린 문제 CHECK

01	02	03	04	05	06	07	08	09	10	11	12	13	14	15	16	17	18	19	20
21	22	23	24	25	26	27	28	29	30	31	32	33	34	35	36	37	38	39	40

01 경비업법상 용어에 관한 설명으로 옳지 않은 것은?

CHECK
○△×

① 시설경비업무란 경비대상시설에서의 도난·화재 그 밖의 혼잡 등으로 인한 위험발생을 방지하는 업무를 말한다.
② 신변보호업무란 사람의 생명이나 신체에 대한 위해의 발생을 방지하고 그 신변을 보호하는 업무를 말한다.
③ 특수경비업무란 공항(항공기를 포함한다) 등 행정안전부령이 정하는 국가중요시설의 경비 및 도난·화재 그 밖의 위험발생을 방지하는 업무를 말한다.
④ 혼잡·교통유도경비업무란 도로에 접속한 공사현장 및 사람과 차량의 통행에 위험이 있는 장소 또는 도로를 점유하는 행사장 등에서 교통사고나 그 밖의 혼잡 등으로 인한 위험발생을 방지하는 업무를 말한다.

02 경비업법상 기계경비업무에 관한 설명으로 옳지 않은 것은?

CHECK
○△×

① 경비대상시설에 관한 경보를 수신한 때에는 신속하게 그 사실을 확인하는 등 필요한 대응조치를 취하여야 하며, 이를 위한 대응체제를 갖추어야 한다.
② 경비업과 경비장비의 제조·설비·판매업 등 대통령령이 정하는 경비관련업 외의 영업을 하여서는 안 된다.
③ 경비계약을 체결하는 때에는 오경보를 막기 위하여 계약상대방에게 기기사용요령 및 기계경비운영체계 등에 관하여 설명하여야 하며, 각종 기기가 오작동되지 아니하도록 관리하여야 한다.
④ 대응조치 등 업무의 원활한 운영과 개선을 위하여 대통령령이 정하는 바에 따라 관련 서류를 작성·비치하여야 한다.

03 경비업법령상 경비지도사 시험 등에 관한 설명으로 옳지 않은 것은?

① 경비지도사 시험은 매년 1회 이상 시행한다.
② 제1차 시험과 제2차 시험을 병합하여 실시하는 경우에는 제1차 시험에 불합격한 자가 치른 제2차 시험은 이를 무효로 한다.
③ 경찰청장은 경비지도사 시험의 실시계획에 따라 시험을 실시하고자 하는 때에는 응시자격·시험과목·시험일시·시험장소 및 선발예정인원 등을 시험 시행일 6개월 전까지 공고하여야 한다.
④ 제1차 시험에 합격한 자에 대하여는 다음 회의 시험에 한하여 제1차 시험을 면제한다.

04 경비업법령상 특수경비원의 무기관리수칙에 관한 내용이다. (   ) 안에 들어갈 내용을 순서대로 바르게 연결한 것은?

(   )은 (   ) 및 특수경비원의 무기관리상황을 매월 (   )회 이상 점검하여야 한다.

① 시·도 경찰청장 - 시설주 - 1
② 시·도 경찰청장 - 청원주 - 2
③ 관할 경찰관서장 - 시설주 - 1
④ 관할 경찰관서장 - 청원주 - 2

05 경비업법령상 경비지도사의 직무 및 선임에 관한 설명으로 옳지 않은 것은?

① 경비업자는 선임·배치된 경비지도사에 결원이 있거나 자격정지 등의 사유로 그 직무를 수행할 수 없는 때에는 30일 이내에 새로이 충원하여야 한다.
② 경비지도사는 경비원의 지도·감독·교육에 관한 계획의 수립·실시 및 그 기록의 유지를 하여야 한다.
③ 경비지도사는 경찰기관 및 소방기관과의 연락방법에 대해 지도해야 한다.
④ 경비지도사가 선임·배치된 시·도 경찰청의 관할구역과 경계를 맞닿아 인접한 시·도 경찰청의 관할구역에 배치된 경비원이 30명 이하인 경우에는 경비지도사를 따로 선임·배치하지 않을 수 있다.

06 경비업법령상 경비업의 허가를 받으려는 법인이 갖추어야 하는 업무별 경비인력과 자본금에 관한 기준을 바르게 연결한 것은?

① 시설경비업무 - 일반경비원 10명 이상, 경비지도사 1명 이상, 자본금 1억원 이상
② 신변보호업무 - 무술유단자인 일반경비원 3명 이상, 경비지도사 1명 이상, 자본금 1억원 이상
③ 기계경비업무 - 전자·통신 분야 기술 자격증 소지자 5명을 포함한 일반경비원 10명 이상, 경비지도사 1명 이상, 자본금 3억원 이상
④ 특수경비업무 - 특수경비원 10명 이상, 경비지도사 1명 이상, 자본금 3억원 이상

07 경비업법령상 특수경비원의 직무 및 무기사용 등에 관한 설명으로 옳은 것은?

① 관할 경찰관서장은 국가중요시설에 대한 경비업무의 수행을 위하여 필요하다고 인정하는 때에는 시설주의 신청에 의하여 무기를 구입한다.
② 관할 경찰관서장은 무기의 적정한 관리를 위하여 무기를 대여받은 시설주에 대하여 필요한 명령을 발할 수 있다.
③ 시설주가 대여받은 무기에 대하여 관할 경찰관서장은 무기의 관리책임을 지고, 시설주 및 관할 경찰관서장은 특수경비원의 무기관리상황을 대통령령이 정하는 바에 따라 지도·감독하여야 한다.
④ 특수경비원의 무기휴대, 무기종류, 그 사용기준 및 안전검사의 기준 등에 관하여 필요한 사항은 행정안전부령으로 정한다.

08 경비업법령상 허가증 등의 수수료에 관한 설명으로 옳지 않은 것은?

① 경비업의 추가·변경·갱신허가의 경우에는 2만원의 수수료를 납부하여야 한다.
② 경비업의 허가를 받거나 허가증을 재교부받고자 하는 자는 수수료를 허가 등의 신청서에 수입인지를 첨부하여 납부한다.
③ 경비지도사 시험에 응시하고자 하는 자는 28,000원의 응시수수료를 납부하여야 한다.
④ 경비지도사 1차 시험이 면제되는 자는 18,000원의 응시수수료를 납부한다.

09 경비업법령상 특수경비업자에 관한 설명으로 옳지 않은 것은?

① 특수경비업자는 첫 업무개시의 신고를 하기 전에 시·도 경찰청장의 비밀취급인가를 받아야 한다.
② 비밀취급인가 신청에 대해 시·도 경찰청장은 특수경비업자로 하여금 직접 국가정보원장에게 보안측정을 요청하도록 할 수 있다.
③ 특수경비업자는 국가중요시설에 대한 특수경비업무를 중단하게 되는 경우에는 미리 이를 경비대행업자에게 통보하여야 하며, 경비대행업자는 통보받은 즉시 그 경비업무를 인수하여야 한다.
④ 특수경비업자는 공항·항만·원자력발전소 등의 시설 중 국가정보원장이 지정하는 국가보안목표시설에 대한 경비업무를 담당한다.

10 경비업법령상 신고 또는 통보 등에 관한 설명으로 옳지 않은 것은?

① 경비업자가 휴업을 한 경우에는 휴업한 날부터 7일 이내에 휴업신고서를 법인의 주사무소를 관할하는 시·도 경찰청장 또는 해당 시·도 경찰청 소속의 경찰서장에게 제출하여야 하고, 휴업신고서를 제출받은 경찰서장은 지체 없이 관할 시·도 경찰청장에게 보내야 한다.
② 휴업신고를 한 경비업자가 신고한 휴업기간이 끝나기 전에 영업을 다시 시작하거나 신고한 휴업기간을 연장하려는 경우에는 영업을 다시 시작한 후 7일 이내에 또는 신고한 휴업기간이 끝난 후 7일 이내에 영업재개신고서 또는 휴업기간연장신고서를 제출하여야 한다.
③ 시·도 경찰청장은 행사장등(행사장, 그 밖에 많은 사람이 모이는 시설 또는 장소)에서 혼잡 등으로 인한 위험의 발생을 방지하기 위하여 경비가 필요하다고 인정하는 경우에는 행사의 주최자나 시설 또는 장소의 관리자에게 행사장등에 경비원을 배치하도록 요청하여야 한다.
④ 시설주는 무기를 수송하는 때에는 출발하기 전에 관할 경찰서장에게 그 사실을 통보하여야 하며, 통보를 받은 관할 경찰서장은 1인 이상의 무장경찰관을 무기를 수송하는 자동차 등에 함께 타도록 하여야 한다.

11 경비업법령상 경비업자에 대한 허가관청의 행정처분으로 옳지 않은 것은?

① 경비업자가 허위 그 밖의 부정한 방법으로 허가받은 경우 허가관청은 허가를 취소하여야 한다.
② 정당한 사유 없이 허가를 받은 날부터 2년 이내에 경비 도급실적이 없거나 계속하여 1년 이상 휴업한 때에는 허가를 취소하여야 한다.
③ 경비업법에 의한 감독상 명령을 위반한 때에는 6개월 이내의 기간을 정하여 영업의 전부 또는 일부에 대하여 영업정지를 명할 수 있다.
④ 영업정지처분을 받고도 계속 영업을 한 때에는 1년 이내의 기간을 정하여 영업의 전부에 대하여 영업정지를 명하여야 한다.

12 경비업법령상 관할 경찰관서장이 집단민원현장에 일반경비원 배치허가 신청을 받은 경우에 배치허가를 하여서는 아니 되는 경우로 옳지 않은 것은?

① 경비업무의 범위를 벗어난 행위를 할 우려가 있는 경우
② 결격자가 100분의 21 이상 포함되어 있는 경우
③ 경비원의 복장·장비 등에 대하여 내려진 필요한 명령을 이행하지 아니하는 경우
④ 직무교육을 받지 아니한 사람이 대통령령으로 정하는 기준 이상으로 포함되어 있는 경우

13 경비업법령상 경비원의 명부 작성·비치에 관한 설명으로 옳지 않은 것은?

① 경비업자는 행정안전부령으로 정하는 바에 따라 경비원의 명부를 작성·비치하여야 한다.
② 집단민원현장에 배치되는 일반경비원의 명부는 그 경비원이 배치되는 장소에도 작성·비치하여야 한다.
③ 집단민원현장에 일반경비원을 배치하면서 경비원의 명부를 배치장소에 작성·비치하지 아니한 경우는 상대적(임의적) 허가취소·영업정지사유에는 해당하지만, 과태료부과사유에는 해당하지 않는다.
④ 경비원의 명부를 작성·비치하여야 하는 출장소는 주사무소 외의 장소로서 일상적으로 일정 지역 안의 경비업무를 지휘·총괄하는 영업거점인 지점·지사 또는 사업소 등의 장소로 한다.

14 경비업법령상 각 경비법인이 선임·배치해야 할 경비지도사의 최소 인원은?

A 경비법인
• 혼잡·교통유도경비업무 : 서울특별시 280명, 전라남도 150명
• 기계경비업무 : 제주특별자치도 30명

B 경비법인
• 시설경비업무 : 서울특별시 200명, 전라남도 150명
• 호송경비업무 : 제주특별자치도 30명
• 기계경비업무 : 서울특별시 100명, 제주특별자치도 30명

C 경비법인
• 시설경비업무 : 서울특별시 300명, 대전광역시 250명, 전라남도 180명
• 신변보호업무 : 제주특별자치도 30명

① A : 4명, B : 3명, C : 6명
② A : 5명, B : 3명, C : 7명
③ A : 4명, B : 4명, C : 6명
④ A : 5명, B : 4명, C : 7명

15 다음 중 경비업법령상 경비업의 허가에 관한 설명으로 옳지 않은 것을 모두 고른 것은?

ㄱ. 경비업 허가의 유효기간은 경비업의 개시일로부터 5년으로 한다.
ㄴ. 법인의 명칭을 변경할 때에는 그 법인의 주사무소의 소재지를 관할하는 시·도 경찰청장의 허가를 받아야 한다.
ㄷ. 정관변경이 있는 경우 경비업의 갱신허가를 받고자 하는 자는 허가의 유효기간 만료일 30일 전까지 경비업 갱신허가신청서에 허가증 원본 및 정관을 첨부하여 법인의 주사무소를 관할하는 시·도 경찰청장 또는 해당 시·도 경찰청 소속의 경찰서장에게 제출하여야 한다.
ㄹ. 경비업 갱신허가신청서를 제출받은 경찰서장은 이를 지체 없이 관할 시·도 경찰청장에게 보내야 한다.
ㅁ. 유효기간이 만료된 후 계속하여 경비업을 하고자 하는 법인은 행정안전부령이 정하는 바에 의하여 갱신허가를 받아야 한다.

① ㄱ, ㄴ
② ㄴ, ㄷ
③ ㄷ, ㄹ
④ ㄹ, ㅁ

16 경비업법령상 특수경비원이 직무상 복종하여야 하는 명령권자로 명시되지 않은 자는?

① 시·도 경찰청장
② 관할 경찰관서장
③ 시설주
④ 소속상사

17 경비업법령상 '경비업의 시설 등의 기준'에서 정한 호송용 차량에 관한 설명 중 ( ) 안의 ㄱ~ㄹ에 들어갈 내용으로 옳지 않은 것은?

"호송용 차량"이란 현금이나 그 밖의 귀중품의 운반에 필요한 (ㄱ) 및 (ㄴ)을 갖추고 (ㄷ) 및 (ㄹ)을 갖춘 자동차를 말한다.

① ㄱ - 견고성
② ㄴ - 안전성
③ ㄷ - 영상녹화시설
④ ㄹ - 경보시설

18 청원경찰법령상 시·도 경찰청장이 비치해야 할 장부에 해당하지 않는 것은?

① 배치결정 관계철
② 청원경찰 임용승인 관계철
③ 징계 관계철
④ 전출입 관계철

19 청원경찰의 무기휴대 및 사용에 관한 내용 중 옳지 않은 것은?

① 무기와 탄약을 출납하였을 때에는 무기·탄약 출납부에 그 출납사항을 기록하여야 한다.
② 무기를 대여하였을 때에는 관할 경찰서장은 청원경찰의 무기관리상황을 수시로 점검하여야 한다.
③ 청원주는 무기와 탄약이 분실되었을 때에는 경찰청장이 정하는 바에 따라 그 전액을 배상해야 하나, 전시·사변·천재지변이나 그 밖의 불가항력적인 사유가 있다고 시·도 경찰청장이 인정하였을 때에는 그렇지 않다.
④ 경찰청장은 청원경찰이 직무를 수행하기 위하여 필요하다고 인정하면 청원주의 신청을 받아 시·도 경찰청장으로 하여금 청원경찰에게 무기를 대여하여 지니게 할 수 있다.

20 경비업법령상 집단민원현장과 관련된 설명으로 옳은 것은?

① 경비업자는 집단민원현장이 아닌 곳에서 신변보호업무를 수행하는 일반경비원을 배치하는 경우에는 대통령령이 정하는 바에 따라 경비원을 배치하기 전까지 관할 경찰관서장에게 신고하여야 한다.
② 경비업자는 형법 제257조(상해죄)를 범하여 벌금형을 선고받고 3년이 지나지 아니한 자를 집단민원현장에 일반경비원으로 배치하여서는 아니 된다.
③ 집단민원현장에 일반경비원을 배치하면서 일반경비원 명부를 그 배치장소에 비치하지 아니한 경우, 2회 위반 시 1,200만원의 과태료가 부과된다.
④ 집단민원현장에 경비원을 배치하면서 경비업 허가를 받지 아니한 자에게 경비업무를 도급한 자는 1년 이하의 징역 또는 1천만원 이하의 벌금에 처한다.

21 경비업법령상 경비지도사의 기본교육과 보수교육에 관한 설명으로 옳은 것은?

① 경찰청장이 실시하는 경비지도사의 기본교육은 40시간 이하로 한다.
② 일반경비지도사 자격을 취득한 후 3년 이내에 기계경비지도사시험에 합격한 사람과 기계경비지도사 자격을 취득한 후 3년 이내에 일반경비지도사시험에 합격한 사람이 기본교육을 받는 경우에는 대통령령으로 정하는 바에 따라 기본교육의 일부를 면제할 수 있다.
③ 경찰청장이 실시하는 경비지도사의 보수교육은 선임된 날부터 매 3년이 되는 날이 속하는 해에 실시하는 6시간 이상의 교육으로 한다.
④ 기본교육 또는 직전 보수교육을 받은 날부터 3년 이상 보수교육을 받은 적이 없는 사람이 경비지도사로 선임된 경우에는 선임된 날부터 30일 이내에 보수교육을 받아야 한다.

22 경비업법령상 양벌규정에 따라 위반행위를 한 행위자 이외에 그 법인 또는 개인에게도 벌금형을 과할 수 있는 사유에 해당하지 않는 것은?

① 허가를 받지 아니하고 경비업을 영위한 경우
② 경비대행업자 지정신고를 하지 아니한 경우
③ 경비대행업자가 경비업무를 즉시 인수하지 아니한 경우
④ 직무상 알게 된 비밀을 누설하거나 부당한 목적을 위하여 사용한 경우

23 청원경찰법령상 청원경찰의 징계에 관한 설명으로 옳지 않은 것은?

① 관할 경찰서장은 청원경찰이 「청원경찰법」상의 징계사유에 해당한다고 인정되면 청원주에게 해당 청원경찰에 대하여 징계처분을 하도록 요청할 수 있다.
② 청원경찰의 징계에 관하여 그 밖에 필요한 사항은 대통령령으로 정한다.
③ 청원주는 청원경찰이 직무상의 의무를 위반하거나 직무를 태만히 한 때 또는 품위를 손상하는 행위를 한 때 한하여 대통령령으로 정하는 징계절차를 거쳐 징계처분을 하여야 한다.
④ 관할 경찰서장은 징계규정의 보완이 필요하다고 인정할 때에는 청원주에게 그 보완을 요구할 수 있다.

24 경비업법상 경비원의 복장 등에 관한 설명으로 옳지 않은 것은?

① 경비업자는 경찰공무원 또는 군인의 제복과 색상 및 디자인 등이 명확히 구별되는 소속 경비원의 복장을 정하고 이를 확인할 수 있는 사진을 첨부하여 주된 사무소를 관할하는 시·도 경찰청장에게 대통령령으로 정하는 바에 따라 신고하여야 한다.
② 경비업자는 경비업무 수행 시 경비원에게 소속 경비업체를 표시한 이름표를 부착하도록 하고 신고된 동일한 복장을 착용하게 하여야 하며, 복장에 소속 회사를 오인할 수 있는 표시를 하거나 다른 회사의 복장을 착용하게 하여서는 아니 된다.
③ 집단민원현장이 아닌 곳에서 신변보호업무를 수행하는 경우 또는 경비업무의 성격상 부득이한 사유가 있어 관할 경찰관서장이 허용하는 경우에는 ②와 달리 복장에 예외를 인정할 수 있다.
④ 시·도 경찰청장은 제출받은 사진을 검토한 후 경비업자에게 복장 변경 등에 대한 시정명령을 할 수 있다.

25 경비업법령상 허가신청 등에 관한 내용이다. (　) 안에 들어갈 내용을 순서대로 나열한 것은?

> 경비업의 허가신청서를 제출하는 법인이 시행령 [별표 1]의 규정에 의한 시설 등(자본금을 제외한다)을 갖출 수 없는 경우에는 허가신청 시 시설 등의 확보계획서를 제출한 후 허가를 받은 날부터 (　) 이내에 시설 등을 갖추고 법인의 주사무소 관할 (　)의 확인을 받아야 한다.

① 15일, 경찰서장
② 15일, 시·도 경찰청장
③ 1월, 경찰서장
④ 1월, 시·도 경찰청장

26 경비업법령상 경찰청장이 시·도 경찰청장에게 위임하는 권한에 해당하는 것은?

① 경비업의 허가권한
② 경비지도사 시험의 관리에 관한 권한
③ 경비지도사자격증의 교부에 관한 권한
④ 경비지도사자격의 취소 및 정지에 관한 권한

27 청원경찰의 복제에 관한 설명 중 옳지 않은 것은?

① 장구의 형태·규격 및 재질은 경찰 장구와 같이 한다.
② 청원경찰은 교육훈련이나 그 밖의 특수근무 중에는 기동모, 기동복, 기동화 및 휘장을 착용하거나 부착하되, 허리띠와 경찰봉은 착용하거나 휴대하지 아니할 수 있다.
③ 청원경찰이 그 배치지의 특수성 등으로 특수복장을 착용할 필요가 있을 때에는 청원주는 시·도경찰청장의 승인을 받아 특수복장을 착용하게 할 수 있다.
④ 청원경찰의 복제(服制)는 제복·장구(裝具) 및 부속물로 구분하며, 제복·장구 및 부속물에 관하여 필요한 사항은 대통령령으로 정한다.

28 경비업법령상 경비원의 교육에 관한 설명으로 옳지 않은 것은?

① 경비원이 되려는 사람은 대통령령으로 정하는 교육기관에서 미리 일반경비원 신임교육을 받을 수 있다.
② 경찰청장은 경비원에 대한 신임교육의 전국적 균형을 유지하기 위하여 교육수준 및 교육방법 등에 필요한 지침을 마련하여 시행할 수 있다.
③ 경찰청장은 경비원에 대한 신임교육의 효율성을 제고하기 위하여 전문인력 및 시설 등을 갖춘 기관 또는 단체를 경비원 교육기관으로 지정할 수 있다.
④ 경비원 교육기관의 지정 기준 및 절차 등에 필요한 사항은 행정안전부령으로 정한다.

29 경비업법령상 일반경비지도사의 지도·감독 및 교육을 받는 경비원의 업무에 해당하지 않는 것은?

① 기계경비업무
② 호송경비업무
③ 특수경비업무
④ 시설경비업무

30 경비업법령상 위반행위를 한 행위자에 대한 법정형이 다른 것은?

① 경비업무 도급인이 그 경비업무를 수급한 경비업자의 경비원 채용 시 무자격자나 부적격자 등을 채용하도록 관여하거나 영향력을 행사한 경우
② 경비원이 경비업법령에서 정한 장비 외에 흉기 또는 그 밖의 위험한 물건을 휴대하고 경비업무를 수행한 경우
③ 경비원이 직무를 수행함에 있어 타인에게 위력을 과시하는 등 경비업무의 범위를 벗어난 행위를 한 경우
④ 경비업자가 배치허가 신청의 내용을 거짓으로 한 것이 발각되어 경찰관서장이 배치폐지명령을 하였으나 이에 따르지 아니한 경우

31 청원경찰법령상 청원경찰의 보수 산정과 관련하여 경력으로 산입되는 경우가 아닌 것은?(청원경찰이 배치된 사업장의 취업규칙에 특별한 규정이 없는 경우를 전제한다)

① 청원경찰로 근무한 경력
② 군 또는 의무경찰에 복무한 경력
③ 수위・경비원・감시원 또는 그 밖에 청원경찰과 비슷한 직무에 종사하던 사람이 해당 사업장의 청원주에 의하여 청원경찰로 임용된 경우에는 그 직무에 종사한 경력
④ 국가기관 또는 지방자치단체에서 근무하는 청원경찰에 대해서는 국가기관 또는 지방자치단체에서 비상근으로 근무한 경력

32 경비업법령상 과태료의 부과기준 금액이 가장 높은 것은?(단, 과태료의 경감이나 가중은 고려하지 않는다)

① 경비원의 복장에 관한 신고를 하지 아니하고 집단민원현장에 경비원을 배치한 경비업자
② 경비원 명부를 작성・비치하지 아니한 경비업자
③ 경비지도사를 선임하지 아니한 경비업자
④ 해당 경비현장을 관할하는 시・도 경찰청장 또는 경찰서장에게 경비지도사의 선임 또는 해임의 신고를 하지 아니한 경비업자

33. 경비업법령상 경비원 등의 결격사유 확인을 위한 범죄경력조회 등에 관한 설명으로 옳지 않은 것은?

① 경찰청장, 시·도 경찰청장, 또는 관할 경찰관서장은 경비업자의 범죄경력조회 요청이 있는 경우에만 경비업자의 임원, 경비지도사 또는 경비원이 경비업법상 결격사유에 해당하는지를 확인하기 위하여 범죄경력조회를 할 수 있다.
② 경비업자는 선출·선임·채용 또는 배치하려는 임원, 경비지도사 또는 경비원이 경비업법상 결격사유에 해당하는지를 확인하기 위하여 주된 사무소, 출장소 또는 배치장소를 관할하는 시·도 경찰청장 또는 경찰관서장에게 「형의 실효 등에 관한 법률」에 따른 범죄경력조회를 요청할 수 있다.
③ 범죄경력조회 요청을 받은 시·도 경찰청장 또는 관할 경찰관서장은 경비업자에게 그 결과를 통보할 때에는 경비업자의 임원, 경비지도사 또는 경비원이 경비업법상 결격사유에 해당하는지 여부만을 통보하여야 한다.
④ 시·도 경찰청장 또는 관할 경찰관서장은 경비업자의 임원, 경비지도사 또는 경비원이 경비업법상 결격사유에 해당하는 사실을 알게 되거나 이 법 또는 이 법에 따른 명령을 위반한 때에는 경비업자에게 그 사실을 통보하여야 한다.

34. 청원경찰의 직무 등에 관한 설명으로 옳은 것은?

① 청원경찰이 직무를 수행할 때 직권을 남용하여 국민에게 해를 끼친 경우에는 1년 이하의 징역이나 금고에 처한다.
② 청원경찰 업무에 종사하는 사람은 「형법」에 따른 벌칙을 적용할 때에는 공무원으로 간주하지 않는다.
③ 청원주가 청원경찰을 면직시켰을 때에는 그 사실을 관할 시·도 경찰청장을 거쳐 경찰청장에게 보고하여야 한다.
④ 국가기관이나 지방자치단체에 근무하는 청원경찰의 직무상 불법행위에 대한 배상책임에 관하여는 국가배상법의 규정을 따른다.

35 청원경찰법령상 청원주가 시·도 경찰청장에게 「보안업무규정」에 따른 신원조사가 필요한 청원경찰 임용승인을 신청할 때 청원경찰 임용승인신청서에 첨부해야 하는 서류가 아닌 것은?

① 주민등록증 사본 1부
② 가족관계등록부 중 가족관계증명서 1부
③ 민간인 신원진술서 1부
④ 최근 3개월 이내에 발행한 채용신체검사서 또는 취업용 건강진단서 1부

36 청원경찰법령상 청원경찰의 배치에 관한 설명으로 옳지 않은 것은?

① 청원경찰을 배치받으려는 자는 대통령령으로 정하는 바에 따라 관할 시·도 경찰청장에게 청원경찰 배치를 신청하여야 한다.
② 시·도 경찰청장은 청원경찰 배치 신청을 받으면 지체 없이 그 배치 여부를 결정하여 신청인에게 알려야 한다.
③ 시·도 경찰청장은 청원경찰 배치가 필요하다고 인정하는 기관의 장 또는 시설·사업장의 경영자에게 청원경찰을 배치할 것을 요청하여야 한다.
④ 청원주는 청원경찰을 신규로 배치하거나 이동배치하였을 때에는 배치지(이동배치의 경우에는 종전의 배치지)를 관할하는 경찰서장에게 그 사실을 통보하여야 한다.

37 다음 중 청원경찰법령상 청원주가 부담하여야 하는 청원경찰경비에 해당하지 않는 것을 모두 고른 것은?

ㄱ. 청원경찰의 업무추진비
ㄴ. 청원경찰의 피복비
ㄷ. 청원경찰의 교육비
ㄹ. 청원경찰의 경조사비
ㅁ. 청원경찰 본인 또는 유족 보상금
ㅂ. 청원경찰의 교통비

① ㄱ, ㄴ, ㅂ
② ㄱ, ㄹ, ㅁ
③ ㄱ, ㄹ, ㅂ
④ ㄷ, ㄹ, ㅂ

38 청원경찰법령상 청원경찰의 직무 등에 관한 설명으로 옳은 것은?

① 청원경찰은 배치된 기관·시설 또는 사업장 등의 구역을 관할하는 경찰서장의 지시와 감독에 의해서만 직무를 수행해야 한다.
② 청원경찰이 직무를 수행할 때에는 경비 목적을 위하여 필요한 최대한의 범위에서 하여야 한다.
③ 청원경찰은「경찰관직무집행법」에 따른 직무 외의 수사활동 등 사법경찰관리의 직무를 수행할 수 있다.
④ 청원경찰이 직무를 수행할 때에「경찰관직무집행법」및 같은 법 시행령에 따라 하여야 할 모든 보고는 관할 경찰서장에게 서면으로 보고하기 전에 지체 없이 구두로 보고하고 그 지시에 따라야 한다.

39 청원경찰법령상 청원경찰의 퇴직과 면직에 관한 설명으로 옳지 않은 것은?

① 청원경찰은 형의 선고, 징계처분 또는 신체상·정신상의 이상으로 직무를 감당하지 못할 때를 제외하고는 그 의사(意思)에 반하여 면직(免職)되지 아니한다.
② 청원주가 청원경찰을 면직시켰을 때에는 직접 그 사실을 관할 시·도 경찰청장에게 보고하여야 한다.
③ 청원경찰의 배치폐지는 당연 퇴직사유에 해당한다.
④ 국가기관이나 지방자치단체에 근무하는 청원경찰의 휴직 및 명예퇴직에 관하여는「국가공무원법」관련 규정을 준용한다.

40 청원경찰법령상 벌칙과 과태료에 관한 설명으로 옳은 것은?

① 관할 경찰서장의 승인을 받지 아니하고 청원경찰을 임용한 자에게는 500만원 이하의 과태료를 부과한다.
② 관할 경찰서장은 위반행위의 동기, 내용 및 위반의 정도 등을 고려하여 대통령령에서 정한 과태료 금액의 100분의 50의 범위에서 그 금액을 줄일 수 있다.
③ 경찰서장은 과태료 처분을 하였을 때에는 과태료 부과 및 징수 사항을 과태료 수납부에 기록하고 정리하여야 한다.
④ 파업 등 업무의 정상적인 운영을 방해하는 일체의 쟁의행위를 한 청원경찰은 6월 이하의 징역 또는 6천만원 이하의 벌금에 처한다.

제4회 경호학

41
CHECK
□△✕

다음 중 각국 경호기관의 경호개념에 관한 설명으로 옳지 않은 것을 모두 고른 것은?

ㄱ. 한국 경찰기관에서의 경호는 정부요인·국내외 주요 인사 등 경호대상자의 신변에 대하여 직·간접으로 가해지려는 위해를 방지하기 위하여 위험요소를 사전에 제거하고 경호대상자의 안전을 도모하는 경찰작용을 말한다.
ㄴ. 한국 대통령경호처의 경호 정의는 경호대상자의 생명과 재산을 보호하기 위하여 신체에 가해지는 위해를 방지하거나 제거하는 안전활동에 국한한다.
ㄷ. 미국 비밀경호국의 경호 정의는 '실제적이고 주도면밀한 범행의 성공기회를 완전 무력화하는 것'이다.
ㄹ. 일본 요인경호부대의 경호 정의는 신변에 위해가 있을 경우 국가와 공공의 안녕과 질서에 영향을 줄 우려가 있는 자에 대해 신변안전확보를 위한 경찰활동이다.

① ㄱ, ㄴ
② ㄱ, ㄹ
③ ㄴ, ㄷ
④ ㄷ, ㄹ

42 선발경호의 목적으로 옳지 않은 것은 모두 몇 개인가?

ㄱ. 경호 관련 정·첩보 획득 및 공유
ㄴ. 행사장의 안전 확보
ㄷ. 우발상황에 대응하기 위한 비상대책 강구
ㄹ. 도보경호 및 경호차량 대형 형성
ㅁ. 발생한 위험에 대응하여 경호대상자 보호
ㅂ. 사전에 각종 위해요소를 제거하거나 최소화

① 1개
② 2개
③ 3개
④ 4개

43 일반 대중의 공포를 유발할 목적으로 적이 누구인지 모르고, 전선이나 전쟁규칙도 없으며, 대량살상무기나 사이버무기, 생물학무기, 생화학무기 등을 사용하며, 결국 사회나 국가 전체의 혼란 및 무력화를 추구하는 테러리즘을 지칭하는 용어로 미국 세계무역센터건물 테러사건이 대표적인 테러리즘은?

① 사이버 테러리즘
② 뉴테러리즘
③ 백색 테러리즘
④ 바이오 테러리즘

44 출입자 통제에 관한 설명으로 옳은 것은?

① 행사장의 허가되지 않은 출입요소를 발견하여 통제·관리하는 사전예방차원의 경호방법이다.
② 지연 참석자에 대해서는 검색 후 출입을 허용하지 않는다.
③ 행사와 무관한 사람들의 행사장 출입을 통제하고, 그 효과를 극대화하기 위해서 다양한 통로를 통해 출입자를 확인한다.
④ 비표 운용 시 명찰이나 리본은 모든 구역의 색상을 단일화하여 식별이 용이하도록 하면 효과적이다.

45 경호조직의 특성으로 옳지 않은 것은?

① 권력보다는 전문 직업인으로서 전문화되어야 한다.
② 계층성에 따른 지휘·감독에 의해 목적을 달성한다.
③ 성격상 기관단위로 작용하지 않고 개인단위로 이루어지고 있다.
④ 본질적으로 보안성을 높이는 폐쇄적 조직구조로 구성한다.

46 미국 국토안보부(DHS)에서는 위협수준을 5단계로 구분하여 경고하고 있다. 다음 중 LEVEL 4에 해당하는 것은?

① Severe(Red) : 심각한 위험
② High(Orange) : 높은 위험
③ Elevated(Yellow) : 중대한 위험
④ Guarded(Blue) : 일반적인 위험

47 경호복장의 선택과 착용에 관한 설명으로 옳지 않은 것은?

① 경호원은 행사의 성격에 따라 주변 환경과 어울리는 복장을 착용한다.
② 경호업무를 위해 특별히 제작된 옷은 없지만, 대개는 정장 차림을 하는 것이 좋다.
③ 경호대상자와 구분되는 색상이나 스타일의 복장이 적합하다.
④ 경호복장은 기능적이고 튼튼한 것이어야 한다.

48 다음의 ( )의 ㄱ과 ㄴ에 들어갈 경찰경비작용에 있어 경비수단의 원칙을 바르게 연결한 것은?

- (ㄱ) : 한정된 경비력을 가지고 최대의 효과를 발휘할 수 있도록 상황과 대상에 따라서 유효적절하게 인력을 배치하여 실력행사를 하는 것
- (ㄴ) : 상대방의 힘이 허약한 시점을 포착하여 집중적으로 강력한 실력행사를 하는 것

	ㄱ	ㄴ
①	위치의 원칙	안전의 원칙
②	균형의 원칙	적시성의 원칙
③	안전의 원칙	균형의 원칙
④	적시성의 원칙	위치의 원칙

49 대통령 등의 경호에 관한 법률상 경호의 주체와 객체에 관한 설명으로 옳지 않은 것은?

① 대한민국을 방문하는 외국 행정수반의 배우자는 대통령경호처의 경호대상이다.
② 대통령 당선인의 자녀는 대통령경호처의 경호대상이다.
③ 퇴직하거나 원 소속 기관에 복귀한 소속공무원이 직무상 알게 된 비밀을 누설한 경우 5년 이하의 징역이나 금고 또는 1천만원 이하의 벌금에 처한다.
④ 소속공무원이 처장의 허가 없이 경호처의 직무와 관련된 사항을 발간하거나 그 밖의 방법으로 공표한 경우 1년 이하의 징역·금고 또는 500만원 이하의 벌금에 처한다.

50 다음은 보안업무규정상의 보호지역 중 무엇에 관한 설명인가?

비밀 또는 국·공유재산의 보호를 위하여 울타리 또는 방호·경비인력에 의하여 영 제34조 제3항에 따른 승인을 받지 않은 사람의 접근이나 출입에 대한 감시가 필요한 지역을 말한다.

① 제한지역　　　　　　　② 제한구역
③ 통제지역　　　　　　　④ 통제구역

51 경호작용에 관한 설명으로 옳지 않은 것은?

① 안전에 영향을 미칠 수 있는 악천후 기상 및 가능성 있는 위협 등에 대비하여 예비 및 우발계획을 준비한다.
② 경호임무는 명확하게 부여되어야 하며, 2인 이상의 경호대상자가 있을 때는 서열이 높은 경호대상자를 우선하여 경호한다.
③ 경호작전 시 위협분석(Threat Analysis)의 목적은 항상 가용한 최고의 경호수준을 유지하기 위함이다.
④ 경호대상자와 수행원, 행사 세부일정 그리고 적용되고 있는 경호경비상황에 관한 보안의 유출은 엄격히 통제되어야 한다.

52 안전검측활동의 요령에 관한 설명으로 옳지 않은 것은?

① 통로에서는 양측을 중점 검측하고 아래보다는 높은 곳을 반복해서 검측한다.
② 방(room)에서의 안전검측활동은 바닥 → 눈높이 → 천장높이 → 천장 내부 순으로 한다.
③ 건물 외부는 먼 곳에서 가까운 곳으로 실시한다.
④ 전기제품 같은 물품은 분해해서 확인하며, 비금속물체는 금속반응을 확인한다.

53 경호의 분류에 관한 설명으로 옳지 않은 것을 모두 고른 것은?

ㄱ. 출퇴근 시 일상적으로 실시하는 경호는 약식경호이다.
ㄴ. 철도경호는 이동수단에 의한 경호의 분류에 해당하고, 열차경호는 장소에 의한 경호의 분류에 해당한다.
ㄷ. 현충일, 광복절 행사 등 국경일 행사에 참석하는 대통령에 대한 경호수준은 1(A)급 경호에 해당한다.
ㄹ. 甲(A)호 경호는 수상, 국무총리, 국회의장, 대법원장, 헌법재판소장 및 이와 대등한 지위에 있는 외국인사 등을 경호대상으로 하는 경호이다.
ㅁ. 직접경호는 행사장에 인원과 장비를 배치하여 인적·물적·지리적 위험요소를 예방하기 위한 경호이다.

① ㄱ, ㄴ
② ㄱ, ㄹ
③ ㄴ, ㄹ
④ ㄷ, ㅁ

54 다음은 근접경호대형에 관한 내용이다. (   ) 안의 ㄱ~ㄷ에 들어갈 용어를 바르게 연결한 것은?

- (ㄱ) : 혼잡한 복도, 군중이 밀집해 있는 통로 등에서 적합한 대형으로 경호대상자의 전후좌우 전 방향에 대해 둘러싸고, 각각의 경호원에게는 기동로에 대해 360° 경계를 할 수 있도록 책임구역이 부여된다.
- (ㄴ) : 3명의 경호원 중 1명은 경호대상자의 전방에 위치하여 안내와 전방을 경계하는 임무를 수행하고, 2명은 경호대상자의 후방 좌측과 후방 우측에 위치하여 좌우 및 후방경계활동을 수행하면서 이동하는 대형이다.
- (ㄷ) : 외부로부터 위협이 없다고 판단되며 안전이 확보된 행사장 입장 시와 대외적인 이미지를 중시하는 경호대상자에게 적합한 도보대형으로, 전방에는 아무런 위협이 없다는 가정하에 경호대상자를 바로 노출시켜 전방에 개방된 대형을 취한다.

	ㄱ	ㄴ	ㄷ
①	다이아몬드 대형	삼각형 대형	역삼각형 대형
②	사다리형 대형	삼각형 대형	역쐐기형 대형
③	다이아몬드 대형	쐐기형 대형	역쐐기형 대형
④	사다리형 대형	쐐기형 대형	역삼각형 대형

55 3중 경호의 원칙에 관한 설명으로 옳지 않은 것은?

① 3중의 경호막을 통해 조기경보체제를 확립하여 위해행위에 대비할 수 있다.
② 1선은 완벽한 통제가 이루어져야 하며, 행사 참석자를 비롯한 모든 출입요소의 1차 통제지점이 된다.
③ 2선은 부분적 통제가 실시되지만 경호원의 확인을 거치지 않은 인원 및 물품은 감시의 영역을 벗어나서는 안 된다.
④ 3선은 소구경 곡사화기의 유효사거리를 기준으로 600m 반경 이상의 범위이고, 수색 및 사찰활동이 중점 실시된다.

56 다음 중 경호장비에 관한 설명으로 옳지 않은 것은 모두 몇 개인가?

> ㄱ. 검색장비는 위해물질의 존재 여부를 검사하거나 시설물의 안전점검에 사용되는 도구를 말한다.
> ㄴ. 검측장비는 위해도구나 위해물질을 찾아내는 데 사용하는 장비를 말한다.
> ㄷ. 검색장비와 검측장비는 일반적으로 검색장비로 통칭하며 탐지장비, 처리장비, 검측공구로 구분하여 사용한다.
> ㄹ. 경호화기란 경호대상자의 신변안전을 보호하기 위하여 경호요원이 사용하는 총기를 말한다.
> ㅁ. 통신장비에서 경호통신의 기본요소로 신속성, 신뢰성, 정확성, 안전성이 고려되어야 한다.

① 1개
② 2개
③ 3개
④ 4개

57 경호의 원칙에 관한 설명으로 옳지 않은 것은?

① 목표물 보존의 원칙이란 경호대상자에게 접근할 수 있는 출입구나 통로는 하나만 필요하고, 통제된 출입구나 통로라도 접근자는 경호원에게 허가 절차 등을 거쳐야 한다는 것이다.
② 자기담당구역 책임의 원칙이란 경호원은 자기가 맡은 담당구역 내에서 발생하는 사태는 어떠한 상황에서도 자기 자신만이 책임을 지고 해결해야 한다는 것이다.
③ 은밀경호의 원칙이란 경호원은 타인의 눈에 잘 띄지 않게 은밀하고 침묵 속에서 행동하며 항상 경호대상자의 공적·사적 업무활동에 방해를 주지 않고 신변을 보호할 수 있는 곳에 행동반경을 두고 경호에 임해야 한다는 것이다.
④ 자기희생의 원칙이란 경호대상자가 위기에 처했을 때는 자기 몸을 희생하여 경호대상자를 보호하여야 한다는 것이다.

58 검식활동에 관한 설명으로 옳지 않은 것은?

① 경호대상자에게 제공되는 음식물의 이상 유무를 검사하고 확인하는 과정이다.
② 행사장의 위생상태 점검 및 수질검사, 전염병 및 식중독의 예방대책을 포함한다.
③ 검식활동은 근접경호의 임무이다.
④ 경호대상자에게 제공되는 음식물에 대하여 구매, 운반, 저장, 조리 및 제공되는 과정을 포함한다.

59 경호대상자의 숙소나 유숙지 및 집무실에 대한 경계, 순찰 및 방비활동을 통하여 위해요소의 침투를 거부하는 경호조치는?

① 안 전
② 검 측
③ 보 안
④ 경 비

60 다음 중 숙소경호 업무의 영역에 해당하는 것을 모두 고른 것은?

ㄱ. 행사장 교통상황 및 주차장 관리
ㄴ. 출입자 통제 및 방문자 처리
ㄷ. 차량 출입통제 및 반입물품 검색
ㄹ. 순찰을 통한 시설물 안전점검 및 각종 사고예방
ㅁ. 행차로와 환차로 등 주변 도로망 파악

① ㄱ, ㄴ, ㄷ
② ㄱ, ㄷ, ㅁ
③ ㄴ, ㄷ, ㄹ
④ ㄴ, ㄹ, ㅁ

61 다음은 경호의 구성요소에 관한 설명이다. ( ) 안의 ㄱ~ㄷ에 들어갈 내용으로 알맞은 것은?

경호는 경호대상자(ㄱ)의 신변안전에 위협이 되는 제반 경호환경(ㄴ)을 경호원(ㄷ)이 관리하고 통제하는 과정이다.

	ㄱ	ㄴ	ㄷ
①	경호의 객체	경호의 상대	경호의 주체
②	경호의 주체	경호의 상대	경호의 객체
③	경호의 객체	경호의 주체	경호의 상대
④	경호의 상대	경호의 객체	경호의 주체

62 경호차량 운전요원 준수사항으로 옳은 것은?

① 차의 후면이 출입로를 향하게 하여 경호대상자가 바로 탑승할 수 있도록 한다.
② 주차장소는 가능한 한 자주 변경하는 것이 좋으며, 특히 야간에는 밝은 곳에 주차해야 한다.
③ 위급한 차량의 추적이 있을 경우 정차하여 검문·검색한다.
④ 위기상황 시에는 대피를 위하여 창문과 문을 열어둔다.

63 다음 중 근접경호 임무수행절차를 순서대로 나열하면?

① 임무분석 → 명령하달 → 출동준비 → 경호실시 → 복귀 후 정리
② 임무분석 → 출동준비 → 명령하달 → 경호실시 → 복귀 후 정리
③ 출동준비 → 명령하달 → 임무분석 → 경호실시 → 복귀 후 정리
④ 출동준비 → 임무분석 → 명령하달 → 경호실시 → 복귀 후 정리

64 출입자 통제업무 수행에 관한 설명으로 옳지 않은 것은?

① 3중 경호에 의거한 경호구역의 설정에 따라 각 구역별 통제의 범위를 결정한다.
② 안전구역은 행사 참석자를 비롯한 모든 출입요소의 1차 통제지점이 된다.
③ 대규모 행사 시에는 참석 대상별 또는 좌석별 구분에 따라 출입통로 선정 및 시차입장계획을 수립하여 출입통제가 용이하도록 한다.
④ 행사장 및 행사 규모에 따라 참석 대상별 주차지역을 구분하여 선정하고 경호대상자 주차지역은 별도로 확보하여 운용하여야 한다.

65 경호업무 수행절차의 각 단계별 세부활동에 관한 설명으로 옳은 것은?

① 준비단계에서는 정보를 수집·생산하고, 위협의 평가 및 대응방안을 강구한다.
② 대비단계에서는 법과 제도를 정비하여 우호적인 경호환경을 조성한다.
③ 실시단계에서는 행사장의 취약요소에 대한 안전대책을 강구한다.
④ 평가단계에서는 비상대책 및 구급대책을 강구한다.

66 경호원의 활동수칙에 관한 설명으로 옳지 않은 것은?

① 일반인의 불편을 최소화하고 경호대상자와 국민과의 접촉을 보장할 수 있는 경호를 수행한다.
② 경호대상자의 명성에 해가 가지 않도록 하며, 위해기도자와 타협적인 행동을 하지 말아야 한다.
③ 경호대상자의 정상적인 업무를 보장하고, 가능하면 사생활을 침해하지 않도록 한다.
④ 최대한 비노출경호를 위해 권위주의적 자세를 가진다.

67 근접경호원의 사주경계활동에 관한 설명으로 옳지 않은 것은?

① 행사장이나 주변의 모든 장소와 경호대상자 주변의 모든 인원이 경계대상에 해당한다.
② 물적 경계대상은 행사장이나 주변의 모든 시설물과 물체이다.
③ 인접해 있는 경호원과 경계범위를 중첩되게 설정하여야 한다.
④ 행사 상황에 어울리지 않는 행동을 하는 사람들이 중점 감시대상이다.

68 국기게양에 관한 설명으로 옳은 것은?

① 각급 학교 및 군부대의 주된 게양대는 국기를 24시간 게양할 수 있다.
② 현충일과 국군의 날에는 깃봉과 깃면의 사이를 깃면의 너비만큼 떼어 조기(弔旗)를 게양한다.
③ 조기 강하 시에는 깃면의 왼쪽 윗 모서리가 깃봉에 닿을 때까지 올렸다가 다시 내린다.
④ 국기를 영구(靈柩)에 덮을 때에는 국기가 땅에 닿지 않도록 하고 영구와 함께 매장한다.

69 경호 비표 운용에 관한 설명으로 옳은 것은?

① 비표는 식별이 용이·선명해야 하고, 위조 또는 복제를 고려하여 복잡하게 제작한다.
② 보안성 강화를 위해 비표의 종류는 많을수록 좋다.
③ 행사일 전에 배포된 초대장과 비표가 분실될 경우, 초대장과 비표를 다시 배부한다.
④ 비표에는 리본, 명찰, 완장, 모자, 배지(badge) 등이 있다.

70 경호작용 중 위협평가(위해평가)에 관한 설명으로 옳지 않은 것은?

① 모든 수준의 위협으로부터 경호대상자를 경호하려는 시도는 효과적이지도 않고 능률적이지도 않기 때문에 위협평가가 선행되어야 한다.
② 위협의 실체를 정확히 인식하고 가용자원의 효율적인 분배를 통하여 불필요한 인력과 자원의 낭비를 최소화하기 위함이다.
③ 경호대상자는 위협평가 후 경호대안 수립에 있어 자신이 경호업무의 일부분이 되어야 한다는 점을 인식할 필요는 없다.
④ 보이지 않는 적의 실체를 파악하여 그에 대한 경호방책을 강구하기 위한 첫걸음이다.

71 드론에 관한 설명 중 옳지 않은 것은?

① 고정익형은 비행기와 유사한 형태로서, 이륙·착륙을 위한 활주로가 필요하며, 기상의 영향을 많이 받는다.
② 회전익형은 축 주변으로 회전하는 날개에 의해 양력을 얻는 형태로서, 수직 이착륙이 가능하고 좁은 공간에서 세밀한 비행이 가능하지만, 항속시간이나 거리에 제한이 있다.
③ 프로펠러의 개수에 따라 바이콥터(2개), 트라이콥터(3개), 쿼드콥터(4개), 헥사콥터(6개), 옥토콥터(8개), 도데카콥터(12개) 등으로 분류할 수 있다.
④ 혼합형(복합형)은 고속 순항과 수직 이착륙이 모두 가능한 형태로서, 비행능력이 월등하나 조종·운용이 어렵고 제작비가 고가이다.

72 경호차량에 관한 설명으로 옳지 않은 것은?

① 경호차량은 외부의 시선을 집중시키는 차종이나 색상은 지양한다.
② 경호차는 경호대상자 차량의 성능에 필적할 만한 차량을 선정해야 한다.
③ 승하차가 용이하며, 튼튼한 차체와 높은 가속력을 갖춘 차량을 선정한다.
④ 기만효과를 달성하기 위해 경호대상자 차량과 다른 차종을 선정한다.

73 테러조직의 유형별 역할에 관한 내용으로 옳은 것은?

① 전문적 지원조직은 선전효과 증대, 자금획득, 조직의 확대에 기여함으로써 테러활동에 주요한 역할을 한다.
② 적극적 지원조직은 직접 테러행위를 실시하는 요원들을 위한 대피소·차고·공격용 차량 준비, 핵심요원의 훈련, 무기·탄약 지원, 테러대상에 대한 정보제공, 전술 및 작전지원 등의 임무를 수행한다.
③ 직접적 지원조직은 체포된 테러리스트 은닉, 법적 비호, 의료지원 제공 등의 임무를 수행한다.
④ 행동 조직은 공격현장에서 직접 테러행위를 실시하는 핵심요원으로서 실제적으로 테러행위에 있어 가장 중요한 요소이다.

74 경비의 경계대상에 의한 분류의 내용으로 옳은 것은?

① 재해경비는 시설의 재산, 문서에 대한 비인가자의 접근을 방지하고 간첩, 태업, 절도 기타 침해행위를 예방·경계·진압하는 작용을 말한다.
② 혼잡경비는 공공의 안녕과 질서를 문란케 하는 사태에 대하여 실시하는 활동으로서 예방·경계·진압하는 작용을 말한다.
③ 치안경비는 경기대회, 기념행사 등의 미조직 군중의 혼란 또는 혼란에 의하여 발생하는 예측불가능한 사태를 예방·경계·진압하는 작용을 말한다.
④ 특수경비는 총포, 도검, 폭발물, 기타 총기류에 의한 인질, 살상 등의 사태로부터 발생할 위해를 예방·경계·진압하는 작용을 말한다.

75 대통령 등의 경호에 관한 법률상 비밀엄수규정의 적용을 받지 않는 사람은?

① 대통령 경호업무에 동원된 종로경찰서 소속 경찰관
② 대통령경호처에 파견근무 중인 서울특별시경찰청 소속 경찰관
③ 대통령경호처에서 퇴직 후 5년이 지난 전직 경호공무원
④ 대통령경호처에서 파견근무 후 원 소속으로 복귀한 국가정보원 직원

76 우발상황 대응방법에 관한 설명으로 옳지 않은 것은?

① 우발상황의 대응방법은 인지, 경고, 대적 및 제압, 방벽 형성, 방호 및 대피의 순서로 행동한다.
② 경호원의 주의력효과 면에서는 군중과의 거리가 가까울수록 유리하고, 대응효과 면에서는 군중과의 거리가 멀수록 유리하다.
③ 위해의 징후가 현저하거나 직접적인 위해가 가해졌을 때 형성하는 경호 대형은 방어적 원형 대형이다.
④ 대피는 적 공격의 반대 방향이나 비상구 쪽으로 실시한다.

77 경호활동 중 응급처치 시 지켜야 할 원칙으로 옳지 않은 것은?

① 응급처치는 우선 의약품을 사용하여 신속하게 처치한다.
② 환자의 생사판정은 하지 않는다.
③ 병원에 이송되기 전까지 부상자의 2차 쇼크를 방지하고 생명을 유지하도록 한다.
④ 응급처치는 전문적인 치료를 받기 전까지의 즉각적·임시적인 처치임을 숙지한다.

78 국민보호와 공공안전을 위한 테러방지법상 외국인테러전투원에 대한 규제에 관한 설명으로 옳은 것은?

① 관계기관의 장은 외국인테러전투원으로 출국하려 한다고 의심할 만한 상당한 이유가 있는 내국인·외국인에 대하여 일시 출국금지를 외교부장관에게 요청할 수 있다.
② 일시 출국금지 기간은 60일로 한다.
③ 출국금지를 계속할 필요가 있다고 판단할 상당한 이유가 있는 경우에 관계기관의 장은 그 사유를 명시하여 연장을 요청할 수 있다.
④ 관계기관의 장은 외국인테러전투원으로 가담한 사람에 대하여 「여권법」에 따른 여권의 효력정지 및 재발급 제한을 법무부장관에게 요청할 수 있다.

79 국민보호와 공공안전을 위한 테러방지법령상 대테러 인권보호관에 관한 설명으로 옳지 않은 것은?

① 관계기관의 대테러활동으로 인한 국민의 기본권 침해 방지를 위하여 대책위원회 소속으로 대테러 인권보호관 1명을 둔다.
② 대테러 인권보호관의 임기는 2년으로 하고, 연임할 수 있다.
③ 대테러 인권보호관이 직무와 관련한 형사사건으로 기소된 경우 그 의사에 반하여 해촉될 수 있다.
④ 국가테러대책위원회의 위원장인 국무총리는 인권보호관의 직무 수행을 지원하기 위하여 지원조직을 둘 수 있으며, 필요한 경우에는 관계 중앙행정기관 소속 공무원의 파견을 요청할 수 있다.

80 대통령경호원이 아닌 일반인이 대통령이 참석한 경축행사 도중 옆에 있던 암살범을 제지하여 대통령의 피습을 막은 경우에 해당하는 경호 개념은?

① 형식적 의미의 경호 및 실질적 의미의 경호 모두에 해당된다.
② 형식적 의미의 경호 및 실질적 의미의 경호 모두에 해당되지 않는다.
③ 형식적 의미의 경호에는 해당되지만, 실질적 의미의 경호에는 해당되지 않는다.
④ 형식적 의미의 경호에는 해당되지 않지만, 실질적 의미의 경호에는 해당된다.

제5회 경비업법

01 다음의 ( )의 ㄱ~ㄷ에 들어갈 내용으로 알맞은 것은?

- (ㄱ) : 경비대상시설에서의 도난·화재 그 밖의 혼잡 등으로 인한 위험발생을 방지하는 업무
- (ㄴ) : 경비대상시설에 설치한 기기에 의하여 감지·송신된 정보를 그 경비대상시설 외의 장소에 설치한 관제시설의 기기로 수신하여 도난·화재 등 위험발생을 방지하는 업무
- (ㄷ) : 도로에 접속한 공사현장 및 사람과 차량의 통행에 위험이 있는 장소 또는 도로를 점유하는 행사장 등에서 교통사고나 그 밖의 혼잡 등으로 인한 위험발생을 방지하는 업무

① ㄱ : 시설경비업무, ㄴ : 특수경비업무, ㄷ : 신변보호업무
② ㄱ : 시설경비업무, ㄴ : 기계경비업무, ㄷ : 혼잡·교통유도경비업무
③ ㄱ : 기계경비업무, ㄴ : 시설경비업무, ㄷ : 신변보호업무
④ ㄱ : 기계경비업무, ㄴ : 호송경비업무, ㄷ : 혼잡·교통유도경비업무

02 경비업법령상 경비지도사의 교육에 관한 설명으로 옳은 것은?

① 경비지도사는 결격사유에 해당하지 아니하는 자로서 경찰청장이 시행하는 경비지도사시험에 합격하고 행정안전부령으로 정하는 바에 따라 경찰청장이 실시하는 기본교육을 받은 자이어야 한다.
② 경비업자에 의해 선임·배치된 경비지도사는 행정안전부령으로 정하는 바에 따라 경찰청장이 실시하는 보수교육을 받아야 한다.
③ 경찰청장은 경비지도사에 대한 기본교육 및 보수교육의 전국적 균형을 유지하기 위하여 교육수준 및 교육방법 등에 필요한 지침을 마련하여 시행할 수 있다.
④ 경찰청장은 경비지도사에 대한 기본교육 및 보수교육에 관한 업무를 전문인력 및 시설 등을 갖춘 법인으로서 행정안전부장관이 지정하는 기관 또는 단체에 위탁할 수 있다.

03 경비업 갱신허가와 관련하여, 2020년 2월 1일 시설경비업 허가를 득하고, 2021년 1월 1일 기계경비업 허가를 득하였다면, 허가의 유효기간 만료일은?

① 2023년 1월 31일
② 2023년 12월 31일
③ 2025년 1월 31일
④ 2025년 12월 31일

04 다음 중 경비원의 교육에 관한 설명으로 옳은 것은 모두 몇 개인가?

> ㄱ. 경비업자는 경비업무를 적정하게 실시하기 위하여 경비원으로 하여금 행정안전부령으로 정하는 바에 따라 경비원 신임교육 및 직무교육을 받게 하여야 한다.
> ㄴ. 경비원이 되려는 사람은 행정안전부령으로 정하는 교육기관에서 미리 일반경비원 신임교육을 받을 수 있다.
> ㄷ. 특수경비업자는 행정안전부령으로 정하는 바에 따라 특수경비원으로 하여금 특수경비원 신임교육과 정기적인 직무교육을 받게 하여야 하고, 특수경비원 신임교육을 받지 아니한 자를 특수경비업무에 종사하게 하여서는 아니 된다.
> ㄹ. 경비원 교육기관의 지정 기준 및 절차 등에 필요한 사항은 행정안전부령으로 정한다.
> ㅁ. 특수경비원의 교육 시 관할경찰서 소속 경찰공무원이 교육기관에 입회하여 행정안전부령이 정하는 바에 따라 지도·감독하여야 한다.
> ㅂ. 경비원 교육기관의 지정 취소 및 업무 정지에 관한 세부기준 및 절차는 그 위반행위의 유형과 위반의 정도 등을 고려하여 행정안전부령으로 정한다.

① 1개
② 2개
③ 3개
④ 4개

05 경비업법령상 2025년 11월 15일을 기준으로 경비업을 영위하는 법인의 임원 결격사유에 해당하는 사람은?

① 파산선고를 받고 복권된 甲
② 금고 이상의 형의 선고를 받고 그 형이 실효된 乙
③ 특수경비업무를 수행하는 법인의 경우 경비업법에 위반하여 2023년 11월 15일에 벌금형의 선고를 받은 丙
④ 영업정지처분을 받고 계속하여 영업을 하여 2023년 11월 15일에 시설경비업 허가가 취소된 법인의 허가취소 당시의 임원이었던 자로서 호송경비업무를 수행하는 법인의 임원이 되려는 丁

06 경비업법령상 경비업의 시설 등의 기준으로 옳지 않은 것은?

① 시설경비업무는 10명 이상의 일반경비원 및 경비지도사 1명 이상을 갖추어야 한다.
② 호송경비업무와 신변보호업무는 무술유단자인 일반경비원 5명 이상 및 경비지도사 1명 이상을 갖추어야 한다.
③ 기계경비업무는 전자·통신분야 기술자격증소지자 10명을 포함한 20명 이상의 특수경비원 및 경비지도사 1명 이상의 경비인력을 갖추어야 한다.
④ 호송용 차량이란 현금이나 그 밖의 귀중품의 운반에 필요한 견고성 및 안전성을 갖추고 무선통신시설 및 경보시설을 갖춘 자동차를 말한다.

07 경비업법령상 일반경비지도사 교육과 관련하여 과목별 교육시간이 다른 하나는?

① 시설경비
② 호송경비
③ 신변보호
④ 혼잡·다중운집 인파 관리

08 경비업법상 신고사항에 해당하지 않는 것은?

① 경비업의 허가를 받은 법인이 영업을 폐업하거나 휴업한 경우
② 경비업의 허가를 받은 법인이 법인의 대표자·임원을 변경한 경우
③ 경비업의 허가를 받은 법인이 법인의 주사무소나 출장소를 신설·이전 또는 폐지한 경우
④ 경비업의 허가를 받은 법인이 경비업무를 변경하는 경우

09 경비업법령상 경비업자가 그 사유가 발생한 때부터 30일 이내에 신고하여야 하는 사항에 해당하지 않는 것은?

① 기계경비업무의 수행을 위한 관제시설을 신설·이전 또는 폐지한 때
② 특수경비원을 배치한 때
③ 특수경비업무를 개시하거나 종료한 때
④ 정관의 목적을 변경한 때

10 경비업법령상 특수경비원의 무기관리수칙 등에 관한 설명으로 옳지 않은 것은?

① 무기를 대여받은 국가중요시설의 시설주는 무기를 지급받은 특수경비원으로 하여금 무기를 매주 1회 이상 손질하게 하여야 한다.
② 무기를 대여받은 국가중요시설의 시설주는 무기의 관리를 위한 책임자를 지정하고 관할 경찰관서장에게 이를 통보하여야 한다.
③ 무기를 대여받은 국가중요시설의 시설주는 고의 또는 과실로 무기(부속품을 포함한다)를 빼앗기거나 무기가 분실·도난 또는 훼손되도록 한 특수경비원에 대하여 특수경비업자에게 교체 또는 징계 등의 조치를 요청하여야 한다.
④ 무기를 대여받은 국가중요시설의 시설주는 수리가 필요한 무기가 있는 때에는 그 목록과 무기장비운영카드를 첨부하여 관할 경찰관서장에게 수리를 요청하여야 한다.

11 경비업법령상 경비업의 허가 등에 관한 설명으로 옳지 않은 것은?

① 호송경비업무의 경우에는 1억원 이상의 자본금을 보유하여야 한다.
② 영업을 폐업한 때에는 시·도 경찰청장에게 신고하여야 한다.
③ 누구든지 허가를 받은 경비업체와 동일한 명칭으로 경비업 허가를 받을 수 없다.
④ 소속 경비원으로 하여금 경비업무의 범위를 벗어난 행위를 하게 한 때에 해당하여 경비업체의 허가가 취소된 경우 허가가 취소된 날부터 5년이 지나지 아니한 때에는 누구든지 허가가 취소된 경비업체와 동일한 명칭으로 경비업 허가를 받을 수 없다.

12 경비업법령상 행정처분의 기준에 관한 설명으로 옳지 않은 것은?

① 시·도 경찰청장의 허가 없이 경비업무를 변경한 경우 3차 이상 위반 시에는 허가가 취소된다.
② 경비업법상 2차에 걸쳐 결격사유에 해당하는 경비원을 배치하거나 결격사유에 해당하는 경비지도사를 선임·배치한 경우 허가가 취소된다.
③ 행정처분이 영업정지인 경우에는 위반행위의 동기, 내용 및 위반의 정도 등을 고려하여 가중하거나 감경할 수 있다.
④ 위반행위의 횟수에 따른 행정처분 기준은 최근 2년간 같은 위반행위로 행정처분을 받은 경우에 적용한다. 이 경우 기준 적용일은 위반행위에 대한 행정처분일과 그 처분 후의 위반행위가 다시 적발된 날을 기준으로 한다.

13 청원경찰법령상 청원경찰의 교육에 관한 설명으로 옳은 것을 모두 고른 것은?

> ㄱ. 청원주는 청원경찰로 임용된 사람으로 하여금 경비구역에 배치하기 전에 경찰교육기관에서 직무수행에 필요한 교육(2주 76시간)을 받게 하여야 한다.
> ㄴ. 청원경찰의 직무수행에 필요한 교육과목에는 대공이론, 국가보안법, 통합방위법이 포함된다.
> ㄷ. 청원주는 소속 청원경찰에게 그 직무집행에 필요한 교육을 매월 5시간 이상 하여야 한다.
> ㄹ. 경찰공무원(의무경찰을 포함한다)에서 퇴직한 사람이 퇴직한 날부터 3년 이내에 청원경찰로 임용되었을 때에는 직무수행에 필요한 교육을 면제할 수 있다.

① ㄱ, ㄴ
② ㄱ, ㄹ
③ ㄴ, ㄷ
④ ㄷ, ㄹ

14 청원경찰법령상 청원경찰의 배치에 관한 설명으로 옳지 않은 것은?

① 청원경찰을 배치받으려는 자는 대통령령으로 정하는 바에 따라 관할 시·도 경찰청장에게 청원경찰 배치를 신청하여야 한다.
② 시·도 경찰청장은 청원경찰 배치신청을 받으면 지체 없이 그 배치 여부를 결정하여 신청인에게 알려야 한다.
③ 청원경찰 배치신청서에 첨부하여야 할 서류는 경비구역 평면도와 청원경찰 직무교육계획서이다.
④ 청원주로부터 청원경찰 이동배치 통보를 받은 경찰서장은 이동배치지가 다른 관할구역에 속할 때에는 전입지를 관할하는 경찰서장에게 이동배치한 사실을 통보하여야 한다.

15 경비업법령상 경비지도사 시험 등에 관한 설명으로 옳지 않은 것은?

① 경찰청장은 경비지도사 시험의 실시계획을 매년 수립해야 한다.
② 시험출제위원의 수는 시험과목별로 2인 이상으로 한다.
③ 경찰청장은 시험의 실시계획에 따라 시험을 실시하고자 하는 때에는 응시자격·시험과목·시험일시·시험장소 및 선발예정인원 등을 시험시행일 90일 전까지 공고하여야 한다.
④ 경비지도사 시험은 매년 1회 이상 시행하며, 시험과목, 시험공고, 시험의 일부가 면제되는 자의 범위 그 밖에 경비지도사 시험에 관하여 필요한 사항은 행정안전부령으로 정한다.

16 다음은 경비업법령상 허가갱신에 관한 내용이다. ( ) 안의 ㄱ~ㄷ에 들어갈 알맞은 내용은?

> 경비업의 갱신허가를 받으려는 자는 허가의 유효기간 만료일 (ㄱ) 전까지 경비업 갱신허가신청서(전자문서로 된 신청서를 포함한다)에 허가증 원본 및 정관(변경사항이 있는 경우에 한한다)을 첨부하여 법인의 주사무소를 관할하는 (ㄴ)에게 제출하여야 한다. 여기서 허가의 유효기간은 허가받은 날로부터 (ㄷ)으로 한다.

	ㄱ	ㄴ	ㄷ
①	20일	시·도 경찰청장 또는 해당 시·도 경찰청 소속의 경찰서장	3년
②	30일	시·도 경찰청장 또는 해당 시·도 경찰청 소속의 경찰서장	5년
③	20일	시·도 경찰청장	5년
④	30일	시·도 경찰청장	3년

17 경비업법령상 경비업 허가의 필요적 취소사유에 해당하는 것은?

① 시·도 경찰청장의 허가 없이 경비업무를 변경한 때
② 정당한 사유 없이 허가를 받은 날부터 1년 이내에 경비 도급실적이 없거나 계속하여 2년 이상 휴업한 때
③ 정당한 사유 없이 최종 도급계약 종료일의 다음 날부터 1년 이내에 경비 도급실적이 없을 때
④ 허위 그 밖의 부정한 방법으로 허가를 받은 때

18 경비업법령상 경비지도사가 직무를 성실하게 수행하지 아니한 경우(ㄱ)와 시·도 경찰청장의 명령을 위반한 경우(ㄴ)에 부과되는 1차 위반 시 자격정지처분 기준으로 옳은 것은?

① ㄱ : 3월, ㄴ : 6월
② ㄱ : 1월, ㄴ : 3월
③ ㄱ : 6월, ㄴ : 3월
④ ㄱ : 3월, ㄴ : 1월

19 청원경찰법령상 관할 경찰서장이 비치해야 하는 문서 및 장부가 아닌 것은?

① 청원경찰 명부
② 징계 관계철
③ 무기·탄약 대여대장
④ 교육훈련 실시부

20 경비업법령상 경비원이 경비업무 수행 중에 경비업법에 규정된 장비 외에 흉기 그 밖의 위험한 물건을 휴대하고 일정한 형법상의 범죄를 범한 경우 그 법정형의 2분의 1까지 가중처벌된다. 다음 중 이에 해당되는 형법상 범죄는?

① 형법 제324조의2(인질강요죄)
② 형법 제261조(특수폭행죄)
③ 형법 제136조(공무집행방해죄)
④ 형법 제333조(강도죄)

21 경비업법령상 경비원의 장비 및 출동차량 등에 관한 설명으로 옳지 않은 것은?

① 경비원이 휴대할 수 있는 장비는 근무 중에만 휴대할 수 있다.
② 경비원은 시·도 경찰청장의 허가를 받아 장비를 임의로 개조하여 통상의 용법과 달리 사용할 수 있다.
③ 경찰공무원이 사용하는 방검복과 색상 및 디자인이 명확히 구분되어야 한다.
④ 시·도 경찰청장은 경비업자로부터 제출받은 출동차량 등의 사진을 검토한 후 경비업자에게 그 도색 및 표지 변경 등에 대한 시정명령을 할 수 있다.

22 경비업법령상 3회 위반의 경우 과태료 금액이 다른 것은?

① 경비업자가 결격사유에 해당하는 경비원을 배치한 경우
② 경비업자가 경비지도사를 선임하지 않은 경우
③ 특수경비업무를 수행하는 경비업자가 경비대행업자 지정신고를 하지 않은 경우
④ 경비업자가 복장 등에 관한 신고규정을 위반하여 신고를 하지 않은 경우

23 청원경찰법령상 청원경찰경비 등에 관한 설명으로 옳지 않은 것은?

① 청원주가 부담하여야 하는 청원경찰에 대한 봉급·수당의 최저부담기준액(국가기관 또는 지방자치단체에 근무하는 청원경찰의 봉급·수당은 제외한다)은 경찰청장이 정하여 고시(告示)한다.
② 청원경찰에게 지급할 봉급과 각종 수당, 피복비, 교육비의 지급방법 또는 납부방법은 행정안전부령으로 정한다.
③ 국가기관이나 지방자치단체에 근무하는 청원경찰의 퇴직금에 관하여는 대통령령으로 정한다.
④ 국가기관에 근무하는 청원경찰의 보수는 재직기간이 23년인 경우, 경장에 해당하는 경찰공무원의 보수를 감안하여 대통령령으로 정한다.

24 경비업법령상 경비지도사에 관한 설명이다. ( )의 ㄱ과 ㄴ에 들어갈 말로 옳게 짝지어진 것은?

- 경비지도사가 선임·배치된 시·도 경찰청의 관할구역에 인접하는 시·도 경찰청의 관할구역에 배치된 경비원이 (ㄱ) 이하인 경우에는 경비지도사를 따로 선임·배치하지 아니할 수 있다.
- 경비업자는 선임·배치된 경비지도사에 결원이 있거나 자격정지 등의 사유로 그 직무를 수행할 수 없는 때에는 (ㄴ) 이내에 경비지도사를 새로이 충원하여야 한다.

① ㄱ - 50명, ㄴ - 30일
② ㄱ - 50명, ㄴ - 15일
③ ㄱ - 30명, ㄴ - 30일
④ ㄱ - 30명, ㄴ - 15일

25 경비법인 甲은 2023년 2월 1일 시설경비업 허가를 받고, 2024년 1월 1일 기계경비업 허가를 받았다. 경비업의 갱신허가를 받기 위해 甲은 언제까지 갱신허가신청을 하여야 하는가?

① 2028년 1월 1일
② 2028년 1월 31일
③ 2028년 12월 1일
④ 2028년 12월 31일

26 다음 중 경비업법령상 벌칙이 가장 무거운 경우에 해당하는 것은?

① 경비업자의 경비원 채용 시 무자격자나 부적격자 등을 채용하도록 관여하거나 영향력을 행사한 도급인
② 정당한 사유 없이 무기를 소지하고 배치된 경비구역을 벗어난 특수경비원
③ 파업·태업 그 밖에 경비업무의 정상적인 운영을 저해하는 쟁의행위를 한 특수경비원
④ 무기출납부 및 무기장비운영카드를 비치·기록하지 아니한 관리책임자

27 경비업법령상 벌칙에 관한 설명으로 옳지 않은 것은?

① 집단민원현장에 20명 이상의 경비인력을 배치하면서 그 경비인력을 직접 고용한 자는 3년 이하의 징역 또는 3천만원 이하의 벌금에 처한다.
② 경비원이 흉기를 사용하여 집단적 폭력사태를 일으켜 관할 경찰관서장이 배치폐지 명령을 하였는데 이에 따르지 아니한 경비업자는 1년 이하의 징역 또는 1천만원 이하의 벌금에 처한다.
③ 경비업자가 집단민원현장에 일반경비원을 배치하면서 경비원의 명부를 배치장소에 작성·비치하지 아니한 경우에 양벌규정이 적용된다.
④ 법인 또는 개인이 국가중요시설의 정상적인 운영을 해치는 특수경비원의 행위를 방지하기 위하여 해당 업무에 관하여 상당한 주의와 감독을 게을리하지 아니한 경우에는 벌금형이 면책된다.

28 경비업법령상 특수경비원의 무기사용과 관련된 설명으로 옳지 않은 것은?

① 무기 또는 폭발물을 소지하고 국가중요시설에 침입한 자가 특수경비원으로부터 3회 이상 투기(投棄) 또는 투항(投降)을 요구받고도 이에 불응하면서 계속 항거하는 경우 이를 억제하기 위하여 무기를 사용하지 아니하고는 다른 수단이 없다고 인정되는 때에는 무기를 사용할 수 있으며 그 사람에게 위해를 끼칠 수 있다.
② 특수경비원은 국가중요시설의 경비를 위하여 무기를 사용하지 아니하고는 다른 수단이 없다고 인정되는 때에는 필요한 한도 안에서 무기를 사용할 수 있다.
③ 시설주는 관할 경찰관서장으로부터 대여받은 무기를 특수경비원에게 휴대하게 하는 경우에는 관할 시·도 경찰청장의 사전승인을 받아야 한다.
④ 시설주는 무기지급의 필요성이 해소되었다고 인정되는 때에는 특수경비원으로부터 즉시 무기를 회수하여야 한다.

29 경비업법령상 관할 경찰관서장의 권한에 속하는 것을 모두 고른 것은?(위임 및 위탁의 경우는 제외함)

ㄱ. 경비지도사의 선임
ㄴ. 경비지도사의 자격취소 또는 자격정지
ㄷ. 경비업의 허가취소 또는 영업정지
ㄹ. 과태료의 부과·징수
ㅁ. 무기관리에 대한 지도·감독

① ㄱ, ㄴ
② ㄴ, ㄷ
③ ㄷ, ㄹ
④ ㄹ, ㅁ

30 경비업법령상 경비협회에 관한 설명으로 옳지 않은 것은?

① 경비업자는 경비업무의 건전한 발전과 경비원의 자질향상 및 교육훈련 등을 위하여 대통령이 정하는 바에 따라 경비협회를 설립할 수 있다.
② 경비협회는 법인으로 한다.
③ 경비협회는 경비업자가 경비업을 운영할 때 필요한 입찰보증, 계약보증, 하도급보증을 위한 공제사업을 할 수 있다.
④ 시·도 경찰청장은 경비협회의 공제사업에 대하여 금융감독원의 원장에게 검사를 요청할 수 있다.

31 청원경찰법령상 청원경찰의 무기대여 및 무기관리에 관한 설명으로 옳은 것은?

① 청원주는 대여받은 무기와 탄약이 분실되거나 도난당하거나 빼앗기거나 훼손되는 등의 사고가 발생했을 때에는 지체 없이 그 사유를 관할 경찰서장에게 통보해야 한다.
② 청원주 및 청원경찰은 대통령령으로 정하는 무기관리수칙을 준수하여야 한다.
③ 청원주는 위급한 상황이 발생한 때에는 자신이 국가에 기부채납하지 않은 무기도 대여신청 후 국가로부터 대여받아 휴대할 수 있다.
④ 청원경찰은 무기를 손질하거나 조작할 때에는 반드시 총구를 바닥으로 향하게 하여야 한다.

32 청원경찰법령상 청원주가 무기와 탄약을 지급할 수 있는 청원경찰은?

① 직무상 비위(非違)로 징계대상이 된 사람
② 사직 의사를 밝힌 사람
③ 치매, 조현병, 조현정동장애, 양극성 정동장애(조울병), 재발성 우울장애 등의 정신질환으로 인하여 무기와 탄약의 휴대가 적합하지 않다고 해당 분야 전문의가 인정하는 사람
④ 민사소송의 피고로 소송계류 중인 사람

33 청원경찰법령상 청원경찰에 관한 설명으로 옳지 않은 것은?

① 군복무가 면제된 25세의 남자는 청원경찰이 될 수 있다.
② 금고 이상의 형의 집행유예를 선고받고 그 유예기간이 끝난 날부터 2년이 지나지 아니한 자는 청원경찰로 임용될 수 없다.
③ 청원경찰의 임용자격·임용방법·교육 및 보수에 관하여는 행정안전부령으로 정한다.
④ 청원경찰의 복무에 관하여 준용되는 「경찰공무원법」 규정은 거짓 보고 등의 금지규정이다.

34 청원경찰법령상 청원경찰의 감독에 관한 내용 중 옳은 것은?

① 관할 경찰서장은 매주 1회 이상 청원경찰을 배치한 경비구역에 대하여 복무규율과 근무 상황, 무기의 관리 및 취급 사항을 감독하여야 한다.
② 2명 이상의 청원경찰을 배치한 사업장의 청원주는 청원경찰의 지휘·감독을 위하여 청원경찰 중에서 경력이 많은 사람을 선정하여 감독자로 지정하여야 한다.
③ 청원주는 항상 소속 청원경찰의 근무 상황을 감독하고, 근무 수행에 필요한 교육을 하여야 한다.
④ 경찰청장은 청원경찰의 효율적인 운영을 위하여 청원주를 지도하며 감독상 필요한 명령을 할 수 있다.

35 다음 ( ) 안에 들어갈 내용을 순서대로 바르게 나열한 것은?

- 청원주는 청원경찰에게 지급한 무기와 탄약을 ( ) 이상 손질하게 하여야 한다.
- 청원주는 수리가 필요한 무기가 있을 때에는 그 목록과 무기장비 운영카드를 첨부하여 ( )에게 수리를 요청할 수 있다.

① 매주 1회, 시·도 경찰청장
② 매주 1회, 관할 경찰서장
③ 매월 1회, 시·도 경찰청장
④ 매월 1회, 관할 경찰서장

36 청원경찰법령상 청원경찰의 복제(服制)에 관한 설명으로 옳은 것은?

① 청원경찰의 복제는 제복·장구 및 부속물로 구분하며, 이 가운데 모자표장, 계급장, 장갑 등은 부속물에 해당한다.
② 청원주는 청원경찰이 특수복장을 착용할 필요가 있을 때에는 관할 경찰서장에게 보고하고 특수복장을 착용하게 할 수 있다.
③ 청원경찰의 제복의 형태·규격 및 재질은 시·도 경찰청장이 결정하되, 사업장별로 통일해야 한다.
④ 청원경찰은 특수근무 중에는 정모, 근무복, 단화, 호루라기, 경찰봉 및 포승을 착용하거나 휴대하여야 한다.

37 배치결정을 받은 청원주가 그 배치결정의 통지를 받은 날부터 며칠 이내에 배치결정된 인원수의 임용예정자에 대하여 청원경찰 임용승인을 시·도 경찰청장에게 신청하여야 하는가?

① 30일
② 15일
③ 10일
④ 3일

38 다음 중 청원경찰법령상 청원경찰이 퇴직할 때 청원주에게 반납해야 하는 것은?

① 정 모
② 방한화
③ 가슴표장
④ 호루라기

39 청원경찰법령상의 과태료에 관한 다음의 설명 중 옳지 않은 것은?

① 정당한 사유 없이 경찰청장이 고시한 최저부담기준액 이상의 보수를 지급하지 아니한 자는 500만원 이하의 과태료를 부과한다.
② 청원경찰을 배치하고 있는 사업장이 하나의 경찰서의 관할구역에 있는 경우에도 과태료는 시·도 경찰청장이 부과·징수한다.
③ 시·도 경찰청장은 위반행위의 동기, 내용 및 위반의 정도 등을 고려하여 과태료 금액의 100분의 50의 범위에서 그 금액을 줄이거나 늘릴 수 있다. 다만, 늘리는 경우에는 과태료 금액의 상한을 초과할 수 없다.
④ 경찰서장은 과태료 처분을 하였을 때에는 과태료 부과 및 징수 사항을 과태료 수납부에 기록하고 정리하여야 한다.

40 다음 중 청원경찰법령상 관할 경찰서장에게 위임된 권한은?(청원경찰을 배치하고 있는 사업장이 하나의 경찰서의 관할구역에 있는 경우에 한함)

① 경비전화의 가설에 관한 권한
② 과태료 부과·징수에 관한 권한
③ 청원경찰 징계처분 요청에 관한 권한
④ 청원경찰 임용에 관한 권한

제5회 경호학

41. 경호에 관한 설명 중 옳지 않은 것은?

① 경호는 위해기도자와의 대결보다 위해를 회피·예방하는 과정이 중요하다.
② 경호학은 체육학·무도학의 일부이므로, 경호학의 발전을 위해서는 경호원의 신체적 능력이나 무술적 필요성을 강조하여야 한다.
③ 경호원이 완력으로 위해기도자를 제압하려 한다면, 법적인 문제가 대두될 수 있다.
④ 사회의 변화와 요구에 부합하는 경호제도와 경호 이론·기법을 개발하여야 한다.

42. 대한민국의 경호 관련 법제도에 관한 설명으로 옳지 않은 것은?

① 민간단체 등이 전직대통령을 위한 기념사업을 추진하는 경우에는 관계 법령에서 정하는 바에 따라 필요한 지원을 할 수 있다.
② 대통령경호안전대책활동에 관하여는 대통령경호안전대책위원회 구성원 전원과 그 구성원이 속하는 기관의 장이 공동으로 책임을 진다.
③ 대통령경호처장의 관장사무를 지원하기 위하여 대통령경호처장 소속으로 경호안전교육원을 둔다.
④ 전직대통령이 금고 이상의 형이 확정된 경우 '필요한 기간의 경호 및 경비'의 예우를 하지 아니한다.

43 국민보호와 공공안전을 위한 테러방지법령상 대테러활동에 해당하는 것으로 옳은 것은 모두 몇 개인가?

- 테러 관련 정보의 수집
- 테러위험인물의 관리
- 테러에 이용될 수 있는 위험물질 등 테러수단의 안전관리
- 인원·시설·장비의 보호
- 국제행사의 안전확보
- 테러위협에의 대응 및 무력진압

① 3개 ② 4개
③ 5개 ④ 6개

44 다음과 관련이 있는 경호의 원칙에 관한 설명으로 옳은 것은?

경호대상자의 행차 코스는 원칙적으로 비공개되어야 하며, 행차 예정 장소도 일반 대중에게 비공개되어야 한다. 더불어 대중에게 노출되는 경호대상자의 보행 행차는 가급적 제한되어야 위해를 가할 가능성이 있는 위험으로부터 경호대상자를 보호할 수 있다.

① 경호원은 타인의 눈에 잘 띄지 않게 은밀하고 침묵 속에서 행동하며 항상 경호대상자의 공적·사적 업무활동에 방해를 주지 않아야 한다.
② 경호대상자에게 접근할 수 있는 출입구나 통로는 하나만 필요하다.
③ 경호대상자를 암살자 또는 위해를 가할 가능성이 있는 자로부터 떼어 놓아야 한다.
④ 경호대상자는 어떠한 상황하에서도 절대적으로 보호되어야 한다.

45 응용대형 중 하차대형에 관한 설명이다. 옳지 않은 것은?

① 차량대형이 하차지점에 도착하면 근접경호원은 신속히 하차하여 경호대상자차에 대한 사주경계대형을 형성한다.
② 차량문은 경호대상자차가 정지하는 것과 동시에 신속히 열도록 한다.
③ 차량 사주경계대형에서 경호차량의 우측에 탑승한 경호원은 경호대상자차의 우측을, 좌측에 탑승한 경호원은 좌측을 담당한다.
④ 경호대상자가 차에서 내리면 전방으로 이동하면서 자연스럽게 도보대형을 형성하여 이동 간 경계태세에 돌입한다.

46 대통령 등의 경호에 관한 법률상 ( ) 안의 ㄱ~ㄹ에 들어갈 용어로 옳은 것은?

> "경호"란 (ㄱ)의 생명과 재산을 보호하기 위하여 신체에 가하여지는 (ㄴ)을 방지하거나 제거하고, (ㄷ)을 경계·순찰 및 방비하는 등의 모든 (ㄹ)활동을 말한다.

① ㄱ : 경호원
② ㄴ : 안 전
③ ㄷ : 특정 지역
④ ㄹ : 특 수

47 기본 인명구조술에 관한 설명 중 옳지 않은 것은?

① 병원 전(前)단계에서 많이 시행하는 기본 인명구조술은 심폐소생술의 초기단계를 말한다.
② 심폐소생술은 가슴압박(compression) → 기도유지(airway) → 인공호흡(breathing)의 순으로 실시한다.
③ 심정지 환자에게는 심정지 후 8분 이내에 기본 인명구조술이 시작되어야 높은 생존율을 기대할 수 있다.
④ 심실세동은 성인 심정지의 주요 원인이다.

48 국민보호와 공공안전을 위한 테러방지법령상 국가테러대책위원회의 심의·의결사항에 해당하지 않는 것은?

① 국가 대테러활동 관련 임무분담 및 협조사항 실무 조정
② 국가 대테러 기본계획 등 중요 중장기 대책 추진사항
③ 대테러활동에 관한 국가의 정책 수립 및 평가
④ 위원장이 대책위원회에서 심의·의결할 필요가 있다고 제의하는 사항

49
안전검측의 원칙상 항목별(ㄱ~ㄷ) 검측 시 우선으로 중점 검측할 대상을 옳게 선택한 것은?

> ㄱ. 통로의 양 측면, 통로의 중앙
> ㄴ. 높은 곳, 낮은 곳
> ㄷ. 깨끗한 장소, 더러운 장소

① ㄱ : 통로의 양 측면, ㄴ : 낮은 곳, ㄷ : 깨끗한 장소
② ㄱ : 통로의 양 측면, ㄴ : 높은 곳, ㄷ : 더러운 장소
③ ㄱ : 통로의 중앙, ㄴ : 낮은 곳, ㄷ : 깨끗한 장소
④ ㄱ : 통로의 중앙, ㄴ : 높은 곳, ㄷ : 더러운 장소

50
뉴테러리즘에 관한 설명으로 옳은 것은?

① '외로운 늑대(lone wolf)'와 같은 자생 테러가 증가하고 있다.
② 공격대상이 특정화되어 있고, 언론매체의 활용으로 공포확산이 빠르다.
③ 요구 조건이나 공격 주체가 구체적이고 분명하다.
④ 전통적 테러에 비해 피해 규모가 작다.

51
근접경호대형에 관한 설명으로 옳은 것은?

① 경호대상자가 완전히 경호원에 의해 둘러싸여 있는 인상을 주게 되어 대외적인 이미지는 안 좋을 수 있으나 경호효과가 높은 대형은 쐐기형 대형이다.
② 외부로부터 위협이 없다고 판단되며 안전이 확보된 행사장 입장 시와 대외적인 이미지를 중시하는 경호대상자에게 적합한 대형은 역쐐기형(V자) 대형이다.
③ 근접경호대형을 형성하는 각 경호요원의 사주경계 범위는 중첩되지 않도록 한다.
④ 근접경호원은 고정된 위치와 대형을 고수하여야 한다.

52
근접경호원의 기본 요건 및 임무에 관한 설명으로 옳은 것은?

① 경호대상자의 건강상태, 주위 상황, 위험도 등에 따라 이동속도를 적절하게 조절하고, 이동 전에 경호대상자에게 이동로, 이동시간, 경호대형 및 경호대상자의 위치 등은 보안을 위해 알려주지 않도록 한다.
② 경호원은 위해발생 시 경호대상자의 방호 및 대피보다 위해기도자의 제압이 우선이다.
③ 위해기도자에 대한 대응은 촉수거리의 원칙에 따라 경호원 중 위해기도자와 가장 가까운 거리에 있는 경호원이 해야 한다.
④ 선정된 근접경호원의 위치는 수시로 변화시키지 않는다.

53 경호의 특수적 환경요인이 아닌 것은?

① 국제화 및 개방화
② 경제전쟁
③ 증오범죄의 등장
④ 한국의 국제적 지위 향상

54 경호 위해조직의 특징에 관한 설명으로 옳지 않은 것은?

① 지도자 조직을 중심으로 행동조직과 지원조직들이 동심원적으로 결합되어 있다.
② 과학기술의 발달과 고도의 정밀장비들의 개발로 위해조직들은 전문화되고 있다.
③ 위해의 성공가능성을 높이기 위해 조직원들 간의 개방적 구조를 가지고 있다.
④ 위해기도의 성공을 위해 치밀한 계획과 정확한 행동을 필수로 한다.

55 차량경호에 관한 내용으로 적절하지 않은 것은?

① 경호대상자의 권위를 고려하여 최고급 차종의 차량을 선정한다.
② 도로 및 교통상황, 경호대상자의 성향, 행사 성격 등을 고려하여 차량의 종류와 대형을 결정한다.
③ 차량 기동 간 사전준비 및 검토할 사항으로는 행차로와 환차로 등 주변 도로망을 파악하는 것이 있다.
④ 경호대상자가 차량을 수시로 바꾸어 타면 위해기도자를 혼란시킬 수 있다.

56 경호조직에 관한 설명으로 옳은 것은?

① 국제적 테러행위의 수법이 지능화·고도화되고 있어 경호조직에 있어서도 기능의 전문화 내지 집중화현상이 나타나고 있다.
② 경호조직은 기구단위 및 권한과 책임이 분화되어야 한다.
③ 경호지휘단일성의 원칙에 따르면, 하나의 경호조직은 한 사람만의 지휘를 받아야 하는 것이 아니라, 각 분화된 단위별로 여러 사람의 지휘를 받아야 한다.
④ 경호조직은 정치체제의 변화와 역사적 사건들로 인해 그 기구 및 인원 면에서 점차 소규모화되고 있다.

57 다음 중 「대통령경호안전대책위원회규정」상 대통령경호안전대책위원회 위원과 「국가테러대책위원회 및 테러대책실무위원회 운영규정」상 테러대책실무위원회의 위원에 공통으로 해당하는 자는 모두 몇 명인가?

> ㄱ. 경찰청 경비국장
> ㄴ. 해양경찰청 경비국장
> ㄷ. 관세청 조사감시국장
> ㄹ. 대검찰청 공공수사정책관
> ㅁ. 국무조정실 대테러정책관
> ㅂ. 소방청 119구조구급국장
> ㅅ. 국가정보원 테러정보통합센터장

① 1명 ② 2명
③ 3명 ④ 4명

58 항공안전법상 드론을 포함하지 않는 용어는?

① 경량항공기 ② 무인비행장치
③ 초경량비행장치 ④ 무인동력비행장치

59 다음 ( )에 들어갈 내용으로 옳은 것은?

> ( )은/는 경호 임무 시 사전예방활동의 기본요소 중 경호대상자는 물론 인원, 문서, 시설, 지역 및 통신까지 관련된 모든 것을 위해자로부터 차단하는 것이다.

① 보안활동 ② 정보활동
③ 협조체제 ④ 안전대책

60 우리나라 경호의 환경요인에 관한 설명으로 옳지 않은 것은?

① 경제발전과 과학기술의 향상이 상대적으로 경호환경을 악화시킨다.
② 약자 층을 대상으로 이유 없는 증오심을 갖고 테러를 자행하는 증오범죄가 심각하게 등장하고 있다.
③ 사이버범죄 증가에 따라 경호방법 다변화의 일환으로 「개인정보보호법」은 적용하지 않는다.
④ 세계는 군사전쟁에서 경제전쟁으로 탈바꿈하여 지역이기주의 또는 지역경제주의로 발전하였다.

61 대통령 등의 경호에 관한 법률상 경호등급 및 경호구역 지정에 관한 설명으로 옳지 않은 것은?

① 경호처장은 경호업무의 수행에 필요하다고 판단되는 경우 경호구역을 지정할 수 있다.
② 경호등급을 구분하여 운영하는 경우에는 국가정보원장, 국방부장관 및 경찰청장과 미리 협의하여야 한다.
③ 경호구역의 지정은 경호 목적 달성을 위한 최소한의 범위로 한정되어야 한다.
④ 경호등급과 관련하여 필요한 사항은 경호처장이 따로 정한다.

62 출입자 통제업무 수행에 관한 설명으로 옳은 것은?

① 경호구역의 설정에 따라 각 구역별 통제의 범위를 결정한다.
② 각 구역별로 출입통로를 다양화하여 통제의 범위를 정한다.
③ 안전구역은 행사 참석자를 비롯한 모든 출입요소의 1차 통제지점이 된다.
④ 대규모 행사 시 참석대상과 좌석을 구분하지 않고 시차입장계획을 수립한다.

63 근접경호 등에 관한 설명으로 옳은 것은?

① 근접경호 시 경호대상자의 대피가 우선이므로, 어떠한 경우에도 위해기도자를 제압해서는 안 된다.
② 위급상황 시 위해자와 경호대상자 사이를 차단하고, 적 공격의 반대 방향이나 비상구 쪽으로 대피한다.
③ 경호원은 사격훈련이나 방호훈련을 할 때 행사장 주변의 은폐·엄폐물을 활용하여 위해기도자의 총탄을 피하는 훈련을 반복해야 한다.
④ 경호원의 수적 여유가 없더라도 위해기도자의 체포 및 수사는 반드시 직접 해야 한다.

64 자연방벽효과의 원리에 관한 내용이다. ( ) 안의 ㄱ, ㄴ에 들어갈 내용의 연결이 옳은 것은?

- 경호대상자의 위치가 고정된 경우 수평적 방벽효과는 근접경호원이 (ㄱ)와 가까이 위치할수록 증가한다.
- 위해기도자가 고층건물과 같이 높은 위치에서 공격한다고 가정할 경우, 수직적 방벽효과는 근접경호원이 (ㄴ)와 가까이 위치할수록 증가한다.

① ㄱ : 위해기도자, ㄴ : 경호대상자
② ㄱ : 경호대상자, ㄴ : 경호대상자
③ ㄱ : 경호대상자, ㄴ : 위해기도자
④ ㄱ : 위해기도자, ㄴ : 위해기도자

65 다음 비밀의 구분 중 누설되는 경우 대한민국과 외교관계가 단절되고 전쟁을 유발하며, 국가의 방위계획, 정보활동 및 국가방위상 필요불가결한 과학·기술을 위태롭게 하는 등의 우려가 있는 비밀은 무엇인가?

① Ⅰ급 비밀
② Ⅱ급 비밀
③ Ⅲ급 비밀
④ 대외비

66 다음 중 만약 경호근무자가 없거나 부족할 경우에는 해당 장소를 안전조치 후 봉인하여 경호주체가 안전을 확인한 장소임을 표시할 수 있는 장소는?

① 휴게실
② 화약고
③ 경호상황실
④ 주행사장

67 기동 간 차량 운전방법에 관한 설명으로 옳지 않은 것은?

① 회전 시에는 길 바깥쪽으로 원심력이 작용하여 차량이 전복되거나 전도되는 사고 등의 가능성에 유의해야 한다.
② 회전 시에는 진입하기 전에 충분히 감속해서 커브에 맞는 속도로 조절하면서 직선에 가까운 코스를 유지하는 것이 바람직하다.
③ 회전 시 선도차량은 중앙선에 접근하여 회전하면서 반대 방향의 과속차량에 대한 견제임무를 수행하고 경호대상자 차량과 간격을 유지하며 속도를 조절한다.
④ 후미 경호차량은 좌회전 시에는 경호대상자 차량의 좌측 후미차선, 우회전 시에는 우측 후미차선을 이용하여 회전하면서 접근 차량에 대한 방호임무를 수행한다.

68 차량 기동 간 경호 시 검토할 사항이 아닌 것을 모두 고른 것은?

ㄱ. 차량대형 및 차종의 선택
ㄴ. 행사장 참석자 인원수 및 성향
ㄷ. 주변 감시통제 건물의 취약도
ㄹ. 주도로 및 예비도로의 선정
ㅁ. 대피소 및 최기병원 선정 등 주변 구호시설의 파악

① ㄱ, ㄴ
② ㄱ, ㄹ
③ ㄴ, ㄷ
④ ㄹ, ㅁ

69 국민보호와 공공안전을 위한 테러방지법령에 관한 설명으로 옳지 않은 것은?

① "테러"는 국가·지방자치단체 또는 외국 정부의 권한행사를 방해하거나 의무 없는 일을 하게 할 목적 또는 공중을 협박할 목적으로 하는 일련의 행위를 말한다.
② "테러자금"은 「공중 등 협박목적 및 대량살상무기확산을 위한 자금조달행위의 금지에 관한 법률」 제2조 제1호에 따른 공중 등 협박목적을 위한 자금을 말한다.
③ 테러경보는 테러 발생 이전의 예방과 테러 발생 이후의 대응에 따라 2단계로 구분하여 발령한다.
④ 테러사건대책본부의 장은 테러사건에 대한 대응을 위하여 필요한 경우 현장지휘본부를 설치하여 상황 전파 및 대응 체계를 유지하고, 조치사항을 체계적으로 시행한다.

70 다음 중 경호장비에 관한 설명으로 옳지 않은 것은 모두 몇 개인가?

> ㄱ. 방호장비는 일반적으로 자신의 생명이나 신체가 위험상태에 놓였을 때 스스로를 보호하는 데 사용하는 장비를 말한다.
> ㄴ. 감시장비는 위해기도자의 침입이나 범죄행위를 사전에 감시하기 위한 장비를 말한다.
> ㄷ. 경호업무에 사용되는 드론은 감시장비에 포함된다.
> ㄹ. 검색장비는 위해물질의 존재 여부를 검사하거나 시설물의 안전점검에 사용되는 도구를 말하고, 검측장비는 위해도구나 위해물질을 찾아내는 데 사용하는 장비를 말한다.
> ㅁ. 검색장비와 검측장비는 일반적으로 검색장비로 통칭하며 탐지장비, 처리장비, 검측공구로 구분하여 사용한다.

① 1개
② 2개
③ 3개
④ 4개

71 다음 중 경호복장에 관한 설명으로 옳은 것은 모두 몇 개인가?

> ㄱ. 근접경호원은 보호색원리에 의한 경호현장의 주변 환경과 조화되는 복장을 착용한다.
> ㄴ. 행사의 성격과 관계없이 경호대상자 품위를 높이기 위해 검정색 계통의 정장을 착용한다.
> ㄷ. 정장차림처럼 단정한 복장을 착용하여 경호원으로서 품위를 유지하여야 한다.
> ㄹ. 신발은 장시간 서 있는 근무상황을 고려하여 편하고 잘 벗겨지지 않는 것을 선택한다.
> ㅁ. 장신구의 착용은 지양한다.

① 1개
② 2개
③ 3개
④ 4개

72 다자간 정상회의의 경호 및 안전관리 업무에 관한 규정상 다음 중 경호작전본부의 업무 분장사항이 아닌 것은?

① 행사장별 모든 작전요소의 조정·통제
② 참가국 정상 등의 신변보호를 위한 경호활동의 시행
③ 경호구역 내의 군부대 또는 군사시설에 대한 안전조치
④ 회의장 및 숙소, 공항, 기동로(機動路) 등에 대한 세부 경호·안전계획의 수립 및 시행

73 다음 중 경호의 유형 중 장소에 의한 분류에 해당하지 않는 것은?

① 행사장경호
② 숙소경호
③ 선박경호
④ 연도경호

74 경호조직의 구성원칙에 관한 설명으로 옳지 않은 것은?

① 경호지휘단일성의 원칙 – 명령과 지휘체계는 반드시 하나의 계통으로 구성해야 한다는 원칙으로 경호업무가 긴급성을 요한다는 점에서도 요청된다.
② 경호체계통일성의 원칙 – 일반기업의 책임과 분업원리와 연계되는 경호조직의 원칙이다.
③ 경호기관단위작용의 원칙 – 경호기관을 관리하기 위한 지휘권 및 장비가 편성되어 있어야 한다는 원칙으로, 경호조직의 관리 등의 최종결정은 경호조직원 모두에게 있다.
④ 경호협력성의 원칙 – 경호조직과 국민과의 관계에서 요구되는 것으로, 경호대상자를 위한 완벽한 경호를 위해서는 국민들의 협력이 필수요소이다.

75 대통령 등의 경호에 관한 법령상 대통령경호공무원에 관한 설명으로 옳지 않은 것은?

① 대통령경호처장은 정무직 공무원으로 대통령이 임명한다.
② 대통령경호처장의 제청으로 서울중앙지방검찰청 검사장이 지명한 경호공무원은 사법경찰권을 가질 수 있는 경우가 있다.
③ 소속 공무원이 경호처의 직무와 관련된 사항을 발간하려면 미리 대통령의 허가를 받아야 한다.
④ 대한민국의 국적을 가지지 아니한 사람은 대통령경호처 직원으로 임용될 수 없다.

76 의전에 관한 설명으로 옳은 것은?

① 정부행사 시 초청인사 집단별 좌석배치순서는 관행상 예우 기준, 즉 국회의장 – 헌법재판소장 – 대법원장의 순으로 한다.
② 정부 의전행사에서 적용하고 있는 주요 참석인사에 대한 예우기준에 따라 공적 직위가 없는 인사 서열의 경우 직급, 헌법 및 정부조직법상의 기관, 전직, 연령을 기준으로 한다.
③ 주요 정당의 대표를 초청하여 좌석을 배치하는 경우, 국회법에 따라 원내 의석수가 많은 정당 순으로 배치한다.
④ 주한외교단은 신임장을 제정한 일자 순으로 배치한다.

77 원인을 알 수 있는 인사불성 환자 중 다음과 같은 증상을 나타내는 질환은?

- 얼굴색이 대개 붉어지고 때로는 회백색이 된다.
- 맥박은 강하면서 느리고 환자는 전혀 의식이 없다.
- 한 쪽 눈동자가 다른 한 쪽의 것보다 크며, 입은 마비로 인해 한 쪽으로 쏠리고, 반신이 마비되며, 호흡이 깊어진다.

① 졸 도
② 심장마비
③ 뇌일혈
④ 알코올중독

78 경호업무 수행 중 돌발상황의 대응방법으로 옳지 않은 것은?

① 돌발상황 시 인지 → 경고 → 방벽형성 → 방호 및 대피 → 대적 및 제압의 순서로 행동한다.
② 불필요한 출입자의 통제가 용이한 장소를 사전에 확보해 두는 것이 좋다.
③ 경호대상자를 잠시 대피시킬 수 있는 장소보다는 시간이 지체되더라도 안전한 장소를 확보한다.
④ 경호대상자의 노출을 최소화하고 근접경호원은 물리적 방벽을 형성한다.

79 다음 중 고려시대의 경호기관이 아닌 것은?

① 겸사복(兼司僕)
② 내순검군(內巡檢軍)
③ 순마소(巡馬所)
④ 성중애마(成衆愛馬)

80 형식적 의미의 경호의 개념에 관한 설명으로 옳지 않은 것은?

① 대통령 등의 경호에 관한 법률에 의한 대통령경호처가 담당하는 모든 작용이다.
② 형식적 의미의 경호개념은 실정법상 경호기관의 권한에 속하는 일체의 경호작용을 의미한다.
③ 대통령 등의 경호에 관한 법률에서의 경호는 호위와 경비 중 호위만을 포함하고 있다.
④ 현실적인 경호기관을 기준으로 정립된 개념이다.

제6회 경비업법

01 경비업법령상 용어의 정의로 옳은 것은?

① 경비업이란 경비업무의 전부 또는 일부를 위임받아 행하는 영업을 말한다.
② 시설경비업무란 경비대상시설에 설치한 기기에 의하여 감지·송신된 정보를 수신하여 도난·화재 등 위험발생을 방지하는 업무를 말한다.
③ 경비지도사란 경비원을 지도·감독 및 교육하는 자를 말하며 일반경비지도사와 기계경비지도사로 구분한다.
④ 무기란 인명을 살상할 수 있도록 제작·판매된 권총·소총·분사기를 말한다.

02 경비업법령상 경비업의 허가에 관한 설명으로 옳지 않은 것은?

① 경비업을 영위하고자 하는 법인은 도급받아 행하고자 하는 경비업무를 특정하여 그 법인의 주사무소의 소재지를 관할하는 시·도 경찰청장의 허가를 받아야 한다.
② 경비업 허가신청서는 법인의 주사무소를 관할하는 시·도 경찰청장 또는 해당 시·도 경찰청 소속의 경찰서장에게 제출하여야 한다.
③ 시·도 경찰청장이 경비업 허가를 신청받아 허가여부를 결정할 때 임원의 신용은 검토대상이 아니다.
④ 시·도 경찰청장은 경비업 변경허가를 한 경우 해당 법인의 주사무소를 관할하는 경찰서장을 거쳐 신청인에게 허가증을 발급하여야 한다.

03 경비업법령상 경비업자가 시·도 경찰청장에게 신고하여야 하는 경우가 아닌 것은?

① 법인의 출장소를 신설·이전한 경우
② 정관의 목적을 변경한 경우
③ 영업을 폐업하거나 휴업한 경우
④ 시설경비업무를 개시하거나 종료한 경우

04 경비업법령상 허가갱신 등에 관한 설명으로 옳지 않은 것은?

① 시·도 경찰청장은 갱신허가를 하는 때에는 유효기간이 만료되는 허가증을 회수한 후 새로운 허가증을 교부하여야 한다.
② 경비업 갱신허가신청서는 허가의 유효기간 만료일 30일 전까지 법인의 주사무소를 관할하는 시·도 경찰청장 또는 해당 시·도 경찰청 소속의 경찰서장에게 제출하여야 한다.
③ 경비업 허가의 유효기간이 만료된 후 계속하여 경비업을 하고자 하는 법인은 대통령령이 정하는 바에 의하여 갱신허가를 받아야 한다.
④ 경비업 갱신허가신청서를 제출받은 시·도 경찰청장은 「전자정부법」 제36조 제1항에 따른 행정정보의 공동이용을 통하여 법인의 등기사항증명서를 확인하여야 한다.

05 경비업법령상 경비업 허가에 관한 설명으로 옳지 않은 것은?

① 경비업 허가의 유효기간은 허가받은 날부터 5년으로 한다.
② 경비업을 영위하고자 하는 법인은 대통령령으로 정하는 경비인력·자본금·시설 및 장비를 갖추지 못한 경우에는 허가신청 시 시설 등의 확보계획서를 제출한 후 허가를 받은 날부터 1월 이내에 필요한 법정시설 등을 갖추고 시·도 경찰청장의 확인을 받아야 한다.
③ 경비업자가 허가증을 분실한 경우에는 허가증 재교부신청서에 그 사유서를 첨부하여 법인의 주사무소를 관할하는 시·도 경찰청장 또는 해당 시·도 경찰청 소속의 경찰서장에게 재발급을 신청하여야 한다.
④ 경비업의 허가를 받은 법인이 도급받아 행하고자 하는 경비업무를 변경하는 경우에는 그 법인의 주사무소 소재지 관할 시·도 경찰청장의 허가를 받아야 한다.

06 경비업법령상 기계경비업자의 의무가 아닌 것은?

① 비밀취급인가를 받을 의무
② 오경보의 방지의무
③ 관리서류 작성·비치의무
④ 대응체제 구축의무

07 강원도 춘천시에서 경비업을 영위하는 A경비법인은 춘천경찰서가 관할하는 B은행 지점의 현금 50억원을 2022년 8월 15일 서울특별시 영등포경찰서가 관할하는 B은행 본점으로 운반하는 업무를 담당하게 되었다. 이에 관한 설명으로 옳지 않은 것은?

① A경비법인은 호송경비통지서를 춘천경찰서장에게 제출하여야 한다.
② 현금수송을 위하여 관할 경찰서의 협조를 얻고자 하는 때에는 호송경비통지서를 출발하기 48시간 전까지 춘천경찰서장에게 제출하여야 한다.
③ 호송경비통지서를 제출하지 않더라도 벌칙이나 행정처분 부과기준 등이 경비업법령상 규정되어 있지 않다.
④ 호송경비통지서는 전자문서로 된 통지서를 포함한다.

08 경비업법령상 2018년 11월 16일을 기준으로 특수경비업무를 수행하는 법인의 임원이 될 수 없는 자는?(단, 경비업법 제19조 제1항 제2호 및 제7호는 제외)

① 2015년 11월 14일 파산선고를 받고 2018년 11월 14일 복권된 자
② 호송경비업무를 수행하던 법인이 경비업법에 의한 명령에 위반하여 2015년 11월 14일 허가가 취소된 경우 해당 법인의 허가취소 당시의 임원이었던 자
③ 「대통령 등의 경호에 관한 법률」을 위반하여 2015년 11월 14일에 벌금형의 선고를 받은 자
④ 2015년 11월 14일 상해죄로 징역 1년에 집행유예 3년의 형을 선고받고 그 형이 실효되지 아니한 자

09 경비업법령상 기계경비업무에 관한 설명으로 옳지 않은 것은?

① 기계경비업무의 수행을 위한 관제시설의 이전에 관해서는 시·도 경찰청장에게 신고하여야 한다.
② 기계경비업무를 수행하는 경비원은 일반경비원에 해당한다.
③ 기계경비업자는 경보의 수신 및 현장도착 일시와 조치의 결과를 기재한 서류를 당해 경보를 수신한 날부터 2년간 이를 보관하여야 한다.
④ 기계경비업무를 수행하는 경비업자는 관제시설 등에서 경보를 수신한 때에는 경보를 수신한 때부터 늦어도 25분 이내에는 도착시킬 수 있는 대응체제를 갖추어야 한다.

10 경비업법령상 배치허가에 관한 내용으로 옳지 않은 것은?

① 경비업자가 경비원을 배치하거나 배치를 폐지한 경우에는 행정안전부령이 정하는 바에 따라 관할 경찰관서장에게 신고하여야 한다.
② 경비원 중 신임교육을 받지 아니한 사람이 100분의 20 이상인 경우에는 관할 경찰관서장은 배치허가 신청을 받은 경우에도 배치허가를 하여서는 아니 된다.
③ 경비업무의 범위를 벗어난 행위를 할 우려가 있는 경우에는 관할 경찰관서장은 배치허가 신청을 받은 경우에도 배치허가를 하여서는 아니 된다.
④ 배치허가 신청을 받은 관할 경찰관서장은 배치되는 경비원 중 결격자가 있는 경우에는 그 사람을 제외하고 배치허가를 하여야 한다.

11 경비업법령상 경비원의 출동차량에 관한 설명으로 옳지 않은 것은?

① 경비업자는 출동차량 등의 도색 및 표지를 경찰차량 및 군차량과 명확히 구별될 수 있게 하여야 한다.
② 경비업자는 출동차량 등의 도색 및 표지를 정하고 이를 확인할 수 있는 사진을 첨부하여 주된 사무소를 관할하는 시·도 경찰청장에게 행정안전부령으로 정하는 바에 따라 신고하여야 한다.
③ 경찰청장 또는 시·도 경찰청장은 제출받은 사진을 검토한 후 경비원에게 도색 및 표지 변경 등에 대한 시정명령을 할 수 있다.
④ 출동차량 등에 대한 신고(변경신고를 포함한다)를 하려는 경비업자는 출동차량 등을 운행하기 전에 출동차량 등 신고서(전자문서로 된 신고서를 포함한다)를 경비업자의 주된 사무소를 관할하는 시·도 경찰청장에게 제출하여야 한다.

12 경비업법령상 경비원의 복장 및 장비 등에 관한 설명으로 옳지 않은 것은?

① 경비원은 근무 중 경비업무 수행에 필요한 것으로서 공격적인 용도로 제작되지 아니하는 장비를 휴대할 수 있다.
② 경비업자는 경비업무 수행 시 경비원에게 소속 경비업체를 표시한 이름표를 부착하도록 하여야 한다.
③ 집단민원현장에서 신변보호업무를 수행하는 경우에 경비업자는 신고된 동일한 복장과 다른 복장을 경비원에게 착용하게 할 수 있다.
④ 경비원은 경비업무 수행 시 이름표를 경비원 복장의 상의 가슴 부위에 부착하여 경비원의 이름을 외부에서 알아볼 수 있도록 하여야 한다.

13 경비업법상 특수경비원의 당연 퇴직에 관한 설명으로 옳은 것은?

① 특수경비원이 직무와 관련하여 횡령죄를 범하여 금고 이상의 형의 선고유예를 받고 그 유예기간 중에 있는 경우에는 당연 퇴직된다.
② 특수경비원이 대통령령으로 정하는 신체조건에 미달되는 경우에는 당연 퇴직된다.
③ 특수경비원이 심신미약자인 경우에는 당연 퇴직된다.
④ 특수경비원이 60세가 되어 퇴직하는 경우 60세가 된 날이 1월부터 6월 사이에 있으면 7월 1일에, 7월부터 12월 사이에 있으면 다음 해 1월 1일에 각각 당연 퇴직된다.

14 경비업법상 경비지도사 및 경비원의 결격사유와 관련하여 다음의 밑줄 친 내용에 포함되지 않는 것은?

> 다음의 어느 하나에 해당하는 죄를 범하여 벌금형을 선고받은 날부터 5년이 지나지 아니하거나 금고 이상의 형을 선고받고 그 집행이 유예된 날부터 5년이 지나지 아니한 자는 경비지도사 또는 일반경비원이 될 수 없다.

① 「형법」 제297조(강간)의 죄
② 「형법」 제329조(절도)의 죄
③ 「형법」 제331조의2(자동차등 불법사용)의 죄
④ 「형법」 제333조(강도)의 죄

15 경비업법령상 특수경비원의 무기휴대 및 관리에 관한 설명으로 옳지 않은 것은?

① 시설주는 특수경비원이 휴대할 무기를 대여받고자 하는 때에는 무기대여신청서를 관할 경찰관서장을 거쳐 시·도 경찰청장에게 제출하여야 한다.
② 시설주는 무기의 관리를 위한 책임자를 지정하고 시·도 경찰청장에게 이를 통보하여야 한다.
③ 특수경비원이 휴대할 수 있는 무기종류는 권총 및 소총으로 한다.
④ 시설주는 자체계획을 수립하여 보관하고 있는 무기를 매주 1회 이상 손질할 수 있게 하여야 한다.

16 경비업법령상 "7년 이상 재직한 사람"이면 모두 경비지도사 제1차 시험이 면제되는 경우에 해당하는 것을 모두 고른 것은?

> ㄱ. 경비업법에 따른 경비업무에 종사한 경비원
> ㄴ. 청원경찰법에 따른 청원경찰업무에 종사한 청원경찰
> ㄷ. 경찰공무원법에 따른 경찰공무원
> ㄹ. 공무원임용령에 따른 행정직군 보호직렬 공무원
> ㅁ. 공무원임용령에 따른 행정직군 교정직렬 공무원
> ㅂ. 공무원임용령에 따른 행정직군 검찰사무직렬 공무원
> ㅅ. 군인사법에 따른 각 군 전투병과 또는 군사경찰병과 부사관 이상 간부
> ㅇ. 「대통령 등의 경호에 관한 법률」에 따른 경호공무원 또는 별정직공무원
> ㅈ. 국가정보원법에 따른 국가정보원 직원

① ㄷ, ㅁ, ㅅ, ㅇ
② ㄴ, ㄷ, ㅁ, ㅅ, ㅇ
③ ㄷ, ㄹ, ㅁ, ㅂ, ㅅ, ㅇ
④ ㄱ, ㄴ, ㄷ, ㅁ, ㅅ, ㅇ, ㅈ

17 다음 중 경비업법상 경비지도사 교육기관의 절대적(필요적) 지정 취소사유에 해당하는 것은?

① 거짓이나 그 밖의 부정한 방법으로 경비지도사 교육기관의 지정을 받은 경우
② 지정받은 사항을 위반하여 업무를 행한 경우
③ 교육지침을 위반하여 경찰청장으로부터 시정명령을 받고도 정당한 사유 없이 정하여진 기간 이내에 시정하지 아니한 경우
④ 경비지도사 교육기관의 지정 기준에 적합하지 아니하게 된 경우

18 경비업법령상 경비원의 명부와 배치허가 등에 관한 설명으로 옳지 않은 것은?

① 경비업자는 시설경비업무, 신변보호업무 또는 혼잡·교통유도경비업무 중 집단민원현장에 일반경비원을 배치하는 경우에는 경비원을 배치하기 24시간 전까지 행정안전부령으로 정하는 바에 따라 배치허가를 신청하여야 한다.
② 경비업자가 집단민원현장이 아닌 곳에서 신변보호업무를 수행하는 일반경비원을 배치하는 경우에는 경비원을 배치하기 전까지 관할 경찰관서장에게 신고하여야 한다.
③ 경비업자가 특수경비원을 배치하는 경우에는 경비원을 배치하기 전까지 관할 경찰관서장에게 신고하여야 한다.
④ 경비업자는 경비원을 배치하여 경비업무를 수행하게 하는 때에는 배치된 경비원의 인적 사항과 배치일시·배치장소 등 근무상황을 기록하여 보관하여야 한다.

19 경비업법령상 2차 위반 시 행정처분의 기준이 영업정지 3개월인 위반행위에 해당하지 않는 것은?

① 시·도 경찰청장의 허가 없이 경비업무를 변경한 경우
② 도급을 의뢰받은 경비업무가 위법한 것임에도 이를 거부하지 않은 경우
③ 결격사유에 해당하는 경비원을 배치하거나 결격사유에 해당하는 경비지도사를 선임·배치한 경우
④ 경비원이 업무수행 중 고의로 발생한 손해를 배상하지 아니한 경우

20 경비업법령상 경비업 허가의 취소 등에 관한 내용이다. 다음의 밑줄 친 사유로 알맞지 않은 것은?

> 허가관청은 경비업자가 다음의 어느 하나에 해당하는 때에는 대통령령으로 정하는 행정처분의 기준에 따라 그 허가를 취소하거나 6개월 이내의 기간을 정하여 영업의 전부 또는 일부에 대하여 영업정지를 명할 수 있다.

① 기계경비업자가 경비대상시설에 관한 경보 대응체제를 갖추지 아니한 때
② 특수경비업자가 경비업 및 경비관련업 외의 영업을 한 때
③ 집단민원현장에 일반경비원 명부를 작성·비치하지 아니한 때
④ 배치허가를 받지 아니하고 경비원을 배치하거나 경비원 명단 및 배치일시·배치장소 등 배치허가 신청의 내용을 거짓으로 한 때

21 경비업법령상 경비지도사자격의 취소사유에 해당하지 않는 것은?

① 허위 그 밖의 부정한 방법으로 경비지도사자격증을 교부받은 때
② 경비지도사자격증을 다른 사람에게 빌려주거나 양도한 때
③ 자격정지 기간 중에 경비지도사로 선임되어 활동한 때
④ 경비업무의 적정한 수행을 위한 경찰청장 또는 시·도 경찰청장의 명령을 위반한 때

22 경비업법령상 경비협회에 관한 설명으로 옳은 것은?

① 경비업자는 경비업무의 건전한 발전과 경비원의 자질향상 및 교육훈련 등을 위하여 행정안전부령이 정하는 바에 따라 경비협회를 설립할 수 있다.
② 경비진단에 관한 사항은 경비협회의 업무가 아니다.
③ 경비협회가 공제사업을 하고자 하는 때는 공제규정을 제정하여야 하고, 경찰청장이 이 공제규정을 승인하는 경우는 미리 금융위원회와 협의를 하여야 한다.
④ 경비협회는 회원으로부터 회비를 징수할 수 없다.

23 경비업법령상 감독 및 보안지도·점검 등에 관한 설명으로 옳지 않은 것은?

① 시·도 경찰청장 또는 관할 경찰관서장은 소속 경찰공무원으로 하여금 관할구역 안에 있는 경비업자의 주사무소 및 출장소와 경비원 배치장소에 출입하여 근무상황 및 교육훈련상황 등을 감독하며 필요한 명령을 하게 할 수 있다.
② 시·도 경찰청장은 경비업무 장소가 집단민원현장으로 판단되는 경우에는 그때부터 48시간 이내에 경비업자에게 경비원 배치허가를 받을 것을 고지하여야 한다.
③ 시·도 경찰청장은 특수경비업자에 대하여 연 2회 이상의 보안지도·점검을 실시하여야 한다.
④ 시·도 경찰청장은 배치된 경비원이 「폭력행위 등 처벌에 관한 법률」을 위반하는 행위를 하는 경우 그 위반행위의 중지를 명해야 한다.

24 경비업법령상 벌칙 적용과 관련된 설명 중 (   ) 안에 들어갈 범죄에 해당하는 것은?

> 경찰청장은 경비지도사의 시험에 관한 업무를 대통령령이 정하는 바에 따라 관계전문기관 또는 단체에 위탁할 수 있다. 이에 따라 위탁받은 업무에 종사하는 관계전문기관 또는 단체의 임직원은 「형법」 (   )의 규정을 적용할 때에는 공무원으로 본다.

① 제122조(직무유기)
② 제126조(피의사실공표)
③ 제127조(공무상 비밀의 누설)
④ 제129조(수뢰, 사전수뢰)

25 다음은 경비업법령상 위반 행위자에 대한 벌칙 내용이다. 위반행위자와 벌칙의 연결이 옳은 것은?

〈위반 행위자〉
㉠ 국가중요시설의 정상적인 운영을 해치는 장해를 일으킨 특수경비원
㉡ 집단민원현장에 경비원을 배치하면서 허가를 받지 아니한 자에게 경비업무를 도급한 자
㉢ 정당한 사유 없이 무기를 소지하고 배치된 경비구역을 벗어난 특수경비원
㉣ 경비원이 휴대할 수 있는 장비 외에 흉기 또는 그 밖의 위험한 물건을 휴대하고 경비업무를 수행한 경비원 또는 경비원에게 이를 휴대하고 경비업무를 수행하게 한 자

〈벌 칙〉
ⓐ 5년 이하의 징역 또는 5천만원 이하의 벌금
ⓑ 3년 이하의 징역 또는 3천만원 이하의 벌금
ⓒ 2년 이하의 징역 또는 2천만원 이하의 벌금
ⓓ 1년 이하의 징역 또는 1천만원 이하의 벌금

① ㉠ - ⓑ
② ㉡ - ⓓ
③ ㉢ - ⓒ
④ ㉣ - ⓐ

26 경비업법령상 벌칙에 관한 설명으로 옳지 않은 것은?

① 직무상 알게 된 비밀을 누설하거나 부당한 목적을 위하여 사용한 자는 3년 이하의 징역 또는 3천만원 이하의 벌금에 처한다.
② 파업·태업 그 밖에 경비업무의 정상적인 운영을 저해하는 쟁의행위를 한 특수경비원은 1년 이하의 징역 또는 1천만원 이하의 벌금에 처한다.
③ 경비업법상 특수폭행죄는 경비원이 경비업무 수행 중에 경비업법에서 정한 장비 외에 흉기 등을 휴대하고 범죄를 범한 경우 그 법정형의 2분의 1까지 가중처벌되는 대상범죄이다.
④ 경비업자가 복장 등에 관한 신고규정을 위반하여 신고를 하지 아니한 경우에 양벌규정이 적용된다.

27 경비업법상 신임교육을 이수하지 않은 자를 특수경비원으로 배치한 경비업자에게 부과되는 과태료와 부과기준이 같은 것은?

① 경비대행업자 지정신고를 하지 아니한 특수경비업자
② 정당한 사유 없이 경찰청장이 실시하는 보수교육을 받지 아니한 경비지도사
③ 관할 경찰관서장의 무기의 적정한 관리를 위한 감독상 필요한 명령을 정당한 이유 없이 이행하지 아니한 무기를 대여받은 시설주
④ 집단민원현장에 일반경비원을 배치하면서 경비원의 명부를 배치장소에 작성·비치하지 아니한 경비업자

28 청원경찰의 직무에 관한 내용이다. ( ) 안에 들어갈 내용이 순서대로 바르게 연결된 것은?

> 청원경찰은 ( )와 배치된 기관·시설 또는 사업장 등의 구역을 관할하는 ( )의 감독을 받아 그 경비구역만의 경비를 목적으로 필요한 범위에서 ( )에 따른 경찰관의 직무를 수행한다.

① 시설주 - 시·도 경찰청장 - 경비업법
② 청원주 - 시·도 경찰청장 - 청원경찰법
③ 시설주 - 경찰서장 - 경찰공무원법
④ 청원주 - 경찰서장 - 경찰관직무집행법

29 청원경찰법령상 청원경찰에 대한 시·도 경찰청장의 권한이 아닌 것은?

① 청원경찰 배치결정
② 청원경찰의 배치변경 통보접수
③ 청원경찰 임용승인
④ 청원경찰의 무기휴대 여부 결정

30 청원경찰법령상 청원경찰의 근무요령에 관한 설명으로 옳은 것은?

① 대기근무자는 소내근무에 협조하거나 휴식하면서 불의의 사고에 대비한다.
② 소내근무자는 근무 중 특이한 사항이 발생하였을 때에는 지체 없이 관할 시·도 경찰청장에게 보고하고 그 지시에 따라야 한다.
③ 순찰근무자는 요점순찰 또는 난선순찰을 하되, 청원주가 필요하다고 인정할 때에는 정선순찰을 할 수 있다.
④ 소내근무자는 경비구역의 정문이나 그 밖의 지정된 장소에서 경비구역의 내부, 외부 및 출입자의 움직임을 감시한다.

31 청원경찰법령상 청원경찰의 징계에 관한 설명으로 옳지 않은 것은?

① 시·도 경찰청장은 청원경찰이 품위를 손상하는 행위를 한 때에는 대통령령으로 정하는 징계절차를 거쳐 징계처분을 할 수 있다.
② 청원경찰에 대한 징계의 종류는 파면, 해임, 정직, 감봉 및 견책으로 구분한다.
③ 청원주는 청원경찰 배치결정의 통지를 받았을 때에는 통지를 받은 날부터 15일 이내에 청원경찰에 대한 징계규정을 제정하여 관할 시·도 경찰청장에게 신고하여야 한다.
④ 정직(停職)은 1개월 이상 3개월 이하로 하고, 그 기간에 청원경찰의 신분은 보유하나 직무에 종사하지 못하며, 보수의 3분의 2를 줄인다.

32 청원경찰법령상 청원경찰의 복제에 관한 설명으로 옳지 않은 것은?

① 청원경찰 장구의 종류는 허리띠, 경찰봉, 호루라기 및 포승이다.
② 청원경찰은 특수근무 중에는 정모, 근무복, 단화, 호루라기, 경찰봉 및 포승을 착용하거나 휴대하여야 하고, 총기를 휴대하지 아니할 때에는 분사기를 휴대하여야 한다.
③ 제복의 형태·규격 및 재질은 청원주가 결정하되, 경찰공무원 또는 군인 제복의 색상과 명확하게 구별될 수 있어야 한다.
④ 부속물에는 모자표장, 가슴표장, 휘장, 계급장, 넥타이핀, 단추 및 장갑이 있다.

33 청원경찰법령상 청원경찰의 보상금 및 퇴직금에 관한 설명으로 옳은 것은?

① 청원주는 청원경찰이 직무수행으로 인하여 부상을 입은 경우 청원경찰에게 보상금을 지급할 수 있다.
② 청원주는 청원경찰이 부상·질병으로 인하여 퇴직한 경우 대통령령으로 정하는 바에 따라 그 유족에게 보상금을 지급하여야 한다.
③ 국가기관이나 지방자치단체에 근무하는 청원경찰의 퇴직금에 관하여는 「근로자퇴직급여보장법」을 준용한다.
④ 청원주는 보상금의 지급을 이행하기 위하여 「산업재해보상보험법」에 따른 산업재해보상보험에 가입하거나 「근로기준법」에 따라 보상금을 지급하기 위한 재원을 따로 마련하여야 한다.

34 청원경찰법령상 무기관리수칙에 관한 설명으로 옳지 않은 것은?

① 청원주가 무기와 탄약을 대여받았을 때에는 경찰청장이 정하는 무기·탄약 출납부 및 무기장비 운영카드를 갖춰 두고 기록하여야 한다.
② 청원주는 무기고와 탄약고에 이중 잠금장치를 하고, 열쇠는 관리책임자가 보관하되, 근무시간 이후에는 숙직책임자에게 인계하여 보관시켜야 한다.
③ 청원주는 대여받은 무기와 탄약이 분실되거나 도난당하거나 빼앗기거나 훼손되는 등의 사고가 발생했을 때에는 지체 없이 그 사유를 관할 경찰서장에게 통보해야 한다.
④ 청원주는 무기와 탄약이 분실되었을 때에는 경찰청장이 정하는 바에 따라 그 전액을 배상해야 하지만, 전시·사변·천재지변이나 그 밖의 불가항력적인 사유가 있다고 경찰청장이 인정하였을 때에는 그렇지 않다.

35 다음 중 청원경찰법령상 청원주가 무기와 탄약을 지급해서는 안 되는 사람을 모두 고른 것은?

ㄱ. 직무상 비위(非違)로 징계대상이 된 사람
ㄴ. 형사사건으로 조사대상이 된 사람
ㄷ. 사직 의사를 밝힌 사람
ㄹ. 민사재판에 증인으로 출석 예정인 사람
ㅁ. 조현병 등의 정신질환으로 인하여 무기와 탄약의 휴대가 적합하지 않다고 관할 경찰서장이 인정하는 사람

① ㄱ, ㄴ, ㄷ
② ㄱ, ㄴ, ㄹ
③ ㄱ, ㄹ, ㅁ
④ ㄴ, ㄷ, ㅁ

36 청원경찰법령상 다음 중 청원주가 비치해야 할 문서와 장부는 모두 몇 개인가?

- 무기장비 운영카드
- 근무일지
- 경비구역 배치도
- 순찰표철
- 무기·탄약 대여대장
- 신분증명서 발급대장
- 전출입 관계철
- 청원경찰 임용승인 관계철

① 4개
② 5개
③ 6개
④ 7개

37 청원경찰법령상 청원경찰의 퇴직과 면직에 관한 설명으로 옳지 않은 것은?

① 청원경찰은 형의 선고, 징계처분 또는 신체상·정신상의 이상으로 직무를 감당하지 못할 때를 제외하고는 그 의사(意思)에 반하여 면직(免職)되지 아니한다.
② 파산선고를 받고 복권되지 아니한 청원경찰의 경우 예외 없이 당연 퇴직된다.
③ 청원경찰의 배치가 폐지되었을 때 당연 퇴직된다.
④ 2024년 11월 9일에 청원경찰이 60세가 된 경우 2024년 12월 31일에 당연 퇴직된다.

38 청원경찰법령상 다음 중 청원경찰 배치대상 기관·시설·사업장에 해당하는 것을 모두 고른 것은?

ㄱ. 국외 주재(駐在) 국내기관
ㄴ. 선박, 항공기 등 수송시설
ㄷ. 언론, 통신, 방송 또는 인쇄를 업으로 하는 시설 또는 사업장
ㄹ. 「사회복지사업법」에 따른 사회복지시설
ㅁ. 학교 등 육영시설
ㅂ. 「의료법」에 따른 의료기관

① ㄴ, ㄷ, ㅂ
② ㄴ, ㄷ, ㄹ, ㅂ
③ ㄴ, ㄷ, ㅁ, ㅂ
④ ㄱ, ㄴ, ㄷ, ㄹ, ㅁ, ㅂ

39 청원경찰법 제12조(과태료) 제2항에 관한 규정이다. ( ) 안의 ㄱ~ㄴ에 들어갈 내용을 올바르게 연결한 것은?

제1항에 따른 과태료는 (ㄱ)으로 정하는 바에 따라 (ㄴ)이(가) 부과·징수한다.

① ㄱ : 대통령령,   ㄴ : 시·도 경찰청장
② ㄱ : 대통령령,   ㄴ : 시·도 경찰청장 또는 경찰관서장
③ ㄱ : 행정안전부령, ㄴ : 시·도 경찰청장
④ ㄱ : 행정안전부령, ㄴ : 시·도 경찰청장 또는 경찰관서장

40 청원경찰법령상 500만원 이하의 과태료 처분의 부과대상이 아닌 자는?

① 정당한 사유 없이 경찰청장이 고시한 최저부담기준액 이상의 보수를 지급하지 아니한 자
② 시·도 경찰청장의 승인을 받지 아니하고 청원경찰을 임용한 자
③ 시·도 경찰청장의 청원주에 대한 지도·감독상 필요한 명령을 정당한 사유 없이 이행하지 아니한 자
④ 청원경찰로서 직무에 관하여 거짓으로 보고하거나 통보한 자

제6회 경호학

41 다음 중 행사장경호 제1선(내부경비)에서 필요한 사항(A)과 제2선(내곽경비)에서 필요한 사항(B) 및 제3선(외곽경비)에서 필요한 사항(C)이 바르게 연결된 것은?

```
ㄱ. 비표 확인 및 출입자 감시
ㄴ. 행사장 주변 감시조 운영
ㄷ. MD(금속탐지기) 설치·운용
ㄹ. 원거리 불심자 검문
ㅁ. 돌발사태를 대비한 비상통로 확보
ㅂ. 도보순찰조 및 기동순찰조 운영
ㅅ. 소방차나 구급차 등의 대기
ㅇ. 바리케이드 등의 장애물 설치
```

	A	B	C
①	ㄱ, ㄷ, ㅇ	ㄴ, ㄹ, ㅁ	ㅂ, ㅅ
②	ㄱ, ㄹ	ㄷ, ㅁ, ㅅ	ㄴ, ㅂ, ㅇ
③	ㄱ, ㅁ, ㅂ	ㄹ, ㅅ	ㄴ, ㄷ, ㅇ
④	ㄱ, ㄷ	ㅁ, ㅅ, ㅇ	ㄴ, ㄹ, ㅂ

42 검식활동에 관한 설명으로 옳지 않은 것은?

① 음식물은 전문요원에 의한 검사를 실시한다.
② 음식물 운반 시에도 근접감시를 실시한다.
③ 안전대책작용으로 사전예방경호이면서 근접경호에 해당된다.
④ 식재료의 구매, 운반, 저장과정, 조리 등 경호대상자에게 음식물이 제공될 때까지 모든 과정의 위해요소를 제거하는 것이다.

43 다음 중 경호의 개념 등에 대하여 잘못 말한 경호원은 몇 명인가?

A경호원 : 경호란 경호대상자의 생명과 재산을 보호하기 위하여 신체에 가하여지는 위해를 방지하거나 제거하고, 특정 지역을 경계·순찰 및 방비하는 등의 모든 안전활동을 말한다.
B경호원 : 「대통령 등의 경호에 관한 법률」에서의 경호는 형식적 의미의 경호개념이다.
C경호원 : 경호원은 본인이 지지하는 정당과 정치적 입장을 명확히 밝혀 정치적으로 반대 입장에 있는 요인을 경호해야 하는 상황을 피해야 한다.
D경호원 : 3중 경호는 경호대상자를 중심으로 가장 가까운 1선을 경계구역, 2선을 경비구역, 3선을 안전구역으로 정한 지역방어개념이다.

① 1명
② 2명
③ 3명
④ 4명

44 안전대책작용과 관련된 용어와 내용이 바르게 연결된 것은?

① 안전점검 : 이용하는 기구, 시설 등의 안전상태를 검사하는 것
② 안전조치 : 경호행사 시 경호대상자에게 위해를 줄 수 있는 위해물질을 안전하게 관리하는 것
③ 안전검사 : 폭발물 등 각종 유해물을 탐지·제거하는 활동
④ 안전유지 : 경호대상자에게 위해여건을 제공할 수 있는 자연 및 인공물에 대하여 위해를 가할 수 없는 상태로 전환시키는 작용

45 안전검측활동에 관한 설명으로 옳은 것은?

① 위해기도자의 입장보다는 경호대상자의 입장에서 검측을 실시한다.
② 가용 인원의 최대 범위에서 중복이 되지 않도록 철저히 실시한다.
③ 경호대상자가 짧은 시간 머물 곳을 실시한 후 장시간 머물 곳을 체계적으로 검측한다.
④ 비공식행사에서도 비노출 검측활동을 실시할 수 있다.

46 조선 후기 정조 때 설치한 경호기관은?

① 장용영
② 호위청
③ 내순검군
④ 삼별초

47 우발상황에 관한 내용으로 옳지 않은 것은?

① 우발상황의 유형 중 계획적 우발상황이란 위해기도자에 의해 의도되고 계획된 우발상황을 말한다.
② 우발상황은 발생 여부가 불확실하고 사전예측이 곤란하다.
③ 우발상황은 현장에서 발생하고 이에 대한 경호조치도 현장에서 이루어져야 한다.
④ 경호대상자의 방호 및 대피보다 경호원의 자기보호본능에 충실하여야 한다.

48 국민보호와 공공안전을 위한 테러방지법령상 옳지 않은 것은?

① 관계기관의 장은 테러 예방 및 대응을 위하여 필요한 전담조직을 둘 수 있으며, 관계기관의 전담조직의 구성 및 운영과 효율적 테러대응을 위하여 필요한 사항은 대통령령으로 정한다.
② 테러대상시설에는 국가중요시설,「도시철도법」제2조 제2호에 다른 도시철도,「항공안전법」제2조 제1호에 따른 항공기,「은행법」제2조 제2호에 따른 법인이 포함된다.
③ 포상금심사위원회는 대테러센터장 소속으로 위원장 1명과 위원 8명으로 구성되며, 포상금 지급 여부와 그 지급금액을 심의·의결한다.
④ 환경부장관, 원자력안전위원회 위원장 및 질병관리청장은 화생방테러사건 발생 시 대책본부를 지원하기 위하여 분야별로 화생방테러대응지원본부를 설치·운영한다.

49 경호의 활동원칙에 관한 설명으로 옳지 않은 것은?

① 경호대상자가 위기에 처했을 때는 자기 몸을 희생하여 경호대상자를 보호하여야 한다.
② 자기담당구역이 아닌 다른 구역에서 위급한 상황이 발생했다고 해도 자기책임구역을 이탈해서는 안 된다.
③ 경호대상자와 접근할 수 있는 출입구나 통로는 여러 개를 두어서 위해요소가 분산되도록 한다.
④ 우발상황 발생 시 경호대상자를 안전한 곳으로 대피시키고, 공격적 행동보다 방어 위주의 엄호행동이 요구된다.

50 경호조직의 특성에 관한 설명으로 옳지 않은 것은?

① 경호행사를 직접 담당하는 경호기관의 조직은 다른 부서에 비해 경호집행기관적 성격으로 계층성이 더욱 강조된다.
② 경호 업무를 완전무결하게 수행하기 위해서는 경호조직의 비공개와 경호기법의 비노출 등 보안성을 높이는 폐쇄성의 특징을 가져야 한다.
③ 테러행위의 수법이 지능화·고도화되고 있으므로 경호조직에 있어서도 기능의 전문화 내지 통합화가 광범위하게 나타나고 있다.
④ 경호조직은 과거에 비해서 그 기구 및 인원면에서 점차 대규모화되고 있다.

51 대통령 등의 경호에 관한 법령상 경호처에 관한 설명으로 옳지 않은 것은?

① 대통령경호처장은 대통령이 임명한다.
② 대통령경호처장은 경호처의 업무를 총괄하며 소속공무원을 지휘·감독한다.
③ 대통령경호처에 차장 1명을 둔다.
④ 경호차장은 1급 경호공무원 또는 고위공무원단에 속하는 정무직 국가공무원으로 보한다.

52 선발경호에서 경호원의 분야별 업무 담당에 관한 연결이 옳지 않은 것은?

① 안전대책 담당 - 건물의 안전성 여부, 행사장 취약시설물 파악
② 행정 담당 - 출장여비 신청 및 수령, 비상연락망 구성
③ 승·하차 및 정문 담당 - 진입로 취약요소 파악 및 확보계획 수립 후 주요 위치에 근무자 배치
④ 주행사장 외부 담당 - 출동인원에 근거하여 선발대 및 본대 사용차량 배정, 이동수단별 인원, 코스, 휴게실 등을 계획하여 작전 담당에게 전달

53 국민보호와 공공안전을 위한 테러방지법령상 테러사건대책본부의 설치·운영권자가 아닌 사람은?

① 해양경찰청장   ② 교육부장관
③ 국방부장관   ④ 국토교통부장관

54 다음이 설명하는 경호조직의 원칙은?

- 명령과 지휘체계는 반드시 하나의 계통으로 구성해야 한다.
- 하급경호요원은 하나의 상급기관에 대해서만 책임을 진다.

① 경호지휘단일성의 원칙
② 경호체계통일성의 원칙
③ 경호기관단위작용의 원칙
④ 경호협력성의 원칙

55 숙소경호에 관한 설명으로 옳지 않은 것은?

① 숙소경호는 평소 거처하는 관저나 임시로 외지에서 머무는 장소에서의 경호업무를 말한다.
② 호텔경호 시에 경호대상자가 묵고 있는 위·아랫방, 맞은편, 옆방은 수행원이나 경호원들이 사용하는 것이 좋다.
③ 숙소경호의 근무배치는 내부·내곽·외곽으로 나누어 3중 경호 개념이 적용된다.
④ 경호대상자에 대하여 면담을 요청하는 자가 있을 때에는 경호원은 그 신원을 조사하는 동시에 위험물의 소지 유무를 검색한 후 용의가 없으면 자신의 권한으로 출입을 허용한다.

56 경호원 A 등은 경호행사 시 돌발사태를 당하였다. 다음 중 돌발사태의 조치방법으로 옳지 않은 것은?

① 우선 육성이나 무전기로 모든 경호요원에게 상황을 통보하여 경고한다.
② 근접경호요원은 자기희생의 원칙에 따라 경호대상자 주변에 방벽을 형성한다.
③ 근접경호요원은 최단시간 내에 가용한 무기를 동원하여 우선적으로 적을 제압하여 사태를 진정시킨다.
④ 근접경호요원 이외의 경호요원들은 자기담당구역 책임의 원칙에 따라 맡은 지역에서 계속 임무를 수행한다.

57 다음의 대상에 대한 경호방법은?

- 헌법재판소장
- 국회의장
- 국무총리
- 대통령선거후보자
- 대법원장
- 퇴임 후 10년이 경과한 전직대통령

① 甲호
② 乙호
③ 丙호
④ 丁호

58 경호원의 복제에 관한 설명으로 옳은 것은?

① 경호처 직원의 복제에 관하여 필요한 사항은 경호처장이 정한다.
② 경찰청장은 필요하다고 인정하는 경우 경호처 직원에게 제복을 지급할 수 있다.
③ 경호처에 파견된 경호경찰의 복제는 경찰청장이 정한다.
④ 경비원의 복장 신고(변경신고를 포함한다)를 하려는 경비업자는 소속 경비원에게 복장을 착용하도록 하기 전에 경비원 복장 등 신고서를 경찰청장에게 제출하여야 한다.

59 대통령 등의 경호에 관한 법령에 관한 설명으로 옳은 것은?

① 대통령경호처장은 경호업무를 효율적으로 수행하기 위해 필요한 경우 관계기관의 장과 협의하여 경호구역에서의 경호업무를 지원하는 인력·시설·장비 등에 관한 사항을 조정할 수 있다.
② 직원의 징계에 관한 사항을 심사·의결하기 위하여 경호안전교육원에 고등징계위원회와 보통징계위원회를 둔다.
③ 대통령경호처장은 소속 직원에게 징계사유가 있다고 인정되는 때에는 관할 징계위원회에 징계의결을 요구할 수 있다.
④ 보통징계위원회의 위원장은 지원본부장이 된다.

60 엘리베이터 이용에 따른 경호원의 임무수행 방법으로 옳지 않은 것은?

① 엘리베이터를 탈 때는 엘리베이터 내부의 안전을, 내릴 때는 엘리베이터 외부의 안전을 반드시 먼저 확인한 후 경호대상자를 이동시킨다.
② 가능한 한 별도의 전용 엘리베이터를 이용한다.
③ 경호원은 사전(事前)에 이동층 표시등, 문의 개폐 속도, 비상버튼 등을 확인·조사해 두어야 한다.
④ 지정한 층에 도착하여 엘리베이터 문이 열렸을 때 경호대상자가 신속하게 엘리베이터를 빠져나올 수 있도록 문 바로 앞쪽에 경호대상자를 위치시킨다.

61 경호의전에 관한 내용으로 적절하지 않은 것은?

① 의전의 바탕은 상대 생활양식 등의 문화와 상대방에 대한 존중 및 배려에 있다.
② 우리나라가 주최하는 연회에서는 자국 측 빈객은 동급의 외국 측 빈객보다 하위에 둔다.
③ 행사 주최자의 경우 손님에게 상석인 왼쪽을 양보한다.
④ 한 사람이 2개 이상의 사회적 지위를 가질 때는 원칙적으로 상위직을 기준으로 적용한다.

62 경호행사에서 주행사장 내부 담당자의 임무로 옳은 것은?

① 차량 및 공중 강습에 대한 대비책을 수립한다.
② 접견 예상에 따른 대책 및 참석자 안내계획을 수립한다.
③ 경비 및 경계구역 내에 대한 안전조치를 강화한다.
④ 방탄막 설치 및 비상차량 운용계획을 수립한다.

63 다음 중 경호작용의 기본 고려요소에 관한 설명으로 옳은 것을 모두 고른 것은?

> ㄱ. 성공적인 경호를 위해 다양한 자원을 효과적으로 이용하여 어떤 자원이 동원되고 어떻게 사용될지 결정하여야 한다.
> ㄴ. 경호대상자, 수행원, 행사 세부일정, 적용되고 있는 경호경비상황 등의 보안은 인가된 자 이외는 엄격하게 통제되어야 한다.
> ㄷ. 경호활동은 단독기관의 작용이 아닌 다양한 기관 간의 유기적인 연계(경호기관단위작용의 원칙)가 필요하므로 경호임무는 명확하게 부여되어야 하며, 경호원들에게는 각각의 임무형태에 대한 책임이 부과되어야 한다.
> ㄹ. 경호대상자의 안전에 영향을 미칠 수 있는 경호환경을 극복하기 위하여 예비 및 우발계획이 준비되어야 한다.

① ㄴ, ㄷ
② ㄱ, ㄴ, ㄷ
③ ㄴ, ㄷ, ㄹ
④ ㄱ, ㄴ, ㄷ, ㄹ

64 경호경비 관련법의 제정 순서대로 옳게 나열한 것은?

> ㄱ. 청원경찰법
> ㄴ. 국민보호와 공공안전을 위한 테러방지법
> ㄷ. 경찰관직무집행법
> ㄹ. 대통령 등의 경호에 관한 법률

① ㄱ - ㄴ - ㄹ - ㄷ
② ㄱ - ㄷ - ㄴ - ㄹ
③ ㄷ - ㄱ - ㄹ - ㄴ
④ ㄷ - ㄹ - ㄱ - ㄴ

65 국기게양에 관한 설명으로 옳지 않은 것은?

① 조의를 표하는 날은 현충일 및 국가장법 제6조에 따른 국가장 기간이다.
② 국경일은 3·1절, 제헌절, 광복절, 개천절 및 국군의 날이다.
③ 국기는 매일 24시간 게양할 수 있다.
④ 국기의 게양 위치는 옥외 게양 시 단독주택의 경우 집 밖에서 보아 대문의 왼쪽에 게양한다.

66 사주경계에 관한 설명으로 옳은 것을 모두 고른 것은?

ㄱ. 사주경계란 경호대상자를 중심으로 360° 전 방향을 감시하면서 위해요인을 사전에 인지하기 위한 경계활동을 말한다.
ㄴ. 사주경계의 인적 경계대상은 경호대상자 주변의 모든 인원들이 해당되나 경호대상자의 수행원이나 보도요원, 공무원, 종업원 등 신분이 확실한 사람들은 경계대상에서 제외된다.
ㄷ. 시각의 한계를 염두에 두고 사주경계의 범위를 선정해야 한다.
ㄹ. 인접해 있는 경호원과 경계범위를 중첩되게 설정하지 않는다.
ㅁ. 주위경계 시 주위 사람들의 손과 눈을 집중하여 감시한다.
ㅂ. 위해를 가하려는 자는 심리적으로 대중들 가운데 둘째 열에 위치하는 경우가 많다는 것을 참고한다.

① ㄱ, ㄴ, ㄷ, ㄹ
② ㄱ, ㄷ, ㄹ, ㅁ
③ ㄱ, ㄷ, ㅁ, ㅂ
④ ㄷ, ㄹ, ㅁ, ㅂ

67 도보이동 간 근접경호에 관한 설명으로 옳지 않은 것은?

① 도보대형은 장소와 상황에 따라 융통성 있게 변화시켜야 한다.
② 근접경호원의 위치를 고수하여야 한다.
③ 이동 시 위험노출 정도를 최소화하기 위해 최단거리 노선을 선택하여야 한다.
④ 경호대상자에게 이르는 모든 접근로는 통제하여야 한다.

68 경호장비에 관한 설명으로 옳지 않은 것은?

① 호신장비는 자신의 생명과 신체를 보호하기 위하여 사용하는 장비로 권총, 소총, 분사기 등을 포함한다.
② 감시장비는 위해기도자의 침입이나 범죄행위를 감시하기 위한 장비로 쌍안경, 드론 등을 포함한다.
③ 사람이 직접 확인할 수 없는 공간의 확인, 유해물질 존재 여부 등은 방호장비로 점검한다.
④ 하부검색경으로 행사장 이동차량의 안전상태를 확인한다.

69 다음에서 설명하는 암살의 동기는?

적대관계 지도자를 제거함으로써 승전을 유도하거나 사회혼란을 조성하기 위한 경우이다.

① 적대적 동기
② 정치적 동기
③ 심리적 동기
④ 이념적 동기

70 경호정보의 분류 중 자체적으로 위험성을 내포하고 있는 행사장 내의 시설물과 위해의 수단으로 사용되거나 사용될 가능성이 있는 것의 움직임에 관한 정보는?

① 물질정보
② 지리정보
③ 행사정보
④ 교통정보

71 비상(우발)상황 발생 시 대피소의 선정방법으로 옳지 않은 것은?

① 상황이 장기화될 경우를 고려하여 잠시 동안 머물 수 있는 곳을 선정한다.
② 출입자를 용이하게 통제할 수 있는 장소를 사전에 선정한다.
③ 경호대상자의 노출을 가능한 한 줄이고 30초 이내의 짧은 시간이 소요되는 장소를 선정한다.
④ 시간이 비교적 많이 소요되더라도 경호대상자를 안전하게 대피시킬 수 있는 장소를 선정하는 것이 유리하다.

72 대통령경호안전대책위원회에 관한 설명으로 옳지 않은 것은?

① 대통령경호안전대책위원회의 구성 및 운영에 관하여 필요한 사항은 「대통령경호안전대책위원회규정」에서 명시하고 있다.
② 위원회의 사무를 처리하기 위하여 위원회에 대통령경호처 직원 중에서 위원장이 임명한 간사 1인을 둔다.
③ 위원회의 소관사항을 예비심의하거나 위원회로부터 위임받은 사항의 처리를 위하여 위원회에 실무위원회를 두어야 한다.
④ 실무위원회의 구성·운영등에 관하여 필요한 사항은 위원장이 정한다.

73 경호의 분류에 관한 설명으로 옳은 것을 모두 고른 것은?

> ㄱ. 출퇴근 시 일상적으로 실시하는 경호는 약식경호이다.
> ㄴ. 열차경호는 이동수단에 의한 경호의 분류에 해당하고, 철도경호는 장소에 의한 경호의 분류에 해당한다.
> ㄷ. 현충일, 광복절 행사 등 국경일 행사에 참석하는 대통령에 대한 경호수준은 1(A)급 경호에 해당한다.
> ㄹ. 간접경호는 행사장에 인원과 장비를 배치하여 인적·물적·지리적 위험요소를 예방하기 위한 경호이다.

① ㄱ, ㄴ, ㄷ
② ㄱ, ㄷ, ㄹ
③ ㄴ, ㄷ, ㄹ
④ ㄱ, ㄴ, ㄷ, ㄹ

74 경호임무 수행 중 자동심장충격기(AED)를 사용하는 방법으로 옳지 않은 것은?

① 의식이 있는 사람에게는 자동심장충격기를 부착하면 안 된다.
② 자동심장충격기는 패드부착 – 전원 켬 – 분석 및 제세동 시행 순으로 사용한다.
③ 패드 부착 부위에 이물질이 있다면 제거하여야 한다.
④ 자동심장충격기 사용 시 요동 방지를 위해 환자를 붙잡은 상태에서 제세동을 실시해서는 안 된다.

75 다음 중 대통령 등의 경호에 관한 법령상 대통령경호처장이 첨단과학기술을 활용한 과학경호 발전방안을 수립·시행할 수 있는 업무에 해당하지 않는 것은?

① 경호구역에서의 경호업무
② 위험물 탐지 및 안전조치 등 위해 방지에 필요한 안전 활동 업무
③ 대한민국에서 개최되는 다자간 정상회의에 참석하는 외국의 국가원수 또는 행정수반과 국제기구 대표의 신변(身邊)보호 및 행사장의 안전관리 등의 업무
④ 경호업무의 효율적 수행을 위해 대통령경호처장이 관계기관의 장과 협의하여 정한 업무

76 행사장의 출입자 통제업무 시 적절하지 않은 행동을 수행한 경호원은?

> A경호원 : 예외규정 없이 모든 참가자들에게 출입증을 운용하게 하였습니다.
> B경호원 : 모든 출입구는 지정된 통로만을 사용해야 하고 다른 통로들은 폐쇄했습니다.
> C경호원 : 어린이 동반 참가자 중에 휴대한 어린이용 무기류의 장난감들도 모두 확인 작업을 거쳐 통과시켰습니다.
> D경호원 : 안내요원은 경호 요원으로 지정하도록 조정·통제하였습니다.
> E경호원 : 행사장에 늦은 참석자들도 검색 후 별도로 지정된 통로로 출입하게 하였습니다.

① A, D
② B, D
③ B, E
④ A, C, E

77 탑승예절에 관한 설명으로 옳지 않은 것은?

① 비행기에서는 객석 양측 창문가 좌석이 상석, 통로 쪽이 차석, 상석과 차석 사이가 말석이다.
② 자가운전자의 승용차인 경우 자진해서 운전석 옆자리에 앉는 것이 통례이며 그곳이 제1상석이 되고, 운전자 뒷좌석이 제2상석, 조수석 뒷좌석이 제3석, 중앙이 말석이 된다.
③ 기차에서 네 사람이 마주 앉는 좌석에서는 기차 진행 방향의 창가 좌석이 가장 상석이고, 그 맞은편이 두 번째 상석, 가장 상석의 옆이 세 번째, 그 앞좌석이 말석이 된다.
④ 침대차에서는 아래쪽의 침대가 상석이고, 위쪽의 침대가 말석이다.

78 선발경호의 특성에 관한 설명으로 옳지 않은 것은?

① 경호임무에 동원된 모든 부서는 각자의 기능을 발휘하면서 서로 다른 각각의 지휘체계 아래 상호보완적 임무를 수행해야 한다.
② 예방경호는 위해요소를 발견, 제거, 거부함으로써 경호행사의 안전을 확보하는 것이다.
③ 안전성이란 3중 경호의 원리에 입각해서 행사장을 구역별로 구분하여 그 특성에 맞는 경호조치를 강구하여야 함을 말한다.
④ 예비성이란 현지 지형과 상황에 맞는 대응계획과 대피계획을 수립·대비함을 말한다.

79 다음은 근접경호를 의뢰받아 임무를 수행하고 있는 상황이다. 다음에서 나타나지 않는 근접경호의 특성은?

> A경호업체는 연예인 B에 대한 경호의뢰를 받아 행사장에서 근접경호를 하고 있었다. 운집된 팬들 사이에서 갑자기 위해기도자로 보이는 한 남성이 B를 공격하려 하자 근접경호를 맡고 있던 C경호원은 자신의 몸으로 위해기도자를 막고 B를 행사장 뒤로 신속히 이동시켰다.

① 노출성
② 기만성
③ 방벽성
④ 대피성

80 국민보호와 공공안전을 위한 테러방지법령상 다음 (   ) 안에 들어갈 내용을 순서대로 나열한 것은?

> • (   )은(는) 테러사건 발생 시 구조・구급・수습・복구활동을 지원하기 위하여 테러복구지원본부를 설치・운영할 수 있다.
> • 테러경보는 테러위협의 정도에 따라 (   )・(   )・경계・심각의 4단계로 구분한다.
> • 대테러활동에 관한 정책의 중요사항을 심의・의결하기 위하여 국가테러대책위원회를 두며, 대책위원회는 국무총리 및 관계기관의 장 중 대통령령으로 정하는 사람으로 구성하고 위원장은 (   )(으)로 한다.

① 행정안전부장관 - 관심 - 주의 - 국무총리
② 보건복지부장관 - 관심 - 주의 - 대통령경호처장
③ 행정안전부장관 - 주의 - 관심 - 국무총리
④ 보건복지부장관 - 주의 - 관심 - 대통령경호처장

제7회 경비업법

01 다음 중 경비업법령상 "집단민원현장"에 해당하지 않는 것은 모두 몇 개인가?

ㄱ. 「노동조합 및 노동관계조정법」에 따라 노동관계 당사자가 노동쟁의 조정신청을 한 사업장 또는 쟁의행위가 발생한 사업장
ㄴ. 「도시개발법」에 따라 도시개발사업을 시행하기 위하여 지정·고시된 도시개발구역
ㄷ. 특정 시설물의 설치와 관련하여 민원이 있는 장소
ㄹ. 대기업의 주주총회가 개최되고 있는 장소
ㅁ. 부동산 및 동산에 대한 소유권·운영권·관리권·점유권 등 법적 권리에 대한 이해대립이 있어 다툼이 있는 장소
ㅂ. 100명 이상의 사람이 모여 있는 국제·문화·예술·체육 행사장
ㅅ. 「행정절차법」에 따라 대집행을 하는 장소

① 1개
② 2개
③ 3개
④ 4개

02 경비업법령상 일반경비지도사를 선임·배치해야 하는 경비업무를 모두 고른 것은?

ㄱ. 민간조사업무
ㄴ. 신변보호업무
ㄷ. 혼잡·교통유도경비업무
ㄹ. 호송경비업무
ㅁ. 기계경비업무
ㅂ. 특수경비업무

① ㄴ, ㄹ, ㅁ
② ㄴ, ㄹ, ㅂ
③ ㄱ, ㄴ, ㄹ, ㅁ
④ ㄴ, ㄷ, ㄹ, ㅂ

03 경비업법령상 2024년 11월 9일을 기준으로 특수경비업무를 수행하는 법인의 임원이 될 수 없는 자는?

① 2021년 11월 7일 파산선고를 받고 2024년 11월 7일 복권된 자
② 호송경비업무를 수행하던 법인이 경비업법에 의한 명령에 위반하여 2021년 11월 7일 허가가 취소된 경우 해당 법인의 허가 취소 당시의 임원이었던 자
③ 「대통령 등의 경호에 관한 법률」을 위반하여 2021년 11월 7일에 벌금형의 선고를 받은 자
④ 2021년 11월 7일 상해죄로 징역 1년에 집행유예 3년의 형을 선고받고 그 형이 실효되지 아니한 자

04 경비업자 甲은 현재 신변보호업무와 시설경비업무, 기계경비업무를 허가받아 영업을 하고 있다. 주된 사무소는 서울특별시에 있고, 출장소 2곳은 각각 제주특별자치도와 전라남도에 있다. 세부적인 경비인력이 다음과 같을 때 경비업법령상 선임·배치하여야 하는 최소한의 경비지도사 총인원 수는?

위 치	신변보호경비원 수	시설경비원 수	기계경비원 수
서울특별시	200명	200명	250명
제주특별자치도	10명	20명	50명
전라남도	80명	80명	160명

① 8명
② 9명
③ 10명
④ 11명

05 경비업법상 경비지도사 및 경비원의 결격사유와 관련하여 다음의 밑줄 친 내용에 해당하는 것은?

> <u>다음의 어느 하나에 해당하는 죄</u>를 범하여 벌금형을 선고받은 날부터 5년이 지나지 아니하거나 금고 이상의 형을 선고받고 그 집행이 유예된 날부터 5년이 지나지 아니한 자는 경비지도사 또는 일반경비원이 될 수 없다.

① 「형법」 제114조(범죄단체 등의 조직)의 죄
② 「형법」 제339조(강도강간)의 죄
③ 「성폭력범죄의 처벌 등에 관한 특례법」 제3조(특수강도강간 등)의 죄
④ 「아동·청소년의 성보호에 관한 법률」 제8조(장애인인 아동·청소년에 대한 간음 등)의 죄

06 경비업법령상 경비업의 허가에 관한 설명으로 옳지 않은 것은?

① 경비업자는 허가증이 못쓰게 된 경우에는 허가증 재교부 신청서에 그 허가증을 첨부하여 법인의 주사무소를 관할하는 시·도 경찰청장 또는 해당 시·도 경찰청 소속의 경찰서장에게 재발급을 신청하여야 한다.
② 특수경비업의 허가기준 중 경비인력은 특수경비원 20명 이상 및 경비지도사 1명, 자본금은 3억원 이상을 갖추어야 한다.
③ 경비업의 허가 여부를 결정하는 경우에 대표자·임원의 경력 및 신용 등은 검토의 대상이 된다.
④ 허가를 받으려는 법인은 행정안전부령이 정하는 경비인력·자본금·시설 및 장비를 갖추어야 한다.

07 경비업법령상 경비지도사 시험의 일부를 면제하는 사람에 해당하지 않는 것은?

① 일반경비지도사의 자격을 취득한 후 기계경비지도사의 시험에 응시하는 사람 또는 기계경비지도사의 자격을 취득한 후 일반경비지도사의 시험에 응시하는 사람
② 경비업무에 7년 이상 종사하고 경찰청장이 지정하는 기관에서 실시하는 44시간의 경비지도사 양성과정을 마치고 수료시험에 합격한 사람
③ 「대통령 등의 경호에 관한 법률」에 따른 경호공무원으로 7년 이상 재직한 사람
④ 특수경비업무에 3년 이상 종사하고 「고등교육법」에 의한 전문대학 이상의 교육기관(경비지도사의 시험과목 3과목 이상이 개설된 교육기관)에서 1년 이상의 경비업무관련 과정을 마친 사람

08 경비업법령상 위임 및 위탁에 관한 설명으로 옳지 않은 것은?

① 경비업법에 의한 경찰청장의 권한은 대통령령이 정하는 바에 따라 그 일부를 시·도 경찰청장에게 위임할 수 있다.
② 경비지도사자격의 취소에 관한 권한은 경찰청장이 시·도 경찰청장에게 위임하는 권한에 해당한다.
③ 경비지도사자격의 정지에 관한 청문의 권한은 경찰청장이 시·도 경찰청장에게 위임하는 권한에 해당한다.
④ 시·도 경찰청장은 경비지도사시험의 관리에 관한 업무를 경비업무에 관한 인력과 전문성을 갖춘 기관 또는 단체로서 경찰청장이 지정하여 고시하는 기관 또는 단체에 위탁한다.

09 경비업법령상 경비원 교육에 관한 설명으로 옳은 것은?

① 일반경비원의 신임교육에서 이론교육은 6시간이고 과목은 경비업법, 범죄예방론, 형사법이다.
② 특수경비업자는 채용 전 5년 이내에 특수경비업무에 종사하였던 경력이 있는 사람을 특수경비원으로 채용한 경우에는 신임교육을 면제할 수 있다.
③ 경비업자는 소속 일반경비원에게 매월 2시간 이상의 직무교육을 받도록 하여야 한다.
④ 특수경비업자는 소속 특수경비원에게 매월 4시간 이상의 직무교육을 받도록 하여야 한다.

10 경비업법령상 허가의 제한에 관한 설명이다. 다음 (   ) 안의 ㄱ, ㄴ에 들어갈 내용이 바르게 연결된 것은?

> 허가받은 경비업무 외의 업무에 경비원을 종사하게 하거나 소속 경비원으로 하여금 경비업무의 범위를 벗어난 행위를 하게 하여 경비업체의 허가가 취소된 경우 허가가 취소된 날부터 (ㄱ)이 지나지 아니한 때에는 누구든지 허가가 취소된 경비업체와 동일한 명칭으로 경비업의 허가를 받을 수 없다. 또한 위의 사유로 허가가 취소된 법인은 법인명 또는 임원의 변경에도 불구하고 허가가 취소된 날부터 (ㄴ)이 지나지 아니한 때에는 경비업의 허가를 받을 수 없다.

	ㄱ	ㄴ		ㄱ	ㄴ
①	5년	3년	②	7년	3년
③	7년	5년	④	10년	5년

11 경비업법령상 경비업자의 손해배상책임이 발생하는 것은?

① 경비원이 업무수행 중이 아닌 때에 고의로 경비대상에 손해가 발생하는 것을 방지하지 못한 경우
② 경비원이 업무수행 중 무과실로 경비대상에 손해가 발생하는 것을 방지하지 못한 경우
③ 경비원이 업무수행 중 고의로 제3자에게 손해를 입힌 경우
④ 경비원이 업무수행 중이 아닌 때에 과실로 제3자에게 손해를 입힌 경우

12 경비업법령상 경비지도사 자격시험의 시험출제위원의 임명·위촉 등에 관한 설명으로 옳지 않은 것은?

① 학사 이상의 학위소지자로 경찰청장이 정하는 바에 의하여 경비업무에 관한 전문경력이 인정되는 사람은 시험출제위원으로 임명 또는 위촉될 수 있다.
② 경비업무를 담당한 경력이 5년인 경감 이상의 경찰공무원은 시험출제위원으로 임명 또는 위촉될 수 있다.
③ 시험출제위원으로 임명 또는 위촉된 자는 경찰청장이 정하는 준수사항을 성실히 이행하여야 한다.
④ 시험출제위원과 시험관리업무에 종사하는 자에 대하여는 예산의 범위 안에서 수당과 여비를 지급할 수 있지만, 공무원인 위원이 그 소관업무와 직접적으로 관련하여 시험관리업무에 종사하는 경우에는 그러하지 아니하다.

13 청원경찰법령상 청원경찰의 임용 등에 관한 설명으로 옳지 않은 것은?

① 청원주는 청원경찰 배치결정의 통지를 받은 날로부터 30일 이내에 배치 결정된 인원수의 임용예정자에 대하여 청원경찰 임용승인을 시·도 경찰청장에게 신청하여야 한다.
② 청원주는 청원경찰이 퇴직하였을 때에는 퇴직한 날부터 10일 이내에 그 퇴직사항을 관할 경찰서장을 거쳐 시·도 경찰청장에게 보고하여야 한다.
③ 청원경찰의 임용자격·임용방법·교육 및 보수에 관하여는 행정안전부령으로 정한다.
④ 청원경찰의 복무에 관하여는 「국가공무원법」 및 「경찰공무원법」을 준용한다.

14 청원경찰법령상 청원경찰의 근무요령으로 옳은 것은?

① 순찰근무자는 단독 또는 복수로 정선순찰을 하되, 청원주가 필요하다고 인정할 때에는 요점순찰 또는 난선순찰을 할 수 있다.
② 요점순찰이란 임의로 순찰지역이나 노선을 선정하여 불규칙적으로 순찰하는 것을 말한다.
③ 난선순찰이란 순찰구역 내 지정된 중요지점을 순찰하는 것을 말한다.
④ 대기근무자는 입초근무자에 협조하거나 휴식하면서 불의의 사고에 대비한다.

15 경비업법령상 특수경비원의 직무 및 무기사용 등에 관한 설명으로 옳지 않은 것은?

① 시·도 경찰청장은 국가중요시설에 대한 경비업무의 수행을 위하여 필요하다고 인정하는 때에는 시설주의 신청에 의하여 무기를 구입한다.
② 시설주가 대여받은 무기에 대하여 시설주 및 관할 경찰관서장은 무기의 관리책임을 지고, 관할 경찰관서장은 시설주 및 특수경비원의 무기관리상황을 대통령령이 정하는 바에 따라 지도·감독하여야 한다.
③ 시설주는 무기지급의 필요성이 해소되었다고 인정되는 때에는 특수경비원으로부터 48시간 이내에 무기를 회수하여야 한다.
④ 관할 경찰관서장은 시설주 및 특수경비원의 무기관리상황을 매월 1회 이상 점검하여야 한다.

16 경비업법령상 경비업자의 의무에 관한 설명으로 옳지 않은 것은?

① 경비업자는 경비대상시설 점유자의 관리권의 범위 안에서 경비업무를 수행하여야 한다.
② 경비업자는 경비업무를 성실하게 수행하여야 하고, 도급을 의뢰받은 경비업무가 위법 또는 부당한 것일 때에는 이를 거부하여야 한다.
③ 경비업자는 불공정한 계약으로 경비원의 권익을 침해하거나 경비업의 건전한 육성과 발전을 해치는 행위를 하여서는 아니 된다.
④ 경비업자의 임·직원이거나 임·직원이었던 자는 다른 법률에 특별한 규정이 있는 경우를 제외하고는 그 직무상 알게 된 비밀을 누설하거나 다른 사람에게 제공하여 이용하도록 하는 등 부당한 목적을 위하여 사용하여서는 아니 된다.

17 경비업법령상 행정처분의 일반기준에 관한 설명으로 옳은 것은 모두 몇 개인가?

ㄱ. 행정처분이 영업정지인 경우에는 위반행위의 동기, 내용 및 위반의 정도 등을 고려하여 가중하거나 감경할 수 있다.
ㄴ. 위반행위가 2 이상인 경우로서 그에 해당하는 각각의 처분기준이 다른 경우에는 그중 중한 처분기준에 따른다.
ㄷ. 위반행위가 2 이상인 경우로서 2 이상의 처분기준이 동일한 영업정지인 경우에는 각 처분기준을 합산한 기간으로 한다.
ㄹ. 위반행위의 횟수에 따른 행정처분 기준은 최근 1년간 같은 위반행위로 행정처분을 받은 경우에 적용한다.
ㅁ. 위반행위의 횟수에 따른 행정처분 기준 적용일은 위반행위에 대한 행정처분일과 그 처분 후의 위반행위가 다시 적발된 날을 기준으로 한다.
ㅂ. 영업정지처분에 해당하는 위반행위가 적발된 날 이전 최근 2년간 같은 위반행위로 2회 영업정지처분을 받은 경우에는 개별기준에도 불구하고 그 위반행위에 대한 행정처분 기준은 허가취소로 한다.

① 1개
② 2개
③ 3개
④ 4개

18 다음은 경비업법령상 경비지도사에 관한 자격취소·정지처분의 사유이다. 자격취소처분사유(A)와 자격정지처분사유(B)를 올바르게 연결한 것은?

ㄱ. 허위 그 밖의 부정한 방법으로 경비지도사자격증을 교부받은 때
ㄴ. 경비지도사자격증을 다른 사람에게 빌려주거나 양도한 때
ㄷ. 직무를 성실하게 수행하지 아니한 때
ㄹ. 경비업무의 적정한 수행을 위한 경찰청장 또는 시·도 경찰청장의 명령을 위반한 때
ㅁ. 자격정지 기간 중에 경비지도사로 선임되어 활동한 때

	A	B
①	ㄱ, ㄴ, ㄷ	ㄹ, ㅁ
②	ㄱ, ㄴ, ㄹ	ㄷ, ㅁ
③	ㄱ, ㄴ, ㅁ	ㄷ, ㄹ
④	ㄴ, ㄷ, ㄹ	ㄱ, ㅁ

19 경비업법령상 경비업 허가의 필요적 취소사유(A)와 임의적 취소·영업정지사유(B)가 올바르게 연결된 것은?

① 허위 그 밖의 부정한 방법으로 허가를 받은 때(A) - 경비지도사를 집단민원현장에 선임·배치하지 아니한 때(B)
② 시·도 경찰청장의 허가 없이 경비업무를 변경한 때(A) - 경찰청장, 시·도 경찰청장, 관할 경찰관서장의 감독상 명령에 따르지 아니한 때(B)
③ 정당한 사유 없이 허가를 받은 날부터 2년 이내에 경비 도급실적이 없거나 계속하여 1년 이상 휴업한 때(A) - 관할 경찰관서장의 배치폐지명령에 따르지 아니한 때(B)
④ 배치허가를 받지 아니하고 경비원을 배치하거나 경비원 명단 및 배치일시·배치장소 등 배치허가 신청의 내용을 거짓으로 한 때(A) - 소속 경비원으로 하여금 경비업무의 범위를 벗어난 행위를 하게 한 때(B)

20 다음은 경비업법령상 과태료 금액의 경감 또는 가중에 관한 내용이다. (   ) 안의 ㄱ~ㄷ에 들어갈 알맞은 내용을 바르게 연결한 것은?

(ㄱ)은 (ㄴ)을 고려하여 과태료 부과기준에 따른 금액의 (ㄷ)의 범위에서 경감하거나 가중할 수 있다.

	ㄱ	ㄴ	ㄷ
①	경찰청장 또는 시·도 경찰청장	형법	30%
②	경찰청장 또는 시·도 경찰청장	형법	50%
③	시·도 경찰청장 또는 경찰관서장	질서위반행위규제법	30%
④	시·도 경찰청장 또는 경찰관서장	질서위반행위규제법	50%

21 경비업법령상 경비원의 교육에 관한 설명으로 옳지 않은 것을 모두 고른 것은?

ㄱ. 경비업자는 일반경비원을 채용한 경우 해당 일반경비원에게 경비업자의 부담으로 일반경비원 신임교육을 받도록 하여야 한다.
ㄴ. 경비업자는 경비지도사자격이 있는 사람을 일반경비원으로 채용한 경우에는 해당 일반경비원을 일반경비원 신임교육대상에서 제외할 수 있다.
ㄷ. 특수경비업자는 소속 특수경비원에게 관할 경찰관서장이 수립한 교육계획에 따라 매월 3시간 이상의 직무교육을 받도록 하여야 한다.
ㄹ. 경비업자는 특수경비원 신임교육을 받은 사람이 요청하는 경우에는 신임교육 이수 확인증을 발급할 수 있다.

① ㄱ, ㄴ
② ㄱ, ㄷ
③ ㄴ, ㄹ
④ ㄷ, ㄹ

22 경비업법령상 법인이나 개인에게도 벌금형을 과하는 양벌규정이 적용되는 행위자가 될 수 없는 자는?

① 법인의 대표자
② 법인의 대리인
③ 개인의 대리인
④ 개인의 직계비속

23 청원경찰법령상 청원경찰의 보수 산정에 관하여 그 배치된 사업장의 취업규칙에 특별한 규정이 없는 경우, 봉급 산정의 기준이 되는 경력에 산입하여야 하는 경력은 모두 몇 개인가?

ㄱ. 군에 복무한 경력
ㄴ. 의무경찰에 복무한 경력
ㄷ. 청원경찰로 근무한 경력
ㄹ. 감시원으로 종사하던 사람이 해당 사업장의 청원주에 의하여 청원경찰로 임용된 경우 감시원에 종사한 경력
ㅁ. 국가기관 또는 지방자치단체에서 근무하는 청원경찰에 대해서는 국가기관 또는 지방자치단체에서 상근으로 근무한 경력

① 2개
② 3개
③ 4개
④ 5개

24 경비업법령상 경비원 휴대장비의 구체적인 기준에 관한 설명으로 옳지 않은 것은?

① 안전모 - 얼굴을 가리지 아니하면서, 머리를 보호하는 장비로 경찰공무원이 사용하는 방석모와 색상 및 디자인이 명확히 구분되어야 함
② 방검복 - 경찰공무원이 사용하는 방검복과 색상 및 디자인이 명확히 구분되어야 함
③ 단봉 - 금속(합금 포함)이나 플라스틱 재질의 전장 1,000mm 이하의 호신용 봉
④ 안전방패 - 플라스틱 재질의 폭 500mm 이하, 길이 1,000mm 이하의 방패로 경찰공무원이 사용하는 안전방패와 색상 및 디자인이 명확히 구분되어야 함

25 경비업법령상 기계경비업무에 관한 설명으로 옳지 않은 것은?

① 기계경비업무란 경비대상시설에 설치한 기기에 의하여 감지·송신된 정보를 그 경비대상시설 외의 장소에 설치한 관제시설의 기기로 수신하여 도난·화재 등 위험발생을 방지하는 업무를 말한다.
② 기계경비업자는 경보의 수신 및 현장도착 일시와 조치의 결과에 대하여 계약상대방에게 서면 또는 전자문서를 교부하는 방법에 의하여 설명하여야 한다.
③ 기계경비업자는 관제시설 등에서 경보를 수신한 때에는 경보를 수신한 때부터 늦어도 25분 이내에는 도착시킬 수 있는 대응체제를 갖추어야 한다.
④ 기계경비업자는 경비계약을 체결하는 때에는 오경보를 막기 위해 계약상대방에게 기기사용요령 및 기계경비운영체계 등에 관하여 설명하여야 한다.

26 다음은 청원경찰법령상 청원경찰경비 등에 관련된 내용이다. 순서대로 정오를 바르게 표시한 것은?

> ㄱ. 청원경찰경비의 최저부담기준액 및 부담기준액은 경찰공무원 중 순경의 것을 고려하여 다음 연도분을 매년 12월에 고시하여야 한다. ………………………………………………………………… ( )
> ㄴ. 교육비는 청원주가 청원경찰의 입교 3일 전에 해당 청원경찰에게 지급하여 납부하도록 한다. ………………………………………………………………………………………………… ( )
> ㄷ. 청원주는 보상금의 지급을 이행하기 위하여 「산업재해보상보험법」에 따른 산업재해보상보험에 가입하거나, 「근로기준법」에 따라 보상금을 지급하기 위한 재원을 따로 마련하여야 한다.( )
> ㄹ. 청원주는 청원경찰이 퇴직할 때에는 국민연금법에 따른 퇴직금을 지급하여야 한다. … ( )

① ○ - ○ - ○ - ×
② × - ○ - ○ - ×
③ ○ - × - × - ×
④ ○ - × - ○ - ×

27 A경비법인에 소속된 특수경비원 갑(甲)이 과실로 국가중요시설에 대한 경비업무 수행 중 국가중요시설의 정상적인 운영을 해치는 장해를 발생시킨 경우, 경비업법령상 벌칙규정에 관한 설명으로 옳지 않은 것은 모두 몇 개인가?

> ㄱ. 갑(甲)은 3년 이하의 징역 또는 3천만원 이하의 벌금에 처한다.
> ㄴ. 양벌규정에 의하면 A경비법인의 처벌기준은 3천만원 이하의 벌금이다.
> ㄷ. A경비법인이 국가중요시설의 정상적인 운영을 해치는 특수경비원의 행위를 방지하기 위하여 해당 업무에 관한 상당한 주의와 감독을 게을리하지 아니한 경우라 하더라도 면책되지 않는다.
> ㄹ. A경비법인의 대표자에게는 1천만원 이하의 과태료가 부과된다.

① 없음
② 1개
③ 2개
④ 3개

---

28 경비업법령상 경비원의 명부와 배치허가 등에 관한 설명으로 옳지 않은 것은?

① 관할 경찰관서장은 신임교육을 받지 아니한 경비원이 100분의 21 이상인 경우 배치허가를 하여서는 아니 된다.
② 경비업자가 특수경비원을 배치한 경우에는 대통령령이 정하는 바에 따라 경비원을 배치하기 48시간 전까지 관할 경찰관서장에게 신고하여야 한다.
③ 경비업자 또는 경비원이 위력이나 흉기 또는 그 밖의 위험한 물건을 사용하여 집단적 폭력사태를 일으킨 때에는 관할 경찰관서장은 배치폐지를 명할 수 있다.
④ 경비업자는 상해죄를 범하여 벌금형을 선고받고 5년이 지나지 아니한 자를 집단민원현장에 일반경비원으로 배치하여서는 아니 된다.

---

29 경비업법령상 무기관리수칙 중 ( ) 안의 ㄱ~ㄷ에 들어갈 알맞은 내용은?

> • 대여받은 무기를 빼앗기거나 대여받은 무기가 분실·도난 또는 훼손되는 등의 사고가 발생한 때에는 (ㄱ)에게 그 사유를 지체 없이 통보할 것
> • 대여받은 무기를 빼앗기거나 대여받은 무기가 분실·도난 또는 훼손된 때에는 (ㄴ)이 정하는 바에 의하여 그 전액을 배상할 것. 다만, 전시·사변, 천재·지변 그 밖의 불가항력의 사유가 있다고 (ㄷ)이 인정한 때에는 그러하지 아니하다.

	ㄱ	ㄴ	ㄷ
①	관할 경찰관서장	시·도 경찰청장	경찰청장
②	관할 경찰관서장	경찰청장	시·도 경찰청장
③	시·도 경찰청장	경찰청장	관할 경찰관서장
④	시·도 경찰청장	관할 경찰관서장	경찰청장

30 청원경찰법령상 관할 경찰서장과 청원주가 공통적으로 비치하여야 할 문서와 장부(A), 관할 경찰서장과 시·도 경찰청장이 공통적으로 비치하여야 할 문서와 장부(B)를 올바르게 연결한 것은?

	A	B
①	청원경찰 명부, 교육훈련 실시부	전출입 관계철
②	청원경찰 명부, 무기·탄약 출납부	무기·탄약 대여대장
③	교육훈련 실시부, 징계관계철	전출입 관계철
④	순찰표철, 무기·탄약 출납부	무기·탄약 대여대장

31 청원경찰법령상 무기관리수칙 등에 관한 설명으로 옳지 않은 것은?

① 무기고 및 탄약고는 단층에 설치하고 환기·방습·방화 및 총받침대 등의 시설을 갖추어야 한다.
② 무기고와 탄약고에는 이중 잠금장치를 하고, 열쇠는 관리책임자가 보관하되, 근무시간 이후에는 숙직책임자에게 인계하여 보관시켜야 한다.
③ 청원주는 시·도 경찰청장이 정하는 바에 따라 매월 무기와 탄약의 관리실태를 파악하여 다음 달 5일까지 관할 경찰서장에게 통보하여야 한다.
④ 청원주는 무기와 탄약이 분실되거나 도난당하거나 빼앗기거나 훼손되었을 때에는 경찰청장이 정하는 바에 따라 그 전액을 배상해야 한다.

32 다음 밑줄 친 "형법의 죄"에 해당하는 것을 〈보기〉에서 모두 고른 것은?

경비원이 경비업무 수행 중에 경비업법에 규정된 장비 외에 흉기 또는 그 밖의 위험한 물건을 휴대하고 <u>형법의 죄</u>를 범한 때에는 그 죄에 정한 형의 2분의 1까지 가중처벌한다.

〈보 기〉
ㄱ. 형법 제258조의2 제1항(특수상해죄)
ㄴ. 형법 제261조(특수폭행죄)
ㄷ. 형법 제266조(과실치상죄)
ㄹ. 형법 제366조(재물손괴죄)
ㅁ. 형법 제319조(주거침입죄)
ㅂ. 형법 제136조(공무집행방해죄)

① ㄱ, ㄴ
② ㄱ, ㄴ, ㄷ
③ ㄱ, ㄴ, ㄹ
④ ㄹ, ㅁ, ㅂ

33 경비업법령상 경비협회에 관한 설명으로 옳지 않은 것은?

① 경비업자가 경비협회를 설립하는 경우에는 정관을 작성하여야 한다.
② 경비협회는 정관이 정하는 바에 의하여 회원으로부터 회비를 징수할 수 있다.
③ 경비협회는 법인으로 하고, 경비협회에 관하여 경비업법에 특별한 규정이 있는 것을 제외하고는 민법 중 사단법인에 관한 규정을 준용한다.
④ 경비협회는 공제사업을 하는 경우 공제사업의 회계는 다른 사업의 회계와 함께 경리할 수 있다.

34 청원경찰법령에 관한 설명으로 옳지 않은 것은?

① 청원경찰법은 청원경찰의 직무·임용·배치·보수·사회보장 및 그 밖에 필요한 사항을 규정함으로써 청원경찰의 원활한 운영을 목적으로 한다.
② 청원경찰은 청원주 등의 경비(經費)의 부담을 면제할 것을 조건으로 사업장 등의 경비(警備)를 담당하게 하기 위하여 배치하는 경찰이다.
③ 청원경찰은 청원주와 배치된 기관·시설 또는 사업장 등의 구역을 관할하는 경찰서장의 감독을 받는다.
④ 청원경찰이 직무를 수행할 때에는 경비 목적을 위하여 필요한 최소한의 범위에서 하여야 한다.

35 청원경찰법령상 청원경찰의 배치의 폐지에 관한 설명으로 옳지 않은 것은?

① 청원주는 청원경찰을 대체할 목적으로 특수경비원을 배치하는 경우에 청원경찰의 배치를 폐지하거나 배치인원을 감축할 수 없다.
② 관할 경찰서장은 청원경찰이 배치된 시설이 축소될 경우 배치인원을 감축할 수 있다.
③ 청원주가 청원경찰을 배치폐지하였을 때에는 청원경찰 배치결정을 한 경찰관서장에게 알려야 한다.
④ 청원주는 배치폐지나 배치인원 감축으로 과원(過員)이 되는 청원경찰의 고용이 보장될 수 있도록 노력하여야 한다.

36. 청원경찰법령상 과태료에 관한 설명 중 옳지 않은 것은 모두 몇 개인가?

ㄱ. 과태료는 대통령령으로 정하는 바에 따라 시·도 경찰청장이 부과·징수한다.
ㄴ. 시·도 경찰청장이 위반행위의 동기, 내용 및 위반의 정도 등을 고려하여 과태료 금액의 100분의 50의 범위에서 늘리는 경우에는 과태료 금액의 상한을 초과할 수 없다.
ㄷ. 청원경찰을 배치하고 있는 사업장이 하나의 경찰서의 관할구역에 있는 경우 시·도 경찰청장은 과태료 부과·징수에 관한 권한을 관할 경찰서장에게 위임한다.
ㄹ. 경찰서장은 과태료처분을 하였을 때에는 과태료 부과 및 징수 사항을 과태료 수납부에 기록하고 정리하여야 한다.

① 없음
② 1개
③ 2개
④ 3개

37. 청원경찰법령상 청원경찰의 배치 등에 관한 설명으로 옳지 않은 것은?

① 청원주는 청원경찰을 신규로 배치하였을 때에는 배치지를 관할하는 경찰서장에게 그 사실을 통보하여야 한다.
② 청원주는 청원경찰을 이동배치하였을 때에는 종전의 배치지를 관할하는 경찰서장에게 그 사실을 통보하여야 한다.
③ 시·도 경찰청장은 청원경찰 배치신청을 받은 날로부터 10일 이내에 그 배치 여부를 결정하여 신청인에게 알려야 한다.
④ 청원경찰의 배치를 받으려는 자는 청원경찰 배치신청서에 경비구역 평면도 1부, 배치계획서 1부를 첨부하여 사업장의 소재지를 관할하는 경찰서장을 거쳐 시·도 경찰청장에게 제출하여야 한다.

38. 청원경찰법령상 청원경찰의 신분 및 근무 등에 관한 설명으로 옳은 것은?

① 청원경찰이 직무를 수행할 때 직권을 남용하여 국민에게 해를 끼친 경우에는 1년 이하의 징역이나 금고에 처한다.
② 청원경찰 업무에 종사하는 사람은 형법이나 그 밖의 법령에 따른 벌칙을 적용할 때에는 공무원으로 본다.
③ 국가기관에 근무하는 청원경찰의 직무상 불법행위에 대한 배상책임에 관하여는 민법의 규정을 적용해야 한다.
④ 청원주가 청원경찰을 면직시켰을 때에는 그 사실을 시·도 경찰청장을 거쳐 경찰청장에게 보고하여야 한다.

39 청원경찰법령상 과태료의 부과기준 금액이 가장 낮은 것은?(단, 과태료의 경감이나 가중은 고려하지 않는다)

① 시·도 경찰청장의 총기·실탄 및 분사기에 관한 명령을 정당한 사유 없이 이행하지 아니한 경우
② 정당한 사유 없이 경찰청장이 고시한 최저부담기준액 이상의 보수를 지급하지 아니한 경우
③ 시·도 경찰청장의 배치결정을 받지 않고 국가중요시설(국가정보원장이 지정하는 국가보안목표시설) 외의 시설에 청원경찰을 배치한 경우
④ 시·도 경찰청장의 승인을 받지 않고 임용 결격사유에 해당하지 않는 청원경찰을 임용한 경우

40 청원경찰법령상 청원경찰의 퇴직과 면직에 관한 설명으로 옳지 않은 것은?

① 청원경찰이 임용결격사유에 해당될 때에는 예외 없이 당연 퇴직된다.
② 청원경찰의 배치폐지는 당연 퇴직사유에 해당한다.
③ 청원경찰은 나이가 60세가 된 날이 1월부터 6월 사이에 있으면 6월 30일에, 7월부터 12월 사이에 있으면 12월 31일에 각각 당연 퇴직된다.
④ 국가기관이나 지방자치단체에 근무하는 청원경찰의 휴직 및 명예퇴직에 관하여는 「국가공무원법」 제71조부터 제73조까지 및 제74조의2를 준용한다.

제7회 경호학

41 다음은 경호의 의미에 관한 내용이다. 형식적 의미의 경호에 관한 내용(A)과 실질적 의미의 경호에 관한 내용(B)을 바르게 연결한 것은?

> ㄱ. 대통령 등의 경호에 관한 법률에서의 경호개념이다.
> ㄴ. 실정법·제도·기관 중심적 관점에서 이해한 것이다.
> ㄷ. 경호관계법규에 규정된 현실적인 경호기관을 기준으로 정립된 개념이다.
> ㄹ. 경호활동의 본질·성질·이론적인 입장에서 이해한 것으로, 학문적인 측면에서 고찰된 개념이다.
> ㅁ. 수많은 경호작용 중에서 공통적인 특성을 추상화한 개념이다.
> ㅂ. 경호주체(국가기관, 민간기관, 개인, 단체 불문)가 경호대상자를 보호하는 모든 활동을 말한다.

	A	B
①	ㄱ, ㄴ, ㄷ	ㄹ, ㅁ, ㅂ
②	ㄱ, ㄹ, ㅁ	ㄴ, ㄷ, ㅂ
③	ㄴ, ㄷ, ㄹ	ㄱ, ㅁ, ㅂ
④	ㄴ, ㄷ, ㅂ	ㄱ, ㄹ, ㅁ

42 다음의 대한민국 경호역사를 순서대로 나열할 경우 세 번째로 일어난 것은?

> ㄱ. 중앙정보부 경호대가 발족되었다.
> ㄴ. 경무대 경찰서가 신설되었다.
> ㄷ. 치안본부 소속의 101경비대를 101경비단으로 변경하였다.
> ㄹ. 대통령경호실을 대통령경호처로 변경하였다.

① ㄱ
② ㄴ
③ ㄷ
④ ㄹ

43 비인간 목표에 대한 테러의 공격방법으로는 폭파가 가장 큰 비중을 차지한다. 그 이유로 옳지 않은 것은?

① 큰 기술이나 복잡한 테러 편성을 요하지 않는다.
② 기본적인 장비와 단순한 폭파기술만 숙지하면 개인도 충분히 공격이 가능하다.
③ 사전 매설하여 원격폭파를 하면 증거인멸이나 도피가 용이하다.
④ 테러대상자에게는 살상 내지 무능화를 초래하지만, 시설 및 자재 등에는 비파괴적 효과를 준다.

44 경호의 법원(法源)에 관한 설명으로 옳지 않은 것은?

① 「대통령경호처와 그 소속기관 직제」는 대통령경호처와 그 소속 기관의 조직과 직무범위, 그 밖에 필요한 사항을 규정한다.
② 헌법에는 「전직대통령 예우에 관한 법률」의 근거규정이 존재하지 않는다.
③ 대통령경호안전대책위원회의 구성 및 운영에 관하여 필요한 사항은 「대통령경호안전대책위원회규정」에서 명시하고 있다.
④ 「대통령 등의 경호에 관한 법률」은 대통령 등에 대한 경호를 효율적으로 수행하기 위하여 경호의 조직·직무범위와 그 밖에 필요한 사항을 규정함을 목적으로 한다.

45 기동경호 시 선도경호차량 - 경호대상자차량 - 후미경호차량으로 구성된 기본대형에서 후미경호차량의 역할이 아닌 것은?

① 기동 간 이동지휘소의 역할을 한다.
② 경호요원이나 의료진의 이동수단이 된다.
③ 행사시간에 맞게 주행속도를 조절한다.
④ VIP 예비차량의 임무를 수행한다.

46 출입자 통제에 관한 설명으로 옳은 것은?

① 안전구역 설정권 내에 출입하는 인적·물적 제반 요소에 대한 안전활동을 말한다.
② 검색은 각종 장비와 오관과 육감 등을 이용하여 실시하며, 경호대상자와 수행원은 예외로 한다.
③ 출입통로 선정 및 일괄입장 계획을 수립하여 통제가 용이하도록 한다.
④ 행사장으로부터 연도경호의 안전거리를 벗어난 주차장일지라도 통제범위에 포함시켜 운영한다.

47 다음 경호기관 중에서 시대순(과거부터)으로 두 번째에 해당하는 경호기관의 명칭은?

① 창덕궁경찰서
② 대통령경호처
③ 경무대경찰서
④ 대통령경호실

48 다음은 근접경호의 특성에 관한 내용이다. 근접경호의 특성과 해당 내용의 연결이 옳은 것은?

[근접경호의 특성]
A. 노출성
B. 방호 및 대피성
C. 기동 및 유동성
D. 기만성

[내용]
ㄱ. 행사 성격이나 주변 여건, 장비의 특성에 따라 능동적으로 대처해야 한다.
ㄴ. 비상사태 발생 시 범인을 대적하여 제압하는 것보다 경호대상자를 보호하여 신속히 현장을 이탈하여야 한다.
ㄷ. 각종 매스컴에 의하여 행사 일정과 장소 및 시간이 대외적으로 알려진 상태에서 업무를 수행해야 한다.
ㄹ. 위해기도자로 하여금 행사 상황을 오판하도록 실제 상황을 은폐하고 허위 상황을 제공하여 경호의 효율성을 높여야 한다.

① A - ㄹ
② B - ㄷ
③ C - ㄱ
④ D - ㄴ

49 다음에서 설명하는 경호의 원칙은?

경호대상자의 행차 코스는 원칙적으로 비공개되어야 하며, 행차 예정 장소도 일반 대중에게 비공개되어야 한다. 더불어 대중에게 노출되는 경호대상자의 보행 행차는 가급적 제한되어야 위해를 가할 가능성이 있는 위험으로부터 경호대상자를 보호할 수 있다.

① 목표물 보존의 원칙
② 자기담당구역 책임의 원칙
③ 하나로 통제된 지점을 통한 접근의 원칙
④ 자기희생의 원칙

50 검색과 관련된 내용 중 옳지 않은 것은?

① 행사 참석자와 출입인원에 대한 철저하고도 예외 없는 검색은 필수적이다.
② 검색 근무 시 금속탐지기에 전적으로 의존해서는 안 되고, 근무자의 오관과 육감을 이용한 감시활동에 만전을 기해야 한다.
③ 국내외 위해사건의 47%가 행사장에서 발생하였고, 위해수단으로 총기와 도검·흉기가 가장 많이 사용되고 있다.
④ 경호원은 최신의 불법무기와 사제폭발물의 제작 및 유통 정보에도 정통해야 한다.

51 경호보안활동에서 '보안과 능률의 원칙'에 관한 설명인 것은?

① 알 필요성이 없는 사람은 경호대상자에 관한 정보에 접근해서는 안 된다.
② 사용자가 필요한 만큼 적당한 양의 정보를 전달하도록 한다.
③ 보안을 지나치게 강조할 경우 생산된 정보가 사용자에게 제대로 전달되지 않아 정책결정에 사용하지 못할 수 있다.
④ 내용과 가치의 정도에 따라 다른 비밀과 관련되지 않게 독립시켜야 한다.

52 다음 중 도보대형 형성 시 고려사항은 모두 몇 개인가?

ㄱ. 행사장의 안전도	ㄴ. 선발경호의 수준
ㄷ. 행사의 성격	ㄹ. 참석자의 성향
ㅁ. 경호대상자의 취향	ㅂ. 근접경호원의 인원수

① 3개
② 4개
③ 5개
④ 6개

53 경호 환경에 관한 설명으로 옳지 않은 것은?

① 국제화 및 개방화는 일반적 환경요인에 해당한다.
② 해외에서 우리 국민의 테러위협 증가는 일반적 환경요인에 해당한다.
③ 북한의 위협은 특수적 환경요인에 해당한다.
④ 과학기술의 발전은 일반적 환경요인에 해당한다.

54 대통령 등의 경호에 관한 법률에 의할 때, 3급 경호공무원의 연령정년과 계급정년을 바르게 묶은 것은?

① 50세 - 제한 없음
② 55세 - 10년
③ 58세 - 7년
④ 55세 - 6년

55 경호업무 시 우발상황에 관한 설명으로 옳지 않은 것은?

① 공격방향 전환 시 범인보다 경호대상자의 방향을 전환시키는 것이 효과적이다.
② 위험을 가장 먼저 인지한 경호원은 간단명료하고 신속하게 경고하여 공조체제를 유지하도록 한다.
③ 경고를 들은 경호원은 체위를 확장하여 경호대상자에 대한 방벽효과를 극대화하여야 한다.
④ 위해기도자와의 거리가 경호대상자와의 거리보다 더 가깝고 촉수거리에 있다면 과감하게 위해기도자를 제압하는 것이 효과적일 수 있다.

56 경호원의 직업윤리에 관한 내용으로 옳지 않은 것은?

① 경호원으로 준법정신의 자세가 필요하다.
② 경호원은 자율적 규제보다 타율적 규제가 우선시되어야 한다.
③ 경호대상자의 생명과 재산을 지키기 위한 올바른 가치관을 함양한다.
④ 경호대상자의 안전을 위하여 자기희생의 자세를 갖춘다.

57 경호조직의 원칙에서 협력성에 해당하지 않는 것은?

① 경호조직과 일반 국민과의 유기적인 상호작용을 의미한다.
② 국민이 경호업무에 협조하여 조직화가 필요할 경우 이런 조직은 임의성보다는 강제성이 수반되어야 한다.
③ 전국적으로 배치된 경비지도사를 통하여 경호정보를 신속하게 수집하는 것도 경호협력성과 관련된다.
④ 경호조직은 유관기관과의 상호협력을 통해 지속적인 정보 및 보안활동을 바탕으로 한 경호대응력을 강화해야 한다.

58 다음에서 설명하는 경호의 방호대형은?

- 전방에는 아무런 위협이 없다는 가정하에 경호대상자를 바로 노출시켜 전방에 개방된 대형을 취한다.
- 후미의 경호원들은 자연스럽게 수행원과 뒤섞여 노출이 되지 않고, 경호팀장만 경호대상자를 즉각 방호할 수 있는 위치에서 경호 임무를 수행한다.

① 개방 대형
② 함몰 대형
③ 방어적 원형 대형
④ 역쐐기형(V자) 대형

59 경호업무 수행절차에 관한 설명으로 옳은 것은?

① 예방단계인 정보활동단계에서는 경호계획을 근거로, 행사보안의 유지와 위해정보의 수집을 위한 보안활동을 전개한다.
② 대비단계인 경호활동단계에서는 정·첩보를 수집하고 분석하여 경호위협을 평가한다.
③ 대응단계인 안전활동단계에서는 경호인력을 배치하여 지속적인 경계활동을 실시한다.
④ 학습단계인 학습활동단계에서는 평가결과를 차기 행사에 반영하기 위한 적용(Feedback)을 실시한다.

60. 다음 중 근접경호원의 자세에 관한 설명으로 옳은 것을 모두 고른 것은?

ㄱ. 순간적인 경호상황을 정확히 판단하고 대응하기 위한 명석한 판단력을 갖춰야 한다.
ㄴ. 급박한 상황 외에는 경호대상자의 활동에 방해를 해서는 안 된다.
ㄷ. 경호원의 이미지는 경호대상자의 이미지 형성에도 영향을 미치므로 용모가 단정해야 한다.
ㄹ. 경호원의 복장은 경호대상자의 복장에 맞추어 정장이나 캐주얼 복장을 상황에 따라 입는다.
ㅁ. 경호요원의 존재가 경호대상자에게는 부담이 되지 않아야 하고, 일반 행사 참석자와 위해기도자에게는 위협이 되어야 한다.

① ㄱ, ㄴ, ㄷ
② ㄱ, ㄴ, ㄷ, ㄹ
③ ㄴ, ㄷ, ㄹ, ㅁ
④ ㄱ, ㄴ, ㄷ, ㄹ, ㅁ

61. 다음 중 경호조직의 특성과 원칙에 관한 내용의 연결이 옳은 것은?

[경호조직의 특성]
ㄱ. 전문성
ㄴ. 폐쇄성
ㄷ. 기동성
ㄹ. 통합성과 계층성

[내 용]
a. 일반적인 공개주의 원칙에도 불구하고 암살자나 테러집단에 알려지지 않도록 기밀성을 유지한다.
b. 테러행위의 수법이 지능화·고도화됨에 따라 경호조직에 있어서도 기능의 전문화 내지 분화현상이 광범위하게 나타나고 있다.
c. 경호조직은 기구단위 및 권한과 책임이 분화되어야 하며, 경호조직 내의 중추세력은 권한의 계층을 통하여 분화된 노력을 상호 조정하고 통제함으로써 경호의 목적을 달성할 수 있다.
d. 암살 및 테러의 고도화에 따라 경호장비의 과학화와 이를 지원하기 위한 행정업무의 자동화·컴퓨터화 등이 요구되고 있다.

① ㄱ - c
② ㄴ - b
③ ㄷ - d
④ ㄹ - a

62 숙소경호에 관한 설명으로 옳지 않은 것은?

① 근무요령은 평상시, 입출 시, 비상시로 구분하여 운용한다.
② 호텔 유숙 시 위해물 은닉이나 위장침투 등이 가능하기 때문에 일반인, 호텔업무 종사자 등의 위해기도에 대비한 안전대책이 필요하다.
③ 주민들의 불편을 최소화하기 위해 인근 주민들은 경계대상에서 제외한다.
④ 수림지역 및 제반 감제고지 고층건물에 대한 접근로 봉쇄 및 안전확보를 한다.

63 근접경호 시 주위경계 방법으로 옳지 않은 것은?

① 복도의 좌·우측 문, 모퉁이, 창문 등에 관심을 두고 경계한다.
② 시각의 한계를 고려하여 주위경계의 범위를 설정한다.
③ 경호대상자 주변에 있는 군중들의 눈과 손을 주시하여 경계한다.
④ 주위경계는 인접한 경호원과 경계범위를 중복되지 않게 명확히 구분해야 경호의 만전을 기할 수 있다.

64 대통령 등의 경호에 관한 법률상 경호처 직원의 당연 퇴직사유가 아닌 것은?

① 징계로 파면처분을 받은 때부터 5년이 지나지 아니한 자
② 금고 이상의 형의 선고유예를 받은 경우에 그 선고유예 기간 중에 있는 자
③ 법원의 판결 또는 다른 법률에 따라 자격이 상실되거나 정지된 자
④ 금고 이상의 형의 집행유예를 선고받고 그 유예기간이 끝난 날부터 2년이 지나지 아니한 자

65 경호브리핑에 관한 설명으로 옳지 않은 것은?

① 경호브리핑은 경호작전의 개시를 알리는 작전명령이다.
② 전 경호요원에게 경호상황을 이해시키고 그에 따른 경호지침을 하달하며, 개인별 임무를 부여한다.
③ 브리핑은 경호대상자를 제외한 전 경호요원을 대상으로 한다.
④ 개인이나 작전요소 간 협조점을 확인하고 조정하는 데 그 의의 및 목적이 있다.

66 다음 ( ) 안의 ㄱ~ㄷ에 들어갈 경호의 안전대책은?

> - (ㄱ) : 경호대상자가 이용하는 기구와 물품, 시설 등의 안전상태를 확인하는 활동
> - (ㄴ) : 경호대상자에게 위해를 가할 수 있는 위해물질을 안전하게 관리하는 활동
> - (ㄷ) : 폭발물 등 각종 유해물을 탐지, 제거하는 활동

① ㄱ : 안전검사, ㄴ : 안전조치, ㄷ : 안전점검
② ㄱ : 안전조치, ㄴ : 안전점검, ㄷ : 안전검사
③ ㄱ : 안전점검, ㄴ : 안전검사, ㄷ : 안전조치
④ ㄱ : 안전조치, ㄴ : 안전검사, ㄷ : 안전점검

67 근접경호대형에 관한 설명으로 옳은 것은?

① 근접경호대형은 경호대상자의 활동을 최대한 보장할 수 있는 선에서 전방위에 대한 사주경계와 신변안전을 담보할 수 있는 최소한의 인원으로 대형을 형성하는 것이 바람직하다.
② 근접경호는 경호대상자 주위에 경호막을 형성하여 일정한 지역의 안전을 확보하는 공간개념이다.
③ 근접경호대형을 형성하는 각 경호요원에게는 주 경계방향이 지정되고, 각 경호요원의 사주경계 범위는 중첩되지 않도록 한다.
④ 도보경호는 이동속도가 느리지만 외부에 노출되는 시간이 짧으므로 위해자가 위해를 가할 수 있는 기회가 적다.

68 탑승 시의 경호예절에 관한 설명으로 옳지 않은 것은?

① 여성과 남성이 승용차에 동승할 때에는 여성이 먼저 탄다.
② 일반 선박의 경우에는 보통 상급자가 나중에 타고 먼저 내린다.
③ 엘리베이터에 안내하는 사람이 없는 때에는 상급자가 나중에 타고 먼저 내린다.
④ 비행기를 타고 내릴 때에는 상급자가 최우선하여 타고 내린다.

69 테러조직의 구조적 형태에 관한 설명으로 옳은 것은?

① 수동적 지원조직은 선전효과 증대, 자금획득, 조직의 확대에 기여함으로써 테러활동에 주요한 역할을 수행한다.
② 직접적 지원조직은 공격현장에서 직접 테러임무를 수행하는 조직원으로 실제적으로 테러행위에 있어 가장 중요한 요소이지만, 그만큼 피해를 가장 많이 입는 사람들이다.
③ 적극적 지원조직은 테러집단의 생존기반이 되는 정치적 전위집단이나 후원자를 가리킨다.
④ 전문적 지원조직은 특정 분야에 대하여 반복적으로 지원을 제공하는 조직으로서 유리한 알리바이를 제공하기도 하고, 법적인 비호나 의료지원을 제공하기도 한다.

70 다음 중 행사일정 및 임무수령에 포함될 사항(A)과 연락 및 협조체제 구축 시 고려사항(B)에 해당하는 것이 바르게 연결된 것은?

① A : 취재진의 인가 및 통제 상황
　　B : 방문단과 함께 움직이는 취재진에 관한 사항
② A : 경호안전에 영향을 줄 수 있는 행사주최나 방문국의 요구사항
　　B : 모든 행사장소와 행사에 참석하는 사람, 진행요원, 관련 공무원, 행사위원 등의 명단
③ A : 경호대상자와 수행원의 편의시설(휴게실, 화장실, 분장실 등)
　　B : 기후변화 등의 악천후 시를 고려한 행사스케줄과 행사관계자의 시간계획에 관한 사항
④ A : 의전에 관한 사항
　　B : 공식 및 비공식 수행원에 관한 사항

71 다음에서 설명하는 경호장비는?

- 유해물질 존재 여부의 검사
- 시설물의 안전점검
- 사람이 직접 확인할 수 없는 밀폐공간의 확인

① 호신장비　　　　　　　　② 감시장비
③ 방호장비　　　　　　　　④ 검측장비

72 심폐소생술에 관한 내용으로 옳지 않은 것은?

① 심정지 환자는 골든타임 내에 신속하게 심폐소생술을 실시한다.
② 심폐소생술의 흉부(가슴)압박은 분당 100~120회 속도로 실시한다.
③ 심폐소생술 실시 중 자발적인 호흡으로 회복되어도 계속 흉부(가슴)압박을 실시한다.
④ 인공호흡에 자신이 없는 경우 흉부(가슴)압박을 실시한다.

73 다음과 관련된 경호의 유형에 해당하지 않는 것은?

> 미국 대통령이 방한 행사 중 사전에 계획된 국립현충원 행사를 마치고 예정에 없던 한강공원에서 산책을 하였다.

① 甲(A)호 경호
② 공식경호(1호·A호)
③ 행사장경호
④ 간접경호

74 행사의전에서 국기게양에 관한 설명으로 옳지 않은 것은?

① 국기와 함께 외국기를 게양할 때 앞에서 게양대를 바라보아 게양할 기의 총수가 짝수인 경우 국기의 바로 왼쪽이 차순위가 되도록 한다.
② 차량에 태극기를 게양하는 경우 차량 운전석에서 보았을 때 오른쪽에 게양하며, 외국기와 동시에 게양해야 할 경우에도 동일하다.
③ 실내에서의 국기 게양은 깃대형을 원칙으로 하되, 실내여건에 따라 게시형이나 탁상형으로도 할 수 있다.
④ 옥외행사의 경우 이미 설치된 옥외의 주된 게양대에 대형의 국기를 게양하는 것을 원칙으로 한다.

75 다음에서 설명하는 경호작용의 기본 고려요소는?

> 경호대상자의 필연적인 노출을 수반하는 행차의 지속시간과 사전위해첩보 수집 간 획득된 내재적인 위협분석에 따라 결정되는 요소

① 계획수립
② 자원동원
③ 책임분배
④ 보안유지

76 출입통제 담당자의 업무로 옳지 않은 것은?

① 구역별 비표를 구분한다.
② 비상계획 및 일반예비대를 운용한다.
③ 출입구의 원활한 소통을 위해 출입통로를 지정한다.
④ 위해기도자와 위험물품 확인을 위한 검문검색을 한다.

77 사고현장의 응급처치에 관한 설명으로 옳지 않은 것은?

① 빠른 시간 내에 전문 응급의료진에게 인계할 수 있도록 한다.
② 쇼크에 대한 조치는 기도유지, 척추고정, 지혈, 적정자세 유지가 중요하다.
③ 응급처치의 기본요소는 상처보호, 지혈, 기도확보, 전문치료이다.
④ 절단된 부위는 무균드레싱 후 비닐주머니에 넣어 물과 얼음이 담긴 용기에 넣어 운반한다.

78 출입통제에 관한 설명으로 옳은 것은?

① 1선(안전구역)은 출입구에 금속탐지기 등을 설치하여 출입자와 반입물품을 확인한다.
② 1선(안전구역)은 모든 출입요소의 1차 통제점이 되어야 한다.
③ 비표는 식별이 어렵게 하여 보안성을 강화한다.
④ 지연 참석자에 대해서는 검색 후 출입을 허용하지 않도록 한다.

79 다음은 우발상황 조치에 관한 내용이다. ( )의 ㄱ~ㄹ에 들어갈 내용을 순서대로 옳게 나열한 것은?

> 우발상황이 발생하였을 경우 경호대상자를 위험으로부터 보호하기 위한 일련의 순간적인 경호조치를 말하며, (ㄱ)의 결과에 따라 경호대상자를 살릴 수도 있고 죽일 수도 있다. 우발상황이 발생하면 최초에 정확하게 대응해야 한다는 데 핵심이 있다. 위험한 것을 (ㄴ) 것으로 판단하면 자칫 (ㄷ)를 잃을 수도 있고, 위험하지 않은 것을 (ㄹ) 것으로 판단하면 행사장을 혼란에 빠뜨리거나 행사를 망칠 수도 있다.

① 즉각조치, 위험한, 행사 참석자, 위험하지 않은
② 즉각조치, 위험하지 않은, 경호대상자, 위험한
③ 통제조치, 위험하지 않은, 경호대상자, 위험한
④ 통제조치, 위험한, 행사 참석자, 위험하지 않은

80 국민보호와 공공안전을 위한 테러방지법령상 테러경보의 발령에 관한 설명으로 옳지 않은 것은?

① 대테러센터장은 테러 위험 징후를 포착한 경우 테러경보 발령의 필요성, 발령 단계, 발령 범위 및 기간 등에 관하여 실무위원회의 심의를 거쳐 테러경보를 발령한다.
② 테러경보는 테러위협의 정도에 따라 관심·주의·경계·심각의 단계로 구분한다.
③ 대테러센터장은 테러위협의 정도가 경계 이하의 테러경보를 발령하는 경우에는 실무위원회의 심의 절차를 생략할 수 있다.
④ 대테러센터장은 테러경보를 발령하였을 때에는 즉시 위원장에게 보고하고, 관계기관에 전파하여야 한다.

제8회 경비업법

◆ 각 문항별로 난이도를 체크해 보세요. ☑△✕ ◆ Time   분 | 해설편 252p

◆ 중요문제 / 틀린 문제 CHECK

| 01 | 02 | 03 | 04 | 05 | 06 | 07 | 08 | 09 | 10 | 11 | 12 | 13 | 14 | 15 | 16 | 17 | 18 | 19 | 20 |
| 21 | 22 | 23 | 24 | 25 | 26 | 27 | 28 | 29 | 30 | 31 | 32 | 33 | 34 | 35 | 36 | 37 | 38 | 39 | 40 |

01 다음은 경비업법 시행령 제2조의 국가중요시설에 관한 내용이다. (   ) 안에 들어갈 용어를 순서대로 나열한 것은?

> 경비업법 제2조 제1호 마목에서 "대통령령이 정하는 국가중요시설"이라 함은 공항·항만, 원자력발전소 등의 시설 중 국가정보원장이 지정하는 (ㄱ)과 「통합방위법」 제21조 제4항의 규정에 의하여 (ㄴ)이 지정하는 국가중요시설을 말한다.

① ㄱ : 국가보안목표시설, ㄴ : 국방부장관
② ㄱ : 국가보안목표시설, ㄴ : 행정안전부장관
③ ㄱ : 군사시설,   ㄴ : 국방부장관
④ ㄱ : 군사시설,   ㄴ : 행정안전부장관

02 경비업법에 관한 설명으로 옳지 않은 것은?

① 경비업의 육성 및 발전과 그 체계적 관리에 관하여 필요한 사항을 정함으로써 경비업의 건전한 운영에 이바지함을 목적으로 한다.
② 경비업은 원칙적으로 법인만이 영위할 수 있으나, 법률이 정한 일정규모 이상의 시설이나 자본금을 갖춘 경우 조합이나 법인이 아닌 사단도 경비업을 영위할 수 있다.
③ 특수경비업무란 공항 등 대통령령이 정하는 국가중요시설의 경비 및 도난·화재 그 밖의 위험발생을 방지하는 업무를 말한다.
④ 경비지도사란 경비원을 지도·감독 및 교육하는 자를 말하며 일반경비지도사와 기계경비지도사로 구분한다.

03 경비업법령상 갱신허가에 관한 설명으로 옳지 않은 것은?

① 경비업 허가의 유효기간이 만료된 후 계속하여 경비업을 하고자 하는 법인은 행정안전부령이 정하는 바에 의하여 갱신허가를 받아야 한다.
② 경비업의 갱신허가를 받으려는 자는 경비업 갱신허가신청서를 허가의 유효기간 만료일 30일 전까지 법인의 주사무소를 관할하는 시·도 경찰청장 또는 해당 시·도 경찰청 소속의 경찰서장에게 제출하여야 한다.
③ ②의 경우 경비업 갱신허가신청서에 허가증 원본, 법인의 정관 1부를 첨부하여야 한다.
④ 시·도 경찰청장은 갱신허가를 하는 때에는 유효기간이 만료되는 허가증을 회수한 후 새로운 허가증을 교부하여야 한다.

04 경비업법령상 경비원의 교육에 관한 설명으로 옳지 않은 것은?

① 경찰청장은 경비원에 대한 신임교육의 전국적 균형을 유지하기 위하여 교육수준 및 교육방법 등에 필요한 지침을 마련하여 시행할 수 있다.
② 경찰청장은 경비원 교육기관이 경비원에 대한 신임교육의 교육수준 및 교육방법 등에 필요한 지침을 위반한 경우에는 기간을 정하여 시정을 명할 수 있다.
③ 경찰청장은 경비원에 대한 신임교육의 효율성을 제고하기 위하여 전문인력 및 시설 등을 갖춘 기관 또는 단체를 경비원 교육기관으로 지정할 수 있다.
④ 경비원 교육기관의 지정 기준 및 절차 등에 필요한 사항은 행정안전부령으로 정한다.

05 경비업법령상 기계경비업무를 영위하려는 경비법인이 허가를 받기 위해 갖추어야 하는 요건에 관한 설명으로 옳지 않은 것은?

① 1억원 이상의 자본금을 보유하여야 한다.
② 허가 신청 시 시설 등(자본금 포함)을 갖출 수 없는 경우에는 시설 등의 확보계획서를 제출한 후 허가를 받은 날부터 1월 이내에 시설 등을 갖추고 시·도 경찰청장의 확인을 받아야 한다.
③ 출장소를 서울, 인천, 대전, 광주의 4곳에 두려고 하는 경우에 최종적으로 갖추어야 할 출동차량은 최소 8대이다.
④ 전자·통신 분야 기술자격증소지자 5명을 포함한 일반경비원 10명 이상의 경비인력을 갖추어야 한다.

06 경비업법령상 경비원의 교육에 관한 설명으로 옳지 않은 것은?

① 경비원이 되려는 사람은 행정안전부령으로 정하는 교육기관에서 미리 일반경비원 신임교육을 받을 수 있다.
② 특수경비원의 교육 시 관할 경찰서 소속 경찰공무원이 교육기관에 입회하여 대통령령이 정하는 바에 따라 지도·감독하여야 한다.
③ 특수경비업자는 소속 특수경비원에게 경비지도사가 수립한 교육계획에 따라 매월 행정안전부령으로 정하는 시간 이상의 직무교육을 받도록 하여야 한다.
④ 경비원의 신임교육의 과목 및 시간, 직무교육의 과목 등 경비원의 교육 실시에 필요한 사항은 행정안전부령으로 정한다.

07 경비업법령상 경비지도사시험에 관한 설명으로 옳지 않은 것은?

① 행정안전부장관은 경비지도사시험의 실시계획을 매년 수립해야 한다.
② 시험은 필기시험의 방법에 의하되, 제1차 시험과 제2차 시험으로 구분하여 실시한다.
③ 제1차 시험 및 제2차 시험은 각각 선택형으로 하되, 제2차 시험에 있어서는 선택형 외에 단답형을 추가할 수 있다.
④ 제1차 시험과 제2차 시험을 병합하여 실시하는 경우에는 제1차 시험에 불합격한 자가 치른 제2차 시험은 이를 무효로 한다.

08 경비업법령상 경비협회의 공제사업에 포함되는 것을 모두 고른 것은?

ㄱ. 경비업무와 관련한 연구 및 경비원 교육·훈련에 관한 사업
ㄴ. 경비원의 복지향상과 업무상 재해로 인한 손실을 보상하는 사업
ㄷ. 경비원의 손해배상책임을 보장하기 위한 사업
ㄹ. 경비업 및 경비관련업 외의 영업을 위한 사업
ㅁ. 경비업자가 경비업을 운영할 때 필요한 입찰보증, 계약보증(이행보증을 포함한다), 하도급보증을 위한 사업

① ㄱ, ㄴ, ㄹ
② ㄱ, ㄴ, ㅁ
③ ㄴ, ㄷ, ㄹ
④ ㄷ, ㄹ, ㅁ

09 경비업법령상 집단민원현장에 배치된 일반경비원에 관한 설명으로 옳지 않은 것은?

① 경비업자는 경비원을 배치하기 48시간 전까지 배치허가를 신청하고, 관할 경찰관서장의 배치허가를 받은 후에 경비원을 배치해야 한다.
② 집단민원현장에 배치되는 일반경비원의 명부는 그 경비원이 배치되는 장소에도 작성・비치해야 한다.
③ 관할 경찰관서장은 배치허가를 함에 있어 필요한 조건을 붙일 수 있다.
④ 경비업무범위 위반 및 신임교육 유무 등을 확인하기 위해 관할 경찰관서장은 그 배치장소를 방문하여 조사하여야 한다.

10 경비업법령상 다음 내용의 (   ) 안의 ㄱ~ㄹ에 들어갈 내용이 옳지 않은 것은?

> 경비업자는 경비업 허가증을 잃어버리거나 경비업 허가증이 못쓰게 된 경우에는 허가증 재교부신청서에 다음의 구분에 따른 서류를 첨부하여 법인의 주사무소를 관할하는 시・도 경찰청장 또는 해당 시・도 경찰청 소속의 경찰서장에게 재발급을 신청하여야 하고, 신청서를 제출받은 경찰서장은 (ㄱ) 관할 (ㄴ)에게 보내야 한다.
> • 허가증을 잃어버린 경우에는 그 (ㄷ)
> • 허가증이 못쓰게 된 경우에는 그 (ㄹ)

① ㄱ - 48시간 이내에
② ㄴ - 시・도 경찰청장
③ ㄷ - 사유서
④ ㄹ - 허가증

11 경비업법령상 경찰청장 권한의 위임 및 위탁에 관한 설명으로 옳지 않은 것은?

① 경비업법에 의한 경찰청장의 권한은 행정안전부령이 정하는 바에 따라 그 전부 또는 일부를 시・도 경찰청장에게 위임할 수 있다.
② 경찰청장은 경비지도사자격의 취소 및 정지에 관한 권한을 시・도 경찰청장에게 위임한다.
③ 경찰청장은 경비지도사자격의 취소 및 정지에 관한 청문의 권한을 시・도 경찰청장에게 위임한다.
④ 경찰청장 또는 경찰관서장은 경비지도사 시험의 관리에 관한 업무를 경비업무에 관한 인력과 전문성을 갖춘 기관 또는 단체로서 경찰청장이 지정하여 고시하는 기관 또는 단체에 위탁한다.

12 경비업법령상 6개월 이내의 기간을 정하여 영업의 전부 또는 일부에 대하여 경비업자에게 영업정지를 명할 수 있는 사유로 명시되지 않은 것은?

① 경비원 명단 및 배치일시·배치장소 등 배치허가 신청의 내용을 거짓으로 한 때
② 경비업자가 시·도 경찰청장의 감독상 명령에 따르지 아니한 경우
③ 특수경비업자가 경비관련업 외의 영업을 한 경우
④ 특수경비업자가 도급을 의뢰받은 경비업무가 위법한 것임에도 이를 거부하지 아니한 경우

13 청원경찰법령상 청원경찰의 임용 등에 관한 설명으로 옳지 않은 것은?

① 청원주는 청원경찰 배치결정의 통지를 받은 날로부터 30일 이내에 배치결정된 인원수의 임용예정자에 대하여 청원경찰 임용승인을 시·도 경찰청장에게 신청하여야 한다.
② 청원주가 청원경찰을 임용하였을 때에는 임용한 날부터 10일 이내에 그 임용사항을 관할 경찰서장을 거쳐 시·도 경찰청장에게 보고하여야 한다.
③ 청원경찰의 임용자격·임용방법·교육 및 보수에 관하여는 대통령령으로 정한다.
④ 청원경찰의 복무에 관하여는 「국가공무원법」 및 「경찰법」을 준용한다.

14 경비업법령상 경비업자의 2차 위반에 대한 행정처분 기준이 가장 무거운 경우는?(단, 가중·경감은 고려하지 않음)

① 경비업자가 시·도 경찰청장의 허가 없이 경비업무를 변경한 경우
② 경비업자가 도급을 의뢰받은 경비업무가 위법한 것임에도 이를 거부하지 않은 경우
③ 경비업자가 경비원의 복장 등에 관한 규정을 위반한 경우
④ 기계경비업자가 경비대상시설에 관한 경보 대응체제를 갖추지 아니한 경우

15 경비업법령상 시·도 경찰청장 등의 감독과 보안지도점검에 관한 내용이다. (   )에 들어갈 숫자가 순서대로 옳은 것은?

> • 시·도 경찰청장 또는 관할 경찰관서장은 경비업무 장소가 집단민원현장으로 판단되는 경우에는 그때부터 (   )시간 이내에 경비업자에게 경비원 배치허가를 받을 것을 고지하여야 한다.
> • 시·도 경찰청장은 특수경비업자에 대하여 연 (   )회 이상의 보안지도·점검을 실시하여야 한다.

① 24, 2
② 24, 4
③ 48, 2
④ 48, 4

16 A는 특수경비업무를 수행하는 甲 경비법인의 임원으로 2020년 1월 1일부터 현재까지 근무하고 있다. 다음 중 경비업법상 A의 甲 경비법인 임원 취임이 적법하지 않은 경우는?

① A는 피성년후견인이 아니다.
② A는 2012년 1월 1일 금고 이상의 형의 선고를 받고 2019년 1월 1일 그 형이 실효되었다.
③ A는 2019년 11월 1일 파산선고를 받고 2020년 1월 20일 복권되었다.
④ A는 2007년 6월 7일 도로교통법 위반으로 벌금형을 선고받고 벌금을 납부하였다.

17 경비업법령상 특수경비원 교육기관 강사(인력) 지정 기준으로 옳지 않은 것은?

① 교육과목 관련 박사학위를 취득한 후 관련 분야의 연구실적이 있는 사람
② 교육과목 관련 석사 이상의 학위를 취득한 후 관련 분야에 3년 이상 근무한 경력이 있는 사람
③ 교육과목 관련 분야에서 공무원으로 5년 이상 근무한 경력이 있는 사람
④ 교육과목 관련 분야에 10년 이상 근무한 경력이 있는 사람

18 청원경찰법령상 시·도 경찰청장이 관할 경찰서장에게 위임할 수 있는 권한이 아닌 것은?(단, 청원경찰을 배치하고 있는 사업장이 하나의 경찰서의 관할 구역에 있는 경우로 한정한다)

① 청원경찰 배치의 결정 및 요청에 관한 권한
② 청원경찰의 임용에 관한 권한
③ 청원주에 대한 지도 및 감독상 필요한 명령에 관한 권한
④ 과태료 부과·징수에 관한 권한

19 청원경찰법령상 청원경찰의 제복 착용과 무기휴대에 관한 설명으로 옳지 않은 것은?

① 청원경찰은 교육훈련이나 그 밖의 특수근무 중에는 기동모, 기동복, 기동화 및 휘장을 착용하거나 부착하되, 허리띠와 경찰봉은 착용하거나 휴대하지 아니할 수 있다.
② 청원주는 「총포·도검·화약류 등의 안전관리에 관한 법률」에 따른 분사기의 소지허가를 받아 청원경찰로 하여금 그 분사기를 휴대하여 직무를 수행하게 할 수 있다.
③ 청원경찰은 평상근무 중에는 정모, 근무복, 단화, 호루라기, 경찰봉 및 포승을 착용하거나 휴대하여야 하고, 총기를 휴대하지 아니할 때에는 분사기를 휴대하여야 한다.
④ 청원경찰의 복제(服制)와 무기휴대에 필요한 사항은 행정안전부령으로 정한다.

20 경비업법령상 벌칙이 가장 가벼운 경우에 해당하는 것은?

① 경찰관서장의 배치폐지명령을 따르지 아니한 자
② 경비업무의 중단을 통보하지 아니하거나 경비업무를 즉시 인수하지 아니한 특수경비업자 또는 경비대행업자
③ 경비업자의 경비원 채용 시 무자격자나 부적격자 등을 채용하도록 관여하거나 영향력을 행사한 도급인
④ 허가를 받지 아니하고 경비업을 영위한 자

21 경비업법령상 특수경비원의 직무 및 무기사용에 관한 설명으로 옳지 않은 것은?

① 특수경비원의 무기휴대, 무기종류, 그 사용기준 및 안전검사의 기준 등에 관하여 필요한 사항은 대통령령으로 정한다.
② 관할 경찰관서장은 시설주 및 특수경비원의 무기관리상황을 매월 1회 이상 점검하여야 한다.
③ 특수경비원은 국가중요시설에 침입한 무장간첩이 특수경비원으로부터 투항(投降)을 요구받고도 이에 불응한 때에 무장간첩에게 위해를 끼칠 수 있다.
④ 무기의 관리책임자는 시설주로부터 지정받으며, 부득이한 경우 관리책임자는 시설주의 동의를 얻어 무기의 회수를 타인에게 위임할 수 있다.

22. 경비업법령상 ( ) 안의 ㄱ~ㄷ에 들어갈 과태료 금액의 합은?

- 경비법인의 출장소를 신설하였음에도 이를 신고하지 아니한 경우, 신고기한을 지나 10개월이 경과되었다면, (ㄱ)만원의 과태료에 처한다.
- 특수경비업자가 경비대행업자 지정신고를 허위로 신고한 경우에는 (ㄴ)만원의 과태료에 처한다.
- 이름표를 부착하게 하지 아니하거나, 신고된 동일 복장을 착용하게 하지 아니하고 경비원을 경비업무에 배치한 경우, 2회 위반 시 (ㄷ)만원의 과태료에 처한다.

① 300
② 400
③ 600
④ 800

23. 청원경찰법령상 국가기관 또는 지방자치단체에 근무하는 청원경찰의 보수에 관한 설명으로 옳지 않은 것은?

① 국가기관 또는 지방자치단체에 근무하는 청원경찰의 보수는 같은 재직기간에 해당하는 경찰공무원의 보수를 감안하여 대통령령으로 정한다.
② 재직기간이 30년 이상인 경우 경위에 해당하는 경찰공무원의 보수를 감안하여 정한다.
③ 청원주가 부담하여야 하는 봉급·수당의 최저부담기준액(국가기관 또는 지방자치단체에 근무하는 청원경찰의 봉급·수당은 제외한다)과 청원경찰의 피복비 및 교육비 비용의 부담기준액은 대통령령으로 정한다.
④ 보수 결정 시 재직기간은 청원경찰로서 근무한 기간으로 한다.

24. 경비업법령상 특수경비원 신임교육의 실무교육과목이 아닌 것은?

① 민방공
② 출입통제 요령
③ 경범죄처벌법
④ 관찰·기록기법

25 경비업법령상 기계경비업자가 오경보의 방지를 위하여 계약상대방에게 하여야 하는 설명은 서면등을 교부하는 방법에 의한다. 이때 서면등에 기재하는 사항을 모두 고른 것은?

ㄱ. 당해 기계경비업무와 관련된 관제시설 및 출장소의 명칭·소재지
ㄴ. 경비대상시설의 명칭·소재지 및 경비계약기간
ㄷ. 오경보의 발생원인과 송신기기의 유지·관리방법
ㄹ. 경보의 수신 및 현장도착 일시와 조치의 결과
ㅁ. 기계경비업자가 경비대상시설에서 발생한 경보를 수신한 경우에 취하는 조치
ㅂ. 손해배상의 범위와 손해배상액에 관한 사항

① ㄱ, ㄴ, ㄷ
② ㄱ, ㄷ, ㅁ
③ ㄴ, ㄹ, ㅂ
④ ㄹ, ㅁ, ㅂ

26 경비업법령상 "경비원에게 경비업무의 범위를 벗어난 행위를 하게 한 자"에 대한 벌칙과 형량이 다른 것은?

① 직무상 알게 된 비밀을 누설하거나 부당한 목적을 위하여 사용한 자
② 집단민원현장에 경비원을 배치하면서 허가를 받지 아니한 자에게 경비업무를 도급한 자
③ 집단민원현장에 20명 이상의 경비인력을 배치하면서 그 경비인력을 직접 고용한 자
④ 경비업법에서 정한 장비 외에 흉기 또는 그 밖의 위험한 물건을 휴대하고 경비업무를 수행한 경비원 또는 경비원에게 이를 휴대하고 경비업무를 수행하게 한 자

27 다음 밑줄 친 "형법의 죄"에 해당하지 않는 것을 〈보기〉에서 모두 고른 것은?

경비원이 경비업무 수행 중에 경비업법에서 정한 장비 외에 흉기 또는 그 밖의 위험한 물건을 휴대하고 <u>형법의 죄</u>를 범한 때에는 그 죄에 정한 형의 2분의 1까지 가중처벌한다.

〈보기〉
ㄱ. 특수강요죄
ㄴ. 특수공갈죄
ㄷ. 특수강도죄
ㄹ. 상해치사죄
ㅁ. 폭행치사죄
ㅂ. 과실치사죄
ㅅ. 재물손괴죄
ㅇ. 협박죄
ㅈ. 체포·감금치상죄
ㅊ. 폭행죄

① ㄱ, ㄴ, ㅁ
② ㄴ, ㄷ, ㅂ
③ ㄷ, ㅁ, ㅊ
④ ㄷ, ㅂ, ㅊ

28 경비업법령상 ( ) 안의 ㉠~㉣에 들어갈 내용이 올바르게 연결된 것은?

- 시·도 경찰청장은 국가중요시설에 대한 경비업무의 수행을 위하여 필요하다고 인정하는 때에는 (㉠)의 신청에 의하여 무기를 구입한다. 이 경우 (㉡)은(는) 그 무기의 구입대금을 지불하고, 구입한 무기를 국가에 기부채납하여야 한다.
- 시설주가 관할 경찰관서장으로부터 대여받은 무기에 대하여 (㉢)은(는) 무기의 관리책임을 지고, (㉣)은 시설주 및 특수경비원의 무기관리상황을 대통령령이 정하는 바에 따라 지도·감독하여야 한다.

① ㉠ - 경비업자
② ㉡ - 시설주
③ ㉢ - 관할 경찰관서장
④ ㉣ - 시·도 경찰청장

29 A 경비업자는 시설경비업무, 호송경비업무, 신변보호업무, 기계경비업무를 허가받은 경비법인이다. 서울특별시에 시설경비원 300명, 전라남도에 신변보호경비원 170명, 제주특별자치도에 기계경비원 30명, 대구광역시에 호송경비원 210명이 배치되어 있다. 이 경우 A 경비업자가 선임·배치해야 할 최소한의 경비지도사 총인원은?

① 4명
② 5명
③ 6명
④ 7명

30 경비업법상 경비업 허가의 필요적 취소사유에 해당하지 않는 것은?
① 특수경비업자가 경비업 및 경비관련업 외의 영업을 한 때
② 도급을 의뢰받은 경비업무가 위법한 것임에도 이를 거부하지 아니한 때
③ 소속 경비원으로 하여금 경비업무의 범위를 벗어난 행위를 하게 한 때
④ 정당한 사유 없이 최종 도급계약 종료일의 다음 날부터 2년 이내에 경비 도급실적이 없을 때

31 청원경찰법령상 근무요령에 관한 설명으로 옳은 것은?

① 자체경비를 하는 소내근무자는 경비구역의 정문이나 그 밖의 지정된 장소에서 경비구역의 내부, 외부 및 출입자의 움직임을 감시한다.
② 업무처리 및 자체경비를 하는 소내근무자는 근무 중 특이한 사항이 발생하였을 때에는 지체 없이 청원주 또는 관할 경찰서장에게 보고하고 그 지시에 따라야 한다.
③ 순찰근무자는 요점순찰을 하되, 청원주가 필요하다고 인정할 때에는 정선순찰을 할 수 있다.
④ 대기근무자는 순찰근무에 협조하거나 휴식하면서 불의의 사고에 대비한다.

32 청원경찰법령에 관한 내용이다. ( ) 안의 ㄱ~ㄷ에 들어갈 내용을 순서대로 올바르게 연결한 것은?

- 청원경찰은 형의 선고, 징계처분 또는 신체상·정신상의 이상으로 직무를 감당하지 못할 때를 제외하고는 그 의사에 반하여 (ㄱ)되지 아니한다.
- 청원주가 청원경찰을 (ㄴ)시켰을 때에는 그 사실을 관할 경찰서장을 거쳐 (ㄷ)에게 보고하여야 한다.

① ㄱ : 정직, ㄴ : 정직, ㄷ : 시·도 경찰청장
② ㄱ : 정직, ㄴ : 정직, ㄷ : 경찰청장
③ ㄱ : 면직, ㄴ : 면직, ㄷ : 시·도 경찰청장
④ ㄱ : 면직, ㄴ : 면직, ㄷ : 경찰청장

33 경비업법령상 청문을 실시하여야 하는 행정처분에 해당하지 않는 것은 모두 몇 개인가?

ㄱ. 경비지도사 교육기관의 지정 취소 또는 업무의 정지
ㄴ. 경비원 교육기관의 지정 취소 또는 업무의 정지
ㄷ. 경비업 허가의 취소 또는 영업정지
ㄹ. 경비지도사자격의 취소 또는 정지

① 없음
② 1개
③ 2개
④ 3개

34 청원경찰법령상 무기관리수칙에 관한 설명으로 옳지 않은 것은?

① 청원주가 무기와 탄약을 대여받았을 때에는 경찰청장이 정하는 무기·탄약 출납부 및 무기장비 운영카드를 갖춰 두고 기록하여야 한다.
② 청원주로부터 무기와 탄약을 지급받은 청원경찰은 무기를 지급받거나 반납할 때에는 반드시 "앞에 총" 자세에서 "검사 총"을 하여야 한다.
③ 청원주는 사직 의사를 밝힌 청원경찰에게 무기와 탄약을 지급해서는 안 되며, 지급한 무기와 탄약은 즉시 회수해야 한다.
④ 청원경찰은 수리가 필요한 무기가 있을 때에는 그 목록과 무기장비 운영카드를 첨부하여 관할 경찰서장에게 수리를 요청할 수 있다.

35 다음 중 청원경찰법령상 청원주가 갖추어 두어야 할 문서와 장부(A)에 해당하는 것과 관할 경찰서장이 갖추어 두어야 할 문서와 장부(B)에 해당하는 것이 모두 옳게 연결된 것은?

① A : 청원경찰 명부,   B : 전출입 관계철
② A : 감독 순시부,   B : 배치결정 관계철
③ A : 교육훈련 실시부,   B : 순찰표철
④ A : 무기·탄약 대여대장, B : 무기·탄약 출납부

36 다음 중 청원경찰법령상 각 위반에 따른 과태료 부과기준 금액이 가장 큰 것(A)과 가장 낮은 것(B)을 올바르게 연결한 것은?

> ㄱ. 시·도 경찰청장의 배치결정을 받지 않고 국가중요시설(국가정보원장이 지정하는 국가보안목표시설) 외의 시설에 청원경찰 배치한 경우
> ㄴ. 시·도 경찰청장의 승인을 받지 않고 임용 결격사유에 해당하지 않는 청원경찰을 임용한 경우
> ㄷ. 시·도 경찰청장의 감독상 필요한 총기·실탄 및 분사기에 관한 명령을 정당한 사유 없이 이행하지 않은 경우

① A : ㄱ, B : ㄴ
② A : ㄴ, B : ㄷ
③ A : ㄷ, B : ㄱ
④ A : ㄷ, B : ㄴ

37 청원경찰법령상 청원경찰에게 지급하는 급여품(A)과 대여품(B)이 올바르게 연결되지 않은 것은?

① A : 허리띠,　　B : 포 승
② A : 장 갑,　　　B : 가슴표장
③ A : 호루라기,　B : 분사기
④ A : 한여름 옷,　B : 경찰봉

38 청원경찰법령에 관한 설명으로 옳은 것은?

① 청원경찰이 직무를 수행할 때에 경찰관직무집행법령에 따라 하여야 할 모든 보고는 관할 시·도 경찰청장에게 서면으로 해야 한다.
② 경찰서장은 과태료처분을 하였을 때에는 과태료 부과 및 징수 사항을 과태료 수납부에 기록하고 정리하여야 한다.
③ 관할 경찰서장은 청원주의 신청에 따라 경비를 위하여 필요하다고 인정할 때에는 청원경찰이 배치된 사업장에 경비전화를 가설할 수 있으며, 가설에 드는 비용은 관할 경찰서장이 부담한다.
④ 청원경찰이 직무를 수행할 때에는 경비 목적을 위하여 필요한 최대한의 범위에서 하여야 한다.

39 청원경찰법령상 청원경찰의 교육에 관한 설명으로 옳은 것은?

① 직무수행에 필요한 교육기간·교육과목·수업시간 및 그 밖에 교육의 시행에 필요한 사항은 대통령령으로 정한다.
② 경찰공무원에서 퇴직한 사람이 퇴직한 날부터 3년 이내에 청원경찰로 임용되었을 때에는 직무수행에 필요한 교육을 면제할 수 있다.
③ 시·도 경찰청장은 필요하다고 인정하는 경우에는 그 사업장에 소속 공무원을 파견하여 직무집행에 필요한 교육을 할 수 있다.
④ 경찰교육기관의 교육계획상 부득이하다고 인정할 때에는 청원주는 청원경찰로 임용된 사람을 경비구역에 우선 배치하고 임용 후 2년 이내에 교육을 받게 할 수 있다.

40 청원경찰법령상 시·도 경찰청장 또는 경찰서장이 일정한 사무를 수행하기 위하여 불가피한 경우 처리할 수 있는 민감정보 및 고유식별정보가 아닌 것은?

① 건강에 관한 정보
② 노동조합의 가입정보
③ 범죄경력자료
④ 주민등록번호

제8회 경호학

41. 경호 및 경비 관련 법률에 관한 설명으로 옳지 않은 것은?

① 대통령 등의 경호에 관한 법률 – 2008년 개칭되었으며, 호위와 경비를 구분하여 새로운 경호개념으로 정의하고 있다.
② 전직대통령 예우에 관한 법률 – 1969년 제정되었으며, 민간단체 등이 전직대통령을 위한 기념사업을 추진하는 경우에는 관계 법령에서 정하는 바에 따라 필요한 지원을 할 수 있다.
③ 경비업법 – 1999년 개칭되었으며, 경비업의 육성 및 발전과 그 체계적 관리에 관하여 필요한 사항을 정함으로써 경비업의 건전한 운영에 이바지함을 목적으로 한다.
④ 청원경찰법 – 1962년 제정되었으며, 청원경찰의 직무·임용·배치·보수·사회보장 및 그 밖에 필요한 사항을 규정함으로써 청원경찰의 원활한 운영을 목적으로 한다.

42. 다음 중 경호행사장 현장답사 시 고려할 사항으로 보기 어려운 것을 모두 고른 것은?

ㄱ. 행사장 출입자에 대한 시차입장계획을 수립한다.
ㄴ. 행사장에 경호작전지휘소(CP ; Command Post)를 설치하고 미리 유·무선망 설치를 완료한다.
ㄷ. 주최 측과 협조하여 행사의전계획서를 확보하고 행사장의 기상, 특성, 구조, 시설 등에 대한 여건을 판단한다.
ㄹ. 대규모행사가 예상되는 장소라면 지역의 집회나 공연관련관계법, 조례 등을 살펴보고 관계기관에 신고한다.
ㅁ. 행사장 진입로, 주통로 등을 고려하여 기동수단 및 승·하차지점을 확인한다.

① ㄱ, ㄴ
② ㄴ, ㄷ
③ ㄷ, ㄹ
④ ㄹ, ㅁ

43 근접경호의 기본원리 중 자연방벽효과의 원리에 관한 설명으로 옳은 것은?

① 위해기도자의 위치를 아는 경우, 수평적 방벽효과는 근접경호원이 위해기도자와 가까이 위치할수록 감소한다.
② 경호대상자의 위치가 고정된 경우 수평적 방벽효과는 근접경호원이 경호대상자와 가까이 위치할수록 감소한다.
③ 경호원이 경호대상자에 대한 수직적 방벽효과를 극대화하기 위해서는 항상 바른 자세로 똑바로 서고 몸을 움츠리거나 은폐시켜서는 안 된다.
④ 위해기도자가 고층건물과 같이 높은 위치에서 공격한다고 가정할 경우, 수직적 방벽효과는 근접경호원이 경호대상자와 가까이 위치할수록 감소한다.

44 선발경호원의 기본 임무에 해당하지 않는 것은?

① 행사장의 보안상태 조사를 위해 내외부의 경호여건을 점검한다.
② 경호원 각자 주어진 책임구역에 따라 사주경계를 실시하고 우발상황 발생 시 인적 방벽을 형성하여 경호대상자를 보호한다.
③ 안전구역 근무자는 경호대상자의 입장이 완료되면 복도, 화장실, 로비, 휴게실 등을 통제한다.
④ 경계구역은 행사장 주변의 취약요소를 봉쇄, 감시할 수 있는 위치를 선정하고 기동순찰조를 운영한다.

45 도보대형 형성 시 우선적으로 고려할 사항과 차량 기동 간 사전준비 및 검토할 사항에 공통으로 해당하는 것은?

① 행사장 사전예방경호의 수준
② 행사장 참석자 인원수 및 성향
③ 경호대상자의 성향
④ 대피소 및 최기병원 선정 등 주변 구호시설의 파악

46 다음에서 설명하고 있는 경호에 대한 미국대통령의 반응 유형은?

> 경호의 필요성은 느끼지 않으나, 가능하면 경호부서와 불화를 일으키지 않고 문제를 어렵게 만들지 않으려고 노력한다.

① 경호사절형(less-restrictive)
② 소극적 협력형(passive-cooperative)
③ 소극적 지원형(passive-preference)
④ 적극적 지원형(supportive-preference)

47 즉각조치에 관한 설명으로 옳지 않은 것은?

① 경고 : 위해상황을 가장 먼저 인지한 사람이 주변 근무자에게 상황을 간단명료하게 전파하는 것으로, 상황발생을 인지한 경호원이 가장 먼저 취해야 할 조치이다.
② 방호 : 위협상황을 알리는 경고를 인지하는 즉시, 위해기도자 주변 근무자가 자신의 신체로 방벽을 형성하여 경호대상자의 노출을 최소화함으로써 직접적인 위해를 방지하는 행위를 말한다.
③ 대피 : 우발상황 발생 시 위해자의 표적이 되는 경호대상자를 안전지역으로 이동시키는 행위를 말한다.
④ 대적 : 경호대상자를 등지고 위험발생지역으로 향한 후 몸을 최대한 확장하여 방호범위를 확대하는 것을 말하는데, 대적 여부는 촉수거리의 원칙에 따라 판단한다.

48 국민보호와 공공안전을 위한 테러방지법령상 테러정보통합센터의 임무로 옳지 않은 것을 모두 고른 것은?

> ㄱ. 국내외 테러 관련 정보의 통합관리·분석 및 관계기관에의 배포
> ㄴ. 24시간 테러 관련 상황 전파체계 유지
> ㄷ. 테러 위험 징후 평가
> ㄹ. 테러발생 시 초기단계에서의 조치 및 인명의 구조·구급
> ㅁ. 테러취약요인의 사전 예방·점검 지원
> ㅂ. 국가 중요행사의 안전한 진행 지원

① ㄱ, ㄹ, ㅂ
② ㄹ, ㅁ, ㅂ
③ ㄱ, ㄹ, ㅁ, ㅂ
④ ㄱ, ㄴ, ㄹ, ㅁ, ㅂ

49 다음에서 설명하고 있는 경비수단의 원칙은?

한정된 경비력을 가지고 최대의 효과를 발휘할 수 있도록 상황과 대상에 따라서 유효적절하게 부대를 배치하여 실력행사를 실행하는 것

① 위치의 원칙
② 적시성의 원칙
③ 안전의 원칙
④ 균형의 원칙

50 경호원을 위한 교육프로그램인 TEAM 모델에서 경호의 현주소나 중요성을 인식시키는 것은?

① 훈련(Training)
② 교육(Education)
③ 의식교육(Awareness)
④ 동기부여(Motivation)

51 다음 중 대통령경호안전대책위원회의 구성원별 분장책임으로 옳은 것을 모두 고른 것은?

ㄱ. 법무부 출입국·외국인정책본부장 : 출입국자에 대한 검색 및 검사
ㄴ. 국토교통부 항공안전정책관 : 육로 및 철로와 공중기동수단 관련 업무 지원 및 협조
ㄷ. 식품의약품안전처 식품안전정책국장 : 경호임무에 필요한 식음료 위생 및 안전관리 지원
ㄹ. 소방청 119구조구급국장 : 경호임무 수행을 위한 소방방재업무 지원
ㅁ. 경찰청 경비국장 : 경호유관시설에 대한 보안지원 활동

① ㄱ, ㄴ, ㄷ
② ㄱ, ㄷ, ㅁ
③ ㄴ, ㄷ, ㄹ
④ ㄴ, ㄹ, ㅁ

52 안전검측활동에 관한 설명으로 옳지 않은 것은?

① 점검은 아래에서 위로, 좌에서 우로 등 일정한 방향으로 체계적으로 점검한다.
② 오감을 배제하고 장비를 이용하여 실시한다.
③ 검측 인원의 책임구역을 명확하게 하며 중복되게 점검이 이루어져야 한다.
④ 전자제품은 분해하여 확인하고, 확인이 불가능한 것은 현장에서 제거한다.

53 도보이동 간 근접경호에 관한 설명으로 옳은 것은?

① 근접경호원은 상황변화에도 고정된 대형을 고수해야 한다.
② 근접도보경호 대형을 형성하여 이동할 경우 이동속도가 느리더라도 신중하게 천천히 이동하는 것이 더 안전하다.
③ 근접경호원은 신체로 방벽을 형성하여 공격선을 차단한다.
④ 근접경호대형은 전방위에 대한 사주경계와 신변안전을 담보할 수 있도록 최대한의 인원으로 형성한다.

54 다음에서 설명하는 경호조직의 구성원칙은?

> 경호기관 구조의 정점으로부터 말단까지 상하계급 간에 일정한 관계가 이루어져 책임과 업무의 분담이 이루어져야 한다.

① 경호지휘단일성의 원칙
② 경호기관단위작용의 원칙
③ 경호체계통일성의 원칙
④ 경호협력성의 원칙

55 우발상황에 적절하게 대응한 경호원이 아닌 것은?(단, 경호원의 위치는 고려하지 않는다)

① A경호원은 가장 먼저 공격을 인지하여 경고함으로써 주변 경호원으로 하여금 신속하게 상황 대처를 하도록 하였다.
② B경호원은 위협상황을 알리는 경고를 인지하는 즉시 체위를 확장하여 경호대상자의 노출을 최소화하고 방벽효과를 극대화하였다.
③ C경호원은 경호대상자의 방호보다는 위해기도자의 제압을 우선으로 하였다.
④ D경호원은 수류탄 또는 폭발물과 같은 폭발성 화기에 의한 공격을 받았을 때 함몰형 대형을 형성하였다.

56 폭발사고 방지대책에 관한 설명으로 옳지 않은 것은?

① 폭탄은 차량에 의해 전달되거나 차량에 남겨지는 경우가 많기 때문에 주차는 엄격히 통제되어야 한다.
② 폭발사고를 막기 위해서 주차차량은 가능하다면 경호대상자의 건물이나 어떤 다른 종합건물로부터 100m 정도는 이격이 되어야 한다.
③ 사제폭발물은 특정한 형태가 없고 테러리스트들이 필요한 형태로 자유롭게 제작되기 때문에 검측이 어렵다.
④ 보일러실, 승강기, 통제실 등의 접근통로는 긴급상황에 대비하여 항상 열려 있어야 한다.

57 다음 중 선발경호의 특성(A)과 근접경호의 특성(B)을 바르게 연결한 것은?

ㄱ. 예비성	ㄴ. 안전성
ㄷ. 노출성	ㄹ. 방벽성
ㅁ. 통합성	ㅂ. 기동성
ㅅ. 방호성	ㅇ. 예방성

	A	B
①	ㄱ, ㄴ, ㄷ, ㄹ	ㅁ, ㅂ, ㅅ, ㅇ
②	ㄱ, ㄴ, ㅁ, ㅇ	ㄷ, ㄹ, ㅂ, ㅅ
③	ㄴ, ㄹ, ㅁ, ㅂ	ㄱ, ㄷ, ㅅ, ㅇ
④	ㄴ, ㅁ, ㅅ, ㅇ	ㄱ, ㄷ, ㄹ, ㅂ

58 문형 금속탐지기의 관리·운용상 유의사항으로 옳지 않은 것은?

① 취급, 운반 및 설치 시 파손 등에 주의한다.
② 운용자는 조정용 장치 내 부품을 임의로 조작하여 자신의 취향에 맞게 운용한다.
③ 우천·강설 등 야외행사 시 문형 금속탐지기용 천막 등을 설치하여야 한다.
④ 영하 10℃ 이하인 경우 문형 금속탐지기의 보온방안을 강구하여야 한다.

59 경호활동을 '예방 - 대비 - 대응 - 평가'의 4단계로 분류할 경우 대비단계의 활동에 해당되지 않는 것은?

① 정보보안활동
② 경호위기상황에 대한 즉각적인 조치
③ 안전대책활동
④ 행사보안유지와 지리적 취약요소에 대한 거부작전 실시

60 차량경호기법에 관한 설명으로 옳은 것은?

① 주행 시 경호대상자의 신속한 대피를 위해 차문을 잠그지 않도록 한다.
② 주차장소는 가능한 한 자주 변경하며 야간주차 시 위해기도자로부터 은닉하기 위해 어두운 곳에 주차한다.
③ 승차 시 차량은 안전점검 후 시동이 꺼진 상태에서 대기한다.
④ 위해기도자는 주차나 정차를 하여 은폐·엄폐를 할 가능성이 많으므로, 주차나 정차해 있는 차량 가까이에는 정지하지 않는다.

61 경호조직의 특성에 관한 설명으로 옳은 것은?

① 경호조직은 모든 동원요소가 최상의 기능을 발휘할 수 있도록 수직적 구조가 아닌 수평적 구조를 이루어야 한다.
② 경호조직 업무의 전문화와 과학적 관리를 필요로 하며, 경호조직 관리상 전문가의 채용 또는 양성을 필요로 한다.
③ 경호조직은 단위조직, 권한과 책임 등이 경호업무의 목적달성에 잘 기여할 수 있도록 통합되어야 한다.
④ 경호조직은 정치체제의 변화와 역사적 사건들로 인해 그 기구 및 인원 면에서 점차 소규모화되어 가고 있다.

62 행사장 정문 근무자의 근무요령에 관한 설명 중 옳지 않은 것은?

① 거동수상자와 정문 부근에서 비표 없이 배회하는 자는 철저한 검문검색을 한다.
② 차량 출입문과 도보 출입문을 구분하여 입장토록 한다.
③ 승차입장 차량에 대하여는 정차선에서 승차입장표지와 승차자입장표지를 확인한다.
④ 승차자가 소지하고 있는 위해물품 등은 철저히 검색하여 안전을 확인한 후 행사장에 반입시킨다.

63 검색 근무 시의 유의사항에 관한 설명 중 옳지 않은 것은?

① 필기구나 전자제품은 개방해서 정상작동 여부를 확인한다.
② 파손 우려가 있는 물품은 본인이 직접 개방해서 작동해 보도록 요청하거나 X-Ray를 이용하여 검색한다.
③ 액체 및 캔류는 그 내용물을 확인하며, 금속탐지기에서 경보음이 울릴 경우에는 촉수검색이나 휴대용 금속탐지기를 이용하여 경보음의 발생 원인을 끝까지 추적하여 확인한다.
④ 참석자가 불쾌감이나 모욕감을 느낄 수 있으므로, 참석자의 동태 및 표정을 살피는 것은 가급적 삼간다.

64 세계 각국의 경호조직에 관한 설명 중 옳지 않은 것은?

① 미국의 SS, 이스라엘의 SHABAK은 경호임무만을 전문적으로 수행하는 독립된 기관이다.
② 러시아의 연방경호실은 국가 경호대상에 대한 경호 및 연방 국가기관의 건물 경비임무를 수행한다.
③ 영국의 왕과 수상을 경호하는 기관은 런던수도경찰청이다.
④ 프랑스는 장다르머리(Gendarmerie)라고 불리는 국가헌병경찰 산하 공화국경비대가 대통령 숙소 경호를 담당하는데 이들은 군인신분으로 소속은 국방부이다.

65 경호보안활동에서 '부분화의 원칙'에 관한 설명으로 옳은 것은?

① 내용과 가치의 정도에 따라 다른 비밀과 관련되지 않게 독립시켜야 한다는 것으로, 한 번에 다량의 비밀이나 정보가 유출되지 않도록 하여야 한다.
② 보안을 지나치게 강조할 경우 생산된 정보가 사용자에게 제대로 전달되지 않아 정책결정에 사용하지 못할 수 있다.
③ 보안의 대상이 되는 사실은 전파할 때 전파가 꼭 필요한가 또는 피전파자가 반드시 전달받아야 하는 것인가를 검토하여야 한다.
④ 사용자가 필요한 만큼 적당한 양의 정보를 전달하도록 하는 것으로, 정보가 부족하면 임무수행에 장애가 되지만 정보가 너무 많아도 임무수행에 혼란을 줄 수가 있다.

66 경호 임무의 요소 중 행사일정 및 임무수령에 포함될 사항으로 옳지 않은 것은?

① 출발 및 도착 일시, 지역에 관한 사항
② 이동 수단 및 방법에 관한 사항
③ 기후 등을 고려한 행사스케줄에 관한 사항
④ 숙박할 숙박시설의 위치에 관한 사항

67 국민보호와 공공안전을 위한 테러방지법령상 대테러특공대를 설치·운영하지 않는 기관은?

① 국방부
② 해양경찰청
③ 국가정보원
④ 경찰청

68 경호의전에 있어 국기의 게양방법에 관한 설명으로 옳지 않은 것은?

① 태극기 게양일은 3월 1일, 7월 17일, 8월 15일, 10월 1일, 10월 3일, 10월 9일이며, 6월 6일은 조기를 게양한다.
② 국기와 함께 외국기를 게양할 때 앞에서 게양대를 바라보아 게양할 기의 총수가 짝수인 경우 국기의 바로 왼쪽이 차순위가 되도록 한다.
③ 외국 국가원수가 방한, 우리나라 대통령과 차량동승 시 앞에서 보아 태극기는 왼쪽, 외국기는 오른쪽에 단다.
④ 옥내 회의장, 강당 등의 경우 국기를 깃대에 달아서 세워 놓을 때에는 단상 등 전면 왼쪽에 위치하도록 하고, 깃면만을 게시할 경우에는 전면 중앙에 위치하도록 한다.

69 테러리즘의 증후군 중 인질이 인질범에게 동화되는 현상을 가리키는 것은 (ㄱ)이고, 인질범이 인질에게 동화되는 현상을 가리키는 것은 (ㄴ)이다. ( ) 안의 ㄱ, ㄴ에 들어갈 알맞은 내용은?

	ㄱ	ㄴ
①	리마 증후군	스톡홀름 증후군
②	스톡홀름 증후군	리마 증후군
③	런던 증후군	리플리 증후군
④	리플리 증후군	런던 증후군

70 경호임무 수행 시 상황별 경호 요령으로 적절한 것은?

① 출입문 통과 시 가급적 회전문을 사용하는 것이 좋다.
② 출입문을 통과할 경우 경호원이 먼저 통과하여 안전을 확인한 후 경호대상자를 통과시킨다.
③ 계단이나 엘리베이터로 이동하는 것보다 에스컬레이터로 이동하는 것이 상대적으로 안전하다.
④ 에스컬레이터 이동 시 경호대상자의 안전을 위하여 디딤판이 끝나는 지점까지 경호원은 걸음을 멈추고 주위경계를 실시한다.

71 드론의 활용과 법적 규제 등에 관한 내용 중 옳은 것은?

① 군용·경찰용 또는 경비용 무인비행장치와 이에 관련된 업무에 종사하는 사람에 대하여는 항공안전법을 적용하지 않는다.
② 개인정보보호법 제25조에 따르면 무인기에 영상장치를 장착해서 촬영하는 경우, 범죄예방 및 시설안전의 목적으로는 영상정보를 사용할 수 없다.
③ 군사목적으로 사용되는 초경량비행장치는 초경량비행장치의 종류, 용도, 소유자의 성명 등을 국토교통부장관에게 신고하지 않아도 된다.
④ 현행 경비업법에는 드론에 대한 어떠한 법적 규정도 없으므로, 법률 개정 없이 자유롭게 드론을 민간경비업무에 활용할 수 있다.

72. 보안업무규정상 보호지역에 관한 설명으로 옳은 것을 모두 고른 것은?

ㄱ. 보호지역은 제한지역, 제한구역, 통제지역, 통제구역으로 구분할 수 있다.
ㄴ. 제한구역은 비밀 또는 국·공유재산의 보호를 위하여 울타리 또는 방호·경비인력에 의하여 승인을 받지 않은 사람의 접근이나 출입에 대한 감시가 필요한 지역을 말한다.
ㄷ. 제한지역은 비인가자가 비밀, 주요시설 및 Ⅲ급 비밀 소통용 암호자재에 접근하는 것을 방지하기 위하여 안내를 받아 출입하여야 하는 지역을 말한다.
ㄹ. 통제구역은 보안상 매우 중요한 구역으로서 비인가자의 출입이 금지되는 구역을 말한다.

① ㄹ
② ㄱ, ㄹ
③ ㄴ, ㄷ
④ ㄴ, ㄷ, ㄹ

73. 경호의 원칙 중 3중 경호의 원칙에 해당하는 것을 모두 고른 것은?

ㄱ. 긴급하고 위험한 상황이 발생했을 때 예리하고 순간적인 판단력을 이용하여 경호를 하는 원칙으로 경호학의 이론적 뒷받침이 된다.
ㄴ. 경호요원은 은밀하고 침묵 속에서 행동하며 항상 경호대상자의 신변을 보호할 수 있는 곳에 행동반경을 두고 경호에 임해야 한다.
ㄷ. 경호대상자가 위치한 집무실이나 행사장으로부터 내부(근접경호), 내곽(중간경호), 외곽(외곽경호)으로 구분하여 세 겹의 보호막 또는 경계선을 설치·운영하는 것을 말한다.
ㄹ. 위해기도 시 시간 및 공간적으로 이를 지연시키거나 피해의 범위를 최소화하기 위한 방어전략이다.
ㅁ. 행사장에 참석하는 경호대상자를 중심으로 가장 가까운 1선을 안전구역, 2선을 경비구역, 3선을 경계구역으로 정한다.

① ㄱ, ㄴ
② ㄷ, ㄹ
③ ㄱ, ㄷ, ㅁ
④ ㄷ, ㄹ, ㅁ

74. 대한민국 정부수립 이후 경호기관에 관한 설명으로 옳지 않은 것은?

① 경무대경찰서 : 1953년 경찰서 직제를 개정하여 관할구역을 경무대 구내로 제한하여 경호임무 담당
② 청와대 경찰관파견대 : 1960년 3차 개헌을 통해 내각책임제에서 대통령중심제로 바뀌면서 대통령의 경호와 경비 담당
③ 국가재건최고회의 의장경호대 : 1961년 중앙정보부 경호대로 정식 발족하여 최고회의의장 등의 신변보호임무 수행
④ 대통령경호실 : 1963년 설립되어 대통령과 그 가족, 대통령으로 당선이 확정된 자 및 경호실장이 필요하다고 인정하는 요인에 대한 경호 담당

75 다음 밑줄 친 경호대상에 해당되지 않는 자는?

> 미국 선거유세 도중 대통령 후보자가 괴한에 의해 저격을 당한 사건이 발생한 일이 있었다. 우리나라도 이러한 사건들에 대비해 대통령경호처의 <u>경호대상</u>을 규정한 법이 있다.

① 대통령의 아들
② 대통령의 배우자
③ 대통령 당선인의 딸
④ 대통령권한대행의 아들

76 다음 중 경비업무 수행 중 출혈이 심한 경우(A)와 출혈이 심하지 않은 경우(B)의 응급처치에 관한 설명을 바르게 연결한 것은?

> ㄱ. 즉시 지혈을 하고 출혈 부위를 심장부위보다 높게 하여 안정되게 눕힌다.
> ㄴ. 지혈방법은 직접 압박, 지압점 압박, 지혈대 사용 등의 방법이 있다.
> ㄷ. 소독된 거즈나 헝겊으로 세게 직접 압박한다.
> ㄹ. 감염을 예방하기 위해 상처를 손이나 깨끗하지 않은 헝겊으로 건드리지 않는다.
> ㅁ. 더러운 것이 묻었을 때는 깨끗한 물로 상처를 씻어 준다.
> ㅂ. 소독한 거즈를 상처에 대고 드레싱을 한다.
> ㅅ. 출혈이 멎기 전에는 음료를 주지 않는다.
> ㅇ. 엉키어 뭉친 핏덩어리를 떼어내지 말아야 한다.

	A	B
①	ㄱ, ㄴ, ㄷ, ㄹ	ㅁ, ㅂ, ㅅ, ㅇ
②	ㄱ, ㄴ, ㄷ, ㅅ	ㄹ, ㅁ, ㅂ, ㅇ
③	ㄱ, ㄹ, ㅂ, ㅇ	ㄴ, ㄷ, ㅁ, ㅅ
④	ㄴ, ㅁ, ㅅ, ㅇ	ㄱ, ㄷ, ㄹ, ㅂ

77 경호행사 시 쇼크환자의 일반적인 증상이 아닌 것은?

① 호흡이 얕고 빨라진다.
② 맥박이 강하고 때로는 늦어진다.
③ 메스꺼움이나 구토를 호소한다.
④ 지속적으로 혈압하강이 나타난다.

78 다음 중 국민보호와 공공안전을 위한 테러방지법상 용어의 정의로 옳지 않은 것은 모두 몇 개인가?

ㄱ. "테러단체"란 국제연합(UN)이 지정한 테러단체를 말한다.
ㄴ. "외국인테러전투원"이란 테러단체의 조직원이거나 테러단체 선전, 테러자금 모금·기부, 그 밖에 테러 예비·음모·선전·선동을 하였거나 하였다고 의심할 상당한 이유가 있는 사람을 말한다.
ㄷ. "테러위험인물"이란 테러를 실행·계획·준비하거나 테러에 참가할 목적으로 국적국이 아닌 국가의 테러단체에 가입하거나 가입하기 위하여 이동 또는 이동을 시도하는 내국인·외국인을 말한다.
ㄹ. "대테러활동"이란 테러 관련 정보의 수집, 테러위험인물의 관리, 테러에 이용될 수 있는 위험물질 등 테러수단의 안전관리, 인원·시설·장비의 보호, 국제행사의 안전확보, 테러위협에의 대응 및 무력진압 등 테러 예방과 대응에 관한 제반 활동을 말한다.
ㅁ. "대테러조사"란 대테러활동에 필요한 정보나 자료를 수집하기 위하여 현장조사·문서열람·시료채취 등을 하거나 조사대상자에게 자료제출 및 진술을 요구하는 활동을 말한다.

① 없음
② 1개
③ 2개
④ 3개

79 조선 후기의 경호기관에 관한 설명으로 옳지 않은 것은?

① 호위청 : 인조반정 후에 설립한 기관으로 왕의 호위를 담당하였다.
② 금군 : 국왕의 친위군으로 별시위, 겸사복, 충의위 등 내삼청으로 분리되었다.
③ 숙위소 : 정조 시대 존재하였던 궁궐 숙위기관이다.
④ 장용위 : 왕의 호위를 강화하기 위해 정조 때 설치한 전담부대이다.

80 경호의 분류에 관한 설명으로 옳지 않은 것은?

① 약식경호는 의전절차 없이 불시에 행사가 진행되고, 사전 경호조치도 없는 상태에서 최소한의 근접경호만으로 실시하는 경호활동을 말한다.
② 1(A)급 경호는 행차보안이 사전에 노출되어 경호위해가 중대된 상황하의 각종 행사와 대통령 등 국가원수급의 1등급 경호대상으로 결정된 국빈행사의 경호이다.
③ 경호관계자의 사전 통보에 의해 계획·준비되는 경호활동은 경호의 성격에 의한 분류 중에서 공식경호에 해당한다.
④ 직접경호는 평상시에 이루어지는 치안 및 대공활동, 국제정세를 포함한 안전대책작용이다.

제9회 경비업법

중요문제 / 틀린 문제 CHECK

| 01 | 02 | 03 | 04 | 05 | 06 | 07 | 08 | 09 | 10 | 11 | 12 | 13 | 14 | 15 | 16 | 17 | 18 | 19 | 20 |
| 21 | 22 | 23 | 24 | 25 | 26 | 27 | 28 | 29 | 30 | 31 | 32 | 33 | 34 | 35 | 36 | 37 | 38 | 39 | 40 |

01 경비업법에서 사용하는 용어의 정의에 관한 설명으로 옳지 않은 것은?

① "경비업"이라 함은 시설경비업무, 호송경비업무, 신변보호업무, 기계경비업무, 특수경비업무, 혼잡・교통유도경비업무의 전부 또는 일부를 도급받아 행하는 영업을 말한다.
② "시설경비업무"라 함은 경비대상시설에 설치한 기기에 의하여 감지・송신된 정보를 그 경비대상시설 외의 장소에 설치한 관제시설의 기기로 수신하여 도난・화재 등 위험발생을 방지하는 업무이다.
③ "경비지도사"라 함은 경비원을 지도・감독 및 교육하는 자를 말하며 일반경비지도사와 기계경비지도사로 구분한다.
④ "경비원"이라 함은 경비업의 허가를 받은 법인이 채용한 고용인으로서 일반경비원과 특수경비원으로 구분한다.

02 경비업법상 집단민원현장에 해당하는 것은?

① 「도시 및 주거환경정비법」에 따른 정비사업을 하는 장소
② 대기업의 주주총회가 개최되고 있는 장소
③ 100명 이상의 사람이 모이는 국제・문화・예술・체육 행사장
④ 「행정절차법」에 따라 대집행을 하는 장소

03 경비업법령상 경비업을 영위하는 법인의 임원 결격사유에 관한 설명으로 옳은 것은?

① 성년후견인은 임원이 될 수 없다.
② 경비업법에 위반하여 벌금형의 선고를 받고 5년이 지나지 아니한 자는 임원이 될 수 없다.
③ 「대통령 등의 경호에 관한 법률」에 위반하여 벌금형의 선고를 받고 3년이 지나지 아니한 자는 특수경비업무를 수행하는 법인의 임원이 될 수 없다.
④ 관할 경찰관서장의 배치폐지명령에 따르지 아니하여 허가가 취소된 법인의 허가취소 당시의 임원이었던 자로서 허가가 취소된 날부터 5년이 지나지 아니한 자는 특수경비업무를 수행하는 법인의 임원이 될 수 없다.

04 다음에서 밑줄 친 사유에 해당하지 않는 것은?

> 관할 경찰관서장은 경비업자가 <u>다음의 어느 하나에 해당하는</u> 때에는 배치폐지를 명할 수 있다.

① 영업정지처분을 받고 계속하여 영업을 한 때
② 결격사유에 해당하는 자를 집단민원현장에 일반경비원으로 배치한 때
③ 신임교육을 이수하지 아니한 자를 경비원으로 배치한 때
④ 배치허가 신청의 내용을 거짓으로 한 때

05 청원경찰법령상 청원경찰의 임용 등에 관한 내용이다. ( ) 안의 ㄱ~ㄷ에 들어갈 내용으로 옳게 짝지어진 것은?

> • 청원경찰은 (ㄱ)가(이) 임용하되, 임용을 할 때에는 미리 (ㄴ)의 승인을 받아야 한다.
> • 청원경찰의 임용자격·임용방법·교육 및 보수에 관하여는 (ㄷ)으로 정한다.

	ㄱ	ㄴ	ㄷ
①	시·도 경찰청장	청원주	행정안전부령
②	청원주	시·도 경찰청장	행정안전부령
③	청원주	시·도 경찰청장	대통령령
④	청원주	경찰청장	대통령령

06 경비업법령상 일반경비원 교육기관과 특수경비원 교육기관의 공통적인 시설·장비 지정 기준에 해당하지 않는 것은?

① 지정기간 동안 교육 수행에 필요한 강의실과 사무실을 소유 또는 임차 등의 방법으로 확보할 것
② 소총에 의한 실탄사격이 가능하고 10개 사로(射路) 이상을 갖춘 사격장을 사용할 수 있을 것
③ 체포·호신술 과목의 경우에는 실습을 위한 별도의 공간 또는 매트 등 안전장비를 확보할 것
④ 교육 수행에 필요한 컴퓨터, 시청각 장비 등 교육훈련 기자재를 확보할 것

07 경비업법령상 특수경비원이 무기사용으로 사람에게 위해를 끼칠 수 있는 경우에 해당하는 것을 모두 고른 것은?

> ㄱ. 국가중요시설에 침입한 무장간첩이 특수경비원으로부터 투항(投降)을 요구받고도 이에 불응한 때
> ㄴ. 인질·간첩 또는 테러사건에 있어서 은밀히 작전을 수행하는 경우
> ㄷ. 정신질환자에 해당하는 특수경비원이 무기 또는 폭발물을 소지하고 국가중요시설에 침입한 경우
> ㄹ. 무기 또는 폭발물을 소지하고 국가중요시설에 침입한 자가 특수경비원으로부터 3회 이상 투기 또는 투항을 요구받고도 이에 불응하면서 계속 항거하는 경우 이를 억제하기 위하여 무기를 사용하지 아니하고는 다른 수단이 없다고 인정되는 때

① ㄱ, ㄴ
② ㄱ, ㄹ
③ ㄴ, ㄷ
④ ㄷ, ㄹ

08 경비업법령상 경비업의 허가 등에 관한 설명으로 옳지 않은 것은?

① 기계경비업무의 수행을 위한 관제시설을 신설·이전 또는 폐지한 때에는 그 법인의 주사무소의 소재지를 관할하는 시·도 경찰청장에게 신고하여야 한다.
② 누구든지 허가를 받은 경비업체와 동일한 명칭으로 경비업 허가를 받을 수 없다.
③ 경비업 허가신청서는 법인의 주사무소를 관할하는 시·도 경찰청장 또는 해당 시·도 경찰청 소속의 경찰서장에게 제출하여야 한다.
④ 경비업을 영위하고자 하는 법인은 경비업 허가신청 시 자본금을 갖출 수 없는 경우에는 자본금 확보계획서를 제출하여 허가를 받은 후, 허가를 받은 날부터 1월 이내에 자본금을 갖추고 시·도 경찰청장의 확인을 받아야 한다.

09 경비업법령상 특수경비업자가 할 수 있는 전자부품, 컴퓨터, 영상, 음향 및 통신장비 제조업 분야의 경비관련업에 해당하는 것은?

① 전기경보 및 신호장치 제조업
② 통신장비 및 부품 도매업
③ 전자카드 제조업
④ 전기통신업

10 경비업법령상 일반경비원과 특수경비원의 신임교육과목 중 실무교육과목으로 공통된 과목은 모두 몇 개인가?

> ㄱ. 장비사용법
> ㄴ. 체포·호신술
> ㄷ. 폭발물 처리요령
> ㄹ. 직업윤리 및 인권보호
> ㅁ. 정보보호 및 보안업무
> ㅂ. 테러 및 재난대응요령

① 1개   ② 2개
③ 3개   ④ 4개

11 경비업법령상 ( ) 안의 ㄱ~ㄷ에 들어갈 내용이 옳게 연결된 것은?

> • 경비원은 직무를 수행함에 있어 타인에게 (ㄱ)을 과시하거나 물리력을 행사하는 등 경비업무의 범위를 벗어난 행위를 하여서는 아니 된다.
> • (ㄴ)은 특수경비업자에게 비밀취급인가를 하고자 하는 때에는 특수경비업자로 하여금 (ㄷ)을 거쳐 국가정보원장에게 보안측정을 요청하도록 하여야 한다.

① ㄱ : 위력,   ㄴ : 시·도 경찰청장, ㄷ : 경찰청장
② ㄱ : 권력,   ㄴ : 관할 경찰서장, ㄷ : 시·도 경찰청장
③ ㄱ : 위력,   ㄴ : 관할 경찰서장, ㄷ : 경찰청장
④ ㄱ : 공권력, ㄴ : 경찰청장,   ㄷ : 시·도 경찰청장

12 경비업법령상 경비협회에 관한 설명으로 옳은 것은?

① 경비업자가 경비협회를 설립하려는 경우에는 정관을 작성하지 않아도 된다.
② 경비협회에 관하여 경비업법에 특별한 규정이 있는 것을 제외하고는 민법 중 재단법인에 관한 규정을 준용한다.
③ 경비협회는 경비업자의 손해배상책임보장과 소속 경비원의 고용안정보장을 위하여 공제사업을 운영할 수 있다.
④ 경비협회의 업무에는 경비원의 후생·복지에 관한 사항 외에도 경비진단에 관한 사항도 포함된다.

13 청원경찰법령상 청원경찰의 교육에 관한 내용이다. ( ) 안의 ㄱ~ㄷ에 들어갈 내용으로 옳게 짝지어진 것은?

> • 청원주는 청원경찰로 임용된 사람으로 하여금 경비구역에 배치하기 전에 경찰교육기관에서 직무수행에 필요한 교육(ㄱ)을 받게 하여야 한다. 다만, 경찰교육기관의 교육계획상 부득이하다고 인정할 때에는 우선 배치하고 임용 후 (ㄴ) 이내에 교육을 받게 할 수 있다.
> • 경찰공무원(의무경찰을 포함한다) 또는 청원경찰에서 퇴직한 사람이 퇴직한 날부터 (ㄷ) 이내에 청원경찰로 임용되었을 때에는 직무수행에 필요한 교육을 면제할 수 있다.

① ㄱ : 2주 88시간, ㄴ : 6개월, ㄷ : 2년
② ㄱ : 2주 88시간, ㄴ : 1년,   ㄷ : 3년
③ ㄱ : 2주 76시간, ㄴ : 6개월, ㄷ : 2년
④ ㄱ : 2주 76시간, ㄴ : 1년,   ㄷ : 3년

14 청원경찰법령상 청원경찰 등에 관한 설명으로 옳은 것은?

① 청원경찰은 청원주와 관할 경찰서장의 감독을 받아 그 경비구역만의 경비를 목적으로 필요한 범위에서「경찰공무원법」에 따른 경찰관의 직무를 수행한다.
② 청원경찰은「형법」이나 그 밖의 법령에 따른 벌칙을 적용하는 경우를 제외하고는 공무원으로 보지 아니한다.
③ 청원경찰의 복무에 관하여는「국가공무원법」상의 복종의 의무, 직장이탈금지, 비밀엄수의 의무 및「경찰공무원법」거짓보고 등의 금지규정을 준용한다.
④ 청원경찰이 직무를 수행할 때에「경찰관직무집행법」및 같은 법 시행령에 따라 하여야 할 모든 보고는 관할 경찰서장에게 서면으로 보고한 후에 지체 없이 구두로 보고하고 그 지시에 따라야 한다.

15 경비업법령상 특수경비원의 결격사유 중 하나로 "행정안전부령으로 정하는 신체조건"에 미달하는 자를 규정하고 있는데, 다음 중 "행정안전부령으로 정하는 신체조건"을 옳게 조합한 것은?

ㄱ. 신체가 건강할 것
ㄴ. 팔과 다리가 완전할 것
ㄷ. 시력(교정시력을 포함한다)은 양쪽 눈이 각각 0.8 이상일 것
ㄹ. 두 눈의 맨눈시력이 각각 0.2 이상 또는 교정시력이 각각 0.8 이상일 것

① ㄴ + ㄷ
② ㄴ + ㄹ
③ ㄱ + ㄴ + ㄷ
④ ㄱ + ㄴ + ㄹ

16 경비업법령상 기계경비업자가 출장소별로 갖추어 두어야 할 관리 서류의 기재사항을 모두 고른 것은?

ㄱ. 경비대상시설의 명칭·소재지 및 경비계약기간
ㄴ. 기계경비지도사의 명단·배치일자·배치장소와 출동차량의 대수
ㄷ. 경보의 수신 및 현장도착 일시와 조치의 결과
ㄹ. 오경보의 발생원인과 송신기기의 유지·관리방법
ㅁ. 손해배상의 범위와 손해배상액에 관한 사항

① ㄱ, ㄴ, ㄷ
② ㄱ, ㄴ, ㄹ
③ ㄱ, ㄹ, ㅁ
④ ㄴ, ㄷ, ㄹ, ㅁ

17 경비업법령상 청문을 실시하여야 하는 행정처분에 해당하지 않는 것은?

① 경비업 허가의 취소 또는 영업정지
② 경비지도사·경비원 교육기관의 지정 취소 또는 업무의 정지
③ 경비지도사자격의 취소 또는 정지
④ 경비업자에 대한 과태료 부과

18 다음 중 청원경찰법령상 관할 경찰서장에게 위임된 권한을 모두 고른 것은?

ㄱ. 과태료 부과·징수에 관한 권한
ㄴ. 경비전화의 가설에 관한 권한
ㄷ. 청원경찰 임용승인에 관한 권한
ㄹ. 청원경찰 배치의 결정 및 요청에 관한 권한
ㅁ. 청원경찰에게 지급할 봉급·수당의 최저부담기준 결정에 관한 권한
ㅂ. 청원주에 대한 지도 및 감독상 필요한 명령에 관한 권한

① ㄱ, ㄹ, ㅂ
② ㄱ, ㄷ, ㄹ, ㅂ
③ ㄱ, ㄷ, ㅁ, ㅂ
④ ㄴ, ㄷ, ㄹ, ㅁ

19 청원경찰법령상 관할 경찰서장과 시·도 경찰청장이 공통적으로 갖춰 두어야 할 문서와 장부를 모두 고른 것은?

ㄱ. 청원경찰 명부
ㄴ. 징계요구서철
ㄷ. 배치결정 관계철
ㄹ. 전출입 관계철
ㅁ. 청원경찰 임용승인 관계철

① ㄹ
② ㄱ, ㄴ
③ ㄷ, ㅁ
④ ㄱ, ㄴ, ㅁ

20 경비업법령상 특수경비원의 의무에 관한 설명으로 옳은 것은?

① 특수경비원은 소속상사의 허가 없이는 절대로 경비구역을 벗어나서는 아니 된다.
② 특수경비원이 경비업무 수행 중 절도범과 마주친 경우에는 경고하지 아니할 수 있다.
③ 특수경비원은 경비업무의 정상적인 운영을 저해한다 하더라도 파업·태업이 아닌 다른 방법에 의한 쟁의행위는 가능하다.
④ 특수경비원은 무기를 사용하지 아니하고는 타인 또는 특수경비원의 생명·신체에 대한 중대한 위협을 방지할 수 없다고 인정되는 때에는 필요한 최소한의 범위 안에서 이를 사용할 수 있다.

21 경비업법령상 경비지도사의 1차 시험면제에 관한 내용이다. ( ) 안의 ㄱ~ㄹ에 들어갈 알맞은 내용은?

- 고등교육법에 의한 (ㄱ) 이상의 교육기관(경비지도사의 시험과목 3과목 이상이 개설된 교육기관에 한한다)에서 (ㄴ)년 이상의 경비업무 관련 과정을 마친 사람
- (ㄷ)이 지정하는 기관 또는 단체에서 실시하는 (ㄹ)시간 이상의 경비지도사 양성과정을 마치고 수료시험에 합격한 사람

① ㄱ : 전문대학, ㄴ : 1, ㄷ : 경찰청장, ㄹ : 64
② ㄱ : 전문대학, ㄴ : 2, ㄷ : 시·도 경찰청장, ㄹ : 44
③ ㄱ : 대학, ㄴ : 1, ㄷ : 경찰청장, ㄹ : 64
④ ㄱ : 대학, ㄴ : 2, ㄷ : 시·도 경찰청장, ㄹ : 44

22 경비업법령상 경비업자에 대한 감독 및 보안지도·점검 등에 관한 설명으로 옳은 것은?

① 시·도 경찰청장 또는 관할 경찰관서장은 경비업무의 적정한 수행을 위하여 경비업자 및 경비지도사를 지도·감독하며 필요한 명령을 할 수 있다.
② 시·도 경찰청장 또는 관할 경찰관서장은 경비업자 또는 배치된 경비원이 경비업법을 위반하는 행위를 하는 경우 그 위반행위의 중지를 명하여야 한다.
③ 시·도 경찰청장 또는 관할 경찰관서장은 경비업무 장소가 집단민원현장으로 판단되는 경우에는 그때부터 48시간 이내에 경비업자에게 경비원 배치 허가를 받을 것을 고지하여야 한다.
④ 시·도 경찰청장은 특수경비업자에 대하여 연 1회 이상의 보안지도·점검을 하여야 하고, 필요한 경우 관계기관에 보안측정을 요청할 수 있다.

23 다음 중 청원경찰법령상 청원주가 부담해야 하는 청원경찰경비에 해당하는 것을 모두 고른 것은?

```
ㄱ. 청원경찰의 피복비           ㄴ. 청원경찰의 퇴직금
ㄷ. 청원경찰 가족의 의료비      ㄹ. 청원경찰의 여가비
ㅁ. 청원경찰 자녀의 학자금
```

① ㄱ, ㄴ
② ㄴ, ㄹ
③ ㄱ, ㄷ, ㅁ
④ ㄴ, ㄷ, ㅁ

24 경비업법령상 무기관리수칙에 관한 설명으로 옳은 것은?

① 무기를 대여받은 국가중요시설의 시설주는 무기의 관리실태를 매월 파악하여 다음 달 5일까지 관할 경찰관서장에게 통보해야 한다.
② 시설주로부터 무기를 지급받은 특수경비원은 근무시간 이후에는 시설주에게 반납하거나 교대근무자에게 무기를 인계해야 한다.
③ 무기를 대여받은 시설주가 특수경비원에게 무기를 출납하고자 하는 때에는 탄약의 출납은 소총에 있어서는 1정당 20발 이내로 해야 한다.
④ 시설주로부터 무기 수송의 통보를 받은 관할 경찰서장은 2인 이상의 무장경찰관을 무기를 수송하는 자동차 등에 함께 타도록 해야 한다.

25 경비업법령상 과태료 부과금액이 다른 경우는?(단, 최초 1회 위반 시를 기준으로 할 것)

① 경비원의 복장에 관한 신고를 하지 않고 집단민원현장에 경비원을 배치한 경우
② 집단민원현장에 경비원을 배치하면서 이름표를 부착하게 하지 않거나 신고된 동일 복장을 착용하게 하지 않은 경우
③ 집단민원현장에 일반경비원을 배치하면서 일반경비원의 명부를 작성하지 아니한 경우
④ 특수경비원 신임교육을 이수하지 않은 자를 특수경비원으로 배치한 경우

26 경비업법령상 특수경비원이 무기를 휴대하고 경비업무를 수행 중에 무기의 안전수칙을 위반하여 죄를 범한 경우, 그 죄에 정한 형의 2분의 1까지 가중처벌하는 형법상 범죄에 해당하지 않는 것은?

① 상해치사죄
② 특수폭행죄
③ 특수강요죄
④ 특수공갈죄

27 경비업법령상 가장 무거운 벌칙사유에 해당하는 것은?

① 경비업자가 법령상의 신고의무를 위반하여 일반경비원을 배치한 경우 관할 경찰관서장의 배치폐지 명령을 이행하지 아니한 경우
② 특수경비원이 정당한 사유 없이 무기를 소지하고 배치된 경비구역을 벗어난 경우
③ 특수경비원이 직무수행 중 경비구역 안에서 위험물의 폭발로 인한 위급사태가 발생한 때에 소속 상사의 직무상 명령에 복종하지 아니한 경우
④ 특수경비원이 경비업무의 정상적인 운영을 저해하는 쟁의행위를 한 경우

28 경비업법령상 다음 중 경비지도사의 자격취소사유가 아닌 것은?

① 금고 이상의 실형의 선고를 받고 그 집행이 종료(집행이 종료된 것으로 보는 경우를 포함한다)되거나 집행이 면제된 날부터 5년이 지나지 아니한 자
② 형법 제297조(강간)의 죄를 범하여 벌금형을 선고받은 날부터 10년이 지나지 아니한 자
③ 경비지도사자격증을 다른 사람에게 빌려주거나 양도한 경우
④ 경찰청장 또는 시·도 경찰청장의 명령을 위반한 경우

29 경비업법령상 다음 중 시·도 경찰청장이 경비업자에 대하여 6개월 이내의 기간을 정하여 영업의 전부 또는 일부에 대하여 영업정지를 명할 수 있는 경우가 아닌 것은?

① 경비업자가 소속 경비원으로 하여금 경비업무의 범위를 벗어난 행위를 하게 한 때
② 기계경비업자가 경비대상 시설에 관한 경보 대응체제를 갖추지 아니한 때
③ 경비업자가 경비원의 복장 등에 관한 규정을 위반한 때
④ 경비업자가 경비원의 출동차량 등에 관한 규정을 위반한 때

30 다음 중 경비업법령상 불가피한 경우 민감정보 및 고유식별정보의 처리가 가능한 사무를 모두 고른 것은?

> ㄱ. 기계경비운영체계의 오작동 여부 확인에 관한 사무
> ㄴ. 경비업자 및 경비지도사의 지도·감독에 관한 사무
> ㄷ. 경비업 허가의 취소에 따른 행정처분에 관한 사무
> ㄹ. 특수경비원의 직무 및 무기사용 등에 관한 사무
> ㅁ. 경비원 배치허가 등에 관한 사무
> ㅂ. 경비협회의 설립에 관한 사무

① ㄷ, ㄹ
② ㄴ, ㄷ, ㄹ, ㅁ
③ ㄱ, ㄴ, ㄷ, ㄹ, ㅁ
④ ㄱ, ㄴ, ㄹ, ㅁ, ㅂ

31 청원경찰법령상 청원경찰의 복제에 관한 설명으로 옳지 않은 것은?

① 청원경찰의 기동모와 기동복의 색상은 진한 청색으로 한다.
② 장구(裝具)의 형태·규격 및 재질은 경찰 장구와 명확히 구별될 수 있게 하여야 한다.
③ 청원경찰이 그 배치지의 특수성 등으로 특수복장을 착용할 필요가 있을 때에는 청원주는 시·도경찰청장의 승인을 받아 특수복장을 착용하게 할 수 있다.
④ 기동모의 표장은 정모 표장의 2분의 1 크기로 한다.

32 다음은 청원경찰법에 규정되어 있는 청원경찰에 관한 정의이다. 밑줄 친 부분에 포함되지 않는 것은?

> "청원경찰"이란 <u>다음의 어느 하나에 해당하는 기관의 장 또는 시설·사업장 등의 경영자</u>가 경비(이하 "청원경찰경비"(請願警察經費)라 한다)를 부담할 것을 조건으로 경찰의 배치를 신청하는 경우 그 기관·시설 또는 사업장 등의 경비(警備)를 담당하게 하기 위하여 배치하는 경찰을 말한다.

① 국내 주재(駐在) 외국기관
② 국가기관 또는 공공단체와 그 관리하에 있는 중요시설 또는 사업장
③ 선박, 항공기 등 수송시설
④ 숙박시설 중 관광숙박시설

33 경비업법령상 공제사업을 하려는 경비협회가 공제규정의 내용으로 정할 수 없는 것은?

① 공제사업의 범위
② 공제계약의 내용
③ 공제사업의 감독에 관한 기준
④ 공제금에 충당하기 위한 책임준비금

34 경비업자 甲은 현재 신변보호업무와 시설경비업무, 기계경비업무를 허가받아 영업을 하고 있다. 주된 사무소는 서울특별시에 있고, 출장소 2곳은 각각 제주특별자치도와 충청남도 서산시에 있다. 세부적인 경비인력이 다음과 같을 때 경비업법령상 선임·배치하여야 하는 최소한의 경비지도사 총인원 수는?

위 치	신변보호경비원 수	시설경비원 수	기계경비원 수
서울특별시	250명	250명	250명
제주특별자치도	50명	50명	50명
충청남도 서산시	160명	160명	160명

① 8명
② 9명
③ 12명
④ 13명

35 청원경찰의 무기휴대에 관한 사항 중 옳은 것은?

① 청원경찰은 「위험물안전관리법」에 따른 분사기 소지허가를 받아 분사기를 휴대할 수 있다.
② 청원주가 청원경찰이 휴대할 무기를 대여받으려는 경우에는 시·도 경찰청장을 거쳐 경찰청장에게 무기대여를 신청하여야 한다.
③ 무기를 대여하였을 때 시·도 경찰청장은 청원경찰의 무기관리상황을 월 1회 이상 점검하여야 한다.
④ 청원주는 경찰청장이 정하는 바에 따라 매월 무기와 탄약의 관리실태를 파악하여 다음 달 3일까지 관할 경찰서장에게 통보하여야 한다.

36 "경비업 허가사항 등의 변경신고서"를 제출할 때 법인의 대표자 변경의 경우 신고인이 첨부해야 할 서류를 모두 고른 것은?

> ㄱ. 허가증 원본
> ㄴ. 법인의 정관 1부
> ㄷ. 법인 대표자의 이력서 1부
> ㄹ. 법인 임원의 이력서 1부
> ㅁ. 경비인력·시설 및 장비의 확보계획서 각 1부

① ㄱ
② ㄱ, ㄷ
③ ㄱ, ㄷ, ㄹ
④ ㄴ, ㄷ, ㅁ

37 청원경찰법령상 징계에 관한 설명으로 옳지 않은 것은?

① 청원주는 청원경찰이 직무상의 의무를 위반하거나 직무를 태만히 한 때, 품위를 손상하는 행위를 한 때 대통령령으로 정하는 징계절차를 거쳐 징계처분을 하여야 한다.
② 청원경찰에 대한 징계의 종류는 파면, 해임, 정직, 감봉 및 견책으로 구분한다.
③ 청원주는 청원경찰 배치결정의 통지를 받았을 때에는 통지를 받은 날부터 10일 이내에 청원경찰에 대한 징계규정을 제정하여 관할 시·도 경찰청장에게 신고하여야 한다. 징계규정을 변경할 때에도 또한 같다.
④ 시·도 경찰청장은 징계규정의 보완이 필요하다고 인정할 때에는 청원주에게 그 보완을 요구할 수 있다.

38 청원경찰법령상 청원경찰경비 등에 관한 설명으로 옳은 것은?

① 국가기관 또는 지방자치단체에 근무하는 청원경찰의 보수는 재직기간 15년 이상 23년 미만인 경우 같은 재직기간에 해당하는 경찰공무원 '경장'의 보수를 감안하여 대통령령으로 정한다.
② 청원경찰이 직무상의 부상·질병으로 인하여 퇴직 후 3년 이내에 사망한 경우 청원주는 대통령령으로 정하는 바에 따라 그 유족에게 보상금을 지급하여야 한다.
③ 교육비는 청원주가 경찰교육기관 입교(入校) 3일 전에 해당 청원경찰에게 지급하여 납부하게 한다.
④ 청원경찰의 피복비 및 교육비의 부담기준액은 시·도 경찰청장이 정하여 고시한다.

39 청원경찰법령상 청원경찰의 퇴직에 관한 설명으로 옳지 않은 것은?

① 청원경찰의 배치가 폐지되었을 때 당연 퇴직된다.
② 청원주가 청원경찰을 면직시켰을 때에는 그 사실을 관할 시·도 경찰청장을 거쳐 경찰청장에게 보고하여야 한다.
③ 청원경찰이 나이가 60세가 되는 날이 8월인 경우 12월 31일에 당연 퇴직된다.
④ 국가기관이나 지방자치단체에 근무하는 청원경찰의 명예퇴직에 관하여는 「국가공무원법」을 준용한다.

40 청원경찰법령상 과태료 부과처분 대상이 아닌 자는?

① 청원경찰의 효율적인 운영을 위하여 시·도 경찰청장이 발한 감독상 필요한 명령을 정당한 사유 없이 이행하지 아니한 자
② 파업, 태업 또는 그 밖에 업무의 정상적인 운영을 방해하는 쟁의행위를 한 자
③ 시·도 경찰청장의 승인을 받지 않고 청원경찰을 임용한 자
④ 시·도 경찰청장의 배치결정을 받지 아니하고 청원경찰을 배치한 자

제9회 경호학

41. 다음 중 경호의 분류에 관한 설명으로 옳지 않은 것을 모두 고른 것은?

ㄱ. 甲(A)호 경호는 국왕 및 대통령과 그 가족, 외국의 원수 등을 경호대상으로 하는 경호이다.
ㄴ. 약식경호는 의전절차 없이 불시에 행사가 진행되고, 사전 경호조치도 없는 상태에서 최소한의 근접경호만으로 실시하는 경호활동을 말한다.
ㄷ. 직접경호는 평상시에 이루어지는 치안 및 대공활동, 국제정세를 포함한 안전대책작용이다.
ㄹ. 열차경호는 장소에 의한 경호의 분류에 해당하고, 철도경호는 이동수단에 의한 경호의 분류에 해당한다.
ㅁ. 1(A)급 경호는 행차보안이 사전에 노출되어 경호위해가 보다 높아진 상황하에서의 각종 행사에 대한 경호와 국왕 및 대통령 등 국가원수급이 참석하는 국빈 행사의 경호를 말한다.

① ㄱ, ㄴ
② ㄴ, ㄷ
③ ㄷ, ㄹ
④ ㄹ, ㅁ

42. 다음 중 경호정보작용의 3대 요건(A)과 안전대책의 3대 작용 원리(B)에 해당하는 것이 바르게 연결된 것은?

① A : 정확성, 적시성, 완전성, B : 안전점검, 안전검사, 안전유지
② A : 정확성, 적극성, 완전성, B : 안전점검, 안전검사, 안전검측
③ A : 정확성, 적극성, 적시성, B : 안전검측, 안전검사, 안전유지
④ A : 적극성, 적시성, 완전성, B : 안전점검, 안전검측, 안전유지

43 국민보호와 공공안전을 위한 테러방지법령상 옳지 않은 것은?

① 테러대상시설에는 국가중요시설, 「도시철도법」 제2조 제2호에 따른 도시철도, 「항공안전법」 제2조 제1호에 따른 항공기, 「은행법」 제2조 제2호에 따른 법인이 포함된다.
② 인권보호관은 재직 중 및 퇴직 후에 직무상 알게 된 비밀을 엄수하여야 한다.
③ 인권보호관은 대테러활동에 따른 인권침해 관련 민원의 처리에 따른 직무수행 중 인권침해 행위가 있다고 인정할 만한 상당한 이유가 있는 경우에는 위원장에게 보고한 후 관계기관의 장에게 시정을 권고할 수 있다.
④ 질병관리청장, 환경부장관 및 원자력안전위원회 위원장은 화생방테러사건 발생 시 대책본부를 지원하기 위하여 분야별로 화생방테러대응지원본부를 설치·운영한다.

44 선발경호의 목적으로 옳지 않은 것은?

① 행사지역의 인적·물적·지리적 경호정보를 수집·제공한다.
② 행사지역의 안전을 확보하고 우발상황에 대응하기 위한 비상대책을 강구한다.
③ 사전에 각종 위해요소를 제거하거나 최소화한다.
④ 발생한 위험에 대응하여 경호대상자를 보호한다.

45 도보이동 간 기본대형 중 역쐐기형에 관한 설명으로 옳지 않은 것은?

① 전방에는 아무런 위협이 없다는 가정하에 경호대상자를 바로 노출시켜 전방에 개방된 대형을 취한다.
② 혼잡한 복도, 군중이 밀집해 있는 통로 등에서 적합한 대형이다.
③ 경호팀장만 경호대상자를 즉각 방호할 수 있는 위치에서 경호 임무를 수행한다.
④ 안전이 확보된 행사장 입장 시와 대외적인 이미지를 중시하는 경호대상자에게 적합한 도보대형이다.

46 경호안전대책에 관한 설명으로 옳은 것은?

① 행사장의 인적·물적·지리적 위해요소에 대한 비표 운용을 통하여 행사장의 안전을 도모한다.
② 인적 위해요소에 대해서는 행사장 주변 수색 및 위해광고물 일제정비 등을 통해 경호 취약요소를 제거한다.
③ 물적 위해요소에 대해서는 금속탐지기 등을 이용한 검색을 통하여 위해물품이 행사장 내로 반입되지 못하도록 한다.
④ 지리적 위해요소에 대해서는 입장 및 주차계획, 본인 여부 확인을 통하여 불순분자의 행사장 내 침투 및 접근을 차단한다.

47 경호의 원칙에 관한 설명으로 옳지 않은 것은 모두 몇 개인가?

> ㄱ. 방어경호의 원칙 : 경호대상자는 어떠한 상황하에서도 절대적으로 보호되어야 한다.
> ㄴ. 두뇌경호의 원칙 : 경호임무 수행 중 긴급하고 위험한 상황이 발생하였을 때에는 고도의 예리하고 순간적인 판단력이 중요시된다.
> ㄷ. 자기희생의 원칙 : 경호대상자를 암살자 또는 위해를 가할 가능성이 있는 자로부터 떼어 놓아야 한다.
> ㄹ. 은밀경호의 원칙 : 경호대상자의 얼굴을 닮은 경호원 또는 비서관을 임명하여 경호위해자로부터 경호대상자를 은밀하게 보호하는 방법이다.
> ㅁ. 하나의 통제된 지점을 통한 접근의 원칙 : 하나의 통제된 출입구나 통로라 하더라도 접근자는 경호요원에 의하여 인지되고 확인되어야 하며 허가절차를 거쳐 접근토록 해야 한다.

① 1개 ② 2개
③ 3개 ④ 4개

48 국민보호와 공공안전을 위한 테러방지법상 외국인테러전투원에 관한 내용 중 옳지 않은 것은?

① 외국인테러전투원이란 테러를 실행·계획·준비하거나 테러에 참가할 목적으로 국적국이 아닌 국가의 테러단체에 가입하거나 가입하기 위하여 이동 또는 이동을 시도하는 내국인·외국인을 말한다.
② 관계기관의 장은 외국인테러전투원으로 출국하려 한다고 의심할 만한 상당한 이유가 있는 내국인·외국인에 대하여 일시 출국금지를 법무부장관에게 요청할 수 있으며, 일시 출국금지 기간은 90일로 한다.
③ 관계기관의 장은 외국인테러전투원으로 가담한 사람에 대하여 「여권법」에 따른 여권의 효력정지 및 재발급 제한을 외교부장관에게 요청할 수 있다.
④ 테러단체를 구성하거나 구성원으로 가입한 사람 중 타국의 외국인테러전투원으로 가입한 사람은 3년 이상의 징역에 처한다.

49 경호기관단위작용의 원칙에 관한 설명으로 옳은 것은?

① 명령과 지휘체계는 반드시 하나의 계통으로 구성해야 한다는 원칙이다.
② 하급경호요원은 하나의 상급기관에 대해서만 책임을 진다는 의미가 포함된다.
③ 경호기관을 지휘하는 지휘자가 있고, 지휘를 받는 하급자가 있으며, 하급자를 관리하기 위한 지휘권과 장비가 편성되며 임무수행을 위한 보급지원체계를 갖추고 있어야 한다는 의미이다.
④ 경호기관 구조의 정점으로부터 말단까지 상하계급 간에 일정한 관계가 이루어져 책임과 업무의 분담이 이루어져야 한다는 원칙이다.

50 보안업무규정 시행규칙상 비인가자가 비밀, 주요시설 및 Ⅲ급 비밀 소통용 암호자재에 접근하는 것을 방지하기 위하여 안내를 받아 출입하여야 하는 구역은 무엇인가?

① 보호구역
② 제한구역
③ 통제구역
④ 제한지역

51 대통령경호안전대책위원회규정상 다음의 분장책임을 지는 구성원은?

> 안전대책활동에 관한 전반적인 업무를 총괄하며 필요한 안전대책활동지침을 수립하여 관계부서에 부여한다.

① 국가정보원 테러정보통합센터장
② 대통령경호처장
③ 국토교통부 항공안전정책관
④ 경찰청 경비국장

52 검식활동에 관한 설명으로 옳은 것은?

① 검식활동은 식재료의 조리과정 단계부터 시작한다.
② 음식물 운반 시 원거리 감시를 실시한다.
③ 검식은 경호대상자에게 제공되는 음식물의 위생상태를 검사하는 과정을 포함한다.
④ 조리가 완료된 후에는 검식활동이 종료된다.

53 경호에 영향을 미치는 요인은 거시적으로 사회적 환경, 기술적 환경, 자연적 환경으로 분류할 수 있다. 다음 중 자연적 환경이 아닌 것은?

① 특수 환경
② 지형적 요인
③ 기후적 요인
④ 시간적 요인

54 프랑스 국가헌병대 소속으로 1994년 에어프랑스 항공기 납치사건을 해결한 대테러부대는?

① FBI
② GIGN
③ GSG-9
④ Shayetet 13

55 3중 경호에 관한 설명으로 옳은 것은?

① 3중 경호의 기본 구조는 경호대상자가 위치한 장소로부터 내부, 외부, 외곽으로 구분하여 경호행동반경을 거리 개념으로 설명한 것이다.
② 1선 안전구역은 완벽한 통제가 이루어져야 하며, 경호원의 확인을 거치지 않은 인원의 출입은 금지한다.
③ 2선 경계구역은 부분적 통제가 실시되지만 경호원의 확인을 거치지 않은 인원 및 물품은 감시의 영역을 벗어나서는 안 된다.
④ 3선 경비구역은 소총 등의 유효사거리를 고려한 울타리 내곽구역을 말한다.

56 폭발물에 관한 설명으로 옳지 않은 것은?

① 폭약은 파괴적 폭발에 사용될 수 있는 것으로서 액체산소폭약, 다이너마이트 등이 있다.
② 급조폭발물은 다양한 형태로 제작 가능하며, 재사용이 가능한 장점이 있다.
③ 뇌관에 사용되는 기폭제는 폭발력은 약하나 작은 충격이나 마찰, 정전기 등에 폭발하는 특성이 있다.
④ 폭발물의 폭발 효과는 폭풍, 진동, 열, 파편 효과 등이 나타난다.

57 3중 경호의 경호활동 지역 중 행사장을 직시할 수 있는 고층건물 및 감제고지에 대하여 안전을 확보하고 행사장 주변에 감시조를 운영해야 하는 지역을 무엇이라고 하는가?

① 안전구역
② 경계구역
③ 경비구역
④ 작전구역

58 다음의 경호장비 중 공용장비는?

① 방독면
② 권 총
③ 방탄복
④ 전자충격기

59 행사장 내 경호대상자를 근접경호할 때 도보대형 형성에 관해 고려해야 할 사항으로 옳지 않은 것은?

① 행사 참석자의 수 및 성향
② 인적 취약요소와의 갭(Gap)
③ 경호대상자의 취향
④ 경찰관서의 수와 위치

60 행사 참석자의 안전성을 확인하기 위한 검색에 관한 설명으로 옳지 않은 것은?

① MD(금속탐지기)를 통과하게 되면 바로 경비구역에 들어오게 된다.
② 행사 참석자의 안색 및 표정의 변화, 행동거지를 잘 살핀다.
③ 비표의 패용 여부와 진위 여부를 세밀히 관찰하고, 위해물질의 소지 여부를 색출한다.
④ 행사 참석자의 성향에 따라 MD의 감도를 적절히 조절하여 참석자 입장이 원활히 이루어질 수 있도록 한다.

61 대한민국 정부수립 이후 경호기관에 관한 설명으로 옳은 것은 모두 몇 개인가?

- 경무대경찰서는 주로 대통령 경호임무를 수행하였으며, 1953년 경찰서 직제를 개정하여 관할구역을 중앙청 및 경무대 구내에서 경무대 구내로 제한하였다.
- 청와대 경찰관파견대는 1960년 3차 개헌을 통해 대통령 중심제에서 내각책임제로 정부형태가 변화되면서 서울시경 소속으로 설치되어 서울시 경찰국 경비과에서 담당하던 대통령의 경호 및 대통령관저의 경비를 담당하였다.
- 국가재건최고회의 의장경호대는 1961년 중앙정보부 경호대로 정식발족하여 국가원수, 최고회의의장 등의 신변보호 임무를 수행하였다.
- 1981년 대통령경호실법 개정으로 '대통령 당선 확정자의 가족의 호위'와 '전직대통령과 그 배우자 및 자녀의 호위'가 대통령경호실의 경호대상으로 추가되었다.

① 1개   ② 2개
③ 3개   ④ 4개

62 경호차량 운용에 관한 설명으로 옳지 않은 것은?

① 주차 장소는 자주 변경하는 것이 좋다.
② 야간에는 차량을 밝은 곳에 주차한다.
③ 규칙적인 출발과 도착시간을 준수한다.
④ 경호대상자 차량은 선도차량과 일정간격을 유지하며 유사시 선도차량과 같은 방향으로 대피한다.

63 근접경호의 특성 중 방호 및 대피성에 관한 설명으로 옳은 것은?

① 비상사태 발생 시 범인을 대적하여 제압하는 것보다 반사적이고 신속·과감한 행동으로 경호대상자의 방호 및 대피를 우선해야 한다.
② 경호원은 자신의 신체를 이용하여 외부의 공격으로부터 경호대상자를 근접에서 보호한다.
③ 행사 성격이나 주변 여건, 장비의 특성에 따라 도보대형 및 기동수단에 있어서 유동성이 있어야 한다.
④ 다양한 기동수단과 도보대형에 따라 경호대상자의 행차가 시각적으로 외부에 노출된 상태에서 업무를 수행해야 한다.

64 대한민국의 경호 관련 법제도에 관한 설명으로 옳은 것은?

① 경호대상에 대한 경호업무를 수행할 때에는 관계기관의 책임을 명확하게 하고, 협조를 원활하게 하기 위하여 경호처에 대통령경호안전대책위원회를 둔다.
② 대통령경호안전대책위원회의 위원장은 대통령이 되고, 부위원장은 경호처장이 된다.
③ 대통령경호처의 기획관리실장·경호본부장·경비안전본부장 및 지원본부장은 3급 경호공무원으로 보한다.
④ 전직대통령이 재직 중 탄핵결정을 받아 퇴임한 경우 '필요한 기간의 경호 및 경비(警備)'의 예우를 하지 아니한다.

65 경호행사 시 경호근무자·비표의 운영에 관한 설명으로 옳은 것은?

① 비표 분실사고 발생 시 즉각 보고하고 전체 비표를 무효화하며 새로운 비표를 해당자 전원에게 지급한다.
② 비표의 종류는 다양할수록 좋으나 행사 시는 구분 없이 전체가 통일되어야 한다.
③ 비표는 행사일 전에 배포하여 행사 시 출입구의 혼잡을 방지하여야 한다.
④ 경호근무자의 경호안전활동 시에는 비표 운영을 하지 않는 것이 바람직하다.

66 경호구역의 설정에 관한 내용 중 옳지 않은 것은?

① 내부는 경호대상자가 머무르는 공간이며, 단독건물인 경우에는 건물 자체를, 고층건물인 경우에는 행사층의 상하층을 묶어서 안전구역인 내부로 설정한다.
② 고층건물에서 안전구역으로 설정된 층을 제외한 곳은 행사장 외부로 부른다.
③ 내곽은 일반적으로 해당 시설 부지의 경계선인 울타리 안쪽으로, 외곽은 울타리 밖으로 설정한다.
④ 통제점은 내부의 경우 행사장 내부로 통하는 각 출입구, 내곽은 행사장 건물의 각 출입구, 외곽은 정문·후문 등의 출입문이 된다.

67 사주경계에 관한 설명으로 옳지 않은 것은?

① 경호대상자를 중심으로 한 전 방향에 대한 감시로 직접적인 위해나 자연발생적인 위해요인을 사전에 인지하기 위한 경계활동을 말한다.
② 경호대상자 주변에서 신분이 확실한 공무원, 수행원, 기자, 종업원 등을 제외한 모든 인원이 경계의 대상이 된다.
③ 물적 경계대상은 행사장이나 주변의 모든 시설물과 물체이다.
④ 행사 상황에 어울리지 않는 행동을 하는 사람들이 중점 감시대상이다.

68 의전에 관한 설명으로 옳지 않은 것을 모두 고른 것은?

ㄱ. 국빈행사 시 여자들의 서열은 기혼부인, 미망인, 이혼부인 및 미혼자의 순으로 하고, 기혼부인 간의 서열은 남편의 지위에 따른다.
ㄴ. 우리나라 정부 인사가 외국정부의 같은 급의 인사를 초청한 경우에는 우리나라 정부 인사를 상위의 좌석에 배치하는 것이 일반적인 관례이다.
ㄷ. 국가의전은 국가위상과 권위를 확고히 하고 국민적 통합과 사회질서를 유지하는 데 기여한다.
ㄹ. 정부 의전행사에서 적용하고 있는 주요 참석인사에 대한 예우기준에 따라 공적 직위가 없는 인사 서열의 경우 기관장, 연령, 행사 관련성, 직급을 기준으로 한다.

① ㄱ, ㄴ   ② ㄱ, ㄹ
③ ㄴ, ㄹ   ④ ㄷ, ㄹ

69 국기게양에 관한 설명으로 옳은 것은?

① 국기의 게양 위치는 옥외 게양 시 단독주택의 경우 집 밖에서 보아 대문의 오른쪽에 게양한다.
② 학교 및 군부대의 주된 게양대는 교육적인 목적을 고려하여 낮에만 게양하되, 이 경우 3~10월에는 17:00에 강하한다.
③ 조의를 표하는 날은 현충일 및 국가장법 제6조에 따른 국가장 기간이다.
④ 국가, 지방자치단체 및 공공기관의 청사 등에는 목적을 고려하여 국기를 낮에만 게양할 수 있다.

70 안전검측의 기본적 요령에 관한 설명으로 옳지 않은 것은?

① 검측의 순서는 통로 등 경호대상자가 움직이는 경로를 먼저 실시하고, 오찬장 등 경호대상자가 장시간 머물러 있는 곳으로 순차적으로 실시한다.
② 검측은 적의 입장에서 실시한다.
③ 검측은 책임구역을 구분하여 실시하되, 가까운 곳에서 먼 곳으로, 좌에서 우로, 밖에서 안으로 계속 중복하여 실시한다.
④ 검측대상은 외부, 내부, 공중지역, 연도로 구분하여 실시한다.

71 경호장비의 종류에 관한 설명으로 옳지 않은 것은?

① 호신장비 – 자신의 생명이나 신체가 위험상태에 놓였을 때 스스로를 보호하는 데 사용하는 장비를 말한다.
② 통신장비 – 경호업무를 수행하는 데 필요한 보고 또는 연락을 위한 무선 또는 유선장비를 말한다.
③ 검색장비 – 경호임무에 있어 인력부족으로 인한 경호 취약점을 보완하는 수단으로, 침입 또는 범죄행위를 사전 감지할 수 있는 장비를 말한다.
④ 방호장비 – 적의 침입 예상경로를 차단하기 위하여 방벽을 설치·이용하는 것으로 경호방법 중 최후의 예방경호방법이라 할 수 있다.

72 대통령경호처의 경호대상에 대한 다음 ( )의 ㄱ~ㄹ에 들어갈 내용으로 옳은 것은?

- 본인의 의사에 반하지 아니하는 경우에 한정하여 퇴임 후 (ㄱ)년 이내의 전직대통령과 그 배우자
- 다만, 대통령이 임기 만료 전에 퇴임한 경우와 재직 중 사망한 경우의 경호 기간은 그로부터 (ㄴ)년으로 하고, 퇴임 후 사망한 경우의 경호 기간은 퇴임일부터 기산(起算)하여 (ㄷ)년을 넘지 아니하는 범위에서 사망 후 (ㄹ)년으로 한다.

	ㄱ	ㄴ	ㄷ	ㄹ
①	10	5	8	5
②	7	5	5	5
③	10	5	10	5
④	7	5	10	5

73 다음의 사례는 신변보호의 일반적 원칙 중 어떤 원칙을 무시한 것인가?

> 1963년 11월 22일 미국의 케네디 대통령은 범인 오스왈드의 원거리 저격에 의해 암살되었다. 그 핵심 원인은 대통령이 경호원에게 특정한 위치에 있지 말 것을 명령하였고, 당시 경호원은 그 명령을 받아들여 근무위치를 변경하였다.

① 고도의 경계력 유지 원칙
② 지휘권 단일화 원칙
③ 합리적 지역방어 원칙
④ 과학적 두뇌작용 원칙

74 고려 후기 원나라의 지배하에 몽고의 제도에 따라 설치한 기관으로 도적 방지, 무고자·포악자 등의 단속과 변방 수비 등을 담당한 기관은?

① 순마소
② 순군만호부
③ 성중애마
④ 겸사복

75 대통령 등의 경호에 관한 법령상 손실보상에 관한 설명으로 옳지 않은 것은?

① 손실보상을 청구할 수 있는 권리는 손실이 있음을 안 날부터 3년, 손실이 발생한 날부터 5년간 행사하지 아니하면 시효의 완성으로 소멸한다.
② 물건의 멸실·훼손으로 인한 손실 외의 재산상 손실에 대해서는 직무집행과 상당한 인과관계가 있는 범위에서 보상한다.
③ 보상금을 지급받을 자가 동일한 원인으로 다른 법령에 따라 보상금 등을 지급받은 경우 그 보상금 등에 상당하는 금액을 제외하고 보상금을 지급한다.
④ 대통령경호처장은 거짓 또는 부정한 방법으로 보상금을 받은 자에 대하여는 해당 보상금을 환수할 수 있다.

76 경호행사 시 주행사장 외부 담당자의 업무 내용이 아닌 것은?

① 차량 및 공중강습에 대한 대비책을 수립한다.
② 외곽 감제고지, 직시건물에 대한 안전조치를 한다.
③ 경호대상자 동선 및 좌석 위치에 따른 비상대책을 강구한다.
④ 경비 및 경계구역 내에 대한 안전조치를 강화한다.

77 경호행사 시 사고로 인한 골절환자의 응급처치 요령이 아닌 것은?

① 움직임을 억제시키고 상처의 감염방지 처리를 해야 한다.
② 단순골절에 있어서 가장 중요한 처치는 복잡골절이 되지 않게 예방하는 일이다.
③ 출혈 시에는 직접 압박 지혈법을 행한다.
④ 골절된 뼈가 돌출되면 1차적으로 뼈를 맞춘다.

78 행사장 출입통제에 관한 설명으로 옳은 것은?

① 각 구역별 출입통로를 다양화하여 통제의 범위를 정한다.
② 1선(안전구역)은 모든 출입요소의 1차 통제점이 되어야 한다.
③ 1선(안전구역)은 행사와 무관한 사람들의 행사장 출입을 통제 또는 제한한다.
④ 2선(경비구역)은 출입구에 금속탐지기 등을 설치하여 출입자와 반입물품을 확인한다.

79 다음은 국민보호와 공공안전을 위한 테러방지법상 벌칙에 관한 내용이다. (　　)에 들어가지 않는 숫자는?

> ㄱ. 테러자금임을 알면서도 자금을 조달·알선·보관하거나 그 취득 및 발생원인에 관한 사실을 가장하는 등 테러단체를 지원한 사람은 (　　)년 이하의 징역 또는 (　　)억원 이하의 벌금에 처한다.
> ㄴ. 테러단체 가입을 지원하거나 타인에게 가입을 권유 또는 선동한 사람은 (　　)년 이하의 징역에 처한다.

① 1　　　　　　　　　　② 5
③ 7　　　　　　　　　　④ 10

80 테러경보의 단계별 조치 중 "경계 단계"의 조치사항으로 옳지 않은 것은?

① 관계기관별 대테러상황실 가동
② 테러이용수단의 유통 통제
③ 테러위험인물 감시 강화
④ 테러사건대책본부 등 가동 준비

제10회 경비업법

01 다음은 경비업법령상 호송경비의 통지에 관한 내용이다. ( ) 안의 ㄱ~ㄷ에 들어갈 알맞은 내용은?

> 경비업자가 호송경비업무를 수행하기 위하여 관할 경찰서의 협조를 얻고자 하는 때에는 현금 등의 운반을 위한 출발 (ㄱ)까지 (ㄴ)의 경찰서장에게 (ㄷ)를 제출하여야 한다(경비업법 시행규칙 제2조).

① ㄱ : 전일,   ㄴ : 출발지,   ㄷ : 호송경비통지서
② ㄱ : 전일,   ㄴ : 도착지,   ㄷ : 호송경비신고서
③ ㄱ : 3일 전, ㄴ : 출발지,   ㄷ : 호송경비통지서
④ ㄱ : 3일 전, ㄴ : 도착지,   ㄷ : 호송경비신고서

02 경비업법령상 집단민원현장으로 옳지 않은 것은?

① 「노동조합 및 노동관계조정법」에 따라 노동관계 당사자가 노동쟁의 조정신청을 한 사업장 또는 쟁의행위가 발생한 사업장
② 「공유토지분할에 관한 특례법」에 따라 공유토지에 대한 소유권행사와 토지의 이용에 문제가 있는 장소
③ 「도시 및 주거환경정비법」에 따른 정비사업과 관련하여 이해대립이 있어 다툼이 있는 장소
④ 「행정대집행법」에 따라 대집행을 하는 장소

03 경비업법상 경비업을 영위하는 법인의 임원 결격사유에 관한 설명으로 옳지 않은 것은?

① 경비업법을 위반하여 벌금형의 선고를 받고 3년이 지나지 아니한 자는 특수경비업무를 수행하는 법인의 임원이 될 수 없다.
② 「대통령 등의 경호에 관한 법률」에 위반하여 벌금형의 선고를 받고 3년이 지나지 아니한 자는 특수경비업무를 수행하는 법인의 임원이 될 수 없다.
③ 허위 그 밖의 부정한 방법으로 허가를 받아 허가가 취소된 호송경비업무를 수행하는 법인의 허가취소 당시의 임원이었던 자로서 허가가 취소된 날부터 3년이 지나지 아니한 자는 호송경비업무를 수행하는 법인의 임원이 될 수 없다.
④ 관할 경찰관서장의 배치폐지명령에 따르지 아니하여 허가가 취소된 시설경비업무를 수행하는 법인의 허가취소 당시의 임원이었던 자로서 허가가 취소된 날부터 3년이 지나지 아니한 자는 특수경비업무를 수행하는 법인의 임원이 될 수 없다.

04 다음 중 경비업법령상 민감정보 및 고유식별정보를 처리할 수 있는 사무는 모두 몇 개인가?

ㄱ. 경비업의 허가 및 갱신허가 등에 관한 사무
ㄴ. 경비지도사 시험 등에 관한 사무
ㄷ. 경비원의 교육 등에 관한 사무
ㄹ. 보안지도·점검 및 보안측정에 관한 사무
ㅁ. 경비협회의 설립에 관한 사무
ㅂ. 기계경비운영체계의 오작동 여부 확인에 관한 사무

① 3개 ② 4개
③ 5개 ④ 6개

05 경비업의 허가를 받은 법인이 시·도 경찰청장에게 신고할 사항이 아닌 것은?

① 영업을 폐업하거나 휴업한 때
② 도급받아 행하고자 하는 경비업무를 변경한 때
③ 정관의 목적을 변경한 때
④ 기계경비업무의 수행을 위한 관제시설을 신설·이전 또는 폐지한 때

06 경비업법령상 경비업의 허가를 받으려는 법인이 갖춰야 할 경비인력 기준으로 옳은 것은?

① 호송경비업무의 경우 무술유단자인 특수경비원 5명 이상 및 경비지도사 1명 이상의 경비인력을 갖추어야 한다.
② 기계경비업무의 경우 전자·통신 분야 기술자격증소지자 3명을 포함한 일반경비원 10명 이상 및 경비지도사 1명 이상의 경비인력을 갖추어야 한다.
③ 특수경비업무의 경우 특수경비원 10명 이상 및 경비지도사 1명 이상의 경비인력을 갖추어야 한다.
④ 혼잡·교통유도경비업무의 경우 일반경비원 10명 이상 및 경비지도사 1명 이상의 경비인력을 갖추어야 한다.

07 경비업법령상 경비지도사 자격시험의 1차 시험이 면제되는 사람에 해당되지 않는 것은?

① 「경찰공무원법」에 따른 경찰공무원으로 7년 이상 재직한 사람
② 「경비업법」에 따른 경비업무에 7년 이상(특수경비업무의 경우 3년 이상) 종사한 사람
③ 「군인사법」에 따른 각 군의 전투병과 또는 군사경찰병과 부사관 이상 간부로 7년 이상 재직한 사람
④ 「대통령 등의 경호에 관한 법률」에 따른 경호공무원 또는 별정직 공무원으로 7년 이상 재직한 사람

08 경비업법령상 경비지도사 교육기관에 관한 설명으로 옳은 것은?

① 경찰청장은 경비지도사 교육기관이 경비지도사에 대한 기본교육 및 보수교육의 교육수준 및 교육방법 등에 필요한 지침을 위반한 경우에는 기간을 정하여 시정을 명할 수 있다.
② 경비지도사 교육기관의 지정 기준 및 절차 등에 필요한 사항은 행정안전부령으로 정한다.
③ 경비지도사 교육기관의 지정 취소 및 업무 정지에 관한 세부기준 및 절차는 그 위반행위의 유형과 위반의 정도 등을 고려하여 대통령령으로 정한다.
④ 경찰청장은 경비업법에서 정한 업무 정지사유에 해당하는 경비지도사 교육기관에 대하여 업무의 전부를 정지하는 처분만을 할 수 있다.

09 경비업법령상 ( ) 안의 ㄱ, ㄴ에 들어갈 숫자의 합은?

- 경비업 허가의 유효기간은 허가받은 날부터 (ㄱ)년으로 한다.
- 경비업의 갱신허가를 받고자 하는 자는 허가의 유효기간 만료일 (ㄴ)일 전까지 경비업 갱신허가신청서에 허가증 원본 및 정관(변경사항이 있는 경우만 해당한다)을 첨부하여 법인의 주사무소를 관할하는 시·도 경찰청장 또는 해당 시·도 경찰청 소속의 경찰서장에게 제출하여야 한다.

① 25
② 30
③ 35
④ 40

10 다음은 甲, 乙, 丙이 받은 직무교육에 관한 내용이다. 경비업법령상 甲, 乙, 丙이 각각 받은 총 직무교육시간의 합은 최소 몇 시간 이상인가?(단, 신임교육시간은 제외한다)

- 甲은 기계경비업무에 종사하는 경비원으로서 4개월간 법정 직무교육을 받았다.
- 乙은 호송경비업무에 종사하는 경비원으로서 3개월간 법정 직무교육을 받았다.
- 丙은 특수경비업무에 종사하는 경비원으로서 3개월간 법정 직무교육을 받았다.

① 23
② 32
③ 37
④ 46

11 경비업법령에 관한 설명으로 옳지 않은 것은?

① 관할 경찰관서장은 시설주의 신청에 의하여 특수경비원이 배치된 국가중요시설 등에 경비전화를 가설할 수 있다.
② 과태료는 대통령령이 정하는 바에 의하여 시·도 경찰청장 또는 경찰관서장이 부과·징수한다.
③ 특수경비원이 파업·태업 그 밖에 경비업무의 정상적인 운영을 저해하는 쟁의행위를 한 경우에는 행위자뿐만 아니라 법인 또는 개인에게도 동일한 벌금형(1천만원 이하의 벌금)을 과(科)한다.
④ 경비업법령상 경찰청장으로부터 경비지도사의 시험에 관한 업무를 위탁받은 단체의 임직원이 형법 제136조(공무집행방해)의 죄를 범한 경우에는 공무원으로 의제된다.

12. 다음 중 경비업법령상 경비협회가 할 수 있는 공제사업에 해당하는 것은 모두 몇 개인가?

ㄱ. 경비원의 손해배상책임을 보장하기 위한 사업
ㄴ. 경비원의 복지향상과 업무상 재해로 인한 손실을 보상하는 사업
ㄷ. 경비원의 교육·훈련에 관한 사업
ㄹ. 경비업자가 경비업을 운영할 때 필요한 하도급보증을 위한 사업
ㅁ. 경비지도사의 손해배상책임과 형사책임을 보장하기 위한 사업

① 1개　　② 2개
③ 3개　　④ 4개

13. 청원경찰법령상 청원경찰의 징계에 관한 설명으로 옳지 않은 것은?

① 청원주는 청원경찰이 품위를 손상하는 행위를 한 때에는 대통령령으로 정하는 징계절차를 거쳐 징계처분을 하여야 한다.
② 청원경찰의 징계에 관하여 그 밖에 필요한 사항은 대통령령으로 정한다.
③ 청원주는 청원경찰 배치결정의 통지를 받았을 때에는 통지를 받은 날부터 15일 이내에 청원경찰에 대한 징계규정을 제정하여 관할 시·도 경찰청장에게 신고하여야 한다.
④ 청원경찰에 대하여 감봉 처분을 하는 경우, 그 기간에 보수의 3분의 2를 줄인다.

14. 경비업법령상 경비협회의 업무에 해당하지 않는 것은 모두 몇 개인가?

ㄱ. 경비원의 후생·복지에 관한 사항
ㄴ. 경비진단에 관한 사항
ㄷ. 경비원 교육·훈련 및 그 연구
ㄹ. 경비지도사 지도·감독
ㅁ. 경비업무의 연구
ㅂ. 경비지도사 및 경비원의 신분증명서의 발급

① 1개　　② 2개
③ 3개　　④ 4개

15 경비업법령상 경비지도사 및 경비원의 결격사유에 해당하지 않는 것은?

① 금고 이상의 형의 선고유예를 받고 그 유예기간이 끝난 날부터 5년이 지나지 아니한 자
② 징역 3년의 실형의 선고를 받고 그 집행이 종료되거나 집행이 면제된 날부터 5년이 지나지 아니한 자
③ 「형법」 제114조(범죄단체 등의 조직)의 죄를 범하여 벌금형을 선고받은 날부터 10년이 지나지 아니한 자
④ 「형법」 제297조(강간)의 죄를 범하여 치료감호를 선고받고 그 집행이 종료된 날 또는 집행이 면제된 날부터 10년이 지나지 아니한 자

16 경비업법령상 기계경비업무에 관한 설명으로 옳은 것은?

① 기계경비업자는 관제시설 등에서 경보를 수신한 때에는 경보를 수신한 때부터 늦어도 30분 이내에는 도착시킬 수 있는 대응체제를 갖추어야 한다.
② 기계경비업자는 경비대상시설에서 발생한 경보를 수신한 경우에 취하는 조치를 설명하여야 한다.
③ 기계경비업자가 계약상대방에게 하여야 하는 설명은 서면 및 전자문서로 하여야 한다.
④ 기계경비업자는 경보의 수신 및 현장도착 일시와 조치의 결과에 대하여 계약상대방에게 설명하여야 한다.

17 경비업법령상 경비업 허가의 필요적 취소사유에 해당하지 않는 것은?

① 허위 그 밖의 부정한 방법으로 허가를 받은 때
② 정당한 사유 없이 최종 도급계약 종료일의 다음 날부터 2년 이내에 경비 도급실적이 없을 때
③ 경비대상 시설에 관한 경보 대응체제를 갖추지 아니한 때
④ 소속 경비원으로 하여금 경비업무의 범위를 벗어난 행위를 하게 한 때

18 경비업법령상 경비지도사자격의 취소사유에 해당하는 것을 모두 고른 것은?

> ㄱ. 경비현장에 배치된 경비원에 대한 순회점검 및 감독을 성실하게 수행하지 아니한 경우
> ㄴ. 경비지도사자격증을 다른 사람에게 빌려주거나 양도한 경우
> ㄷ. 허위 그 밖의 부정한 방법으로 경비지도사자격증을 교부받은 경우
> ㄹ. 경비업무의 적정한 수행을 위한 경찰청장 또는 시·도 경찰청장의 감독상의 명령을 위반한 경우

① ㄱ, ㄴ
② ㄱ, ㄷ
③ ㄴ, ㄷ
④ ㄷ, ㄹ

19 다음 중 청원경찰법령상 관할 경찰서장이 비치해야 할 문서와 장부에 해당하는 것을 모두 고른 것은?

> ㄱ. 청원경찰 명부
> ㄴ. 감독 순시부
> ㄷ. 징계요구서철
> ㄹ. 순찰표철
> ㅁ. 징계 관계철

① ㄱ, ㄴ
② ㄹ, ㅁ
③ ㄱ, ㄴ, ㄷ
④ ㄷ, ㄹ, ㅁ

20 경비업법령상 허가증 등의 수수료에 관한 설명으로 옳지 않은 것은?

① 경비업의 허가신청의 경우에는 추가·변경·갱신허가와는 달리 1만원의 수수료를 납부하여야 한다.
② 경찰청장은 경비지도사 시험의 응시자가 응시수수료를 과오납한 경우에는 과오납한 금액 전액을 반환하여야 한다.
③ 경찰청장은 시험응시자가 시험시행일 20일 전까지 접수를 취소한 경우에는 납부한 응시수수료 전액을 반환하여야 한다.
④ 시험시행기관의 귀책사유로 시험에 응시하지 못한 경우에는 응시수수료 전액을 반환하여야 한다.

21 다음 중 경비업법령상 경찰청장이 3년마다 타당성을 검토하여 개선 등의 조치를 해야 하는 것은 모두 몇 개인가?

> ㄱ. 경비업의 시설 등의 기준
> ㄴ. 집단민원현장 배치 불허가 기준
> ㄷ. 경비지도사의 기본교육 및 보수교육의 시간
> ㄹ. 행정처분 기준
> ㅁ. 과태료 부과기준
> ㅂ. 경비원이 휴대하는 장비

① 1개
② 2개
③ 3개
④ 4개

22 경비업법령상 경찰청장 등의 지도·감독·점검에 관한 사항으로 옳지 않은 것은?

① 경찰청장 또는 시·도 경찰청장은 경비업무의 적정한 수행을 위하여 경비업자 및 경비지도사를 지도·감독하며 필요한 명령을 할 수 있다.
② 시·도 경찰청장은 특수경비업자에 대하여 보안지도·점검을 연 2회 이상 실시하여야 한다.
③ 경찰청장 또는 시·도 경찰청장은 경비업무 장소가 집단민원현장으로 판단되는 경우에 그때부터 48시간 이내에 경비업자에게 경비원 배치허가를 받을 것을 고지하여야 한다.
④ 시·도 경찰청장 또는 관할 경찰관서장은 경비업자가 경비업법이나 경비업법에 따른 명령, 「폭력행위 등 처벌에 관한 법률」을 위반하는 행위를 하는 경우 그 위반행위의 중지를 명할 수 있다.

23 다음 중 청원경찰법령상 청원경찰의 신임교육과목 중 학술교육과목에 해당하는 것을 모두 고른 것은?

> ㄱ. 형사법
> ㄴ. 경찰관직무집행법
> ㄷ. 경범죄처벌법
> ㄹ. 청원경찰법
> ㅁ. 경비업법
> ㅂ. 정신교육
> ㅅ. 대공이론

① ㄱ, ㄹ
② ㅁ, ㅂ, ㅅ
③ ㄱ, ㄴ, ㄷ, ㄹ
④ ㄴ, ㄷ, ㄹ, ㅁ

24 경비업법령상 관할 경찰관서장이 경비원의 배치폐지를 명할 수 있는 경우가 아닌 것은?

① 허위 그 밖의 부정한 방법으로 허가를 받은 때
② 신임교육을 이수하지 아니한 자를 경비원으로 배치한 때
③ 배치허가 신청의 내용을 경비업자가 거짓으로 한 때
④ 경비원이 위력이나 흉기 또는 그 밖의 위험한 물건을 사용하여 집단적 폭력사태를 일으킨 때

25 시설경비업무를 수행하는 A회사의 시·도별 배치된 경비원의 수가 다음과 같을 때, 경비업법령상 A회사가 선임·배치하여야 하는 최소 경비지도사 인원은?

- 서울특별시 407명
- 전라남도 200명
- 강원도 120명
- 제주특별자치도 30명

① 4명
② 5명
③ 7명
④ 8명

26 경비업법령상 법정형이 "직무상 알게 된 비밀을 누설하거나 부당한 목적을 위하여 사용한 자"에 대한 법정형과 같은 것은?

① 정당한 사유 없이 무기를 소지하고 배치된 경비구역을 벗어난 특수경비원
② 집단민원현장에 20명 이상의 경비인력을 배치하면서 그 경비인력을 직접 고용한 자
③ 무기출납부 및 무기장비운영카드를 비치·기록하지 아니한 관리책임자
④ 경찰관서장의 배치폐지 명령을 따르지 아니한 자

27 경비업법령에 위반한 다음의 경비업자 중 부과될 수 있는 과태료 최고액이 다른 사람은?(단, 가중·감경은 고려하지 않음)

① 경비업법의 규정에 위반하여 정당한 사유 없이 보수교육을 받지 아니한 경비지도사
② 경비업법의 규정에 위반하여 결격사유에 해당하는 경비원을 배치하거나 결격사유에 해당하는 경비지도사를 선임·배치한 자
③ 경비업법의 규정에 위반하여 배치허가를 받지 아니하고 경비원을 배치하거나 경비원 명단 및 배치일시·배치장소 등 배치허가 신청의 내용을 거짓으로 한 자
④ 경비업법의 규정에 위반하여 경비지도사의 선임 또는 해임의 신고를 하지 아니한 자

28 경비업법령상 특수경비원의 무기휴대의 절차에 관한 설명으로 옳은 것을 모두 고른 것은?

> ㄱ. 시설주는 특수경비원이 휴대할 무기를 대여받고자 하는 때에는 무기대여신청서를 관할 경찰관서장을 거쳐 경찰청장에게 제출하여야 한다.
> ㄴ. 시설주는 관할 경찰관서장으로부터 대여받은 무기를 특수경비원에게 휴대하게 하는 경우에는 관할 경찰관서장의 사후승인을 얻어야 한다.
> ㄷ. 승인을 함에 있어서 관할 경찰관서장은 국가중요시설에 총기 또는 폭발물의 소지자나 무장간첩 침입의 우려가 있는지의 여부 등을 고려하는 등 특수경비원에게 무기를 지급하여야 할 필요성이 있는지의 여부에 관하여 판단하여야 한다.
> ㄹ. 시설주는 무기지급의 필요성이 해소되었다고 인정되는 때에는 특수경비원으로부터 즉시 무기를 회수하여야 한다.

① ㄱ, ㄴ
② ㄱ, ㄹ
③ ㄴ, ㄷ
④ ㄷ, ㄹ

29 경비업법령상 경비업자가 총포·도검·화약류 등의 안전관리에 관한 법률(총포·도검·화약류 등 단속법)에 따라 미리 소지허가를 받아야 경비원으로 하여금 휴대하여 직무를 수행하게 할 수 있는 장비는?

① 단 봉
② 분사기
③ 안전방패
④ 방검복

30 청원경찰법령상 청원경찰의 배치에 관한 설명으로 옳지 않은 것은?

① 청원경찰을 배치받으려는 자는 대통령령으로 정하는 바에 따라 관할 시·도 경찰청장에게 청원경찰 배치를 신청하여야 한다.
② 시·도 경찰청장은 청원경찰 배치가 필요하다고 인정하는 기관의 장 또는 시설·사업장의 경영자에게 청원경찰을 배치할 것을 요청할 수 있다.
③ 청원경찰의 배치를 받으려는 자는 청원경찰 배치신청서에 경비구역 평면도 1부, 배치계획서 1부를 첨부하여 사업장의 소재지를 관할하는 경찰서장을 거쳐 시·도 경찰청장에게 제출하여야 한다.
④ 청원경찰 배치신청서 제출 시, 배치 장소가 둘 이상의 도(道)일 때에는 주된 사업장의 관할 경찰서장을 거칠 필요 없이 관할 시·도 경찰청장에게 한꺼번에 신청할 수 있다.

31 청원경찰법령상 청원경찰의 제복 착용과 무기휴대에 관한 설명으로 옳지 않은 것은?

① 청원경찰은 근무 중 제복을 착용하여야 한다.
② 청원경찰의 제복·장구 및 부속물에 관하여 필요한 사항은 대통령령으로 정한다.
③ 시·도 경찰청장은 청원경찰이 직무를 수행하기 위하여 필요하다고 인정하면 청원주의 신청을 받아 관할 경찰서장으로 하여금 청원경찰에게 무기를 대여하여 지니게 할 수 있다.
④ 청원주는 「총포·도검·화약류 등의 안전관리에 관한 법률」에 따른 분사기의 소지허가를 받아 청원경찰로 하여금 그 분사기를 휴대하여 직무를 수행하게 할 수 있다.

32 다음 중 청원경찰법령상 청원경찰이 배치될 수 없는 시설은?

① 「의료법」에 따른 의료기관
② 언론, 통신, 방송 또는 인쇄를 업으로 하는 시설 또는 사업장
③ 국내 주재(駐在) 외국기관
④ 「사회복지사업법」에 따른 사회복지시설

33 청원경찰법령에 관한 설명으로 옳은 것은?

① 경찰청장은 교육훈련에서 교육성적이 우수한 청원경찰에게 우등상을 수여할 수 있다.
② 관할 경찰서장은 청원주의 신청에 따라 경비를 위하여 필요하다고 인정할 때에는 청원경찰이 배치된 사업장에 경비전화를 가설할 수 있으며, 경비전화를 가설할 때 드는 비용은 청원주가 부담한다.
③ 청원경찰은 불가피한 사정이 있는 경우 「경찰관직무집행법」에 따른 직무 외의 수사활동 등 사법경찰관리의 직무를 수행할 수 있다.
④ 청원경찰이 직무를 수행할 때에 「경찰관직무집행법」 및 같은 법 시행령에 따라 하여야 할 모든 보고는 관할 시·도 경찰청장에게 서면으로 해야 한다.

34 경비업법령상 결격사유의 조회에 관한 설명으로 옳은 것은?

① 시·도 경찰청장은 직권으로 경비업자의 임원이 결격사유에 해당하는지를 확인하기 위하여 형의 실효 등에 관한 법률에 따른 범죄경력조회를 할 수 있다.
② 경비업자는 선임하려는 경비지도사가 결격사유에 해당하는지를 확인하기 위하여 시·도 경찰청장에게 채무자회생 및 파산에 관한 법률에 따른 채무내역을 요청할 수 있다.
③ 관할 경찰관서장은 경비업자로부터 요청받은 선임하려는 경비지도사의 범죄경력조회 결과를 경비업자에게 통보할 때에는, 결격사유에 관한 한 제한 없이 통보해야 한다.
④ 시·도 경찰청장은 경비업자의 임원이 결격사유에 해당하는 사실을 알게 된 때에는 경비업법에 따른 경비업자의 요청이 없는 한 그 사실을 통보해서는 아니 된다.

35 청원경찰법령상 무기관리수칙 등에 관한 설명으로 옳지 않은 것은?

① 무기고와 탄약고에는 이중 잠금장치를 하고, 열쇠는 관리책임자가 보관하되, 근무시간 이후에는 숙직책임자에게 인계하여 보관시켜야 한다.
② 청원주가 청원경찰이 휴대할 무기를 대여받으려는 경우에는 관할 경찰서장을 거쳐 시·도 경찰청장에게 무기대여를 신청하여야 한다.
③ 청원주는 무기와 탄약이 분실되거나 도난당하거나 빼앗기거나 훼손되었을 때에는 경찰청장이 정하는 바에 따라 그 전액을 배상해야 한다.
④ 관할 경찰서장의 지시에 따라 출납하는 탄약의 수를 줄일 수 있으나, 시·도 경찰청장의 허락 없이는 출납하는 탄약의 수를 늘릴 수는 없다.

36 경비업법령상 특수경비원의 의무에 관한 설명으로 옳은 것을 모두 고른 것은?

> ㄱ. 특수경비원은 소속상사의 허가 또는 정당한 사유 없이 경비구역을 벗어나서는 아니 된다.
> ㄴ. 특수경비원은 무기를 사용하는 경우에 있어서 범죄와 무관한 다중의 생명·신체에 위해를 가할 우려가 있는 때에는 원칙적으로 무기를 사용하여서는 아니 된다.
> ㄷ. 특수경비원은 자신의 임금인상을 위해서 경비업무의 정상적인 운영을 저해하는 쟁의행위를 할 수 있다.
> ㄹ. 특수경비원은 직무를 수행함에 있어 오로지 시설주의 감독 및 명령만을 따라야 한다.
> ㅁ. 특수경비원은 사람을 향하여 권총 또는 소총을 발사하고자 하는 때에는 어떠한 경우에도 미리 구두 또는 공포탄에 의한 사격으로 상대방에게 경고하여야 한다.

① ㄱ, ㄴ
② ㄴ, ㄷ
③ ㄷ, ㄹ
④ ㄹ, ㅁ

37 청원경찰법령상 청원경찰경비에 관한 설명으로 옳지 않은 것은?

① 피복은 청원주가 제작하거나 구입하여 정기지급일 또는 신규 배치 시에 청원경찰에게 현품으로 지급한다.
② 교육비는 청원주가 해당 청원경찰의 입교(入校) 3일 전에 해당 경찰교육기관에 낸다.
③ 청원경찰에게 지급할 봉급과 각종 수당의 최저부담기준액은 순경의 것을 고려하여 다음 연도분을 매년 12월에 고시하여야 하며, 어떠한 경우에도 수시로 고시하는 것은 허용될 수 없다.
④ 청원경찰에 대한 봉급과 각종 수당은 청원주가 그 청원경찰이 배치된 사업장의 직원에 대한 보수지급일에 청원경찰에게 직접 지급한다.

38 청원경찰법령상 청원경찰경비에 관한 설명으로 옳지 않은 것은?

① 청원주는 청원경찰에게 지급할 봉급과 각종 수당을 부담하여야 한다.
② 국가기관 또는 지방자치단체에 근무하는 청원경찰의 보수는 재직기간 23년 이상 30년 미만인 경우 같은 재직기간에 해당하는 경찰공무원 '경사'의 보수를 감안하여 대통령령으로 정한다.
③ 청원경찰의 피복비 및 교육비의 부담기준액은 시·도 경찰청장이 정하여 고시한다.
④ 청원주는 청원경찰이 직무상의 질병으로 인하여 퇴직하게 되면 청원경찰 본인에게 보상금을 지급하여야 한다.

39 청원경찰법령상 벌칙 및 과태료에 관한 설명으로 옳지 않은 것은?

① 청원경찰이 직무를 수행할 때 직권을 남용하여 국민에게 해를 끼친 경우에는 6개월 이하의 징역이나 금고에 처한다.
② 파업, 태업 또는 그 밖에 업무의 정상적인 운영을 방해하는 쟁의행위를 한 사람은 1년 이하의 징역 또는 1천만원 이하의 벌금에 처한다.
③ 시·도 경찰청장의 승인을 받지 않고 임용결격사유에 해당하지 않는 청원경찰을 임용한 경우 400만원의 과태료를 부과한다.
④ 시·도 경찰청장의 배치결정을 받지 않고 국가중요시설(국가정보원장이 지정하는 국가보안목표시설을 말한다)에 청원경찰을 배치한 경우 500만원의 과태료를 부과한다.

40 청원경찰법령상 근무인원이 90명일 경우에 사업장의 청원주가 감독자 지정기준에 의하여 지정해야 할 대장, 반장, 조장의 인원을 순서대로 나열한 것은?

① 0명, 1명, 4명
② 1명, 2명, 6명
③ 1명, 4명, 12명
④ 1명, 6명, 15명

제10회 경호학

중요문제 / 틀린 문제 CHECK

| 41 | 42 | 43 | 44 | 45 | 46 | 47 | 48 | 49 | 50 | 51 | 52 | 53 | 54 | 55 | 56 | 57 | 58 | 59 | 60 |
| 61 | 62 | 63 | 64 | 65 | 66 | 67 | 68 | 69 | 70 | 71 | 72 | 73 | 74 | 75 | 76 | 77 | 78 | 79 | 80 |

41 다음과 관련이 있는 경호의 원칙에 관한 설명으로 옳은 것은?

> 경호대상자의 행차 코스는 원칙적으로 비공개되어야 하며, 행차 예정 장소도 일반 대중에게 비공개되어야 한다. 더불어 대중에게 노출되는 경호대상자의 보행 행차는 가급적 제한되어야 위해를 가할 가능성이 있는 위험으로부터 경호대상자를 보호할 수 있다.

① 경호대상자를 암살자 또는 위해를 가할 가능성이 있는 자로부터 떼어 놓아야 한다.
② 경호원은 자기가 맡은 담당구역 내에서 발생하는 사태는 어떠한 상황에서도 자기 자신만이 책임을 지고 해결해야 한다는 것이다.
③ 경호원은 타인의 눈에 잘 띄지 않게 은밀하고 침묵 속에서 행동하며 항상 경호대상자의 공적·사적 업무활동에 방해를 주지 않고 신변을 보호할 수 있는 곳에 행동반경을 두고 경호에 임해야 한다는 것이다.
④ 경호대상자가 위기에 처했을 때는 자기 몸을 희생하여 경호대상자를 보호하여야 한다는 것이다.

42 다음 경호정보 중 지리정보에 해당하지 않는 것을 모두 고른 것은?

> ㄱ. 위해를 기도하거나 기도할 가능성이 있는 개인·단체의 동향에 관한 정보
> ㄴ. 행사장 내의 가스·전기·공조시설과 승강기 등의 관리 및 안전상태에 관한 정보
> ㄷ. 위해기도자가 공격장소로 이용 가능한 이동로상의 취약요소에 관한 정보
> ㄹ. 행사장에 이르는 도로망에 관한 정보
> ㅁ. 행사장에 이르는 행·환차로 및 예비도로에 관한 정보

① ㄱ, ㄴ
② ㄷ, ㄹ
③ ㄱ, ㄴ, ㄹ
④ ㄱ, ㄴ, ㅁ

43 국민보호와 공공안전을 위한 테러방지법령상 대테러센터에서 수행하는 업무가 아닌 것은?

① 대테러활동에 관한 국가의 정책 수립 및 평가
② 국가 대테러활동 관련 임무분담 및 협조사항 실무 조정
③ 테러경보 발령
④ 장단기 국가대테러활동 지침 작성·배포

44 다음은 안전대책에 관한 내용이다. (　) 안의 ㄱ~ㄹ에 들어갈 내용으로 옳지 않은 것은?

(ㄱ)이 주로 행사장 내부나 내곽의 (ㄴ) 및 물적 위해요소를 대상으로 하는 안전활동이라면, 안전대책은 주로 행사장 (ㄷ)의 지리적 취약요소 및 (ㄹ)를 대상으로 하는 안전조치활동을 말한다.

① ㄱ : 검측활동
② ㄴ : 지리적 취약요소
③ ㄷ : 외곽
④ ㄹ : 물적 위해요소

45 다음과 가장 관련이 깊은 내용은?

위해기도자의 접근에 대해서 이를 제지하기 위한 반응시간을 고려하여, 경호요원이 위해기도자의 접근을 효과적으로 제지하기 위해서 군중과 경호대상자는 최소한 4~5m의 거리를 유지해야 한다.

① 자연방벽의 효과의 원리
② 대응시간의 원리
③ 이격거리의 원리
④ 보호색의 원리

46 각국의 국가원수에 대한 경호담당기관이 바르게 연결된 것을 모두 고르면?

> ㄱ. 미국 – 국토안보부 산하 비밀경호국(SS)
> ㄴ. 영국 – 런던수도경찰청 산하 특별작전부(SO, 요인경호본부)
> ㄷ. 프랑스 – GIGN
> ㄹ. 독일 – GSG-9
> ㅁ. 일본 – 황궁경찰본부

① ㄱ, ㄴ, ㄷ
② ㄱ, ㄴ, ㄹ
③ ㄱ, ㄴ, ㅁ
④ ㄷ, ㄹ, ㅁ

47 탑승예절에 관한 설명으로 옳지 않은 것은?

① 승용차 탑승 시 운전기사가 있을 경우 좌석의 가장 상석은 조수석 뒷좌석, 다음이 운전석 뒷좌석, 마지막이 뒷좌석의 가운데이다.
② 기차 탑승 시 네 사람이 마주 앉을 경우 가장 상석은 진행 방향의 창가 좌석, 다음이 맞은편 좌석, 다음은 가장 상석의 옆좌석, 그리고 그 앞좌석이 말석이 된다.
③ 비행기 탑승 시 객석 창문 쪽이 상석이고, 통로 쪽이 차석, 상석과 차석의 사이가 하석이다.
④ 선박 탑승 시 일반 선박일 경우 상급자가 먼저 타고, 하선할 때는 나중에 내리며, 함정일 경우는 상급자가 나중에 타고 먼저 내린다.

48 다음 중 국민보호와 공공안전을 위한 테러방지법령상 대테러특공대의 임무를 수행한 자를 모두 고른 것은?

> A : 대한민국 또는 국민과 관련된 국내외 테러사건을 진압하였다.
> B : 테러취약요인의 사전 예방 및 점검을 지원하였다.
> C : 테러사건과 관련된 폭발물을 탐색하고 처리하였다.
> D : 화생방테러 발생 시 초기단계에서의 오염 확산을 방지하였다.
> E : 요인경호행사 및 국가중요행사의 안전한 진행을 지원하였다.

① A, B, C
② A, C, E
③ B, D, E
④ C, D, E

49 다음에서 설명하는 경호조직의 원칙에 관한 설명으로 옳은 것은?

- 지휘 및 통제의 이원화로 인해 파생되는 문제들을 보완하기 위해 명령과 지휘체계는 반드시 하나의 계통으로 구성해야 한다는 원칙이다.
- 지휘가 단일해야 한다고 하는 것은 경호기관(요원)은 한 사람의 지휘를 받아야 한다는 뜻이다.
- 경호업무가 긴급성을 요한다는 점에서도 요청된다.

① 경호조직과 국민과의 협력을 의미하며 완벽한 경호를 위해서는 국민의 절대적인 협력이 필요하다는 원칙이다.
② 일반기업의 책임과 분업원리와 연계되는 경호조직의 원칙이라고 할 수 있다.
③ 기관단위의 관리와 임무의 수행을 위한 결정은 지휘자만이 할 수 있고, 경호의 성패는 지휘자만이 책임을 지는 것이다.
④ 지휘의 단일이란 "하나의 지휘자"라는 의미 외에 하급경호요원은 하나의 상급기관에 대해서만 책임을 진다는 의미가 포함된다.

50 다음은 보안업무의 원칙 중 어떤 원칙을 설명한 것인가?

내용과 가치의 정도에 따라 다른 비밀과 관련되지 않게 독립시켜야 한다는 것으로, 한 번에 다량의 비밀이나 정보가 유출되지 않도록 하여야 한다.

① 알 사람만 알아야 하는 원칙
② 적당성의 원칙
③ 부분화의 원칙
④ 보안과 능률의 원칙

51 다음 중 대통령경호안전대책위원회의 위원과 분장책임을 바르게 연결한 것은?

〈대통령경호안전대책위원회 위원〉
ㄱ. 관세청 조사감시국장
ㄴ. 국가정보원 테러정보통합센터장
ㄷ. 대검찰청 공공수사정책관
ㄹ. 경찰청 경비국장

〈분장책임〉
a. 위해가능인물에 대한 동향파악
b. 출입국자에 대한 검색 및 검사
c. 행사참관 해외동포 입국자에 대한 동향파악 및 보안조치
d. 위해가능인물의 관리 및 자료수집

① ㄱ - b
② ㄴ - d
③ ㄷ - a
④ ㄹ - c

52 다음 중 경호임무의 수행절차의 순서를 바르게 나열한 것은?

① 행사일정획득 → 연락 및 협조체제 구축 → 경호실시 → 위해분석 → 경호평가
② 행사일정획득 → 위해분석 → 연락 및 협조체제 구축 → 경호실시 → 행사결과보고서 작성
③ 행사일정획득 → 연락 및 협조체제 구축 → 위해분석 → 경호실시 → 행사결과보고서 작성
④ 연락 및 협조체제 구축 → 경호실시 → 위해분석 → 경호평가 → 행사결과보고서 작성

53 경호현장에서 응급상황 발생 시 최초반응자로서 경호원의 역할에 관한 내용으로 옳지 않은 것은?

① 심폐소생술 및 기본 외상처치술을 시행할 수 있어야 한다.
② 자동제세동기를 사용할 줄 알아야 하며 장비를 사용하는 구급요원을 지원할 수 있어야 한다.
③ 응급구조사의 업무를 도와줄 수 있어야 한다.
④ 교육받은 행위 외에 의료진과 같이 치료를 할 수 있어야 한다.

54 경호조직의 특성에 관한 설명으로 옳은 것을 모두 고른 것은?

ㄱ. 경호조직의 기동성	ㄴ. 경호조직의 통합성
ㄷ. 경호조직의 개방성	ㄹ. 경호조직의 계층성
ㅁ. 경호조직의 소규모성	

① ㄱ, ㄴ, ㄷ
② ㄱ, ㄴ, ㄹ
③ ㄴ, ㄷ, ㄹ
④ ㄷ, ㄹ, ㅁ

55 우발상황에 관한 설명으로 옳지 않은 것은?

① 우발상황 발생 시 경호원은 경호대상자를 신속하게 안전지대로 대피시키기 위해 경호대상자에게 신체적 무리가 있더라도 과감하게 행동하여야 한다.
② 대적 시에는 경고와 동시에 위해기도자와 가장 가까이에 있는 경호원이 과감히 몸을 던져 공격선을 차단한다.
③ 대적하는 경호원은 경호대상자를 등지고 위험발생지역으로 향한다.
④ 수류탄 또는 폭발물과 같은 폭발성 화기에 의해 공격받았을 때 사용되는 방호 대형은 강화된 사각 대형이다.

56 다음 중 우발상황 대응기법의 순서로 옳은 것은?

ㄱ. 공격의 인지	ㄴ. 방호 및 대피 대형의 형성
ㄷ. 대적 및 제압	ㄹ. 경 고
ㅁ. 대 피	ㅂ. 방패막의 형성

① ㄱ → ㄴ → ㅁ → ㄹ → ㄷ → ㅂ
② ㄱ → ㄴ → ㅁ → ㄹ → ㅂ → ㄷ
③ ㄱ → ㄹ → ㅂ → ㄴ → ㅁ → ㄷ
④ ㄱ → ㄹ → ㅂ → ㄷ → ㄴ → ㅁ

57 다음이 설명하는 선발경호의 특성은?

> 경호대상자에 대한 경호활동은 고유한 기능과 임무를 가지고 있는 다른 여러 기관이 참여하여 이루어지지만, 이들 각 기관들이 하나의 지휘체계 아래 보완적이고 협력적 관계에서 주어진 임무를 수행한다.

① 안정성
② 예방성
③ 예비성
④ 통합성

58 다음은 예방경호작용 수행단계 중 어느 단계에 관한 설명인가?

> 위해가능성이 있다고 판단된 위해요소를 추적하고 사실 여부를 확인하는 단계로, 과학적이고 신중한 행동이 요구되는 단계

① 예견단계
② 인식단계
③ 조사단계
④ 무력화단계

59 경호처장이 대한민국을 방문하는 외국의 국가원수에 대한 경호임무를 수행하기 위해 해당 국가의 정치상황, 상호주의 측면, 적대국가 유무 등 국제적 관계를 고려하여 경호등급을 구분하여 운영하는 경우에 사전에 협의해야 하는 사람으로 옳지 않은 것은?

① 외교부장관
② 국가정보원장
③ 경찰청장
④ 대통령 비서실장

60 다음은 근접경호(수행경호)의 기본원리에 관한 내용이다. 근접경호의 기본원리와 해당 내용의 연결이 옳은 것은?

[근접경호의 기본원리]
A. 자연방벽효과의 원리
B. 대응시간의 원리
C. 주의력효과와 대응효과의 역(逆)의 원리
D. 이격거리의 원리

[내용]
ㄱ. 경호의 원칙 중 방어경호의 원칙이나 자기희생의 원칙과 연결된다.
ㄴ. 대응력은 위해기도에 반응하여 경호대상자를 보호하고 대피시킬 수 있는 경호능력을 말한다.
ㄷ. 위해기도자의 접근에 대해서 이를 제지하기 위한 반응시간을 고려하여, 경호요원이 위해기도자의 접근을 효과적으로 제지하기 위해서 군중과 경호대상자는 최소한 4~5m의 거리를 유지해야 한다.
ㄹ. 경호원들이 경호대상자와 위해기도자 사이에서 어느 곳에 위치하느냐에 따라서 경호대상자를 보호하는 범위의 크기에 차이가 있음을 말한다.

① A - ㄱ
② B - ㄴ
③ C - ㄹ
④ D - ㄷ

61 대한민국의 경호 관련 법제도에 관한 설명으로 옳지 않은 것은?

① 대통령경호처의 하부조직으로 기획관리실, 경호본부, 경비안전본부 및 지원본부가 있다.
② 기획관리실, 경호본부, 경비안전본부 및 지원본부의 하부조직 및 그 분장사무는 대통령경호처장이 정한다.
③ 대통령경호처 직원의 임용은 학력·자격·경력을 기초로 하며, 시험성적·근무성적, 그 밖의 능력의 실증에 의하여 행한다.
④ 관계기관의 장은 외국인테러전투원으로 가담한 사람에 대하여 「여권법」에 따른 여권의 효력정지 및 재발급 제한을 법무부장관에게 요청할 수 있다.

62 다음 중 차량기동경호의 목표에 관한 내용으로 옳지 않은 것을 모두 고른 것은?

> ㄱ. 안락성(comfort) : 경호대상자가 차량을 이용하여 이동하는 동안 편안하게 시간을 보낼 수 있도록 하는 것이다.
> ㄴ. 편의성(convenience) : 정확한 시간 엄수로 업무스케줄에 차질이 생기지 않도록 하는 것이다.
> ㄷ. 안전성(safety) : 고의적이거나 계획적인 외부의 위해공격으로부터 경호대상자를 안전하게 보호하는 것을 말한다.
> ㄹ. 방비성(security) : 경호운전의 기본은 방어운전으로 이동 중 사고를 당하거나 사고를 내는 일이 있어서는 안 된다.

① ㄱ, ㄴ
② ㄱ, ㄹ
③ ㄴ, ㄷ
④ ㄷ, ㄹ

63 다음 중 경호장비에 관한 설명으로 옳지 않은 것은 모두 몇 개인가?

> ㄱ. 호신장비는 일반적으로 자신의 생명이나 신체가 위험상태에 놓였을 때 스스로를 보호하는 데 사용하는 장비를 말한다.
> ㄴ. 방호장비는 경호대상자나 경호대상자가 사용하는 시설물을 보호하기 위한 장치를 말한다.
> ㄷ. 감시장비는 위해기도자의 침입이나 범죄행위를 사전에 감시하기 위한 장비를 말한다.
> ㄹ. 검색장비는 위해물질의 존재 여부를 검사하거나 시설물의 안전점검에 사용되는 도구를 말하고, 검측장비는 위해도구나 위해물질을 찾아내는 데 사용하는 장비를 말한다.
> ㅁ. 검색장비와 검측장비는 일반적으로 검색장비로 통칭하며 탐지장비, 처리장비, 검측공구로 구분하여 사용한다.
> ㅂ. 통신장비는 경호업무를 수행하는 데 필요한 보고 또는 연락을 위한 장비를 말한다.

① 1개　　　　　　　　　　② 2개
③ 3개　　　　　　　　　　④ 4개

64 대한민국 정부수립 이후 경호기관 변천과정의 순서로 옳은 것은?

① 경무대경찰서 → 중앙정보부 경호대 → 청와대 경찰관파견대 → 대통령경호실
② 경무대경찰서 → 청와대 경찰관파견대 → 중앙정보부 경호대 → 대통령경호실
③ 대통령경호실 → 청와대 경찰관파견대 → 경무대경찰서 → 중앙정보부 경호대
④ 중앙정보부 경호대 → 청와대 경찰관파견대 → 대통령경호실 → 경무대경찰서

65 다음은 경호작용의 기본적인 고려요소에 관한 설명이다. 기본적인 고려요소와 그 내용이 바르게 연결된 것은?

〈기본적인 고려요소〉
ㄱ. 계획수립
ㄴ. 책임분배
ㄷ. 자원동원
ㄹ. 보안유지

〈내용〉
a. 경호환경을 극복하기 위한 예비 및 우발계획 준비
b. 경호 목적 달성에 부합되도록 경호임무를 명확하게 부여
c. 경호대상자, 수행원, 행사 세부일정, 적용되고 있는 경호경비상황 등의 보안은 인가된 자 이외는 엄격하게 통제
d. 대중 앞에서의 노출이나 제반 여건에 의해서 필연적으로 노출을 수반하는 행차의 지속시간과 사전 위해첩보 수집 간 획득된 내재적인 위협분석의 결과에 따라 결정

① ㄱ - b
② ㄴ - c
③ ㄷ - d
④ ㄹ - a

66 다음 중 위험 예측의 '잘못된 긍정(false positive)'에 관한 설명으로 옳은 것은?

① 위험하지 않지만 위험한 것으로 예측된 경우
② 위험하며, 위험한 것으로 예측된 경우
③ 위험하지만 위험하지 않은 것으로 예측된 경우
④ 위험하지 않으며, 위험하지 않은 것으로 예측된 경우

67 사주경계에 관한 다음 설명 중 옳지 않은 것은?

① 위해요인을 사전에 인지하기 위하여 경호대상자를 중심으로 360° 전 방향을 감시하는 경계활동을 말한다.
② 인적 경계대상에는 경호대상자 주변의 모든 인원이 그 지위나 차림새 등에 상관없이 포함된다.
③ 지리적 경계대상에는 행사장이나 주변의 모든 장소가 해당된다.
④ 물적 경계대상은 행사장이나 주변의 모든 시설물과 물체이다.

68 국기게양에 관한 설명으로 옳은 것은?

① 조의를 표하는 날은 현충일 및 국가장법 제6조에 따른 국가장 기간이다.
② 국경일은 3·1절, 제헌절, 광복절, 개천절 및 국군의 날이다.
③ 국기를 전국적으로 게양해야 하는 날은 국경일 및 기념일, 조의를 표하는 날이며, 국기는 일출부터 일몰까지만 게양해야 한다.
④ 국가, 지방자치단체 및 공공기관의 청사 등에는 목적을 고려하여 국기를 낮에만 게양할 수 있다.

69 다음 중 테러조직의 유형 중 수동적 지원조직에 관한 내용을 모두 고른 것은?

ㄱ. 정치적 전위집단, 후원자
ㄴ. 목표에 대한 정보제공, 의료지원
ㄷ. 선전효과 증대, 자금획득
ㄹ. 폭발물 설치, 무기탄약 지원
ㅁ. 테러리스트 은닉, 법적 비호
ㅂ. 지휘부의 정책수립

① ㄱ
② ㄷ
③ ㄴ, ㄹ
④ ㄷ, ㄹ, ㅁ, ㅂ

70 다음은 경호안전작용에 관한 내용이다. ( ) 안의 ㄱ~ㄷ에 들어갈 용어를 바르게 연결한 것은?

- (ㄱ) : 경호작용의 원천적 사전지식을 생산·제공하는 것으로 경호대상자의 신변안전을 위협하는 인적·물적·지리적 취약요소를 사전에 수집·분석·예고함으로써 예방경호를 수행하는 활동
- (ㄴ) : 경호와 관련된 인원, 문서, 시설, 지역, 자재, 통신 등에 대하여 불순분자로부터 완벽한 보호대책을 수립하여 지속적으로 보안을 유지해 나가는 작용
- (ㄷ) : 행사지역 내·외부의 취약요소에 대한 안전대책을 강구하고, 안전점검, 검측작용 등 통합적인 안전작용

	ㄱ	ㄴ	ㄷ
①	경호정보작용	안전대책작용	경호보안작용
②	경호정보작용	경호보안작용	안전대책작용
③	경호보안작용	경호정보작용	안전대책작용
④	안전대책작용	경호보안작용	경호정보작용

71 드론을 물리보안 분야에 활용할 경우에 관한 설명이다. 옳지 않은 것은?

① 감시·점검에 있어 시야가 확대된다.
② 기존의 장비로는 확인이 어려웠던 곳에 쉽게 접근해 확인할 수 있다.
③ 불법행위 예방효과가 CCTV보다 뛰어나다.
④ 관찰이 용이하지만 증거자료의 수집이 어렵다.

72 영국의 외무성 소속으로 MI6라고 불리며, 국외 경호 관련 정보의 수집·분석·처리 업무를 담당하는 경호 유관기관은?

① 보안국(SS)
② 비밀정보국(SIS)
③ 통신정보본부
④ 국방정보본부

73 경호의 정의와 개념을 잘못 말한 자는?

A경호원 : 경호란 경호대상자의 생명과 재산을 보호하기 위하여 신체에 가하여지는 위해를 방지하거나 제거하고, 특정 지역을 경계·순찰 및 방비하는 등의 모든 안전활동을 말해.
B경호원 : 맞는데, 경호는 보안이 강조되므로 자신의 몸을 최대한 은폐, 엄폐하여 근무하는 습관이 필요해.
C경호원 : 경호는 경호대상자와 위해행위자 사이의 완충벽이라 볼 수 있어.

① A
② B
③ A, C
④ B, C

74 다음이 설명하는 근접경호대형은?

외부로부터 위협이 없다고 판단되며 안전이 확보된 행사장 입장 시와 대외적인 이미지를 중시하는 경호대상자에게 적합한 도보대형

① 마름모 대형
② V자(역쐐기) 대형
③ 원형 대형
④ 쐐기 대형

75 대통령 등의 경호에 관한 법령상 대통령경호처 직원의 임용에 관한 내용으로 옳은 것은?

① 직원의 임용을 위한 시험은 이를 직급별로 실시한다.
② 별정직·일반직공무원에 대하여는 경력채용의 경우를 제외하고는 시험을 과하지 아니한다.
③ 경호공무원의 공개경쟁채용시험의 대상이 되는 계급은 5급·7급 및 9급으로 하고, 일반직공무원의 공개경쟁채용시험의 대상이 되는 계급은 7급·9급으로 한다.
④ 경력경쟁채용시험등은 필기시험·면접시험 및 신체검사로 실시하며, 실기시험·체력검정·지능검사·인성검사 및 적성검사의 전부 또는 일부를 병행하여 실시할 수 있다.

76 차량경호에 관한 설명으로 옳은 것은?

① 경호대상자 차량은 최고 성능의 차량을 선정하고 선도차량과 일정한 간격을 유지하면서 이동하며, 유사시 선도차량과 각기 다른 방향으로 대피한다.
② 경호책임자(경호팀장)는 차량이 하차지점에 도착하면 정차 후 차에서 내려 먼저 주변 안전을 확인한 후, 준비가 완료되면 경호대상자차의 잠금장치를 풀고 경호대상자를 차에서 내리게 하여야 한다.
③ 차선 변경 시 경호대상자차가 먼저 차선을 바꾸어 차로를 확보한 이후에 후미경호차가 진입한다.
④ 후미경호차는 차량대형을 리드하여 계획된 시간에 목적지에 도착할 수 있도록 속도를 조절하고, 기동 간 전방 상황에 대처한다.

77 응급처치에 관한 설명 중 옳지 않은 것은?

① 심폐소생술은 가슴압박(compression) → 기도유지(airway) → 인공호흡(breathing)의 순으로 실시한다.
② 자동심장충격기(AED)는 심정지 목격 시 심폐소생술 시행 후 사용하는 것을 원칙으로 한다.
③ 심정지 환자에게는 심정지 후 8분 이내에 기본 인명구조술이 시작되어야 높은 생존율을 기대할 수 있다.
④ 인공호흡에 자신이 없는 경우 가슴압박을 실시한다.

78 출입자 통제대책의 방침에 관한 설명으로 옳은 것은 모두 몇 개인가?

ㄱ. 행사장 내 모든 인적·물적 요소의 인가 여부를 확인한다.
ㄴ. 모든 출입요소는 지정된 출입통로를 사용하고 기타 통로는 폐쇄한다.
ㄷ. 출입통로 선정 및 일괄입장계획을 수립하여 통제가 용이하도록 한다.
ㄹ. 출입증은 전 참가자에게 운용함을 원칙으로 하되, 행사 성격을 고려하여 일부 제한된 행사에서는 지침에 의거 출입증을 운용하지 않을 수 있다.
ㅁ. 검색은 육감에 의한 방법으로 출입요소를 대상으로 실시하고 경호대상자와 수행원은 예외로 한다.

① 2개
② 3개
③ 4개
④ 5개

79 경호의 기본원리 및 경호기법에 관한 설명으로 옳지 않은 것은?

① 위해기도자의 위치가 고정된 경우, 수평적 방벽효과는 경호원이 위해기도자와 가까이 위치할수록 감소한다.
② 위해기도 시 위해기도자와 가장 가까이 위치한 경호원이 위해기도자를 대적한다.
③ 위력경호는 위해기도자의 위해기도 의사를 제압할 수 있는 유형적·무형적 힘을 이용한다.
④ 위해기도 시 경호대상자를 방호해야 하는 경호원은 위해기도자의 공격선상에서 최대한 몸을 크게 벌려 공격을 막는다.

80 경호의 수준에 의한 분류로서 '2(B)급 경호'에 해당되는 것은?

① 국경일 행사와 공식적 행사에 참석하는 대통령 등 국가원수급의 경호
② 행사 준비 등의 시간적 여유가 없이 갑자기 결정된 행사로 수상급의 경호
③ 사전에 행사 준비 등 경호조치가 거의 없는 장관급의 경호
④ 경찰청장이나 경호처장이 필요하다고 인정되는 주요 인사의 경호

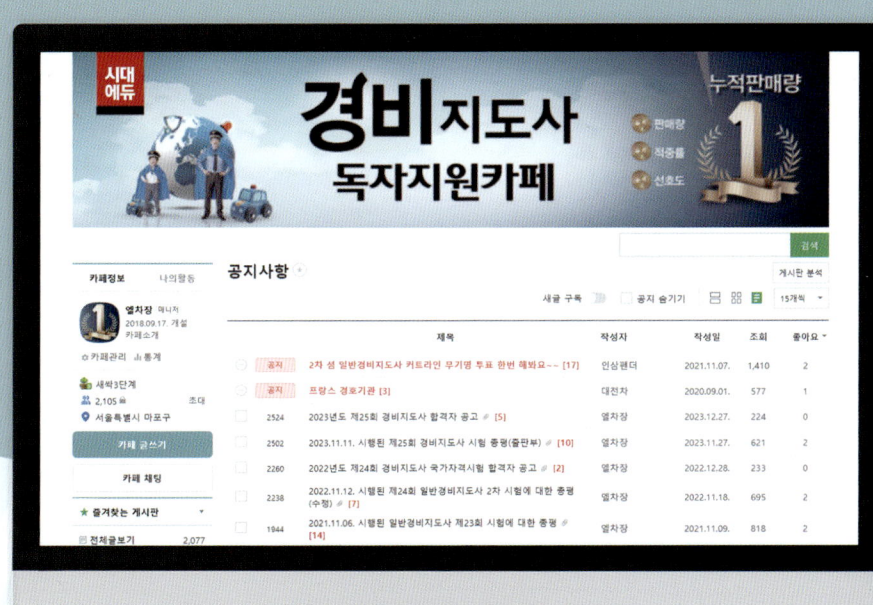

20년간 경비지도사 부문 누적판매 1위
[2024년 기준] 경비지도사 시리즈, 20년간 35.4만부 판매

A SUCCESSFUL PROJECT

경비지도사
최종점검 FINAL 모의고사
2차 [일반경비]

2025

A SUCCESSFUL PROJECT

PROJECT

2025년 제27회 시험 대비
최신 개정법령 완벽 반영

최종모의고사 총 10회분

경비지도사
최종점검 FINAL 모의고사
2차 [일반경비]

정답 및 해설편

시대에듀

시대에듀 최강교수진!

합격에 최적화된 수험서와 최고 교수진의 名品 강의를 확인하세요!

시대에듀만의 경비지도사 수강혜택

1:1 맞춤 학습 제공 + 모바일강의 서비스 제공 + 기출문제 특강 제공

한눈에 보이는 경비지도사 동영상 합격 커리큘럼

1차	
기본이론	과목별 필수개념 수립
문제풀이	예상문제를 통한 실력 강화
모의고사	동형 모의고사로 실력 점검
기출특강	기출문제를 통한 유형 파악
마무리특강	시험 전 최종 마무리

2차	
기본이론	과목별 필수개념 수립
문제풀이	예상문제를 통한 실력 강화
모의고사	동형 모의고사로 실력 점검
기출특강	기출문제를 통한 유형 파악
마무리특강	시험 전 최종 마무리

※ 과정별 커리큘럼 및 강사진은 내부사정에 따라 변경될 수 있습니다.

P/A/R/T/2

정답 및 해설

최종모의고사 10회분

제1회   최종점검 FINAL 모의고사
제2회   최종점검 FINAL 모의고사
제3회   최종점검 FINAL 모의고사
제4회   최종점검 FINAL 모의고사
제5회   최종점검 FINAL 모의고사
제6회   최종점검 FINAL 모의고사
제7회   최종점검 FINAL 모의고사
제8회   최종점검 FINAL 모의고사
제9회   최종점검 FINAL 모의고사
제10회   최종점검 FINAL 모의고사

제1회 경비업법

문제편 004p

정답 CHECK

01	02	03	04	05	06	07	08	09	10	11	12	13	14	15	16	17	18	19	20
③	③	②	②	①	④	①	②	④	③	①	③	④	④	③	④	②	①	②	①
21	22	23	24	25	26	27	28	29	30	31	32	33	34	35	36	37	38	39	40
②	①	①	①	①	④	②	③	②	④	④	②	③	①	③	②	③	③	③	②

01 정답 ③

③ (O) 경비업법령상 벌칙 적용에서 공무원으로 의제되는 형법상 범죄는 수뢰죄, 사전수뢰죄(형법 제129조), 제3자뇌물제공죄(형법 제130조), 수뢰후부정처사죄·사후수뢰죄(형법 제131조), 알선수뢰죄(형법 제132조)에 한한다.

① (×), ② (×), ④ (×) 제27조 제2항에 따라 위탁받은 업무에 종사하는 관계전문기관 또는 단체의 임직원은 「형법」제129조부터 제132조까지의 규정을 적용할 때에는 공무원으로 본다(경비업법 제27조의3). 직무유기죄는 형법 제122조, 공무상 비밀의 누설죄는 형법 제127조, 공무집행방해죄는 형법 제136조의 범죄이다.

> **관계법령** 벌칙 적용에서 공무원 의제(경비업법 제27조의3)★
>
> 제27조 제2항에 따라 위탁받은 업무에 종사하는 관계전문기관 또는 단체의 임직원은 「형법」제129조부터 제132조(수뢰·사전수뢰, 제3자뇌물제공, 수뢰후부정처사·사후수뢰, 알선수뢰)까지의 규정을 적용할 때에는 공무원으로 본다.

02 정답 ③

제시된 내용 중 ㄱ, ㄷ, ㄹ이 기계경비업자가 오경보의 방지를 위하여 계약상대방에게 서면등을 교부하는 방법에 의한 설명 시 서면등에 기재하는 사항에 해당한다.
ㄴ과 ㅁ은 출장소별로 갖추어 두어야 하는 비치서류에 기재할 사항에 해당한다.

관계법령

오경보의 방지를 위한 설명 등(경비업법 시행령 제8조)

① 법 제9조 제1항의 규정에 의하여 기계경비업자가 계약상대방에게 하여야 하는 <u>설명은 다음 각호의 사항을 기재한 서면 또는 전자문서</u>(이하 "서면등"이라 하며, 이 조에서 전자문서는 계약상대방이 원하는 경우에 한한다)를 교부하는 방법에 의한다.
  1. 당해 기계경비업무와 관련된 관제시설 및 출장소(제5조 제3항의 규정에 의한 출장소를 말한다. 이하 같다)의 명칭·소재지
  2. 기계경비업자가 경비대상시설에서 발생한 경보를 수신한 경우에 취하는 조치
  3. 기계경비업무용 기기의 설치장소 및 종류와 그 밖의 기계장치의 개요
  4. 오경보의 발생원인과 송신기기의 유지·관리방법
② 기계경비업자는 제1항 각호의 사항을 기재한 서면등과 함께 법 제26조의 규정에 의한 손해배상의 범위와 손해배상액에 관한 사항을 기재한 서면등을 계약상대방에게 교부하여야 한다.

기계경비업자의 관리 서류(경비업법 시행령 제9조)

① 기계경비업자는 법 제9조 제2항의 규정에 의하여 <u>출장소별로 다음 각호의 사항을 기재한 서류를 갖추어 두어야 한다.</u>
  1. 경비대상시설의 명칭·소재지 및 경비계약기간
  2. 기계경비지도사의 명단·배치일자·배치장소와 출동차량의 대수
  3. 경보의 수신 및 현장도착 일시와 조치의 결과
  4. 오경보인 경우 <u>오경보가 발생한 경비대상시설 및 그 오경보에 대한 조치의 결과</u>
② 제1항 제3호 및 제4호의 규정에 의한 사항을 기재한 서류는 당해 경보를 수신한 날부터 1년간 이를 보관하여야 한다.

03 정답 ❷

대표자 변경 시 허가증 원본, 법인 대표자의 이력서 1부를 첨부해야 한다.

관계법령 폐업 또는 휴업 등의 신고(경비업법 시행규칙 제5조)

② 법 제4조 제3항 제2호에 따른 법인의 명칭·대표자·임원, 같은 항 제3호에 따른 주사무소·출장소나 영 제5조 제4항에 따른 정관의 목적이 변경되어 법 제4조 제3항에 따른 신고를 하는 경우에는 별지 제6호 서식의 경비업 허가사항 등의 변경신고서(전자문서로 된 신고서를 포함한다)에 다음 각호의 서류(전자문서를 포함한다)를 첨부하여 법인의 주사무소를 관할하는 시·도 경찰청장 또는 해당 시·도 경찰청 소속의 경찰서장에게 제출하여야 한다. 변경신고서를 제출받은 경찰서장은 이를 지체 없이 관할 시·도 경찰청장에게 보내야 한다.
  1. 명칭 변경의 경우 : 허가증 원본
  2. 대표자 변경의 경우
     - 가. 삭제 〈2006.9.7.〉
     - 나. 법인 대표자의 이력서 1부
     - 다. 허가증 원본
  3. 임원 변경의 경우 : 법인 임원의 이력서 1부
  4. 주사무소 또는 출장소 변경의 경우 : 허가증 원본
  5. 정관의 목적 변경의 경우 : 법인의 정관 1부

04 정답 ❷

② (×) 경찰청장은 가입자의 보호를 위하여 공제사업의 감독에 관한 기준을 정할 수 있다(경비업법 제23조 제4항).
① (○) 경비업법 제23조 제2항
③ (○) 경비업법 제23조 제5항
④ (○) 경비업법 제23조 제6항

> **관계법령** **공제사업(경비업법 제23조)**
> ① 경비협회는 다음 각호의 공제사업을 할 수 있다.
>   1. 제26조에 따른 경비업자의 손해배상책임을 보장하기 위한 사업
>   2. 경비업자가 경비업을 운영할 때 필요한 입찰보증, 계약보증(이행보증을 포함한다), 하도급보증을 위한 사업
>   3. 경비원의 복지향상과 업무상 재해로 인한 손실을 보상하는 사업
>   4. 경비업무와 관련한 연구 및 경비원 교육·훈련에 관한 사업
> ② 경비협회는 제1항의 규정에 의한 공제사업을 하고자 하는 때에는 공제규정을 제정하여야 한다.
> ③ 제2항의 공제규정에는 공제사업의 범위, 공제계약의 내용, 공제금, 공제료 및 공제금에 충당하기 위한 책임준비금 등 공제사업의 운영에 관하여 필요한 사항을 정하여야 한다.
> ④ 경찰청장은 제1항에 따른 공제사업의 건전한 육성과 가입자의 보호를 위하여 공제사업의 감독에 관한 기준을 정할 수 있다.
> ⑤ 경찰청장은 제2항에 따른 공제규정을 승인하거나 제4항에 따라 공제사업의 감독에 관한 기준을 정하는 경우에는 미리 금융위원회와 협의하여야 한다.
> ⑥ 경찰청장은 제1항에 따른 공제사업에 대하여 「금융위원회의 설치 등에 관한 법률」에 따른 금융감독원의 원장에게 검사를 요청할 수 있다.

05 정답 ❶

① (×) 시설경비업무에 관한 설명이다(경비업법 제2조 제1호 가목). 혼잡·교통유도경비업무란 도로에 접속한 공사현장 및 사람과 차량의 통행에 위험이 있는 장소 또는 도로를 점유하는 행사장 등에서 교통사고나 그 밖의 혼잡 등으로 인한 위험발생을 방지하는 업무를 말한다(경비업법 제2조 제1호 바목).
② (○) 경비업법 제2조 제1호 나목
③ (○) 경비업법 제2조 제1호 다목
④ (○) 경비업법 제2조 제1호 마목

> **관계법령**   정의(경비업법 제2조)

이 법에서 사용하는 용어의 정의는 다음과 같다. 〈개정 2024.1.30.〉
1. "경비업"이라 함은 다음 각목의 1에 해당하는 업무(이하 "경비업무"라 한다)의 전부 또는 일부를 도급받아 행하는 영업을 말한다.
   가. 시설경비업무 : 경비를 필요로 하는 시설 및 장소(이하 "경비대상시설"이라 한다)에서의 도난·화재 그 밖의 혼잡 등으로 인한 위험발생을 방지하는 업무
   나. 호송경비업무 : 운반 중에 있는 현금·유가증권·귀금속·상품 그 밖의 물건에 대하여 도난·화재 등 위험발생을 방지하는 업무
   다. 신변보호업무 : 사람의 생명이나 신체에 대한 위해의 발생을 방지하고 그 신변을 보호하는 업무
   라. 기계경비업무 : 경비대상시설에 설치한 기기에 의하여 감지·송신된 정보를 그 경비대상시설 외의 장소에 설치한 관제시설의 기기로 수신하여 도난·화재 등 위험발생을 방지하는 업무
   마. 특수경비업무 : 공항(항공기를 포함한다) 등 대통령령이 정하는 국가중요시설(이하 "국가중요시설"이라 한다)의 경비 및 도난·화재 그 밖의 위험발생을 방지하는 업무
   바. 혼잡·교통유도경비업무 : 도로에 접속한 공사현장 및 사람과 차량의 통행에 위험이 있는 장소 또는 도로를 점유하는 행사장 등에서 교통사고나 그 밖의 혼잡 등으로 인한 위험발생을 방지하는 업무

06 정답 ④

④는 시·도 경찰청장의 허가를 받아야 하는 경우에 해당한다(경비업법 제4조 제1항 후문).

> **관계법령**   경비업의 허가(경비업법 제4조)

① 경비업을 영위하고자 하는 법인은 도급받아 행하고자 하는 경비업무를 특정하여 그 법인의 주사무소의 소재지를 관할하는 시·도 경찰청장의 허가를 받아야 한다. 도급받아 행하고자 하는 경비업무를 변경하는 경우에도 또한 같다.
② 생략
③ 제1항의 규정에 의하여 경비업의 허가를 받은 법인은 다음 각호의 어느 하나에 해당하는 때에는 시·도 경찰청장에게 신고하여야 한다. 〈개정 2024.2.13.〉
  1. 영업을 폐업하거나 휴업한 때
  2. 법인의 명칭이나 대표자·임원을 변경한 때
  3. 법인의 주사무소나 출장소를 신설·이전 또는 폐지한 때
  4. 기계경비업무의 수행을 위한 관제시설을 신설·이전 또는 폐지한 때
  5. 특수경비업무를 개시하거나 종료한 때
  6. 그 밖에 대통령령이 정하는 중요사항을 변경한 때

> **폐업 또는 휴업 등의 신고(경비업법 시행령 제5조)**
> ④ 법 제4조 제3항 제6호에서 "그 밖에 대통령령이 정하는 중요사항"이라 함은 정관의 목적을 말한다.

07 정답 ❶

경비지도사 시험의 1차 면제대상에 해당하는 사람은 ①에 해당하는 자이다(경비업법 시행령 제13조 제1호). ②~④는 일반경비원 신임교육 제외 대상자에 해당한다(경비업법 시행령 제18조 제2항 참조).

관계법령 시험의 일부면제(경비업법 시행령 제13조)

법 제11조 제3항에 따라 다음 각호의 어느 하나에 해당하는 사람은 경비지도사 제1차 시험을 면제한다.
1. 「경찰공무원법」에 따른 경찰공무원으로 7년 이상 재직한 사람
2. 「대통령 등의 경호에 관한 법률」에 따른 경호공무원 또는 별정직 공무원으로 7년 이상 재직한 사람
3. 「군인사법」에 따른 각 군 전투병과 또는 군사경찰병과 부사관 이상 간부로 7년 이상 재직한 사람
4. 「경비업법」에 따른 경비업무에 7년 이상(특수경비업무의 경우에는 3년 이상) 종사하고 행정안전부령으로 정하는 교육과정을 이수한 사람
5. 「고등교육법」에 따른 대학 이상의 학교를 졸업한 사람으로서 재학 중 경비지도사 시험과목을 3과목 이상을 이수하고 졸업한 후 경비업무에 종사한 경력이 3년 이상인 사람
6. 「고등교육법」에 따른 전문대학을 졸업한 사람으로서 재학 중 경비지도사 시험과목을 3과목 이상을 이수하고 졸업한 후 경비업무에 종사한 경력이 5년 이상인 사람
7. 일반경비지도사의 자격을 취득한 후 기계경비지도사의 시험에 응시하는 사람 또는 기계경비지도사의 자격을 취득한 후 일반경비지도사의 시험에 응시하는 사람
8. 「공무원임용령」에 따른 행정직군 교정직렬 공무원으로 7년 이상 재직한 사람

08 정답 ❷

② (✕) 위반행위의 횟수에 따른 행정처분 기준은 최근 2년간 같은 위반행위로 행정처분을 받은 경우에 적용한다(경비업법 시행령 [별표 4] 제1호 다목 전문).
① (○) 경비업법 시행령 [별표 4] 제1호 가목
③ (○) 경비업법 시행령 [별표 4] 제1호 다목 후문
④ (○) 경비업법 시행령 [별표 4] 제1호 나목 본문 후단 및 단서

관계법령 행정처분 기준(경비업법 시행령 [별표 4])

1. 일반기준
   가. 개별기준에 따른 행정처분이 영업정지인 경우에는 위반행위의 동기, 내용 및 위반의 정도 등을 고려하여 가중하거나 감경할 수 있다.
   나. 위반행위가 2 이상인 경우로서 그에 해당하는 각각의 처분기준이 다른 경우에는 그중 중한 처분기준에 따르며, 2 이상의 처분기준이 동일한 영업정지인 경우에는 중한 처분기준의 2분의 1까지 가중할 수 있다. 다만, 가중하는 경우에도 각 처분기준을 합산한 기간을 초과할 수 없다.
   다. 위반행위의 횟수에 따른 행정처분 기준은 최근 2년간 같은 위반행위로 행정처분을 받은 경우에 적용한다. 이 경우 기준 적용일은 위반행위에 대한 행정처분일과 그 처분 후의 위반행위가 다시 적발된 날을 기준으로 한다.
   라. 영업정지처분에 해당하는 위반행위가 적발된 날 이전 최근 2년간 같은 위반행위로 2회 영업정지처분을 받은 경우에는 개별기준에도 불구하고 그 위반행위에 대한 행정처분 기준은 허가취소로 한다.

09 정답 ④

출발 전일까지 출발지의 경찰서장에게 호송경비통지서를 제출하여야 하므로 2023년 5월 15일 오후 12시까지 수원경찰서장에게 호송경비통지서를 제출하여야 한다(경비업법 시행규칙 제2조 참고).

> **관계법령** 호송경비의 통지(경비업법 시행규칙 제2조)
>
> 경비업법(이하 "법"이라 한다) 제4조 제1항의 규정에 의하여 경비업의 허가를 받은 법인(이하 "경비업자"라 한다)은 법 제2조 제1호 나목의 규정에 의한 호송경비업무를 수행하기 위하여 관할경찰서의 협조를 얻고자 하는 때에는 현금 등의 운반을 위한 출발 전일까지 출발지의 경찰서장에게 별지 제1호 서식의 호송경비통지서(전자문서로 된 통지서를 포함한다)를 제출하여야 한다.

10 정답 ③

경비업 허가의 유효기간은 경비업 허가를 받은 날로부터 5년이다. 사안의 경우 최종 변경허가일인 2017년 5월 1일을 기산점으로, 2022년 4월 30일 경비법인 A의 허가 유효기간이 만료된다.

> **핵심만콕** 초일불산입의 원칙과 관련된 논의
>
> 기간을 일, 주, 월 또는 연으로 정한 때에는 기간의 초일은 산입하지 아니하나, 그 기간이 오전 영시로부터 시작하는 때에는 초일을 산입한다(민법 제157조). 또한 법령, 재판상의 처분 또는 법률행위에서 다르게 정한 경우 그에 따를 수 있다(민법 제155조 해석상). 경비업 허가의 유효기간은 허가받은 날로부터 5년이다(경비업법 제6조 제1항). 여기서 논점은 최초 경비업 허가를 받은 날을 기산점으로 할 것인지, 아니면 최종 추가·변경허가를 받은 날을 기산점으로 할 것인지이다. 경비업 허가에서 시설경비업 허가증, 기계경비업 허가증, 특수경비업 허가증이 따로 있는 것이 아니고 하나의 허가증만 있을 뿐이므로, 추가·변경허가가 있었다면 최종 변경허가일이 기산점이 된다. 그렇다면 사례에서 최종 특수경비업 추가·변경허가를 받은 날인 2017년 5월 1일을 기준으로 5년을 기산하면, 2022년 5월 1일의 전날인 2022년 4월 30일이 갱신허가된 A 경비법인의 허가 유효기간 만료일이 된다.

11 정답 ①

① (×) 시·도 경찰청장은 특수경비업자에 대하여 보안지도·점검을 연 2회 이상 실시하여야 하고, 필요한 경우 관계기관에 보안측정을 요청하여야 한다(경비업법 제25조, 동법 시행령 제29조).
② (○) 경비업법 제24조 제3항
③ (○) 경비업법 제24조 제4항
④ (○) 경비업법 제24조 제2항 전문

12 정답 ③

집단민원현장에 일반경비원 배치허가를 받은 경비업자가 집단민원현장에 새로운 경비원을 배치하려는 경우에는 새로운 경비원을 배치하기 48시간 전까지 배치허가 신청서를 관할 경찰관서장에게 제출하여 허가를 받아야 한다(경비업법 시행규칙 제24조의2 제4항).

13 정답 ④

④ (○) 경비업법 제23조 제5항
① (×) 경비협회는 경비업자의 손해배상책임을 보장하기 위한 공제사업을 할 수 있다(경비업법 제23조 제1항 제1호). 경비업자의 손해배상책임은 공제사업의 목적일 뿐, 경비협회의 업무에는 해당하지 않는다.
② (×) 경비업자는 경비업무의 건전한 발전과 경비원의 자질향상 및 교육훈련 등을 위하여 대통령령이 정하는 바에 따라 경비협회를 설립할 수 있다(경비업법 제22조 제1항).
③ (×) 경비협회에 관하여 경비업법에 특별한 규정이 있는 것을 제외하고는 「민법」 중 사단법인에 관한 규정을 준용한다(경비업법 제22조 제4항).

14 정답 ④

제시된 내용의 ㄱ~ㄷ에 들어갈 숫자는 순서대로 15, 1, 2이다.

관계법령

경비지도사의 선임·배치(경비업법 시행령 제16조)
① 경비업자는 법 제12조 제1항의 규정에 의하여 [별표 3]의 기준에 따라 경비지도사를 선임·배치하여야 한다.
② 경비업자는 제1항의 규정에 의하여 선임·배치된 경비지도사에 결원이 있거나 자격정지 등의 사유로 그 직무를 수행할 수 없는 때에는 15일 이내에 경비지도사를 새로이 충원하여야 한다.

경비지도사의 직무 및 준수사항(경비업법 시행령 제17조)
① 법 제12조 제2항 제5호에서 "대통령령이 정하는 직무"란 다음 각호의 직무를 말한다.
  1. 기계경비업무를 위한 기계장치의 운용·감독(기계경비지도사의 경우에 한한다)
  2. 오경보방지 등을 위한 기기관리의 감독(기계경비지도사의 경우에 한한다)
② 경비지도사는 법 제12조 제3항에 따라 같은 조 제2항 제1호·제2호의 직무 및 제1항 각호의 직무를 월 1회 이상 수행하여야 한다.
③ 경비지도사는 법 제12조 제2항 제호에 따라 경비원에 대한 교육을 실시하고, 행정안전부령으로 정하는 경비원 직무교육 실시대장에 그 내용을 기록하여 2년간 보존하여야 한다.

15 정답 ③

ㄹ을 제외하고는 모두 양벌규정이 적용된다.

관계법령 양벌규정(경비업법 제30조) ★

법인의 대표자나 법인 또는 개인의 대리인, 사용인, 그 밖의 종업원이 그 법인 또는 개인의 업무에 관하여 법 제28조(벌칙)의 위반행위를 하면 그 행위자를 벌하는 외에 그 법인 또는 개인에게도 해당 조문의 벌금형을 과(科)한다. 다만, 법인 또는 개인이 그 위반행위를 방지하기 위하여 해당 업무에 관하여 상당한 주의와 감독을 게을리하지 아니한 경우에는 그러하지 아니하다.

16 정답 ④

제시된 내용 중 경비업법령상 경비업의 허가요건으로 옳은 것은 ㄴ, ㄷ, ㅁ이다(경비업법 시행령 [별표 1]).

ㄱ. (×) 시설경비업자가 처음부터 특수경비업무를 겸업하고자 하는 경우도 결과적으로는 특수경비업자 외의 자가 특수경비업무를 추가로 하려는 경우와 동일하다. 따라서 특수경비업무의 자본금(3억원) 기준을 충족하여야 한다(경비업법 시행령 [별표 1] 비고 제1호).

ㄹ. (×) 기계경비업무는 <u>전자·통신분야 기술자격증소지자 5명을 포함한 일반경비원 10명 이상의 경비인력 및 경비지도사 1명 이상과 1억원 이상의 자본금</u>을 갖추어야 한다.

관계법령 경비업의 시설 등의 기준(경비업법 시행령 [별표 1]) ★ <개정 2024.12.31.>

시설 등 기준 업무별	경비인력	자본금	시 설	장비 등
1. 시설경비업무	• 일반경비원 10명 이상 • 경비지도사 1명 이상	1억원 이상	기준 경비인력 수 이상을 동시에 교육할 수 있는 교육장	기준 경비인력 수 이상의 경비원 복장 및 경적, 단봉, 분사기
2. 호송경비업무	• 무술유단자인 일반경비원 5명 이상 • 경비지도사 1명 이상	1억원 이상	기준 경비인력 수 이상을 동시에 교육할 수 있는 교육장	• 호송용 차량 1대 이상 • 현금호송백 1개 이상 • 기준 경비인력 수 이상의 경비원 복장 및 경적, 단봉, 분사기
3. 신변보호업무	• 무술유단자인 일반경비원 5명 이상 • 경비지도사 1명 이상	1억원 이상	기준 경비인력 수 이상을 동시에 교육할 수 있는 교육장	• 기준 경비인력 수 이상의 무전기 등 통신장비 • 기준 경비인력 수 이상의 경적, 단봉, 분사기
4. 기계경비업무	• 전자·통신 분야 기술자격증소지자 5명을 포함한 일반경비원 10명 이상 • 경비지도사 1명 이상	1억원 이상	• 기준 경비인력 수 이상을 동시에 교육할 수 있는 교육장 • 관제시설	• 감지장치·송신장치 및 수신장치 • 출장소별로 출동차량 2대 이상 • 기준 경비인력 수 이상의 경비원 복장 및 경적, 단봉, 분사기
5. 특수경비업무	• 특수경비원 20명 이상 • 경비지도사 1명 이상	3억원 이상	기준 경비인력 수 이상을 동시에 교육할 수 있는 교육장	기준 경비인력 수 이상의 경비원 복장 및 경적, 단봉, 분사기
6. 혼잡·교통유도경비업무	• 일반경비원 10명 이상 • 경비지도사 1명 이상	1억원 이상	기준 경비인력 수 이상을 동시에 교육할 수 있는 교육장	기준 경비인력 수 이상의 경비원 복장 및 경적, 단봉, 분사기, 무전기, 경광봉

※ 비고
1. 자본금의 경우 납입자본금을 말하고, 하나의 경비업무에 대한 자본금을 갖춘 경비업자가 그 외의 경비업무를 추가로 하려는 경우 자본금을 갖춘 것으로 본다. 다만, 특수경비업자 외의 자가 특수경비업무를 추가로 하려는 경우에는 이미 갖추고 있는 자본금을 포함하여 특수경비업무의 자본금 기준에 적합하여야 한다.
2. 교육장의 경우 하나의 경비업무에 대한 시설을 갖춘 경비업자가 그 외의 경비업무를 추가로 하려는 경우에는 경비인력이 더 많이 필요한 경비업무에 해당하는 교육장을 갖추어야 한다.
3. "무술유단자"란「국민체육진흥법」제33조에 따른 대한체육회에 가맹된 단체 또는 문화체육관광부에 등록된 무도 관련 단체가 무술유단자로 인정한 사람을 말한다.
4. "호송용 차량"이란 현금이나 그 밖의 귀중품의 운반에 필요한 견고성 및 안전성을 갖추고 무선통신시설 및 경보시설을 갖춘 자동차를 말한다.
5. "현금호송백"이란 현금이나 그 밖의 귀중품을 운반하기 위한 이동용 호송장비로서 경보시설을 갖춘 것을 말한다.
6. "전자·통신 분야 기술자격증소지자"란「국가기술자격법」에 따라 전자 및 통신 분야에서 기술자격을 취득한 사람을 말한다.

17 정답 ❷

② (×) 경비업 허가의 상대적(임의적) 취소·영업정지사유에 해당한다(경비업법 제19조 제2항 제12호).
① (○) 경비업 허가의 절대적(필요적) 취소사유에 해당한다(경비업법 제19조 제1항 제8호).
③ (○) 경비업 허가의 절대적(필요적) 취소사유에 해당한다(경비업법 제19조 제1항 제6호).
④ (○) 경비업 허가의 절대적(필요적) 취소사유에 해당한다(경비업법 제19조 제1항 제5호).

18 정답 ❶

제시된 내용 중 청원경찰법령상 시·도 경찰청장이 관할 경찰서장에게 위임하는 권한으로 명시된 내용은 ㄱ, ㄴ, ㅁ, ㅂ이다.
ㄷ. (×) 징계처분 요청은 관할 경찰서장의 고유권한이다(청원경찰법 시행령 제8조 제1항).
ㄹ. (×) 무기대여 및 휴대는 시·도 경찰청장의 권한에 해당한다(청원경찰법 시행령 제16조 제2항).
ㅅ. (×) 무기의 관리 및 취급사항을 감독하는 권한은 청원경찰법령상 관할 경찰관서장의 고유권한에 해당한다(청원경찰법 시행령 제17조 제2호).

관계법령 권한의 위임(청원경찰법 제10조의3)

이 법에 따른 시·도 경찰청장의 권한은 그 일부를 대통령령으로 정하는 바에 따라 관할 경찰서장에게 위임할 수 있다.

권한의 위임(청원경찰법 시행령 제20조)

시·도 경찰청장은 법 제10조의3에 따라 다음 각호의 권한을 관할 경찰서장에게 위임한다. 다만, 청원경찰을 배치하고 있는 사업장이 하나의 경찰서의 관할구역에 있는 경우로 한정한다.
1. 법 제4조 제2항 및 제3항에 따른 청원경찰 배치의 결정 및 요청에 관한 권한
2. 법 제5조 제1항에 따른 청원경찰의 임용승인에 관한 권한
3. 법 제9조의3 제2항에 따른 청원주에 대한 지도 및 감독상 필요한 명령에 관한 권한
4. 법 제12조에 따른 과태료 부과·징수에 관한 권한

19 정답 ❷

제시문 중 무기관리수칙의 내용으로 옳은 것은 ㄱ, ㄷ, ㅁ, ㅂ이다.
- ㄱ. (○) 청원경찰법 시행규칙 제16조 제1항 제1호
- ㄷ. (○) 청원경찰법 시행규칙 제16조 제1항 제4호
- ㅁ. (○) 청원경찰법 시행규칙 제16조 제4항
- ㅂ. (○) 청원경찰법 시행규칙 제16조 제3항 제2호
- ㄴ. (×) 청원주는 무기와 탄약의 관리를 위하여 관리책임자를 지정하고 <u>관할 경찰서장</u>에게 그 사실을 통보하여야 한다(청원경찰법 시행규칙 제16조 제1항 제2호).
- ㄹ. (×) 청원주는 무기와 탄약이 분실되거나 도난당하거나 빼앗기거나 훼손되었을 때에는 <u>경찰청장</u>이 정하는 바에 따라 <u>그 전액을 배상해야 한다</u>. 다만, 전시·사변·천재지변이나 그 밖의 불가항력적인 사유가 있다고 시·도 경찰청장이 인정하였을 때에는 그렇지 않다(청원경찰법 시행규칙 제16조 제1항 제8호).

20 정답 ❶

경비원의 근무상황을 기록하여 보관하지 않은 경우 1회 위반 시 50만원의 과태료가 부과된다(경비업법 시행령 [별표 6] 제14호).

관계법령 과태료의 부과기준(경비업법 시행령 [별표 6]) <개정 2024.8.13.>

위반행위	해당 법조문	과태료 금액(단위 : 만원)		
		1회 위반	2회 위반	3회 이상 위반
9. 법 제16조 제2항을 위반하여 <u>이름표를 부착하게 하지 않거나, 신고 된 동일 복장을 착용하게 하지 않고 경비원을 경비업무에 배치한 경우</u>	법 제31조 제2항 제8호	<u>100</u>	200	400
10. 법 제16조 제2항을 위반하여 <u>이름표를 부착하게 하지 않거나, 신고된 동일 복장을 착용하게 하지 않고 집단민원현장에 경비원을 배치한 경우</u>	법 제31조 제1항 제2호	600	1,200	2,400
13. 법 제18조 제2항 각호 외의 부분 단서를 위반하여 <u>배치허가를 받지 않고 경비원을 배치하거나, 경비원 명단 및 배치일시·배치장소 등 배치허가 신청의 내용을 거짓으로 한 경우</u>	법 제31조 제1항 제4호	1,000	2,000	3,000
14. 법 제18조 제5항을 위반하여 <u>경비원의 근무상황을 기록하여 보관하지 않은 경우</u>	법 제31조 제2항 제10호	<u>50</u>	100	200

※ 비고
가. 위반행위의 횟수에 따른 과태료의 가중된 부과기준은 최근 2년간 같은 위반행위로 과태료 부과처분을 받은 경우에 적용한다. 이 경우 기간의 계산은 위반행위에 대하여 과태료 부과처분을 받은 날과 그 처분 후 다시 같은 위반행위를 하여 적발된 날을 기준으로 한다.
나. 가목에 따라 가중된 부과처분을 하는 경우 가중처분의 적용 차수는 그 위반행위 전 부과처분 차수(가목에 따른 기간 내에 과태료 부과처분이 둘 이상 있었던 경우에는 높은 차수를 말한다)의 다음 차수로 한다.

21 정답 ②

② (✕) 특수경비업자는 국가중요시설에 대한 특수경비업무를 중단하게 되는 경우에는 미리 이를 경비대행업자에게 통보하여야 하며, 경비대행업자는 <u>통보받은 즉시</u> 그 경비업무를 인수하여야 하며 이 경우 경비대행업자에 대하여도 이를 준용한다(경비업법 제7조 제8항).
① (○) 경비업법 제7조 제7항 전문
③ (○) 경비업법 제7조 제9항
④ (○) 경비업법 제14조 제1항

22 정답 ①

① (✕) 경찰청장은 경비지도사가 자격정지 기간 중에 경비지도사로 선임되어 활동한 때에는 그 자격을 취소하여야 한다(경비업법 제20조 제1항 제4호).
② (○) 경비업법 제20조 제1항 제2호
③ (○) 경비업법 제20조 제2항 제2호
④ (○) 경비업법 제20조 제3항 후단

관계법령 경비지도사자격의 취소 등(경비업법 제20조) ★★

① 경찰청장은 경비지도사가 다음 각호의 어느 하나에 해당하는 때에는 그 자격을 취소하여야 한다. 〈개정 2024.2.13.〉
  1. 제10조 제1항 각호의 결격사유에 해당하게 된 때
  2. 허위 그 밖의 부정한 방법으로 경비지도사자격증을 교부받은 때
  3. 경비지도사자격증을 다른 사람에게 빌려주거나 양도한 때
  4. 자격정지 기간 중에 경비지도사로 선임되어 활동한 때
② 경찰청장은 경비지도사가 다음 각호의 어느 하나에 해당하는 때에는 대통령령이 정하는 바에 따라 1년의 범위 내에서 그 자격을 정지시킬 수 있다. 〈개정 2024.2.13.〉
  1. 제12조 제3항의 규정에 위반하여 직무를 성실하게 수행하지 아니한 때
  2. 제24조의 규정에 의한 경찰청장 또는 시·도 경찰청장의 명령을 위반한 때
③ 경찰청장은 제1항의 규정에 의하여 경비지도사의 자격을 취소한 때에는 경비지도사자격증을 회수하여야 하고, 제2항의 규정에 의하여 경비지도사의 자격을 정지한 때에는 그 정지기간 동안 경비지도사자격증을 회수하여 보관하여야 한다.

23 정답 ①

청원주와 관할 경찰서장이 공통적으로 갖추어 두어야 할 문서와 장부(A)에 해당하는 것은 청원경찰 명부와 교육훈련 실시부이고, 관할 경찰서장과 시·도 경찰청장이 공통적으로 갖추어 두어야 할 문서와 장부(B)에 해당하는 것은 전출입 관계철이다.

핵심만콕 문서와 장부의 비치(청원경찰법 시행규칙 제17조)★★

청원주(제1항)	관할 경찰서장(제2항)	시·도 경찰청장(제3항)
• 청원경찰 명부 • 근무일지 • 근무 상황카드 • 경비구역 배치도 • 순찰표철 • 무기·탄약 출납부 • 무기장비 운영카드 • 봉급지급 조서철 • 신분증명서 발급대장 • 징계 관계철 • 교육훈련 실시부 • 청원경찰 직무교육계획서 • 급여품 및 대여품 대장 • 그 밖에 청원경찰의 운영에 필요한 문서와 장부	• 청원경찰 명부 • 감독 순시부 • 전출입 관계철 • 교육훈련 실시부 • 무기·탄약 대여대장 • 징계요구서철 • 그 밖에 청원경찰의 운영에 필요한 문서와 장부	• 배치결정 관계철 • 청원경찰 임용승인 관계철 • 전출입 관계철 • 그 밖에 청원경찰의 운영에 필요한 문서와 장부

24 정답 ①

경비원의 교육에 관한 설명으로 옳은 것은 ㄱ과 ㅁ이다.
ㄱ. (○) 경비업자의 부담으로 경비원의 신임교육을 실시하므로 옳은 설명이다.
ㅁ. (○) 경비지도사자격이 있는 사람은 신임교육의 대상에서 제외된다(경비업법 시행령 제18조 제2항 제5호).
ㄴ. (×) 신임교육의 대상에서만 제외할 수 있고, 직무교육은 받아야 한다.
ㄷ. (×) 특수경비원인 경우에는 직무교육의 대상뿐만 아니라 특수경비원 경력이 없다면 신임교육의 대상에서 제외되는 경우도 없다.★★
ㄹ. (×) 신임교육이란 새로이 경비원을 채용할 때에 딱 한 번 실시하는 것이고, 이후부터는 직무교육을 실시하는데, 직무교육은 일반경비원은 매월 2시간 이상, 특수경비원은 매월 3시간 이상 실시하게 된다.

25 정답 ①

순서대로 ( ) 안에는 시·도 경찰청장, 시·도 경찰청장, 경찰청장, 국가정보원장이 들어간다.
• 특수경비업자는 첫 업무개시의 신고를 하기 전에 시·도 경찰청장의 비밀취급인가를 받아야 한다(경비업법 시행령 제6조 제1항).
• 시·도 경찰청장은 특수경비업자에게 비밀취급인가를 하고자 하는 때에는 특수경비업자로 하여금 경찰청장을 거쳐 국가정보원장에게 보안측정을 요청하도록 하여야 한다(경비업법 시행령 제6조 제2항).

26 정답 ④

제시된 내용을 경비업법령상 벌칙의 형량이 무거운 순서대로 나열하면 ㄴ - ㄱ - ㄹ - ㄷ이다.
ㄴ. 5년 이하의 징역 또는 5천만원 이하의 벌금(제28조 제1항)
ㄱ. 3년 이하의 징역 또는 3천만원 이하의 벌금(제28조 제2항 제5호)
ㄹ. 2년 이하의 징역 또는 2천만원 이하의 벌금(제28조 제3항)
ㄷ. 1년 이하의 징역 또는 1천만원 이하의 벌금(제28조 제4항 제3호)

핵심만콕 벌칙(경비업법 제28조)★★

구분	내용
5년 이하의 징역 또는 5천만원 이하의 벌금(제1항)	국가중요시설의 정상적인 운영을 해치는 장해를 일으킨 특수경비원
3년 이하의 징역 또는 3천만원 이하의 벌금(제2항)	• 허가를 받지 아니하고 경비업을 영위한 자(제1호) • 직무상 알게 된 비밀을 누설하거나 부당한 목적을 위하여 사용한 자(제2호) • 경비업무의 중단을 통보하지 아니하거나 경비업무를 즉시 인수하지 아니한 특수경비업자 또는 경비대행업자(제3호) • 집단민원현장에 경비원을 배치하면서 허가를 받지 아니한 자에게 경비업무를 도급한 자(제4호) • 집단민원현장에 20명 이상의 경비인력을 배치하면서 그 경비인력을 직접 고용한 자(제5호) • 경비업자의 경비원 채용 시 무자격자나 부적격자 등을 채용하도록 관여하거나 영향력을 행사한 도급인(제6호) • 과실로 인하여 국가중요시설의 정상적인 운영을 해치는 장해를 일으킨 특수경비원(제7호) • 특수경비원으로서 경비구역 안에서 시설물의 절도, 손괴, 위험물의 폭발 등의 사유로 인한 위급사태가 발생한 때에 명령에 불복종한 자 또는 경비구역을 벗어난 자(제8호) • 경비원에게 경비업무의 범위를 벗어난 행위를 하게 한 자(제9호)
2년 이하의 징역 또는 2천만원 이하의 벌금(제3항)	정당한 사유 없이 무기를 소지하고 배치된 경비구역을 벗어난 특수경비원
1년 이하의 징역 또는 1천만원 이하의 벌금(제4항)	• 시설주로부터 무기의 관리를 위하여 지정받은 관리책임자가 법이 정한 의무를 위반한 경우(제1호) • 파업·태업 그 밖에 경비업무의 정상적인 운영을 저해하는 일체의 쟁의행위를 한 특수경비원(제2호) • 직무를 수행함에 있어 타인에게 위력을 과시하거나 물리력을 행사하는 등 경비업무의 범위를 벗어난 행위를 한 경비원(제3호) • 경비업법에서 정한 경비원이 휴대할 수 있는 장비 외에 흉기 또는 그 밖의 위험한 물건을 휴대하고 경비업무를 수행한 경비원 또는 경비원에게 이를 휴대하고 경비업무를 수행하게 한 자(제4호) • 경찰관서장의 배치폐지명령을 따르지 아니한 자(제5호) • 시·도 경찰청장 또는 관할 경찰관서장의 중지명령에 따르지 아니한 자(제6호)

27 정답 ❷

특수협박죄(「형법」제284조)가 아닌 협박죄(「형법」제283조 제1항)가 경비업법 제29조 제2항의 가중처벌되는 「형법」상 대상범죄에 해당한다(경비업법 제29조 제2항).

> **관계법령** 형의 가중처벌(경비업법 제29조) ★★
>
> ② 경비원이 경비업무 수행 중에 제16조의2 제1항에서 정한 장비 외에 흉기 또는 그 밖의 위험한 물건을 휴대하고 형법 제258조의2(특수상해죄) 제1항(제257조 제1항의 상해죄로 한정, 존속상해죄는 제외)·제2항(제258조 제1항·제2항의 중상해죄로 한정, 존속중상해죄는 제외), 제259조 제1항(상해치사죄), 제261조(특수폭행죄), 제262조(폭행치사상죄), 제268조(업무상과실·중과실치사상죄), 제276조 제1항(체포 또는 감금죄), 제277조 제1항(중체포 또는 중감금죄), 제281조 제1항(체포·감금등의 치사상죄), 제283조 제1항(협박죄), 제324조 제2항(특수강요죄), 제350조의2(특수공갈죄) 및 제366조(재물손괴등죄)의 죄를 범한 때에는 그 죄에 정한 형의 2분의 1까지 가중처벌한다.

28 정답 ❸

③ (×) 관할 경찰관서장은 무기의 적정한 관리를 위하여 제4항의 규정에 의하여 무기를 대여받은 시설주에 대하여 필요한 명령을 발할 수 있다(경비업법 제14조 제6항).
① (○) 경비업법 제14조 제2항
② (○) 경비업법 제14조 제4항 후문
④ (○) 경비업법 제14조 제7항 제2호

29 정답 ❷

A는 입초근무자, B는 대기근무자에 대한 설명이다.

> **관계법령** 근무요령(청원경찰법 시행규칙 제14조) ★★★
>
> ① 자체경비를 하는 입초근무자는 경비구역의 정문이나 그 밖의 지정된 장소에서 경비구역의 내부, 외부 및 출입자의 움직임을 감시한다. ★
> ② 업무처리 및 자체경비를 하는 소내근무자는 근무 중 특이한 사항이 발생하였을 때에는 지체 없이 청원주 또는 관할 경찰서장에게 보고하고 그 지시에 따라야 한다. ★★
> ③ 순찰근무자는 청원주가 지정한 일정한 구역을 순회하면서 경비 임무를 수행한다. 이 경우 순찰은 단독 또는 복수로 정선순찰(정해진 노선을 규칙적으로 순찰하는 것을 말한다)을 하되, 청원주가 필요하다고 인정할 때에는 요점순찰(순찰구역 내 지정된 중요지점을 순찰하는 것을 말한다) 또는 난선순찰(임의로 순찰지역이나 노선을 선정하여 불규칙적으로 순찰하는 것을 말한다)을 할 수 있다.
> ④ 대기근무자는 소내근무에 협조하거나 휴식하면서 불의의 사고에 대비한다. ★

30 정답 ④

④ (✕) 경찰공무원(의무경찰을 포함한다) 또는 청원경찰에서 퇴직한 사람이 퇴직한 날부터 <u>3년</u> 이내에 청원경찰로 임용되었을 때에는 제1항에 따른 교육을 면제할 수 있다(청원경찰법 시행령 제5조 제2항).
① (○) 청원경찰법 시행령 제5조 제1항 본문·제3항
② (○) 청원경찰법 시행규칙 제6조
③ (○) 청원경찰법 제5조 제3항

31 정답 ④

ㄱ. (○) 청원경찰법 시행규칙 제9조 제2항 제1호 본문
ㄴ. (✕) 교육훈련이나 그 밖의 특수근무 중에는 기동모, 기동복, 기동화 및 휘장을 착용하거나 부착하되, 허리띠와 경찰봉은 착용하거나 휴대하지 아니할 수 있다(청원경찰법 시행규칙 제9조 제3항 후단).
ㄷ. (○) 청원경찰법 시행규칙 제9조 제2항 제2호
ㄹ. (○) 청원경찰법 시행규칙 제9조 제2항 제1호 단서

32 정답 ②

② (✕) 청원경찰은 「경찰관직무집행법」에 따른 직무 외의 수사활동 등 사법경찰관리의 직무를 수행해서는 아니 된다(청원경찰법 시행규칙 제21조 제2항).
① (○) 청원경찰법 제3조
③ (○) 이 법에서 "청원경찰"이란 다음 각호의 어느 하나에 해당하는 기관의 장 또는 시설·사업장 등의 경영자가 경비(이하 "청원경찰경비"(請願警察經費)라 한다)를 부담할 것을 조건으로 경찰의 배치를 신청하는 경우 그 기관·시설 또는 사업장 등의 경비(警備)를 담당하게 하기 위하여 배치하는 경찰을 말한다(청원경찰법 제2조).
④ (○) 청원경찰법 시행규칙 제22조

33 정답 ③

분사기는 「총포·도검·화약류 등 단속법(안전관리에 관한 법률)」에 따른 분사기를 기준으로 한다(경비업법 시행규칙 [별표 5]).

관계법령	경비원 휴대장비의 구체적인 기준(경비업법 시행규칙 [별표 5])
장비	장비기준
1. 경적	금속이나 플라스틱 재질의 호루라기
2. 단봉	금속(합금 포함)이나 플라스틱 재질의 전장 700mm 이하의 호신용 봉
3. 분사기	「총포·도검·화약류 등의 안전관리에 관한 법률」에 따른 분사기
4. 안전방패	플라스틱 재질의 폭 500mm 이하, 길이 1,000mm 이하의 방패로 경찰공무원이 사용하는 안전방패와 색상 및 디자인이 명확히 구분되어야 함
5. 무전기	무전기 송신 시 실시간으로 수신이 가능한 것
6. 안전모	얼굴을 가리지 아니하면서, 머리를 보호하는 장비로 경찰공무원이 사용하는 방석모와 색상 및 디자인이 명확히 구분되어야 함
7. 방검복	경찰공무원이 사용하는 방검복과 색상 및 디자인이 명확히 구분되어야 함

34 정답 ❶

① (×) 경비원이 휴대할 수 있는 장비의 종류는 경적·단봉·분사기 등 행정안전부령으로 정하되, 근무 중에만 이를 휴대할 수 있다(경비업법 제16조의2 제1항).
② (○) 경비업법 제16조 제4항·동법 시행규칙 제19조 제2항
③ (○) 경비업법 제16조의2 제4항
④ (○) 경비업법 제16조의3 제1항

35 정답 ❸

( ) 안에 들어갈 숫자는 순서대로 ㄱ : 29, ㄴ : 30, ㄷ : 1, ㄹ : 1이다. 따라서 숫자의 합은 61이다.

관계법령 감독자 지정기준(청원경찰법 시행규칙 [별표 4])

근무인원	직급별 지정기준		
	대 장	반 장	조 장
9명까지	-	-	1명
10명 이상 29명 이하	-	1명	2~3명
30명 이상 40명 이하	-	1명	3~4명
41명 이상 60명 이하	1명	2명	6명
61명 이상 120명 이하	1명	4명	12명

36 정답 ❷

제시문의 ( )의 ㄱ~ㄹ에 들어갈 숫자는 순서대로 1, 3, 2, 15이다. 따라서 숫자의 합은 21이다.

관계법령 징계(청원경찰법 시행령 제8조)★★

① 관할 경찰서장은 청원경찰이 법 제5조의2 제1항 각호의 어느 하나에 해당한다고 인정되면 청원주에게 해당 청원경찰에 대하여 징계처분을 하도록 요청할 수 있다.
② 법 제5조의2 제2항의 정직(停職)은 1개월 이상 3개월 이하로 하고, 그 기간에 청원경찰의 신분은 보유하나 직무에 종사하지 못하며, 보수의 3분의 2를 줄인다.
③ 법 제5조의2 제2항의 감봉은 1개월 이상 3개월 이하로 하고, 그 기간에 보수의 3분의 1을 줄인다.
④ 법 제5조의2 제2항의 견책(譴責)은 전과(前過)에 대하여 훈계하고 회개하게 한다.
⑤ 청원주는 청원경찰 배치결정의 통지를 받았을 때에는 통지를 받은 날부터 15일 이내에 청원경찰에 대한 징계규정을 제정하여 관할 시·도 경찰청장에게 신고하여야 한다. 징계규정을 변경할 때에도 또한 같다.
⑥ 시·도 경찰청장은 제5항에 따른 징계규정의 보완이 필요하다고 인정할 때에는 청원주에게 그 보완을 요구할 수 있다.

37 정답 ③

청원경찰로 근무한 경력과 군 또는 의무경찰에 복무한 경력은 모두 산입된다(청원경찰법 시행령 제11조 제1항). 중요한 것은 "배치된 사업장의 취업규칙에 특별한 규정이 없는 경우"에 법조항이 적용된다는 점이다. 따라서 취업규칙에 달리 정한 것이 있으면 취업규칙이 우선적으로 적용된다.

38 정답 ③

③ (○) 청원경찰법 시행령 제4조 제1항
① (×) 청원경찰은 <u>청원주가 임용</u>하되, 임용을 할 때에는 미리 시·도 경찰청장의 승인을 받아야 한다(청원경찰법 제5조 제1항).
② (×) 청원경찰의 임용자격·임용방법·교육 및 보수에 관하여는 <u>대통령령</u>으로 정한다(청원경찰법 제5조 제3항).
④ (×) 청원주가 청원경찰을 임용하였을 때에는 임용한 날부터 <u>10일</u> 이내에 그 임용사항을 관할 경찰서장을 거쳐 시·도 경찰청장에게 보고하여야 한다(청원경찰법 시행령 제4조 제2항 전문).

39 정답 ③

제시된 내용 중 과태료를 부과하는 대상이 아닌 자는 ㄷ과 ㄹ이다. ㄷ과 ㄹ의 경우 형벌이 부과된다.
ㄷ. (×) 청원경찰이 직무를 수행할 때 직권을 남용하여 국민에게 해를 끼친 경우에는 <u>6개월 이하의 징역이나 금고</u>에 처한다(청원경찰법 제10조 제1항).
ㄹ. (×) 파업, 태업 또는 그 밖에 업무의 정상적인 운영을 방해하는 쟁의행위를 한 사람은 <u>1년 이하의 징역 또는 1천만원 이하의 벌금</u>에 처한다(청원경찰법 제11조).
ㄱ. (○) 청원경찰법 제12조 제1항 제1호 전단
ㄴ. (○) 청원경찰법 제12조 제1항 제2호
ㅁ. (○) 청원경찰법 제12조 제1항 제3호

40 정답 ②

기동복, 호루라기, 정모는 급여품에 해당하나, 가슴표장은 대여품에 해당한다(청원경찰법 시행규칙 [별표 2]·[별표 3] 참조).

제1회 경호학

● 문제편 018p

● 정답 CHECK

41	42	43	44	45	46	47	48	49	50	51	52	53	54	55	56	57	58	59	60
④	②	④	③	③	②	①	④	③	②	①	②	③	③	④	①	③	①	②	②
61	62	63	64	65	66	67	68	69	70	71	72	73	74	75	76	77	78	79	80
②	③	③	①	②	④	④	②	②	③	③	④	③	④	②	④	④	③	①	①

41 정답 ④

○△× 목표물 보존의 원칙에 관한 설명이다. 방어경호의 원칙은 경호란 공격자의 위해요소를 방어하는 행위이지 공격하는 것이 아니라는 원칙이다.

42 정답 ②

○△×
② (×) 경호의 성격에 의한 분류에 따라 공식경호, 비공식경호, 약식경호로 분류된다. 1(A)급 경호, 2(B)급 경호, 3(C)급 경호는 경호의 수준에 의한 분류에 해당한다.
① (○) 약식경호(3호・C호)는 일정한 규격적인 방식(의전절차)에 의하지 않고 실시하는 경호이다(예 출・퇴근 시 일상적으로 실시하는 경호).
③ (○) 행사장경호는 장소에 의한 경호의 분류 중 하나로 경호대상자가 참석하거나 주관하는 행사에서의 경호업무이며, 행사장은 일반 군중들과 경호대상자의 거리가 가까우므로 완벽한 경호가 필요하다. 구체적인 활동으로는 출입자 통제, 교통상황 및 주차장 관리, 내곽경비, 외곽경비 등이 있다.
④ (○) 비공식경호(2호・B호)는 경호관계자 간의 사전 통보나 협의절차 없이 이루어지는 비공식행사 때의 경호이다(예 공식 경호행사를 마치고 귀가 중 환차코스를 변경하여 예정에 없던 행사장에 방문할 경우에 실시하는 경호).

43 정답 ④

○△× ④는 고려 초기 왕명출납과 군사기무・왕궁숙위를 담당했던 중추원에 관한 설명이다. 순마소는 고려 후기 원나라의 지배하에 몽고의 제도에 따라 설치한 기관으로 도적 방지, 무고자・포악자 등의 단속과 변방 수비, 왕의 친위임무 등을 담당하였다.

44 정답 ❸

제시된 내용 중 옳은 것은 ㄱ, ㄴ, ㄹ이다.
ㄷ. (×) 경호의 안전작용은 경호정보작용, 경호보안작용, 안전대책작용 등으로 나눌 수 있다.
ㅁ. (×) 경호보안작용은 경호관련 인원, 문서, 시설, 지역, 자재, 통신 등에 대하여 불순분자로부터 완벽한 보호대책을 수립하여 지속적으로 보안을 유지해 나가는 작용을 말한다.

핵심만콕	경호정보작용

- 개념 : 경호활동의 원천적 사전지식을 생산·제공하는 작용이다.
- 경호정보작용의 3대 요건 : 정확성, 적시성, 완전성
- 경호정보작용에서는 경호와 관련된 기본적 정보, 기획정보, 분석정보, 판단정보, 예고정보 등을 작성하고 경호지휘소로 집결하여 전파한다.
- 경호정보는 어떻게 수집·평가·분석·실행되어야 하는가에 따라 경호활동의 기본적 방향이 결정되므로 신속하고 정확한 정보의 분석과 대책의 수립이 요망된다.

45 정답 ❸

대규모 군중 속에서 치명적인 안전구역 확보가 필수적인 때에 이용되는 것은 4인 경호대형(다이아몬드 대형)이다. 4인 경호대형은 경호대상자의 지명도가 대단히 높을 때, 위해자의 원거리 저격 가능성이 우려할 만한 수준이고 납치, 기습 등 가능성이 높을 때에 이용된다.

핵심만콕	경호대형

구분	내용
1인 경호대형	• 경호대상자의 위해수준 및 지명도가 아주 낮을 때, 위해자의 원거리 저격 가능성이 없을 때, 경호대상자의 경제적 이유로 경호원 고용이 제한될 때 등에 이용된다. • 경호원은 경호대상자로부터 촉수거리를 최대한 유지해야 하며, 유연하게 위치를 선정하여야 한다. • 위해 상황이 발생되었을 때는 대적을 중심으로 방호하며, 경호대상자가 스스로 대피할 수 있도록 사전에 충분한 대화가 있어야 한다.
2인 경호대형	• 경호대상자의 위해수준 및 지명도가 비교적 낮을 때, 위해자의 원거리 저격 가능성은 없으나 기습공격의 가능성이 있을 때, 경호대상자의 경제적 이유로 3인 이상 경호원 고용이 곤란할 때 등에 이용된다. • 1번 경호원은 행사장에 사전에 배치되어 제반 안전사항을 파악한 후 경호대상자의 앞에서 좌우측을 경계하면서 선도의 역할을 수행하며, 수행팀장은 경호대상자와 동행하여 도착한 후 후방에서 촉수거리를 유지하면서 좌우와 후방을 경계하여야 한다.
3인 경호대형 (쐐기 대형)	경호대상자의 지명도가 높을 때, 위해자의 원거리 저격 가능성이 있으나 우려할 만한 납치, 기습 등 테러공격의 가능성이 높을 때, 3인의 경호원 고용으로 위해에 합리적이며 성공적인 대응이 요구될 때 등에 이용된다.
4인 경호대형 (다이아몬드 대형)	경호대상자의 지명도가 대단히 높을 때, 위해자의 원거리 저격 가능성이 우려할 만한 수준이고 납치, 기습 등 가능성이 높을 때, 대규모 군중 속에서 치명적인 안전구역 확보가 필수적인 때에 이용된다.
5인 경호대형	경호대상자가 국가원수급 등 지명도가 대단히 높을 때, 위해자의 원거리 저격 가능성이 상존하고 고속강습, 납치, 위장침투 등 다양한 가능성이 높을 때, 대규모 군중 속에서 치명적인 위해를 막을 수 있는 '생존을 위한 안전구역' 확보가 어렵다고 예상되는 때 등에 이용된다.

〈출처〉 김두현, 「경호학개론」, 엑스퍼트, 2020, P. 274~277

46 정답 ❷

비밀정보국(SIS)은 영국의 외무성 소속으로 국외 경호 관련 정보의 수집·분석·처리 업무를 담당한다.

47 정답 ❶

① (×) 정부행사 시 좌석배치 순서는 관행상 행정부·입법부·사법부 순이며, 국무총리는 사법부(대법원장 - 헌법재판소장) 다음 순번이다. 국무총리와 헌법재판소장의 의전서열과 관련하여서는 논란이 있었으나, 정부행사 시 의전서열(비공식)상으로는 헌법재판소장이 국무총리보다 상위 서열이다.
② (○) 공식적인 서열을 가지지 않은 사람이 공식행사 또는 연회에 참석할 경우의 좌석은 개인적, 사회적 지위, 연령 등을 고려하며, 원만하고 조화된 좌석배치를 위하여 서열 결정상의 원칙은 다소 조정될 수도 있다.

〈출처〉김두현, 「경호학개론」, 엑스퍼트, 2020, P. 318~319

③ (○), ④ (○) '상대에 대한 존중(Respect)과 배려(Consideration)'는 '문화의 반영(Reflecting Culture) 등 가변성(Variability)', '상호주의(Reciprocity)', '서열(Rank)' 및 '오른쪽(Right) 상석'의 원칙과 더불어 의전의 중요한 원칙 중 하나이다.

핵심만콕 의전의 원칙 ★

상대에 대한 존중(Respect)과 배려(Consideration)	의전의 출발점은 서로가 다름을 인정하는 것이며, 의전의 종결점은 다름을 효과적으로 조율하는 것이다.
문화의 반영(Reflecting Culture) 등 가변성(Variability)	의전은 문화와 시대의 소산이며 세상이 변화하면 문화도 변하고 의전 관행도 바뀔 수 있는 것이다. 그래서 의전의 기준과 절차는 때(또는 시대)와 장소에 따라, 처해진 상황에 따라 늘 가변적이다.
상호주의(Reciprocity)	상호주의는 상호 배려의 다른 측면이기도 하다. 하지만 의전의 상호주의가 항상 등가로 작용되는 것은 아니며 엄격히 적용되기 어려운 측면도 많다. 상호주의에 대한 지나친 집착은 오히려 족쇄로 작용할 수 있다.
서열(Rank)	정부행사에서 공식적으로는 헌법, 정부조직법, 국회법, 법원조직법 등 법령에서 정한 직위 순서를 기준으로 하고, 관례적으로는 정부수립 이후부터 시행해 온 정부 의전행사를 통하여 확립된 선례와 관행을 기준으로 한다.
오른쪽(Right)이 상석	문화적으로, 종교적으로 왼쪽을 불경 또는 불결하게 여겨 온 전통의 소산이 오른쪽 상석의 원칙으로 발전되었다. 행사 주최자의 경우 손님에게 상석인 오른쪽을 양보한다. 다만, 국기의 경우는 그렇지가 않다.

〈출처〉행정안전부, 2024 "정부의전편람", P. 5~6

48 정답 ❹

제시된 내용 중 옳은 것은 ㄷ, ㄹ, ㅁ이다.
ㄱ. (×) 영국의 SAS는 영국 육군소속이고 세계최초의 전문화된 특수부대로서 오늘날 여러 다른 나라들의 비슷한 특수부대의 모델이 되었다. 현재는 유괴, 폭파, 암살 등의 테러 업무를 전담하고 있다.
ㄴ. (×) Shayetet 13(이스라엘 13전대)은 이스라엘 해군소속의 대테러 특수부대로 지중해에서 주로 활동한다. 자국 비행기 납치를 예방하고, 아랍권 국가의 이스라엘에 대한 테러공격을 방지하는 임무를 수행한다.

49 정답 ❸

경호영향권역을 공간적으로 구분한 3중의 경호막을 통해 구역별로 차등화된 경호조치로 위해요소에 대한 중첩확인이 이루어진다.

> **핵심만 콕**
>
> 3중 경호는 경호영향권역을 공간적으로 구분하여, 해당구역의 인적·물적 위해요소에 대해 상대적으로 차등화된 경호조치와 경호인력의 배치 및 중첩된 통제를 통하여 경호의 효율화를 기하고자 하는 경호방책이다. 3중의 경호막을 통해서 종심을 확보하여 조기경보체제를 구축하고, 위해분자의 침투를 중첩되게 차단하며, 공간적·시간적·대상별로 차등화된 통제를 통하여 완벽한 경호를 추구하고, 자원과 시간과 인력의 낭비적 요소를 제거하며, 행사와 관계없는 일반인들에 대한 불필요한 통제를 최소화하는 데 3중 경호의 의의와 효과가 있다.
>
> 〈출처〉 이두석, 「경호학개론」, 진영사, 2018, P. 157

50 정답 ❷

검측은 경호원의 입장이 아니라 적(위해자)의 입장에서 실시한다.

> **핵심만 콕**   **안전검측의 기본적 요령**
>
> - 검측은 기본지식이 없어도 수행할 수 있는 일반검측과 교육을 받은 전문검측담당으로서 행하는 정밀검측이 있다.
> - 특수시설이나 기술적 조치가 필요한 시설의 검측은 전문가를 초빙하여 검측조에 편성하고 자문을 통해 실시하며, 기술적 분야는 전문가가 직접 안전조치하여 하자가 발생하지 않도록 한다.
> - 검측의 순서는 회의실, 오찬장, 휴게실 등 경호대상자가 장시간 머물러 있는 곳을 먼저 실시하고, 통로, 현관 등 경호대상자가 움직이는 경로를 순차적으로 실시한다.★
> - 검측은 경호원의 입장이 아니라 적(위해자)의 입장에서 실시한다.
> - 검측은 책임구역을 구분하여 실시하되, 가까운 곳에서 먼 곳으로, 좌에서 우로, 밖에서 안으로 계속 중복하여 실시한다. 즉, 검측인원의 책임구역을 명확하게 하며 중복되게 점검이 이루어져야 한다.★
> - 검측대상은 외부, 내부, 공중지역, 연도로 구분하여 실시한다.
> - 전기제품은 분해하여 이상 유무를 확인한다.
> - 통로보다는 양 측면을, 아래보다는 높은 곳을 더 주의하여 실시하고, 의심나는 곳은 반복해서 실시한다.★
> - 장비를 이용하되 오감을 최대한 활용한다. 즉, 장비에만 의존해서는 안 된다는 뜻이다.★
>
> 〈출처〉 김계원, 「경호학」, 백산출판사, 2008, P. 208

51 정답 ❶

① (○) 대통령 등의 경호에 관한 법률 제16조 제1항
② (×) 대통령경호처장은 경호업무를 효율적으로 수행하기 위해 필요한 경우 관계기관의 장과 협의하여 경호구역에서의 경호업무를 지원하는 인력·시설·장비 등에 관한 사항을 조정할 수 있다(대통령 등의 경호에 관한 법률 시행령 제3조의3 제3항).
③ (×) 대통령경호처의 기획관리실장·경호본부장·경비안전본부장 및 지원본부장은 <u>2급 경호공무원</u>으로 보한다(대통령경호처와 그 소속기관 직제 제5조 제2항).
④ (×) 대통령경호처의 소속기관에 두는 공무원의 직급별 정원은 <u>훈령·예규 및 그 밖의 방법으로 정한다</u>(대통령경호처와 그 소속기관 직제 제8조 제2항).

52 정답 ②

② (✕) 행사 간 우발사태 발생 시 근접경호에 대한 대응체계는 경호작전지휘소의 통제보다 즉각적으로 이루어져야 한다. 행사 간 우발사태 발생 시 근접경호에 대한 대응체계를 통합지휘하는 것은 현장 경호책임자라고 할 수 있다.
① (○) 경호정보의 수집과 배포, 경호통신시스템의 관리 및 유지 외에 경호작전요소의 통합 지휘(통솔의 일원화)와 타 기관과의 협조 및 연락임무를 수행하고 유무선통신망을 구축하기 위해 경호작전지휘소를 설치한다.
③ (○) 선발경호는 경호대상자보다 먼저 경호행사장에 도착하여 위해요소를 점검하고 안전을 확보하는 활동으로, 경호계획 최종 확인 및 변동사항 정리, 비상대책 확인 등 종합적인 경호활동 점검 및 경호지휘소(C·P)를 운영하여 변동·특이사항을 점검하는 역할 등을 한다.
④ (○) 위협평가는 경호대상자의 위협수준을 계량화하는 과정이자 경호원 및 경호대상자 모두에게 위협의 수준을 이해하도록 하여 효과적인 대응방안을 마련하기 위한 과정으로서, 경호작전지휘소를 통해 행사 성격에 맞는 경호 수준 및 경호작전의 규모를 결정하고 합리적인 경호작전요소를 결정하기 위해 위협평가를 한다.

핵심만콕 경호작전지휘소 설치목적

- 경호정보의 수집과 배포, 경호통신시스템의 관리 및 유지
- 경호작전요소의 통합 지휘(통솔의 일원화)
- 타 기관과의 협조 및 연락임무를 수행하고 유무선통신망을 구축

53 정답 ③

③ (✕) 호텔 등 유숙지의 시설물은 일반 업무용 숙박시설의 기능을 가지고 있어 숙소의 종류 및 시설물들이 복잡하고 많은 위험요소가 내포되어 있기 때문에 경호적 개념의 방어에 취약하다.
① (○) 경비계획수립 시 주야간 경계근무로 인해 경호원의 피로가 누적된다는 점을 고려하여야 한다.
② (○) 숙소의 특성상 출입이 빈번하고 숙소를 이용하는 일반인 이용객들이 많아 혼잡하여 통제가 용이하지 않다. 또한 매스컴을 통한 경호대상자의 거취의 보도나 보안차량과 인원의 이동 시 주변에 알려지기 쉬워 보안상에 위험이 많다.
④ (○) 경호대상자의 동일 장소 장기간 체류는 위해기도자에게 기회와 시간을 제공하게 될 수 있다. 경비계획수립 시 체류가 장기화된다는 점을 고려하여야 한다.

핵심만콕 숙소경호

- 의의 : 숙소경호란 경호대상자가 공관이나 관저를 떠나 외지에 머무르는 장소에서 이루어지는 제반 경호활동을 말한다. 공관이나 관저에 머물러 있는 것도 숙소경호에 포함시키는 견해도 있다.
- 특 징
  - 고정성 : 동일한 장소에 경호대상자가 장시간 체류하게 되므로 고정성이 있다.
  - 혼잡성 : 숙소의 특성상 출입이 빈번하고 숙소를 이용하는 일반인 이용객들이 많아 통제가 용이하지 않다.
  - 보안의 위험성 : 매스컴을 통한 경호대상자의 거취의 보도나 보안차량과 인원의 이동 시 주변에 알려지기 쉬워 보안상 위험이 많다.
  - 방어의 취약성 : 호텔 등 유숙지의 시설물은 일반 업무용 숙박시설의 기능을 가지고 있어 숙소의 종류 및 시설물들이 복잡하고 많은 위험요소가 내포되어 있기 때문에 경호적 개념의 방어에 취약하다.
  - 경호원의 피로누적 : 주야간 경계근무로 경호원의 피로가 누적된다.

54 정답 ❸

③ (×) 본인의 의사에 반하지 아니하는 경우에 한정하여 퇴임 후 10년 이내의 전직대통령과 그 배우자가 대통령경호처의 경호대상이다(대통령 등의 경호에 관한 법률 제4조 제1항 제3호 본문). 즉, <u>전직대통령의 직계존비속은 대통령경호처의 경호대상이 아니다.</u>
① (○) 경호의 주체는 경호조직 또는 실질적인 경호작용을 할 수 있는 법적인 근거를 취득한 자로서 경호목적을 달성하기 위해 적극적으로 일정한 경호작용을 주도적으로 실시하는 당사자를 말한다.
② (○) 경호관계에서 경호주체의 상대방 즉, 경호대상자를 경호객체라고 말한다. 경호를 받는 사람이라는 의미의 '피경호인'이라고 표현하기도 한다.
④ (○) 안전구역은 경호대상자가 위치하는 가장 중심부 내부로 어떠한 상황 하에서도 완벽한 통제가 이루어져야 한다. 경호대상자가 경호조치에 협조적인 경우라 하더라도 여전히 필연적인 위험은 잠재하기 때문에, 안전구역을 해제하여서는 아니 된다.

55 정답 ❹

④ (×) 도보순찰·기동순찰조를 운용하여 외부로부터 내부로의 불심자 접근을 차단하는 것은 <u>제3선(외곽경비)</u>에서 필요하다.
① (○) 행사장에서는 경호대상자와 일반대중과의 거리가 매우 밀접하게 되므로 경호자의 고도의 안전대책이 요구되고 높은 수준의 경계를 요한다.
② (○) 정문 근무자는 행사 주최 측과 협의하여 초청장 소지, 비표 패용 여부를 확인하고 거동수상자를 검색하여야 한다.
③ (○) 근무자는 국민의례 등에 참석하지 않고 오로지 군중경계에 전념하여 돌발사태 발생 시 바로 대응할 수 있는 자세를 갖추고 있어야 한다.

핵심만콕 행사장경호 시의 출입자 통제관리 및 내·외곽 경계

행사장 정문 근무자	• 행사 주최 측과 협조하여 초청장 발급·비표 패용 여부를 확인한다. • 거동수상자와 정문 부근에서 비표 없이 배회하는 자는 철저한 검문검색을 한다. • 차량 출입문과 도보 출입문을 구분하여 입장토록 한다. • 승차입장 차량에 대하여는 정차선에서 승차입장표지와 승차자입장표지를 확인한다. • 승차자가 소지하고 있는 위해물품 등은 물품보관소에 보관시키도록 한다.
내부경비 (제1선 안전구역)	• 입장자 및 입장 중인 자에 대한 입장표지 패용 등을 확인한다. • 계속적 경계를 유지하면서 불심자를 색출한다. • 입장이 완료되면 복도·화장실·로비·휴게실 등에 근무자 이외에는 한 사람도 없도록 통제한다. • 행사 진행 중에는 좌석에서 식순에 없이 일어나거나 움직이는 사람이 없도록 통제한다. • 근무자는 국민의례 등에 참여하지 않고 오직 군중경계에만 전념한다. • 돌발사태 발생 시 육탄방어의 자세를 갖추고 있어야 한다.
내곽경계 (제2선 경비구역)	• 예비대·비상통로·소방차·구급차 등을 확보하여 요원과 함께 대기하며 돌발사태에 대비한다. • 행사장과 부근 건물 등에 대한 안전을 유지한다. • 주최측 요원 및 참석자에 대한 철저한 동정 감시와 순찰조를 운용하여 불심자의 접근을 제지하고 위해요소를 적발한다.
외곽경비 (제3선 경계구역)	• 행사장 주변의 취약요소를 봉쇄, 감시할 수 있는 위치를 선정하여 감시조를 운용한다. • 도보순찰·기동순찰조를 운용하여 외부로부터 내부로의 불심자 접근을 차단한다. • 행사장과 인접한 위치에 예비대를 대기시켜 돌발사태에 대한 즉응태세를 갖추어야 한다.

〈출처〉 김두현, 「경호학개론」, 엑스퍼트, 2020, P. 265~266

56 정답 ❶

제시된 내용 중 우발상황 대응기법으로 옳은 것은 ㄱ과 ㄴ이다.

ㄱ. (○) 경호원의 주의력효과 면에서 군중(경계대상자)과의 거리가 가까울수록 유리하고, 대응효과 면에서 군중과의 거리가 멀수록 유리하다.

〈참고〉 이두석,「경호학개론」, 진영사, 2018, P. 165

ㄴ. (○) 최초 목격자가 육성 또는 무전으로 전파하고, 간단명료한 지향성 용어를 사용하며, 가능하면 방향이나 위치를 제시하는 등 공격의 내용을 전파한다.

ㄷ. (✕) 수류탄 또는 폭발물과 같은 폭발성 화기에 의한 공격을 받았을 때 사용하는 방호대형은 함몰형 대형이다. 방어적 원형 대형은 경호행사 시 최소안전구역의 확보에 실패하여 경호대상자가 군중 속에 갇혀 있는 상황에서 현장이탈을 시도할 때 사용하는 대형이다.

57 정답 ❸

c는 적시성의 원칙에 관한 설명이다. 적당성의 원칙은 정보보안활동과 관련된 원칙이다.

> **핵심만콕** 경비수단의 주요 원칙
>
> - 균형의 원칙 : 한정된 경비력을 가지고 최대의 효과를 발휘할 수 있도록 상황과 대상에 따라서 유효적절하게 부대를 배치하여 실력행사를 실행하는 것을 말한다.
> - 위치의 원칙 : 경비사태에 있어 실력행사를 함에 있어서 상대방보다 유리한 지점과 위치를 신속하게 확보 유지하는 것을 말한다.
> - 적시성의 원칙 : 상대방의 기세와 힘이 가장 허약한 시점을 포착하여 그때를 기준으로 하여 집중적인 강력한 실력행사를 감행하는 것을 말한다.
> - 안전의 원칙 : 경비사태 발생 시 경비병력이나 군중들을 사고 없이 안전하게 진압해야 한다는 것을 말한다.
>
> 〈출처〉 김두현,「경호학개론」, 엑스퍼트, 2020, P. 334

58 정답 ❶

① (✕) 도보경호는 차량이동 등에 비하여 이동속도가 느리기 때문에 외부 노출시간이 길어지게 되고, 결국 위해자가 위해를 가할 기회가 많아지게 된다.

② (○) 이동 속도는 경호대상자의 건강상태, 신장, 보폭 등을 고려하여 정하고, 상황에 따라 속도를 조절할 때는 경호원 상호 간에 연락하여 조절하도록 한다.

③ (○) 문을 통과할 경우에는 항상 경호원이 먼저 통과하여 안전을 확인한 후 경호대상자를 통과시켜야 하고, 경호원이 사전에 점검하지 않은 지역이나 장소에는 경호대상자가 절대 접근하지 않도록 한다.

④ (○) 장소나 상황에 따라 융통성 있게 적절한 도보대형을 형성하여 방벽효과를 높일 수 있도록 하여야 한다.

59 정답 ❷

대한민국에서 개최되는 다자간 정상회의에 참석하는 외국의 국가원수 또는 행정수반과 국제기구 대표의 신변(身邊)보호 및 행사장의 안전관리 등을 효율적으로 수행하기 위하여 대통령 소속으로 설치되는 경호·안전대책기구를 '경호안전통제단'이라 한다(다자간 정상회의의 경호 및 안전관리 업무에 관한 규정 제2조 제1항).

60 정답 ❷

경호대상자 차량 운행 시 차문은 반드시 닫아야 하고, 선도차량과 일정한 간격을 유지하면서 이동한다. 주행 시 운전은 항상 도로의 중앙차선을 이용하고 차 문은 항상 잠가 두어야 한다.

> **핵심만콕**   **차량경호방법**
>
> - 경호대상자 차량은 최고 성능의 차량을 선정하고 선도차량과 일정한 간격을 유지하면서 이동하며, <u>유사시 선도 차량과 같은 방향으로 대피한다</u>.
> - 선도경호차량은 행·환차로를 안내하고, 행사시간에 맞게 주행속도를 조절하며, 전방의 각종 상황에 대한 경계임 무를 수행한다.
> - <u>후미경호차량은 기동 간 경호대상자 차량의 방호업무와 경호지휘 임무를 수행</u>하고, 후미에 접근하는 차량을 통제하고 추월을 방지하도록 한다.
> - 경호책임자(경호팀장)는 목적지에 도착하면 가장 먼저 하차하고 출발 시에는 가장 나중에 승차하며 경호대상자 승·하차 시 차량 문의 개폐와 창문과 잠금장치를 통제한다.
> - 경호대상자는 가장 먼저 차량의 뒷좌석 오른쪽에 탑승하고(뒷좌석에 경호대상자, 경호원 1명일 때), 경호책임자 의 안내에 따라 가장 마지막에 하차한다. 뒷좌석에 경호대상자, 경호원 2명일 때는 경호대상자가 가운데에 앉는 것이 통상적이다.
>
> 〈출처〉 이상철, 「경호현장운용론」, 진영사, 2008, P. 206

61 정답 ❷

② (×) 검색은 육안 및 촉수, 냄새 등 <u>오관에 의한 방법과 금속탐지기에 의한 방법 등을 이용</u>하여 모든 출입요 소를 대상으로 이상 유무 및 위해물품 반입여부의 확인을 실시한다.
① (○) 출입증은 전 참가자에게 운용함을 원칙으로 하되, 행사 성격을 고려하여 일부 제한된 행사에서는 지침에 의거 출입증을 운용하지 않을 수 있다.
③ (○) 행사장에 대한 출입통제는 3선 경호개념에 의거한 경호구역의 설정에 따라 각 구역별 통제의 범위를 결정하여야 한다.
④ (○) 경호대상자에게 위해를 가할 소지가 있는 사람에는 시국불만자, 신원이 특이한 교포 및 외국인, 일반 요시찰인, 피보안처분자, 공격형 정신분자 등이 있으며 이를 색출하기 위하여 비표 관리를 한다.

62 정답 ❸

③ (×) 근접경호 시 사주경계는 <u>인접해 있는 경호원과 경계범위를 중복되게 설정해야 경호에 만전을 기할 수 있다</u>.
① (○) 주위 사물에 대한 위기의식을 가지고 전체적인 상황에 어울리지 않는 부조화 상황을 찾아야 한다.
② (○) 더운 날씨에 긴 코트를 입거나 추운 날씨에 단추를 푸는 등의 주변 환경과 어울리지 않는 복장을 착용하고, 주위상황과 어울리지 않게 행동하는 사람을 특히 주의 깊게 관찰한다.
④ (○) 위해기도자는 심리적으로 맨 앞줄보다는 둘째 줄이나 셋째 줄에 서려는 경향이 있다.

> **핵심만콕** 사주경계(주위경계)의 방법 및 요령
>
> - 근접경호 시 사주경계는 인접해 있는 경호원과 경계범위를 중복되게 설정해야 경호에 만전을 기할 수 있다.★
> - 시각의 한계를 고려하여 사주경계의 범위를 선정한다.★
> - 경호대상자로부터 가까운 곳에서 먼 곳 순으로 좌우 반복해서 경계를 실시한다.★
> - 복도의 좌우측 문, 모퉁이, 창문주위 등에 관심을 두고 경계한다.★
> - 위해자는 심리적으로 군중들의 두 번째 열에 위치해 기도하려고 한다.
> - 전체적으로 보아 주위 사물과 어울리지 않는 부조화에 주의한다.
> - 경호대상자 주변의 군중들의 손과 눈을 주시한다.
> - 시각적으로 움직임과 정황들에 대해 의문점을 제기하고 정리, 분석하도록 한다.
> - 위험감지의 단계를 주위관찰, 문제제기, 위기의식, 대응조치 계획의 순서로 수립한다.
> - 경호대상자에게 접근하는 사람의 거리, 위치, 복장, 손의 움직임을 관찰한다.
> - 공격목표를 설정한 사람은 대개 웃지 않고 몸을 움직이지 않으며 목표를 집중하여 주시한다는 점을 알아야 한다.
> - 더운 날씨나 추운 날씨 등의 주변환경과 어울리지 않는 복장을 착용하고, 주위상황과 어울리지 않게 행동하는 사람을 특히 주의 깊게 관찰한다.

63 정답 ❸

전기제품은 분해하여 확인하고, 확인이 불가능한 것은 현장에서 제거한다.

> **핵심만콕** 안전검측의 원칙
>
> - 검측은 타 업무보다 우선하며 예외를 불허하고 선 선발개념으로 실시하며, <u>인원 및 장소를 최대한 지원받아 활용</u>한다.★
> - 범인(적)의 입장에서 설치장소를 의심한다.
> - 점검은 아래에서 위로, 좌에서 우로 등 일정한 방향으로 체계적으로 점검한다.
> - <u>점과 선에서 실시하되 가까운 곳에서 먼 곳으로 밖에서 안으로 끝까지 추적한다.</u>★
> - 통로보다는 양 측면을 점검하고 책임구역을 명확히 구분하여 의심나는 곳은 반복하여 실시한다.
> - <u>장비를 이용하되 오감을 최대한 활용한다.</u>★
> - 회의실, 오찬장, 휴게실 등 경호대상자가 장시간 머물러 있는 곳을 먼저 실시하고, 통로, 현관 등 경호대상자가 움직이는 경로를 따라 순차적으로 실시한다.★
> - 전자제품은 분해하여 확인하고, 확인이 불가능한 것은 현장에서 제거한다.
> - <u>검측은 경호계획에 의거하여 공식행사에서 실시함을 원칙으로 하며, 비공식행사에서는 비노출 검측활동을 실시할 수 있다.</u>★
> - <u>검측인원의 책임구역을 명확하게 하며 중복되게 점검이 이루어져야 한다.</u>★
> - 검측대상은 외부, 내부, 공중지역, 연도로 구분 실시한다.
> - 검측실시 후 현장 확보상태에서 지속적인 안전유지를 한다.
> - 행사직전 반입되는 물품 등에는 쉽게 소형 폭발물의 은폐가 가능하므로 계속적인 검측을 실시한다.

64 정답 ①

제시된 내용은 모두 경호조직의 특성에 관한 옳은 설명이다.
ㄱ. (○) 폐쇄성(보안성)에 관한 옳은 설명이다. 경호를 완전무결하게 수행하기 위해서는 경호조직의 비공개와 경호기법의 비노출 등 보안성을 높이는 폐쇄성의 특성을 가져야 한다.
ㄴ. (○) 전문성에 관한 옳은 설명이다. 경호조직의 권위는 권력의 힘에 의존하는 데에서 탈피하여 경호의 전문성에서 찾아야 한다. 고도로 전문화된 경호전문가의 양성을 통해 경호조직의 권위를 확립하고, 국민의 이해와 협조 속에서 국민과 함께하는 경호가 요구된다.
ㄷ. (○) 계층성에 관한 옳은 설명이다. 경호조직은 전체 구조가 통일적인 피라미드형을 구성하면서 그 조직 내 계층을 이루고 지휘·감독 등을 통하여 경호목적을 실현하므로, 경호행사를 직접 담당하는 경호기관의 조직은 다른 부서에 비해 경호집행기관적 성격으로 계층성이 더욱 강조된다.
ㄹ. (○) 대규모성에 관한 옳은 설명이다. 과학기술의 진보와 더불어 거대정부의 양상은 경호기능의 간접적인 대규모화의 계기가 되었다. 그와 더불어 경호조직도 과거에 비해 그 기구 및 인원 면에서 점차 대규모화·다변화되고 있다.
ㅁ. (○) 기동성에 관한 옳은 설명이다. 암살 및 테러의 고도화에 따라 경호장비의 과학화와 이를 지원하기 위한 행정업무의 자동화, 컴퓨터화 등 기동성이 요구되고 있다.

65 정답 ②

제시문의 내용은 대비단계에 관한 설명이다.

핵심만콕 경호위기관리단계 및 세부 경호업무 수행절차★★

관리단계	주요 활동	활동 내용	세부 활동
1단계 예방단계 (준비단계)	정보활동	경호환경 조성	법과 제도의 정비, 경호지원시스템 구축, 우호적인 공중(公衆)의 확보(홍보활동)
		정보 수집 및 평가	정보네트워크 구축, 정보의 수집 및 생산, 위협의 평가 및 대응방안 강구
		경호계획의 수립	관계부서와의 협조, 경호계획서의 작성, 경호계획 브리핑
2단계 대비단계 (안전활동 단계)	안전활동	정보보안활동	보안대책 강구, 위해동향 파악 및 대책 강구, 취약시설 확인 및 조치
		안전대책활동	행사장 안전확보, 취약요소 판단 및 조치, 검측활동 및 통제대책 강구
		거부작전	주요 감제고지 및 취약지 수색, 주요 접근로 차단, 경호영향요소 확인 및 조치
3단계 대응단계 (실시단계)	경호활동	경호작전	모든 출입요소 통제 및 경계활동, 근접경호, 기동경호
		비상대책활동	비상대책, 구급대책, 비상시 협조체제 확립
		즉각조치활동	경고, 대적 및 방호, 대피
4단계 학습단계 (평가단계)	학습활동	평가 및 자료 존안 행사	행사결과 평가(평가회의), 행사결과보고서 작성, 자료 존안
		교육훈련	새로운 교육프로그램 준비, 교육훈련 실시, 교육훈련의 평가
		적용(피드백)	새로운 이론의 정립, 전파, 행사에의 적용

〈출처〉 이두석, 「경호학개론」, 진영사, 2018, P. 157

66 정답 ④

④ (○) d - ㄷ : 경호에 소요되는 자원은 경호대상자의 대중에 대한 노출이나 제반 여건, 경호대상자가 참여하는 행사 지속시간과 첩보수집으로 획득된 내재적인 위협분석의 결과에 따라 결정된다는 것으로 자원동원에 관한 설명이다.
① (×) a - ㄱ : 경호대상자의 안전에 영향을 미칠 수 있는 경호환경을 극복하기 위하여 예비 및 우발계획이 준비되어야 한다는 것으로 계획수립에 관한 설명이다.
② (×) b - ㄴ : 경호활동은 단독기관의 작용이 아닌 다양한 기관 간의 유기적인 연계(경호기관단위작용의 원칙)가 필요하므로 경호임무는 명확하게 부여되어야 하며, 경호원들에게는 각각의 임무형태에 대한 책임이 부과되어야 한다는 것으로 책임분배에 관한 설명이다.
③ (×) c - ㄹ : 경호대상자, 수행원, 행사 세부일정, 적용되고 있는 경호경비상황 등의 보안은 인가된 자 이외는 엄격하게 통제되어야 한다는 것으로 보안유지에 관한 설명이다.

핵심만콕 경호작용의 기본 고려요소 (두 : 계·책·자·보)★

- 계획수립 : 모든 형태의 경호임무는 사전에 신중하게 계획되어야 하며, 예기치 않은 변화의 가능성 때문에 경호임무를 계획함에 있어 융통성 있게 수립되어야 한다.
- 책임 : 경호임무는 명확하게 부여되어야 하며, 경호요원들에게는 각각의 임무형태에 대한 책임이 부과되어야 한다.
- 자원 : 경호대상자를 경호하는 데 소요되는 자원은 경호대상자의 행차, 즉 경호대상자의 대중 앞에서의 노출이나 제반여건에 의해서 필연적으로 노출을 수반하는 행차의 지속시간과 사전 위해첩보 수집 간 획득된 내재적인 위협분석에 따라 결정된다.
- 보안 : 경호대상자와 수행원, 행사 세부일정, 경호경비상황에 관한 보안[정보(註)]의 유출은 엄격히 통제되어야 한다. 경호요원은 이러한 정보를 인가된 자 이외의 사람에게 유출하거나 언급해서는 안 된다.

〈참고〉 김두현, 「경호학개론」, 엑스퍼트, 2020, P. 258~259

67 정답 ④

방호 및 대피성은 비상사태의 발생 시 범인을 대적하여 제압하는 것보다 반사적이고 신속·과감한 행동으로 경호대상자를 방호 및 대피시키는 것을 우선해야 한다는 특성이다.

핵심만콕 근접경호의 특성

노출성	다양한 기동수단과 도보대형에 따라 경호대상자의 행차가 시각적으로 외부에 노출될 뿐만 아니라, 각종 매스컴에 의하여 행사 일정과 장소 및 시간이 대외적으로 알려진 상태에서 업무를 수행해야 하는 특성을 의미
방벽성	근접 도보대형 시 근무자의 체위에 의한 인적 자연방벽 효과와 방탄복 및 각종 방호장비를 이용하여 외부의 공격으로부터 방벽을 구축해야 하는 특성을 의미
기동 및 유동성	근접경호는 주로 도보 또는 차량에 의해 기동 간에 이루어지며 행사 성격이나 주변 여건, 장비의 특성에 따라 능동적(유동적)으로 대처해야 하는 특성을 의미
기만성	변칙적인 경호기법으로 차량대형 기만, 기동시간 기만, 기동로 및 기동수단 기만, 승·하차 지점 기만 등으로 위해기도자로 하여금 행사 상황을 오판하도록 실제 상황을 은폐하고 허위 상황을 제공하여 경호의 효율성을 높이려는 특성을 의미
방호 및 대피성	비상사태 발생 시 범인을 대적하여 제압하는 것보다 반사적이고 신속·과감한 행동으로 경호대상자의 방호 및 대피를 우선해야 한다는 특성을 의미

68 정답 ❷

② (○) 검색장비는 경호위해요소에 대한 분석과 판단으로 적절한 조치를 강구하여 위해요소를 사전에 제거하는 데 활용되는 장비이다.
① (×) 경호업무에 있어서 인력부족으로 인한 경호취약점을 보완하는 수단으로써 침입행위를 사전에 알아내는 역할을 하는 장비를 '감시장비'라고 한다.
③ (×) 경호원이 자신의 생명·신체가 위험상태에 놓였을 때 스스로를 보호하는 장비를 '호신장비'라고 한다.
④ (×) 방벽을 설치하여 침입하려는 적의 심리상태를 불안·좌절시키는 효과를 가진 장비를 '방호장비'라고 한다.

69 정답 ❷

② (×) <u>주위의 시선을 끌 만한 색상이나 디자인은 지양</u>하며, 보수적인 색상과 스타일의 복장이 적합하다.
① (○) 경호복장은 행사의 성격과 장소에 어울리는 복장을 착용하여야 한다.
③ (○) 대통령 등의 경호에 관한 법률 시행령 제34조 제1항
④ (○) 대통령 등의 경호에 관한 법률 시행령 제34조 제2항

70 정답 ❸

대통령경호안전대책위원회규정에 의하면 관세청 조사감시국장이 동위원회 위원에 해당한다.

관계법령 구성(대통령경호안전대책위원회규정 제2조)

대통령경호안전대책위원회(이하 "위원회"라 한다)의 위원은 국가정보원 테러정보통합센터장, <u>외교부 의전기획관</u>, 법무부 출입국·외국인정책본부장, <u>과학기술정보통신부 통신정책관</u>, 국토교통부 항공안전정책관, 식품의약품안전처 식품안전정책국장, 관세청 조사감시국장, <u>대검찰청 공공수사정책관</u>, <u>경찰청 경비국장</u>, 소방청 119구조구급국장, 해양경찰청 경비국장, 합동참모본부 작전본부 소속 장성급 장교 중 위원장이 지명하는 1명, 국군방첩사령부 소속 장성급 장교 또는 2급 이상의 군무원 중 위원장이 지명하는 1명, <u>수도방위사령부 참모장과 위원장이 임명 또는 위촉하는 자로 구성한다.</u>

71 정답 ❸

비표는 모양이나 색상이 원거리에서도 식별이 용이하도록 단순하고 선명하게 제작되어야 한다.

핵심만콕	비표의 운용
비표의 종류	대상과 용도에 맞게 적절히 운용한다(리본, 명찰, 완장, 모자, 배지 등).
비표의 관리	경호대상자에게 위해를 가할 소지가 있는 사람(시국불만자, 신원이 특이한 교포 및 외국인, 일반 요시찰인, 피보안처분자, 공격형 정신병자 등)으로 인적 위해요소를 배제하기 위해서 비표를 관리한다.
비표의 운용	• 비표를 제작할 때부터 보안에 힘쓰도록 해야 하는데, 비표 분실사고 발생 시는 즉각 보고하고 전체 비표를 무효화하며 새로운 비표를 해당자 전원에게 지급한다. • 비표의 종류는 적을수록 좋고 행사 참석자를 위한 비표는 구역별로 그 색상을 달리하면 식별 및 통제가 용이하다. • 비표는 모양이나 색상이 원거리에서도 식별이 용이하도록 단순하고 선명하게 제작하여 사용한다. • 경호근무자의 경호안전활동 시에도 비표를 운영해야 한다. • 행사장 근무자의 비표는 근무관련 경호 배치 전·교양 시작 후 지급하며, 행사 참석자에게도 행사 당일 배포하여야 한다.

72 정답 ❹

④ (○) 경호조직이 국민 속에 깊이 뿌리를 내려 국민과 결합해야 한다는 원칙으로, 경호조직이 비록 완벽하고 경호요원의 수가 많다고 하더라도 모든 위해요소를 직접 인지할 수 없을 뿐 아니라 모든 사태에 대응하기가 여의치 못하므로 완벽한 경호를 위해서는 국민의 절대적인 협력이 필요하다.

① (×) 지휘 및 통제의 이원화로 인해 파생되는 문제들을 보완하기 위해 명령과 지휘체계는 반드시 하나의 계통으로 구성해야 한다는 원칙이다. 지휘의 단일성은 경호업무가 긴급성을 요한다는 점에서 또한 모순·중복·혼란 등을 피해야 한다는 점에서 요청된다.

② (×) 경호의 업무는 성격상 개인이 아닌 기관단위의 작용으로 기관의 하명에 의해서 이루어진다는 원칙으로, 기관단위의 임무결정은 지휘자만이 할 수 있고 경호의 성패는 지휘자만이 책임을 진다.

③ (×) 경호체계통일성의 원칙은 경호기관 구조의 정점으로부터 말단까지 상하계급 간에 일정한 관계가 이루어져 책임과 업무의 분담이 이루어지고, 명령(命令)과 복종(服從)의 지위와 역할의 체계가 통일되어야 한다는 의미로 일반기업의 책임과 분업원리와 연계되는 경호원칙이다.

핵심만콕	경호조직의 (구성)원칙★
경호지휘단일성의 원칙	• 지휘 및 통제의 이원화로 인해 파생되는 문제들을 보완하기 위해 명령과 지휘체계는 반드시 하나의 계통으로 구성해야 한다는 원칙으로, 경호업무가 긴급성을 요한다는 점에서도 요청된다. • 지휘가 단일해야 한다고 하는 것은 경호기관(요원)은 한 사람의 지휘를 받아야 한다는 뜻이다. 한 걸음 더 나아가서 지휘의 단일이란 「하나의 지휘자」라는 의미 외에 하급경호요원은 하나의 상급기관에 대해서만 책임을 진다는 의미가 포함된다.
경호체계통일성의 원칙	경호기관 구조의 정점으로부터 말단까지 상하계급 간에 일정한 관계가 이루어져 책임과 업무의 분담이 이루어지고, 명령(命令)과 복종(服從)의 지위와 역할의 체계가 통일되어야 한다는 원칙이다.

경호기관단위작용의 원칙	• 경호의 업무는 성격상 개인적 작용으로 이루어지지 않고 기관단위의 작용으로 기관의 하명에 의해서 이루어진다는 원칙이다. • 기관단위라는 것은 그 경호기관을 지휘하는 지휘자가 있고, 지휘를 받는 하급자가 있으며, 하급자를 관리하기 위한 지휘권과 장비가 편성되며 임무수행을 위한 보급지원 체계를 갖추고 있어야 한다는 의미이다. • 기관단위의 관리와 임무의 수행을 위한 결정은 지휘자만이 할 수 있고, 경호의 성패는 지휘자만이 책임을 지는 것이다.
경호협력성의 원칙	경호조직과 국민과의 협력을 의미하며 완벽한 경호를 위해서는 국민의 절대적인 협력이 필요하다는 원칙이다.

〈참고〉이두석,「경호학개론」, 2018, P. 114~116 / 김두현,「경호학개론」, 엑스퍼트, 2020, P. 184~187

73 정답 ❸

정보보안의 3대 목표는 정보의 기밀성을 유지하고, 무결성을 확보하며, 가용성을 보장하는 데 있다. 설문은 가용성에 관한 설명이다.

핵심만콕 정보보안(정보보호)의 목적

비밀성 (Confidentiality)	인가되지 않은 접근으로부터 정보를 보호하기 위한 것으로, 비밀성은 인가되지 않은 방식으로 정보를 획득할 수 없도록 하는 것이다.
무결성 (Integrity)	데이터나 리소스를 인증되지 않은 변경으로부터 보호하는 것으로, 한번 생성된 정보에 수정을 허락하지 않음으로써 최초의 내용을 유지하게 한다는 의미이다.
가용성 (Availability)	인가를 받은 사용자가 정보나 서비스를 요구할 경우 정보시스템에 대한 접근이 언제든지 가능하도록 보장하는 것이다.

〈출처〉이두석,「경호학개론」, 진영사, 2018, P. 392

74 정답 ❸

원칙적으로 본인의 의사에 반하지 아니하는 경우에 한정하여 퇴임 후 10년 이내의 전직대통령과 그 배우자가 경호처의 경호대상에 해당된다.

관계법령 경호대상(대통령 등의 경호에 관한 법률 제4조)

① 경호처의 경호대상은 다음과 같다.
  1. 대통령과 그 가족(= 배우자와 직계존비속)
  2. 대통령 당선인과 그 가족(= 배우자와 직계존비속)
  3. 본인의 의사에 반하지 아니하는 경우에 한정하여 퇴임 후 10년 이내의 전직대통령과 그 배우자. 다만, 대통령이 임기 만료 전에 퇴임한 경우와 재직 중 사망한 경우의 경호 기간은 그로부터 5년으로 하고, 퇴임 후 사망한 경우의 경호 기간은 퇴임일부터 기산하여 10년을 넘지 아니하는 범위에서 사망 후 5년으로 한다.
  4. 대통령권한대행과 그 배우자
  5. 대한민국을 방문하는 외국의 국가원수 또는 행정수반(行政首班)과 그 배우자
  6. 그 밖에 처장이 경호가 필요하다고 인정하는 국내외 요인(要人)
② 제1항 제1호 또는 제2호에 따른 가족의 범위는 대통령령으로 정한다.
③ 제1항 제3호에도 불구하고 전직대통령 또는 그 배우자의 요청에 따라 처장이 고령 등의 사유로 필요하다고 인정하는 경우에는 5년의 범위에서 같은 호에 규정된 기간을 넘어 경호할 수 있다.

75 정답 ❷

범죄예방 및 시위진압업무는 비밀경호국의 주된 임무가 아니다.

> **핵심만콕** 비밀경호국의 임무
>
> - 대통령 및 요인의 경호
>   - 대통령 및 대통령 당선자, 그 직계가족
>   - 부통령 및 부통령 당선자, 그 직계가족
>   - 전직대통령과 배우자(기존 퇴직 후 10년까지 → 평생) 및 그 자녀(16세에 달할 때까지)
>   - 퇴직한 부통령과 배우자 및 그 자녀(16세 미만의 자녀는 퇴직한 날로부터 6개월간)
>   - 미국을 방문 중인 외국원수 및 정부의 장, 기타 대통령이 지시한 사람
>   - 특정 용무를 위해 외국을 방문 중인 미국정부의 사절로서 대통령이 지시한 사람
>   - 국가적으로 특별히 경호가 필요한 행사 시 국토안보부장관 등이 지정한 사람
>   - 대통령 선거 시 선거일 기준 120일 이내 주요 정당의 대통령 및 부통령 후보자
> - 통화위조(화폐위조) 및 연방법 위반의 범죄행위 수사 및 체포, 기타 재무법령의 집행
> - 백악관 및 외국대사관 경비
>
> 〈참고〉 김두현, 「경호학개론」, 엑스퍼트, 2020, P. 123

76 정답 ❹

제시된 내용 중 옳지 않은 것은 ㄱ, ㄴ, ㄷ, ㄹ이다.

ㄱ. (×) 원칙적으로 의약품의 사용은 피하여야 한다.

ㄴ. (×) 응급처치는 전문적인 치료를 받기 전까지의 임시적인 처치이므로, 전문치료는 응급처치의 기본요소에 해당하지 않는다. 응급처치의 구명 3요소는 지혈, 기도유지, 쇼크방지 및 치료이며, 응급처치의 구명 4요소는 여기에 상처보호가 포함된다.

ㄷ. (×) 두부 외상 환자의 경우는 뇌손상 시 체온상승의 경향이 있으므로 보온하지 않는다.

ㄹ. (×) 심한 출혈 시 출혈 부위는 심장부위보다 높게 하여야 하고, 출혈부위에 더러운 것이 묻어 있을 때에 물로 씻어내는 것은 심하지 않은 출혈 시 처치이다.

ㅁ. (○) 환자가 의식불명인 경우, 수술을 요하는 경우, 쇼크 상태인 경우, 매스껍거나 토하는 경우, 배에 상처나 복통이 있는 경우 음료를 주어서는 안 된다.

ㅂ. (○) 응급처치원이 희생정신을 가지고 환자나 부상자를 돌보는 것은 좋으나, 환자나 부상자보다는 자신의 안전을 우선 확보하여야 한다. 응급구조사 안전수칙의 첫 번째도 "위험한 상황에는 직접 접근하지 않는다"로 되어 있으므로, 일반인의 경우에는 본인의 안전확보를 최우선으로 해야 한다.

77 정답 ❹

엘리베이터 탑승 시 안내하는 사람이 있을 때에는 상급자가 먼저 타고 먼저 내린다.

핵심만콕	탑승 시 경호예절 ★
구 분	내 용
항공기	• 상급자가 나중에 타고 먼저 내린다. • 창문가 좌석이 상석, 통로 쪽 좌석이 차석, 상석과 차석 사이가 말석이다.
선 박	• 객실의 등급이 정해져 있을 때는 지정된 좌석에 앉고, 지정된 좌석이 없는 경우 선체의 중심부가 상석이 된다. • 일반적 선박의 경우 승선 시 상급자가 나중에 타고 하선 시에는 먼저 내린다. • 함정의 경우 승선 시 상급자가 먼저 타고 하선 시에도 먼저 내린다.
기 차	• 두 사람이 나란히 앉는 좌석에서는 창가 쪽이 상석이고 통로 쪽이 말석이다. • 네 사람이 마주 앉는 자리에서는 기차 진행 방향의 창가 좌석이 가장 상석이고 그 맞은편, 상석의 옆좌석, 그 앞좌석 순이다. • 침대차에서는 아래쪽 침대가 상석이고 위쪽 침대가 말석이다.
승용차	• 운전기사가 있을 경우 자동차 좌석의 서열은 뒷좌석 오른편이 상석이고 왼쪽과 앞자리(조수석), 가운데 순이다(뒷좌석 가운데와 앞자리의 서열은 바뀔 수 있다). • 자가운전자의 경우 자진해서 운전석 옆자리에 앉는 것이 통례이며 그곳이 상석이다. 그리고 뒷좌석 오른편, 왼쪽, 가운데 순이다.
엘리베이터	• 안내하는 사람이 있을 때에는 상급자가 먼저 타고 먼저 내린다. • 안내하는 사람이 없을 때에는 하급자가 먼저 타서 엘리베이터를 조작하고 내릴 때에는 상급자가 먼저 내린다.
에스컬레이터	• 올라갈 때는 상급자가 먼저 올라가고 내려올 때는 하급자가 먼저 내려온다. • 남녀가 올라갈 때는 여성이 먼저 올라가고, 내려올 때는 남성이 먼저 내려온다.

78 정답 ❸

③ (×) 현재 사이버범죄와 관련된 우리나라의 법률체계는 「정보통신망 이용촉진 및 정보보호 등에 관한 법률(약칭 : 정보통신망법)」이 사이버범죄의 기본법적인 역할을 하고 있으나, 이외에도 「정보통신기반 보호법」, 「전기통신사업법」, 「위치정보의 보호 및 이용 등에 관한 법률(약칭 : 위치정보법)」, 「개인정보 보호법」 등 다양한 법률이 적용되고 있다.
① (○) 제4차 산업혁명이란 로봇이나 인공지능 그리고 생명과학이 주도하여 실제와 가상이 통합되는 가상물리시스템이 구축되는 것이라고 볼 수 있는데, 제4차 산업의 발달로 인한 로봇이나 인공지능 등을 이용한 범죄에 대응한 기술발달이 필요하다는 것은 일반적 환경요인에 해당한다고 할 수 있다. 다만, 드론을 활용한 북한의 남한에 대한 위협은 특수적 환경요인에 해당한다.
② (○) 우리나라의 국제적 지위향상과 더불어 해외에서 우리 국민을 대상으로 한 테러위협이 증가하고 있는데, 이는 특수적 환경요인에 해당한다.
④ (○) 생활양식 및 국민의식이 자유적이고 개인적으로 변하여 경호작용에서 비협조적 경향이 나타날 수 있다는 우려가 있다. 경호작용의 비협조적 경향은 일반적 환경요인에 해당한다.

79 정답 ①

① (○) 국민보호와 공공안전을 위한 테러방지법 제5조 제2항
② (×) 대책위원회 회의는 위원장이 필요하다고 인정하거나 대책위원회 위원 과반수의 요청이 있는 경우에 위원장이 소집한다(국민보호와 공공안전을 위한 테러방지법 시행령 제4조 제1항).
③ (×) 대책위원회는 재적위원 과반수의 출석으로 개의(開議)하고, 출석위원 과반수의 찬성으로 의결한다(국민보호와 공공안전을 위한 테러방지법 시행령 제4조 제2항).
④ (×) 대책위원회의 회의는 공개하지 아니한다. 다만, 공개가 필요한 경우 대책위원회의 의결로 공개할 수 있다(국민보호와 공공안전을 위한 테러방지법 시행령 제4조 제3항).

관계법령 국가테러대책위원회(국민보호와 공공안전을 위한 테러방지법 제5조)

① 대테러활동에 관한 정책의 중요사항을 심의·의결하기 위하여 국가테러대책위원회(이하 "대책위원회"라 한다)를 둔다.
② 대책위원회는 국무총리 및 관계기관의 장 중 대통령령으로 정하는 사람으로 구성하고 위원장은 국무총리로 한다.
③ 생략
④ 그 밖에 대책위원회의 구성·운영 등에 필요한 사항은 대통령령으로 정한다.

대책위원회의 운영(국민보호와 공공안전을 위한 테러방지법 시행령 제4조)

① 대책위원회 회의는 위원장이 필요하다고 인정하거나 대책위원회 위원(이하 "위원"이라고 한다) 과반수의 요청이 있는 경우에 위원장이 소집한다.
② 대책위원회는 재적위원 과반수의 출석으로 개의(開議)하고, 출석위원 과반수의 찬성으로 의결한다.
③ 대책위원회의 회의는 공개하지 아니한다. 다만, 공개가 필요한 경우 대책위원회의 의결로 공개할 수 있다.
④ 제1항부터 제3항까지에서 규정한 사항 외에 대책위원회 운영에 관한 사항은 대책위원회의 의결을 거쳐 위원장이 정한다.

80 정답 ①

( )에 들어갈 숫자는 순서대로 10, 7, 7, 5이므로 ( )에 들어가지 않는 숫자는 3이다.

관계법령 테러단체 구성죄 등(국민보호와 공공안전을 위한 테러방지법 제17조)★

① 테러단체를 구성하거나 구성원으로 가입한 사람은 다음 각호의 구분에 따라 처벌한다.
  1. 수괴(首魁)는 사형·무기 또는 10년 이상의 징역
  2. 테러를 기획 또는 지휘하는 등 중요한 역할을 맡은 사람은 무기 또는 7년 이상의 징역
  3. 타국의 외국인테러전투원으로 가입한 사람은 5년 이상의 징역
  4. 그 밖의 사람은 3년 이상의 징역

제2회 경비업법

문제편 031p

정답 CHECK

01	02	03	04	05	06	07	08	09	10	11	12	13	14	15	16	17	18	19	20
②	③	④	①	③	③	③	①	②	③	②	④	①	②	④	④	②	④	②	④
21	22	23	24	25	26	27	28	29	30	31	32	33	34	35	36	37	38	39	40
②	③	④	③	①	③	③	①	③	③	④	③	③	④	①	④	③	④	③	②

01 정답 ②

② (×) 경비지도사는 일반경비지도사와 기계경비지도사로 구분한다(경비업법 제2조 제2호).
① (○) 경비업법 제2조 제3호
③ (○) 경비업법 제2조 제4호
④ (○) 경비업법 제2조 제1호 마목에서 "대통령령이 정하는 국가중요시설"이라 함은 공항·항만, 원자력발전소 등의 시설 중 국가정보원장이 지정하는 국가보안목표시설과 「통합방위법」 제21조 제4항의 규정에 의하여 국방부장관이 지정하는 국가중요시설을 말한다(경비업법 시행령 제2조).

02 정답 ③

경비업을 영위하고자 하는 법인은 도급받아 행하고자 하는 경비업무를 특정하여 그 법인의 주사무소의 소재지를 관할하는 시·도 경찰청장의 허가를 받아야 한다. 도급받아 행하고자 하는 경비업무를 변경하는 경우에도 또한 같다(경비업법 제4조 제1항).

03 정답 ④

④ (×) 기계경비업자가 출장소별로 갖추어 두어야 하는 서류의 기재사항에 해당한다(경비업법 시행령 제9조 제1항 제2호).
① (○), ② (○), ③ (○) 경비업법 시행령 제8조 제1항 제1호·제2호·제3호

관계법령

오경보의 방지를 위한 설명 등(경비업법 시행령 제8조)★★

① 법 제9조 제1항의 규정에 의하여 기계경비업자가 계약상대방에게 하여야 하는 설명은 다음 각호의 사항을 기재한 서면 또는 전자문서(이하 "서면등"이라 하며, 이 조에서 전자문서는 계약상대방이 원하는 경우에 한한다)를 교부하는 방법에 의한다.
　1. 당해 기계경비업무와 관련된 관제시설 및 출장소(제5조 제3항의 규정에 의한 출장소를 말한다. 이하 같다)의 명칭·소재지
　2. 기계경비업자가 경비대상시설에서 발생한 경보를 수신한 경우에 취하는 조치
　3. 기계경비업무용 기기의 설치장소 및 종류와 그 밖의 기계장치의 개요
　4. 오경보의 발생원인과 송신기기의 유지·관리방법
② 기계경비업자는 제1항 각호의 사항을 기재한 서면등과 함께 법 제26조의 규정에 의한 손해배상의 범위와 손해배상액에 관한 사항을 기재한 서면등을 계약상대방에게 교부하여야 한다.

기계경비업자의 관리 서류(경비업법 시행령 제9조)★★

① 기계경비업자는 법 제9조 제2항의 규정에 의하여 출장소별로 다음 각호의 사항을 기재한 서류를 갖추어 두어야 한다.
　1. 경비대상시설의 명칭·소재지 및 경비계약기간
　2. 기계경비지도사의 명단·배치일자·배치장소와 출동차량의 대수
　3. 경보의 수신 및 현장도착 일시와 조치의 결과
　4. 오경보인 경우 오경보가 발생한 경비대상시설 및 그 오경보에 대한 조치의 결과
② 제1항 제3호 및 제4호의 규정에 의한 사항을 기재한 서류는 당해 경보를 수신한 날부터 1년간 이를 보관하여야 한다.

04 정답 ❶

제시된 내용 중 일반경비원과 특수경비원의 공통된 결격사유는 ㄱ, ㄷ이며 ㄴ, ㄹ, ㅁ은 특수경비원만의 결격사유에 해당한다(경비업법 제10조 제2항).

관계법령 경비지도사 및 경비원의 결격사유(경비업법 제10조)★★

① 다음 각호의 어느 하나에 해당하는 자는 경비지도사 또는 일반경비원이 될 수 없다.
　1. 18세 미만인 사람 또는 피성년후견인
　2. 파산선고를 받고 복권되지 아니한 자 → 삭제〈2025.4.1.〉
　3. 금고 이상의 실형의 선고를 받고 그 집행이 종료(집행이 종료된 것으로 보는 경우를 포함한다)되거나 집행이 면제된 날부터 5년이 지나지 아니한 자
　4. 금고 이상의 형의 집행유예선고를 받고 그 유예기간 중에 있는 자
　5. 다음 각목의 어느 하나에 해당하는 죄를 범하여 벌금형을 선고받은 날부터 10년이 지나지 아니하거나 금고 이상의 형을 선고받고 그 집행이 종료된(종료된 것으로 보는 경우를 포함한다) 날 또는 집행이 유예·면제된 날부터 10년이 지나지 아니한 자
　　가. 「형법」 제114조의 죄
　　나. 「폭력행위 등 처벌에 관한 법률」 제4조의 죄
　　다. 「형법」 제297조, 제297조의2, 제298조부터 제301조까지, 제301조의2, 제302조, 제303조, 제305조, 제305조의2의 죄
　　라. 「성폭력범죄의 처벌 등에 관한 특례법」 제3조부터 제11조까지 및 제15조(제3조부터 제9조까지의 미수범만 해당한다)의 죄

마. 「아동·청소년의 성보호에 관한 법률」 제7조 및 제8조의 죄
바. 다목부터 마목까지의 죄로서 다른 법률에 따라 가중처벌되는 죄
6. 다음 각목의 어느 하나에 해당하는 죄를 범하여 벌금형을 선고받은 날부터 5년이 지나지 아니하거나 금고 이상의 형을 선고받고 그 집행이 유예된 날부터 5년이 지나지 아니한 자
  가. 「형법」 제329조부터 제331조까지, 제331조의2 및 제332조부터 제343조까지의 죄
  나. 가목의 죄로서 다른 법률에 따라 가중처벌되는 죄
  다. 삭제 〈2014.12.30.〉
  라. 삭제 〈2014.12.30.〉
7. 제5호 다목부터 바목까지의 어느 하나에 해당하는 죄를 범하여 치료감호를 선고받고 그 집행이 종료된 날 또는 집행이 면제된 날부터 10년이 지나지 아니한 자 또는 제6호 각목의 어느 하나에 해당하는 죄를 범하여 치료감호를 선고받고 그 집행이 면제된 날부터 5년이 지나지 아니한 자
8. 이 법이나 이 법에 따른 명령을 위반하여 벌금형을 선고받은 날부터 5년이 지나지 아니하거나 금고 이상의 형을 선고받고 그 집행이 유예된 날부터 5년이 지나지 아니한 자
② 다음 각호의 어느 하나에 해당하는 자는 특수경비원이 될 수 없다.
1. <u>18세 미만이거나 60세 이상인 사람</u> 또는 피성년후견인
2. <u>심신상실자, 알코올 중독자 등 대통령령으로 정하는 제약이 있는 자</u>
3. <u>제1항 제2호부터 제8호까지의 어느 하나에 해당하는 자</u>
4. <u>금고 이상의 형의 선고유예를 받고 그 유예기간 중에 있는 자</u>
5. <u>행정안전부령이 정하는 신체조건</u>(팔과 다리가 완전하고 두 눈의 맨눈시력 각각 0.2 이상 또는 교정시력 각각 0.8 이상)<u>에 미달되는 자</u>

05 정답 ③

제시문의 ( )의 ㄱ~ㄹ에 들어갈 내용은 순서대로 20, 도급, 시설주, 3이다.

관계법령 | 경비업무 도급인 등의 의무(경비업법 제7조의2)

① 누구든지 제4조 제1항에 따른 허가를 받지 아니한 자에게 경비업무를 도급하여서는 아니 된다.
② 누구든지 집단민원현장에 경비인력을 <u>20명</u> 이상 배치하려고 할 때에는 그 경비인력을 직접 고용하여서는 아니 되고, 경비업자에게 경비업무를 <u>도급</u>하여야 한다. 다만, <u>시설주 등</u>이 집단민원현장 발생 <u>3개월</u> 전까지 직접 고용하여 경비업무를 수행하는 피고용인의 경우에는 그러하지 아니하다.
③ 제1항 및 제2항에 따라 경비업무를 도급하는 자는 그 경비업무를 수급한 경비업자의 경비원 채용 시 무자격자나 부적격자 등을 채용하도록 관여하거나 영향력을 행사해서는 아니 된다.
④ 제3항에 따른 무자격자 및 부적격자의 구체적인 범위 등은 대통령령으로 정한다.

06 정답 ③

③ (×) 자본금은 경비업 변경허가신청 시 반드시 갖추고 있어야 한다(경비업법 시행령 제3조 제2항 단서 반대해석).
① (○) 경비업법 시행령 제3조 제2항 단서
② (○) 경비업법 제4조 제3항 제4호
④ (○) 경비업법 시행령 제3조 제1항 전문

관계법령 허가신청 등(경비업법 시행령 제3조)

① 법 제4조 제1항에 따라 경비업의 허가를 받으려는 경우에는 허가신청서에, 경비업의 허가를 받은 법인(이하 "경비업자"라 한다)이 허가를 받은 경비업무를 변경하거나 새로운 경비업무를 추가하려는 경우에는 변경허가 신청서에 행정안전부령으로 정하는 서류를 첨부하여 법인의 주사무소를 관할하는 시·도 경찰청장 또는 해당 시·도 경찰청 소속의 경찰서장에게 제출하여야 한다. 이 경우 신청서를 제출받은 경찰서장은 지체 없이 관할 시·도 경찰청장에게 보내야 한다.
② 제1항의 규정에 의하여 허가 또는 변경허가신청서를 제출하는 법인은 [별표 1]의 규정에 의한 경비인력·자본금·시설 및 장비를 갖추어야 한다. 다만, 경비업의 허가 또는 변경허가를 신청하는 때에 [별표 1]의 규정에 의한 시설 등(자본금을 제외한다. 이하 이 항에서 같다)을 갖출 수 없는 경우에는 허가 또는 변경허가의 신청 시 시설 등의 확보계획서를 제출한 후 허가 또는 변경허가를 받은 날부터 1월 이내에 [별표 1]의 규정에 의한 시설 등을 갖추고 시·도 경찰청장의 확인을 받아야 한다.

07 정답 ❸

채용 당시 일반경비원 신임교육을 받은 지 3년이 지나지 아니한 사람을 일반경비원으로 채용한 경우에는 해당 일반경비원을 일반경비원 신임교육대상에서 제외할 수 있다.

관계법령 일반경비원에 대한 교육(경비업법 시행령 제18조)

② 경비업자는 법 제13조 제1항 단서에 따라 다음 각호의 어느 하나에 해당하는 사람을 일반경비원으로 채용한 경우에는 해당 일반경비원을 일반경비원 신임교육대상에서 제외할 수 있다.
 1. 법 제13조 제1항 본문 및 같은 조 제3항에 따른 일반경비원 또는 특수경비원 신임교육을 받은 사람으로서 채용 전 3년 이내에 경비업무에 종사한 경력이 있는 사람
 2. 「경찰공무원법」에 따른 경찰공무원으로 근무한 경력이 있는 사람
 3. 「대통령 등의 경호에 관한 법률」에 따른 경호공무원 또는 별정직 공무원으로 근무한 경력이 있는 사람
 4. 「군인사법」에 따른 부사관 이상으로 근무한 경력이 있는 사람
 5. 경비지도사자격이 있는 사람
 6. 채용 당시 법 제13조 제2항에 따른 일반경비원 신임교육을 받은 지 3년이 지나지 아니한 사람

08 정답 ❶

① (✕) 시설경비업자가 아닌 <u>특수경비업자</u>에 대한 보안지도·점검 및 보안측정에 관한 사무이다(경비업법 시행령 제31조의2 제9호).
② (○) 경비업법 시행령 제31조의2 제7호
③ (○) 경비업법 시행령 제31조의2 제1호의2
④ (○) 경비업법 시행령 제31조의2 제4호

관계법령　민감정보 및 고유식별정보의 처리(경비업법 시행령 제31조의2)★★

경찰청장, 시·도 경찰청장, 경찰서장 및 경찰관서장(제31조에 따라 경찰청장 및 경찰관서장의 권한을 위임·위탁받은 자를 포함한다)은 다음 각호의 사무를 수행하기 위하여 불가피한 경우 「개인정보보호법」 제23조에 따른 건강에 관한 정보(제1호의2 및 제4호의 사무로 한정한다), 같은 법 시행령 제18조 제2호에 따른 범죄경력자료에 해당하는 정보(제1호의2 및 제9호의 사무로 한정한다), 같은 영 제19조 제1호 또는 제4호에 따른 주민등록번호 또는 외국인등록번호가 포함된 자료를 처리할 수 있다. 〈개정 2024.8.13.〉
1. 법 제4조 및 제6조에 따른 경비업의 허가 및 갱신허가 등에 관한 사무
1의2. 법 제5조 및 제10조에 따른 임원, 경비지도사 및 경비원의 결격사유 확인에 관한 사무
2. 법 제11조에 따른 경비지도사 시험 등에 관한 사무
2의2. 법 제12조의2에 따른 경비지도사의 선임·해임 신고에 관한 사무
3. 법 제13조에 따른 경비원의 교육 등에 관한 사무
4. 법 제14조에 따른 특수경비원의 직무 및 무기사용 등에 관한 사무
5. 삭제 〈2021.7.13.〉
6. 법 제18조에 따른 경비원 배치허가 등에 관한 사무
7. 법 제19조 및 제20조에 따른 행정처분에 관한 사무
8. 법 제24조에 따른 경비업자 및 경비지도사의 지도·감독에 관한 사무
9. 법 제25조에 따른 보안지도·점검 및 보안측정에 관한 사무
10. 삭제 〈2022.12.20.〉

09　정답 ❷

[O△X]　제시된 내용 중 경비업 허가사항 등의 변경신고서 제출 시 허가증 원본을 첨부할 필요가 없는 경우는 ㄷ과 ㅁ이다.

관계법령　폐업 또는 휴업 등의 신고(경비업법 시행규칙 제5조)★★

② 법 제4조 제3항 제2호에 따른 법인의 명칭·대표자·임원, 같은 항 제3호에 따른 주사무소·출장소나 영 제5조 제4항에 따른 정관의 목적이 변경되어 법 제4조 제3항에 따른 신고를 하는 경우에는 별지 제6호 서식의 경비업 허가사항 등의 변경신고서(전자문서로 된 신고서를 포함한다)에 다음 각호의 서류(전자문서를 포함한다)를 첨부하여 법인의 주사무소를 관할하는 시·도 경찰청장 또는 해당 시·도 경찰청 소속의 경찰서장에게 제출하여야 한다. 변경신고서를 제출받은 경찰서장은 이를 지체 없이 관할 시·도 경찰청장에게 보내야 한다.
1. 명칭 변경의 경우 : 허가증 원본
2. 대표자 변경의 경우
　가. 삭제 〈2006.9.7.〉
　나. 법인 대표자의 이력서 1부
　다. 허가증 원본
3. 임원 변경의 경우 : 법인 임원의 이력서 1부
4. 주사무소 또는 출장소 변경의 경우 : 허가증 원본
5. 정관의 목적 변경의 경우 : 법인의 정관 1부

10 정답 ③

③ (×) 시험출제위원의 수는 시험과목별로 2인 이상으로 한다(경비업법 시행령 제15조 제2항).
① (○) 경비업법 시행령 제15조 제1항 제3호
② (○) 경비업법 시행령 제15조 제1항 제2호
④ (○) 경비업법 시행령 제15조 제4항 본문

관계법령 시험출제위원의 임명·위촉 등(경비업법 시행령 제15조)

① 경찰청장은 시험문제의 출제를 위하여 다음 각 호의 어느 하나에 해당하는 사람 중에서 시험출제위원을 임명 또는 위촉한다.〈개정 2024.8.13.〉
  1. 고등교육법에 따른 전문대학 이상의 교육기관에서 경찰행정학과 등 경비업무 관련학과 및 법학과의 조교수 이상으로 재직하고 있는 사람
  2. 석사 이상의 학위소지자로 경찰청장이 정하는 바에 의하여 경비업무에 관한 연구실적이나 전문경력이 인정되는 사람
  3. 경감 이상의 경찰공무원(범죄예방·경비 업무를 담당한 경력이 3년 이상인 사람으로 하되, 경감이 되기 전의 경력을 포함한다)
② 제1항의 규정에 의한 시험출제위원의 수는 시험과목별로 2인 이상으로 한다.
③ 시험출제위원으로 임명 또는 위촉된 자는 경찰청장이 정하는 준수사항을 성실히 이행하여야 한다.
④ 시험출제위원과 시험관리업무에 종사하는 자에 대하여는 예산의 범위 안에서 수당과 여비를 지급할 수 있다. 다만, 공무원인 위원이 그 소관업무와 직접적으로 관련하여 시험관리업무에 종사하는 경우에는 그러하지 아니하다.

11 정답 ②

설문의 경우 경비원 B가 업무수행 중 제3자에게 폭행을 가하여 상해를 입혔기 때문에 경비업자 A는 경비업법 제26조 제2항의 손해배상책임을 지게 된다. 반면, 경비원 B는 이와는 별개로 민법상 불법행위책임이나 형법상 폭행치상죄 또는 상해죄의 책임을 지게 된다.

관계법령 손해배상 등(경비업법 제26조)

① 경비업자는 경비원이 업무수행 중 고의 또는 과실로 경비대상에 손해가 발생하는 것을 방지하지 못한 때에는 그 손해를 배상하여야 한다.
② 경비업자는 경비원이 업무수행 중 고의 또는 과실로 제3자에게 손해를 입힌 경우에는 이를 배상하여야 한다.

12 정답 ④

④ (×) 특수경비원의 무기휴대, 무기종류, 그 사용기준 및 안전검사의 기준 등에 관하여 필요한 사항은 대통령령으로 정한다(경비업법 제14조 제9항).
① (○) 경비업법 제14조 제3항 전문
② (○) 경비업법 제14조 제3항 후문
③ (○) 경비업법 제14조 제7항 제2호

13 정답 ❶

제시된 내용 중 법인 임원의 결격사유에 해당하지 않는 자는 ㄱ과 ㅂ이다.
- ㄱ. (×) 피한정후견인은 2021.1.12. 경비업법 개정 시 법인의 임원 결격사유에서 삭제되어 현행법상 법인의 임원이 될 수 있다.
- ㅂ. (×) 허위의 방법으로 허가를 받아 허가가 취소된 법인의 허가취소 당시의 임원이었던 자로서 그 취소 후 3년이 지나지 아니한 자가 법인의 임원 결격사유에 해당한다.

관계법령 임원의 결격사유(경비업법 제5조)★★

다음 각호의 어느 하나에 해당하는 자는 경비업을 영위하는 법인(제4호에 해당하는 자의 경우에는 특수경비업무를 수행하는 법인, 제5호에 해당하는 자의 경우에는 허가취소사유에 해당하는 경비업무와 동종의 경비업무를 수행하는 법인)의 임원이 될 수 없다.
1. 피성년후견인
2. 파산선고를 받고 복권되지 아니한 자
3. 금고 이상의 형의 선고를 받고 그 형이 실효되지 아니한 자
4. 이 법 또는 「대통령 등의 경호에 관한 법률」에 위반하여 벌금형의 선고를 받고 3년이 지나지 아니한 자
5. 이 법(제19조 제1항 제2호 및 제7호는 제외) 또는 이 법에 의한 명령에 위반하여 허가가 취소된 법인의 허가취소 당시의 임원이었던 자로서 그 취소 후 3년이 지나지 아니한 자
6. 제19조 제1항 제2호(허가받은 경비업무 외의 업무에 경비원을 종사하게 한 때) 및 제7호(소속 경비원으로 하여금 경비업무의 범위를 벗어난 행위를 하게 한 때)의 사유로 허가가 취소된 법인의 허가취소 당시의 임원이었던 자로서 허가가 취소된 날부터 5년이 지나지 아니한 자

14 정답 ❷

범죄예방론(ㄱ)과 사격(ㅂ)은 특수경비원 신임교육과목에 해당하고, 실무Ⅱ(ㅁ)는 경비지도사의 교육과목에 해당한다(경비업법 시행규칙 [별표 1]·[별표 4] 참조).

관계법령 경비지도사 기본교육의 과목 및 시간과 특수경비원 신임교육의 과목 및 시간의 비교★★ <개정 2024.8.14.>

구분 (교육시간)	경비지도사 기본교육의 과목 및 시간 (경비업법 시행규칙 [별표 1])	구분 (교육시간)	특수경비원 신임교육의 과목 및 시간 (경비업법 시행규칙 [별표 4])
공통교육 (22h)	「경비업법」, 「경찰관직무집행법」, 「도로교통법」 등 관계법령 및 「개인정보보호법」에 따른 개인정보 보호지침 등(4h), 실무Ⅰ(4h), 실무Ⅱ(3h), 범죄·테러·재난 대응요령 및 화재대처법(2h), 응급처치법(2h), 직업윤리 및 인권보호(2h), 체포·호신술(2h), 입교식, 평가 및 수료식(3h)	이론교육 (15h)	「경비업법」 및 「경찰관직무집행법」 등 관계법령(8h), 「헌법」 및 형사법(4h), 범죄예방론(3h)

자격의 종류별 교육 (18h)	일반경비지도사	시설경비(3h), 호송경비(2h), 신변보호(2h), 특수경비(2h), 혼잡·다중운집 인파 관리(2h), 교통안전 관리(2h), 일반경비 현장실습(5h)	실무교육 (61h)	테러 및 재난대응요령(4h), 폭발물 처리요령(6h), 화재대처법(3h), 응급처치법(3h), 장비사용법(3h), 출입통제 요령(3h), 직업윤리 및 인권보호(2h), 기계경비실무(3h), 혼잡·교통유도경비실무(4h), 정보보호 및 보안업무(6h), 시설경비 요령(4h), 민방공(4h), 총기조작(3h), 사격(6h), 체포·호신술(4h), 관찰·기록기법(3h)
	기계경비지도사	기계경비 운용관리(4h), 기계경비 기획 및 설계(4h), 인력경비개론(5h), 기계경비 현장실습(5h)	기타(4h)	입교식, 평가 및 수료식(4h)
계		40h	계	80h

15 정답 ❹

제시된 내용 중 설문에 해당하는 것은 ㄴ, ㄷ, ㄹ, ㅁ이다.
ㄱ은 경비업법 제18조 제8항의 배치폐지사유에 해당하지 않는다.

관계법령 경비원의 명부와 배치허가 등(경비업법 제18조)★★

⑧ 관할 경찰관서장은 경비업자가 다음 각호의 어느 하나에 해당하는 때에는 배치폐지를 명할 수 있다.
  1. 제2항 각호 외의 부분 단서를 위반하여 배치허가를 받지 아니하고 경비원을 배치하거나 경비원 명단 및 배치일시·배치장소 등 배치허가 신청의 내용을 거짓으로 한 때
  2. 제6항의 결격사유에 해당하는 자를 집단민원현장에 일반경비원으로 배치한 때
  3. 제7항을 위반하여 신임교육을 이수하지 아니한 자를 제2항 각호의 경비원으로 배치한 때
  4. 경비업자 또는 경비원이 위력이나 흉기 또는 그 밖의 위험한 물건을 사용하여 집단적 폭력사태를 일으킨 때
  5. 경비업자가 제2항 각호 외의 부분 본문을 위반하여 신고하지 아니하고 일반경비원을 배치한 때

16 정답 ❹

④ (×) 경비업무범위 위반 및 신임교육 유무 등을 확인하기 위하여 관할 경찰관서장은 소속 경찰관으로 하여금 그 배치장소를 방문하여 조사하게 할 수 있다(경비업법 제18조 제3항 후문 제1호·제2호).
① (○) 경비업법 제18조 제2항, 동법 시행규칙 제24조 제1항 본문 해석
② (○) 경비업법 제18조 제2항 단서 제3호, 동법 시행규칙 제24조 제1항 단서
③ (○) 경비업법 제18조 제2항 단서 제1호

관계법령 경비원의 명부와 배치허가 등(경비업법 제18조)

② 경비업자가 경비원을 배치하거나 배치를 폐지한 경우에는 행정안전부령으로 정하는 바에 따라 관할 경찰관서장에게 신고하여야 한다. 다만, 다음 제1호의 경우에는 경비원을 배치하기 48시간 전까지 행정안전부령으로 정하는 바에 따라 배치허가를 신청하고, 관할 경찰관서장의 배치허가를 받은 후에 경비원을 배치하여야 하며(제2호 및 제3호의 경우에는 경비원을 배치하기 전까지 신고하여야 한다), 이 경우 관할 경찰관서장은 배치허가를 함에 있어 필요한 조건을 붙일 수 있다. 〈개정 2025.1.7.〉
1. 제2조 제1호에 따른 시설경비업무, 신변보호업무 또는 혼잡·교통유도경비업무 중 집단민원현장에 배치된 일반경비원
2. 집단민원현장이 아닌 곳에서 제2조 제1호 다목의 규정에 의한 신변보호업무를 수행하는 일반경비원
3. 특수경비원

경비원의 배치 및 배치폐지의 신고(경비업법 시행규칙 제24조)★
① 경비업자는 법 제18조 제2항에 따라 경비업무를 수행하기 위하여 20일 이상 경비원을 배치하거나 그 기간을 연장하려는 때에는 경비원을 배치한 후 7일 이내에 별지 제5호 서식의 경비원 배치신고서(전자문서로 된 신고서를 포함하며, 이하 "배치신고서"라 한다)를 배치지를 관할하는 경찰관서장에게 제출해야 한다. 다만, 법 제18조 제2항 제2호 및 제3호에 해당하는 경비원을 배치하는 경우에는 경비원을 배치하는 기간과 관계없이 경비원을 배치하기 전까지 제출해야 한다.
③ 관할 경찰관서장은 제2항 각호 외의 부분 단서에 따른 배치허가 신청을 받은 경우 다음 각호의 사유에 해당하는 때에는 배치허가를 하여서는 아니 된다. 이 경우 관할 경찰관서장은 다음 각호의 사유를 확인하기 위하여 소속 경찰관으로 하여금 그 배치장소를 방문하여 조사하게 할 수 있다.
1. 제15조의2 제1항 및 제2항을 위반하여 경비업무의 범위를 벗어난 행위를 할 우려가 있는 경우
2. 경비원 중 제10조 제1항 또는 제2항에 해당하는 결격자나 제13조에 따른 신임교육을 받지 아니한 사람이 대통령령으로 정하는 기준 이상으로 포함되어 있는 경우
3. 제24조에 따라 경비원의 복장·장비 등에 대하여 내려진 필요한 명령을 이행하지 아니하는 경우

17 정답 ❷

② (×) 경찰청장은 공제사업에 대하여 「금융위원회의 설치 등에 관한 법률」에 따른 금융감독원의 원장에게 검사를 요청할 수 있다(경비업법 제23조 제6항).
① (○) 경비업법 시행령 제26조
③ (○) 경비업법 제26조 제2항은 "경비업자는 경비원이 업무수행 중 고의 또는 과실로 제3자에게 손해를 입힌 경우에는 이를 배상하여야 한다"고 규정하고 있는바, 경비원이 업무수행과 관계없이 제3자에게 손해를 입힌 경우 경비업자는 손해배상책임을 부담하지 않으므로 경비협회의 공제사업 대상에 해당하지 않는다. 또한 경비협회는 경비원의 손해배상책임을 보장하기 위한 공제사업을 할 수 없다.
④ (○) 경비업법 제23조 제1항 제2호

18 정답 ④

청원주가 부담하여야 하는 봉급·수당의 최저부담기준액(국가기관 또는 지방자치단체에 근무하는 청원경찰의 봉급·수당은 제외한다)과 청원경찰의 피복비 및 교육비 비용의 부담기준액은 경찰청장이 정하여 고시한다(청원경찰법 제6조 제3항). ★★

> **관계법령** 권한의 위임(청원경찰법 시행령 제20조) ★★
>
> 시·도 경찰청장은 다음 각호의 권한을 관할 경찰서장에게 위임한다. 다만, 청원경찰을 배치하고 있는 사업장이 하나의 경찰서의 관할구역에 있는 경우로 한정한다.
> 1. 청원경찰 배치의 결정 및 요청에 관한 권한
> 2. 청원경찰의 임용승인에 관한 권한
> 3. 청원주에 대한 지도 및 감독상 필요한 명령에 관한 권한
> 4. 과태료 부과·징수에 관한 권한

19 정답 ②

청원경찰법 시행규칙 제9조 제1항 제2호에서 장구는 허리띠, 경찰봉, 호루라기 및 포승으로 규정하고 있다. 기동화는 제복이고, 장갑 및 넥타이핀은 부속물에 해당한다.

> **관계법령** 복제(청원경찰법 시행령 제14조)
>
> ① 청원경찰의 복제(服制)는 제복·장구(裝具) 및 부속물로 구분한다.
> ② 청원경찰의 제복·장구 및 부속물에 관하여 필요한 사항은 행정안전부령으로 정한다.
>
> **복제(청원경찰법 시행규칙 제9조)**
> ① 영 제14조에 따른 청원경찰의 제복·장구(裝具) 및 부속물의 종류는 다음 각호와 같다.
>   1. 제복 : 정모(正帽), 기동모(활동에 편한 모자를 말한다. 이하 같다), 근무복(하복, 동복), 한여름 옷, 기동복, 점퍼, 비옷, 방한복, 외투, 단화, 기동화 및 방한화
>   2. 장구 : 허리띠, 경찰봉, 호루라기 및 포승(捕繩)
>   3. 부속물 : 모자표장, 가슴표장, 휘장, 계급장, 넥타이핀, 단추 및 장갑
> ③ 청원경찰이 그 배치지의 특수성 등으로 특수복장을 착용할 필요가 있을 때에는 청원주는 시·도 경찰청장의 승인을 받아 특수복장을 착용하게 할 수 있다.

20 정답 ④

④ (○) 경비업법 제27조의2
① (×) 시험에 응시하고자 하는 자는 경찰청장이 정하여 고시하는 수수료를 납부하여야 한다(경비업법 시행령 제28조 제3항).
② (×) 허가사항의 변경신고로 인한 허가증 재교부의 경우 수수료는 2천원이다(경비업법 시행령 제28조 제1항 제2호).
③ (×) 응시수수료를 과오납한 경우에는 과오납한 금액 전액을 반환받는다(경비업법 시행령 제28조 제4항 제1호).

관계법령 수수료(경비업법 제27조의2) ★

이 법에 따른 경비업의 허가를 받거나 허가증을 재교부받고자 하는 자는 대통령령이 정하는 바에 따라 수수료를 납부하여야 한다.

허가증 등의 수수료(경비업법 시행령 제28조) ★★

① 법에 의한 경비업의 허가를 받거나 허가증을 재교부받고자 하는 자는 다음 각호의 수수료를 납부하여야 한다.
  1. 법 제4조 제1항 및 법 제6조 제2항의 규정에 의한 경비업의 허가(추가・변경・갱신허가를 포함한다)의 경우에는 1만원
  2. 허가사항의 변경신고로 인한 허가증 재교부의 경우에는 2천원
② 제1항의 규정에 의한 수수료는 허가 등의 신청서에 수입인지를 첨부하여 납부한다.
③ 시험에 응시하고자 하는 자는 경찰청장이 정하여 고시하는 수수료를 납부하여야 한다.
④ 경찰청장은 다음 각호의 어느 하나에 해당하는 경우에는 제3항에 따라 받은 응시수수료의 전부 또는 일부를 다음 각호의 구분에 따라 반환하여야 한다.
  1. 응시수수료를 과오납한 경우 : 과오납한 금액 전액
  2. 시험 시행기관의 귀책사유로 시험에 응시하지 못한 경우 : 응시수수료 전액
  3. 시험 시행일 20일 전까지 접수를 취소하는 경우 : 응시수수료 전액
  4. 시험 시행일 10일 전까지 접수를 취소하는 경우 : 응시수수료의 100분의 50
⑤ 경찰청장 및 시・도 경찰청장은 제2항 및 제3항의 규정에 불구하고 정보통신망을 이용하여 전자화폐・전자결제 등의 방법으로 수수료를 납부하게 할 수 있다.

21 정답 ❷

A회사는 부산지역에서 시설경비업무와 호송경비업무를 전문으로 하는 경비업체이므로, 선임・배치해야 하는 일반경비지도사의 인원은 각 경비업무에 종사하는 경비원의 수를 합산한 인원을 기준으로 선임・배치해야 한다(경비업법 시행령 [별표 3] 비고 제1호 본문). 이에 따라 A회사의 경비원 수를 산정하면 총 600명이므로 현행법령상 A회사는 최소 5명의 일반경비지도사를 선임・배치하여야 한다.

관계법령 경비지도사의 선임・배치기준(경비업법 시행령 [별표 3]) ★★ <개정 2024.8.13.>

1. 경비업자는 경비원을 배치하여 영업활동을 하고 있는 지역을 관할하는 시・도 경찰청의 관할구역별로 경비원 200명까지는 경비지도사 1명을 선임・배치하고, 경비원이 200명을 초과하는 경우 200명을 초과하는 경비원 100명 단위로 경비지도사 1명씩을 추가로 선임・배치해야 한다.
2. 제1호에 따라 경비지도사가 선임・배치된 시・도 경찰청의 관할구역과 경계를 맞닿아 인접한 시・도 경찰청의 관할구역에 배치된 경비원이 30명 이하인 경우에는 제1호에도 불구하고 경비지도사를 따로 선임・배치하지 않을 수 있다. 이 경우 제주특별자치도경찰청과 전라남도경찰청은 경계를 맞닿아 인접한 것으로 본다.
3. 제2호에 따라 경비지도사를 따로 선임・배치하지 않는 경우 경비지도사 1명이 지도・감독 및 교육할 수 있는 경비원의 총수(경계를 맞닿아 인접한 시・도 경찰청의 관할구역에 배치된 경비원의 수를 합산한다)는 200명을 초과할 수 없다.

※ 비고
1. 시설경비업무・호송경비업무・신변보호업무・특수경비업무 또는 혼잡・교통유도경비업무를 하는 경비업자는 일반경비지도사를 선임・배치하고, 시설경비업무・호송경비업무・신변보호업무・특수경비업무 또는 혼잡・교통유도경비업무 중 둘 이상의 경비업무를 하는 경우에는 각 경비업무에 종사하는 경비원의 수를 합산한 인원을 기준으로 경비지도사를 선임・배치해야 한다. 다만, 특수경비업무를 수행하는 경비업자는 제19조 제1항에 따른 특수경비원 신임교육을 이수한 일반경비지도사를 선임・배치해야 한다.
2. 기계경비업무를 하는 경비업자는 기계경비지도사를 선임・배치해야 한다.

22 정답 ❸

고의로 국가중요시설의 정상적인 운영을 해치는 장해를 일으킨 특수경비원은 5년 이하의 징역 또는 5천만원 이하의 벌금에 처하나(경비업법 제28조 제1항), 과실로 인하여 국가중요시설의 정상적인 운영을 해치는 장해를 일으킨 특수경비원은 3년 이하의 징역 또는 3천만원 이하의 벌금에 처한다(동법 제28조 제2항 제7호).

23 정답 ❹

④ (×) 국가기관이나 지방자치단체에 근무하는 청원경찰의 퇴직금에 관하여는 따로 대통령령으로 정한다(청원경찰법 제7조의2 단서).
① (○) 청원경찰법 제6조 제2항
② (○) 청원경찰법 제6조 제3항
③ (○) 청원경찰법 제7조 제1호

관계법령

청원경찰경비(청원경찰법 제6조) ★
② 국가기관 또는 지방자치단체에 근무하는 청원경찰의 보수는 다음 각호의 구분에 따라 같은 재직기간에 해당하는 경찰공무원의 보수를 감안하여 대통령령으로 정한다.
  1. 재직기간 15년 미만 : 순경
  2. 재직기간 15년 이상 23년 미만 : 경장
  3. 재직기간 23년 이상 30년 미만 : 경사
  4. 재직기간 30년 이상 : 경위
③ 청원주의 제1항 제1호에 따른 봉급·수당의 최저부담기준액(국가기관 또는 지방자치단체에 근무하는 청원경찰의 봉급·수당은 제외한다)과 같은 항 제2호 및 제3호에 따른 비용의 부담기준액은 경찰청장이 정하여 고시(告示)한다.

보상금(청원경찰법 제7조) ★
청원주는 청원경찰이 다음 각호의 어느 하나에 해당하게 되면 대통령령으로 정하는 바에 따라 청원경찰 본인 또는 그 유족에게 보상금을 지급하여야 한다.
  1. 직무수행으로 인하여 부상을 입거나, 질병에 걸리거나 또는 사망한 경우
  2. 직무상의 부상·질병으로 인하여 퇴직하거나, 퇴직 후 2년 이내에 사망한 경우

퇴직금(청원경찰법 제7조의2) ★
청원주는 청원경찰이 퇴직할 때에는 「근로자퇴직급여보장법」에 따른 퇴직금을 지급하여야 한다. 다만, 국가기관이나 지방자치단체에 근무하는 청원경찰의 퇴직금에 관하여는 따로 대통령령으로 정한다.

24 정답 ❸

제시된 내용을 행정처분 기준이 무거운 순서대로 나열하면 ㄴ(경비업법 시행령 [별표 4] 제2호 개별기준 가목, 영업정지 6개월) - ㄱ(경비업법 시행령 [별표 4] 제2호 개별기준 다목, 영업정지 3개월) - ㄹ(경비업법 시행령 [별표 4] 제2호 개별기준 자목·차목·카목, 영업정지 1개월) - ㄷ(경비업법 시행령 [별표 4] 제2호 개별기준 라목, 경고)이다.

관계법령 행정처분 개별기준(경비업법 시행령 [별표 4] 제2호)

위반행위	해당 법조문	행정처분 기준		
		1차 위반	2차 위반	3차 이상 위반
가. 법 제4조 제1항 후단을 위반하여 시·도 경찰청장의 허가 없이 경비업무를 변경한 때	법 제19조 제2항 제1호	경고	영업정지 6개월	허가취소
나. 법 제7조 제2항을 위반하여 도급을 의뢰받은 경비업무가 위법한 것임에도 이를 거부하지 않은 때	법 제19조 제2항 제2호	영업정지 1개월	영업정지 3개월	허가취소
다. 법 제7조 제6항을 위반하여 경비지도사를 집단민원현장에 선임·배치하지 않은 때	법 제19조 제2항 제3호	영업정지 1개월	영업정지 3개월	허가취소
라. 법 제8조를 위반하여 경비대상시설에 관한 경보 대응체제를 갖추지 않은 때	법 제19조 제2항 제4호	경고	경고	영업정지 1개월
마. 법 제9조 제2항을 위반하여 관련 서류를 작성·비치하지 않은 때	법 제19조 제2항 제5호	경고	경고	영업정지 1개월
바. 법 제10조 제3항을 위반하여 결격사유에 해당하는 경비원을 배치하거나 결격사유에 해당하는 경비지도사를 선임·배치한 때	법 제19조 제2항 제6호	영업정지 1개월	영업정지 3개월	허가취소
사. 법 제12조 제1항을 위반하여 경비지도사를 선임한 때	법 제19조 제2항 제7호	영업정지 1개월	영업정지 3개월	허가취소
아. 법 제13조를 위반하여 경비원으로 하여금 교육을 받게 하지 않은 때	법 제19조 제2항 제8호	경고	경고	영업정지 1개월
자. 법 제16조에 따른 경비원의 복장 등에 관한 규정을 위반한 때	법 제19조 제2항 제9호	경고	영업정지 1개월	영업정지 3개월
차. 법 제16조의2에 따른 경비원의 장비 등에 관한 규정을 위반한 때	법 제19조 제2항 제10호	경고	영업정지 1개월	영업정지 3개월
카. 법 제16조의3에 따른 경비원의 출동차량 등에 관한 규정을 위반한 때	법 제19조 제2항 제11호	경고	영업정지 1개월	영업정지 3개월
타. 법 제18조 제1항 단서를 위반하여 집단민원현장에 일반경비원 명부를 작성·비치하지 않은 때	법 제19조 제2항 제12호	영업정지 1개월	영업정지 3개월	허가취소
파. 법 제18조 제2항 각호 외의 부분 단서를 위반하여 배치허가를 받지 아니하고 경비원을 배치하거나 경비원 명단 및 배치일시·배치장소 등 배치허가 신청의 내용을 거짓으로 한 때	법 제19조 제2항 제13호	영업정지 1개월	영업정지 3개월	허가취소
하. 법 제18조 제6항을 위반하여 결격사유에 해당하는 일반경비원을 집단민원현장에 배치한 때	법 제19조 제2항 제14호	영업정지 1개월	영업정지 3개월	허가취소
거. 법 제24조에 따른 감독상 명령에 따르지 않은 때	법 제19조 제2항 제15호	경고	영업정지 3개월	허가취소
너. 법 제26조를 위반하여 손해를 배상하지 않은 때	법 제19조 제2항 제16호	경고	영업정지 3개월	영업정지 6개월

25 정답 ❶

경찰청장은 거짓이나 그 밖의 부정한 방법으로 경비지도사 교육기관의 지정을 받은 경우 그 지정을 취소하여야 한다(경비업법 제11조의4 제1항 단서).

> **관계법령** 경비지도사 교육기관의 지정 취소 등(경비업법 제11조의4)
>
> ① 경찰청장은 경비지도사 교육기관이 다음 각호의 어느 하나에 해당하는 경우에는 그 지정을 취소하거나 1년의 범위에서 기간을 정하여 업무의 전부 또는 일부를 정지할 수 있다. 다만, 제1호의 경우에는 그 지정을 취소하여야 한다.
> 1. 거짓이나 그 밖의 부정한 방법으로 경비지도사 교육기관의 지정을 받은 경우
> 2. 지정받은 사항을 위반하여 업무를 행한 경우
> 3. 제11조의3 제3항에 따른 시정명령을 받고도 정당한 사유 없이 정하여진 기간 이내에 시정하지 아니한 경우
> 4. 제11조의3 제4항에 따른 지정 기준에 적합하지 아니하게 된 경우
>
> ② 그 밖에 경비지도사 교육기관의 지정 취소 및 업무 정지에 관한 세부기준 및 절차는 그 위반행위의 유형과 위반의 정도 등을 고려하여 행정안전부령으로 정한다.
> [본조신설 2024.2.13.]

26 정답 ❸

③은 시설주에게 500만원 이하의 과태료를 부과하는 경우(경비업법 제31조 제2항 제5호)이고 ①·②·④는 경비업자에게 3천만원 이하의 과태료를 부과하는 경우(경비업법 제31조 제1항 제1호·제2호·제5호)에 해당한다.

> **관계법령** 과태료(경비업법 제31조)
>
> ① 다음 각호의 어느 하나에 해당하는 경비업자에게는 3천만원 이하의 과태료를 부과한다.
> 1. 제16조 제1항을 위반하여 경비원의 복장에 관한 신고를 하지 아니하고 집단민원현장에 경비원을 배치한 자
> 2. 제16조 제2항을 위반하여 이름표를 부착하게 하지 아니하거나, 신고된 동일 복장을 착용하게 하지 아니하고 집단민원현장에 경비원을 배치한 자
> 3. 제18조 제1항 단서를 위반하여 집단민원현장에 일반경비원을 배치하면서 경비원의 명부를 배치장소에 작성·비치하지 아니한 자
> 4. 제18조 제2항 각호 외의 부분 단서를 위반하여 배치허가를 받지 아니하고 경비원을 배치하거나 경비원 명단 및 배치일시·배치장소 등 배치허가 신청의 내용을 거짓으로 한 자
> 5. 제18조 제7항을 위반하여 제13조에 따른 신임교육을 이수하지 아니한 자를 제18조 제2항 각호의 경비원으로 배치한 자
>
> ② 다음 각호의 어느 하나에 해당하는 경비업자, 경비지도사 또는 시설주에게는 500만원 이하의 과태료를 부과한다. 〈개정 2024.2.13.〉
> 1. 법 제4조 제3항(시·도 경찰청장에게 신고의무) 또는 제18조 제2항(관할 경찰관서장에게 배치신고의무)을 위반하여 신고를 하지 아니한 자
> 2. 법 제7조 제7항(특수경비업자의 경비대행업자 지정신고의무)의 규정을 위반하여 경비대행업자 지정신고를 하지 아니한 자
> 3. 법 제9조 제1항(기계경비업자의 계약자에 대한 오경보를 막기 위한 기기설명의무)의 규정을 위반하여 설명의무를 이행하지 아니한 자
> 3의2. 제11조의2를 위반하여 정당한 사유 없이 보수교육을 받지 아니한 경비지도사

4. 법 제12조 제1항(경비지도사의 선임 등)의 규정에 위반하여 경비지도사를 선임하지 아니한 자
4의2. 제12조의2를 위반하여 경비지도사의 선임 또는 해임의 신고를 하지 아니한 자
5. 법 제14조 제6항(관할 경찰관서장이 무기의 적정한 관리를 위하여 무기를 대여받은 시설주에 대하여 필요한 명령을 발할 수 있다)의 규정에 의한 감독상 필요한 명령을 정당한 이유 없이 이행하지 아니한 자
6. 법 제10조 제3항을 위반하여 결격사유에 해당하는 경비원을 배치하거나 결격사유에 해당하는 경비지도사를 선임·배치한 자
7. 법 제16조 제1항의 복장 등에 관한 신고규정을 위반하여 신고를 하지 아니한 자
8. 법 제16조 제2항을 위반하여 이름표를 부착하게 하지 아니하거나, 신고된 동일 복장을 착용하게 하지 아니하고 경비원을 경비업무에 배치한 자
9. 법 제18조 제1항 본문을 위반하여 명부를 작성·비치하지 아니한 자
10. 법 제18조 제5항을 위반하여 경비원의 근무상황을 기록하여 보관하지 아니한 자
③ 제1항 및 제2항의 규정에 의한 과태료는 대통령령이 정하는 바에 의하여 시·도 경찰청장 또는 경찰관서장이 부과·징수한다.

27 정답 ❸

2회 위반 시 과태료 부과기준이 다른 것은 ③이다. ③은 400만원의 과태료가 부과되고, ①·②·④는 200만원의 과태료가 부과된다(경비업법 시행령 [별표 6] 참조).

관계법령 과태료 부과기준(경비업법 시행령 [별표 6])

위반행위	해당 법조문	과태료 금액(단위 : 만원)		
		1회 위반	2회 위반	3회 이상
2. 법 제7조 제7항을 위반하여 경비대행업자 지정 신고를 하지 않은 경우 가. 허위로 신고한 경우 나. 그 밖의 사유로 신고하지 않은 경우	법 제31조 제2항 제2호		400 300	
4. 법 제10조 제3항을 위반하여 결격사유에 해당하는 경비원을 배치하거나 결격사유에 해당하는 경비지도사를 선임·배치한 경우	법 제31조 제2항 제6호	100	200	400
5. 법 제12조 제1항(선임규정)을 위반하여 경비지도사를 선임하지 않은 경우	법 제31조 제2항 제4호	100	200	400
7. 법 제16조 제1항을 위반하여 복장 등에 관한 신고규정을 위반하여 신고를 하지 않은 경우	법 제31조 제2항 제7호	100	200	400

28 정답 ❶

( ) 안에 들어갈 숫자는 ㄱ : 2, ㄴ : 1, ㄷ : 2이므로 총합은 5이다.

핵심만콕

허가관청은 경비업자가 정당한 사유 없이 허가를 받은 날부터 (2)년 이내에 경비 도급실적이 없거나 계속하여 (1)년 이상 휴업한 때, 정당한 사유 없이 최종 도급계약 종료일의 다음 날부터 (2)년 이내에 경비 도급실적이 없을 때에는 그 허가를 취소하여야 한다(경비업법 제19조 제1항 제4호·제5호).

29 정답 ③

( ) 안에 들어갈 숫자는 ㄱ : 3, ㄴ : 12, ㄷ : 9이므로 총합은 24이다.

관계법령 경비지도사 자격정지처분 기준(경비업법 시행령 [별표 5])

위반행위	해당 법조문	행정처분 기준		
		1차	2차	3차 이상
1. 법 제12조 제3항의 규정에 위반하여 직무를 성실하게 수행하지 아니한 때	법 제20조 제2항 제1호	자격정지 3월	자격정지 6월	자격정지 12월
2. 법 제24조의 규정에 의한 경찰청장, 시·도 경찰청장의 명령을 위반한 때	법 제20조 제2항 제2호	자격정지 1월	자격정지 6월	자격정지 9월

※ 비고
위반행위의 횟수에 따른 행정처분의 기준은 당해 위반행위가 있은 이전 최근 2년간 같은 위반행위로 행정처분을 받은 경우에 적용한다.

30 정답 ③

③ (×) 경찰청장은 제11조의 규정에 의한 경비지도사의 시험에 관한 업무를 대통령령이 정하는 바에 따라 관계전문기관 또는 단체에 위탁할 수 있다(경비업법 제27조 제2항).
① (○), ② (○) 경비업법 시행령 제31조 제1항 제1호
④ (○) 경비업법 시행령 제31조 제1항 제2호

관계법령 위임 및 위탁(경비업법 제27조)

① 이 법에 의한 경찰청장의 권한은 대통령령이 정하는 바에 따라 그 일부를 시·도 경찰청장에게 위임할 수 있다.

권한의 위임 및 위탁(경비업법 시행령 제31조)★

① 경찰청장은 법 제27조 제1항의 규정에 의하여 다음 각호의 권한을 시·도 경찰청장에게 위임한다.
1. 법 제20조의 규정에 의한 경비지도사자격의 취소 및 정지에 관한 권한
2. 법 제21조 제2호의 규정에 의한 경비지도사자격의 취소 및 정지에 관한 청문의 권한

② 경찰청장은 제11조의 규정에 의한 경비지도사의 시험에 관한 업무를 대통령령이 정하는 바에 따라 관계전문기관 또는 단체에 위탁할 수 있다. 〈개정 2024.2.13.〉

31 정답 ④

비옷, 정모, 기동모는 사용기간이 3년이고, 기동복은 사용기간이 2년이다(청원경찰법 시행규칙 [별표 2]).

관계법령 청원경찰 급여품표(청원경찰법 시행규칙 [별표 2])

품 명	수 량	사용기간	정기지급일
근무복(하복)	1	1년	5월 5일
근무복(동복)	1	1년	9월 25일
한여름 옷	1	1년	6월 5일
외투·방한복 또는 점퍼	1	2~3년	9월 25일
기동화 또는 단화	1	단화 1년, 기동화 2년	9월 25일
비 옷	1	3년	5월 5일
정 모	1	3년	9월 25일
기동모	1	3년	필요할 때
기동복	1	2년	필요할 때
방한화	1	2년	9월 25일
장 갑	1	2년	9월 25일
호루라기	1	2년	9월 25일

32 정답 ③

③ (×) 청원주는 청원경찰을 이동배치하였을 때에는 종전의 배치지를 관할하는 경찰서장에게 그 사실을 통보하여야 한다(청원경찰법 시행령 제6조 제1항).
① (○) 청원경찰법 제4조 제1항
② (○) 청원경찰법 제4조 제3항
④ (○) 청원경찰법 제10조의5 제1항 단서 제2호

관계법령

청원경찰의 배치(청원경찰법 제4조)★
① 청원경찰을 배치받으려는 자는 대통령령으로 정하는 바에 따라 관할 시·도 경찰청장에게 청원경찰 배치를 신청하여야 한다.
② 시·도 경찰청장은 제1항의 청원경찰 배치신청을 받으면 지체 없이 그 배치 여부를 결정하여 신청인에게 알려야 한다.
③ 시·도 경찰청장은 청원경찰 배치가 필요하다고 인정하는 기관의 장 또는 시설·사업장의 경영자에게 청원경찰을 배치할 것을 요청할 수 있다.

배치 및 이동(청원경찰법 시행령 제6조)★★
① 청원주는 청원경찰을 신규로 배치하거나 이동배치하였을 때에는 배치지(이동배치의 경우에는 종전의 배치지)를 관할하는 경찰서장에게 그 사실을 통보하여야 한다.
② 제1항의 통보를 받은 경찰서장은 이동배치지가 다른 관할구역에 속할 때에는 전입지를 관할하는 경찰서장에게 이동배치한 사실을 통보하여야 한다.

배치의 폐지 등(청원경찰법 제10조의5)★

① 청원주는 청원경찰이 배치된 시설이 폐쇄되거나 축소되어 청원경찰의 배치를 폐지하거나 배치인원을 감축할 필요가 있다고 인정하면 청원경찰의 배치를 폐지하거나 배치인원을 감축할 수 있다. 다만, 청원주는 다음 각호의 어느 하나에 해당하는 경우에는 청원경찰의 배치를 폐지하거나 배치인원을 감축할 수 없다.
  1. 청원경찰을 대체할 목적으로「경비업법」에 따른 특수경비원을 배치하는 경우
  2. 청원경찰이 배치된 기관·시설 또는 사업장 등이 배치인원의 변동사유 없이 다른 곳으로 이전하는 경우

33 정답 ❸

제시된 내용 중 청원경찰법 제1조(목적)에서 규정하고 있는 것은 ㄱ, ㄴ, ㄷ, ㄹ이다. 청원경찰의 원활한 운영을 목적으로 청원경찰법에서 규정하고 있는 것은 '복리후생'이 아니라 '사회보장'이다.

관계법령 목적(청원경찰법 제1조)

이 법은 청원경찰의 직무·임용·배치·보수·사회보장 및 그 밖에 필요한 사항을 규정함으로써 청원경찰의 원활한 운영을 목적으로 한다.

34 정답 ❹

대통령령이 아닌 행정안전부령으로 정하는 중요 시설, 사업장 또는 장소가 청원경찰의 배치대상에 해당한다(청원경찰법 제2조 제3호).

35 정답 ❶

감독 순시부, 전출입 관계철, 징계요구서철은 모두 관할 경찰서장의 비치부책에 해당한다. 또한 전출입 관계철은 시·도 경찰청장의 비치부책이기도 하다(청원경찰법 시행규칙 제17조).

핵심만콕 문서와 장부의 비치(청원경찰법 시행규칙 제17조)★★★

청원주(제1항)	관할 경찰서장(제2항)	시·도 경찰청장(제3항)
• 청원경찰 명부 • 근무일지 • 근무 상황카드 • 경비구역 배치도 • 순찰표철 • 무기·탄약 출납부 • 무기장비 운영카드 • 봉급지급 조서철 • 신분증명서 발급대장 • 징계 관계철 • 교육훈련 실시부 • 청원경찰 직무교육계획서 • 급여품 및 대여품 대장 • 그 밖에 청원경찰의 운영에 필요한 문서와 장부	• 청원경찰 명부 • 감독 순시부 • 전출입 관계철 • 교육훈련 실시부 • 무기·탄약 대여대장 • 징계요구서철 • 그 밖에 청원경찰의 운영에 필요한 문서와 장부	• 배치결정 관계철 • 청원경찰 임용승인 관계철 • 전출입 관계철 • 그 밖에 청원경찰의 운영에 필요한 문서와 장부

36 정답 ④

④ (×) 청원경찰이 직무를 수행할 때 직권을 남용하여 국민에게 해를 끼친 경우에는 <u>6개월 이하의 징역이나 금고에</u> 처한다(청원경찰법 제10조 제1항).
① (○) 청원경찰법 제12조 제1항 제1호 전단
② (○) 청원경찰법 제12조 제1항 제2호
③ (○) 청원경찰법 제12조 제1항 제3호

37 정답 ③

③ (×) 청원경찰은 청원주가 임용하되, 임용을 할 때에는 미리 <u>시·도 경찰청장의 승인</u>을 받아야 한다(청원경찰법 제5조 제1항).
① (○) 청원경찰은 나이가 60세가 되었을 때 당연 퇴직된다. 다만, 그날이 1월부터 6월 사이에 있으면 6월 30일에, 7월부터 12월 사이에 있으면 12월 31일에 각각 당연 퇴직된다(청원경찰법 제10조의6 제3호).
② (○) 청원경찰법 제5조 제4항
④ (○) 청원경찰법 시행령 제4조 제2항 전문

38 정답 ④

④ (○) 청원경찰법 시행령 제8조 제3항
① (×) 청원주는 청원경찰이 직무상의 의무를 위반하거나 직무를 태만히 한 때에는 <u>대통령령</u>으로 정하는 징계절차를 거쳐 징계처분을 하여야 한다(청원경찰법 제5조의2 제1항 제1호).
② (×) 청원경찰에 대한 징계의 종류는 파면, 해임, 정직, 감봉 및 견책으로 구분한다(청원경찰법 제5조의2 제2항). <u>강등은 공무원에 대한 징계의 종류에 해당한다(국가공무원법 제79조, 지방공무원법 제70조 참조).</u>
③ (×) 청원주는 청원경찰 배치 결정의 통지를 받았을 때에는 통지를 받은 날부터 <u>15일</u> 이내에 청원경찰에 대한 징계규정을 제정하여 관할 시·도 경찰청장에게 신고하여야 한다(청원경찰법 시행령 제8조 제5항 전문).

관계법령 청원경찰의 징계(청원경찰법 제5조의2)

① 청원주는 청원경찰이 다음 각호의 어느 하나에 해당하는 때에는 <u>대통령령으로 정하는 징계절차를 거쳐 징계처분을 하여야</u> 한다.
  1. 직무상의 의무를 위반하거나 직무를 태만히 한 때
  2. 품위를 손상하는 행위를 한 때
② 청원경찰에 대한 <u>징계의 종류는 파면, 해임, 정직, 감봉 및 견책</u>으로 구분한다.
③ 청원경찰의 징계에 관하여 그 밖에 필요한 사항은 대통령령으로 정한다.

징계(청원경찰법 시행령 제8조)★

① 관할 경찰서장은 청원경찰이 법 제5조의2 제1항 각호의 어느 하나에 해당한다고 인정되면 청원주에게 해당 청원경찰에 대하여 징계처분을 하도록 요청할 수 있다.
② 법 제5조의2 제2항의 정직(停職)은 1개월 이상 3개월 이하로 하고, 그 기간에 청원경찰의 신분은 보유하나 직무에 종사하지 못하며, 보수의 3분의 2를 줄인다.
③ 법 제5조의2 제2항의 감봉은 1개월 이상 3개월 이하로 하고, 그 기간에 보수의 3분의 1을 줄인다.
④ 법 제5조의2 제2항의 견책(譴責)은 전과(前過)에 대하여 훈계하고 회개하게 한다.
⑤ 청원주는 청원경찰 배치 결정의 통지를 받았을 때에는 통지를 받은 날부터 <u>15일 이내</u>에 청원경찰에 대한 징계규정을 제정하여 관할 시·도 경찰청장에게 신고하여야 한다. 징계규정을 변경할 때에도 또한 같다.
⑥ 시·도 경찰청장은 제5항에 따른 징계규정의 보완이 필요하다고 인정할 때에는 청원주에게 그 보완을 요구할 수 있다.

39 정답 ③

|O|△|X| 제시된 내용의 ㄱ~ㄷ에 들어갈 숫자는 순서대로 15, 7, 1이다.

> **관계법령** 무기관리수칙(청원경찰법 시행규칙 제16조)
>
> ② 영 제16조에 따라 무기와 탄약을 대여받은 청원주가 청원경찰에게 무기와 탄약을 출납하려는 경우에는 다음 각호에 따라야 한다. 다만, 관할 경찰서장의 지시에 따라 제2호에 따른 탄약의 수를 늘리거나 줄일 수 있고, 무기와 탄약의 출납을 중지할 수 있으며, 무기와 탄약을 회수하여 집중관리할 수 있다.
> 1. 무기와 탄약을 출납하였을 때에는 무기·탄약 출납부에 그 출납사항을 기록하여야 한다.
> 2. 소총의 탄약은 1정당 15발 이내, 권총의 탄약은 1정당 7발 이내로 출납하여야 한다. 이 경우 생산된 후 오래된 탄약을 우선하여 출납하여야 한다.
> 3. 청원경찰에게 지급한 무기와 탄약은 매주 1회 이상 손질하게 하여야 한다.
> 4. 수리가 필요한 무기가 있을 때에는 그 목록과 무기장비 운영카드를 첨부하여 관할 경찰서장에게 수리를 요청할 수 있다.

40 정답 ②

|O|△|X| 청원경찰의 근무인원이 50명일 경우 감독자는 대장 1명, 반장 2명, 조장 6명을 지정하여야 한다(청원경찰법 시행규칙 [별표 4]).

> **관계법령** 감독자 지정기준(청원경찰법 시행규칙 [별표 4])★

근무인원	직급별 지정기준		
	대 장	반 장	조 장
9명까지	-	-	1명
10명 이상 29명 이하	-	1명	2~3명
30명 이상 40명 이하	-	1명	3~4명
41명 이상 60명 이하	1명	2명	6명
61명 이상 120명 이하	1명	4명	12명

제2회 경호학

문제편 044p

정답 CHECK

41	42	43	44	45	46	47	48	49	50	51	52	53	54	55	56	57	58	59	60
③	③	③	③	②	③	①	③	④	①	③	③	①	①	②	①	④	①	②	②
61	62	63	64	65	66	67	68	69	70	71	72	73	74	75	76	77	78	79	80
③	②	①	④	③	②	④	①	①	①	③	①	③	③	②	④	①	③	④	②

41 정답 ③

③ (×) 경호대상자와 환송자·환영자 간에 친화도모를 위한 활동도 경호의 목적에 해당한다. 경호는 질서를 유지하며, 친절하고 겸손한 태도로써 시행하여 경호대상자와 환영·환송자 간에 친화를 도모할 수 있도록 하여야 한다.
① (○) 국내외 주요 요인(要人)에 대한 경호·경비의 완벽을 기하는 것은 경호의 우수성을 과시하는 것뿐만 아니라 의전적인 차원에서 국제적인 지위향상과 국위선양에 중요한 역할을 한다.
② (○) 헌법과 법률 등으로 정해진 주요 요인(要人)의 권위를 유지시켜 주며, 정치지도자나 사회 저명인사 등의 체면·품위(기품) 등을 유지시켜 준다.
④ (○) 직·간접적인 위해로부터 피경호자(경호대상자)의 생명·신체에 대한 안전을 도모하는 것은 경호활동의 가장 기본적인 목적으로 볼 수 있다.

42 정답 ③

③ (×) 경호행위의 근거를 제시하는 경호이론의 연구는 경호의 완성도를 높이고 경호의 질적 성장을 촉진한다. 구체적으로 경호조치를 하는 기술과 방법을 제공하는 것은 경호기법의 연구이다.
① (○) 경호학은 법학, 행정학, 경찰학, 사회학 등의 학문과 밀접한 관련성을 지니고 있는 종합과학적 성격을 띤 사회과학이다.
② (○) 경호의 법적 근거·경호의 대상·경호조직의 구성 및 운영 등은 경호의 존재방식과 방향을 결정하는 중요한 요소이고, 법치국가의 경호제도는 경호의 정당성을 제공하는 중요한 근거이다.
④ (○) 경호의식은 국민들이 경호를 어떻게 인식하는가를 연구하는 것으로 경호에 대한 국민들의 의식은 경호의 방향을 결정하고 방법을 결정하는 단서가 된다.

핵심만콕	경호학 연구의 대상
경호제도	• 법치국가의 경호제도는 경호의 정당성을 제공하는 중요한 근거이다. • 경호의 법적 근거ㆍ경호의 대상ㆍ경호조직의 구성 및 운영 등은 경호의 존재방식과 방향을 결정한다.
경호이론	• 경호이론은 경호행위의 근거를 제시한다. • 이론의 연구는 경호의 완성도를 높이고 경호의 질적 성장을 촉진한다.
경호기법	• 경호기법은 구체적으로 경호조치를 하는 기술과 방법을 제공한다. • 문제를 해결하는 구체적인 방법은 경호원ㆍ경호조직의 경호능력을 향상시키는 관건이다.
경호의식	• 사람들이 경호를 어떻게 생각하고 인식하는가의 문제를 연구한다. • 국민들의 경호에 대한 의식은 경호의 방향을 결정하고 방법을 결정하는 단서가 된다.

〈출처〉 이두석, 「경호학개론」, 진영사, 2018, P. 36

43 정답 ❸

③ (×) 경호관계법규에 규정된 현실적인 경호기관을 기준으로 정립된 개념은 형식적 의미의 경호개념으로 실정법상 경호기관의 권한에 속하는 일체의 경호작용을 의미한다.
① (○) 실질적 의미의 경호개념은 경호를 본질적ㆍ이론적인 입장에서 이해하고, 학문적 측면에서 고찰된 개념이다.
② (○) 실질적 의미의 경호는 경호대상자를 모든 인위적ㆍ자연적 위해요소로부터 안전하게 보호하기 위한 제반활동이다.
④ (○) 대통령 등의 경호에 관한 법률에 의한 대통령경호처가 담당하는 일체의 경호작용은 형식적 의미의 경호개념에 해당한다.

핵심만콕	경호의 개념★
형식적 의미의 경호	• 경호관계법규에 규정된 현실적인 경호기관을 기준으로 하여 정립된 개념이다. • 실정법상 경호기관의 권한에 속하는 일체의 경호작용을 의미한다. • 실정법ㆍ제도ㆍ기관 중심적 관점에서 이해한 것이다. • 「대통령 등의 경호에 관한 법률」에서의 경호는 형식적 의미의 경호개념이다.
실질적 의미의 경호	• 경호활동의 본질ㆍ성질ㆍ이론적인 입장에서 이해한 것으로, 학문적인 측면에서 고찰된 개념이다. • 수많은 경호작용 중에서 공통적인 특성을 추상화한 개념이다. • 경호대상자의 절대적 신변안전을 보호하기 위하여 모든 사용 가능한 수단과 방법을 동원한다. • 경호대상자(피경호자)에 대한 신변 위해요인을 사전에 방지 또는 제거하기 위한 제반활동이다. • 경호주체(국가기관, 민간기관, 개인, 단체 불문)가 경호대상자를 보호하는 모든 활동을 말한다. • 모든 위험과 곤경(인위적ㆍ자연적 위해)으로부터 경호대상자를 안전하게 보호하기 위한 제반활동이다.

44 정답 ❸

③ (○) 정(正)비상경계는 국가적 중요행사를 전후한 일정기간 또는 비상사태 발생의 징후가 예견되거나 고도의 경계가 필요한 때 실시하는 경계이고, 준(準)비상경계는 비상사태 발생의 징후는 희박하나 불안전한 사태가 계속되며 비상사태가 발생할 우려가 있는 경우에 집중적인 경계가 요구될 때 실시하는 경계로서 경계개념에 의한 분류이다.

① (×) 경비 성격에 의해 자체경비와 계약경비로 구분할 수 있다. 인력경비(각종 위해로부터 경비대상의 인적·물적 가치를 사람을 통해 보호하는 경비형태)와 기계경비(각종 위해로부터 경비대상의 인적·물적 가치를 기계경비시스템을 통해 보호하는 경비형태)는 경비 방식에 의한 분류이다.

② (×) 경비 목적(경계대상)에 의해 치안경비, 중요시설경비, 재해경비, 혼잡경비, 특수경비 등으로 구분할 수 있다. 자체경비(경비를 필요로 하는 조직이 자체적으로 경비부서를 조직하여 경비활동을 실시하는 경비형태)와 계약경비(용역경비전문업체가 경비서비스를 원하는 용역의뢰인과 일정한 계약을 통하여 경비서비스를 제공하는 경비형태)는 경비 성격에 의한 분류이다.

④ (×) 경비업법령은 공경비가 아닌 사경비의 법원에 해당하므로, 경비업법령상 특수경비업무는 사경비에 해당한다.

45 정답 ❷

② (○) 대통령 등의 경호에 관한 법률 제18조 제2항

① (×) 대통령경호처장의 제청으로 서울중앙지방검찰청 검사장이 지명한 경호공무원은 경호대상에 대한 경호업무 수행 중 인지한 그 소관에 속하는 범죄에 대하여 직무상 또는 수사상 긴급을 요하는 한도 내에서 사법경찰관리의 직무를 수행할 수 있다(대통령 등의 경호에 관한 법률 제17조 제1항).

③ (×) 대통령경호처장은 직무를 수행하기 위하여 필요하다고 인정할 때에는 소속공무원에게 무기를 휴대하게 할 수 있다(대통령 등의 경호에 관한 법률 제19조 제1항).

④ (×) 대통령경호처장은 소속공무원의 적법한 직무집행으로 인하여 손실발생의 원인에 대하여 책임이 없는 자가 입은 생명·신체 또는 재산상의 손실을 입은 자에 대하여 손실보상심의위원회의 심의를 거쳐 정당한 보상을 하여야 한다(대통령 등의 경호에 관한 법률 제20조 제1항 제1호).

46 정답 ❸

③ (×) 영국 보안국(SS)은 영국의 내무성 소속으로 국내 경호 관련 정보의 수집·분석·처리 업무를 담당한다. MI5라고도 불린다. MI6으로 불리는 기관은 영국의 외무성 소속으로 국외 경호 관련 정보의 수집·분석·처리 업무를 담당하는 비밀정보국(SIS)이다.

① (○) 미국의 비밀경호국(Secret Service)은 1865년 설립 당시에는 재무부 산하에서 위조지폐 단속만을 목적으로 설립되었으나, 1901년 맥킨리(W. Mckinley) 대통령의 암살사건을 계기로 경호 및 수사 등의 임무를 아울러 수행하게 되었다. 비밀경호국(Secret Service)은 현재 국토안보부 산하기관으로 경호대상자는 전·현직 대통령과 부통령 및 그 직계가족이다.

② (○) 독일 연방정보부(BND)는 해외 정보 수집·분석·관리, 국외 위해 첩보제공 등의 임무를 수행한다.

④ (○) 일본 법무상 산하의 공안조사청은 주로 국내첩보를 수집하지만(해외첩보는 내각정보조사실이 담당), 북한, 중국, 러시아 등 일본에 적대적이거나 긴장관계인 국가의 정보도 수집한다. 특히, 북한 관련 정보에 밝다는 평가를 받는다.

47 정답 ❶

제시된 내용은 모두 우발상황의 특성에 관한 옳은 설명이다.

핵심만콕	우발상황의 특성★
구 분	내 용
불확실성 (예측곤란성)	우발상황의 발생 여부가 불확실하고 사전예측이 곤란하여 대비가 어렵다.
돌발성	사전예고 없이 돌발적으로 발생한다.
시간제약성	돌발성으로 인해 우발상황에 대처할 충분한 시간적 여유가 없다.
중대성	우발상황은 경호대상자의 신변에 중대한 결과를 초래할 수 있다.
현장성	우발상황은 현장에서 발생하고 이에 대한 경호조치도 현장에서 이루어져야 한다.

〈출처〉이두석, 「경호학개론」, 진영사, 2018, P. 344

48 정답 ❸

③ (×) 경호보안작용은 경호대상자는 물론 경호와 관련된 인원, 문서, 시설, 지역 및 통신까지 모든 것에 대해 위해기도자로부터 완벽한 보호대책을 수립하여 지속적으로 보안을 유지하는 활동을 의미한다. 경호작용의 원천적 사전지식을 생산·제공하는 것으로 경호대상자의 신변안전을 위협하는 인적·물적·지리적 취약요소를 사전에 수집·분석·예고하는 것은 경호정보작용에 대한 설명이다.
① (○) 경호안전작용의 기본 내용으로는 경호보안작용, 안전대책작용, 경호정보작용 등이 있다.
② (○) 경호안전작용은 경호대상자의 절대안전을 도모하기 위하여 모든 수단과 방법을 이용하여 사전에 각종 위해요소를 탐지·봉쇄·제거하는 예방업무를 의미한다.
④ (○) 안전점검은 폭발물 등 각종 유해물을 탐지하여 제거하는 활동이고, 안전검사는 이용하는 기구, 시설 등의 안전상태를 검사하는 것이며, 안전유지는 안전점검 및 검사가 이루어진 상태를 유지하는 것이다.

49 정답 ❹

④ (○) 차량대형의 위치, 차량의 종류를 수시로 변경하는 것도 기만경호 기법의 활용이라 할 수 있다.
① (×) 기만경호란 위해기도자에게 행사 상황을 오판하도록 허위 상황을 제공하여 위해기도자로 하여금 위해기도를 포기하거나 위해기도가 실패하도록 유도하는 계획적이고 변칙적인 경호기법을 말한다.
② (×) 기동 간 경호기만은 도보이동에 국한되는 경호기법이 아니라 경호대상자가 각종 기동수단을 이용하여 이동할 때 실시하는 경호기만이다.
③ (×) 기만계획은 공식행사에 국한되지 아니한다.

50 정답 ❶

[○△✕] 제시문은 위험의 통제에 관한 설명이다.

핵심만콕	위협의 평가에 따른 경호 대응 방안
위험의 회피	위험으로 인한 손실가능성을 회피하면 위험관리수단이 필요 없게 되므로 가장 이상적인 위험관리 방법이라 할 수 있다. 정보활동·기만전술·은밀경호작전 등이 위험회피수단으로 활용된다.
위험의 통제	위험의 발생 횟수나 발생 규모를 줄이려는 기법이나 도구 또는 전략을 의미한다.
위험의 제거	위험요소를 우세한 경호력으로 무력화시키거나 검측활동을 비롯한 안전활동을 통하여 사전에 제거함으로써 행사장·연도·숙소 등에 대한 안전을 확보하는 것이다.
위험의 감소	특정한 사건이나 사고로부터 피해를 입을 수 있는 재산이나 인명의 수와 규모를 줄이는 데 초점을 둔다.
위험의 보유	장래의 손실을 스스로 부담하는 방법으로, 의도적으로 위험을 보유하기로 결정한 적극적 위험보유와 부득이 보유하게 되는 소극적 위험보유가 있다.

〈출처〉이두석, 「경호학개론」, 진영사, 2018, P. 220~223

51 정답 ❸

[○△✕] 원자력안전위원회 위원장은 대통령경호안전대책위원회 위원이 아닌 국가테러대책위원회 위원이다.

관계법령

구성(대통령경호안전대책위원회규정 제2조)★★
대통령경호안전대책위원회(이하 "위원회"라 한다)의 위원은 국가정보원 테러정보통합센터장, 외교부 의전기획관, 법무부 출입국·외국인정책본부장, 과학기술정보통신부 통신정책관, 국토교통부 항공안전정책관, 식품의약품안전처 식품안전정책국장, 관세청 조사감시국장, 대검찰청 공공수사정책관, 경찰청 경비국장, 소방청 119구조구급국장, 해양경찰청 경비국장, 합동참모본부 작전본부 소속 장성급 장교 중 위원장이 지명하는 1명, 국군방첩사령부 소속 장성급 장교 또는 2급 이상의 군무원 중 위원장이 지명하는 1명, 수도방위사령부 참모장과 위원장이 임명 또는 위촉하는 자로 구성한다.

국가테러대책위원회(국민보호와 공공안전을 위한 테러방지법 제5조)★★
① 대테러활동에 관한 정책의 중요사항을 심의·의결하기 위하여 국가테러대책위원회(이하 "대책위원회"라 한다)를 둔다.
② 대책위원회는 국무총리 및 관계기관의 장 중 대통령령으로 정하는 사람으로 구성하고 위원장은 국무총리로 한다.

국가테러대책위원회 구성(테러방지법 시행령 제3조)
① 법 제5조 제2항에서 "대통령령으로 정하는 사람"이란 기획재정부장관, 외교부장관, 통일부장관, 법무부장관, 국방부장관, 행정안전부장관, 산업통상자원부장관, 환경부장관, 국토교통부장관, 해양수산부장관, 국가정보원장, 국무조정실장, 금융위원회 위원장, 원자력안전위원회 위원장, 대통령경호처장, 관세청장, 경찰청장, 소방청장, 질병관리청장 및 해양경찰청장을 말한다.

③ 대책위원회는 다음 각호의 사항을 심의·의결한다.
　1. 대테러활동에 관한 국가의 정책 수립 및 평가
　2. 국가 대테러 기본계획 등 중요 중장기 대책 추진사항
　3. 관계기관의 대테러활동 역할 분담·조정이 필요한 사항
　4. 그 밖에 위원장 또는 위원이 대책위원회에서 심의·의결할 필요가 있다고 제의하는 사항
④ 그 밖에 대책위원회의 구성·운영 등에 필요한 사항은 대통령령으로 정한다.

52 정답 ❸

③ (×) 행사(실시)단계는 경호대상자가 집무실을 출발해서 행사장에 도착하여 행사를 진행한 후 출발지까지 복귀하는 단계로 행사 진행 상황에 따라 경호계획을 유연하게 조정하고 비상상황 발생 시 신속·정확하게 대응한다.
① (○) 계획단계는 경호임무 수령 후 선발대가 행사장에 도착하기 전의 단계로 경호 대상자, 장소, 시간 등을 파악하고 경호계획을 수립한다.
② (○) 준비단계는 경호원이 행사장에 도착한 후부터 행사시작 전까지의 단계로 행사장 안전검측, 취약요소 분석, 최종적인 대안이 제시된다.
④ (○) 결산단계는 경호행사 종료부터 철수 및 결과를 보고하는 단계로 임무 수행 결과를 보고하고 평가하며 개선점을 도출하여 다음 임무에 반영한다.

핵심만콕　경호임무 수행단계

- 계획단계 : 경호임무 수령 후 선발대가 행사장에 도착하기 전까지의 단계
- 준비단계 : 경호원이 행사장에 도착한 후부터 행사가 시작되기 전까지의 경호활동으로, 행사장 안전검측, 취약요소 분석, 최종적인 대안이 제시되는 단계★
- 행사(실시)단계 : 경호대상자가 집무실을 출발해서 행사장에 도착하여 행사를 진행한 후 출발지까지 복귀하는 단계★
- 결산단계(평가단계) : 경호행사 종료부터 철수 및 결과를 보고하는 단계

53 정답 ❶

① (○) 응급처치는 전문 의료진의 조치가 불가능한 상황에서 경호원이 시행하는 일시적인 구급행위를 말한다. 경호원은 응급처치를 위해서는 항상 기본적인 의료장비와 약품을 준비해두어야 한다.
〈출처〉 이두석, 「경호학개론」, 진영사, 2018, P. 281
② (×) 응급처치원이 희생정신을 가지고 환자나 부상자를 돌보는 것은 좋으나, 환자나 부상자에 대한 안전을 자신보다 우선 확보하여야 한다는 표현은 바람직하지 않다. 응급구조사 안전수칙의 첫 번째도 "위험한 상황에는 직접 접근하지 않는다"로 되어 있으므로, 일반인의 경우에는 본인의 안전확보를 최우선으로 해야 한다.
③ (×) 상해자 발견 시 응급처치는 기도유지 → 생명력유지 → 지혈 → 운반(119구급대 응급처치) 순으로 진행한다.
④ (×) 응급처치원은 '원칙적으로' 의약품을 사용하지 않는다.

54 정답 ❶

① (×) 경호기관단위작용의 원칙은 경호의 업무는 성격상 개인이 아닌 기관단위의 작용으로 기관의 하명에 의해서 이루어진다는 원칙으로, 기관단위의 임무결정은 지휘자만이 할 수 있고 경호의 성패는 지휘자만이 책임을 진다. 경호기관단위가 확립되기 위해서는 관리하기 위한 지휘권, 장비, 보급지원체제가 이루어져 있어야 한다.
② (○) 경호지휘단일성의 원칙은 지휘 및 통제의 이원화로 인해 파생되는 문제들을 보완하기 위해 명령과 지휘체계는 반드시 하나의 계통으로 구성해야 한다는 원칙이다. 지휘의 단일성은 경호업무가 긴급성을 요한다는 점에서, 그리고 모순·중복·혼란 등을 피해야 한다는 점에서 요구된다.
③ (○) 경호체계통일성의 원칙은 경호기관 구조의 정점으로부터 말단까지 상하계급 간에 일정한 관계가 이루어져 책임과 업무의 분담이 이루어지고, 명령(命令)과 복종(服從)의 지위와 역할의 체계가 통일되어야 한다는 의미로 일반기업의 책임과 분업원리와 연계되는 경호원칙이다.
④ (○) 경호협력성의 원칙은 경호조직이 국민 속에 깊이 뿌리를 내려 국민과 결합해야 한다는 원칙으로, 경호조직이 비록 완벽하고 경호요원의 수가 많다고 하더라도 모든 위해요소를 직접 인지할 수 없을 뿐 아니라 모든 사태에 대응하기가 여의치 못하므로 완벽한 경호를 위해서는 국민의 절대적인 협력이 필요하다.

핵심만콕 경호조직의 (구성)원칙★

경호지휘단일성의 원칙	• 지휘 및 통제의 이원화로 인해 파생되는 문제들을 보완하기 위해 명령과 지휘체계는 반드시 하나의 계통으로 구성해야 한다는 원칙으로, 경호업무가 긴급성을 요한다는 점에서도 요청된다. • 지휘가 단일해야 한다고 하는 것은 경호기관(요원)은 한 사람의 지휘를 받아야 한다는 뜻이다. 한 걸음 더 나아가서 지휘의 단일이란 「하나의 지휘자」라는 의미 외에 하급경호요원은 하나의 상급기관에 대해서만 책임을 진다는 의미가 포함된다.
경호체계통일성의 원칙	경호기관 구조의 정점으로부터 말단까지 상하계급 간에 일정한 관계가 이루어져 책임과 업무의 분담이 이루어지고, 명령(命令)과 복종(服從)의 지위와 역할의 체계가 통일되어야 한다는 원칙이다.
경호기관단위작용의 원칙	• 경호의 업무는 성격상 개인적 작용으로 이루어지지 않고 기관단위의 작용으로 기관의 하명에 의해서 이루어진다는 원칙이다. • 기관단위라는 것은 그 경호기관을 지휘하는 지휘자가 있고, 지휘를 받는 하급자가 있으며, 하급자를 관리하기 위한 지휘권과 장비가 편성되며 임무수행을 위한 보급지원체계를 갖추고 있어야 한다는 의미이다. • 기관단위의 관리와 임무의 수행을 위한 결정은 지휘자만이 할 수 있고, 경호의 성패는 지휘자만이 책임을 지는 것이다.
경호협력성의 원칙	경호조직과 국민과의 협력을 의미하며 완벽한 경호를 위해서는 국민의 절대적인 협력이 필요하다는 원칙이다.

〈참고〉이두석,「경호학개론」, 2018, P. 114~116 / 김두현,「경호학개론」, 엑스퍼트, 2020, P. 184~187

55 정답 ❷

제시된 내용 중 옳지 않은 것은 ㄱ과 ㄷ이다.
ㄱ. (×) 1급, 2급, 3급은 경호의 수준에 따른 분류이며, 경호의 성격에 따른 분류는 공식경호, 비공식경호, 약식경호이다.
ㄷ. (×) 수상, 국회의장, 대법원장, 헌법재판소장, 이와 대등한 지위에 있는 외국인사 등은 乙(B)호 경호대상이다.

핵심만콕 경호의 분류

구 분		내 용
대 상	甲(A)호 경호	국왕 및 대통령과 그 가족, 외국의 원수 등
	乙(B)호 경호	수상, 국회의장, 대법원장, 헌법재판소장, 이와 대등한 지위에 있는 외국인사 등
	丙(C)호 경호	경찰청장 또는 경호기관의 장이 필요하다고 인정하는 주요 인사
장 소	행사장경호	행사장은 일반군중과 가까우므로 완벽한 경호가 필요
	숙소경호	체류기간이 길고, 야간경호를 해야 함
	연도경호 (노상경호)	연도경호는 세부적으로 교통수단에 의해 분류됨(육로경호·철도경호)
성 격	공식경호 (1호·A호)	경호관계자의 사전 통보에 의해 계획·준비되는 공식행사 때에 실시하는 경호
	비공식경호 (2호·B호)	경호관계자 간의 사전 통보나 협의절차 없이 이루어지는 비공식행사 때의 경호
	약식경호 (3호·C호)	일정한 방식에 의하지 않고 실시하는 경호(출·퇴근 시 일상적으로 실시하는 경우)
경호수준	1(A)급 경호	행차보안이 사전에 노출되어 경호위해가 증대된 상황하의 각종 행사와 국왕 및 대통령 등 국가원수급의 1등급 경호대상으로 결정된 국빈행사의 경호
	2(B)급 경호	행사 준비 등의 시간적 여유 없이 갑자기 결정된 상황하의 각종 행사와 수상급의 경호대상으로 결정된 국빈행사의 경호
	3(C)급 경호	사전에 행사 준비 등 경호조치가 거의 전무한 상황에서 이루어지는 것으로서 장관급의 경호대상으로 결정된 국빈행사의 경호

〈출처〉 김두현, 「경호학개론」, 엑스퍼트, 2020, P. 57~61

56 정답 ❶

제시문은 자연발생적 우발상황의 예이다.

핵심만콕 우발상황의 유형

- 계획적 우발상황 : 위해기도자에 의해 의도되고 계획된 우발상황이다.
- 부주의에 의한 우발상황 : 실수로 전기스위치를 잘못 건드려 전기가 나간다거나, 엘리베이터 정지버튼을 눌러서 엘리베이터가 정지하는 등의 상황을 말한다.
- 자연발생적 우발상황 : 갑자기 소나기가 내려 군중이 한군데로 몰리면서 혼잡상황이 발생하거나, 차량의 고장 등으로 인하여 도로에 정체현상이 발생하는 경우 등을 말한다.
- 천재지변에 의한 우발상황 : 홍수 등으로 인하여 도로가 유실되거나, 폭설로 인하여 도로가 차단되는 경우 등을 말한다.

〈출처〉 이두석, 「경호학개론」, 진영사, 2018, P. 344

57 정답 ④

제시문은 방어경호의 원칙에 관한 설명이다.

핵심만콕 경호의 일반원칙과 특별원칙 ★

구 분		내 용
일반원칙	3중 경호의 원칙	• 경호대상자가 위치한 집무실이나 행사장으로부터 제1선(내부 – 안전구역), 제2선(내곽 – 경비구역), 제3선(외곽 – 경계구역)으로 구분하여 경호의 행동반경을 거리 개념으로 논리전개하는 구조 • 경호대상자가 위치한 지역에서 가장 근거리부터 엄중한 경호를 취하는 순서로 근접경호, 중간경호, 외곽경호로 나누고 그에 따른 요원의 배치와 임무가 부여되는 원칙
	두뇌경호의 원칙	사전에 치밀한 계획을 세우고 준비를 철저히 하여 위험요소를 제거하는 데 중점을 두며, 경호임무 수행 중 긴급하고 위험한 상황이 발생하였을 때에는 고도의 예리하고 순간적인 판단력이 중요시된다는 원칙
	은밀경호의 원칙	경호요원은 은밀하고 침묵 속에서 행동하며 항상 경호대상자의 신변을 보호할 수 있는 곳에 행동반경을 두고 경호에 임해야 한다는 원칙
	방어경호의 원칙	경호란 공격자의 위해요소를 방어하는 행위이지 공격하는 것이 아니라는 원칙
특별원칙	자기담당구역 책임의 원칙	경호원이 배치된 자기담당구역 내에서 일어나는 사태에 대해서는 자신만이 책임을 지고 해결해야 한다는 원칙
	목표물 보존의 원칙	• 경호대상자를 암살자 또는 위해를 가할 가능성이 있는 자로부터 떼어 놓아야 한다는 원칙 • 목표물을 안전하게 보존하기 위해서는 행차 코스의 비공개, 행차 장소의 비공개, 대중에게 노출되는 보행 행차의 가급적 제한 등이 요구됨
	하나의 통제된 지점을 통한 접근의 원칙	• 경호대상자에게 접근할 수 있는 출입구나 통로는 하나만 필요하다는 원칙 • 하나의 통제된 출입구나 통로라 하더라도 접근자는 경호요원에 의하여 인지되고 확인되어야 하며 허가절차를 거쳐 접근토록 해야 함
	자기희생의 원칙	• 경호대상자가 위기에 처했을 때 자기 몸을 희생하여 경호대상자를 보호해야 한다는 원칙 • 경호대상자는 어떠한 상황하에서도 절대적으로 보호되어야 한다는 의미

〈참고〉 김두현, 「경호학개론」, 엑스퍼트, 2020, P. 64~69

58 정답 ❶

주최 측의 행사진행계획을 면밀히 검토하여 참석대상, 성격분석, 시차별 입장계획 등을 작전 담당에게 전달하는 업무는 주행사장 담당이 아닌 출입통제 담당의 업무에 해당한다.

핵심만콕 경호원의 분야별 업무담당

구 분	내 용
작전 담당	정보수집 및 분석을 통하여 작전구역별 특성에 맞는 인원 운용계획 작성, 비상대책체제 구축에 주력하며 부가적으로 시간사용계획 작성, 관계관 회의 시 주요 지침사항·예상문제점·참고사항(기상, 정보·첩보) 등을 계획하고 임무별 진행사항을 점검하여 통합 세부계획서 작성 등
출입통제 담당	행사 참석대상 및 성격분석, 출입통로 지정, 본인 여부 확인, 검문검색, 주차장 운용계획, 중간집결지 운용, 구역별 비표 구분, 안전 및 질서를 고려한 시차별 입장계획, 상주자 및 민원인 대책, 야간근무자 등의 통제계획을 작전 담당에게 전달 등
안전대책 담당	안전구역 확보계획 검토, 건물의 안전성 여부 확인, 상황별 비상대피로 구상, 행사장 취약시설물 파악, 비상 및 일반예비대 운용방법 확인, 최기병원(적정병원) 확인, 직시건물(고지)·공중 감시대책 검토 등
행정 담당	출장여비 신청 및 수령, 각 대의 숙소 및 식사장소 선정, 비상연락망 구성 등
차량 담당	출동인원에 근거하여 선발대 및 본대 사용차량 배정, 이동수단별 인원, 코스, 휴게실 등을 계획하여 작전 담당에게 전달 등
승·하차 및 정문 담당	진입로 취약요소 파악 및 확보계획 수립 후 주요 위치에 근무자 배치, 통행인 순간통제방법 강구, 비상 및 일반예비대 대기장소 확인, 안전구역 접근자 차단 및 위해요소 제거, 출입차량 검색 및 주차지역 안내 등
보도 담당	배치결정된 보도요원 확인, 보도요원 위장침투 차단, 행사장별 취재계획 수립 전파 등
주행사장 내부 담당	경호대상자 동선 및 좌석 위치에 따른 비상대책 강구, 행사장 내의 인적·물적 접근 통제 및 차단계획 수립, 정전 등 우발상황에 대비한 각 근무자 예행연습, 행사장의 단일 출입 및 단상·천장·경호대상자 동선 등에 대한 안전도의 확인, 각종 집기류 최종 점검 등
주행사장 외부 담당	안전구역 내 단일 출입로 설정, 외곽 감제고지 및 직시건물에 대한 안전조치, 취약요소 및 직시지점을 고려한 단상 설치, 경호대상자 좌석과 참석자 간 거리 유지, 방탄막 설치 및 비상차량 운용계획 수립, 지하대피시설 점검 및 확보, 경비 및 경계구역 내 안전조치 강화, 차량 및 공중강습에 대한 대비책 강구 등

59 정답 ❷

ㄴ, ㄷ, ㅂ은 경찰청 경비국장의 업무이다.

핵심만콕 각 구성원의 분장책임(대통령경호안전대책위원회규정 제4조 제2항)

10. 대검찰청 공공수사정책관	• 입수된 경호 관련 첩보 및 정보의 신속한 전파·보고 • 위해음모 발견 시 수사지휘 총괄 • 위해가능인물의 관리 및 자료수집 • 국제테러범죄 조직과 연계된 위해사범의 방해책동 사전차단 • 그 밖에 국내·외 경호행사의 지원
11. 경찰청 경비국장	• 입수된 경호 관련 첩보 및 정보의 신속한 전파·보고 • 위해가능인물에 대한 동향파악 • 행사 참석자 및 종사자의 신원조사 • 입국체류자 중 위해가능인물에 대한 동향 파악 → 삭제〈2020.4.21.〉 • 행사장·이동로 주변 집회 및 시위관련 정보제공과 비상상황 방지대책의 수립 • 우범지대 및 취약지역에 대한 안전조치 • 행사장 및 이동로 주변에 산재한 물적 취약요소에 대한 안전조치 • 행차로 요충지 등에 정보센터 설치·운영 → 삭제〈2020.4.21.〉 • 총포·화약류의 영치관리와 봉인 등 안전관리 • 불법무기류의 단속 및 분실무기의 수사 • 그 밖에 국내·외 경호행사의 지원

60 정답 ❷

② (○) 정지하고 있는 차량이 주행하고 있는 차량보다 공격받을 위험성이 더 높다.
① (×) 목적지에 도착하면 경호책임자는 가장 먼저 하차하고 출발 시에는 가장 나중에 승차하며 경호대상자 승·하차 시 차량 문의 개폐와 잠금장치를 통제한다. 차량이 하차 지점에 도착하면 정차 후 운전석 옆에 탑승한 경호요원(보통 경호팀장)이 차에서 내려 먼저 주변 안전을 확인하여야 하고, 차량 문을 먼저 개방해서는 안 된다. 경호팀장은 준비가 완료되면 경호대상자 차의 잠금장치를 풀고 경호대상자를 차에서 내리게 한 후 경호대상자가 신속하게 건물 안으로 이동할 수 있도록 한다.

〈출처〉 김계원, 「경호학」, 진영사, 2012, P. 249~250

③ (×) 주차장소는 가능한 한 자주 변경하여 계획된 위해상황과 불심분자의 관찰로부터 벗어나게 하여야 한다.
④ (×) 위해기도자는 주차나 정차를 하여 은폐, 엄폐를 할 가능성이 크므로 주차나 정차해 있는 차량 가까이에는 정지하지 않는다.

61 정답 ❸

본인과 그 배우자만 경호처의 경호대상인 것은 ㄷ, ㄹ, ㅁ, ㅂ이다.

> **관계법령** 경호대상(대통령 등의 경호에 관한 법률 제4조)
>
> ① 경호처의 경호대상은 다음과 같다.
>   1. 대통령과 그 가족
>   2. 대통령 당선인과 그 가족
>   3. 본인의 의사에 반하지 아니하는 경우에 한정하여 퇴임 후 10년 이내의 전직대통령과 그의 배우자. 다만, 대통령이 임기만료 전에 퇴임한 경우와 재직 중 사망한 경우의 경호기간은 그로부터 5년으로 하고, 퇴임 후 사망한 경우의 경호기간은 퇴임일부터 기산하여 10년을 넘지 아니하는 범위에서 사망 후 5년으로 한다.
>   4. 대통령권한대행과 그 배우자
>   5. 대한민국을 방문하는 외국의 국가원수 또는 행정수반과 그 배우자
>   6. 그 밖에 처장이 경호가 필요하다고 인정하는 국내외 요인(要人)

62 정답 ❷

② (✕) 자연방벽효과의 원리에서 수평적 방벽효과는 <u>경호대상자의 위치가 고정된 경우 근접경호원이 경호대상자와 가까이 위치할수록 증가하고, 위해기도자의 위치가 고정된 경우 근접경호원이 위해기도자와 가까이 위치할수록 증가한다.</u> 수직적 방벽효과는 위해기도자가 고층건물과 같이 높은 위치에서 공격한다고 가정할 경우 근접경호원이 경호대상자와 가까이 위치할수록 증가한다.

① (○) 이격거리의 원리에 대한 옳은 설명이다. 경호원은 경계대상인 군중과의 거리를 2m 이상 유지하여 위해기도자의 공격에 대비하고, 경호대상자와의 거리도 2m 정도를 유지하여 경호원의 존재가 경호대상자의 사회활동에 방해가 되지 않으면서, 경호원 본연의 방호임무를 다할 수 있도록 해야 한다.

〈출처〉 이두석, 「경호학개론」, 진영사, 2018, P. 168~170

③ (○) 대응시간의 원리는 위해기도자의 총기 공격에 대해 근접경호원이 총기로 응사하여 대응하는 것보다 자신의 몸을 이용하여 경호대상자를 보호하는 것이 보다 효과적이라는 원리로서 경호의 원칙 중 방어경호의 원칙이나 자기희생의 원칙과 연결된다.

④ (○) 주의력효과와 대응효과의 역(逆)의 원리에 대한 옳은 설명으로 주의력효과와 대응효과는 서로 역의 관계이다. 즉, 경호원이 군중(경계 대상)과 가까울수록 경호대상자와는 멀어지므로 주의력효과는 증가하나 대응효과는 감소한다. 반대로 경호원이 경호대상자와 가까울수록 군중(경계 대상)과는 멀어지므로 대응효과는 증가하나 주의력효과는 감소한다.

63 정답 ❶

검측인원의 책임구역을 명확하게 하며 중복되게 점검이 이루어져야 한다.

> **핵심만콕** 안전검측의 원칙
>
> - 검측은 타 업무보다 우선하여 예외를 불허하고 선 선발개념으로 실시하며, 인원 및 장소를 최대한 지원받아 활용한다.★
> - 범인(적)의 입장에서 설치장소를 의심하며 추적한다.
> - 점검은 아래에서 위로, 좌에서 우로 등 일정한 방향으로 체계적으로 점검한다.
> - 점과 선에서 실시하되 가까운 곳에서 먼 곳으로, 밖에서 안으로 끝까지 추적한다.★
> - 통로보다는 양 측면을 점검하고 책임구역을 명확히 구분하여 의심나는 곳은 반복하여 실시한다.
> - 장비를 이용하되 오감을 최대한 활용한다.★
> - 회의실, 오찬장, 휴게실 등 경호대상자가 장시간 머물러 있는 곳을 먼저 실시하고, 통로, 현관 등 경호대상자가 움직이는 경로를 순차적으로 실시한다.★
> - 전자제품은 분해하여 확인하고, 확인이 불가능한 것은 현장에서 제거한다.
> - 검측은 경호계획에 의거하여 공식행사에서 실시함을 원칙으로 하며, 비공식행사에서는 비노출 검측활동을 실시할 수 있다.★
> - 검측인원의 책임구역을 명확하게 하며 중복되게 점검이 이루어져야 한다.★
> - 검측대상은 외부, 내부, 공중지역, 연도로 구분 실시한다.
> - 검측실시 후 현장 확보상태에서 지속적인 안전유지를 한다.
> - 행사직전 반입되는 물품 등은 쉽게 소형 폭발물의 은폐가 가능하므로 계속적인 검측을 실시한다.

64 정답 ❹

제시된 내용 중 옳은 것은 ㄱ, ㄴ, ㄷ, ㄹ이다.
ㅁ. (×) 경호조직은 과거에 비해서 그 기구 및 인원 면에서 점차 대규모화되고 있다.

65 정답 ❸

③ (○) 특수경비원이 휴대할 수 있는 무기 종류는 권총 및 소총으로 한다(경비업법 시행령 제20조 제5항).
① (×) 신변보호업무를 수행하는 경비원의 분사기 - 경비업법
② (×) 청원경찰의 권총 - 청원경찰법
④ (×) 경찰관의 권총 - 경찰관직무집행법

66 정답 ❷

인식(인지) 단계에 관한 설명이다.

핵심만콕	신변보호의 예방작용단계(예방경호작용 수행단계)★
예견(예측) 단계	신변보호대상자에게 영향을 줄 수 있는 각종 장애요소 또는 위해요소에 대한 정보 · 첩보를 수집하고 분석하는 단계
인식(인지) 단계	수집된 정보 · 첩보 중에서 위해 가능성이 있는지를 확인하고 판단하는 과정으로서 정확하고 신속하며 종합적인 고도의 판단력을 필요로 하는 단계
조사(분석) 단계	위해 가능성이 있다고 판단된 위해요소를 추적하고 사실 여부를 확인하는 단계로, 과학적이고 신중한 행동이 요구되는 단계
무력화(억제) 단계	예방경호작용의 마지막 단계로서, 이전 단계에서 확인된 실제 위해요소를 차단하거나 무력화하는 단계

67 정답 ❹

도보대형 형성 시는 주변 감시통제 건물의 취약도, 인적 취약요소의 이격도, 물적 취약요소의 위치, 행사장 사전예방 경호수준, 행사장 참석자 인원 수 및 성향, 행사성격 등을 우선적으로 고려해야 한다.

핵심만콕	근접경호에서 도보대형 형성 시 고려사항★

- 경호대상자의 취향(내성적 · 외향적 · 은둔형 · 과시형)
- 행사장 주변 감제건물의 취약성
- 행사장 사전예방경호 수준(행사장의 안전도 및 취약성)
- 행사의 성격(공식적 · 비공식적)
- 행사 참석자의 수 및 성향(우호적 또는 배타적)
- 근접경호원의 수
- 인적 취약요소와의 이격도
- 물적 취약요소의 위치

〈참고〉이두석, 「경호학개론」, 진영사, 2018, P. 298 / 김두현, 「경호학개론」, 엑스퍼트, 2020, P. 273

68 정답 ❶

서치탭(Search tap)에 관한 설명이다.

핵심만콕	탐지장비	
금속탐지기	문형 금속탐지기	인원에 대한 금속물품의 소지 여부를 확인
	봉형 금속탐지기	지하에 매설되어 있는 금속물질의 탐지
	휴대용 금속탐지기	대인 또는 대물용 금속물질 검색
X-Ray	X-Ray 검색기	모니터에 재현되는 물품 이미지를 판독하여 물품의 위해성 및 내부 확인
	전신 검색기	검색된 승객의 전신을 화면에 비춰보면서 위험물질의 휴대 여부를 직접 눈으로 확인하는 장비

폭약탐지기, 액체폭발물 탐지기	검색 대상물의 폭발성 여부 및 폭발물의 종류 식별
방사능탐지기, 독가스탐지기	대기 중 방사능 오염 여부 및 독가스 등의 탐지
독극물탐지기	음식물의 독극성 판단
청진기	폭발물 등에 내장된 시한폭발장치 검색
화이버스코프	육안 확인이 불가능하거나 시야가 제한된 좁은 공간의 점검 시 사용
서치탭(Search tap)	막대 끝에 장착된 소형 카메라가 잡은 영상을 모니터로 판독하여, 육안 확인이 불가능하거나 시야가 제한된 좁은 공간 및 차량 하부 등의 점검 시 사용
검색경	반사경을 이용하여 사각지역이나 차량 하부 등의 이상 유무 확인
폭발물탐지견	1/10억 단위의 냄새를 맡을 수 있는 개의 후각(인간의 3,000∼10,000배)과 뛰어난 청각능력(인간의 40배)을 이용하여 폭발물이나 마약류를 탐지
소방점검장비	가스탐지기, 열감지시험기, 연기감지기 등

〈출처〉 이두석, 「경호학개론」, 진영사, 2018, P. 241∼242

69 정답 ❶

①은 테러대응구조대의 임무이다(테러방지법 시행령 제19조 제2항 제4호).

관계법령

테러대응구조대(테러방지법 시행령 제19조)★★
① 소방청장과 시·도지사는 테러사건 발생 시 신속히 인명을 구조·구급하기 위하여 중앙 및 지방자치단체 소방본부에 테러대응구조대를 설치·운영한다.
② 테러대응구조대는 다음 각호의 임무를 수행한다.
  1. 테러발생 시 초기단계에서의 조치 및 인명의 구조·구급
  2. 화생방테러 발생 시 초기단계에서의 오염 확산 방지 및 독성제거
  3. 국가 중요행사의 안전한 진행 지원
  4. 테러취약요인의 사전 예방·점검 지원

테러정보통합센터(테러방지법 시행령 제20조)★★
① 국가정보원장은 테러 관련 정보를 통합관리하기 위하여 관계기관 공무원으로 구성되는 테러정보통합센터를 설치·운영한다.
② 테러정보통합센터는 다음 각호의 임무를 수행한다.
  1. 국내외 테러 관련 정보의 통합관리·분석 및 관계기관에의 배포
  2. 24시간 테러 관련 상황 전파체계 유지
  3. 테러 위험 징후 평가
  4. 그 밖에 테러 관련 정보의 통합관리에 필요한 사항
③ 국가정보원장은 관계기관의 장에게 소속 공무원의 파견과 테러정보의 통합관리 등 업무 수행에 필요한 협조를 요청할 수 있다.

70 정답 ①

경호의 주체와 객체에 대한 설명으로 옳은 것은 ㄱ, ㄴ, ㄷ이다.
- ㄹ. (×) 경호대상자의 경호활동에 대한 관심이나 경호원과의 관계 등과 같은 것은 경호업무의 효율성에 커다란 영향을 미치게 된다.
- ㅁ. (×) 대통령, 대통령권한대행과 그 배우자는 대통령경호처의 경호대상이 되나, 대통령후보자는 대통령경호처의 경호대상에 포함되지 않는다.

71 정답 ③

제시문 중 옳은 내용은 ㄴ, ㄹ이다.
- ㄱ. (×) 우발상황의 특성으로는 불확실성(예측곤란성), 돌발성, 시간제약성, 중대성, 현장성이 있다.
- ㄷ. (×) 우발상황 발생 시 경호대상자를 신속하게 안전지대로 대피시키기 위해 경호대상자에게 신체적 무리가 뒤따르고 다소 예의를 무시하더라도 과감하게 행동을 하여야 한다.

72 정답 ①

제시된 내용은 경호위기관리단계 중 예방단계에 관한 설명이다.

핵심만콕 경호위기관리단계 및 세부 경호업무 수행절차 ★★

관리단계	주요 활동	활동 내용	세부 활동
1단계 예방단계 (준비단계)	정보활동	경호환경 조성	법과 제도의 정비, 경호지원시스템 구축, 우호적인 공중(公衆)의 확보(홍보활동)
		정보 수집 및 평가	정보네트워크 구축, 정보의 수집 및 생산, 위협의 평가 및 대응방안 강구
		경호계획의 수립	관계부서와의 협조, 경호계획서의 작성, 경호계획 브리핑
2단계 대비단계 (안전활동단계)	안전활동	정보보안활동	보안대책 강구, 위해동향 파악 및 대책 강구, 취약시설 확인 및 조치
		안전대책활동	행사장 안전확보, 취약요소 판단 및 조치, 검측활동 및 통제대책 강구
		거부작전	주요 감제고지 및 취약지 수색, 주요 접근로 차단, 경호 영향요소 확인 및 조치
3단계 대응단계 (실시단계)	경호활동	경호작전	모든 출입요소 통제 및 경계활동, 근접경호, 기동경호
		비상대책활동	비상대책, 구급대책, 비상시 협조체제 확립
		즉각조치활동	경고, 대적 및 방호, 대피
4단계 학습단계 (평가단계)	학습활동	평가 및 자료 존안 행사	행사결과 평가(평가회의), 행사결과보고서 작성, 자료 존안
		교육훈련	새로운 교육프로그램 준비, 교육훈련 실시, 교육훈련의 평가
		적용(피드백)	새로운 이론의 정립, 전파, 행사에의 적용

〈출처〉이두석, 「경호학개론」, 진영사, 2018, P. 157

73 정답 ③

북한의 위협은 특수적 환경요인에 해당한다. 북한의 경제적 곤궁과 정치적 불안정으로 인하여 테러 및 유격전의 유발이 우려되고 있다.

핵심만콕	경호의 환경
일반적 환경요인	특수적 환경요인
• 국제화 및 개방화 • 경제발전 및 과학기술의 발전 • 정보화 및 범죄의 광역화 • 수출소득의 증대 • 생활양식과 국민의식의 변화 • 범죄의 다양화와 증가	• 경제전쟁 • 지역이기주의 • 한국의 국제적 지위 향상 • 북한의 위협 • 해외에서 우리 국민의 테러위협 증가 • 증오범죄의 등장

74 정답 ③

③ (○) 국민보호와 공공안전을 위한 테러방지법 제2조 제3호
① (×) 외국인테러전투원이란 테러를 실행·계획·준비하거나 테러에 참가할 목적으로 국적국이 아닌 국가의 테러단체에 가입하거나 가입하기 위하여 이동 또는 이동을 시도하는 내국인·외국인을 말한다(국민보호와 공공안전을 위한 테러방지법 제2조 제4호).
② (×) 테러단체란 국제연합(UN)이 지정한 테러단체를 말한다(국민보호와 공공안전을 위한 테러방지법 제2조 제2호).
④ (×) 국민보호와 공공안전을 위한 테러방지법령상 테러수사에 관한 규정은 존재하지 않는다. 설명은 대테러조사의 정의에 해당한다(국민보호와 공공안전을 위한 테러방지법 제2조 제8호).

75 정답 ②

제시된 내용 중 경호·경비의 법적 근거에 관한 설명으로 옳지 않은 것은 ㄱ이다.
ㄱ. (×) 「대통령경호처와 그 소속기관 직제」는 대통령경호처와 그 소속기관의 조직과 직무범위, 그 밖에 필요한 사항을 규정함을 목적으로 한다(대통령경호처와 그 소속기관 직제 제1조). 대통령 등에 대한 경호를 효율적으로 수행하기 위하여 경호의 조직·직무범위와 그 밖에 필요한 사항을 규정함을 목적으로 제정된 것은 「대통령 등의 경호에 관한 법률」이다.
ㄴ. (○) 경찰관직무집행법 제1조 제1항
ㄷ. (○) 경비업법 제1조
ㄹ. (○) 청원경찰법 제1조
ㅁ. (○) 전직대통령 예우에 관한 법률 제1조

76 정답 ④

비표의 종류는 적을수록 좋다.

핵심만콕	비표의 운용
비표의 종류	대상과 용도에 맞게 적절히 운용한다(리본, 명찰, 완장, 모자, 배지 등).
비표의 관리	경호대상자에게 위해를 가할 소지가 있는 사람(시국불만자, 신원이 특이한 교포 및 외국인, 일반 요시찰인, 피보안처분자, 공격형 정신병자 등)으로 인적 위해요소를 배제하기 위해서 비표를 관리한다.
비표의 운용	- 비표를 제작할 때부터 보안에 힘쓰도록 해야 하는데, 비표 분실사고 발생 시는 즉각 보고하고 전체 비표를 무효화하며 새로운 비표를 해당자 전원에게 지급한다. - 비표의 종류는 적을수록 좋고 행사 참석자를 위한 비표는 구역별로 그 색상을 달리하면 식별 및 통제가 용이하다. - 비표는 모양이나 색상이 원거리에서도 식별이 용이하도록 단순하고 선명하게 제작하여 사용한다. - 경호근무자의 경호안전활동 시에도 비표를 운영해야 한다. - 행사장 근무자의 비표는 근무관련 경호 배치 전·교양 시작 후 지급하며, 행사 참석자에게도 행사 당일 배포하여야 한다.

77 정답 ①

제시문의 ( ) 안에는 순서대로 ㄱ : 조수석 방향, ㄴ : 조수석 방향, ㄷ : 운전석 방향이 들어간다.

핵심만콕	차량의 국기부착

- 운전자 중심으로 우측(조수석 방향)이 상급 위치이므로 차량에 우리나라 국기를 부착할 때에는 운전자 중심으로 우측(조수석 방향)에 부착한다. 차량 전방(앞쪽)에서 볼 때는 이와 반대 방향이 되므로 우리나라 국기를 좌측(조수석 방향)에 부착한다.
- 양 국기를 부착할 경우 우리나라 국기를 운전자 중심으로 우측(조수석 방향)에 부착하고 상대국 국기는 좌측(운전석 방향)에 부착한다.
- 외국의 원수가 방한, 우리 대통령과 동승 시 앞에서 보아 태극기는 왼쪽, 외국기는 오른쪽에 위치한다.

78 정답 ③

경호대형과 해당 내용은 A - ㄹ, B - ㄷ, C - ㄴ, D - ㄱ과 각각 연결된다.

> **핵심만콕** 근접경호대형 ★★
>
> - **다이아몬드(마름모) 대형** : 혼잡한 복도, 군중이 밀집해 있는 통로 등에서 적합한 대형으로 경호대상자의 전후좌우 전 방향에 대해 둘러싸고, 각각의 경호원에게는 기동로에 대해 360° 경계를 할 수 있도록 책임구역이 부여된다.
> - **쐐기형 대형** : 무장한 위해자와 직면했을 때 적당한 대형으로, 다이아몬드 대형보다 느슨한 대형이 필요한 상황에서는 3명으로 쐐기형 대형을 형성하며, 다이아몬드 대형과 같이 각각의 경호원에게는 기동로를 향해 360° 지역 중 한 부분의 책임구역이 할당되어야 한다.
>   - 대중이 별로 없는 장소 통과 시, 인도와 좁은 통로 이동 시 유용하다.
>   - 한쪽에 인위적·자연적 방벽이 있을 때 유용하다.
> - **역쐐기형(V자) 대형** : 외부로부터 위협이 없다고 판단되며 안전이 확보된 행사장 입장 시와 대외적인 이미지를 중시하는 경호대상자에게 적합한 도보대형이다.
>   - 전방에는 아무런 위협이 없다는 가정하에 경호대상자를 바로 노출시켜 전방에 개방된 대형을 취한다.
>   - 후미의 경호원들은 자연스럽게 수행원과 뒤섞여 노출이 되지 않는다.
>   - 경호팀장만 경호대상자를 즉각 방호할 수 있는 위치에서 경호 임무를 수행한다.
> - **삼각형 대형** : 3명의 경호원이 삼각형 형태를 유지하여 이동하는 도보대형으로 행사와 주위 사람의 성격, 숫자, 주변 환경의 여건에 따라서 이동한다.
> - **역삼각형 대형** : 진행 방향 전방에 위해 가능성이 있는 경우 취하는 대형으로, 진행 방향의 전방에 오솔길, 곡각지, 통로 등과 같은 지리적 취약점이 있는 경우 유용하다.
> - **원형 대형** : 경호대상자가 완전히 경호원에 의해 둘러싸여 있는 인상을 주게 되어 대외적인 이미지는 안 좋을 수 있으나 경호효과가 높은 대형으로, 평상시에는 잘 사용하지 않으나, 군중이 밀려오거나 군중에 둘러싸여 있을 경우와 같은 위협이 예상될 경우에 적합한 대형이다.
> - **사다리형 대형** : 경호대상자의 진행 방향을 중심으로 양쪽에 군중이 운집해 있는 도로의 중앙을 이동할 때 적합한 대형으로, 경호대상자를 중심으로 4명의 경호원이 사다리 형태를 유지하며 이동하는 대형이다.

79 정답 ④

제시된 내용 중 국가테러대책위원회의 위원이 아닌 사람은 ㄷ과 ㅁ이다. 관세청 조사감시국장과 과학기술정보통신부 통신정책관은 「대통령경호안전대책위원회규정」상 대통령경호안전대책위원회 위원에 해당한다(대통령경호안전대책위원회규정 제2조).

> **관계법령** 국가테러대책위원회 구성(테러방지법 시행령 제3조)
>
> ① 법 제5조 제2항에서 "대통령령으로 정하는 사람"이란 기획재정부장관, 외교부장관, 통일부장관, 법무부장관, 국방부장관, 행정안전부장관, 산업통상자원부장관, 환경부장관, 국토교통부장관, 해양수산부장관, 국가정보원장, 국무조정실장, 금융위원회 위원장, 원자력안전위원회 위원장, 대통령경호처장, 관세청장, 경찰청장, 소방청장, 질병관리청장 및 해양경찰청장을 말한다.

80 정답 ❷

제시문은 개인정보(private data)와 낚시(fishing)의 합성어인 피싱(phishing : 위장된 홈페이지에 정보를 입력하도록 유도하여 개인·금융정보 등을 빼내는 기법)에 관한 설명이다. 피싱에는 보이스 피싱, 메신저 피싱, 스미싱, APT 등이 있다.

핵심만콕 사이버테러리즘

- **해킹(hacking)** : 정보시스템에 무단으로 침입하여 정보를 빼내거나 없애는 행위 또는 프로그램을 파괴하는 행위이다.

스니핑	네트워크상의 데이터를 도청하는 행위이다.
패스워드 크래킹	패스워드로 보안화한 리소스에 접근하기 위해 툴을 사용하여 네트워크·시스템·리소스로 공격하는 것이다.
스푸핑	해커가 공격하고자 하는 호스트의 IP주소를 바꾸어 자신이 그 컴퓨터인 것처럼 가장해서 해당 컴퓨터를 무력화시키는 방법이다.
서비스 거부 (Dos) 공격	시스템의 서비스를 방해할 목적으로 대량의 데이터를 보내 네트워크나 시스템의 성능을 저하시키는 것을 말한다.

- **피싱(phishing)** : 위장된 홈페이지에 정보를 입력하도록 유도하여 개인·금융정보 등을 빼내는 기법이다.

보이스 피싱	전화를 통해 불법적으로 개인정보를 빼내어 범죄에 이용하는 수법이다.
메신저 피싱	타인의 메신저 아이디를 도용하여 로그인 한 뒤, 등록된 지인에게 메시지를 보내는 수법이다.
스미싱	스마트폰 문자메시지의 인터넷 주소를 클릭하면 소액결제 등이 이루어지도록 하는 수법이다.
APT	특정 조직 내부 직원의 PC를 장악한 뒤 그 PC를 통해 내부 서버나 DB에 접근하여 기밀정보 등을 빼오거나 파괴하는 공격수법이다.

- **악성 소프트웨어(malware)** : 컴퓨터 및 인터넷의 정상적인 사용을 저해하는 모든 종류의 적대적 소프트웨어를 말한다.

바이러스	컴퓨터에 침입하여 다른 개체에 자신 또는 변형을 복제하고 덧붙여 피해를 주는 프로그램이다.
웜	운영체제 등의 취약점을 이용하여 컴퓨터에 침입한 다음에 자신을 무제한 복제하고 네트워크에 뿌려 다른 컴퓨터를 감염시키는 프로그램이다.
트로이 목마	정상적인 프로그램으로 위장하여 사용자 컴퓨터에 설치되어 실행함으로써 컴퓨터의 원격제어 기능을 다른 컴퓨터에게 넘겨주는 프로그램이다. 스파이웨어(spyware)라고도 한다.

〈참고〉 이두석, 「경호학개론」, 진영사, 2018, P. 386~390

제3회 경비업법

문제편 057p

정답 CHECK

01	02	03	04	05	06	07	08	09	10	11	12	13	14	15	16	17	18	19	20
②	③	①	②	③	②	③	①	④	③	③	①	①	②	③	④	④	④	②	②
21	22	23	24	25	26	27	28	29	30	31	32	33	34	35	36	37	38	39	40
①	②	①	②	①	③	③	②	③	④	②	①	②	③	②	①	③	③	③	②

01 정답 ②

② (○) 경비업법 제2조 제5호 가목
① (×) 「행정대집행법」에 따라 대집행을 하는 장소가 집단민원현장에 해당한다(경비업법 제2조 제5호 사목).
③ (×) 「도시 및 주거환경정비법」에 따른 정비사업과 관련하여 이해대립이 있어 다툼이 있는 장소가 집단민원현장에 해당한다(경비업법 제2조 제5호 나목).
④ (×) 건물·토지 등 부동산 및 동산에 대한 소유권·운영권·관리권·점유권 등 법적 권리에 대한 이해대립이 있어 다툼이 있는 장소가 집단민원현장에 해당한다(경비업법 제2조 제5호 마목).

> **관계법령** 정의(경비업법 제2조)
>
> 이 법에서 사용하는 용어의 정의는 다음과 같다. 〈개정 2024.1.30.〉
> 5. "집단민원현장"이란 다음 각목의 장소를 말한다.
>   가. 「노동조합 및 노동관계조정법」에 따라 노동관계 당사자가 노동쟁의 조정신청을 한 사업장 또는 쟁의행위가 발생한 사업장
>   나. 「도시 및 주거환경정비법」에 따른 정비사업과 관련하여 이해대립이 있어 다툼이 있는 장소
>   다. 특정 시설물의 설치와 관련하여 민원이 있는 장소
>   라. 주주총회와 관련하여 이해대립이 있어 다툼이 있는 장소
>   마. 건물·토지 등 부동산 및 동산에 대한 소유권·운영권·관리권·점유권 등 법적 권리에 대한 이해대립이 있어 다툼이 있는 장소
>   바. 100명 이상의 사람이 모이는 국제·문화·예술·체육 행사장
>   사. 「행정대집행법」에 따라 대집행을 하는 장소

02 정답 ❸

③ (✕) 범죄경력조회 요청을 받은 시・도 경찰청장 또는 관할 경찰관서장은 경비업자에게 그 결과를 통보할 때에는 경비업자의 임원, 경비지도사 또는 경비원이 결격사유에 해당하는지 여부만을 통보하여야 한다(경비업법 제17조 제3항).
① (○) 경비업법 시행규칙 제22조
② (○) 경비업법 제17조 제2항
④ (○) 경비업법 제17조 제4항

> **관계법령** 결격사유 확인을 위한 범죄경력조회 등(경비업법 제17조)
> ① 경찰청장, 시・도 경찰청장 또는 관할 경찰관서장은 직권으로 또는 제2항에 따른 범죄경력조회 요청이 있는 경우에는 경비업자의 임원, 경비지도사 또는 경비원이 제5조 제3호・제4호, 제10조 제1항 제3호부터 제8호까지 또는 같은 조 제2항 제3호・제4호에 따른 결격사유에 해당하는지를 확인하기 위하여 「형의 실효 등에 관한 법률」 제6조에 따른 범죄경력조회를 할 수 있다.
> ② 경비업자는 선출・선임・채용 또는 배치하려는 임원, 경비지도사 또는 경비원이 제5조 제3호・제4호, 제10조 제1항 제3호부터 제8호까지 또는 같은 조 제2항 제3호・제4호에 따른 결격사유에 해당하는지를 확인하기 위하여 주된 사무소, 출장소 또는 배치장소를 관할하는 시・도 경찰청장 또는 경찰관서장에게 「형의 실효 등에 관한 법률」 제6조에 따른 범죄경력조회를 요청할 수 있다.
> ③ 제2항에 따른 범죄경력조회 요청을 받은 시・도 경찰청장 또는 관할 경찰관서장은 경비업자에게 그 결과를 통보할 때에는 경비업자의 임원, 경비지도사 또는 경비원이 제5조 제3호・제4호, 제10조 제1항 제3호부터 제8호까지 또는 같은 조 제2항 제3호・제4호에 따른 결격사유에 해당하는지 여부만을 통보하여야 한다.
> ④ 시・도 경찰청장 또는 관할 경찰관서장은 경비업자의 임원, 경비지도사 또는 경비원이 제5조 각호, 제10조 제1항 각호 또는 제2항 각호의 결격사유에 해당하는 사실을 알게 되거나 이 법 또는 이 법에 따른 명령을 위반한 때에는 경비업자에게 그 사실을 통보하여야 한다.

03 정답 ❶

① (✕) 특수경비업무를 수행하는 경비업자(특수경비업자)는 특수경비업무의 개시신고를 하는 때에는 국가중요시설에 대한 특수경비업무의 수행이 중단되는 경우 시설주의 동의를 얻어 다른 특수경비업자 중에서 경비업무를 대행할 자(경비대행업자)를 지정하여 허가관청에 신고하여야 한다. 경비대행업자의 지정을 변경하는 경우에도 또한 같다(경비업법 제7조 제7항).
② (○) 경비업법 시행령 제6조 제1항
③ (○) 경비업법 제7조 제8항 전문
④ (○) 경비업법 제7조 제9항

04 정답 ❷

② (✕) 집단민원현장이 아닌 곳에서 신변보호업무를 수행하는 일반경비원을 배치하는 경우에는 경비원을 배치하기 전까지 관할 경찰관서장에게 신고하여야 한다(경비업법 제18조 제2항 단서 제2호).
① (○) 경비업법 시행규칙 제24조 제1항 본문
③ (○) 경비업법 시행규칙 제24조의2 제4항
④ (○) 경비업법 시행규칙 제24조 제5항 본문

05 정답 ③

제시된 내용 중 경비업 허가를 받은 법인이 시·도 경찰청장에게 신고하여야 하는 경우에 해당하지 않는 것은 ㄹ, ㅁ, ㅂ이다.

ㄹ. (×) 시설경비업무가 아닌 <u>기계경비업무</u>의 수행을 위한 관제시설을 신설·이전 또는 폐지한 때에 신고하여야 한다(경비업법 제4조 제3항 제5호).

ㅁ. (×) 기계경비업무가 아닌 <u>특수경비업무</u>를 개시하거나 종료한 때에 신고하여야 한다(경비업법 제4조 제3항 제4호).

ㅂ. (×) 행정안전부령이 아닌 <u>대통령령</u>이 정하는 중요사항(정관의 목적)을 변경한 때에 신고하여야 한다(경비업법 제4조 제3항 제6호).

관계법령 경비업의 허가(경비업법 제4조)

③ 제1항의 규정에 의하여 경비업의 허가를 받은 법인은 다음 각호의 어느 하나에 해당하는 때에는 시·도 경찰청장에게 신고하여야 한다. 〈개정 2024.2.13.〉
1. 영업을 폐업하거나 휴업한 때
2. 법인의 명칭이나 대표자·임원을 변경한 때
3. 법인의 주사무소나 출장소를 신설·이전 또는 폐지한 때
4. <u>기계경비업무</u>의 수행을 위한 관제시설을 신설·이전 또는 폐지한 때
5. <u>특수경비업무</u>를 개시하거나 종료한 때
6. 그 밖에 <u>대통령령</u>이 정하는 중요사항을 변경한 때

폐업 또는 휴업 등의 신고(경비업법 시행령 제5조)

④ 법 제4조 제3항 제6호에서 "그 밖에 대통령령이 정하는 중요사항"이라 함은 <u>정관의 목적</u>을 말한다.

06 정답 ②

경비업의 갱신허가를 받으려는 자는 <u>허가의 유효기간 만료일 30일 전까지</u> 별지 제2호 서식의 경비업 갱신허가신청서(전자문서로 된 신청서를 포함한다)에 허가증 원본 및 정관(변경사항이 있는 경우만 해당한다)을 첨부하여 <u>법인의 주사무소를 관할하는</u> 시·도 경찰청장 또는 해당 시·도 경찰청 소속의 경찰서장에게 제출하여야 한다(경비업법 시행규칙 제6조 제1항 전문).

07 정답 ③

제시된 내용 중 경비지도사 교육기관에 관한 설명으로 옳은 것은 ㄴ, ㄷ, ㄹ이다.

ㄴ. (○) 경비업법 제11조의3 제1항
ㄷ. (○) 경비업법 제11조의3 제3항
ㄹ. (○) 경비업법 제11조의3 제2항
ㄱ. (×) 제12조 제1항에 따라 선임된 경비지도사는 대통령령으로 정하는 바에 따라 경찰청장이 실시하는 보수교육을 받아야 한다(경비업법 제11조의2).
ㅁ. (×) 그 밖에 경비지도사 교육기관의 지정 기준 및 절차 등에 필요한 사항은 대통령령으로 정한다(경비업법 제11조의3 제4항).

관계법령

경비지도사의 보수교육(경비업법 제11조의2)
제12조 제1항에 따라 선임된 경비지도사는 대통령령으로 정하는 바에 따라 경찰청장이 실시하는 보수교육(이하 "보수교육"이라 한다)을 받아야 한다.
[본조신설 2024.2.13.]

경비지도사 교육기관의 지정 및 교육의 위탁 등(경비업법 제11조의3)
① 경찰청장은 경비지도사에 대한 기본교육 및 보수교육에 관한 업무를 전문인력 및 시설 등을 갖춘 법인으로서 경찰청장이 지정하는 기관 또는 단체(이하 "경비지도사 교육기관"이라 한다)에 위탁할 수 있다.
② 경찰청장은 경비지도사에 대한 기본교육 및 보수교육의 전국적 균형을 유지하기 위하여 교육수준 및 교육방법 등에 필요한 지침을 마련하여 시행할 수 있다.
③ 경찰청장은 경비지도사 교육기관이 제2항에 따른 교육지침을 위반한 경우에는 기간을 정하여 시정을 명할 수 있다.
④ 그 밖에 경비지도사 교육기관의 지정 기준 및 절차 등에 필요한 사항은 대통령령으로 정한다.
[본조신설 2024.2.13.]

08 정답 ①

① (○) 경비업법 제24조 제1항
② (×) 시·도 경찰청장은 특수경비업자에 대하여 보안지도·점검을 연 2회 이상 실시하여야 한다(경비업법 제25조, 동법 시행령 제29조).
③ (×) 시·도 경찰청장 또는 관할 경찰관서장은 경비업무 장소가 집단민원현장으로 판단되는 경우에는 그때부터 48시간 이내에 경비업자에게 경비원 배치 허가를 받을 것을 고지하여야 한다(경비업법 제24조 제4항).
④ (×) 시·도 경찰청장 또는 관할 경찰관서장은 배치된 경비원이 이 법이나 이 법에 따른 명령, 「폭력행위 등 처벌에 관한 법률」을 위반하는 행위를 하는 경우 그 위반행위의 중지를 명할 수 있다(경비업법 제24조 제3항).

09 정답 ❹

경비업법령상 갑(甲), 을(乙), 정(丁)은 경비업을 영위하는 법인의 임원이 될 수 있으나, 병(丙)은 「대통령 등의 경호에 관한 법률」에 위반하여 벌금형의 선고를 받은 후 3년이 지나지 아니한 자로서 특수경비업무를 수행하는 법인의 임원이 될 수는 없다.

관계법령 임원의 결격사유(경비업법 제5조)★

다음 각호의 어느 하나에 해당하는 자는 경비업을 영위하는 법인(제4호에 해당하는 자의 경우에는 특수경비업무를 수행하는 법인, 제5호에 해당하는 자의 경우에는 허가취소사유에 해당하는 경비업무와 동종의 경비업무를 수행하는 법인)의 임원이 될 수 없다.

1. 피성년후견인
2. 파산선고를 받고 복권되지 아니한 자
3. 금고 이상의 형의 선고를 받고 그 형이 실효되지 아니한 자
4. 이 법 또는 「대통령 등의 경호에 관한 법률」에 위반하여 벌금형의 선고를 받고 3년이 지나지 아니한 자
5. 이 법(제19조 제1항 제2호 및 제7호는 제외) 또는 이 법에 의한 명령에 위반하여 허가가 취소된 법인의 허가취소 당시의 임원이었던 자로서 그 취소 후 3년이 지나지 아니한 자
6. 제19조 제1항 제2호(허가받은 경비업무 외의 업무에 경비원을 종사하게 한 때) 및 제7호(소속 경비원으로 하여금 경비업무의 범위를 벗어난 행위를 하게 한 때)의 사유로 허가가 취소된 법인의 허가취소 당시의 임원이었던 자로서 허가가 취소된 날부터 5년이 지나지 아니한 자

10 정답 ❸

ㄹ, ㅁ은 수행 횟수에 관한 규정이 없으므로 주의해야 한다.

핵심만콕 경비지도사의 직무별 수행 횟수(경비업법 제12조 제2항, 동법 시행령 제17조 제1항·제2항)

수행 횟수	직무 내용
월 1회 이상	• 경비원의 지도·감독·교육에 관한 계획의 수립·실시 및 그 기록의 유지 • 경비현장에 배치된 경비원에 대한 순회점검 및 감독 • 기계경비업무를 위한 기계장치의 운용·감독(기계경비지도사의 경우에 한한다) • 오경보방지 등을 위한 기기관리의 감독(기계경비지도사의 경우에 한한다)
규정 없음	• 경찰기관 및 소방기관과의 연락방법에 대한 지도 • 집단민원현장에 배치된 경비원에 대한 지도·감독

11 정답 ❸

③ (×) 경비업자는 경비원이 업무수행 중 <u>고의 또는 과실로</u> 제3자에게 손해를 입힌 경우에는 이를 배상하여야 한다(경비업법 제26조 제2항).
① (○) 경비업법 제26조 제1항
② (○) 채무의 내용에 좇은 이행을 하지 아니한 것이므로 경비업자는 경비대상에게 채무불이행책임을 부담한다.
④ (○) 타인을 사용하여 어느 사무에 종사하게 한 자는 피용자가 그 사무집행에 관하여 제3자에게 가한 손해를 배상할 책임이 있다(민법 제756조 제1항 본문). 피용자인 경비원이 경비업무수행 중 고의 또는 과실로 제3자에게 손해를 입힌 경우 사용자인 경비업자가 제3자에게 부담하는 배상책임은 사용자책임의 일종이라고 할 수 있다.

12 정답 ①

① (✕) 경비협회는 공제사업을 하는 경우 공제사업의 회계는 다른 사업의 회계와 구분하여 경리하여야 한다(경비업법 시행령 제27조 제1항).
② (○) 경비업법 시행령 제26조 제1항
③ (○) 경비업법 제22조 제4항
④ (○) 경비업법 제22조 제1항

13 정답 ①

A경비업자에 대한 행정처분 기준과 과태료 부과기준
- 행정처분 : <u>1차 위반 - 영업정지 1개월, 2차 위반 - 영업정지 3개월, 3차 이상 위반 - 허가취소</u>(경비업법 시행령 [별표 4] 제2호 파목)
- 과태료 : 1회 위반 - 1,000만원, 2회 위반 - 2,000만원, 3회 이상 - 3,000만원(경비업법 시행령 [별표 6] 제13호)

B경비업자에 대한 행정처분 기준과 과태료 부과기준
- 행정처분 : 1차 위반 - 영업정지 1개월, 2차 위반 - 영업정지 3개월, 3차 이상 위반 - 허가취소(경비업법 시행령 [별표 4] 제2호 바목)
- 과태료 : 1회 위반 - 100만원, 2회 위반 - 200만원, 3회 이상 - 400만원(경비업법 시행령 [별표 6] 제4호)

14 정답 ②

제시된 내용 중 옳은 설명은 ㄱ, ㄷ, ㅁ이다.
ㄱ. (○) 경비업법 시행령 [별표 4] 제1호 가목
ㄷ. (○) 경비업법 시행령 [별표 4] 제1호 나목 본문 후단 및 단서
ㅁ. (○) 경비업법 시행령 [별표 4] 제1호 다목 후문
ㄴ. (✕) 위반행위가 2 이상인 경우로서 그에 해당하는 각각의 처분기준이 다른 경우에는 그중 <u>중한 처분기준</u>에 따른다(경비업법 시행령 [별표 4] 제1호 나목 본문 전단).
ㄹ. (✕) 위반행위의 횟수에 따른 행정처분 기준은 <u>최근 2년간</u> 같은 위반행위로 행정처분을 받은 경우에 적용한다(경비업법 시행령 [별표 4] 제1호 다목 전문).
ㅂ. (✕) 영업정지처분에 해당하는 위반행위가 적발된 날 이전 <u>최근 2년간</u> 같은 위반행위로 2회 영업정지처분을 받은 경우에는 <u>개별기준에도 불구하고 그 위반행위에 대한 행정처분 기준은 허가취소로 한다</u>(경비업법 시행령 [별표 4] 제1호 라목).

> **관계법령** 행정처분 기준(경비업법 시행령 [별표 4])
>
> 1. 일반기준
>   가. 개별기준에 따른 행정처분이 영업정지인 경우에는 위반행위의 동기, 내용 및 위반의 정도 등을 고려하여 가중하거나 감경할 수 있다.
>   나. 위반행위가 2 이상인 경우로서 그에 해당하는 각각의 처분기준이 다른 경우에는 그중 중한 처분기준에 따르며, 2 이상의 처분기준이 동일한 영업정지인 경우에는 중한 처분기준의 2분의 1까지 가중할 수 있다. 다만, 가중하는 경우에도 각 처분기준을 합산한 기간을 초과할 수 없다.
>   다. 위반행위의 횟수에 따른 행정처분 기준은 최근 2년간 같은 위반행위로 행정처분을 받은 경우에 적용한다. 이 경우 기준 적용일은 위반행위에 대한 행정처분일과 그 처분 후의 위반행위가 다시 적발된 날을 기준으로 한다.
>   라. 영업정지처분에 해당하는 위반행위가 적발된 날 이전 최근 2년간 같은 위반행위로 2회 영업정지처분을 받은 경우에는 개별기준에도 불구하고 그 위반행위에 대한 행정처분 기준은 허가취소로 한다.

15 정답 ❸

( ) 안의 ㄱ~ㄷ에는 모두 3이 들어간다. 따라서 숫자의 합은 9이다.

핵심만콕	신임교육의 제외 대상(경비업법 시행령 제18조 제2항, 제19조 제2항)

구 분	제외 대상
일반경비원	• 일반경비원 또는 특수경비원 신임교육을 받은 사람으로서 채용 전 3년 이내에 경비업무에 종사한 경력이 있는 사람 • 「경찰공무원법」에 따른 경찰공무원으로 근무한 경력이 있는 사람 • 「대통령 등의 경호에 관한 법률」에 따른 경호공무원 또는 별정직 공무원으로 근무한 경력이 있는 사람 • 「군인사법」에 따른 부사관 이상으로 근무한 경력이 있는 사람 • 경비지도사자격이 있는 사람 • 채용 당시 일반경비원 신임교육을 받은 지 3년이 지나지 아니한 사람
특수경비원	• 채용 전 3년 이내에 특수경비업무에 종사하였던 경력이 있는 사람

16 정답 ❹

④ (×) 기계경비업자가 경비대상시설에서 발생한 경보를 수신한 경우에 취하는 조치는 계약상대방에게 교부하는 서면등의 기재 내용에 해당한다(경비업법 시행령 제8조 제1항 제2호).
① (○) 경비업법 시행령 제9조 제1항 제2호
② (○) 경비업법 시행령 제9조 제1항 제3호
③ (○) 경비업법 시행령 제9조 제1항 제4호

관계법령	기계경비업자의 관리 서류(경비업법 시행령 제9조)

① 기계경비업자는 법 제9조 제2항의 규정에 의하여 출장소별로 다음 각호의 사항을 기재한 서류를 갖추어 두어야 한다.
　1. 경비대상시설의 명칭・소재지 및 경비계약기간
　2. 기계경비지도사의 명단・배치일자・배치장소와 출동차량의 대수
　3. 경보의 수신 및 현장도착 일시와 조치의 결과
　4. 오경보인 경우 오경보가 발생한 경비대상시설 및 그 오경보에 대한 조치의 결과
② 제1항 제3호 및 제4호의 규정에 의한 사항을 기재한 서류는 당해 경보를 수신한 날부터 1년간 이를 보관하여야 한다.

17 정답 ❹

경비업자가 집단민원현장에 일반경비원 명부를 작성・비치하지 않은 경우의 행정처분은 1차 위반 시 - 영업정지 1개월, 2차 위반 시 - 영업정지 3개월, 3차 이상 위반 시 - 허가취소에 해당한다.

관계법령 행정처분 개별기준(경비업법 시행령 [별표 4] 제2호)

위반행위	행정처분 기준		
	1차 위반	2차 위반	3차 이상 위반
가. 법 제4조 제1항의 후단을 위반하여 시·도 경찰청장의 허가 없이 경비업무를 변경한 때	경고	영업정지 6개월	허가취소
라. 법 제8조를 위반하여 경비대상시설에 관한 경보 대응체제를 갖추지 않은 때	경고	경고	영업정지 1개월
자. 법 제16조에 따른 경비원의 복장 등에 관한 규정을 위반한 때	경고	영업정지 1개월	영업정지 3개월
타. 법 제18조 제1항 단서를 위반하여 집단민원현장에 일반경비원 명부를 작성·비치하지 않은 때	영업정지 1개월	영업정지 3개월	허가취소

18 정답 ④

④ (✕) 근무인원이 61명 이상 120명 이하인 경우 대장 1명, 반장 4명, 조장 12명을 지정하여야 한다(청원경찰법 시행규칙 [별표 4]).
① (○) 청원경찰법 시행규칙 제19조
② (○) 근무인원이 41명 이상인 경우에 대장을 지정하여야 한다(청원경찰법 시행규칙 [별표 4]).
③ (○) 근무인원이 10명 이상 29명 이하인 경우 반장 1명, 조장 2~3명을 지정하여야 한다(청원경찰법 시행규칙 [별표 4]).

관계법령 감독자 지정기준(청원경찰법 시행규칙 [별표 4])

근무인원	직급별 지정기준		
	대장	반장	조장
9명까지	-	-	1명
10명 이상 29명 이하	-	1명	2~3명
30명 이상 40명 이하	-	1명	3~4명
41명 이상 60명 이하	1명	2명	6명
61명 이상 120명 이하	1명	4명	12명

19 정답 ②

② (✕) 무기를 손질 또는 조작할 때에는 반드시 총구를 공중으로 향해야 한다(청원경찰법 시행규칙 제16조 제3항 제4호).
① (○) 청원경찰법 시행규칙 제16조 제3항 제3호
③ (○) 청원경찰법 시행규칙 제16조 제3항 제5호
④ (○) 청원경찰법 시행규칙 제16조 제3항 제6호

20 정답 ❷

제시된 내용 중 경찰청장 권한의 위임사항에 해당하지 않는 것은 ㅁ이다.
ㅁ.(×) 경찰청장은 제11조의 규정에 의한 경비지도사의 시험에 관한 업무를 대통령령이 정하는 바에 따라 관계전문기관 또는 단체에 위탁할 수 있다(경비업법 제27조 제2항). 경비지도사의 시험에 관한 업무는 경찰청장이 시·도 경찰청장에게 권한을 위임할 수 있는 사항에 해당하지 않는다.
ㄱ.(○), ㄴ.(○) 경비업법 시행령 제31조 제1항 제1호
ㄷ.(○), ㄹ.(○) 경비업법 시행령 제31조 제1항 제2호

관계법령 위임 및 위탁(경비업법 제27조)

① 이 법에 의한 경찰청장의 권한은 대통령령이 정하는 바에 따라 그 일부를 시·도 경찰청장에게 위임할 수 있다.

권한의 위임 및 위탁(경비업법 시행령 제31조)★
① 경찰청장은 법 제27조 제1항의 규정에 의하여 다음 각호의 권한을 시·도 경찰청장에게 위임한다.
1. 법 제20조의 규정에 의한 경비지도사자격의 취소 및 정지에 관한 권한
2. 법 제21조 제2호의 규정에 의한 경비지도사자격의 취소 및 정지에 관한 청문의 권한

② 경찰청장은 제11조의 규정에 의한 경비지도사의 시험에 관한 업무를 대통령령이 정하는 바에 따라 관계전문기관 또는 단체에 위탁할 수 있다. 〈개정 2024.2.13.〉

21 정답 ❶

① (○) 경비업법 제15조 제4항 제1호 본문
② (×), ③ (×) 부득이한 경우에 해당하여 미리 경고하지 아니할 수 있다(경비업법 제15조 제4항 제1호 단서 가목·나목).
④ (×) 특수경비원은 총기 또는 폭발물을 가지고 대항하는 경우를 제외하고는 14세 미만의 자 또는 임산부에 대하여는 권총 또는 소총을 발사하여서는 아니 된다(경비업법 제15조 제4항 제3호).

관계법령 특수경비원의 의무(경비업법 제15조)

④ 특수경비원이 무기를 휴대하고 경비업무를 수행하는 때에는 다음 각호의 어느 하나에서 정하는 무기의 안전사용수칙을 지켜야 한다. 〈개정 2024.2.13.〉
1. 특수경비원은 사람을 향하여 권총 또는 소총을 발사하고자 하는 때에는 미리 구두 또는 공포탄에 의한 사격으로 상대방에게 경고하여야 한다. 다만, 다음에 해당하는 경우로서 부득이한 때에는 경고하지 아니할 수 있다.
    가. 특수경비원을 급습하거나 타인의 생명·신체에 대한 중대한 위험을 야기하는 범행이 목전에 실행되고 있는 등 상황이 급박하여 경고할 시간적 여유가 없는 경우
    나. 인질·간첩 또는 테러사건에 있어서 은밀히 작전을 수행하는 경우
2. 특수경비원은 무기를 사용하는 경우에 있어서 범죄와 무관한 다중의 생명·신체에 위해를 가할 우려가 있는 때에는 이를 사용하여서는 아니 된다. 다만, 무기를 사용하지 아니하고는 타인 또는 특수경비원의 생명·신체에 대한 중대한 위협을 방지할 수 없다고 인정되는 때에는 필요한 최소한의 범위 안에서 이를 사용할 수 있다.
3. 특수경비원은 총기 또는 폭발물을 가지고 대항하는 경우를 제외하고는 14세 미만의 자 또는 임산부에 대하여는 권총 또는 소총을 발사하여서는 아니 된다.

22 정답 ❷

정당한 사유 없이 무기를 소지하고 배치된 경비구역을 벗어난 특수경비원은 2년 이하의 징역 또는 2천만원 이하의 벌금에 처한다(경비업법 제28조 제3항).

핵심만콕 벌칙(경비업법 제28조)★★

구분	내용
5년 이하의 징역 또는 5천만원 이하의 벌금(제1항)	국가중요시설의 정상적인 운영을 해치는 장해를 일으킨 특수경비원
3년 이하의 징역 또는 3천만원 이하의 벌금(제2항)	• 허가를 받지 아니하고 경비업을 영위한 자(제1호) • 직무상 알게 된 비밀을 누설하거나 부당한 목적을 위하여 사용한 자(제2호) • 경비업무의 중단을 통보하지 아니하거나 경비업무를 즉시 인수하지 아니한 특수경비업자 또는 경비대행업자(제3호) • 집단민원현장에 경비원을 배치하면서 허가를 받지 아니한 자에게 경비업무를 도급한 자(제4호) • 집단민원현장에 20명 이상의 경비인력을 배치하면서 그 경비인력을 직접 고용한 자(제5호) • 경비업자의 경비원 채용 시 무자격자나 부적격자 등을 채용하도록 관여하거나 영향력을 행사한 도급인(제6호) • 과실로 인하여 국가중요시설의 정상적인 운영을 해치는 장해를 일으킨 특수경비원(제7호) • 특수경비원으로서 경비구역 안에서 시설물의 절도, 손괴, 위험물의 폭발 등의 사유로 인한 위급사태가 발생한 때에 명령에 불복종한 자 또는 경비구역을 벗어난 자(제8호) • 경비원에게 경비업무의 범위를 벗어난 행위를 하게 한 자(제9호)
2년 이하의 징역 또는 2천만원 이하의 벌금(제3항)	정당한 사유 없이 무기를 소지하고 배치된 경비구역을 벗어난 특수경비원
1년 이하의 징역 또는 1천만원 이하의 벌금(제4항)	• 시설주로부터 무기의 관리를 위하여 지정받은 관리책임자가 법이 정한 의무를 위반한 경우(제1호) • 파업·태업 그 밖에 경비업무의 정상적인 운영을 저해하는 일체의 쟁의행위를 한 특수경비원(제2호) • 직무를 수행함에 있어 타인에게 위력을 과시하거나 물리력을 행사하는 등 경비업무의 범위를 벗어난 행위를 한 경비원(제3호) • 제16조의2 제1항에서 정한 장비 외에 흉기 또는 그 밖의 위험한 물건을 휴대하고 경비업무를 수행한 경비원 또는 경비원에게 이를 휴대하고 경비업무를 수행하게 한 자(제4호) • 경찰관서장의 배치폐지명령을 따르지 아니한 자(제5호) • 시·도 경찰청장 또는 관할 경찰관서장의 중지명령에 따르지 아니한 자(제6호)

23 정답 ❶

① (×) 경비업의 허가를 받거나 허가증을 재교부받고자 하는 자는 대통령령이 정하는 바에 따라 수수료를 납부하여야 한다(경비업법 제27조의2).
② (○) 경비업법 시행령 제28조 제1항 제2호
③ (○) 경비업법 시행령 제28조 제3항
④ (○) 경비업법 시행령 제28조 제4항 제1호

관계법령 수수료(경비업법 제27조의2)★

이 법에 따른 경비업의 허가를 받거나 허가증을 재교부받고자 하는 자는 대통령령이 정하는 바에 따라 수수료를 납부하여야 한다.

허가증 등의 수수료(경비업법 시행령 제28조)★★

① 법에 의한 경비업의 허가를 받거나 허가증을 재교부받고자 하는 자는 다음 각호의 수수료를 납부하여야 한다.
  1. 법 제4조 제1항 및 법 제6조 제2항의 규정에 의한 경비업의 허가(추가·변경·갱신허가를 포함한다)의 경우에는 1만원
  2. 허가사항의 변경신고로 인한 허가증 재교부의 경우에는 2천원
② 제1항의 규정에 의한 수수료는 허가 등의 신청서에 수입인지를 첨부하여 납부한다.
③ 시험에 응시하고자 하는 자는 경찰청장이 정하여 고시하는 수수료를 납부하여야 한다.
④ 경찰청장은 다음 각호의 어느 하나에 해당하는 경우에는 제3항에 따라 받은 응시수수료의 전부 또는 일부를 다음 각호의 구분에 따라 반환하여야 한다.
  1. 응시수수료를 과오납한 경우 : 과오납한 금액 전액
  2. 시험 시행기관의 귀책사유로 시험에 응시하지 못한 경우 : 응시수수료 전액
  3. 시험 시행일 20일 전까지 접수를 취소하는 경우 : 응시수수료 전액
  4. 시험 시행일 10일 전까지 접수를 취소하는 경우 : 응시수수료의 100분의 50
⑤ 경찰청장 및 시·도 경찰청장은 제2항 및 제3항의 규정에 불구하고 정보통신망을 이용하여 전자화폐·전자결제 등의 방법으로 수수료를 납부하게 할 수 있다.

24 정답 ❷

경비업법령상 경비지도사자격의 취소사유(A)와 정지사유(B)가 올바르게 연결된 것은 ②이다.
①은 모두 취소사유(A)이고, ③은 모두 정지사유(B)이며, ④는 정지사유(B) - 취소사유(A) 순이다.

관계법령 경비지도사자격의 취소 등(경비업법 제20조)

① 경찰청장은 경비지도사가 다음 각 호의 어느 하나에 해당하는 때에는 그 자격을 취소하여야 한다. 〈개정 2024.2.13.〉
  1. 제10조 제1항 각호의 결격사유에 해당하게 된 때
  2. 허위 그 밖의 부정한 방법으로 경비지도사자격증을 교부받은 때
  3. 경비지도사자격증을 다른 사람에게 빌려주거나 양도한 때
  4. 자격정지 기간 중에 경비지도사로 선임되어 활동한 때
② 경찰청장은 경비지도사가 다음 각 호의 어느 하나에 해당하는 때에는 대통령령이 정하는 바에 따라 1년의 범위 내에서 그 자격을 정지시킬 수 있다. 〈개정 2024.2.13.〉
  1. 제12조 제3항의 규정에 위반하여 직무를 성실하게 수행하지 아니한 때
  2. 제24조의 규정에 의한 경찰청장 또는 시·도 경찰청장의 명령을 위반한 때

25 정답 ①

① (○) 마약·대마·향정신성의약품 또는 알코올 중독자는 특수경비원에만 해당되는 결격사유이므로 일반경비원이 될 수는 있다(경비업법 제10조 제2항 제2호·동법 시행령 제10조의2 제2호).
② (×) 팔과 다리가 완전하고 두 눈의 교정시력이 각각 0.8 이상인 자는 특수경비원이 될 수 있다(경비업법 제10조 제2항 제5호, 동법 시행규칙 제7조).
③ (×) 금고 이상의 실형의 선고를 받고 그 집행이 종료되거나 집행이 면제된 날부터 5년이 지나지 아니한 자는 특수경비원과 일반경비원의 공통된 결격사유이다(경비업법 제10조 제1항 제3호·제2항 제3호).
④ (×) 금고 이상의 형의 집행유예선고를 받고 그 유예기간 중에 있는 자는 특수경비원과 일반경비원의 공통된 결격사유이다(경비업법 제10조 제1항 제4호·제2항 제3호).

관계법령 경비지도사 및 경비원의 결격사유(경비업법 제10조)

② 다음 각호의 어느 하나에 해당하는 자는 특수경비원이 될 수 없다.
  1. 18세 미만이거나 60세 이상인 사람 또는 피성년후견인
  2. 심신상실자, 알코올 중독자 등 대통령령으로 정하는 정신적 제약이 있는 자
  3. 제1항 제2호부터 제8호까지의 어느 하나에 해당하는 자
  4. 금고 이상의 형의 선고유예를 받고 그 유예기간 중에 있는 자
  5. 행정안전부령으로 정하는 신체조건에 미달되는 자

특수경비원의 신체조건(경비업법 시행규칙 제7조)
법 제10조 제2항 제5호에서 "행정안전부령이 정하는 신체조건"이라 함은 팔과 다리가 완전하고 두 눈의 맨눈시력 각각 0.2 이상 또는 교정시력 각각 0.8 이상을 말한다.

26 정답 ③

제시된 내용 중 청원주가 부담하여야 하는 청원경찰경비에 해당하지 않는 것은 ㄹ(청원경찰의 경조사비), ㅂ(청원경찰의 교통비)이다.

관계법령 청원경찰경비(청원경찰법 제6조)★

① 청원주는 다음 각호의 청원경찰경비를 부담하여야 한다.
  1. 청원경찰에게 지급할 봉급과 각종 수당
  2. 청원경찰의 피복비
  3. 청원경찰의 교육비
  4. 제7조에 따른 보상금 및 제7조의2에 따른 퇴직금

27 정답 ③

③ (○) 경비업법 제28조 제2항 제4호
① (×) 고의로 국가중요시설에 대한 경비업무 수행 중 국가중요시설의 정상적인 운영을 해치는 장해를 일으킨 특수경비원은 <u>5년 이하의 징역 또는 5천만원 이하의 벌금</u>에 처한다(경비업법 제28조 제1항).
② (×) 양벌규정은 직접적인 위반행위를 한 행위자를 벌하는 외에 해당 업무에 관하여 주의·감독의 책임이 있는 법인 또는 개인에게도 해당 조문의 벌금형을 과(科)할 수 있도록 하는 규정으로, <u>징역형은 양벌규정의 적용대상이 아니다</u>(경비업법 제30조).
④ (×) 경비업무의 범위를 벗어난 행위를 한 경비원은 <u>1년 이하의 징역 또는 1천만원 이하의 벌금</u>에 처한다(경비업법 제28조 제4항 제3호). 따라서 경비원이 소속된 법인의 처벌기준은 <u>1천만원 이하의 벌금</u>이다.

관계법령 양벌규정(경비업법 제30조)

법인의 대표자나 법인 또는 개인의 대리인, 사용인, 그 밖의 종업원이 그 법인 또는 개인의 업무에 관하여 법 <u>제28조(벌칙)의 위반행위를 하면</u> 그 행위자를 벌하는 외에 그 법인 또는 개인에게도 <u>해당 조문의 벌금형을 과(科)한다</u>. 다만, 법인 또는 개인이 그 위반행위를 방지하기 위하여 해당 업무에 관하여 상당한 주의와 감독을 게을리하지 아니한 경우에는 그러하지 아니하다.

28 정답 ②

제시된 내용 중 옳은 설명은 ㄱ과 ㄷ이다.
ㄱ. (○) 청원경찰법 제4조 제1항
ㄷ. (○) 청원경찰법 제4조 제3항
ㄴ. (×) 시·도 경찰청장은 청원경찰 배치신청을 받으면 <u>지체 없이</u> 그 배치 여부를 결정하여 신청인에게 알려야 한다(청원경찰법 제4조 제2항).
ㄹ. (×) 청원경찰의 배치를 받고자 하는 배치장소가 둘 이상의 도(특별시, 광역시, 특별자치시 및 특별자치도를 포함한다)일 때에는 <u>주된 사업장의 관할 경찰서장을 거쳐 시·도 경찰청장에게 한꺼번에 신청할 수 있다</u>(청원경찰법 시행령 제2조 후문).
ㅁ. (×) 청원경찰법령상 청원경찰이 배치될 수 있는 곳은 국가기관 또는 공공단체와 그 관리하에 있는 중요시설 또는 사업장, 국내 주재 외국기관, <u>그 밖에 행정안전부령으로 정하는 중요시설, 사업장 또는 장소</u>이다(청원경찰법 제2조).

29 정답 ③

③ (×) 청원경찰의 복무에 관하여는 「국가공무원법」 제57조(복종의 의무), 제58조 제1항(직장이탈금지), 제60조(비밀엄수의 의무) 및 「<u>경찰공무원법</u>」 제24조(거짓보고 등의 금지)를 준용한다(청원경찰법 제5조 제4항).
① (○) 청원경찰법 시행령 제3조 제2호, 동법 시행규칙 제4조
② (○) 청원경찰법 제5조 제3항
④ (○) 청원경찰법 시행령 제4조 제2항 전문

30 정답 ④

④ (×) 국가기관이나 지방자치단체에 근무하는 청원경찰의 직무상 불법행위에 대한 배상책임에 관하여는 국가배상법이 적용된다(청원경찰법 제10조의2 반대해석, 국가배상법 제2조 및 대판 1993.7.13. 92다47564 참조).
① (○) 청원경찰법은 1962.4.3. 제정·시행되었다.
② (○) 청원경찰법 시행령 제2조 전문 각호
③ (○) 청원경찰법 시행규칙 제16조 제1항 제6호

31 정답 ②

② (×) 청원주가 청원경찰이 휴대할 무기를 대여받으려는 경우에는 관할 경찰서장을 거쳐 시·도 경찰청장에게 무기대여를 신청하여야 한다(청원경찰법 시행령 제16조 제1항).
① (○) 청원경찰법 시행령 제16조 제4항
③ (○) 청원경찰법 시행령 제16조 제2항
④ (○) 청원경찰법 시행령 제16조 제3항

> **관계법령** **무기휴대(청원경찰법 시행령 제16조)** ★
> ① 청원주가 법 제8조 제2항에 따라 청원경찰이 휴대할 무기를 대여받으려는 경우에는 관할 경찰서장을 거쳐 시·도 경찰청장에게 무기대여를 신청하여야 한다.
> ② 제1항의 신청을 받은 시·도 경찰청장이 무기를 대여하여 휴대하게 하려는 경우에는 청원주로부터 국가에 기부채납된 무기에 한정하여 관할 경찰서장으로 하여금 무기를 대여하여 휴대하게 할 수 있다.
> ③ 제1항에 따라 무기를 대여하였을 때에는 관할 경찰서장은 청원경찰의 무기관리상황을 수시로 점검하여야 한다.
> ④ 청원주 및 청원경찰은 행정안전부령으로 정하는 무기관리수칙을 준수하여야 한다.

32 정답 ①

무기의 관리 및 취급사항을 감독하는 권한은 청원경찰법령상 관할 경찰서장의 고유권한에 해당한다(청원경찰법 시행령 제17조 제2호).

> **관계법령** **권한의 위임(청원경찰법 제10조의3)** ★
> 이 법에 따른 시·도 경찰청장의 권한은 그 일부를 대통령령으로 정하는 바에 따라 관할 경찰서장에게 위임할 수 있다.
>
> **권한의 위임(청원경찰법 시행령 제20조)** ★★
> 시·도 경찰청장은 법 제10조의3에 따라 다음 각호의 권한을 관할 경찰서장에게 위임한다. 다만, 청원경찰을 배치하고 있는 사업장이 하나의 경찰서의 관할구역에 있는 경우로 한정한다.
> 1. 법 제4조 제2항 및 제3항에 따른 청원경찰 배치의 결정 및 요청에 관한 권한
> 2. 법 제5조 제1항에 따른 청원경찰의 임용승인에 관한 권한
> 3. 법 제9조의3 제2항에 따른 청원주에 대한 지도 및 감독상 필요한 명령에 관한 권한
> 4. 법 제12조에 따른 과태료 부과·징수에 관한 권한

33 정답 ❷

② (×) 경찰청장은 공제사업에 대하여 「금융위원회의 설치 등에 관한 법률」에 따른 금융감독원의 원장에게 검사를 요청할 수 있다(경비업법 제23조 제6항).
① (○) 경비업법 제23조 제1항 제3호
③ (○) 경비업법 제23조 제3항
④ (○) 경비업법 제23조 제5항

관계법령 공제사업(경비업법 제23조)

① 경비협회는 다음 각호의 공제사업을 할 수 있다.
  1. 제26조에 따른 경비업자의 손해배상책임을 보장하기 위한 사업
  2. 경비업자가 경비업을 운영할 때 필요한 입찰보증, 계약보증(이행보증을 포함한다), 하도급보증을 위한 사업
  3. 경비원의 복지향상과 업무상 재해로 인한 손실을 보상하는 사업
  4. 경비업무와 관련한 연구 및 경비원 교육·훈련에 관한 사업
② 경비협회는 제1항의 규정에 의한 공제사업을 하고자 하는 때에는 공제규정을 제정하여야 한다.
③ 제2항의 공제규정에는 공제사업의 범위, 공제계약의 내용, 공제금, 공제료 및 공제금에 충당하기 위한 책임준비금 등 공제사업의 운영에 관하여 필요한 사항을 정하여야 한다.
④ 경찰청장은 제1항에 따른 공제사업의 건전한 육성과 가입자의 보호를 위하여 공제사업의 감독에 관한 기준을 정할 수 있다.
⑤ 경찰청장은 제2항에 따른 공제규정을 승인하거나 제4항에 따라 공제사업의 감독에 관한 기준을 정하는 경우에는 미리 금융위원회와 협의하여야 한다.
⑥ 경찰청장은 제1항에 따른 공제사업에 대하여 「금융위원회의 설치 등에 관한 법률」에 따른 금융감독원의 원장에게 검사를 요청할 수 있다.

34 정답 ❸

제시된 내용 중 설문에 해당하는 것은 ㄱ, ㄴ, ㄷ, ㄹ이다.
개인정보보호법에 따른 개인정보 보호지침(ㅁ)은 경비지도사 교육과목에 해당하고, 헌법 및 형사법(ㅂ)은 특수경비원 신임교육과목에 해당한다.

관계법령 경비지도사 기본교육의 과목 및 시간과 특수경비원 신임교육의 과목 및 시간의 비교★★ <개정 2024.8.14.>

구분 (교육시간)	경비지도사 기본교육의 과목 및 시간 (경비업법 시행규칙 [별표 1])	구분 (교육시간)	특수경비원 신임교육의 과목 및 시간 (경비업법 시행규칙 [별표 4])
공통교육 (22h)	「경비업법」, 「경찰관직무집행법」, 「도로교통법」 등 관계법령 및 「개인정보보호법」에 따른 개인정보 보호지침 등(4h), 실무Ⅰ(4h), 실무Ⅱ(3h), 범죄·테러·재난 대응요령 및 화재대처법(2h), 응급처치법(2h), 직업윤리 및 인권보호(2h), 체포·호신술(2h), 입교식, 평가 및 수료식(3h)	이론교육 (15h)	「경비업법」 및 「경찰관직무집행법」 등 관계법령(8h), 「헌법」 및 형사법(4h), 범죄예방론(3h)

자격의 종류별 교육 (18h)	일반경비 지도사	시설경비(3h), 호송경비(2h), 신변보호(2h), 특수경비(2h), 혼잡·다중운집 인파 관리(2h), 교통안전 관리(2h), 일반경비 현장실습(5h)	실무교육 (61h)	테러 및 재난대응요령(4h), 폭발물 처리요령(6h), 화재대처법(3h), 응급처치법(3h), 장비사용법(3h), 출입통제 요령(3h), 직업윤리 및 인권보호(2h), 기계경비실무(3h), 혼잡·교통유도경비실무(4h), 정보보호 및 보안업무(6h), 시설경비 요령(4h), 민방공(4h), 총기조작(3h), 사격(6h), 체포·호신술(4h), 관찰·기록기법(3h)
	기계경비 지도사	기계경비 운용관리(4h), 기계경비 기획 및 설계(4h), 인력경비개론(5h), 기계경비 현장실습(5h)	기타(4h)	입교식, 평가 및 수료식(4h)
계		40h	계	80h

35 정답 ❷

② (✕) 청원경찰의 <u>기동모·기동복의 색상은 진한 청색으로 한다</u>(청원경찰법 시행규칙 제9조 제2항 제1호 단서).
① (○) 청원경찰법 시행규칙 제9조 제1항 제1호
③ (○) 청원경찰법 시행규칙 제9조 제2항 제1호 본문
④ (○) 청원경찰법 시행규칙 제9조 제2항 제2호

관계법령 복제(청원경찰법 시행령 제14조)★

① 청원경찰의 <u>복제(服制)</u>는 제복·장구(裝具) 및 부속물로 구분한다.
② 청원경찰의 제복·장구 및 부속물에 관하여 필요한 사항은 <u>행정안전부령</u>으로 정한다.

복제(청원경찰법 시행규칙 제9조)
① <u>영 제14조에 따른 청원경찰의 제복·장구(裝具) 및 부속물의 종류</u>는 다음 각호와 같다.
  1. 제복 : 정모(正帽), 기동모(활동에 편한 모자를 말한다. 이하 같다), 근무복(하복, 동복), 한여름옷, 기동복, 점퍼, 비옷, 방한복, 외투, 단화, 기동화 및 방한화
  2. 장구 : 허리띠, 경찰봉, 호루라기 및 포승(捕繩)
  3. 부속물 : 모자표장, 가슴표장, 휘장, 계급장, 넥타이핀, 단추 및 장갑
② 영 제14조에 따른 청원경찰의 제복·장구(裝具) 및 부속물의 형태·규격 및 재질은 다음 각호와 같다.
  1. <u>제복의 형태·규격 및 재질은 청원주가 결정하되,</u> 경찰공무원 또는 군인 제복의 색상과 명확하게 구별될 수 있어야 하며, <u>사업장별로 통일해야</u> 한다. 다만, <u>기동모와 기동복의 색상은 진한 청색으로</u> 하고, 기동복의 형태·규격은 별도 1과 같이 한다.
  2. <u>장구의 형태·규격 및 재질은 경찰 장구와 같이 한다.</u>
  3. 부속물의 형태·규격 및 재질은 다음 각목과 같이 한다.
    가. 모자표장의 형태·규격 및 재질은 별도 2와 같이 하되, 기동모의 표장은 정모 표장의 2분의 1 크기로 할 것.
    나. 가슴표장, 휘장, 계급장, 넥타이핀 및 단추의 형태·규격 및 재질은 별도 3부터 별도 7까지와 같이 할 것.
③ 청원경찰은 평상근무 중에는 정모, 근무복, 단화, 호루라기, 경찰봉 및 포승을 착용하거나 휴대하여야 하고, 총기를 휴대하지 아니할 때에는 분사기를 휴대하여야 하며, <u>교육훈련이나 그 밖의 특수근무 중에는</u> 기동모, 기동복, 기동화 및 휘장을 착용하거나 부착하되, 허리띠와 경찰봉은 착용하거나 휴대하지 아니할 수 있다.
④ 가슴표장, 휘장 및 계급장을 달거나 부착할 위치는 별도 8과 같다.

③ 청원경찰이 그 배치지의 특수성 등으로 특수복장을 착용할 필요가 있을 때에는 청원주는 시·도 경찰청장의 승인을 받아 특수복장을 착용하게 할 수 있다.

36 정답 ❶

①은 특수경비원에 대한 무기 지급불가 사유에 해당하지 않는다.

관계법령 무기의 관리수칙 등(경비업법 시행규칙 제18조)★

⑤ 시설주는 다음 각호의 특수경비원에 대하여 무기를 지급해서는 안 되며, 지급된 무기가 있는 경우 이를 즉시 회수해야 한다. (**두** : 형·조·사·정·기)
  1. 형사사건으로 인하여 조사를 받고 있는 사람
  2. 사직 의사를 표명한 사람
  3. 정신질환자
  4. 그 밖에 무기를 지급하기에 부적합하다고 인정되는 사람

37 정답 ❸

이 법은 청원경찰의 직무·임용·배치·보수·사회보장 및 그 밖에 필요한 사항을 규정함으로써 청원경찰의 원활한 운영을 목적으로 한다(청원경찰법 제1조). 복지는 청원경찰법의 목적을 규정한 제1조에 명시되지 않은 용어이다.

38 정답 ❸

제시된 내용 중 옳은 설명은 ㄱ, ㄴ, ㅁ이다.
ㄱ. (○) 청원경찰법 시행령 제5조 제1항
ㄴ. (○) 청원경찰법 시행령 제5조 제2항
ㅁ. (○) 청원경찰법 시행규칙 제13조 제1항
ㄷ. (×) 경찰공무원(의무경찰을 포함한다) 또는 청원경찰에서 퇴직한 사람이 퇴직한 날부터 3년 이내에 청원경찰로 임용되었을 때에는 직무수행에 필요한 교육을 면제할 수 있다(청원경찰법 시행령 제5조 제2항).
ㄹ. (×) 청원경찰의 직무수행에 필요한 교육기간은 2주이며, 수업시간은 76시간이다(청원경찰법 시행규칙 제6조, [별표 1]).

39 정답 ❸

③ (○) 청원경찰법 제12조 제1항 제1호 전단
① (×) 청원경찰이 직무를 수행할 때 직권을 남용하여 국민에게 해를 끼친 경우 6개월 이하의 징역이나 금고에 처한다(청원경찰법 제10조 제1항).
② (×) 청원경찰로서 청원경찰법 제9조의4를 위반하여 파업, 태업 또는 그 밖에 업무의 정상적인 운영을 방해하는 쟁의행위를 한 자는 1년 이하의 징역 또는 1,000만원 이하의 벌금에 처한다(청원경찰법 제11조).
④ (×) 청원경찰로서 직무에 관하여 거짓으로 보고하거나 통보하는 자는 청원경찰법령상 과태료 부과대상에 해당하지 않는다.

40 정답 ❷

제시된 내용 중 청원경찰법령상 청원주와 관할 경찰서장이 공통적으로 비치해야 할 문서와 장부는 청원경찰 명부(ㄱ)와 교육훈련 실시부(ㅂ) 2개뿐이다.

핵심만콕 문서와 장부의 비치(청원경찰법 시행규칙 제17조)★★

청원주(제1항)	관할 경찰서장(제2항)	시·도 경찰청장(제3항)
• 청원경찰 명부 • 근무일지 • 근무 상황카드 • 경비구역 배치도 • 순찰표철 • 무기·탄약 출납부 • 무기장비 운영카드 • 봉급지급 조서철 • 신분증명서 발급대장 • 징계 관계철 • 교육훈련 실시부 • 청원경찰 직무교육계획서 • 급여품 및 대여품 대장 • 그 밖에 청원경찰의 운영에 필요한 문서와 장부	• 청원경찰 명부 • 감독 순시부 • 전출입 관계철 • 교육훈련 실시부 • 무기·탄약 대여대장 • 징계요구서철 • 그 밖에 청원경찰의 운영에 필요한 문서와 장부	• 배치결정 관계철 • 청원경찰 임용승인 관계철 • 전출입 관계철 • 그 밖에 청원경찰의 운영에 필요한 문서와 장부

제3회 경호학

문제편 072p

정답 CHECK

41	42	43	44	45	46	47	48	49	50	51	52	53	54	55	56	57	58	59	60
①	③	④	③	②	①	③	④	③	②	④	④	③	①	②	②	③	④	①	②
61	62	63	64	65	66	67	68	69	70	71	72	73	74	75	76	77	78	79	80
①	③	③	④	④	①	①	①	④	②	①	②	③	②	③	④	②	②	①	④

41 정답 ①

제시된 내용 중 옳지 않은 것은 ㅁ이다.

ㅁ. (×) ㄹ. (○) 주의력효과와 대응효과는 서로 역의 관계이다. 즉, 경호원이 군중(경계대상)과 가까울수록 경호대상자와는 멀어지므로 주의력효과는 증가하나 대응효과는 감소한다. 반대로 경호원이 경호대상자와 가까울수록 군중(경계대상)과는 멀어지므로 대응효과는 증가하나 주의력효과는 감소한다.
ㄱ. (○) 경호원들이 경호대상자와 위해기도자 사이에서 어느 곳에 위치하느냐에 따라서 경호대상자를 보호하는 범위의 크기에 차이가 있음을 말한다.
ㄴ. (○) 대응력은 경호원이 위해기도에 반응하여 경호대상자를 보호하고 대피시킬 수 있는 경호능력을 말한다.
ㄷ. (○) 주의력은 경호원이 군중(경계 대상)의 이상 징후를 포착할 수 있는 능력을 말한다.

42 정답 ③

제시된 내용 중 경호의 원칙에 관한 설명으로 옳지 않은 것은 ㄴ, ㄷ, ㅁ이다.

ㄴ. (×) 기만경호 기법 중 복제경호요원 운용에 관한 설명이다. 은밀경호의 원칙이란 경호요원은 타인의 눈에 잘 띄지 않게 은밀하고 침묵 속에서 행동하며, 항상 경호대상자의 공적・사적 업무활동에 방해를 주지 않고 신변을 보호할 수 있는 곳에 행동반경을 두고 경호에 임해야 한다는 원칙이다.
ㄷ. (×) 목표물 보존의 원칙에 관한 설명이다. 자기희생의 원칙은 경호대상자가 위기에 처했을 때 자기 몸을 희생하여 경호대상자를 보호해야 한다는 원칙으로 경호대상자는 어떠한 상황하에서도 절대적으로 보호되어야 한다는 것을 말한다.
ㅁ. (×) 자기희생의 원칙에 관한 설명이다. 방어경호의 원칙은 경호는 위해기도자의 공격행동에 대항하여 경호대상자를 보호하는 행위이므로 경호요원은 최후의 방어수단인 자신의 몸으로 경호대상자를 안전하게 보호하는 것이 최선이라는 원칙을 말한다. 다만, 근접경호 시 시간상으로나 거리상으로 경호대상자보다 위해기도자가 더 가까이에 있어서 위해기도자를 제압하는 것이 경호대상자를 보호하는 데 더 효과적이라고 판단할 경우에는 위해기도자를 제압할 수 있다.
ㄱ. (○) 3중 경호의 원칙은 경호대상자가 위치한 지역에서 가장 근거리부터 엄중한 경호를 취하는 순서로 근접경호, 중간경호, 외곽경호로 나누고 그에 따른 요원의 배치와 임무가 부여되는 원칙을 말한다.

ㄹ. (○) 두뇌경호의 원칙은 사전에 치밀한 계획을 세우고 준비를 철저히 하여 위험요소를 제거하는 데 중점을 두며, 경호임무 수행 중 긴급하고 위험한 상황이 발생하였을 때에는 고도의 예리하고 순간적인 판단력이 중요시된다는 원칙이다.
ㅂ. (○) 하나의 통제된 지점을 통한 접근의 원칙은 경호대상자에게 접근할 수 있는 출입구나 통로는 하나만 필요하다는 원칙이다. 하나의 통제된 출입구나 통로라 하더라도 접근자는 경호요원에 의하여 인지되고 확인되어야 하며 허가절차를 거쳐 접근토록 해야 한다.

핵심만콕 경호의 원칙

구 분		내 용
일반원칙	3중 경호의 원칙	• 경호대상자가 위치한 집무실이나 행사장으로부터 제1선(내부 - 안전구역), 제2선(내곽 - 경비구역), 제3선(외곽 - 경계구역)으로 구분하여 경호의 행동반경을 거리개념으로 논리전개하는 구조 • 경호대상자가 위치한 지역에서 가장 근거리부터 엄중한 경호를 취하는 순서로 근접경호, 중간경호, 외곽경호로 나누고 그에 따른 요원의 배치와 임무가 부여되는 원칙
	두뇌경호의 원칙	사전에 치밀한 계획을 세우고 준비를 철저히 하여 위험요소를 제거하는 데 중점을 두며, 경호임무 수행 중 긴급하고 위험한 상황이 발생하였을 때에는 고도의 예리하고 순간적인 판단력이 중요시된다는 원칙
	은밀경호의 원칙	경호요원은 침묵 속에서 은밀하게 행동하며 항상 경호대상자의 신변을 보호할 수 있는 곳에 행동반경을 두고 경호에 임해야 한다는 원칙
	방어경호의 원칙	경호란 공격자의 위해요소를 방어하는 행위이지 공격하는 것이 아니라는 원칙
특별원칙	자기담당구역 책임의 원칙	경호원이 배치된 자기담당구역 내에서 일어나는 사태에 대해서는 자신만이 책임을 지고 해결해야 한다는 원칙
	목표물 보존의 원칙	• 경호대상자를 암살자 또는 위해를 가할 가능성이 있는 자로부터 떼어 놓아야 한다는 원칙 • 목표물을 안전하게 보존하기 위해서는 행차 코스의 비공개, 행차 장소의 비공개, 대중에게 노출되는 보행 행차의 가급적 제한 등이 요구됨
	하나의 통제된 지점을 통한 접근의 원칙	• 경호대상자에게 접근할 수 있는 출입구나 통로는 하나만 필요하다는 원칙 • 하나의 통제된 출입구나 통로라 하더라도 접근자는 경호요원에 의하여 인지되고 확인되어야 하며 허가절차를 거쳐 접근토록 해야 함
	자기희생의 원칙	• 경호대상자가 위기에 처했을 때 자기 몸을 희생하여 경호대상자를 보호해야 한다는 원칙 • 경호대상자는 어떠한 상황하에서도 절대적으로 보호되어야 한다는 의미

〈참고〉 김두현, 「경호학개론」, 엑스퍼트, 2020, P. 64~69

43 정답 ④

④ (○) 친위대(親衛隊) : 을미사변 후 김홍집 내각이 훈련대를 폐지하고 친위군과 진위군으로 양분, 친위군은 경성에 주둔시켜 왕성수위를 담당하였으며, 진위군은 지방수비를 담당하였다. 시대순으로 세 번째에 해당한다.
① (×) 무위영(武衛營) : 고종 18년, 종래 5군영 중 훈련도감·용호영·호위청을 합쳐 무위영을 설립하였다. 시대순으로 두 번째에 해당한다.
② (×) 황궁경위국(皇宮警衛局) : 1905년 경위원이 개편되어 조직된 황궁경위국은 궁궐의 경비, 치안사무를 담당하던 경찰기구이다. 시대순으로 네 번째에 해당한다.
③ (×) 무위소(武衛所) : 고종 11년에 설치, 단순한 파수군(把守軍)이 아니라 고종의 친위군적 성격을 띠면서 전체 군무를 통할하였다. 시대순으로 첫 번째에 해당한다.

44 정답 ③

③ (×) 예방적 경호조치는 위해자의 입장에서 면밀히 분석되고 조치되어야 한다.
① (○) 선발경호는 경호대상자가 도착하기 전에 효과적인 경호협조와 경호준비를 하는 사전예방경호활동이다.
② (○) 임시로 편성된 경호단위를 행사지역에 사전에 파견하여 제반 취약요소에 대한 안전조치를 강구하고 가용한 전 경호요원을 운용하여 경호대상자의 신변안전을 도모하는 일련의 작용을 의미한다.
④ (○) 각 근무지(자)별로 부여된 임무수행을 위한 활동계획을 세우고 점검활동을 위한 점검리스트를 작성하며, 근무지(자)별 세부 활동계획을 수립한다.

45 정답 ②

제시된 내용 중 사주경계에 관한 설명으로 옳은 것은 2개(ㄴ, ㄹ)이다.
ㄴ. (○) 위해기도자가 은폐하기 좋은 장소나 공격하기 용이한 장소는 지리적 취약요소로서 사주경계대상이다.
ㄹ. (○) 경호행사 시 경호대상자에 대한 직접적 위해요인뿐만 아니라 간접적 위해요인도 사주경계대상이다.
ㄱ. (×) 인적 경계대상은 경호대상자 주변의 모든 인원들이 그 지위나 차림새 등에 상관없이 포함되어야 한다.

〈출처〉 이두석, 「경호학개론」, 진영사, 2018, P. 180

ㄷ. (×) 시각의 한계를 고려하여 사주경계(주위경계)의 범위를 선정해야 하고, 인접해 있는 경호원과의 경계 범위를 중첩되게 설정하여야 한다.

46 정답 ❶

① (○) 경호조직과 국민과의 협력을 의미하며 완벽한 경호를 위해서는 국민의 절대적인 협력이 필요하다는 경호협력성의 원칙에 관한 옳은 설명이다.
② (×) 경호지휘단일성의 원칙에 관한 설명이다. 경호체계통일성의 원칙은 경호기관 구조의 정점으로부터 말단까지 상하계급 간에 일정한 관계가 성립되어 책임과 업무의 분담이 이루어지고, 명령(命令)과 복종(服從)의 지위와 역할의 체계가 통일되어야 한다는 원칙이다.
③ (×) 경호체계통일성의 원칙에 관한 설명이다. 경호지휘단일성의 원칙은 지휘 및 통제의 이원화로 인해 파생되는 문제들을 보완하기 위해 명령과 지휘체계는 반드시 하나의 계통으로 구성해야 한다는 원칙으로, 경호업무가 긴급성을 요한다는 점에서도 요청된다.
④ (×) 경호기관단위작용의 원칙이란 경호의 업무는 성격상 개인이 아닌 기관단위의 작용으로 기관의 하명에 의해서 이루어진다는 원칙으로, 기관단위의 임무결정은 지휘자만이 할 수 있고 경호의 성패는 지휘자만이 책임을 진다는 의미가 포함된다.

핵심만콕 경호조직의 (구성)원칙 ★

경호지휘단일성의 원칙	• 지휘 및 통제의 이원화로 인해 파생되는 문제들을 보완하기 위해 명령과 지휘체계는 반드시 하나의 계통으로 구성해야 한다는 원칙으로, 경호업무가 긴급성을 요한다는 점에서도 요청된다. • 지휘가 단일해야 한다고 하는 것은 경호기관(요원)은 한 사람의 지휘를 받아야 한다는 뜻이다. 한 걸음 더 나아가서 지휘의 단일이란 「하나의 지휘자」라는 의미 외에 하급경호요원은 하나의 상급기관에 대해서만 책임을 진다는 의미가 포함된다.
경호체계통일성의 원칙	경호기관 구조의 정점으로부터 말단까지 상하계급 간에 일정한 관계가 이루어져 책임과 업무의 분담이 이루어지고, 명령(命令)과 복종(服從)의 지위와 역할의 체계가 통일되어야 한다는 원칙이다.
경호기관단위작용의 원칙	• 경호의 업무는 성격상 개인적 작용으로 이루어지지 않고 기관단위의 작용으로 기관의 하명에 의해서 이루어진다는 원칙이다. • 기관단위라는 것은 그 경호기관을 지휘하는 지휘자가 있고, 지휘를 받는 하급자가 있으며, 하급자를 관리하기 위한 지휘권과 장비가 편성되며 임무수행을 위한 보급지원 체계를 갖추고 있어야 한다는 의미이다. • 기관단위의 관리와 임무의 수행을 위한 결정은 지휘자만이 할 수 있고, 경호의 성패는 지휘자만이 책임을 지는 것이다.
경호협력성의 원칙	경호조직과 국민과의 협력을 의미하며 완벽한 경호를 위해서는 국민의 절대적인 협력이 필요하다는 원칙이다.

〈참고〉 이두석, 「경호학개론」, 2018, P. 114~116 / 김두현, 「경호학개론」, 엑스퍼트, 2020, P. 184~187

47 정답 ❸

제시된 내용 중 옳지 않은 것은 ㄴ과 ㄹ이다.
ㄴ. (×) 우발상황 발생 시 방어와 대적 업무를 수행하는 경호원은 후방 경호원이다.
ㄹ. (×) 악수 대기자들의 수상한 행동, 눈빛, 손 등을 주시하면서 경호대상자를 보호하는 경호원은 전방 경호원이다.

> **핵심만콕** 악수 시의 경호대형
>
> - 경호대상자와 불특정 다수인의 악수행위는 최근접 거리에서 신체적 접촉을 하는 관계로 위해의 기회가 가장 많이 노출되므로 경호원은 최근접하여 경계근무를 강화해야 한다.
> - 전방 경호원은 악수하기 위해 대기하고 있는 사람들에 대한 수상한 행동, 눈빛, 손 등을 감시하면서 만일의 사태를 대비한다.
> - 후방 경호원은 경호대상자의 최근접에서 악수하는 자와 악수를 마친 자들에 대한 경계근무를 수행하면서 우발상황 발생 시 방어와 대적 업무를 수행하여야 한다.

48 정답 ❹

총포의 이력추적관리 내역은 설문의 경우와 같은 상황에서 경찰청장에게 신고하여야 할 내용에 해당하지 않는다(총포·도검·화약류 등의 안전관리에 관한 법률 시행령 제14조의3 제1항 참고).

> **관계법령** 경호 목적 총포의 일시 반출입 등(총포·도검·화약류 등의 안전관리에 관한 법률 시행령 제14조의3)
>
> ① 법 제14조 제3항에 따라 국내에 입국하는 국빈, 장관급 이상의 관료 및 이에 준하는 외국 요인(要人)·외교관 등에 대한 경호를 목적으로 총포를 소지하고 입국하려는 사람은 다음 각호의 사항을 기재하여 미리 경찰청장에게 총포의 일시 반출입 및 일시 소지 허가를 신청하여야 한다.
>   1. 입국자의 성명, 생년월일, 국적 및 여권번호
>   2. 총포의 종류, 제품명, 일련번호, 수량 및 실탄 수량
>   3. 입국이나 출국의 일시, 이용 항공 등 교통편명, 출발지 및 도착지
> ② 경찰청장은 법 제14조 제3항에 따른 경호용 총포 반출입 및 일시 소지 허가를 하기 전에 대통령경호처장과 미리 협의하여야 한다.
> ③ 제1항에 따라 총포의 일시 반출입 및 일시 소지 허가를 받은 사람은 국내에 입국하거나 출국하는 경우 해당 총기의 반출입 사항을 경찰청장에게 통보하여야 한다.

49 정답 ❸

③ (○) 검식활동은 안전대책작용으로서 사전예방경호에 해당한다.
① (×) 검식활동은 경호대상자에게 제공되는 음식물에 대하여 구매, 운반, 저장, 조리 및 제공되는 일련의 과정을 포함한다. 따라서 조리가 완료된 후에도 검식활동은 종료되지 않는다.
② (×) 식재료의 신선도 또한 경호대상자의 건강 및 안전과 직결되는 문제이므로 검식활동의 영역 안의 일이다.
④ (×) 경호대상자에게 식음료 운반 시에는 근접감시를 실시한다.

50 정답 ❷

제시된 내용 중 선도경호차량의 역할에 해당하는 것은 ㄱ과 ㄴ이다.
ㄱ. (○) 선도경호차량은 행·환차로를 안내하고, 행사시간에 맞게 주행속도를 조절한다.
ㄴ. (○) 선도경호차량은 비상사태 시 비상도로를 확보하고 전방에 나타나는 각종 상황에 대한 경계업무를 수행한다.
ㄷ. (✕) 후미경호차량의 역할이다. 후미경호차량은 기동 간 경호대상자 차량의 방호업무와 경호지휘 임무를 수행하고, 후미에 접근하는 차량을 통제하고 추월을 방지하도록 한다.
ㄹ. (✕) 후미경호차량의 역할이다. 후미경호차량은 경호요원이나 의료진의 이동수단으로서의 역할을 수행한다.
ㅁ. (✕) 후미경호차량의 역할이다. 후미경호차량은 경호대상자차량(VIP차량)의 기능고장과 같은 비상시에는 VIP 예비차량의 임무를 수행한다.

> **핵심만콕** 차량경호방법 ★
>
> - 경호대상자 차량은 최고 성능의 차량을 선정하고 선도차량과 일정한 간격을 유지하면서 이동하며, 유사시 선도차량과 같은 방향으로 대피한다.
> - 선도경호차량은 행·환차로를 안내하고, 행사시간에 맞게 주행속도를 조절하며, 전방의 각종 상황에 대한 경계임무를 수행한다.
> - 후미경호차량은 기동 간 경호대상자 차량의 방호업무와 경호지휘 임무를 수행하고, 후미에 접근하는 차량을 통제하고 추월을 방지하도록 한다.
> - 경호책임자(경호팀장)는 목적지에 도착하면 가장 먼저 하차하고 출발 시에는 가장 나중에 승차하며 경호대상자 승·하차 시 차량 문의 개폐와 창문과 잠금장치를 통제한다.
> - 경호대상자는 가장 먼저 차량의 뒷좌석 오른쪽에 탑승하고(뒷좌석에 경호대상자, 경호원 1명일 때), 경호책임자의 안내에 따라 가장 마지막에 하차한다. 뒷좌석에 경호대상자, 경호원 2명일 때는 경호대상자가 가운데에 앉는 것이 통상적이다.
>
> 〈출처〉 이상철, 「경호현장운용론」, 진영사, 2008, P. 206

51 정답 ❹

④ (○) 제시문의 ( ) 안에 들어갈 내용은 경호구역이다(대통령 등의 경호에 관한 법률 제5조 제3항).
① (✕) 안전구역 : 3중 경호의 원칙에 따른 구분으로, 행사장에 참석하는 경호대상자를 중심으로 가장 가까운 1선을 의미한다. 권총의 평균 유효사거리 및 수류탄 투척거리를 기준으로 50m 반경 이내에 설정되고, 비인가자에 대한 절대적 출입통제가 실시된다.
② (✕) 경계구역 : 안전구역과 마찬가지로 3중 경호의 원칙에 따른 구분으로, 행사에 직·간접적으로 영향을 미칠 수 있어 경찰·군 등 각 분야의 다양한 경호지원기관이나 인력들이 인적·물적·자연적 취약요소에 대한 첩보수집, 위험인물 파악 등을 실시하는 지역이다. 소구경 곡사화기의 유효사거리를 기준으로 하며, 수색 및 사찰활동이 중점 실시된다.
③ (✕) 통제구역 : 보호지역의 구분 중 하나로 보안상 매우 중요한 구역이므로 비인가자의 출입이 금지되는 구역이다.

52 정답 ❸

③ (×) 실시단계(경호활동단계)에서는 경호인력을 배치하여 지속적인 경계활동을 실시하고, 경호위기상황에 즉각적으로 대응하고 조치하는 즉각조치활동을 실시한다. 행사장의 취약요소에 대한 안전대책을 강구하는 것은 대비단계의 세부 활동 내용이다.
① (○) 준비단계(정보활동단계)는 우호적인 경호환경 조성과 정보 수집 및 평가를 토대로 경호계획을 수립하는 경호준비과정이다.
② (○) 대비단계(안전활동단계)에서는 경호계획을 근거로, 행사보안의 유지와 위해정보의 수집을 위한 보안활동을 전개한다. 행사장의 취약요소에 대한 안전대책을 강구하고, 위험요소에 대한 거부작전을 실시한다.
④ (○) 평가단계(학습활동단계)에서는 평가결과 대두된 문제점을 보완하기 위한 교육과 훈련을 실시하고, 평가결과를 차기 행사에 반영하기 위한 적용(Feedback)을 실시한다.

핵심만콕 경호위기관리단계 및 세부 경호업무 수행절차★★

관리단계	주요 활동	활동 내용	세부 활동
1단계 예방단계 (준비단계)	정보활동	경호환경 조성	법과 제도의 정비, 경호지원시스템 구축, 우호적인 공중(公衆)의 확보(홍보활동)
		정보 수집 및 평가	정보네트워크 구축, 정보의 수집 및 생산, 위협의 평가 및 대응방안 강구
		경호계획의 수립	관계부서와의 협조, 경호계획서의 작성, 경호계획 브리핑
2단계 대비단계 (안전활동단계)	안전활동	정보보안활동	보안대책 강구, 위해동향 파악 및 대책 강구, 취약시설 확인 및 조치
		안전대책활동	행사장 안전확보, 취약요소 판단 및 조치, 검측활동 및 통제대책 강구
		거부작전	주요 감제고지 및 취약지 수색, 주요 접근로 차단, 경호 영향요소 확인 및 조치
3단계 대응단계 (실시단계)	경호활동	경호작전	모든 출입요소 통제 및 경계활동, 근접경호, 기동경호
		비상대책활동	비상대책, 구급대책, 비상시 협조체제 확립
		즉각조치활동	경고, 대적 및 방호, 대피
4단계 학습단계 (평가단계)	학습활동	평가 및 자료 존안 행사	행사결과 평가(평가회의), 행사결과보고서 작성, 자료 존안
		교육훈련	새로운 교육프로그램 준비, 교육훈련 실시, 교육훈련의 평가
		적용(피드백)	새로운 이론의 정립, 전파, 행사에의 적용

〈출처〉 이두석, 「경호학개론」, 진영사, 2018, P. 157

53 정답 ❶

① (×) 얼굴이 붉은 인사불성환자의 경우 머리와 어깨를 약간 높여 안정시킨다.
② (○) 두부손상환자의 응급처치 방법으로 옳은 내용이다.
③ (○) 화상환자는 화상부위를 심장보다 높게 올려 화상부위에 다량의 혈액이 공급되지 않도록 한다.
④ (○) 인대가 늘어났을 때, 근육손상, 관절의 부상, 골절 등의 응급처치로 거의 모든 경우에 'RICE'로 약칭되는 처치가 필요하다.
  • Rest(안정) - Ice(얼음찜질) - Compression(압박) - Elevation(올리기)

54 정답 ②

② (○) 같은 방향으로 2대의 경호차량이 교차로에 진입하는 경우, 방호차원에서 우측 경호차량이 우선적으로 교차로를 통과해야 한다.
① (×) 운전요원은 경호대상자가 하차 후 안전한 곳으로 이동할 때까지 차량에서 대기해야 한다.
③ (×) 정차하고 있는 차량이 주행하고 있는 차량보다 공격받을 위험성이 더 높다.
④ (×) 근접도보경호는 차량경호에 비해 위해자가 범행을 가할 수 있는 기회가 많다.

55 정답 ②

② (×) 범행현장에서 가스 누출 발생 시 환기를 위해 바로 선풍기나 배기팬을 작동시켜서는 안 된다. 누설된 가스는 작은 전기스파크라도 발열원이 되어 불이 붙어 폭발할 수 있는 위험이 있기 때문이다.
① (○) 형사소송법 제212조에 의하면 현행범인은 누구든지 영장 없이 체포할 수 있다.
③ (○) 범죄현장의 범위를 최초에는 광범위한 지역으로 설정한 후 점차 축소해가는 것이 효율적이다.
④ (○) 비록 범죄 발생 건물의 소유자 등 관리권을 가진 자라도 범죄현장에 대해 '재산권행사의 공공적합성 의무'에 따라 경찰관의 출입통제에 따라야 한다.

56 정답 ③

경호장비 중 감시장비에 관한 설명이다.

핵심만콕	경호장비의 기능에 따른 분류★
호신장비	일반적으로 자신의 생명이나 신체가 위험상태에 놓였을 때 스스로를 보호하는 데 사용하는 장비를 말한다. 여기에는 총기, 경봉, 가스분사기, 전자충격기 등이 있다.
방호장비	경호대상자나 경호대상자가 사용하는 시설물을 보호하기 위한 장치를 말한다. 적의 침입 예상경로를 차단하기 위하여 방벽을 설치·이용하는 것으로 경호방법 중 최후의 예방경호방법이라 할 수 있다. 방호장비는 크게 자연적 방벽과 물리적 방벽으로 나뉜다(단순히 방폭담요, 방폭가방 등을 방호장비로 분류하는 견해도 있다).
기동장비	경호대상자의 경호를 위하여 운용하는 차량·항공기·선박·열차 등의 이동수단을 말한다.
검색·검측장비	검색장비는 위해도구나 위해물질을 찾아내는 데 사용하는 장비를 말하고, 검측장비는 위해물질의 존재 여부를 검사하거나 시설물의 안전점검에 사용하는 도구를 말한다. 일반적으로 검측장비로 통칭하며, 검측장비는 탐지장비, 처리장비, 검측공구로 구분하여 사용한다.
감시장비	위해기도자의 침입이나 범죄행위를 사전에 감시하기 위한 장비(전자파, 초음파, 적외선 등을 이용한 기계장비)를 말한다. 경호임무에 있어 인력부족으로 인한 경호 취약점을 보완하는 수단으로, 감시장비에는 드론, CCTV, 열선감지기, 쌍안경, 망원경, 포대경(M65), TOD(영상감시장비) 등이 있다.
통신장비	경호업무를 수행하는 데 필요한 보고 또는 연락을 위한 통신장비(유선·무선)를 말한다. 경호통신은 신뢰성, 신속성, 정확성, 안전성이 고려되어야 한다. 유선통신장비에는 전화기, 교환기, FAX망, 컴퓨터통신, CCTV 등의 장비가 있으며, 무선통신장비에는 휴대용 무전기(FM-1), 페이징, 차량용 무전기(MR-40V, KSM-2510A, FM-5), 무선전화기, 인공위성 등이 있다.

57 정답 ④

④ (×) 5급 이상 경호공무원과 5급 상당 이상 별정직 국가공무원은 대통령경호처장의 제청으로 대통령이 임용한다(대통령 등의 경호에 관한 법률 제7조 제1항 본문).
① (○) 대통령 등의 경호에 관한 법률 제15조
② (○) 대통령 등의 경호에 관한 법률 제8조 제2항 제1호
③ (○) 소속공무원[퇴직한 사람과 원(原) 소속 기관에 복귀한 사람을 포함한다. 이하 이 조에서 같다]은 직무상 알게 된 비밀을 누설하여서는 아니 된다(대통령 등의 경호에 관한 법률 제9조 제1항).

58 정답 ④

범인이나 소요를 일으킨 사람이 무기·흉기 등 위험한 물건을 지니고 경찰관으로부터 3회 이상 물건을 버리라는 명령이나 항복하라는 명령을 받고도 따르지 아니하면서 계속 항거할 때는 무기를 사용하여 위해를 끼칠 수 있다(경찰관직무집행법 제10조의4 제1항 단서 제2호 라목).

관계법령 　**무기의 사용(경찰관직무집행법 제10조의4)**

① 경찰관은 범인의 체포, 범인의 도주 방지, 자신이나 다른 사람의 생명·신체의 방어 및 보호, 공무집행에 대한 항거의 제지를 위하여 필요하다고 인정되는 상당한 이유가 있을 때에는 그 사태를 합리적으로 판단하여 필요한 한도에서 무기를 사용할 수 있다. 다만, 다음 각호의 어느 하나에 해당할 때를 제외하고는 사람에게 위해를 끼쳐서는 아니 된다.
1. 「형법」에 규정된 정당방위와 긴급피난에 해당할 때
2. 다음 각목의 어느 하나에 해당하는 때에 그 행위를 방지하거나 그 행위자를 체포하기 위하여 무기를 사용하지 아니하고는 다른 수단이 없다고 인정되는 상당한 이유가 있을 때
　가. 사형·무기 또는 장기 3년 이상의 징역이나 금고에 해당하는 죄를 범하거나 범하였다고 의심할 만한 충분한 이유가 있는 사람이 경찰관의 직무집행에 항거하거나 도주하려고 할 때
　나. 체포·구속영장과 압수·수색영장을 집행하는 과정에서 경찰관의 직무집행에 항거하거나 도주하려고 할 때
　다. 제3자가 가목 또는 나목에 해당하는 사람을 도주시키려 경찰관에게 항거할 때
　라. 범인이나 소요를 일으킨 사람이 무기·흉기 등 위험한 물건을 지니고 경찰관으로부터 3회 이상 물건을 버리라는 명령이나 항복하라는 명령을 받고도 따르지 아니하면서 계속 항거할 때
3. 대간첩 작전 수행 과정에서 무장간첩이 항복하라는 경찰관의 명령을 받고도 따르지 아니할 때
② 제1항에서 "무기"란 사람의 생명이나 신체에 위해를 끼칠 수 있도록 제작된 권총·소총·도검 등을 말한다.
③ 대간첩·대테러 작전 등 국가안전에 관련되는 작전을 수행할 때에는 개인화기(個人火器) 외에 공용화기(共用火器)를 사용할 수 있다.

59 정답 ①

① (○) 경호는 경호대상자(경호의 객체)의 신변안전에 위협이 되는 제반 경호환경(경호의 상대)을 경호원(경호의 주체)이 관리하고 통제하는 과정이다.
② (×) 본인의 의사에 반하지 아니하는 경우에 한정하여 퇴임 후 10년 이내의 전직대통령과 그 배우자가 대통령경호처의 경호대상이다(대통령 등의 경호에 관한 법률 제4조 제1항 제3호 본문). 즉, 전직대통령의 직계존비속은 대통령경호처의 경호대상이 아니다.
③ (×) 5급 이상 경호공무원과 5급 상당 이상 별정직 국가공무원은 대통령경호처장의 제청으로 대통령이 임용한다(대통령 등의 경호에 관한 법률 제7조 제1항 본문).
④ (×) 전직대통령이 형사처분을 회피할 목적으로 외국정부에 도피처 또는 보호를 요청한 경우에는 '필요한 기간의 경호 및 경비(警備)'를 제외하고는 이 법에 따른 전직대통령으로서의 예우를 하지 아니한다(전직대통령 예우에 관한 법률 제7조 제2항 제3호). 즉, '필요한 기간의 경호 및 경비(警備)'의 예우는 할 수 있다.

60 정답 ②

② (○) 2선 경비구역은 행사 참석자를 비롯한 모든 출입요소의 1차 통제점이 되어, 상근자 이외에 용무가 없는 사람들의 출입을 가급적 제한한다.

〈출처〉이두석,「경호학개론」, 진영사, 2018, P. 266

① (×) 모든 출입요소는 지정된 출입통로를 사용하여야 하며 기타 통로는 폐쇄한다.
③ (×) 대규모 행사 시에는 참석 대상별 또는 좌석별 구분에 따라 출입통로 선정 및 시차입장계획을 수립하여 출입통제가 용이하도록 한다.
④ (×) 검색 시에는 바른 예절과 공손한 자세, 그리고 기술적인 문제로 가급적 참석자에게 불쾌감이 가지 않도록 노력해야 한다.

61 정답 ①

정신분열증, 조울증, 편집증, 노인성 치매 등 정신병력 증세는 암살의 개인적 동기가 아니라 <u>심리적 동기</u>에 해당한다. 분노, 복수, 원한, 증오 등이 개인적 동기라 할 수 있다.

핵심만콕 암살의 동기 ★

구 분	내 용
개인적 동기	분노, 복수, 원한, 증오 등 극히 개인적 동기에 의해 암살이 이루어진다.
경제적 동기	금전적 보상 혹은 경제적 어려움을 해소하기 위하여 피암살자의 희생이 필요하다는 신념에 의해 암살이 이루어진다.
적대적(전략적) 동기	전쟁 중이거나 적대관계에 있는 지도자를 제거하여 승전을 유도하거나 사회혼란을 조성하기 위해 암살이 이루어진다.
정치적 동기	정권을 바꾸거나 교체하려는 욕망으로 암살이 이루어진다.
심리적 동기	정신분열증, 조울증, 편집증, 노인성 치매 등 정신병력 증세를 갖고 있는 사람들에 의해 암살이 이루어진다.
이념적 동기	어떠한 개인 혹은 집단이 주장·신봉하는 이념이나 사상을 탄압하거나 방해한다고 여겨지는 때 그 대상을 제거하기 위한 목표로 암살이 이루어진다.

〈출처〉김두현,「경호학개론」, 엑스퍼트, 2020, P. 464~466

62 정답 ③

순서대로 ( )안에는 중앙선, 우측 1차로, 우측 2차로가 들어간다.

핵심만콕 신호등 대기 시 운전방법

신호등 대기 시 선도경호차량은 대형 전체가 같이 통과할 수 있는지를 판단하고, 대형 전체가 통과할 수 없을 때에는 중앙선에 접근해서 정차를 한다. 경호대상자 차량은 선도경호차량과 2~3m의 간격을 유지시킨 상태에서 선도경호차량 우측의 1차로에 정차하며, 후미경호차량은 경호대상자의 우측 2차로에 정차하여 경호대상자 차량의 노출을 방지하면서 방호임무를 수행한다.

〈출처〉이상철,「경호현장운용론」, 진영사, 2008, P. 208

63 정답 ❸

경호대상자가 행사장에 도착하기 전에 미리 현장조사를 실시하고 효과적인 경호협조와 준비를 하는 활동은 사전예방경호(선발경호)이다.

64 정답 ❹

④ (○) 대통령 등의 경호에 관한 법률 제10조 제1항 제1호

① (×) 경호공무원(처장의 제청으로 서울중앙지방검찰청 검사장이 지명한 경호공무원을 말한다)은 제4조 제1항 각호의 경호대상에 대한 경호업무 수행 중 인지한 그 소관에 속하는 범죄에 대하여 직무상 또는 수사상 긴급을 요하는 한도 내에서 사법경찰관리(司法警察官吏)의 직무를 수행할 수 있다(대통령 등의 경호에 관한 법률 제17조 제1항).

② (×) 소속공무원은 경호처의 직무와 관련된 사항을 발간하거나 그 밖의 방법으로 공표하려면 미리 처장의 허가를 받아야 한다(대통령 등의 경호에 관한 법률 제9조 제2항).

③ (×) 직원으로서 제4조 제1항 각호의 경호대상에 대한 경호업무 수행 또는 그와 관련하여 상이(傷痍)를 입고 퇴직한 사람과 그 가족 및 사망(상이로 인하여 사망한 경우를 포함한다)한 사람의 유족에 대하여는 대통령령으로 정하는 바에 따라 「국가유공자 등 예우 및 지원에 관한 법률」 또는 「보훈보상대상자 지원에 관한 법률」에 따른 보상을 한다(대통령 등의 경호에 관한 법률 제13조).

65 정답 ❹

보호지역은 그 중요도에 따라 제한지역, 제한구역 및 통제구역으로 나눈다(보안업무규정 제34조 제2항).

관계법령

보호지역(보안업무규정 제34조)
② 제1항에 따라 설정된 보호지역은 그 중요도에 따라 제한지역, 제한구역 및 통제구역으로 나눈다.

보호지역의 구분(보안업무규정 시행규칙 제54조) ★
① 영 제34조 제2항에 따른 제한지역, 제한구역 및 통제구역이란 각각 다음 각호의 지역 또는 구역을 말한다.
  1. 제한지역 : 비밀 또는 국·공유재산의 보호를 위하여 울타리 또는 방호·경비인력에 의하여 영 제34조 제3항에 따른 승인을 받지 않은 사람의 접근이나 출입에 대한 감시가 필요한 지역
  2. 제한구역 : 비인가자가 비밀, 주요시설 및 Ⅲ급 비밀 소통용 암호자재에 접근하는 것을 방지하기 위하여 안내를 받아 출입하여야 하는 구역
  3. 통제구역 : 보안상 매우 중요한 구역으로서 비인가자의 출입이 금지되는 구역

66 정답 ①

○△× 작전 담당자에 관한 설명이다.

핵심만콕

개인별 임무 - 사전임무

작전 담당	• 행사를 주도적으로 준비하고 총괄하는 주무 담당관이다. • 관계부서와 협조하여 행사 자료 취합, 행사장 사전 답사, 행사·행사장의 취약성 분석 및 대비책 강구, 병력운용계획 수립, 병력운용계획에 따라 경호요원들에게 개인별 임무 부여, 각 경호요원들이 준비한 내용을 취합하여 경호계획서 완성
행정 담당	선발활동 간 경호요원들에 대한 행정지원(숙소, 식사, 출장비 등)
차량 담당	선발대의 이동·철수계획 수립 및 시행, 차량 확보 및 운용, 현지 차량 지원기사에 대한 교육 및 보안서약서 작성 등 차량 운용 전반에 걸친 임무
비표 담당	비표운용계획 확인, 비표 견본 작성·전파·교육, 신원특이자 확인·전파
보도 담당	보도요원의 규모 확인, 보도계획 확인, 근접·원거리촬영 구분하여 보도요원 통제계획 수립, 보도요원의 이동계획 협조, 행사장별 보도계획 확인
장비 담당	행사의 성격을 고려한 개인·공용장비 일체의 준비 및 관리
주행사장 담당	주행사의 진행과 관련된 모든 내용 숙지, 경호대상자 관련 사항 파악 및 협조, 행사 진행 간 제반 유동요소·특이사항 확인 및 전파
출입통제 담당	모든 참석인원의 출입절차 확인 및 통제, 모든 참석인원에 대한 입장계획·주차계획·안내계획 등의 확인 및 협조, 참석인원의 규모·행사장 출입통로의 적절성 판단, 금속탐지기(MD) 운용계획 수립
안전대책 담당	행사에 영향을 미칠 수 있는 외부의 영향요소 파악 및 대책 강구, 지역의 동향·중화기 및 위험물질의 이동·주변 군부대의 이동 및 훈련 상황·행사장 주변 감제고지 및 고층건물에 대한 안전대책 등의 확인 및 통제

개인별 임무 - 행사 시 업무

경호상황본부	• 행사 전반을 조정하고 통제하는 지휘소이며, 작전 담당이 주로 경호상황본부를 담당한다. • 모든 작전요소 장악, 협조체제 구축, 행사 진행 간 모든 문제점 조정 및 통제, 주요 지시사항·행사 진행상황 전반의 관리, 경호 관련 정보를 선발대장에게 제공, 경호작전 상황의 접수·보고·전파·기록, 본부 및 다른 행사장 경호상황본부와 유기적인 연락 및 협조체제 강구
주행사장	행사진행담당자와 협조, 행사진행계획·촬영계획 등을 숙지하여 비정상적인 상황 및 우발상황에 대비
오(만)찬장	행사 진행순서 숙지, 행사 참석인사·좌석배치 확인, 검식관과 협조하여 종사자 확인, 질서 유지, 행사장 내 시설물의 안전여부 점검, 우발상황 대비
휴게실	내부 시설물에 대한 안전점검 실시, 집기류의 준비상태 확인, 행사 참석인사·종사자 확인, 우발상황 대비
보도 통제	보도계획에 따라 보도요원 통제, 사전에 보도요원의 신분을 확인하여 보도 비표 교부, 장비 점검, 보도통제선(가드레일) 설치, 촬영 질서 유지
비표	사전에 비표 교부 종사자들에 대한 교육 실시, 비표 교부 준비, 참석자 명부 확인, 신분증 대조 후 비표 교부
금속탐지기(MD)	비표의 패용 여부·진위 여부 관찰, 위해물질의 소지 여부 색출, 안색 및 표정의 변화·행동 관찰, 비금속성 위해물질 반입 차단, 행사 참석자의 성향에 따른 MD 감도 조절
정문	정문 주변의 제반 취약요소 확인, 안전대책 확인, 출입통제계획에 따른 인원·물품 등 모든 출입요소 확인 및 통제, 차량강습 대비책 강구, 외곽지역의 특이사항 확인 및 전파

〈출처〉 이두석, 「경호학개론」, 진영사, 2018, P. 228~231

67 정답 ❶

근접경호요원의 준수사항으로 옳은 것은 ㄱ, ㄴ, ㄹ이다.
ㄷ. (×) 복장은 보호색의 원리에 의한 비노출적 근무를 해야 한다.
ㅁ. (×) 근접경호요원은 항상 언행에 유의하여 행사참석 인사 및 군중 등 외부 사람들과의 위화감이 조성되지 않도록 하며, 예의와 친절을 체질화하여야 한다.

핵심만콕	근접경호요원의 준수사항

- 각각의 경호조장을 중심으로 한 절대적 명령복종의 체제를 유지해야 한다.★
- 근무지의 장소·지형·취약성 등을 고려, 융통성 있는 응용대형을 유지해야 한다.
- 항상 수행 비서팀과의 긴밀한 협조 및 무선망의 운용이 필요하다.
- 복장은 보호색의 원리에 의한 비노출적 근무를 해야 한다.★
- 책임을 완수하기 위해서는 과감한 육탄방어 정신에 의한 경호 임무를 수행해야 한다.
- 근접경호요원은 항상 언행에 유의하여 행사참석 인사 및 군중 등 외부 사람들과의 위화감이 조성되지 않도록 하며, 예의와 친절을 체질화하여야 한다.

68 정답 ❹

④ (○) 비공식서열은 공식적인 지위를 가지고 있지 않은 일반인에게 사회생활에서의 의례적으로 정하여지는 서열을 말하며, 공식적인 서열을 가지지 않은 사람이 공식행사 또는 연회에 참석할 경우의 좌석은 개인적, 사회적 지위, 연령 등을 고려하며, 원만하고 조화된 좌석배치를 위하여 서열 결정상의 원칙은 다소 조정될 수도 있다.

〈출처〉 김두현, 「경호학개론」, 엑스퍼트, 2020, P. 318~319

① (×) 외국방문 시의 의전관행은 항상 자국 관행보다 방문국 관행을 우선한다.
② (×) 지위가 비슷한 경우 남자보다 여자가, 연소자보다 연장자가, 내국인보다는 외국인이 상위서열이다.

〈참고〉 김두현, 「경호학개론」, 엑스퍼트, 2020, P. 319

③ (×) 공식 서열은 신분별 지위에 따라 인정된 서열로 국제적으로 동일하게 적용하는 것이 아니고, 나라마다 의전관행과 관습에 따라 약간의 차이가 있다.

69 정답 ❷

①은 범죄적 테러리스트, ③·④는 광적 테러리스트에 관한 설명이다.

핵심만콕	테러리스트의 구분
순교적 테러리스트	이념적으로 동기화되어 정치적·종교적 신념의 영향을 받는다.
범죄적 테러리스트	이념보다는 개인적 이유로 인해 테러행위를 자행한다.
광적 테러리스트	정신적 장애가 있는 사람들에 의한 테러행위이다.

〈출처〉 이두석, 「경호학개론」, 진영사, 2018, P. 382~383

70 정답 ❶

보안과 능률의 원칙에 관한 설명은 ①이고, ②는 적당성의 원칙, ③은 알 필요성의 원칙, ④는 부분화의 원칙에 관한 설명에 해당한다.

> **핵심만콕** 보안업무의 원칙
>
> - 알 사람만 알아야 하는 원칙 : 보안의 대상이 되는 사실은 전파할 때 전파가 꼭 필요한가 또는 피전파자가 반드시 전달받아야 하는 것인가를 검토하여야 한다(꼭 필요한 사람에게만 전달되어야 한다).
> - 적당성의 원칙 : 사용자가 필요한 만큼 적당한 양의 정보를 전달하도록 하는 것으로, 정보가 부족하면 임무수행에 장애가 되지만 정보가 너무 많아도 임무수행에 혼란을 줄 수가 있다.
> - 부분화의 원칙 : 내용과 가치의 정도에 따라 다른 비밀과 관련되지 않게 독립시켜야 한다는 것으로, 한 번에 다량의 비밀이나 정보가 유출되지 않도록 하여야 한다.
> - 보안과 능률의 원칙 : 보안을 지나치게 강조할 경우 생산된 정보가 사용자에게 제대로 전달되지 않아 정책결정에 사용하지 못할 수 있다는 것으로, 보안과 능률(업무효율)은 반비례 관계가 있으므로 양자의 적절한 조화를 유지하는 방법을 강구해야 한다.

71 정답 ❷

제시된 내용 중 근접경호 도보대형을 검토할 때 고려 사항이 아닌 것은 ㄹ과 ㅁ이다. ㄹ과 ㅁ은 차량 기동 간 사전준비 및 검토할 사항에 해당한다.

> **핵심만콕**
>
> | 도보대형 형성 시 우선적으로 고려할 사항 | 차량 기동 간 사전준비 및 검토할 사항 |
> |---|---|
> | • 경호대상자의 취향(내성적 · 외향적 · 은둔형 · 과시형)
• 주변 감시통제 건물의 취약도
• 인적 취약요소의 이격도
• 물적 취약요소의 위치
• 행사장 사전예방경호의 수준
• 행사장 참석자 인원수 및 성향
• 행사 성격 등을 우선적으로 고려해야 한다. | • 행차로와 환차로 등 주변 도로망 파악
• 대피소 및 최기병원 선정 등 주변 구호시설의 파악
• 주도로 및 예비도로의 선정
• 차량대형 및 차종의 선택
• 의뢰자 및 관계자의 차량번호 숙지
• 현지에서 합류되는 차량번호 숙지 등
• 경호대상자의 성향 및 행사 성격 등을 고려해야 한다. |

72 정답 ❸

③ (×) 임용권자는 경호공무원이 직무 수행 능력이 현저하게 부족하거나 근무태도가 극히 불량하여 직원으로서 부적합하다고 인정될 때에는 <u>대통령령</u>으로 정하는 바에 따라 고등징계위원회의 동의를 받아 면직할 수 있다(대통령 등의 경호에 관한 법률 제10조 제1항 제1호 · 제2항).
① (○) 대통령 등의 경호에 관한 법률 제7조 제2항
② (○) 대통령 등의 경호에 관한 법률 제7조 제1항 단서
④ (○) 대통령 등의 경호에 관한 법률 제6조 제2항

| 관계법령 | 임용권자(대통령 등의 경호에 관한 법률 제7조)★ |

① 5급 이상 경호공무원과 5급 상당 이상 별정직 국가공무원은 처장의 제청으로 대통령이 임용한다. 다만, 전보·휴직·겸임·파견·직위해제·정직 및 복직에 관한 사항은 처장이 행한다.
② 처장은 경호공무원 및 별정직 국가공무원에 대하여 제1항 외의 모든 임용권을 가진다.
③ 삭 제
④ 고위공무원단에 속하는 별정직공무원의 신규채용에 관하여는 「국가공무원법」 제28조의6 제3항을 준용한다.

73 정답 ❷

제시된 내용은 국가정보원 테러정보통합센터장의 업무에 해당한다.

핵심만콕	각 구성원의 분장책임(대통령경호안전대책위원회규정 제4조 제2항)	
2. 국가정보원 테러정보통합센터장	• 입수된 경호 관련 첩보 및 정보의 신속한 전파·보고 • 위해요인의 제거 • 정보 및 보안대상기관에 대한 조정 • 행사참관 해외동포 입국자에 대한 동향파악 및 보안조치 • 그 밖에 국내·외 경호행사의 지원	
3. 외교부 의전기획관	• 입수된 경호 관련 첩보 및 정보의 신속한 전파·보고 • 방한 국빈의 국내 행사 지원 • 대통령과 그 가족 및 대통령 당선인과 그 가족 등의 외국방문 행사 지원 • 다자간 국제행사의 외교의전 시 경호와 관련된 협조 • 그 밖에 국내·외 경호행사의 지원	
4. 법무부 출입국·외국인 정책본부장	• 입수된 경호 관련 첩보 및 정보의 신속한 전파·보고 • 위해용의자에 대한 출입국 및 체류관련 동향의 즉각적인 전파·보고 • 그 밖에 국내·외 경호행사의 지원	
15. 국군방첩사령부 소속 장성급 장교 또는 2급 이상의 군무원 중 위원장이 지명하는 1명	• 입수된 경호 관련 첩보 및 정보의 신속한 전파·보고 • 군내 행사장에 대한 안전활동 • 군내 위해가능인물에 대한 안전조치 • 행사 참석자 및 종사자의 신원조사 • 경호구역 인근 군부대의 특이사항 확인·전파 및 보고 • 이동로 주변 군시설물에 대한 안전조치 • 취약지에 대한 안전조치 • 경호유관시설에 대한 보안지원 활동 • 그 밖에 국내·외 경호행사의 지원	

74 정답 ❸

③ (×) 대테러활동과 관련하여 <u>국무총리 소속으로 관계기관 공무원으로 구성되는 대테러센터</u>를 두고, 이 센터는 국가 대테러활동 관련 임무분담 및 협조사항 실무조정을 수행한다(국민보호와 공공안전을 위한 테러방지법 제6조 제1항 제1호).
① (○) 국민보호와 공공안전을 위한 테러방지법 제3조 제1항
② (○) 국민보호와 공공안전을 위한 테러방지법 제4조
④ (○) 국민보호와 공공안전을 위한 테러방지법 제9조 제2항

75 정답 ❹

④ (○) 심폐소생술의 흉부(가슴)압박은 분당 100~120회 속도로, 5~6cm 깊이로 시행하여야 한다.
① (×) 대한심폐소생협회의 심폐소생술 시행방법은 반응의 확인 – 119신고 – 호흡 확인 – <u>가슴압박 30회 시행 – 기도 개방 – 인공호흡 2회 시행</u> – 가슴압박과 인공호흡의 반복 – 회복자세이다. 인공호흡 방법을 모르거나, 꺼려지는 경우에는 인공호흡을 제외하고 가슴압박만을 지속적으로 시행한다.
② (×) 심폐소생술 실시 중 환자의 맥박과 호흡이 회복된 경우에는 심폐소생술을 종료한다.
③ (×) 심장리듬을 분석하는 동안 환자에게 닿지 않도록 떨어져야 하고 <u>심장충격을 실시하는 동안에도 환자에게서 떨어져야 한다.</u>

76 정답 ❷

② (×) <u>암살은 일반적으로 근대적 테러리즘의 전형이라 할 수 있으며, 특정한 지위에 있는 사람을 대상으로 한다.</u> 학자에 따라 암살의 개념이 다양하지만, "정치적·종교적, 기타 각종 동기에 의해 법에 구애됨이 없이 공적인 지위에 있는 사람을 죽이는 것"이라고 하거나 "정치적·사상적 입장의 상이, 대립에 유래되는 동기에서 일정한 정치적 지위에 있는 사람을 살해하는 일"이라고 정의하기도 한다.
〈참고〉 김두현, 「경호학개론」, 엑스퍼트, 2020, P. 464
① (○) <u>암살범의 적개심과 과대망상적 사고는 암살범의 심리적 특징 중 하나인데, 암살범의 적개심과 과대망상적 사고가 암살의 동기와 관련하여 개인적 동기에 해당하는지 여부와 과대망상적 사고가 심리적 동기에도 해당하는지 여부가 조현병(정신분열증), 편집병, 조울증 등의 정신병력 문제와 관련하여 문제된다.</u> 일반적으로 암살은 복수, 증오, 분노 또는 지극히 개인적인 동기 등에 의하여 이루어지며, 그 동기는 실제적이거나 또는 상상적일 수 있다. 이에 따라 적개심과 과대망상적 사고를 개인적 동기에 해당한다고 할 수 있다. 그리고 과대망상적 사고는 조현병(정신분열증) 등의 정신병력 문제와 일정한 관계가 있다고 평가할 수 있다. 즉, 조현병의 대표적인 증상은 환각과 망상이며, 망상의 내용은 피해망상, 과대망상부터 신체적 망상에 이르기까지 다양하다. 그러므로 과대망상적 사고를 심리적 동기로 볼 수 있는 측면이 존재한다. 정리하면, 암살범의 '적개심'은 개인적 동기로 볼 수 있으나, '과대망상적 사고'는 개인적 동기 또는 <u>심리적 동기에 해당한다고 볼 수 있으므로 답항 ①의 용어 표현이 비록 정확한 표현인 것은 아니지만, 옳지 않다고 볼 수는 없다.</u>
〈참고〉 김두현, 「경호학개론」, 엑스퍼트, 2020, P. 464~471
③ (○) 암살범의 심리적 특징 중 하나는 자기 자신을 학대하고 대개가 무능력자로서 자신의 무능력을 비판한다는 점이다.
〈참고〉 김두현, 「경호학개론」, 엑스퍼트, 2020, P. 469~470
④ (○) 암살에 대한 동기가 확연해지면 암살기도자는 암살을 가장 쉽고, 빠르게 수행할 수 있는 방법을 모색하는 경향이 있다.
〈참고〉 김두현, 「경호학개론」, 엑스퍼트, 2020, P. 47

77 정답 ②

② (○) 일반적 환경요인(A) – 특수적 환경요인(B)
① (×) 일반적 환경요인(A) – 일반적 환경요인(A)
③ (×) 특수적 환경요인(B) – 특수적 환경요인(B)
④ (×) 특수적 환경요인(B) – 일반적 환경요인(A)

핵심만콕 경호의 환경

일반적 환경요인	특수적 환경요인
• 국제화 및 개방화 • 경제발전 및 과학기술의 발전 • 정보화 및 범죄의 광역화 • 수출소득의 증대 • 생활양식과 국민의식의 변화 • 범죄의 다양화와 증가	• 경제전쟁 • 지역이기주의 • 한국의 국제적 지위 향상 • 북한의 위협 • 해외에서 우리 국민의 테러위협 증가 • 증오범죄의 등장

78 정답 ④

제시된 내용 중 우발상황에 관한 설명으로 옳은 것은 ㄱ, ㄴ, ㄹ, ㅁ이다.
ㄱ. (○) 사전예측의 불가능(곤란성)은 우발상황의 특성에 해당하며, 이에 따라 즉각조치가 어렵다.
ㄴ. (○) 우발상황 발생 시 자기보호본능이 발현되어 위해가해자에 대한 대적과 제압에 영향을 미친다.
ㄹ. (○) 우발상황 발생을 인지한 경호원은 육성이나 무전기로 전 경호요원에게 우발상황의 위치나 위험의 종류, 성격 등의 상황 내용을 통보하여 경고한다.
ㅁ. (○) 촉수거리의 원칙은 위해기도자에 대한 대응은 경호원 중 위해기도자와 가장 가까운 거리에 있는 경호원이 해야 한다는 원칙이다. 촉수거리의 원칙에 따르면 경호원이 위해기도자와의 거리보다 경호대상자와의 거리가 더 가깝다면 경호대상자를 방호해서 신속히 현장을 이탈하는 것이 효과적이고, 위해기도자와의 거리가 경호대상자와의 거리보다 더 가깝고 촉수거리에 있다면 과감하게 위해기도자를 제압하는 것이 효과적일 수 있다.
ㄷ. (×) 우발상황 발생 시 즉각조치의 과정은 경고 – 방호 – 대피의 순서로 전개된다.
ㅂ. (×) 수류탄 또는 폭발물과 같은 폭발성 화기에 의한 공격을 받았을 때는 함몰형 대형을 형성하여 경호대상자를 지면에 완전히 밀착시키고, 그 위에 근접경호원들이 밀착하며 포개어 경호대상자의 신체가 외부에 노출되지 않도록 해야 한다. 방어적 원형 대형은 위해의 징후가 현저하거나 직접적인 위해가 가해졌을 때 형성하는 방어 대형이다.

79 정답 ❶

제시된 내용 중 옳은 것은 ㄱ, ㄴ이다.
ㄷ. (×) 해산을 촉구하기 위하여 경찰봉으로 밀어내는 행위는 일본의 판례에 따르면 이를 간접적 실력행사에 해당하는 경고의 한 종류로 이해하고 있다(행동에 의한 경고).
ㄹ. (×) 해산명령은 직접적 실력행사인 제지에 해당한다.

핵심만콕 경비수단의 종류

직접적 실력행사		경비사태 발생 시에 상대방에게 물리적인 힘을 가하여 범죄의 실행을 불가능하게 하는 것
	제 지	• 즉시강제 • 경찰관직무집행법 제6조(범죄의 예방과 제지)에 근거 • 강제해산, 주동자 및 주모자 격리, 해산명령 등
	체 포	형사소송법에 근거
간접적 실력행사		경비부대를 면전에 배치 또는 진출시켜 상대방에게 심리적 압박을 주어 범죄실행의 의사를 포기하도록 하는 것
	경 고	• 관련자에게 주의를 주고, 일정한 행위를 요구하는 임의처분 • 경찰관직무집행법 제5조(위험발생의 방지), 제6조(범죄의 예방과 제지)에 근거 • 일본 판례 "행동에 의한 경고"

80 정답 ❹

제시된 내용은 모두 경호의 개념에 관한 설명으로 옳다.

핵심만콕 경호의 개념★

형식적 의미의 경호	• 경호관계법규에 규정된 현실적인 경호기관을 기준으로 하여 정립된 개념이다. • 실정법상 경호기관의 권한에 속하는 일체의 경호작용을 의미한다. • 실정법·제도·기관 중심적 관점에서 이해한 것이다. • 「대통령 등의 경호에 관한 법률」에서의 경호는 형식적 의미의 경호개념이다.
실질적 의미의 경호	• 경호활동의 본질·성질·이론적인 입장에서 이해한 것으로, 학문적인 측면에서 고찰된 개념이다. • 수많은 경호작용 중에서 공통적인 특성을 추상화한 개념이다. • 경호대상자의 절대적 신변안전을 보호하기 위하여 모든 사용 가능한 수단과 방법을 동원한다. • 경호대상자(피경호자)에 대한 신변 위해요인을 사전에 방지 또는 제거하기 위한 제반활동이다. • 경호주체(국가기관, 민간기관, 개인, 단체 불문)가 경호대상자를 보호하는 모든 활동을 말한다. • 모든 위험과 곤경(인위적·자연적 위해)으로부터 경호대상자를 안전하게 보호하기 위한 제반활동이다.

제4회 경비업법

> 문제편 085p

정답 CHECK

01	02	03	04	05	06	07	08	09	10	11	12	13	14	15	16	17	18	19	20
③	②	③	③	①	①	②	①	②	③	④	④	③	③	①	①	③	③	④	③
21	22	23	24	25	26	27	28	29	30	31	32	33	34	35	36	37	38	39	40
③	②	④	①	④	④	④	④	①	①	④	①	①	④	②	③	③	④	②	③

01 정답 ③

③ (✕) 특수경비업무란 공항(항공기를 포함한다) 등 대통령령이 정하는 국가중요시설의 경비 및 도난·화재 그 밖의 위험발생을 방지하는 업무를 말한다(경비업법 제2조 제1호 마목).
① (○) 경비업법 제2조 제1호 가목
② (○) 경비업법 제2조 제1호 다목
④ (○) 경비업법 제2조 제1호 바목

관계법령 정의(경비업법 제2조)

이 법에서 사용하는 용어의 정의는 다음과 같다. 〈개정 2024.1.30.〉
1. "경비업"이라 함은 다음 각목의 1에 해당하는 업무(이하 "경비업무"라 한다)의 전부 또는 일부를 도급받아 행하는 영업을 말한다.
   가. 시설경비업무 : 경비를 필요로 하는 시설 및 장소(이하 "경비대상시설"이라 한다)에서의 도난·화재 그 밖의 혼잡 등으로 인한 위험발생을 방지하는 업무
   나. 호송경비업무 : 운반 중에 있는 현금·유가증권·귀금속·상품 그 밖의 물건에 대하여 도난·화재 등 위험발생을 방지하는 업무
   다. 신변보호업무 : 사람의 생명이나 신체에 대한 위해의 발생을 방지하고 그 신변을 보호하는 업무
   라. 기계경비업무 : 경비대상시설에 설치한 기기에 의하여 감지·송신된 정보를 그 경비대상시설 외의 장소에 설치한 관제시설의 기기로 수신하여 도난·화재 등 위험발생을 방지하는 업무
   마. 특수경비업무 : 공항(항공기를 포함한다) 등 대통령령이 정하는 국가중요시설(이하 "국가중요시설"이라 한다)의 경비 및 도난·화재 그 밖의 위험발생을 방지하는 업무
   바. 혼잡·교통유도경비업무 : 도로에 접속한 공사현장 및 사람과 차량의 통행에 위험이 있는 장소 또는 도로를 점유하는 행사장 등에서 교통사고나 그 밖의 혼잡 등으로 인한 위험발생을 방지하는 업무

02 정답 ❷

② (×) 특수경비업자는 이 법에 의한 경비업과 경비장비의 제조·설비·판매업, 네트워크를 활용한 정보산업, 시설물 유지관리업 및 경비원 교육업 등 대통령령이 정하는 경비관련업 외의 영업을 하여서는 아니 된다(경비업법 제7조 제9항).
① (○) 경비업법 제8조
③ (○) 경비업법 제9조 제1항
④ (○) 경비업법 제9조 제2항

03 정답 ❸

③ (×) 경찰청장은 경비지도사 시험의 실시계획에 따라 시험을 실시하고자 하는 때에는 응시자격·시험과목·시험일시·시험장소 및 선발예정인원 등을 시험 시행일 90일 전까지 공고하여야 한다(경비업법 시행령 제11조 제2항).
① (○) 경비업법 제11조 제3항 전단
② (○) 경비업법 시행령 제12조 제5항
④ (○) 경비업법 시행령 제12조 제6항

04 정답 ❸

관할 경찰관서장은 시설주 및 특수경비원의 무기관리상황을 매월 1회 이상 점검하여야 한다(경비업법 시행령 제21조).

05 정답 ❶

① (×) 경비업자는 선임·배치된 경비지도사에 결원이 있거나 자격정지 등의 사유로 그 직무를 수행할 수 없는 때에는 15일 이내에 경비지도사를 새로이 충원하여야 한다(경비업법 시행령 제16조 제2항).
② (○) 경비업법 제12조 제2항 제1호
③ (○) 경비업법 제12조 제2항 제3호
④ (○) 경비업법 시행령 [별표 3] 제2호 전문

> **관계법령** 경비지도사의 선임 등(경비업법 제12조)
>
> ② 제1항의 규정에 의하여 선임된 경비지도사의 직무는 다음과 같다.
>   1. 경비원의 지도·감독·교육에 관한 계획의 수립·실시 및 그 기록의 유지
>   2. 경비현장에 배치된 경비원에 대한 순회점검 및 감독
>   3. 경찰기관 및 소방기관과의 연락방법에 대한 지도
>   4. 집단민원현장에 배치된 경비원에 대한 지도·감독
>   5. 그 밖에 대통령령이 정하는 직무
>
> **경비지도사의 직무 및 준수사항(경비업법 시행령 제17조)**
> ① 법 제12조 제2항 제5호에서 "대통령령이 정하는 직무"란 다음 각호의 직무를 말한다.
>   1. 기계경비업무를 위한 기계장치의 운용·감독(기계경비지도사의 경우에 한한다)
>   2. 오경보방지 등을 위한 기기관리의 감독(기계경비지도사의 경우에 한한다)

06 정답 ①

① (○) 시설경비업무의 경비인력과 자본금에 관한 기준으로 옳다.
② (×) 신변보호업무 - 무술유단자인 일반경비원 5명 이상, 경비지도사 1명 이상, 자본금 1억원 이상
③ (×) 기계경비업무 - 전자·통신 분야 기술 자격증 소지자 5명을 포함한 일반경비원 10명 이상, 경비지도사 1명 이상, 자본금 1억원 이상
④ (×) 특수경비업무 - 특수경비원 20명 이상, 경비지도사 1명 이상, 자본금 3억원 이상

관계법령 경비업의 시설 등의 기준(경비업법 시행령 [별표 1]) <개정 2024.12.31.>

시설 등 기준 업무별	경비인력	자본금	시 설	장비 등
1. 시설경비업무	• 일반경비원 10명 이상 • 경비지도사 1명 이상	1억원 이상	기준 경비인력 수 이상을 동시에 교육할 수 있는 교육장	기준 경비인력 수 이상의 경비원 복장 및 경적, 단봉, 분사기
2. 호송경비업무	• 무술유단자인 일반경비원 5명 이상 • 경비지도사 1명 이상	1억원 이상	기준 경비인력 수 이상을 동시에 교육할 수 있는 교육장	• 호송용 차량 1대 이상 • 현금호송백 1개 이상 • 기준 경비인력 수 이상의 경비원 복장 및 경적, 단봉, 분사기
3. 신변보호업무	• 무술유단자인 일반경비원 5명 이상 • 경비지도사 1명 이상	1억원 이상	기준 경비인력 수 이상을 동시에 교육할 수 있는 교육장	• 기준 경비인력 수 이상의 무전기 등 통신장비 • 기준 경비인력 수 이상의 경적, 단봉, 분사기
4. 기계경비업무	• 전자·통신 분야 기술자격증소지자 5명을 포함한 일반경비원 10명 이상 • 경비지도사 1명 이상	1억원 이상	• 기준 경비인력 수 이상을 동시에 교육할 수 있는 교육장 • 관제시설	• 감지장치·송신장치 및 수신장치 • 출장소별로 출동차량 2대 이상 • 기준 경비인력 수 이상의 경비원 복장 및 경적, 단봉, 분사기
5. 특수경비업무	• 특수경비원 20명 이상 • 경비지도사 1명 이상	3억원 이상	기준 경비인력 수 이상을 동시에 교육할 수 있는 교육장	기준 경비인력 수 이상의 경비원 복장 및 경적, 단봉, 분사기
6. 혼잡·교통 유도경비업무	• 일반경비원 10명 이상 • 경비지도사 1명 이상	1억원 이상	기준 경비인력 수 이상을 동시에 교육할 수 있는 교육장	기준 경비인력 수 이상의 경비원 복장 및 경적, 단봉, 분사기, 무전기, 경광봉

07 정답 ②

② (○) 경비업법 제14조 제6항
① (×) 시·도 경찰청장은 국가중요시설에 대한 경비업무의 수행을 위하여 필요하다고 인정하는 때에는 시설주의 신청에 의하여 무기를 구입한다(경비업법 제14조 제3항 전문).
③ (×) 시설주가 대여받은 무기에 대하여 시설주 및 관할 경찰관서장은 무기의 관리책임을 지고, 관할 경찰관서장은 시설주 및 특수경비원의 무기관리상황을 대통령령이 정하는 바에 따라 지도·감독하여야 한다(경비업법 제14조 제5항).
④ (×) 특수경비원의 무기휴대, 무기종류, 그 사용기준 및 안전검사의 기준 등에 관하여 필요한 사항은 대통령령으로 정한다(경비업법 제14조 제9항).

08 정답 ❶

① (×) 경비업의 허가(추가·변경·갱신허가를 포함한다)의 경우에는 1만원의 수수료를 납부하여야 한다(경비업법 시행령 제28조 제1항 제1호).
② (○) 경비업법 시행령 제28조 제2항
③ (○), ④ (○) 시험에 응시하고자 하는 자는 경찰청장이 정하여 고시하는 수수료를 납부하여야 한다(경비업법 시행령 제28조 제3항). 경찰청장이 정하여 고시하는 수수료는 28,000원이고, 1차 시험이 면제되는 자는 18,000원이다(경비지도사 시험위탁 및 응시수수료 책정고시).

관계법령 수수료(경비업법 제27조의2)★

이 법에 따른 경비업의 허가를 받거나 허가증을 재교부받고자 하는 자는 대통령령이 정하는 바에 따라 수수료를 납부하여야 한다.

허가증 등의 수수료(경비업법 시행령 제28조)★★

① 법에 의한 경비업의 허가를 받거나 허가증을 재교부받고자 하는 자는 다음 각호의 수수료를 납부하여야 한다.
  1. 법 제4조 제1항 및 법 제6조 제2항의 규정에 의한 경비업의 허가(추가·변경·갱신허가를 포함한다)의 경우에는 1만원
  2. 허가사항의 변경신고로 인한 허가증 재교부의 경우에는 2천원
② 제1항의 규정에 의한 수수료는 허가 등의 신청서에 수입인지를 첨부하여 납부한다.
③ 시험에 응시하고자 하는 자는 경찰청장이 정하여 고시하는 수수료를 납부하여야 한다.
④ 경찰청장은 다음 각호의 어느 하나에 해당하는 경우에는 제3항에 따라 받은 응시수수료의 전부 또는 일부를 다음 각호의 구분에 따라 반환하여야 한다.
  1. 응시수수료를 과오납한 경우 : 과오납한 금액 전액
  2. 시험 시행기관의 귀책사유로 시험에 응시하지 못한 경우 : 응시수수료 전액
  3. 시험 시행일 20일 전까지 접수를 취소하는 경우 : 응시수수료 전액
  4. 시험 시행일 10일 전까지 접수를 취소하는 경우 : 응시수수료의 100분의 50
⑤ 경찰청장 및 시·도 경찰청장은 제2항 및 제3항의 규정에 불구하고 정보통신망을 이용하여 전자화폐·전자결제 등의 방법으로 수수료를 납부하게 할 수 있다.

09 정답 ❷

② (×) 비밀취급인가 신청에 대해 시·도 경찰청장은 특수경비업자로 하여금 경찰청장을 거쳐 국가정보원장에게 보안측정을 요청하도록 하여야 한다(경비업법 시행령 제6조 제2항).
① (○) 경비업법 시행령 제6조 제1항
③ (○) 경비업법 제7조 제8항 전문
④ (○) 특수경비업무란 공항(항공기를 포함한다) 등 대통령령이 정하는 중요시설의 경비 및 도난·화재 그 밖의 위험발생을 방지하는 업무를 말한다(경비업법 제2조 제1호 마목). "대통령령이 정하는 국가중요시설"이라 함은 공항·항만·원자력발전소 등의 시설 중 국가정보원장이 지정하는 국가보안목표시설과 통합방위법 제21조 제4항의 규정에 의하여 국방부장관이 지정하는 국가중요시설을 말한다(경비업법 시행령 제2조).

> **관계법령** 특수경비업자의 업무개시 전의 조치(경비업법 시행령 제6조)
>
> ① 법 제2조 제1호 마목의 규정에 의한 특수경비업무를 수행하는 경비업자(이하 "특수경비업자"라 한다)는 법 제4조 제3항 제5호의 규정에 의하여 첫 업무개시의 신고를 하기 전에 시·도 경찰청장의 비밀취급인가를 받아야 한다.★
> ② 시·도 경찰청장은 제1항의 규정에 의하여 특수경비업자에게 비밀취급인가를 하고자 하는 때에는 법 제25조의 규정에 의하여 특수경비업자로 하여금 경찰청장을 거쳐 국가정보원장에게 보안측정을 요청하도록 하여야 한다.★

10 정답 ❸

③ (×) 시·도 경찰청장은 행사장등(행사장, 그 밖에 많은 사람이 모이는 시설 또는 장소)에서 혼잡 등으로 인한 위험의 발생을 방지하기 위하여 경비가 필요하다고 인정하는 경우에는 행사의 주최자나 시설 또는 장소의 관리자에게 행사장등에 경비원을 배치하도록 요청할 수 있다(경비업법 시행령 제30조 제1항).
① (○) 경비업법 시행령 제5조 제2항 전문
② (○) 경비업법 시행령 제5조 제2항 후문
④ (○) 경비업법 시행규칙 제18조 제6항

11 정답 ❹

④ (×) 경비업자가 영업정지처분을 받고도 계속 영업을 한 때에는 그 허가를 취소하여야 한다(경비업법 제19조 제1항 제6호).
① (○) 경비업법 제19조 제1항 제1호
② (○) 경비업법 제19조 제1항 제4호
③ (○) 경비업법 제19조 제2항 제15호

> **핵심만콕** 경비업 허가의 취소 등(경비업법 제19조)★★

절대적(필요적) 허가취소사유(제1항)	허가관청은 경비업자가 다음의 어느 하나에 해당하는 때에는 그 허가를 취소하여야 한다. • 허위 그 밖의 부정한 방법으로 허가를 받은 때(제1호) • 경비업자가 허가받은 경비업무 외의 업무에 경비원을 종사하게 한 때(제2호) - 적용중지 헌법불합치 결정(2020헌가19) • 특수경비업자가 경비업 및 경비관련업 외의 영업을 한 때(제3호) • 정당한 사유 없이 허가를 받은 날부터 2년 이내에 경비 도급실적이 없거나 계속하여 1년 이상 휴업한 때(제4호) • 정당한 사유 없이 최종 도급계약 종료일의 다음 날부터 2년 이내에 경비 도급실적이 없을 때(제5호) • 영업정지처분을 받고 계속하여 영업을 한 때(제6호) • 소속 경비원으로 하여금 경비업무의 범위를 벗어난 행위를 하게 한 때(제7호) • 관할 경찰관서장의 배치폐지명령에 따르지 아니한 때(제8호)

상대적(임의적) 허가취소·영업정지 사유(제2항)	허가관청은 경비업자가 다음의 어느 하나에 해당하는 때에는 대통령령으로 정하는 행정처분의 기준에 따라 그 허가를 취소하거나 6개월 이내의 기간을 정하여 영업의 전부 또는 일부에 대하여 영업정지를 명할 수 있다. • 시·도 경찰청장의 허가 없이 경비업무를 변경한 때(제1호) • 도급을 의뢰받은 경비업무가 위법한 것임에도 이를 거부하지 아니한 때(제2호) • 경비지도사를 집단민원현장에 선임·배치하지 아니한 때(제3호) • 경비대상시설에 관한 경보 대응체제를 갖추지 아니한 때(제4호) • 관련 서류를 작성·비치하지 아니한 때(제5호) • 결격사유에 해당하는 경비원을 배치하거나 결격사유에 해당하는 경비지도사를 선임·배치한 때(제6호) • 대통령령이 정하는 바에 따르지 아니하고 이를 위반하여 경비지도사를 선임한 때(제7호) • 경비원으로 하여금 교육을 받게 하지 아니한 때(제8호) • 경비원의 복장 등에 관한 규정을 위반한 때(제9호) • 경비원의 장비 등에 관한 규정을 위반한 때(제10호) • 경비원의 출동차량 등에 관한 규정을 위반한 때(제11호) • 집단민원현장에 일반경비원 명부를 작성·비치하지 아니한 때(제12호) • 배치허가를 받지 아니하고 경비원을 배치하거나 경비원 명단 및 배치일시·배치장소 등 배치허가 신청의 내용을 거짓으로 한 때(제13호) • 결격사유에 해당하는 일반경비원을 집단민원현장에 배치한 때(제14호) • 경찰청장, 시·도 경찰청장, 관할 경찰관서장의 감독상 명령에 따르지 아니한 때(제15호) • 업무수행 중 고의 또는 과실로 발생한 경비대상 및 제3자의 손해를 배상하지 아니한 때(제16호)

※ 국회는 2025.1.7. 법률 제20645호에 의하여 경비업자가 허가받은 경비업무 외의 업무에 경비원을 종사시키는 것을 금지하고 이를 위반하는 경우 경비업 허가를 필요적으로 취소하는 것은 과잉금지원칙에 위반하여 경비업자의 직업의 자유를 침해한다는 헌법재판소의 헌법불합치 결정(헌재결[전] 2023.3.23. 2020헌가19) 취지를 반영하여, 경비업자가 경비업무 외의 업무에 경비원을 종사시키는 것을 원칙적으로 금지하되, 경비업무의 목적 달성을 침해하지 않는 범위에서 대통령령으로 정하는 업무는 예외적으로 허용하도록 하였다. 이에 따라 경비업법 제19조도 제1항 제2호를 삭제하면서 제19조 제2항 제2호의2(제7조 제5항을 위반하여 경비업무 또는 경비업무의 목적 달성을 침해하지 아니하는 범위에서 대통령령으로 정하는 업무 외의 업무에 경비원을 종사하게 한 때)를 상대적 허가취소·영업정지사유로 신설하고, 제19조 제3항을 "허가관청은 제1항 및 제2항에 의하여 허가취소 또는 영업정지처분을 하는 때에는 경비업자가 허가받은 경비업무 중 허가취소 또는 영업정지사유에 해당되는 경비업무에 한하여 처분을 하여야 한다. 다만, 제1항 제7호에 해당하여 허가취소를 하는 때에는 그러하지 아니하다"로 개정하였다. 이러한 개정규정은 2026.1.8.부터 시행된다.

12 정답 ④

④ (×) 직무교육이 아닌 <u>신임교육</u>을 받지 아니한 사람이 대통령령으로 정하는 기준 이상으로 포함되어 있는 경우가 배치 불허가 기준에 해당한다(경비업법 제18조 제3항 제2호).
① (○) 경비업법 제18조 제3항 제1호
② (○) 경비업법 제18조 제3항 제2호, 동법 시행령 제22조
③ (○) 경비업법 제18조 제3항 제3호

관계법령 경비원의 명부와 배치허가 등(경비업법 제18조)★

③ 관할 경찰관서장은 제2항 각호 외의 부분 단서에 따른 배치허가 신청을 받은 경우 다음 각호의 사유에 해당하는 때에는 배치허가를 하여서는 아니 된다. 이 경우 관할 경찰관서장은 다음 각호의 사유를 확인하기 위하여 소속 경찰관으로 하여금 그 배치장소를 방문하여 조사하게 할 수 있다.
1. 제15조의2 제1항 및 제2항을 위반하여 경비업무의 범위를 벗어난 행위를 할 우려가 있는 경우
2. 경비원 중 제10조 제1항 또는 제2항에 해당하는 결격자나 제13조에 따른 신임교육을 받지 아니한 사람이 대통령령으로 정하는 기준 이상으로 포함되어 있는 경우

> **집단민원현장 배치 불허가 기준(경비업법 시행령 제22조)**
> 법 제18조 제3항 제2호에서 "대통령령으로 정하는 기준"이란 100분의 21을 말한다.

3. 제24조에 따라 경비원의 복장·장비 등에 대하여 내려진 필요한 명령을 이행하지 아니하는 경우

13 정답 ❸

③ (×) 집단민원현장에 일반경비원을 배치하면서 경비원의 명부를 배치장소에 작성·비치하지 아니한 경우는 경비업법 제19조 제2항 제12호의 상대적(임의적) 허가취소·영업정지사유에 해당할 뿐만 아니라 경비업법 제31조 제1항 제3호의 3천만원 이하의 과태료부과사유에도 해당한다.
① (○) 경비업법 제18조 제1항 본문
② (○) 경비업법 제18조 제1항 단서
④ (○) 경비업법 시행규칙 제23조 제2호, 동법 시행령 제5조 제3항

관계법령 경비원의 명부(경비업법 시행규칙 제23조)

경비업자는 법 제18조 제1항에 따라 다음 각호의 장소에 별지 제14호 서식의 경비원 명부(제2호 및 제3호의 경우에는 해당 장소에 배치된 경비원의 명부를 말한다)를 작성·비치하여 두고, 이를 항상 정리하여야 한다.
1. 주된 사무소
2. 영 제5조 제3항에 따른 출장소

> **폐업 또는 휴업 등의 신고(경비업법 시행령 제5조)**
> ③ 법 제4조 제3항 제3호의 규정에 의하여 신설·이전 또는 폐지한 때에 신고를 하여야 하는 출장소는 주사무소 외의 장소로서 일상적으로 일정 지역안의 경비업무를 지휘·총괄하는 영업거점인 지점·지사 또는 사업소 등의 장소로 한다.

3. 집단민원현장

14 정답 ❸

각 경비법인이 선임·배치해야 할 경비지도사 최소인원은 A 경비법인 4명, B 경비법인 4명, C 경비법인 6명이다.

- A 법인은 서울특별시에 일반경비지도사 2명, 전라남도에 일반경비지도사 1명, 제주특별자치도에 기계경비지도사 1명을 선임·배치하여야 하므로 A법인이 선임·배치해야 할 경비지도사는 총 4명이다.
- B 법인은 서울특별시에 일반경비지도사 1명과 기계경비지도사 1명, 전라남도에 일반경비지도사 1명, 제주특별자치도에 기계경비지도사 1명을 선임·배치하여야 하므로 B 법인이 선임·배치해야 할 경비지도사는 총 4명이다.
- C 법인은 서울특별시에 일반경비지도사 2명, 대전광역시에 일반경비지도사 2명, 전라남도에 일반경비지도사 2명(경계를 맞닿아 인접한 전라남도와 제주특별자치도에 배치된 경비원의 수를 합산하면 180+30=210명이 되므로)을 선임·배치하여야 하므로 C 법인이 선임·배치해야 할 경비지도사는 총 6명이다.

> **관계법령** 경비지도사의 선임·배치기준(경비업법 시행령 [별표 3]) <개정 2024.8.13.>★
>
> 1. 경비업자는 경비원을 배치하여 영업활동을 하고 있는 지역을 관할하는 시·도 경찰청의 관할구역별로 경비원 200명까지는 경비지도사 1명을 선임·배치하고, 경비원이 200명을 초과하는 경우 200명을 초과하는 경비원 100명 단위로 경비지도사 1명씩을 추가로 선임·배치해야 한다.
> 2. 제1호에 따라 경비지도사가 선임·배치된 시·도 경찰청의 관할구역과 경계를 맞닿아 인접한 시·도 경찰청의 관할구역에 배치된 경비원이 30명 이하인 경우에는 제1호에도 불구하고 경비지도사를 따로 선임·배치하지 않을 수 있다. 이 경우 제주특별자치도경찰청과 전라남도경찰청은 경계를 맞닿아 인접한 것으로 본다.
> 3. 제2호에 따라 경비지도사를 따로 선임·배치하지 않는 경우 경비지도사 1명이 지도·감독 및 교육할 수 있는 경비원의 총수(경계를 맞닿아 인접한 시·도 경찰청의 관할구역에 배치된 경비원의 수를 합산한다)는 200명을 초과할 수 없다.
>
> ※ 비고
> 1. 시설경비업무·호송경비업무·신변보호업무·특수경비업무 또는 혼잡·교통유도경비업무를 하는 경비업자는 일반경비지도사를 선임·배치하고, 시설경비업무·호송경비업무·신변보호업무·특수경비업무 또는 혼잡·교통유도경비업무 중 둘 이상의 경비업무를 하는 경우에는 각 경비업무에 종사하는 경비원의 수를 합산한 인원을 기준으로 경비지도사를 선임·배치해야 한다. 다만, 특수경비업무를 수행하는 경비업자는 제19조 제1항에 따른 특수경비원 신임교육을 이수한 일반경비지도사를 선임·배치해야 한다.
> 2. 기계경비업무를 하는 경비업자는 기계경비지도사를 선임·배치해야 한다.

15 정답 ❶

제시된 내용 중 경비업법령상 경비업의 허가에 관한 설명으로 옳지 않은 것은 ㄱ과 ㄴ이다.
- ㄱ.(×) 경비업 허가의 유효기간은 경비업의 개시일이 아니고 허가받은 날부터 5년이다(경비업법 제6조 제1항).
- ㄴ.(×) 법인의 명칭을 변경할 때에는 그 법인의 주사무소의 소재지를 관할하는 시·도 경찰청장에게 신고하여야 한다(경비업법 제4조 제3항 제2호).
- ㄷ.(○) 경비업법 시행규칙 제6조 제1항 전문
- ㄹ.(○) 경비업법 시행규칙 제6조 제1항 후문
- ㅁ.(○) 경비업법 제6조 제2항

16 정답 ❶

특수경비원은 직무를 수행함에 있어 시설주·관할 경찰관서장 및 소속 상사의 직무상 명령에 복종하여야 한다(경비업법 제15조 제1항). 따라서 시·도 경찰청장은 경비업법 제15조 제1항의 명시적인 명령권자에 해당하지 않는다.

17 정답 ❸

호송용 차량이란 현금이나 그 밖의 귀중품의 운반에 필요한 견고성 및 안전성을 갖추고 무선통신시설 및 경보시설을 갖춘 자동차를 말한다(경비업법 시행령 [별표 1] 비고 제4호).

18 정답 ❸

③은 청원경찰법 시행규칙 제17조 제1항에 의해 청원주가 비치하여야 할 문서와 장부에 해당한다.

핵심만콕 문서와 장부의 비치(청원경찰법 시행규칙 제17조)★★

청원주(제1항)	관할 경찰서장(제2항)	시·도 경찰청장(제3항)
• 청원경찰 명부 • 근무일지 • 근무 상황카드 • 경비구역 배치도 • 순찰표철 • 무기·탄약 출납부 • 무기장비 운영카드 • 봉급지급 조서철 • 신분증명서 발급대장 • 징계 관계철 • 교육훈련 실시부 • 청원경찰 직무교육계획서 • 급여품 및 대여품 대장 • 그 밖에 청원경찰의 운영에 필요한 문서와 장부	• 청원경찰 명부 • 감독 순시부 • 전출입 관계철 • 교육훈련 실시부 • 무기·탄약 대여대장 • 징계요구서철 • 그 밖에 청원경찰의 운영에 필요한 문서와 장부	• 배치결정 관계철 • 청원경찰 임용승인 관계철 • 전출입 관계철 • 그 밖에 청원경찰의 운영에 필요한 문서와 장부

19 정답 ❹

④ (×) 시·도 경찰청장은 청원경찰이 직무를 수행하기 위하여 필요하다고 인정하면 청원주의 신청을 받아 관할 경찰서장으로 하여금 청원경찰에게 무기를 대여하여 지니게 할 수 있다(청원경찰법 제8조 제2항).
① (○) 청원경찰법 시행규칙 제16조 제2항 제1호
② (○) 청원경찰법 시행령 제16조 제3항
③ (○) 청원경찰법 시행규칙 제16조 제1항 제8호

20 정답 ❸

③ (○) 최초 1회 위반 시 600만원, 2회 위반 시 1,200만원, 3회 이상 위반 시 2,400만원의 과태료가 부과된다(경비업법 시행령 [별표 6] 제12호 가목).
① (×) 경비업자는 집단민원현장이 아닌 곳에서 신변보호업무를 수행하는 일반경비원을 배치하는 경우에는 행정안전부령이 정하는 바에 따라 경비원을 배치하기 전까지 관할 경찰관서장에게 신고하여야 한다(경비업법 제18조 제2항 제2호).
② (×) 경비업자는 형법 제257조(상해죄)에 해당하는 죄를 범하여 벌금형을 선고받고 5년이 지나지 아니한 자를 집단민원현장에 일반경비원으로 배치하여서는 아니 된다(경비업법 제18조 제6항).
④ (×) 집단민원현장에 경비원을 배치하면서 경비업 허가를 받지 아니한 자에게 경비업무를 도급한 자는 3년 이하의 징역 또는 3천만원 이하의 벌금에 처한다(경비업법 제28조 제2항 제4호).

21 정답 ❸

③ (○) 경비업법 시행령 제15조의3 제1항 본문
① (×) 법 제11조 제1항에 따라 경찰청장이 실시하는 기본교육(이하 "기본교육"이라 한다)은 40시간 이상으로 한다(경비업법 시행령 제15조의2 제1항 본문).
② (×) 행정안전부령으로 정하는 바에 따라 기본교육의 일부를 면제할 수 있다(경비업법 시행령 제15조의2 제1항 단서).
④ (×) 선임된 날부터 60일 이내에 보수교육을 받아야 한다(경비업법 시행령 제15조의3 제2항).

22 정답 ❷

② (×) 경비업법령상 양벌규정은 경비업법 제28조(벌칙)의 위반행위를 전제로 적용되는데, ②는 과태료 처분 사유(경비업법 제31조 제2항 제2호)로 양벌규정이 적용되지 않는다.
① (○) 경비업법 제28조 제2항 제1호
③ (○) 경비업법 제28조 제2항 제3호
④ (○) 경비업법 제28조 제2항 제2호

> **관계법령** 양벌규정(경비업법 제30조)
>
> 법인의 대표자나 법인 또는 개인의 대리인, 사용인, 그 밖의 종업원이 그 법인 또는 개인의 업무에 관하여 법 제28조(벌칙)의 위반행위를 하면 그 행위자를 벌하는 외에 그 법인 또는 개인에게도 해당 조문의 벌금형을 과(科)한다. 다만, 법인 또는 개인이 그 위반행위를 방지하기 위하여 해당 업무에 관하여 상당한 주의와 감독을 게을리하지 아니한 경우에는 그러하지 아니하다.

23 정답 ❹

④ (×) 시·도 경찰청장은 징계규정의 보완이 필요하다고 인정할 때에는 청원주에게 그 보완을 요구할 수 있다(청원경찰법 시행령 제8조 제6항).
① (○) 청원경찰법 시행령 제8조 제1항
② (○) 청원경찰법 제5조의2 제3항
③ (○) 청원경찰법 제5조의2 제1항

관계법령 청원경찰의 징계(청원경찰법 제5조의2)★

① 청원주는 청원경찰이 다음 각호의 어느 하나에 해당하는 때에는 대통령령으로 정하는 징계절차를 거쳐 징계처분을 하여야 한다.
   1. 직무상의 의무를 위반하거나 직무를 태만히 한 때
   2. 품위를 손상하는 행위를 한 때
② 청원경찰에 대한 징계의 종류는 파면, 해임, 정직, 감봉 및 견책으로 구분한다.
③ 청원경찰의 징계에 관하여 그 밖에 필요한 사항은 대통령령으로 정한다.

징계(청원경찰법 시행령 제8조)★★

① 관할 경찰서장은 청원경찰이 법 제5조의2 제1항 각호의 어느 하나에 해당한다고 인정되면 청원주에게 해당 청원경찰에 대하여 징계처분을 하도록 요청할 수 있다.
② 법 제5조의2 제2항의 정직(停職)은 1개월 이상 3개월 이하로 하고, 그 기간에 청원경찰의 신분은 보유하나 직무에 종사하지 못하며, 보수의 3분의 2를 줄인다.
③ 법 제5조의2 제2항의 감봉은 1개월 이상 3개월 이하로 하고, 그 기간에 보수의 3분의 1을 줄인다.
④ 법 제5조의2 제2항의 견책(譴責)은 전과(前過)에 대하여 훈계하고 회개하게 한다.
⑤ 청원주는 청원경찰 배치결정의 통지를 받았을 때에는 통지를 받은 날부터 15일 이내에 청원경찰에 대한 징계규정을 제정하여 관할 시·도 경찰청장에게 신고하여야 한다. 징계규정을 변경할 때에도 또한 같다.
⑥ 시·도 경찰청장은 제5항에 따른 징계규정의 보완이 필요하다고 인정할 때에는 청원주에게 그 보완을 요구할 수 있다.

24 정답 ❶

① (×) 경비업자는 경찰공무원 또는 군인의 제복과 색상 및 디자인 등이 명확히 구별되는 소속 경비원의 복장을 정하고 이를 확인할 수 있는 사진을 첨부하여 주된 사무소를 관할하는 시·도 경찰청장에게 행정안전부령으로 정하는 바에 따라 신고하여야 한다(경비업법 제16조 제1항).
② (○) 경비업법 제16조 제2항 본문
③ (○) 경비업법 제16조 제2항 단서
④ (○) 경비업법 제16조 제3항

25 정답 ❹

( ) 안에 들어갈 내용을 순서대로 나열하면 1월, 시·도 경찰청장이다.

관계법령 허가신청 등(경비업법 시행령 제3조)★

② 제1항의 규정에 의하여 허가 또는 변경허가신청서를 제출하는 법인은 [별표 1]의 규정에 의한 경비인력·자본금·시설 및 장비를 갖추어야 한다. 다만, 경비업의 허가 또는 변경허가를 신청하는 때에 [별표 1]의 규정에 의한 시설 등(자본금을 제외한다. 이하 이 항에서 같다)을 갖출 수 없는 경우에는 허가 또는 변경허가의 신청 시 시설 등의 확보계획서를 제출한 후 허가 또는 변경허가를 받은 날부터 1월 이내에 [별표 1]의 규정에 의한 시설 등을 갖추고 시·도 경찰청장의 확인을 받아야 한다.

26 정답 ④

④ (○) 경찰청장은 경비지도사자격의 취소 및 정지에 관한 권한, 경비지도사자격의 취소 및 정지에 관한 청문의 권한을 시·도 경찰청장에게 위임한다(경비업법 시행령 제31조 제1항).
① (×) 경비업의 허가권한은 법령상 시·도 경찰청장의 고유 권한이다(경비업법 제4조 제1항 전문).
② (×) 경찰청장이 경비업무에 관한 인력과 전문성을 갖춘 기관 또는 단체에 위탁하는 사항에 해당한다(경비업법 제27조 제2항, 동법 시행령 제31조 제2항).
③ (×) 경찰청장은 경비지도사시험에 합격하고 기본교육을 받은 사람에게는 경비지도사자격증 교부대장에 정해진 사항을 기재한 후, 경비지도사자격증을 교부해야 한다(경비업법 시행규칙 제11조). 경비업법령상 경비지도사자격증의 교부권한에 대한 위임규정은 존재하지 않는다.

관계법령 위임 및 위탁(경비업법 제27조)

① 이 법에 의한 경찰청장의 권한은 대통령령이 정하는 바에 따라 그 일부를 시·도 경찰청장에게 위임할 수 있다.

권한의 위임 및 위탁(경비업법 시행령 제31조)★
① 경찰청장은 법 제27조 제1항의 규정에 의하여 다음 각호의 권한을 시·도 경찰청장에게 위임한다.
  1. 법 제20조의 규정에 의한 경비지도사자격의 취소 및 정지에 관한 권한
  2. 법 제21조 제2호의 규정에 의한 경비지도사자격의 취소 및 정지에 관한 청문의 권한

② 경찰청장은 제11조의 규정에 의한 경비지도사의 시험에 관한 업무를 대통령령이 정하는 바에 따라 관계전문기관 또는 단체에 위탁할 수 있다. 〈개정 2024.2.13.〉

권한의 위임 및 위탁(경비업법 시행령 제31조)★
② 경찰청장 또는 경찰관서장은 법 제27조 제2항에 따라 법 제11조 제1항에 따른 경비지도사시험의 관리에 관한 업무를 경비업무에 관한 인력과 전문성을 갖춘 기관 또는 단체로서 경찰청장이 지정하여 고시하는 기관 또는 단체에 위탁한다. 〈개정 2024.8.13.〉

27 정답 ④

④ (×) 제복·장구 및 부속물에 관하여 필요한 사항은 행정안전부령으로 정한다(청원경찰법 시행령 제14조 제2항).
① (○) 청원경찰법 시행규칙 제9조 제2항 제2호
② (○) 청원경찰법 시행규칙 제9조 제3항 후단
③ (○) 청원경찰법 시행령 제14조 제3항

관계법령 복제(청원경찰법 시행령 제14조)★

① 청원경찰의 복제(服制)는 제복·장구(裝具) 및 부속물로 구분한다.
② 청원경찰의 제복·장구 및 부속물에 관하여 필요한 사항은 행정안전부령으로 정한다.

복제(청원경찰법 시행규칙 제9조)

① 영 제14조에 따른 청원경찰의 제복·장구(裝具) 및 부속물의 종류는 다음 각호와 같다.
  1. 제복 : 정모(正帽), 기동모(활동에 편한 모자를 말한다. 이하 같다), 근무복(하복, 동복), 한여름 옷, 기동복, 점퍼, 비옷, 방한복, 외투, 단화, 기동화 및 방한화
  2. 장구 : 허리띠, 경찰봉, 호루라기 및 포승(捕繩)
  3. 부속물 : 모자표장, 가슴표장, 휘장, 계급장, 넥타이핀, 단추 및 장갑
② 영 제14조에 따른 청원경찰의 제복·장구(裝具) 및 부속물의 형태·규격 및 재질은 다음 각호와 같다.
  1. 제복의 형태·규격 및 재질은 청원주가 결정하되, 경찰공무원 또는 군인 제복의 색상과 명확하게 구별될 수 있어야 하며, 사업장별로 통일해야 한다. 다만, 기동모와 기동복의 색상은 진한 청색으로 하고, 기동복의 형태·규격은 별도 1과 같이 한다.
  2. 장구의 형태·규격 및 재질은 경찰 장구와 같이 한다.
  3. 부속물의 형태·규격 및 재질은 다음 각목과 같이 한다.
    가. 모자표장의 형태·규격 및 재질은 별도 2와 같이 하되, 기동모의 표장은 정모 표장의 2분의 1 크기로 할 것.
    나. 가슴표장, 휘장, 계급장, 넥타이핀 및 단추의 형태·규격 및 재질은 별도 3부터 별도 7까지와 같이 할 것.
③ 청원경찰은 평상근무 중에는 정모, 근무복, 단화, 호루라기, 경찰봉 및 포승을 착용하거나 휴대하여야 하고, 총기를 휴대하지 아니할 때에는 분사기를 휴대하여야 하며, 교육훈련이나 그 밖의 특수근무 중에는 기동모, 기동복, 기동화 및 휘장을 착용하거나 부착하되, 허리띠와 경찰봉은 착용하거나 휴대하지 아니할 수 있다.
④ 가슴표장, 휘장 및 계급장을 달거나 부착할 위치는 별도 8과 같다.
③ 청원경찰이 그 배치지의 특수성 등으로 특수복장을 착용할 필요가 있을 때에는 청원주는 시·도 경찰청장의 승인을 받아 특수복장을 착용하게 할 수 있다.

28 정답 ❹

④ (✕) 경비원 교육기관의 지정 기준 및 절차 등에 필요한 사항은 대통령령으로 정한다(경비업법 제13조의2 제4항).
① (〇) 경비업법 제13조 제2항
② (〇) 경비업법 제13조의2 제2항
③ (〇) 경비업법 제13조의2 제1항

29 정답 ❶

일반경비지도사는 시설경비·호송경비·신변보호경비·특수경비·혼잡·교통유도경비의 업무에 종사하는 경비원을 지도·감독 및 교육한다.

핵심만콕

경비지도사라 함은 경비원을 지도·감독 및 교육하는 자를 말하며 일반경비지도사와 기계경비지도사로 구분한다(경비업법 제2조 제2호). 여기서 일반경비지도사는 시설경비·호송경비·신변보호·특수경비·혼잡·교통유도경비의 업무에 종사하는 경비원을 지도·감독 및 교육하는 경비지도사를 말하고, 기계경비지도사는 기계경비업무에 종사하는 경비원을 지도·감독 및 교육하는 경비지도사를 말한다(경비업법 시행령 제10조). 한편, 경비원의 경우에는 일반경비원(시설경비, 호송경비, 신변보호, 기계경비업무)과 특수경비원(특수경비업무)으로 구분한다(경비업법 제2조 제3호).

30 정답 ❶

①의 법정형은 3년 이하의 징역 또는 3천만원 이하의 벌금이나(경비업법 제28조 제2항 제6호), ②·③·④는 1년 이하의 징역 또는 1천만원 이하의 벌금이다(경비업법 제28조 제4항 제3호 내지 제5호).

31 정답 ❹

국가기관 또는 지방자치단체에서 근무하는 청원경찰에 대해서는 국가기관 또는 지방자치단체에서 상근(常勤)으로 근무한 경력을 청원경찰의 보수 산정에 관하여 그 배치된 사업장의 취업규칙에 특별한 규정이 없는 경우에는 경력에 산입하여야 한다(청원경찰법 시행령 제11조 제1항 제4호).

> **관계법령** 보수 산정 시의 경력 인정 등(청원경찰법 시행령 제11조)
>
> ① 청원경찰의 보수산정에 관하여 그 배치된 사업장의 취업규칙에 특별한 규정이 없는 경우에는 다음 각호의 경력을 봉급산정의 기준이 되는 경력에 산입하여야 한다.
>   1. 청원경찰로 근무한 경력
>   2. 군 또는 의무경찰에 복무한 경력
>   3. 수위·경비원·감시원 또는 그 밖에 청원경찰과 비슷한 직무에 종사하던 사람이 해당 사업장의 청원주에 의하여 청원경찰로 임용된 경우에는 그 직무에 종사한 경력
>   4. 국가기관 또는 지방자치단체에서 근무하는 청원경찰에 대해서는 국가기관 또는 지방자치단체에서 상근(常勤)으로 근무한 경력
> ② 국가기관 또는 지방자치단체에 근무하는 청원경찰 보수의 호봉 간 승급기간은 경찰공무원의 승급기간에 관한 규정을 준용한다.
> ③ 국가기관 또는 지방자치단체에 근무하는 청원경찰 외의 청원경찰 보수의 호봉 간 승급기간 및 승급액은 그 배치된 사업장의 취업규칙에 따르며, 이에 관한 취업규칙이 없을 때에는 순경의 승급에 관한 규정을 준용한다.

32 정답 ❶

① (○) 3천만원 이하의 과태료(경비업법 제31조 제1항 제1호)
② (×) 500만원 이하의 과태료(경비업법 제31조 제2항 제9호)
③ (×) 500만원 이하의 과태료(경비업법 제31조 제2항 제4호)
④ (×) 500만원 이하의 과태료(경비업법 제31조 제2항 제4호의2)

> **관계법령** 과태료(경비업법 제31조)★★
>
> ① 다음 각호의 어느 하나에 해당하는 경비업자에게는 3천만원 이하의 과태료를 부과한다.
>   1. 제16조 제1항을 위반하여 경비원의 복장에 관한 신고를 하지 아니하고 집단민원현장에 경비원을 배치한 자
>   2. 제16조 제2항을 위반하여 이름표를 부착하게 하지 아니하거나, 신고된 동일 복장을 착용하게 하지 아니하고 집단민원현장에 경비원을 배치한 자
>   3. 제18조 제1항 단서를 위반하여 집단민원현장에 일반경비원을 배치하면서 경비원의 명부를 배치장소에 작성·비치하지 아니한 자
>   4. 제18조 제2항 각호 외의 부분 단서를 위반하여 배치허가를 받지 아니하고 경비원을 배치하거나 경비원 명단 및 배치일시·배치장소 등 배치허가 신청의 내용을 거짓으로 한 자
>   5. 제18조 제7항을 위반하여 제13조에 따른 신임교육을 이수하지 아니한 자를 제18조 제2항 각호의 경비원으로 배치한 자

② 다음 각호의 어느 하나에 해당하는 경비업자, 경비지도사 또는 시설주에게는 500만원 이하의 과태료를 부과한다. 〈개정 2024.2.13.〉
1. 법 제4조 제3항(시·도 경찰청장에게 신고의무) 또는 제18조 제2항(관할 경찰관서장에게 배치신고의무)을 위반하여 신고를 하지 아니한 자
2. 법 제7조 제7항(특수경비업자의 경비대행업자 지정신고의무)의 규정을 위반하여 경비대행업자 지정신고를 하지 아니한 자
3. 법 제9조 제1항(기계경비업자의 계약자에 대한 오경보를 막기 위한 기기설명의무)의 규정을 위반하여 설명의무를 이행하지 아니한 자
3의2. 제11조의2를 위반하여 정당한 사유 없이 보수교육을 받지 아니한 경비지도사
4. 법 제12조 제1항(경비지도사의 선임 등)의 규정에 위반하여 경비지도사를 선임하지 아니한 자
4의2. 제12조의2를 위반하여 경비지도사의 선임 또는 해임의 신고를 하지 아니한 자
5. 법 제14조 제6항(관할 경찰관서장이 무기의 적정한 관리를 위하여 무기를 대여받은 시설주에 대하여 필요한 명령을 발할 수 있다)의 규정에 의한 감독상 필요한 명령을 정당한 이유 없이 이행하지 아니한 자
6. 법 제10조 제3항을 위반하여 결격사유에 해당하는 경비원을 배치하거나 결격사유에 해당하는 경비지도사를 선임·배치한 자
7. 법 제16조 제1항의 복장 등에 관한 신고규정을 위반하여 신고를 하지 아니한 자
8. 법 제16조 제2항을 위반하여 이름표를 부착하게 하지 아니하거나, 신고된 동일 복장을 착용하게 하지 아니하고 경비원을 경비업무에 배치한 자
9. 법 제18조 제1항 본문을 위반하여 명부를 작성·비치하지 아니한 자
10. 법 제18조 제5항을 위반하여 경비원의 근무상황을 기록하여 보관하지 아니한 자
③ 제1항 및 제2항의 규정에 의한 과태료는 대통령령이 정하는 바에 의하여 시·도 경찰청장 또는 경찰관서장이 부과·징수한다.

33 정답 ❶

① (×) 경찰청장, 시·도 경찰청장 또는 관할 경찰관서장은 직권으로 또는 범죄경력조회 요청이 있는 경우에는 경비업자의 임원, 경비지도사 또는 경비원이 경비업법상 결격사유에 해당하는지를 확인하기 위하여 「형의 실효 등에 관한 법률」 제6조에 따른 범죄경력조회를 할 수 있다(경비업법 제17조 제1항).
② (○) 경비업법 제17조 제2항
③ (○) 경비업법 제17조 제3항
④ (○) 경비업법 제17조 제4항

34 정답 ❹

④ (○) 청원경찰의 직무상 불법행위에 대한 배상책임에 관하여는 민법의 규정을 따르지만 국가기관이나 지방자치단체에 근무하는 청원경찰은 국가배상법의 규정을 따른다(청원경찰법 제10조의2 반대해석, 국가배상법 제2조 및 대판 1993.7.13. 92다47564 참조).
① (×) 청원경찰이 직무를 수행할 때 직권을 남용하여 국민에게 해를 끼친 경우에는 6개월 이하의 징역이나 금고에 처한다(청원경찰법 제10조 제1항).
② (×) 청원경찰 업무에 종사하는 사람은 「형법」이나 그 밖의 법령에 따른 벌칙을 적용할 때에는 공무원으로 본다(청원경찰법 제10조 제2항).
③ (×) 청원주가 청원경찰을 면직시켰을 때에는 그 사실을 관할 경찰서장을 거쳐 시·도 경찰청장에게 보고하여야 한다(청원경찰법 제10조의4 제2항).

35 정답 ❷

가족관계등록부 중 기본증명서 1부가 첨부서류에 해당한다.

> **관계법령** 임용승인신청서 등(청원경찰법 시행규칙 제5조)
>
> ① 법 제4조 제2항에 따라 청원경찰의 배치결정을 받은 자[이하 "청원주"(請願主)라 한다]가 영 제4조 제1항에 따라 시·도 경찰청장에게 청원경찰 임용승인을 신청할 때에는 별지 제3호 서식의 청원경찰 임용승인신청서에 그 해당자에 관한 다음 각호의 서류를 첨부해야 한다.
> 1. 이력서 1부
> 2. 주민등록증 사본 1부
> 3. 민간인 신원진술서(「보안업무규정」 제36조에 따른 신원조사가 필요한 경우만 해당한다) 1부
> 4. 최근 3개월 이내에 발행한 채용신체검사서 또는 취업용 건강진단서 1부
> 5. 가족관계등록부 중 기본증명서 1부

36 정답 ❸

③ (×) 시·도 경찰청장은 청원경찰 배치가 필요하다고 인정하는 기관의 장 또는 시설·사업장의 경영자에게 청원경찰을 배치할 것을 요청할 수 있다(청원경찰법 제4조 제3항).
① (○) 청원경찰법 제4조 제1항
② (○) 청원경찰법 제4조 제2항
④ (○) 청원경찰법 시행령 제6조 제1항

37 정답 ❸

청원경찰의 업무추진비(ㄱ), 경조사비(ㄹ), 교통비(ㅂ)는 청원경찰법령상 청원주가 부담하여야 하는 청원경찰경비에 해당하지 않는다(청원경찰법 제6조 제1항 참조).

> **관계법령** 청원경찰경비(청원경찰법 제6조)
>
> ① 청원주는 다음 각호의 청원경찰경비를 부담하여야 한다.
> 1. 청원경찰에게 지급할 봉급과 각종 수당
> 2. 청원경찰의 피복비
> 3. 청원경찰의 교육비
> 4. 제7조에 따른 보상금 및 제7조의2에 따른 퇴직금

38 정답 ❹

④ (○) 청원경찰법 시행규칙 제22조
① (×) 청원경찰은 청원주와 관할 경찰서장의 감독을 받아 그 경비구역만의 경비를 목적으로 필요한 범위에서 「경찰관직무집행법」에 따른 경찰관의 직무를 수행한다(청원경찰법 제3조).
② (×) 청원경찰이 직무를 수행할 때에는 경비 목적을 위하여 필요한 최소한의 범위에서 하여야 한다(청원경찰법 시행규칙 제21조 제1항).
③ (×) 청원경찰은 「경찰관직무집행법」에 따른 직무 외의 수사활동 등 사법경찰관리의 직무를 수행해서는 아니 된다(청원경찰법 시행규칙 제21조 제2항).

39 정답 ❷

② (✕) 청원주가 청원경찰을 면직시켰을 때에는 그 사실을 관할 경찰서장을 거쳐 시·도 경찰청장에게 보고하여야 한다(청원경찰법 제10조의4 제2항).
① (○) 청원경찰법 제10조의4 제1항
③ (○) 청원경찰법 제10조의6 제2호
④ (○) 청원경찰법 제10조의7

관계법령

의사에 반한 면직(청원경찰법 제10조의4)★
① 청원경찰은 형의 선고, 징계처분 또는 신체상·정신상의 이상으로 직무를 감당하지 못할 때를 제외하고는 그 의사(意思)에 반하여 면직(免職)되지 아니한다.
② 청원주가 청원경찰을 면직시켰을 때에는 그 사실을 관할 경찰서장을 거쳐 시·도 경찰청장에게 보고하여야 한다.

당연 퇴직(청원경찰법 제10조의6)★
청원경찰이 다음 각호의 어느 하나에 해당할 때에는 당연 퇴직된다.
1. 제5조 제2항에 따른 임용결격사유에 해당될 때. 다만, 「국가공무원법」 제33조 제2호는 파산선고를 받은 사람으로서 「채무자 회생 및 파산에 관한 법률」에 따라 신청기한 내에 면책신청을 하지 아니하였거나 면책불허가 결정 또는 면책 취소가 확정된 경우만 해당하고, 「국가공무원법」 제33조 제5호는 「형법」 제129조부터 제132조까지, 「성폭력범죄의 처벌 등에 관한 특례법」 제2조, 「아동·청소년의 성보호에 관한 법률」 제2조 제2호 및 직무와 관련하여 「형법」 제355조 또는 제356조에 규정된 죄를 범한 사람으로서 금고 이상의 형의 선고유예를 받은 경우만 해당한다.
2. 제10조의5에 따라 청원경찰의 배치가 폐지되었을 때
3. 나이가 60세가 되었을 때. 다만, 그날이 1월부터 6월 사이에 있으면 6월 30일에, 7월부터 12월 사이에 있으면 12월 31일에 각각 당연 퇴직된다.

[2024.12.31. 법률 제20627호에 의하여 2022.12.22. 헌법재판소에서 위헌 결정된 이 조를 개정함.]

휴직 및 명예퇴직(청원경찰법 제10조의7)
국가기관이나 지방자치단체에 근무하는 청원경찰의 휴직 및 명예퇴직에 관하여는 「국가공무원법」 제71조부터 제73조까지 및 제74조의2를 준용한다.

40 정답 ❸

③ (○) 청원경찰법 시행규칙 제24조 제3항
① (✕) 시·도 경찰청장의 승인을 받지 아니하고 청원경찰을 임용한 자에게는 500만원 이하의 과태료가 부과된다(청원경찰법 제12조 제1항 제1호).
② (✕) 시·도 경찰청장은 위반행위의 동기, 내용 및 위반의 정도 등을 고려하여 [별표 2]에 따른 과태료 금액의 100분의 50의 범위에서 그 금액을 줄이거나 늘릴 수 있다(청원경찰법 시행령 제21조 제2항 본문).
④ (✕) 파업, 태업 또는 그 밖에 업무의 정상적인 운영을 방해하는 쟁의행위를 한 사람은 1년 이하의 징역 또는 1천만원 이하의 벌금에 처한다(청원경찰법 제11조).

제4회 경호학

문제편 099p

정답 CHECK

41	42	43	44	45	46	47	48	49	50	51	52	53	54	55	56	57	58	59	60
③	②	②	①	③	④	③	②	④	①	③	③	③	③	②	③	①	③	④	③
61	62	63	64	65	66	67	68	69	70	71	72	73	74	75	76	77	78	79	80
①	②	④	②	①	④	①	③	④	③	①	④	④	④	①	①	①	③	④	④

41 정답 ❸

제시된 내용 중 옳지 않은 것은 ㄴ과 ㄷ이다.

- ㄴ.(×) 한국 대통령경호처의 경호는 경호대상자의 생명과 재산을 보호하기 위하여 신체에 가하여지는 위해를 방지하거나 제거하고(호위), 특정 지역을 경계·순찰 및 방비하는(경비) 등의 모든 안전활동을 말한다(대통령 등의 경호에 관한 법률 제2조 제1호). 한국 대통령경호처 경호의 정의는 호위와 경비가 포함된 모든 안전활동을 말한다.
- ㄷ.(×) 미국 비밀경호국(SS)은 경호를 '암살, 납치, 혼란 및 신체적 상해로부터 경호대상자를 보호하고 실제적이고 주도면밀한 범행의 성공기회를 최소화하는 것'이라고 정의한다.
- ㄱ.(○) 한국 경찰기관에서의 경호에 관한 옳은 설명이다.
- ㄹ.(○) 일본의 요인경호대(SP)는 경호를 '신변에 위해가 있을 경우 국가와 공공의 안녕질서에 영향을 줄 우려가 있는 자에 대하여 그 신변의 안전을 확보하기 위한 경찰활동'이라고 정의한다.

42 정답 ❷

제시된 내용 중 옳지 않은 것은 ㄹ과 ㅁ이다.

- ㄹ.(×) 도보경호 및 경호차량 대형 형성은 선발경호의 목적이 아닌 근접경호의 방법과 관련된 내용이다.
- ㅁ.(×) 발생한 위험에 대응하여 경호대상자를 보호하는 것은 근접경호의 목적이다.
- ㄱ.(○) 선발경호는 행사장에 대한 인적·물적·지리적 정보를 수집하여 이에 필요한 지원요소 소요를 판단한 후 세부계획을 수립한다.
- ㄴ.(○) 선발경호는 행사장에 대한 안정성을 확보하고, 행사 종료 시까지 행사장의 안전을 유지하는 것이다.
- ㄷ.(○) 선발경호는 행사장소와 주변시설에 대한 자료를 이용하여 행사장에 대한 잠재적 위해요소를 판단하여 우발상황에 대응하기 위한 비상대책을 강구하는 것이다.
- ㅂ.(○) 선발경호는 완벽한 경호를 위한 준비활동으로 행사 지역의 인적·물적·지리적 위험요소를 사전에 제거 또는 감소시킴으로써 행사장에 대한 안전성을 확보하는 것이다.

43 정답 ②

② (○) 뉴테러리즘에 관한 설명이다.
① (×) 사이버 테러리즘은 상대방 컴퓨터나 정보기술을 해킹하거나 악성프로그램을 의도적으로 깔아놓는 등 컴퓨터 시스템과 정보통신망을 무력화하는 새로운 형태의 테러리즘을 말한다.
③ (×) 백색 테러리즘은 프랑스혁명 직후에 공포정치를 펴는 프랑스정부에 대한 공격행위를 가리키는 말이었는데, 현재는 우익에 의한 테러행위를 지칭한다.
④ (×) 바이오 테러리즘은 박테리아, 바이러스, 독가스 등 생물학적 작용제를 고의적으로 살포하거나 보급해서 일으키는 테러를 말한다.

44 정답 ①

① (○) 출입자 통제는 안전구역 설정권 내에 출입하는 인적·물적 제반 요소에 대한 안전활동으로서 사전예방차원의 경호방법이라 할 수 있다.
② (×) 지연 참석자에 대해서는 <u>검색 후 별도로 지정된 통로를 통해 출입을 허용할 수 있다.</u>
③ (×) 행사와 무관한 사람들의 행사장 출입을 통제하고, 그 효과를 극대화하기 위하여 <u>가능한 한 출입구를 단일화하거나 최소화하여 출입자들을 확인·통제하여야 한다.</u>
④ (×) 행사 참석자를 위한 명찰이나 리본은 <u>구역별로 그 색상을 달리하여 식별 및 통제가 용이하도록 하면 효과적</u>이다.

45 정답 ③

③ (×) 경호조직의 특성상 개인단위로는 경호의 목적을 달성하기가 어렵기 때문에 <u>기관단위로 작용</u>한다.
① (○) 경호조직의 권위는 권력의 힘에 의존하는 데서 탈피하여 경호의 전문성에서 찾아야 한다.
② (○) 경호조직은 전체 구조가 통일적인 피라미드형을 구성하면서 그 조직 내 계층을 이루고 지휘·감독 등을 통하여 경호목적을 실현하므로, 경호행사를 직접 담당하는 경호기관의 조직은 다른 부서에 비해 경호집행기관적 성격으로 계층성이 더욱 강조된다.
④ (○) 경호를 완전무결하게 수행하기 위해서는 경호조직의 비공개와 경호기법의 비노출 등 보안성을 높이는 폐쇄성의 특성을 가져야 한다.

46 정답 ④

미국 국토안보부의 위협수준 LEVEL 4에 해당하는 것은 '일반적인 위험(Guarded/Blue)'이다.

핵심만콕 위협수준의 평가

위협수준	미국(국토안보부)	영국(종합테러분석센터)
LEVEL 1	Severe(Red) : 심각한 위험	Critical - 공격 임박
LEVEL 2	High(Orange) : 높은 위험	Severe - 공격 가능성 높음
LEVEL 3	Elevated(Yellow) : 중대한 위험	Substantial - 공격 가능성 상당함
LEVEL 4	Guarded(Blue) : 일반적인 위험	Moderate - 공격 가능하나, 실제 가능성 낮음
LEVEL 5	Low(Green) : 낮은 위험	Low - 공격 가능성 낮음

〈출처〉 이두석, 「경호학개론」, 진영사, 2018, P. 219

47 정답 ③

③ (×) 경호원의 복장은 경호대상자의 복장에 맞추어 정장이나 캐주얼 복장을 상황에 따라 입고, 두발상태도 경호대상자의 두발상태와 비슷하게 관리한다.
① (○) 행사의 성격에 따라 보호색원리에 의한 경호현장의 주변환경과 조화되는 복장을 착용하여 신분이 노출되지 않도록 한다.
② (○) 경호원은 단정한 복장을 착용하여 경호원으로서 품위를 유지하여야 하므로, 대개 정장 차림을 하는 것이 좋지만, 상황에 따라 경호대상자의 복장에 맞추어 캐주얼 복장을 착용할 수도 있다.
④ (○) 경호복장 선택 시 고려사항으로 옳은 설명이다.

48 정답 ②

( )의 ㄱ과 ㄴ에 들어갈 내용은 순서대로 균형의 원칙, 적시성의 원칙이다.

핵심만콕 경비수단의 원칙

- 위치의 원칙 : 경비사태 발생 시 상대방보다 유리한 지점과 위치를 신속하게 확보·유지하는 원칙
- 균형의 원칙 : 상황과 대상에 따라서 유효적절하게 부대를 배치하여 실력행사를 실행하는 원칙
- 적시성의 원칙 : 상대방의 힘이 가장 허약한 시점을 포착하여 강력한 실력행사를 감행하는 원칙
- 안전의 원칙 : 경비사태 발생 시 경비병력이나 군중들을 사고 없이 안전하게 진압해야 한다는 원칙

49 정답 ④

④ (×) 대통령 등의 경호에 관한 법률 제9조(비밀의 엄수) 제2항을 위반한 사람은 2년 이하의 징역·금고 또는 500만원 이하의 벌금에 처한다(대통령 등의 경호에 관한 법률 제21조 제2항).
① (○) 대통령 등의 경호에 관한 법률 제4조 제1항 제5호
② (○) 대통령 등의 경호에 관한 법률 제4조 제1항 제2호
③ (○) 대통령 등의 경호에 관한 법률 제21조 제1항 - 제9조 제1항

관계법령

경호대상(대통령 등의 경호에 관한 법률 제4조)★
① 경호처의 경호대상은 다음과 같다.
  1. 대통령과 그 가족
  2. 대통령 당선인과 그 가족
  3. 본인의 의사에 반하지 아니하는 경우에 한정하여 퇴임 후 10년 이내의 전직 대통령과 그 배우자. 다만, 대통령이 임기 만료 전에 퇴임한 경우와 재직 중 사망한 경우의 경호 기간은 그로부터 5년으로 하고, 퇴임 후 사망한 경우의 경호 기간은 퇴임일부터 기산(起算)하여 10년을 넘지 아니하는 범위에서 사망 후 5년으로 한다.
  4. 대통령권한대행과 그 배우자
  5. 대한민국을 방문하는 외국의 국가원수 또는 행정수반(行政首班)과 그 배우자
  6. 그 밖에 처장이 경호가 필요하다고 인정하는 국내외 요인(要人)

비밀의 엄수(대통령 등의 경호에 관한 법률 제9조)
① 소속공무원[퇴직한 사람과 원(原) 소속 기관에 복귀한 사람을 포함한다. 이하 이 조에서 같다]은 직무상 알게 된 비밀을 누설하여서는 아니 된다.
② 소속공무원은 경호처의 직무와 관련된 사항을 발간하거나 그 밖의 방법으로 공표하려면 미리 처장의 허가를 받아야 한다.

벌칙(대통령 등의 경호에 관한 법률 제21조)
① 제9조(비밀의 엄수) 제1항, 제18조(직권남용금지 등) 또는 제19조(무기의 휴대 및 사용) 제2항을 위반한 사람은 5년 이하의 징역이나 금고 또는 1천만원 이하의 벌금에 처한다.
② 제9조(비밀의 엄수) 제2항을 위반한 사람은 2년 이하의 징역·금고 또는 500만원 이하의 벌금에 처한다.

50 정답 ❶

O△× 제시문은 제한지역에 관한 설명이다(보안업무규정 시행규칙 제54조 제1항 제1호).

관계법령

보호지역(보안업무규정 제34조)
② 제1항에 따라 설정된 보호지역은 그 중요도에 따라 제한지역, 제한구역 및 통제구역으로 나눈다.

보호지역의 구분(보안업무규정 시행규칙 제54조)★★
① 영 제34조 제2항에 따른 제한지역, 제한구역 및 통제구역이란 각각 다음 각호의 지역 또는 구역을 말한다.
  1. 제한지역 : 비밀 또는 국·공유재산의 보호를 위하여 울타리 또는 방호·경비인력에 의하여 영 제34조 제3항에 따른 승인을 받지 않은 사람의 접근이나 출입에 대한 감시가 필요한 지역
  2. 제한구역 : 비인가자가 비밀, 주요시설 및 Ⅲ급 비밀 소통용 암호자재에 접근하는 것을 방지하기 위하여 안내를 받아 출입하여야 하는 구역
  3. 통제구역 : 보안상 매우 중요한 구역으로서 비인가자의 출입이 금지되는 구역

51 정답 ❸

O△× ③ (×) 성공적인 경호를 위해 다양한 자원을 효과적으로 이용하여 어떤 자원이 동원되고 어떻게 사용될지 결정하여야 한다. 경호에 소요되는 자원은 경호대상자의 대중에 대한 노출이나 제반 여건, 경호대상자가 참여하는 행사 지속시간과 첩보수집으로 획득된 내재적인 위협분석의 결과에 따라 결정되는데, 경호작전 시 위협분석은 항상 가용한 최고의 경호수준을 유지하기 위함이 아니라 <u>경제성을 도모하고</u>, <u>행사 성격에 맞는 경호수준을 결정</u>하며, <u>합리적인 경호작전요소를 결정</u>하기 위함이다(경제성 및 합리성 추구).
① (O) 모든 경호임무는 예기치 않은 변화의 가능성을 내포하고 있으므로 경호대상자의 안전에 영향을 미칠 수 있는 경호환경을 극복하기 위하여 예비 및 우발계획이 준비되어야 한다.
② (O) 경호활동은 단독기관의 작용이 아닌 다양한 기관 간의 유기적인 연계(경호기관단위작용의 원칙)가 필요하므로 경호임무는 명확하게 부여되어야 하며, 경호원들에게는 각각의 임무형태에 대한 책임이 부과되어야 한다. 2인 이상의 경호대상자가 있을 때는 서열이 높은 경호대상자를 우선하여 경호한다.
④ (O) 경호대상자, 수행원, 행사 세부일정, 적용되고 있는 경호경비상황 등의 보안은 인가된 자 이외는 엄격하게 통제되어야 한다.

> **핵심만콕** 경호작용의 기본 고려요소 (🔑 : 계·책·자·보)★
>
> - 계획수립 : 모든 형태의 경호임무는 사전에 신중하게 계획되어야 하며, 예기치 않은 변화의 가능성 때문에 경호임무를 계획함에 있어 융통성 있게 수립되어야 한다.
> - 책임 : 경호임무는 명확하게 부여되어야 하며, 경호요원들에게는 각각의 임무형태에 대한 책임이 부과되어야 한다.
> - 자원 : 경호대상자를 경호하는 데 소요되는 자원은 경호대상자의 행차, 즉 경호대상자의 대중 앞에서의 노출이나 제반여건에 의해서 필연적으로 노출을 수반하는 행차의 지속시간과 사전 위해첩보 수집 간 획득된 내재적인 위협분석에 따라 결정된다.
> - 보안 : 경호대상자와 수행원, 행사 세부일정, 경호경비상황에 관한 보안[정보(註)]의 유출은 엄격히 통제되어야 한다. 경호요원은 이러한 정보를 인가된 자 이외의 사람에게 유출하거나 언급해서는 안 된다.
>
> 〈참고〉 김두현, 「경호학개론」, 엑스퍼트, 2020, P. 258~259

52 정답 ❸

③ (×) 검측활동 시 건물 외부는 <u>가까운 곳에서 먼 곳으로 확산해서 실시</u>한다.
① (○) 통로에서는 통로의 중앙보다는 양 측면을 중점 검측하고, 아래보다는 높은 곳을 중점 검측한다.
② (○) 방(room)에서의 안전검측은 일반적으로 방의 모든 표면을 촉각을 통해 점검해야 한다. 가청음 조사 및 전체 방을 훑어보는 검측을 한 후, 방의 크기에 따라 단계별 구획을 그어 바닥 → 벽(눈높이) → 천장면(천장높이) → 천장 내부 순서로 검측한다.
④ (○) 전기제품은 분해하여 확인하고, 확인이 불가능한 것은 현장에서 제거한다. 비금속물체는 장비를 활용하여 금속반응을 확인한다.

> **핵심만콕**
>
> - 검측은 책임구역을 명확하게 구분하여 계속적으로 반복 실시하되, 중복해서 실시하여 통로에서는 양측을 중점 검측하고 아래보다는 높은 곳을, 능선이나 곡각지 등 의심나는 곳은 반복해서 검측한다. 그리고 전기선은 끝까지 추적해서 확인하고 전기제품 같은 물품은 분해해서 확인하며, 확인이 불가능한 물품은 원거리에 격리시키며 쓰레기통 같은 무질서한 분위기는 청소를 실시하여 정돈한다.
>
> 〈출처〉 김두현, 「경호학개론」, 엑스퍼트, 2020, P. 270
>
> - 2020년도 A형 70번 문제의 경우 '통로에서는 양 측면을 중점 검측하고, 높은 곳보다는 아래를 중점적으로 실시한다'는 내용이 옳지 않은 것으로 출제되었고, 2018년도 A형 71번 문제의 경우에도 '높은 곳을 낮은 곳보다 중점 검측한다'는 내용이 옳은 내용으로 출제되었음에도 불구하고 2023년도 제25회 시험에서는 '높은 곳보다는 낮은 곳을 중점 검측한다'고 보아 최종정답을 ④로 확정한 것은 신뢰보호의 원칙에도 어긋나는, 일관성이 없는 결정이라고 할 수 있다. 다만, 이 문제에 대한 행정심판에서 청구인의 전항정답 주장에 대하여 행정심판위원회는 기각결정을 하였다.
> - 검측활동 시에는 위해분자는 인간의 습성(위를 보지 않는 습성, 더러운 곳을 싫어하는 습성, 공기가 탁한 곳을 싫어하는 습성)을 최대한 활용한다는 점을 명심하고, 다음과 같은 원칙에 입각하여 상하좌우 빠지는 부분이 없도록 반복 중첩되게 실시한다.
>   - 건물 내부에서 외부로 실시한다. [주의 : 과거 기출문제는 검측은 '밖에서 안으로' 실시한다는 것이 옳은 내용으로 출제되었다(2010년, 2009년 기출문제 등 참고)].
>   - 건물 내부는 낮은 곳에서 높은 곳으로 실시한다.
>   - 건물 외부는 가까운 곳에서 먼 곳으로 확산해서 실시한다.
>
> 〈출처〉 이두석, 「경호학개론」, 진영사, 2018, P. 270

53 정답 ❸

제시된 내용 중 옳지 않은 것은 ㄴ과 ㄹ이다.

ㄴ. (×) 열차경호는 경호대상자가 열차를 이용하는 경우 열차 내에서 이루어지는 경호로 이동수단에 의한 분류에 해당하고, 철로 주변에서의 경호활동인 철도경호는 장소에 의한 분류에 해당하는 연도경호(노상경호)의 하나라고 할 수 있다.
ㄹ. (×) 乙(B)호 경호에 관한 설명이다. 甲(A)호 경호는 국왕 및 대통령과 그 가족, 외국의 원수 등을 경호대상으로 하는 경호를 말한다.
ㄱ. (○) 경호의 성격에 의한 분류 중 약식경호(3호・C호)는 출퇴근 시 일상적으로 실시하는 경호와 같이 일정한 방식에 의하지 않고 실시하는 경호이다.
ㄷ. (○) 현충일, 광복절 행사 등 국경일 행사에 참석하는 대통령에 대한 경호는 경호수준에 의한 분류 중 1(A)급 경호에 해당한다.
ㅁ. (○) 행사장에 인원과 장비를 배치하여 인적・물적・지리적 위험요소를 예방하기 위한 경호는 직접경호에 대한 설명이다. 간접경호는 평상시의 치안 및 대공활동, 국제정세를 포함한 안전대책작용 등의 경호이다.

54 정답 ❸

(   )의 ㄱ~ㄷ에 들어갈 용어는 순서대로 다이아몬드(마름모) 대형, 쐐기형 대형, 역쐐기형 대형이다.

핵심만콕   근접경호대형

- **다이아몬드(마름모) 대형** : 혼잡한 복도, 군중이 밀집해 있는 통로 등에서 적합한 대형으로 경호대상자의 전후좌우 전 방향에 대해 둘러싸고, 각각의 경호원에게는 기동로에 대해 360° 경계를 할 수 있도록 책임구역이 부여된다.
- **쐐기형 대형** : 무장한 위해자와 직면했을 때 적당한 대형으로, 다이아몬드 대형보다 느슨한 대형이 필요한 상황에서는 3명으로 쐐기형 대형을 형성하며, 다이아몬드 대형과 같이 각각의 경호원에게는 기동로를 향해 360° 지역 중 한 부분의 책임구역이 할당되어야 한다.
  - 대중이 별로 없는 장소 통과 시, 인도와 좁은 통로 이동 시 유용하다.
  - 한쪽에 인위적・자연적 방벽이 있을 때 유용하다.
- **역쐐기형(V자) 대형** : 외부로부터 위협이 없다고 판단되며 안전이 확보된 행사장 입장 시와 대외적인 이미지를 중시하는 경호대상자에게 적합한 도보대형이다.
  - 전방에는 아무런 위협이 없다는 가정하에 경호대상자를 바로 노출시켜 전방에 개방된 대형을 취한다.
  - 후미의 경호원들은 자연스럽게 수행원과 뒤섞여 노출이 되지 않는다.
  - 경호팀장만 경호대상자를 즉각 방호할 수 있는 위치에서 경호 임무를 수행한다.
- **삼각형 대형** : 3명의 경호원이 삼각형 형태를 유지하여 이동하는 도보대형으로 행사와 주위 사람의 성격, 숫자, 주변 환경의 여건에 따라서 이동한다.
- **역삼각형 대형** : 진행 방향 전방에 위해 가능성이 있는 경우 취하는 대형으로, 진행 방향의 전방에 오솔길, 곡각지, 통로 등과 같은 지리적 취약점이 있는 경우 유용하다.
- **원형 대형** : 경호대상자가 완전히 경호원에 의해 둘러싸여 있는 인상을 주게 되어 대외적인 이미지는 안 좋을 수 있으나 경호 효과가 높은 대형으로, 평상시에는 잘 사용하지 않으나, 군중이 밀려오거나 군중에 둘러싸여 있을 경우와 같은 위협이 예상될 경우에 적합한 대형이다.
- **사다리형 대형** : 경호대상자의 진행 방향을 중심으로 양쪽에 군중이 운집해 있는 도로의 중앙을 이동할 때 적합한 대형으로, 경호대상자를 중심으로 4명의 경호원이 사다리 형태를 유지하며 이동하는 대형이다.

55 정답 ②

② (×) 1선은 권총의 평균 유효사거리 및 수류탄 투척거리를 기준으로 50m 반경 이내에 설정되고, 근접경호원에 의한 완벽한 통제가 이루어져야 한다(비인가자에 대한 절대적 출입통제). 행사 참석자를 비롯한 모든 출입요소의 1차 통제점은 2선인 경비구역이다.
① (○) 3중 경호는 경호영향권역을 공간적으로 구분한 3중의 경호막을 통해 조기경보체제를 확립하여 위해행위에 대비할 수 있다.
③ (○) 2선은 건물 내곽의 울타리 안쪽으로, 대체로 소총 유효사거리인 600m 반경 이내이고, 부분적 통제가 진행되나, 경호원의 확인을 거치지 않은 인원이나 물품도 감시의 영역을 벗어나서는 안 된다.
④ (○) 3선은 인적·물적·자연적 취약요소에 대한 첩보수집, 위험인물 파악 등을 실시하는 지역이며, 소구경 곡사화기의 유효사거리를 기준으로 600m 반경 이상의 범위이고, 수색 및 사찰활동이 중점 실시된다.

56 정답 ③

제시된 내용 중 경호장비에 관한 설명으로 옳지 않은 것은 ㄱ, ㄴ, ㄷ이다.
ㄱ. (×) 검측장비에 관한 설명이다. 검색장비는 신변보호 및 중요행사를 수행함에 있어 행사장, 숙소, 연도 등에 대하여 폭발물을 탐지하고 제거하며, 제반시설물의 안전점검을 실시하는 데 사용하는 장비를 말한다. 즉, 위해요소에 대한 분석과 판단으로 적절한 조치를 강구하여 위해요소를 사전에 제거하는 작용에 활용되는 장비를 말한다.
ㄴ. (×) 검색장비에 관한 설명이다. 검측장비는 위해물질의 존재 여부를 검사하거나 시설물의 안전점검에 사용되는 도구를 말하며, 이에는 금속탐지기, 폭발물 탐지기 등이 있다.
ㄷ. (×) 검색장비와 검측장비는 일반적으로 검측장비로 통칭한다. 검측장비는 탐지장비, 처리장비, 검측공구로 구분하여 사용한다.
ㄹ. (○) 경호화기에 관한 옳은 설명이다. 총기는 보이지 않게 휴대하여야 하며, 사용하지 않을 때는 절대로 노출되어서는 안 된다.
ㅁ. (○) 통신장비는 경호임무 수행에 있어 필요한 보고 또는 연락을 위한 장비로 차량용무전기, 휴대용무전기 등이 있다. 통신장비에서 경호통신의 기본요소로 신속성, 신뢰성, 정확성, 안전성이 고려되어야 한다.

> **핵심만콕**
> 검색장비는 위해도구나 위해물질을 찾아내는 데 사용하는 장비를 말하고, 검측장비는 위해물질의 존재 여부를 검사하거나 시설물의 안전점검에 사용되는 도구를 말한다. 일반적으로 검측장비로 통칭하며 탐지장비, 처리장비, 검측공구로 구분하여 사용한다.
>
> 〈출처〉 이두석, 「경호학개론」, 진영사, 2018, P. 241

57 정답 ①

① (×) 목표물 보존의 원칙이란 경호대상자를 암살자 또는 위해를 가할 가능성이 있는 자로부터 가능한 한 멀리 떼어 놓는 것이다.
② (○) 자기담당구역 책임의 원칙이란 경호원은 자기가 맡은 담당구역 내에서 발생하는 사태는 어떠한 상황에서도 자기 자신만이 책임을 지고 해결해야 한다는 것이다. 따라서 경호원은 비록 자기담당구역이 아닌 다른 구역에서 위급한 상황이 발생했다고 해도 자기책임구역을 이탈해서는 안 된다.
③ (○) 은밀경호의 원칙이란 경호원은 타인의 눈에 잘 띄지 않게 은밀하고 침묵 속에서 행동하며 항상 경호대상자의 공적·사적 업무활동에 방해를 주지 않고 신변을 보호할 수 있는 곳에 행동반경을 두고 경호에 임해야 한다는 것이다. 은밀경호는 주변에 위압감을 주어 경호대상자의 이미지에 손상을 주거나 노출에 따른 위해요소들의 대응전략과 수립을 막는 데 그 목적을 둔다.
④ (○) 자기희생의 원칙이란 경호대상자는 어떤 상황에서도 절대적으로 보호해야 하므로, 경호원은 경호대상자가 위기에 처했을 때는 자기 몸을 희생하여 경호대상자를 보호하여야 한다는 것이다.

58 정답 ❸

검식활동은 경호대비단계 중 경호안전대책에 해당한다. 즉, 사전예방경호방법이다. 근접경호는 경호실시단계에서 이루어진다.

59 정답 ❹

경호의 10대 기능 중 하나인 경비에 관한 설명이다.

핵심만콕 경호의 10대 기능

경 호	선발경호	행사장 내의 위험요소를 제거하고 행사장 내로의 위해요소의 접근을 거부하기 위한 것이다.
	수행경호	경호대상자의 신변을 보호하기 위하여 실시하는 근접호위활동을 말한다.
경 비		경호대상자의 숙소나 유숙지 및 집무실에 대한 경계, 순찰 및 방비활동을 통하여 위해요소의 침투를 거부하는 경호조치를 말한다.
기 동		경호대상자의 각종 이동수단을 운용하고 관리하며, 철도·항공기 등을 이용할 경우에도 각 기동수단의 특성에 따른 경호대책에 만전을 기하는 것이다.
검 측	안전검측 (시설물)	행사장 내의 물적 위해요소 및 불안전요소를 탐지하여 안전조치를 취하고 비상대책을 강구하는 안전활동이다.
	검 색 (참석인원)	참석자의 위해물질 소지 여부를 확인하여 위험인물이나 위해물질의 침투를 거부하고 비인가자의 참석을 배제하기 위한 활동으로, 경호행사의 기본적인 선결과제이다.
안 전		행사장 내에서 경호에 영향을 미칠 수 있는 취약요소(전기·가스·소방·유류·승강기 등 포함)에 대한 점검 및 안전조치를 하는 기능을 말한다.
통 신		• 경호대상자가 사용하는 행사 음향의 안전성 확보는 경호대상자와 행사 참석자 간의 소통을 위해서 중요하다. • 경호원 상호 간의 유·무선망 확보와 경호요소 간의 통신망 구축 또한 중요한 임무이다.
정 보		경호대상자의 신변안전을 도모하는 데 필요한 정·첩보를 사전에 수집·평가·전파함으로써 예방경호를 실현하기 위한 활동을 말한다.
보 안		경호와 관련된 인원·문서·시설 및 통신 등에 대한 보호대책을 수립하여 불순분자에게 관련 정보가 유출되지 않도록 지속적으로 관리하는 활동을 말한다.
검 식		경호대상자에게 제공되는 음식물의 이상 유무(위해성, 위상상태 등)를 검사하고 확인하는 활동이다.
의 무		경호대상자를 각종 질병의 위험으로부터 보호하고 위급상황에 대비하는 경호활동을 말한다.

〈출처〉 이두석, 「경호학개론」, 진영사, 2018, P. 56~68

60 정답 ❸

제시된 내용 중 숙소경호 업무의 영역에 해당하는 것은 ㄴ, ㄷ, ㄹ이다.
ㄴ. (O) 매스컴을 통한 경호대상자의 거취의 보도나 보안차량과 인원의 이동 시 주변에 알려지기 쉬워 보안상에 위험이 많다.
ㄷ. (O) 숙소의 특성상 출입이 빈번하고 숙소를 이용하는 일반인 이용객들이 많아 혼잡하여 통제가 용이하지 않다.
ㄹ. (O) 출입구·비상구와 통로, 주차장, 계단, 복도, 전기시스템, 엘리베이터 등 시설물 안전점검을 통해 각종 사고를 예방하여야 한다.
ㄱ. (×) 행사장 교통상황 및 주차장 관리는 <u>행사장경호</u> 업무의 영역이다. 행사장 및 행사 규모에 따라 참석 대상별 주차지역을 구분하여 선정하고 경호대상자 주차지역은 별도로 확보하여 운용한다.
ㅁ. (×) 행차로와 환차로 등 주변 도로망 파악은 <u>차량경호</u> 업무의 영역이다. 가장 안전하고 편리한 최단거리 노선을 선택하기 위해서 행차로와 환차로 등 주변 도로망을 파악하여야 한다.

61 정답 ❶

경호는 경호대상자(경호의 객체)의 신변안전에 위협이 되는 제반 경호환경(경호의 상대)을 경호원(경호의 주체)이 관리하고 통제하는 과정이다.

> **핵심만콕** 경호의 구성요소
>
> 경호원과 경호대상자 및 경호환경은 경호활동에 작용하여 경호의 성과에 영향을 미치는 요소들로, 이를 경호의 구성요소라 한다. 따라서 경호원은 경호의 주체인 자신의 능력과 경호의 객체인 경호대상자의 특성은 물론, 경호의 상대가 되는 위해환경에 대한 면밀한 검토를 거쳐 철저하고 효율적인 경호방안을 수립해야 한다.
>
> 〈출처〉이두석, 「경호학개론」, 진영사, 2018, P. 69

62 정답 ❷

② (O) 주차장소는 가능한 한 자주 변경하여 계획된 위해상황과 불심분자의 관찰로부터 벗어나게 하고, 야간 주차 시에는 시야확보를 위해서 밝은 곳에 주차를 하여야 한다.
① (×) 주차 시에는 <u>차량의 정면이 출입구로 향하게 하여 신속히 출발할 수 있는 상태를 유지한다</u>.
③ (×) 위급한 차량의 추적이 있을 경우에는 <u>다른 방향으로 유도하거나 다른 차량으로 바꿔 타거나 하여 안전하게 대피해야 한다</u>.
④ (×) 경호대상자차량의 창문과 문은 <u>항상 잠가두어야 한다</u>.

> **핵심만콕** 경호차량 운전요원의 준수사항
>
> - 주차장소는 가능한 한 자주 변경하여 계획된 위해상황과 불심분자의 관찰로부터 벗어나게 한다.
> - 주차 시에는 차의 정면이 출입로를 향하게 한다.★
> - 출발 전에는 수시로 차의 상태를 점검한다.
> - 적색신호등으로 차가 정지했을 경우 변속기를 출발상태에 위치시킨다.★
> - 신호대기 때나 회전 시에는 좌·우차량을 경계하며 운행한다.
> - 긴급사태에 대비하여 소화기와 구급약품 등을 준비한다.★
> - 비상시 차량을 급히 출발시킬 수 있는 여유 공간을 확보하고 정차한다.★

63 정답 ④

|O△X| 근접경호 임무수행절차는 출동준비 → 임무분석 → 명령하달 → 경호실시 → 복귀 후 정리단계 순이다.

> **핵심만콕** 근접경호 임무수행절차(시간 순서로 서술)
>
> - 출동준비단계 : 24시간 출동태세 유지, 근무편성, 출동차량 점검, 기상 및 특이사항 확인 및 전파
> - 임무분석단계 : 행사성격 및 특성 고려, 답사계획 수립, 근접경호계획 수립, 행사장 위치 파악, 행·환차로 결정
> - 명령하달단계 : 행사 일반계획, 경호환경, 차량대형, 행·환차 코스 등을 하달하고, 개인별 임무를 부여하며, 행사장 비상대책을 마련하고, 예행연습을 실시한다.
> - 경호실시단계 : 근접 선발경호원의 출동, 출동준비상태 점검, 기동 간 및 행사장 근접경호 실시
> - 복귀 후 정리단계 : 차량 및 장비 확인, 행사결과에 대한 토의, 행사결과보고서 작성
>
> 〈출처〉 이상철, 「경호현장운용론」, 진영사, 2008, P. 117

64 정답 ②

|O△X| 2선 경비구역은 행사 참석자를 비롯한 모든 출입요소의 1차 통제점이 되어, 상근자 이외에 용무가 없는 사람들의 출입을 가급적 제한한다.

〈출처〉 이두석, 「경호학개론」, 진영사, 2018, P. 266

65 정답 ①

|O△X|
① (○) 준비단계(정보활동단계)는 정보네트워크를 구축하여 정보를 수집·생산하고 위협의 평가 및 대응방안을 강구하는 경호준비과정이다.
② (×) 대비단계(안전활동단계)에서는 경호계획을 근거로 행사보안의 유지와 위해정보의 수집을 위한 보안활동을 전개한다. 행사장의 취약요소에 대한 안전대책을 강구하고, 위험요소에 대한 거부작전을 실시한다. 법과 제도를 정비하여 우호적인 경호환경을 조성하는 것은 준비단계의 세부 활동 내용이다.
③ (×) 실시단계(경호활동단계)에서는 경호인력을 배치하여 지속적인 경계활동을 실시하고, 경호위기상황에 즉각적으로 대응하고 조치하는 즉각조치활동을 실시한다. 행사장의 취약요소에 대한 안전대책을 강구하는 것은 대비단계의 세부 활동 내용이다.
④ (×) 평가단계(학습활동단계)에서는 평가결과 대두된 문제점을 보완하기 위한 교육과 훈련을 실시하고, 평가결과를 차기 행사에 반영하기 위한 적용(Feedback)을 실시한다. 비상대책, 구급대책, 비상시 협조체제를 확립하는 것은 실시단계의 세부 활동 내용이다.

> **핵심만콕** 경호위기관리단계 및 세부 경호업무 수행절차★★
>
> | 관리단계 | 주요 활동 | 활동 내용 | 세부 활동 |
> | --- | --- | --- | --- |
> | 1단계 예방단계 (준비단계) | 정보활동 | 경호환경 조성 | 법과 제도의 정비, 경호지원시스템 구축, 우호적인 공중(公衆)의 확보(홍보활동) |
> | | | 정보 수집 및 평가 | 정보네트워크 구축, 정보의 수집 및 생산, 위협의 평가 및 대응방안 강구 |
> | | | 경호계획의 수립 | 관계부서와의 협조, 경호계획서의 작성, 경호계획 브리핑 |

2단계 대비단계 (안전활동단계)	안전활동	정보보안활동	보안대책 강구, 위해동향 파악 및 대책 강구, 취약시설 확인 및 조치
		안전대책활동	행사장 안전확보, 취약요소 판단 및 조치, 검측활동 및 통제대책 강구
		거부작전	주요 감제고지 및 취약지 수색, 주요 접근로 차단, 경호 영향요소 확인 및 조치
3단계 대응단계 (실시단계)	경호활동	경호작전	모든 출입요소 통제 및 경계활동, 근접경호, 기동경호
		비상대책활동	비상대책, 구급대책, 비상시 협조체제 확립
		즉각조치활동	경고, 대적 및 방호, 대피
4단계 학습단계 (평가단계)	학습활동	평가 및 자료 존안 행사	행사결과 평가(평가회의), 행사결과보고서 작성, 자료 존안
		교육훈련	새로운 교육프로그램 준비, 교육훈련 실시, 교육훈련의 평가
		적용(피드백)	새로운 이론의 정립, 전파, 행사에의 적용

〈출처〉 이두석, 「경호학개론」, 진영사, 2018, P. 157

66 정답 ❹

경호원은 권위주의적 자세를 배제하고 의전과 예절에 입각한 친절하고 겸손한 자세를 견지해야 한다.

핵심만콕 경호원의 활동수칙

- 권위주의적 자세를 배제하고 의전과 예절에 입각한 친절하고 겸손한 자세를 견지한다.
- 일반인의 불편을 최소화하고 경호대상자와 국민과의 접촉을 보장할 수 있는 경호를 수행한다.
- 경호대상자의 명성에 해가 가지 않도록 하며, 위해기도자와 타협적인 행동을 하지 말아야 한다.
- 최대한의 비노출·은밀·유연한 자세로 정교한 경호기술을 발휘하기 위한 교육훈련에 충실한다.
- 경호대상자의 정상적인 업무를 보장하고, 가능하면 사생활을 침해하지 않도록 한다.
- 위해기도자의 입장에서 경호상 취약성을 분석하여 위해 행위를 효과적으로 사전에 봉쇄할 수 있는 예방경호에 총력을 집중한다.
- 은밀, 엄호, 대피, 계속 근무의 지침이 습관화되도록 한다.
- 경호원은 무기사용을 자제하고 순간적인 판단력과 융통성, 냉철한 이성과 상황판단능력 및 정보분석능력을 기른다.
- 경호대상자가 참석할 장소와 지역에 사전에 선발대를 보내어 점검표를 작성하고 정보를 분석하여 위험요인을 사전에 제거한다. 경호대상자에게는 스스로 안전에 대처할 수 있도록 일상적인 경호수칙을 만들어 숙지하게 함으로써 개인적인 위험에 대한 경각심을 높이게 해야 한다.
- 경호대상자의 시간, 장소, 차량, 습관화된 행동을 변화시켜 위해기도자가 다음 행동을 예측할 수 없도록 변화를 주어야 한다.
- 경호대상자와 비슷한 성격과 취미를 가진 경호원을 선발하여 인간적 친밀감과 경호원에 대한 신뢰도를 갖도록 한다.
- 경호대상자가 여자일 경우 화장실이나 탈의실 등 남자 경호원이 접근할 수 없는 지역에는 여자 경호원이 임무를 수행할 수 있도록 한다.
- 경호업무의 효율성을 높이기 위하여 경호대상자의 종교, 직업, 병력 및 건강상태, 신체장애 여부, 약물복용 여부, 선호하는 음식, 싫어하는 음식, 교우관계, 고향, 습관, 성격, 출신학교, 친인척 관계, 인기도, 업무추진 방법, 기타 특이사항 등에 대한 기본정보를 파악하여 숙지한다.

67 정답 ❶

① (×) 인적 경계대상에는 경호대상자 주변의 모든 인원이 그 지위나 차림새 등에 상관없이 포함되지만, 지리적 경계대상에는 위해기도자가 은폐하기 좋은 장소나 공격하기 용이한 장소가 해당한다(감제고지·열린 창문, 옥상 등).
② (○) 외관상 안전하게 보이는 물체라도 폭발물이나 독극물이 숨겨져 있을 수 있으므로 긴장을 늦추지 말고 경계해야 한다.
③ (○) 시각의 한계를 고려하여 주위경계의 범위를 선정하고, 인접한 경호원과의 경계범위를 중첩되게 설정한다.
④ (○) 더운 날씨에 긴 코트를 입거나 추운 날씨에 단추를 푸는 등의 주변 환경과 어울리지 않는 복을 착용하고, 주위상황과 어울리지 않게 행동하는 사람을 특히 주의 깊게 관찰한다.

> **핵심만콕 주위경계의 대상**
>
> - 인적 경계대상 : 경호대상자 주변의 모든 인원이 해당하며, 신분이 확실한 수행원이나 보도요원들도 일단 경계의 대상이 된다.
> - 물적 경계대상 : 외관상 안전하게 보이는 물체라도 폭발물이나 독극물이 숨겨져 있을 수 있으므로 안심해서는 안 되고, 철저하게 경계한다.
> - 지리적 경계대상 : 경호대상자를 공격하기 용이한 은폐·엄폐된 장소로서 감제고지, 열린 창문, 옥상, 건물의 후미진 곳 등이 해당한다.
>
> 〈출처〉 이상철, 「경호현장운용론」, 진영사, 2008, P. 102

68 정답 ❸

③ (○) 조기 게양 시에는 깃면의 왼쪽 윗 모서리가 깃봉에 닿을 때까지 깃면을 올렸다가 깃면 너비만큼 내려 게양하고, 조기 강하 시에는 깃면의 왼쪽 윗 모서리가 깃봉에 닿을 때까지 올렸다가 다시 내린다(대한민국국기법 시행령 제13조 제3항).
① (×) 각급 학교 및 군부대의 주된 게양대는 국기를 낮에만 게양한다(대한민국국기법 제8조 제4항).
② (×) 현충일·국가장 기간 등 조의를 표하는 날에 깃봉과 깃면의 사이를 깃면의 너비만큼 떼어 조기(弔旗)를 게양한다(대한민국국기법 제9조 제1항 제2호).
④ (×) 국기를 영구(靈柩)에 덮을 때에는 국기가 땅에 닿지 않도록 하고 영구와 함께 매장하여서는 아니 된다(대한민국국기법 제10조 제4항 전문).

69 정답 ❹

④ (○) 비표의 종류에는 리본, 명찰, 완장, 모자, 배지(badge) 등이 있으며, 대상과 용도에 맞게 적절히 운용한다.
① (×) 비표는 모양이나 색상이 원거리에서도 식별이 용이하도록 단순하고 선명하게 제작하여 사용함으로써 경호조치의 효율성을 증대시키고, 재생이나 복제가 되어서는 안 된다.
〈출처〉 이두석, 「경호학개론」, 진영사, 2018, P. 268
② (×) 비표의 종류는 적을수록 좋고, 행사 참석자를 위한 비표는 구역별로 그 색상을 달리하면 식별 및 통제가 용이하다.
③ (×) 초대장·비표 분실사고 발생 시 즉각 보고하고 전체를 무효화하며, 새로운 비표를 해당자 전원에게 지급해야 한다. 초청장을 배부한 경우 행사장 입구에서 본인확인 과정을 거쳐 초청장과 비표를 교환하게 함으로써 비표운용의 신뢰도를 높일 수 있다.

핵심만콕	비표
비표의 종류	리본, 명찰, 완장, 모자, 배지 등이 있으며, 대상과 용도에 맞게 적절히 운용한다.
비표의 관리	경호대상자에게 위해를 가할 소지가 있는 사람으로서 시국불만자, 신원이 특이한 교포 및 외국인, 일반 요시찰인, 피보안처분자, 공격형 정신분자 등 인적 위해요소를 배제하기 위하여 비표관리를 한다.
비표의 운용	• 비표를 제작할 때부터 보안에 힘쓰도록 해야 하는데, 비표 분실사고 발생 시에는 즉각 보고하고 전체 비표를 무효화하며, 새로운 비표를 해당자 전원에게 지급한다. • 비표의 종류는 적을수록 좋고 행사 참석자를 위한 비표는 구역별로 그 색상을 달리하면 식별 및 통제가 용이하다. • 비표는 모양이나 색상이 원거리에서도 식별이 용이하도록 단순하고 선명하게 제작하여 사용한다. • 비표는 재생이나 복제가 되어서는 안 된다. • 경호근무자의 경호안전활동 시에도 비표를 운영해야 한다. • 행사장 근무자의 비표는 경호 배치 전·교양 시작 후 지급하며, 행사 참석자에게도 행사 당일 배포하여야 한다.

70 정답 ❸

경호대상자는 위협평가 후 경호대안 수립에 있어 자신도 경호업무의 일부분이 되어야 한다는 점을 인식해야 한다.

〈출처〉 이두석, 「경호학개론」, 진영사, 2018, P. 212

71 정답 ❶

고정익형은 날개가 기체에 고정된 형태로서 비행기와 유사하다. 고속비행이 가능하고 기상의 영향을 적게 받으며 적재 무게에 제한이 적다는 장점이 있지만, 이륙·착륙을 위한 활주로가 필요하며 제자리 정지 비행 또는 좁은 공간에서의 비행과 저속비행 임무비행에 제한이 있다는 단점이 있다.

〈참고〉 서일수·김용우, 「드론봇 전투체계 발전방안 연구」, 한국드론혁신협회, 2021, P. 16

72 정답 ❹

기만효과를 거두기 위해서는 경호대상자의 차량과 색상 및 외형이 동일하고 유리는 착색하는 것이 좋다.

핵심만콕	경호차량의 일반적 선정기준(선정방법)★

• 경호차는 경호대상자 차량의 성능에 필적할 만한 차량을 선정해야 한다.
• 경호대상자 차량은 물론이고, 경호차량도 외부의 시선을 집중시키는 차종이나 색상은 지양한다.
• 튼튼한 차체와 가속력을 갖춘 차량이어야 한다.
• 방향전환이 쉽고 엔진의 성능과 가속장치가 좋은 고성능 차량을 선정한다.
• 차체가 강하고 방탄능력이 있는 차량을 선정한다.
• 기만효과를 거두기 위해서는 경호대상자의 차량과 색상 및 외형이 동일하고 유리는 착색하는 것이 좋다.

73 정답 ❹

④ (○) 행동 조직은 공격현장에서 폭발물 설치 등 직접 테러행위를 실시하는 요원들로서 핵심요원이라 할 수 있다. 실제적으로 테러행위에 있어 가장 중요한 요소인 반면, 테러행위를 실시하는 중에 가장 피해를 많이 볼 수 있다.
① (×) 적극적 지원조직에 관한 설명이다. 전문적 지원조직은 특정분야에 대해 전문적으로 지원을 제공하는 조직으로써 체포된 테러리스트 은닉, 법적 비호, 유리한 알리바이 제공 및 의료지원 임무를 수행한다.
② (×) 직접적 지원조직에 관한 설명이다. 적극적 지원조직은 직접 테러행위를 실시하는 요원들에 대한 지원으로서 선전효과 증대, 자금획득, 조직의 확대에 기여함으로써 테러활동에 주요한 역할을 한다.
③ (×) 전문적 지원조직에 관한 설명이다. 직접적 지원조직은 폭발물 설치자, 암살범 또는 납치범과 같은 핵심요원들에 대한 직접적·계속적 지원을 위해 구성된 조직으로서 대피소·차고·공격용 차량 준비, 핵심요원의 훈련, 무기·탄약 지원, 테러대상에 대한 정보제공, 전술 및 작전지원 등의 임무를 수행한다.

핵심만콕 테러조직의 구조적 형태

구 분	내 용
지도자 조직	지휘부의 정책수립, 계획, 통제 및 집행 임무 수행, 테러조직의 정치적 또는 전술적 두뇌를 제공
행동 조직	공격현장에서 직접 테러행위를 실시, 폭발물 설치, 실제적으로 테러행위에 있어 가장 중요한 요소
직접적 지원조직	대피소, 차고, 공격용 차량 준비, 핵심요원 훈련, 무기·탄약 지원, 테러대상(테러목표)에 대한 정보제공, 전술 및 작전지원
전문적 지원조직	체포된 테러리스트 은닉, 법적 비호, 의료지원 제공, 유리한 알리바이 제공
수동적 지원조직	테러집단의 생존기반, 정치적 전위집단, 후원자, 반정부 시위나 집단행동에서 다수의 위력 구성을 지원
적극적 지원조직	선전효과 증대, 자금획득, 조직의 확대에 기여함으로써 테러활동에 주요한 역할

〈출처〉 김두현, 「경호학개론」, 엑스퍼트, 2020, P. 484~485

※ 테러조직의 동심원적 구조(안 → 밖) : 지도자 조직 → 행동 조직 → 직접적 지원조직 → 전문적 지원조직 → 수동적 지원조직 → 적극적 지원조직

74 정답 ❹

④ (○) 특수경비에 대한 옳은 설명이다.
① (×) 재해경비는 천재·지변, 홍수, 화재, 태풍, 지진 등 재해에 의한 예측불허의 돌발사태로부터 발생할 위해를 예방·경계·진압하는 경비작용을 의미한다.
② (×) 혼잡경비는 대규모 국가행사, 경기대회 등에서 비조직적인 군중의 혼란에 의하여 발생하는 예측불가능한 사태를 예방·경계·진압하는 경비작용을 의미한다.
③ (×) 치안경비는 공공의 안녕과 질서를 문란케 하는 경비사태에 대하여 경비부대의 활동으로서 예방·경계·진압하는 경비작용을 의미한다.

75 정답 ❶

대통령 등의 경호에 관한 법률상 비밀엄수규정의 적용을 받는 사람은 소속 공무원, 퇴직한 사람, 원 소속 기관에 복귀한 사람이다. 나아가 소속 공무원은 경호처 직원과 경호처에 파견된 사람을 말한다(대통령 등의 경호에 관한 법률 제2조 제3호). 답항 ①의 대통령 경호업무에 동원된 경찰관은 비밀엄수규정의 적용을 받지 않는다.

관계법령 비밀의 엄수(대통령 등의 경호에 관한 법률 제9조)

① 소속 공무원(퇴직한 사람과 원 소속 기관에 복귀한 사람을 포함한다)은 직무상 알게 된 비밀을 누설하여서는 아니 된다.
② 소속 공무원은 경호처의 직무와 관련된 사항을 발간하거나 그 밖의 방법으로 공표하려면 미리 처장의 허가를 받아야 한다.

76 정답 ❶

① (×) 우발상황이 발생했을 경우 신속한 대적행위보다 방호 및 대피가 우선되어야 한다. 즉, 우발상황 시 인지 → 경고 → 방벽 형성 → 방호 및 대피 → 대적 및 제압의 순서로 행동해야 한다.
② (O) 주의력은 경호원이 군중(경계 대상)의 이상 징후를 포착할 수 있는 능력을 말하고, 대응력은 위해기도에 반응하여 경호대상자를 보호하고 대피시킬 수 있는 경호능력을 말한다. 주의력효과는 경호원이 군중(경계 대상)과의 거리가 가까울수록 증가하고, 대응효과는 군중(경계 대상)과의 거리가 멀수록 증가한다. 주의력효과와 대응효과는 역의 관계에 있다.
③ (O) 위해의 징후가 현저하거나 직접적인 위해가 가해졌을 때 형성하는 방어적 원형 대형은 경호행사 시 최소안전구역의 확보에 실패하여 경호대상자가 군중 속에 갇혀 있는 상황에서 현장 이탈을 시도할 때 사용하는 대형으로, 경호원들이 각자의 왼쪽에 있는 경호원의 벨트 뒤쪽을 꽉 잡아서 원형의 인간고리를 형성하여 강력한 스크럼을 형성하는 대형이다.
④ (O) 대피(Evacuate)는 우발상황 발생 시 위해자의 표적이 되는 경호대상자를 안전지역으로 이동시키는 행위를 말한다. 대피는 방호와 동시에 공격자의 반대 방향으로 신속히 이동하여야 하며, 방호대형을 형성하여 비상대피소나 비상대기차량이 있는 안전지역으로 이동한다.

77 정답 ❶

응급처치 시 원칙적으로 의약품을 사용해서는 안 된다.

핵심만콕 응급처치원이 지켜야 할 사항

- 처치원 자신의 안전을 확보한다.
- 환자나 부상자에 대한 생사의 판정은 하지 않는다.
- 원칙적으로 의약품을 사용하지 않는다.
- 어디까지나 응급처치로 그치고, 그 다음은 전문 의료요원의 처치에 맡긴다.
- 병원에 이송되기 전까지 부상자의 2차 쇼크를 방지하고 생명을 유지하도록 한다.

78 정답 ❸

③ (○) 국민보호와 공공안전을 위한 테러방지법 제13조 제2항 단서
① (×) 관계기관의 장은 외국인테러전투원으로 출국하려 한다고 의심할 만한 상당한 이유가 있는 내국인·외국인에 대하여 일시 출국금지를 법무부장관에게 요청할 수 있다(국민보호와 공공안전을 위한 테러방지법 제13조 제1항).
② (×) 일시 출국금지 기간은 90일로 한다(국민보호와 공공안전을 위한 테러방지법 제13조 제2항 본문).
④ (×) 관계기관의 장은 외국인테러전투원으로 가담한 사람에 대하여 「여권법」에 따른 여권의 효력정지 및 재발급 제한을 외교부장관에게 요청할 수 있다(국민보호와 공공안전을 위한 테러방지법 제13조 제3항).

관계법령 외국인테러전투원에 대한 규제(테러방지법 제13조)

① 관계기관의 장은 외국인테러전투원으로 출국하려 한다고 의심할 만한 상당한 이유가 있는 내국인·외국인에 대하여 일시 출국금지를 법무부장관에게 요청할 수 있다.
② 제1항에 따른 일시 출국금지 기간은 90일로 한다. 다만, 출국금지를 계속할 필요가 있다고 판단할 상당한 이유가 있는 경우에 관계기관의 장은 그 사유를 명시하여 연장을 요청할 수 있다.
③ 관계기관의 장은 외국인테러전투원으로 가담한 사람에 대하여 「여권법」 제13조에 따른 여권의 효력정지 및 같은 법 제12조의2에 따른 재발급 제한을 외교부장관에게 요청할 수 있다.

79 정답 ❹

④ (×) 국가테러대책위원회는 인권보호관의 직무 수행을 지원하기 위하여 지원조직을 둘 수 있으며, 필요한 경우에는 관계 중앙행정기관 소속 공무원의 파견을 요청할 수 있다(국민보호와 공공안전을 위한 테러방지법 시행령 제8조 제4항).
① (○) 국민보호와 공공안전을 위한 테러방지법 제7조 제1항
② (○) 국민보호와 공공안전을 위한 테러방지법 시행령 제7조 제2항
③ (○) 국민보호와 공공안전을 위한 테러방지법 시행령 제7조 제3항 제2호

80 정답 ❹

실질적 의미의 경호가 형식적 의미의 경호와 항상 일치하는 것은 아니다. 즉, 경호원이 아닌 일반인이 행사 도중 옆에 있던 암살범을 제지하여 경호대상자의 피습을 막았다면, 이는 실질적 의미의 경호에는 해당되지만, 형식적 의미의 경호에는 해당되지 않는다.

핵심만콕 경호의 개념★

형식적 의미의 경호	• 경호관계법규에 규정된 현실적인 경호기관을 기준으로 하여 정립된 개념이다. • 실정법상 경호기관의 권한에 속하는 일체의 경호작용을 의미한다. • 실정법·제도·기관 중심적 관점에서 이해한 것이다. • 「대통령 등의 경호에 관한 법률」에서의 경호는 형식적 의미의 경호개념이다.
실질적 의미의 경호	• 경호활동의 본질·성질·이론적인 입장에서 이해한 것으로, 학문적인 측면에서 고찰된 개념이다. • 수많은 경호작용 중에서 공통적인 특성을 추상화한 개념이다. • 경호대상자의 절대적 신변안전을 보호하기 위하여 모든 사용 가능한 수단과 방법을 동원한다. • 경호대상자(피경호자)에 대한 신변 위해요인을 사전에 방지 또는 제거하기 위한 제반활동이다. • 경호주체(국가기관, 민간기관, 개인, 단체 불문)가 경호대상자를 보호하는 모든 활동을 말한다. • 모든 위험과 곤경(인위적·자연적 위해)으로부터 경호대상자를 안전하게 보호하기 위한 제반활동이다.

제5회 경비업법

문제편 112p

정답 CHECK

01	02	03	04	05	06	07	08	09	10	11	12	13	14	15	16	17	18	19	20
②	③	④	①	③	③	①	④	②	③	④	②	②	③	④	②	④	④	②	②
21	22	23	24	25	26	27	28	29	30	31	32	33	34	35	36	37	38	39	40
②	③	④	③	③	①	③	③	④	④	①	④	③	③	②	①	①	③	②	②

01 정답 ❷

제시문의 ㄱ~ㄷ에 들어갈 내용은 순서대로 시설경비업무, 기계경비업무, 혼잡·교통유도경비업무이다.

관계법령 정의(경비업법 제2조)

이 법에서 사용하는 용어의 정의는 다음과 같다. 〈개정 2024.1.30.〉
1. "경비업"이라 함은 다음 각목의 1에 해당하는 업무(경비업무)의 전부 또는 일부를 도급받아 행하는 영업을 말한다.
   가. <u>시설경비업무</u> : 경비를 필요로 하는 시설 및 장소(경비대상시설)에서의 도난·화재 그 밖의 혼잡 등으로 인한 위험발생을 방지하는 업무
   나. 호송경비업무 : 운반 중에 있는 현금·유가증권·귀금속·상품 그 밖의 물건에 대하여 도난·화재 등 위험발생을 방지하는 업무
   다. 신변보호업무 : 사람의 생명이나 신체에 대한 위해의 발생을 방지하고 그 신변을 보호하는 업무
   라. <u>기계경비업무</u> : 경비대상시설에 설치한 기기에 의하여 감지·송신된 정보를 그 경비대상시설 외의 장소에 설치한 관제시설의 기기로 수신하여 도난·화재 등 위험발생을 방지하는 업무
   마. 특수경비업무 : 공항(항공기를 포함) 등 대통령령이 정하는 국가중요시설의 경비 및 도난·화재 그 밖의 위험발생을 방지하는 업무
   바. <u>혼잡·교통유도경비업무</u> : 도로에 접속한 공사현장 및 사람과 차량의 통행에 위험이 있는 장소 또는 도로를 점유하는 행사장 등에서 교통사고나 그 밖의 혼잡 등으로 인한 위험발생을 방지하는 업무

02 정답 ③

③ (○) 경비업법 제11조의3 제2항
① (×) 경비지도사는 제10조 제1항 각호의 어느 하나에 해당하지 아니하는 자로서 경찰청장이 시행하는 경비지도사시험에 합격하고 <u>대통령령</u>으로 정하는 바에 따라 경찰청장이 실시하는 기본교육을 받은 자이어야 한다(경비업법 제11조 제1항).
② (×) 제12조 제1항에 따라 선임된 경비지도사는 <u>대통령령</u>으로 정하는 바에 따라 경찰청장이 실시하는 보수교육을 받아야 한다(경비업법 제11조의2).
④ (×) 경찰청장은 경비지도사에 대한 기본교육 및 보수교육에 관한 업무를 전문인력 및 시설 등을 갖춘 법인으로서 <u>경찰청장</u>이 지정하는 기관 또는 단체(이하 "경비지도사 교육기관"이라 한다)에 위탁할 수 있다(경비업법 제11조의3 제1항).

관계법령

경비지도사의 시험 등(경비업법 제11조)
① 경비지도사는 제10조 제1항 각호의 어느 하나에 해당하지 아니하는 자로서 경찰청장이 시행하는 경비지도사시험에 합격하고 대통령령으로 정하는 바에 따라 경찰청장이 실시하는 기본교육(이하 "기본교육"이라 한다)을 받은 자이어야 한다. 〈개정 2024.2.13.〉
② 경찰청장은 제1항의 규정에 의한 교육을 받은 자에게 행정안전부령으로 정하는 바에 따라 경비지도사자격증을 교부하여야 한다.
③ 경비지도사시험은 매년 1회 이상 시행하며, 시험과목, 시험공고, 시험의 일부가 면제되는 자의 범위 그 밖에 경비지도사시험에 관하여 필요한 사항은 대통령령으로 정한다.

경비지도사의 보수교육(경비업법 제11조의2)
제12조 제1항에 따라 선임된 경비지도사는 대통령령으로 정하는 바에 따라 경찰청장이 실시하는 보수교육(이하 "보수교육"이라 한다)을 받아야 한다.
[본조신설 2024.2.13.]

경비지도사 교육기관의 지정 및 교육의 위탁 등(경비업법 제11조의3)
① 경찰청장은 경비지도사에 대한 기본교육 및 보수교육에 관한 업무를 전문인력 및 시설 등을 갖춘 법인으로서 경찰청장이 지정하는 기관 또는 단체(이하 "경비지도사 교육기관"이라 한다)에 위탁할 수 있다.
② 경찰청장은 경비지도사에 대한 기본교육 및 보수교육의 전국적 균형을 유지하기 위하여 교육수준 및 교육방법 등에 필요한 지침을 마련하여 시행할 수 있다.
③ 경찰청장은 경비지도사 교육기관이 제2항에 따른 교육지침을 위반한 경우에는 기간을 정하여 시정을 명할 수 있다.
④ 그 밖에 경비지도사 교육기관의 지정 기준 및 절차 등에 필요한 사항은 대통령령으로 정한다.
[본조신설 2024.2.13.]

03 정답 ④

기계경비업 허가를 받은 2021년 1월 1일을 기준으로 허가의 유효기간 5년을 기산하면, 2026년 1월 1일의 전날인 2025년 12월 31일이 허가의 유효기간 만료일이다. 참고로 갱신허가신청의 만료일은 허가의 유효기간 만료일 30일 전까지이므로 2025년 12월 1일이다.

04 정답 ❶

제시된 내용 중 경비원의 교육에 관한 설명으로 옳은 것은 ㅂ이다.

ㅂ. (○) 경비업법 제13조의3 제2항
ㄱ. (×) 경비업자는 경비업무를 적정하게 실시하기 위하여 경비원으로 하여금 <u>대통령령</u>으로 정하는 바에 따라 경비원 신임교육 및 직무교육을 받게 하여야 한다(경비업법 제13조 제1항).
ㄴ. (×) 경비원이 되려는 사람은 <u>대통령령</u>으로 정하는 교육기관에서 미리 일반경비원 신임교육을 받을 수 있다(경비업법 제13조 제2항).
ㄷ. (×) 특수경비업자는 <u>대통령령</u>으로 정하는 바에 따라 특수경비원으로 하여금 특수경비원 신임교육과 정기적인 직무교육을 받게 하여야 하고, 특수경비원 신임교육을 받지 아니한 자를 특수경비업무에 종사하게 하여서는 아니 된다(경비업법 제13조 제3항).
ㄹ. (×) 경비원 교육기관의 지정 기준 및 절차 등에 필요한 사항은 <u>대통령령</u>으로 정한다(경비업법 제13조의2 제4항).
ㅁ. (×) 특수경비원의 교육 시 관할경찰서 소속 경찰공무원이 교육기관에 입회하여 <u>대통령령</u>이 정하는 바에 따라 지도·감독하여야 한다(경비업법 제13조 제4항).

관계법령

경비원의 교육 등(경비업법 제13조)
① 경비업자는 경비업무를 적정하게 실시하기 위하여 경비원으로 하여금 대통령령으로 정하는 바에 따라 경비원 신임교육 및 직무교육을 받게 하여야 한다. 다만, 경비업자는 대통령령으로 정하는 경력 또는 자격을 갖춘 일반경비원을 신임교육 대상에서 제외할 수 있다.
② 경비원이 되려는 사람은 대통령령으로 정하는 교육기관에서 미리 일반경비원 신임교육을 받을 수 있다.
③ 특수경비업자는 대통령령으로 정하는 바에 따라 특수경비원으로 하여금 특수경비원 신임교육과 정기적인 직무교육을 받게 하여야 하고, 특수경비원 신임교육을 받지 아니한 자를 특수경비업무에 종사하게 하여서는 아니 된다.
④ 제3항에 의한 특수경비원의 교육 시 관할경찰서 소속 경찰공무원이 교육기관에 입회하여 대통령령이 정하는 바에 따라 지도·감독하여야 한다.

경비원 교육기관의 지정 등(경비업법 제13조의2)
① 경찰청장은 제13조 제1항부터 제3항까지에 따른 경비원에 대한 신임교육(이하 "신임교육"이라 한다)의 효율성을 제고하기 위하여 전문인력 및 시설 등을 갖춘 기관 또는 단체를 경비원 교육기관(이하 "경비원 교육기관"이라 한다)으로 지정할 수 있다.
② 경찰청장은 경비원에 대한 신임교육의 전국적 균형을 유지하기 위하여 교육수준 및 교육방법 등에 필요한 지침을 마련하여 시행할 수 있다.
③ 경찰청장은 경비원 교육기관이 제2항에 따른 교육지침을 위반한 경우에는 기간을 정하여 시정을 명할 수 있다.
④ 그 밖에 경비원 교육기관의 지정 기준 및 절차 등에 필요한 사항은 대통령령으로 정한다.
[본조신설 2024.2.13.]

경비원 교육기관의 지정 취소 등(경비업법 제13조의3)
① 경찰청장은 경비원 교육기관이 다음 각호의 어느 하나에 해당하는 경우에는 그 지정을 취소하거나 1년 이내의 기간을 정하여 업무의 전부 또는 일부를 정지할 수 있다. 다만, 제1호의 경우에는 그 지정을 취소하여야 한다.
  1. 거짓이나 그 밖의 부정한 방법으로 경비원 교육기관의 지정을 받은 경우
  2. 지정받은 사항을 위반하여 업무를 행한 경우
  3. 제13조의2 제3항에 따른 시정명령을 받고도 정당한 사유 없이 정하여진 기간 이내에 시정하지 아니한 경우
  4. 제13조의2 제4항에 따른 지정 기준에 적합하지 아니하게 된 경우
② 그 밖에 경비원 교육기관의 지정 취소 및 업무 정지에 관한 세부기준 및 절차는 그 위반행위의 유형과 위반의 정도 등을 고려하여 행정안전부령으로 정한다.
[본조신설 2024.2.13.]

05 정답 ❸

③ (○) 경비업법 제5조 제4호에 의하면 특수경비업무를 수행하는 법인의 경우 경비업법 또는 「대통령 등의 경호에 관한 법률」에 위반하여 벌금형의 선고를 받고 3년이 지나지 아니한 자는 특수경비업무를 영위하는 법인의 임원 결격사유에 해당하므로 2025년 11월 15일을 기준으로 경비업법에 위반하여 벌금형의 선고를 받고 3년이 지나지 않은 丙은 특수경비업무를 영위하는 법인의 임원이 될 수 없다.

① (×) 경비업법 제5조 제2호에 의하면 파산선고를 받고 복권되지 아니한 자가 경비업을 영위하는 법인의 임원 결격사유에 해당하므로 복권된 甲은 경비업을 영위하는 법인의 임원이 될 수 있다.

② (×) 경비업법 제5조 제3호에 의하면 금고 이상의 형의 선고를 받고 그 형이 실효되지 아니한 자가 경비업을 영위하는 법인의 임원 결격사유에 해당하므로 그 형이 실효된 乙은 경비업을 영위하는 법인의 임원이 될 수 있다.

④ (×) 경비업법 제5조 제5호에 의하면 경비업법 제19조 제1항 제6호에 위반하여 허가가 취소된 법인의 허가취소 당시의 임원이었던 자로서 그 취소 후 3년이 지나지 아니한 자는 동종의 경비업무를 수행하는 법인의 임원이 될 수 없으므로, 시설경비업무를 수행하는 법인의 허가취소 당시 임원이었던 丁은 2025년 11월 15일을 기준으로 허가취소 후 3년이 지나지 않았으므로 동종의 경비업무인 시설경비업무를 수행하는 법인의 임원은 될 수 없으나 다른 경비업무(호송경비업무)를 수행하는 법인의 임원은 될 수 있다.

관계법령 임원의 결격사유(경비업법 제5조)

다음 각호의 어느 하나에 해당하는 자는 경비업을 영위하는 법인(제4호에 해당하는 자의 경우에는 특수경비업무를 수행하는 법인을 말하고, 제5호에 해당하는 자의 경우에는 허가취소사유에 해당하는 경비업무와 동종의 경비업무를 수행하는 법인을 말한다)의 임원이 될 수 없다.

1. 피성년후견인
2. 파산선고를 받고 복권되지 아니한 자
3. 금고 이상의 형의 선고를 받고 그 형이 실효되지 아니한 자
4. 이 법 또는 「대통령 등의 경호에 관한 법률」에 위반하여 벌금형의 선고를 받고 3년이 지나지 아니한 자
5. 이 법(제19조 제1항 제2호 및 제7호는 제외한다) 또는 이 법에 의한 명령에 위반하여 허가가 취소된 법인의 허가취소 당시의 임원이었던 자로서 그 취소 후 3년이 지나지 아니한 자
6. 제19조 제1항 제2호(허가받은 경비업무 외의 업무에 경비원을 종사하게 한 때) 및 제7호(소속 경비원으로 하여금 경비업무의 범위를 벗어난 행위를 하게 한 때)의 사유로 허가가 취소된 법인의 허가취소 당시의 임원이었던 자로서 허가가 취소된 날부터 5년이 지나지 아니한 자

06 정답 ❸

기계경비업무는 전자·통신분야 기술자격증소지자 5명을 포함한 10명 이상의 일반경비원 및 경비지도사 1명 이상의 경비인력을 갖추어야 한다(경비업법 시행령 [별표 1] 제4호).

관계법령 경비업의 시설 등의 기준(경비업법 시행령 [별표 1]) <개정 2024.12.31..>★★

시설 등 기준 업무별	경비인력	자본금	시 설	장비 등
1. 시설경비업무	• 일반경비원 10명 이상 • 경비지도사 1명 이상	1억원 이상	기준 경비인력 수 이상을 동시에 교육할 수 있는 교육장	기준 경비인력 수 이상의 경비원 복장 및 경적, 단봉, 분사기
2. 호송경비업무	• 무술유단자인 일반경비원 5명 이상 • 경비지도사 1명 이상	1억원 이상	기준 경비인력 수 이상을 동시에 교육할 수 있는 교육장	• 호송용 차량 1대 이상 • 현금호송백 1개 이상 • 기준 경비인력 수 이상의 경비원 복장 및 경적, 단봉, 분사기
3. 신변보호업무	• 무술유단자인 일반경비원 5명 이상 • 경비지도사 1명 이상	1억원 이상	기준 경비인력 수 이상을 동시에 교육할 수 있는 교육장	• 기준 경비인력 수 이상의 무전기 등 통신장비 • 기준 경비인력 수 이상의 경적, 단봉, 분사기
4. 기계경비업무	• 전자·통신 분야 기술자격증소지자 5명을 포함한 일반경비원 10명 이상 • 경비지도사 1명 이상	1억원 이상	• 기준 경비인력 수 이상을 동시에 교육할 수 있는 교육장 • 관제시설	• 감지장치·송신장치 및 수신장치 • 출장소별로 출동차량 2대 이상 • 기준 경비인력 수 이상의 경비원 복장 및 경적, 단봉, 분사기
5. 특수경비업무	• 특수경비원 20명 이상 • 경비지도사 1명 이상	3억원 이상	기준 경비인력 수 이상을 동시에 교육할 수 있는 교육장	기준 경비인력 수 이상의 경비원 복장 및 경적, 단봉, 분사기
6. 혼잡·교통 유도경비업무	• 일반경비원 10명 이상 • 경비지도사 1명 이상	1억원 이상	기준 경비인력 수 이상을 동시에 교육할 수 있는 교육장	기준 경비인력 수 이상의 경비원 복장 및 경적, 단봉, 분사기, 무전기, 경광봉

※ 비고
1. 자본금의 경우 납입자본금을 말하고, 하나의 경비업무에 대한 자본금을 갖춘 경비업자가 그 외의 경비업무를 추가로 하려는 경우 자본금을 갖춘 것으로 본다. 다만, 특수경비업자 외의 자가 특수경비업무를 추가로 하려는 경우에는 이미 갖추고 있는 자본금을 포함하여 특수경비업무의 자본금 기준에 적합하여야 한다.
2. 교육장의 경우 하나의 경비업무에 대한 시설을 갖춘 경비업자가 그 외의 경비업무를 추가로 하려는 경우에는 경비인력이 더 많이 필요한 경비업무에 해당하는 교육장을 갖추어야 한다.
3. "무술유단자"란 「국민체육진흥법」 제33조에 따른 대한체육회에 가맹된 단체 또는 문화체육관광부에 등록된 무도 관련 단체가 무술유단자로 인정한 사람을 말한다.
4. "호송용 차량"이란 현금이나 그 밖의 귀중품의 운반에 필요한 견고성 및 안전성을 갖추고 무선통신시설 및 경보시설을 갖춘 자동차를 말한다.
5. "현금호송백"이란 현금이나 그 밖의 귀중품을 운반하기 위한 이동용 호송장비로서 경보시설을 갖춘 것을 말한다.
6. "전자·통신 분야 기술자격증소지자"란 「국가기술자격법」에 따라 전자 및 통신 분야에서 기술자격을 취득한 사람을 말한다.

07 정답 ❶

경비지도사 교육에서 교육시간은 총 40시간(공통교육 22시간, 자격의 종류별 교육 18시간)이고, 일반경비지도사의 자격의 종류별 교육시간은 시설경비 3시간, 호송경비 2시간, 신변보호 2시간, 특수경비 2시간, 혼잡·다중운집 인파 관리 2시간, 교통안전 관리 2시간, 일반경비 현장실습 5시간으로 총 18시간이다(경비업법 시행규칙 [별표 1]).

08 정답 ❹

④ (×) 경비업을 영위하고자 하는 법인은 도급받아 행하고자 하는 경비업무를 특정하여 그 법인의 주사무소의 소재지를 관할하는 시·도 경찰청장의 허가를 받아야 한다. 도급받아 행하고자 하는 경비업무를 변경하는 경우에도 또한 같다(경비업법 제4조 제1항).
① (○) 경비업법 제4조 제3항 제1호
② (○) 경비업법 제4조 제3항 제2호
③ (○) 경비업법 제4조 제3항 제3호

> **관계법령** **경비업의 허가(경비업법 제4조)**
>
> ③ 제1항의 규정에 의하여 경비업의 허가를 받은 법인은 다음 각호의 어느 하나에 해당하는 때에는 시·도 경찰청장에게 신고하여야 한다. 〈개정 2024.2.13.〉
> 1. 영업을 폐업하거나 휴업한 때
> 2. 법인의 명칭이나 대표자·임원을 변경한 때
> 3. 법인의 주사무소나 출장소를 신설·이전 또는 폐지한 때
> 4. 기계경비업무의 수행을 위한 관제시설을 신설·이전 또는 폐지한 때
> 5. 특수경비업무를 개시하거나 종료한 때
> 6. 그 밖에 대통령령이 정하는 중요사항을 변경한 때
>
> **폐업 또는 휴업 등의 신고(경비업법 시행령 제5조)**
> ④ 법 제4조 제3항 제6호에서 "그 밖에 대통령령이 정하는 중요사항"이라 함은 정관의 목적을 말한다.

09 정답 ❷

특수경비원을 배치한 때(②)는 배치하기 전까지 관할 경찰관서장에게 신고하여야 하는 사항에 해당하고, 나머지는 그 사유가 발생한 때부터 30일 이내에 시·도 경찰청장(해당 시·도 경찰청장 소속의 경찰서장에게 제출은 가능)에게 신고하여야 하는 사항에 해당한다.

핵심만콕 신고 사유별 신고기한(경비업법 제4조 제3항·제18조 제2항, 동법 시행령 제5조, 동법 시행규칙 제24조 제1항·제5항)

신고 대상	신고 사유	신고 기한
시·도 경찰청장 (제출은 경찰서장에게도 가능)	1. 영업을 폐업하거나 휴업한 때(+영업재개+휴업기간연장)	7일 이내
	2. 법인의 명칭이나 대표자·임원을 변경한 때	30일 이내
	3. 법인의 주사무소나 출장소를 신설·이전 또는 폐지한 때	
	4. 기계경비업무의 수행을 위한 관제시설을 신설·이전 또는 폐지한 때	
	5. 특수경비업무를 개시하거나 종료한 때	
	6. 그 밖에 대통령령이 정하는 중요사항(정관의 목적)을 변경한 때	
관할 경찰관서장	1. 시설경비업무, 신변보호업무 또는 혼잡·교통유도경비업무 중 집단민원현장에 일반경비원을 배치한 때	배치하기 48시간 전까지 배치허가를 신청
	2. 집단민원현장이 아닌 곳에서 신변보호업무를 수행하는 일반경비원을 배치한 때	배치하기 전까지 신고
	3. 특수경비원을 배치한 때	

10 정답 ❸

③ (×) 무기를 대여받은 국가중요시설의 시설주 또는 관리책임자는 고의 또는 과실로 무기(부속품을 포함한다)를 빼앗기거나 무기가 분실·도난 또는 훼손되도록 한 특수경비원에 대하여 특수경비업자에게 교체 또는 징계 등의 조치를 요청할 수 있다(경비업법 시행규칙 제18조 제2항 전문).
① (○) 경비업법 시행규칙 제18조 제3항 제3호
② (○) 경비업법 시행규칙 제18조 제1항 제1호
④ (○) 경비업법 시행규칙 제18조 제3항 제4호

11 정답 ❹

④ (×) 허가가 취소된 날부터 10년이 지나지 아니한 때에는 누구든지 허가가 취소된 경비업체와 동일한 명칭으로 경비업 허가를 받을 수 없다(경비업법 제4조의2 제2항).
① (○) 경비업법 시행령 [별표 1] 제2호
② (○) 경비업법 제4조 제3항 제1호
③ (○) 경비업법 제4조의2 제1항

12 정답 ❷

② (×) 경비업법상 결격사유에 해당하는 경비원을 배치하거나 결격사유에 해당하는 경비지도사를 선임·배치한 경우, 허가취소는 3차 이상 위반한 경우이다(경비업법 시행령 [별표 4] 제2호 바목).
① (○) 경비업법 시행령 [별표 4] 제2호 가목
③ (○) 경비업법 시행령 [별표 4] 제1호 가목
④ (○) 경비업법 시행령 [별표 4] 제1호 다목

관계법령 행정처분 기준(경비업법 시행령 [별표 4])

1. 일반기준
   가. 개별기준에 따른 행정처분이 영업정지인 경우에는 위반행위의 동기, 내용 및 위반의 정도 등을 고려하여 가중하거나 감경할 수 있다.
   나. 위반행위가 2 이상인 경우로서 그에 해당하는 각각의 처분기준이 다른 경우에는 그중 중한 처분기준에 따르며, 2 이상의 처분기준이 동일한 영업정지인 경우에는 중한 처분기준의 2분의 1까지 가중할 수 있다. 다만, 가중하는 경우에도 각 처분기준을 합산한 기간을 초과할 수 없다.
   다. 위반행위의 횟수에 따른 행정처분 기준은 최근 2년간 같은 위반행위로 행정처분을 받은 경우에 적용한다. 이 경우 기준 적용일은 위반행위에 대한 행정처분일과 그 처분 후의 위반행위가 다시 적발된 날을 기준으로 한다.
   라. 영업정지처분에 해당하는 위반행위가 적발된 날 이전 최근 2년간 같은 위반행위로 2회 영업정지처분을 받은 경우에는 개별기준에도 불구하고 그 위반행위에 대한 행정처분 기준은 허가취소로 한다.
2. 개별기준

위반행위	해당 법조문	행정처분 기준		
		1차 위반	2차 위반	3차 이상 위반
가. 법 제4조 제1항 후단을 위반하여 시·도 경찰청장의 허가 없이 경비업무를 변경한 때	법 제19조 제2항 제1호	경고	영업정지 6개월	허가취소
나. 법 제7조 제2항을 위반하여 도급을 의뢰받은 경비업무가 위법한 것임에도 이를 거부하지 않은 때	법 제19조 제2항 제2호	영업정지 1개월	영업정지 3개월	허가취소
다. 법 제7조 제6항을 위반하여 경비지도사를 집단민원현장에 선임·배치하지 않은 때	법 제19조 제2항 제3호	영업정지 1개월	영업정지 3개월	허가취소
라. 법 제8조를 위반하여 경비대상시설에 관한 경보대응체제를 갖추지 않은 때	법 제19조 제2항 제4호	경고	경고	영업정지 1개월
마. 법 제9조 제2항을 위반하여 관련 서류를 작성·비치하지 않은 때	법 제19조 제2항 제5호	경고	경고	영업정지 1개월
바. 법 제10조 제3항을 위반하여 결격사유에 해당하는 경비원을 배치하거나 결격사유에 해당하는 경비지도사를 선임·배치한 때	법 제19조 제2항 제6호	영업정지 1개월	영업정지 3개월	허가취소
사. 법 제12조 제1항(선임규정)을 위반하여 경비지도사를 선임한 때	법 제19조 제2항 제7호	영업정지 1개월	영업정지 3개월	허가취소
아. 법 제13조를 위반하여 경비원으로 하여금 교육을 받게 하지 않은 때	법 제19조 제2항 제8호	경고	경고	영업정지 1개월
자. 법 제16조에 따른 경비원의 복장 등에 관한 규정을 위반한 때	법 제19조 제2항 제9호	경고	영업정지 1개월	영업정지 3개월
차. 법 제16조의2에 따른 경비원의 장비 등에 관한 규정을 위반한 때	법 제19조 제2항 제10호	경고	영업정지 1개월	영업정지 3개월

카. 법 제16조의3에 따른 경비원의 출동차량 등에 관한 규정을 위반한 때	법 제19조 제2항 제11호	경 고	영업정지 1개월	영업정지 3개월
타. 법 제18조 제1항 단서를 위반하여 집단민원현장에 일반경비원 명부를 작성·비치하지 않은 때	법 제19조 제2항 제12호	영업정지 1개월	영업정지 3개월	허가취소
파. 법 제18조 제2항 각호 외의 부분 단서를 위반하여 배치허가를 받지 아니하고 경비원을 배치하거나 경비원 명단 및 배치일시·배치장소 등 배치허가 신청의 내용을 거짓으로 한 때	법 제19조 제2항 제13호	영업정지 1개월	영업정지 3개월	허가취소
하. 법 제18조 제6항을 위반하여 결격사유에 해당하는 일반경비원을 집단민원현장에 배치한 때	법 제19조 제2항 제14호	영업정지 1개월	영업정지 3개월	허가취소
거. 법 제24조에 따른 감독상 명령에 따르지 않은 때	법 제19조 제2항 제15호	경 고	영업정지 3개월	허가취소
너. 법 제26조를 위반하여 손해를 배상하지 않은 때	법 제19조 제2항 제16호	경 고	영업정지 3개월	영업정지 6개월

13 정답 ❷

제시된 내용 중 옳은 것은 ㄱ과 ㄹ이다.
ㄱ. (○) 청원경찰법 시행령 제5조 제1항 본문, 동법 시행규칙 제6조·[별표 1]
ㄹ. (○) 청원경찰법 시행령 제5조 제2항
ㄴ. (×) 청원경찰의 교육과목에 대공이론은 포함되지만, 국가보안법, 통합방위법은 포함되지 않는다(청원경찰법 시행규칙 [별표 1] 참조).
ㄷ. (×) 청원주는 소속 청원경찰에게 그 직무집행에 필요한 교육을 매월 4시간 이상 하여야 한다(청원경찰법 시행규칙 제13조 제1항).

14 정답 ❸

③ (×) 청원경찰 배치신청서에 첨부할 서류는 경비구역 평면도 1부와 배치계획서 1부이다(청원경찰법 시행령 제2조 전문 각호).
① (○) 청원경찰법 제4조 제1항
② (○) 청원경찰법 제4조 제2항
④ (○) 청원경찰법 시행령 제6조 제2항

관계법령 | 청원경찰의 배치(청원경찰법 제4조)

① 청원경찰을 배치받으려는 자는 대통령령으로 정하는 바에 따라 관할 시·도 경찰청장에게 청원경찰 배치를 신청하여야 한다.
② 시·도 경찰청장은 제1항의 청원경찰 배치신청을 받으면 지체 없이 그 배치 여부를 결정하여 신청인에게 알려야 한다.
③ 시·도 경찰청장은 청원경찰 배치가 필요하다고 인정하는 기관의 장 또는 시설·사업장의 경영자에게 청원경찰을 배치할 것을 요청할 수 있다.

> **청원경찰의 배치신청 등(청원경찰법 시행령 제2조)**
> 「청원경찰법」제4조 제1항에 따라 청원경찰의 배치를 받으려는 자는 청원경찰 배치신청서에 다음 각호의 서류를 첨부하여 법 제2조 각호의 기관·시설·사업장 또는 장소(이하 "사업장"이라 한다)의 소재지를 관할하는 경찰서장(이하 "관할 경찰서장"이라 한다)을 거쳐 시·도 경찰청장에게 제출하여야 한다. 이 경우 배치 장소가 둘 이상의 도(특별시, 광역시, 특별자치시 및 특별자치도를 포함한다. 이하 같다)일 때에는 주된 사업장의 관할 경찰서장을 거쳐 시·도 경찰청장에게 한꺼번에 신청할 수 있다.
> 1. 경비구역 평면도 1부
> 2. 배치계획서 1부

15 정답 ④

④ (×) 경비지도사 시험은 매년 1회 이상 시행하며, 시험과목, 시험공고, 시험의 일부가 면제되는 자의 범위 그 밖에 경비지도사 시험에 관하여 필요한 사항은 대통령령으로 정한다(경비업법 제11조 제3항).
① (○) 경비업법 시행령 제11조 제1항
② (○) 경비업법 시행령 제15조 제2항
③ (○) 경비업법 시행령 제11조 제2항

16 정답 ②

경비업의 갱신허가를 받으려는 자는 허가의 유효기간 만료일 30일 전까지 별지 제2호 서식의 경비업 갱신허가신청서(전자문서로 된 신청서를 포함한다)에 허가증 원본 및 정관(변경사항이 있는 경우에 한한다)을 첨부하여 법인의 주사무소를 관할하는 시·도 경찰청장 또는 해당 시·도 경찰청 소속의 경찰서장에게 제출하여야 한다(경비업법 시행규칙 제6조 제1항 전문). 여기서 허가의 유효기간은 허가받은 날로부터 5년으로 한다(경비업법 제6조 제1항).

17 정답 ④

④ (○) 경비업법 제19조 제1항 제1호
① (×) 경비업법 제19조 제2항 제1호의 상대적(임의적) 허가취소·영업정지사유에 해당한다.
② (×) 정당한 사유 없이 허가를 받은 날부터 2년 이내에 경비 도급실적이 없거나 계속하여 1년 이상 휴업한 때가 필요적 취소사유에 해당한다(경비업법 제19조 제1항 제4호).
③ (×) 정당한 사유 없이 최종 도급계약 종료일의 다음 날부터 2년 이내에 경비 도급실적이 없을 때가 필요적 취소사유에 해당한다(경비업법 제19조 제1항 제5호).

핵심만콕   경비업 허가의 취소 등(경비업법 제19조)★★

절대적 (필요적) 허가취소 사유 (제1항)	허가관청은 경비업자가 다음의 어느 하나에 해당하는 때에는 그 허가를 취소하여야 한다. • 허위 그 밖의 부정한 방법으로 허가를 받은 때(제1호) • 경비업자가 허가받은 경비업무 외의 업무에 경비원을 종사하게 한 때(제2호) - 적용중지 헌법불합치 결정(2020헌가19) • 특수경비업자가 경비업 및 경비관련업 외의 영업을 한 때(제3호) • 정당한 사유 없이 허가를 받은 날부터 2년 이내에 경비 도급실적이 없거나 계속하여 1년 이상 휴업한 때(제4호) • 정당한 사유 없이 최종 도급계약 종료일의 다음 날부터 2년 이내에 경비 도급실적이 없을 때(제5호) • 영업정지처분을 받고 계속하여 영업을 한 때(제6호) • 소속 경비원으로 하여금 경비업무의 범위를 벗어난 행위를 하게 한 때(제7호) • 관할 경찰관서장의 배치폐지명령에 따르지 아니한 때(제8호)
상대적 (임의적) 허가취소· 영업 정지사유 (제2항)	허가관청은 경비업자가 다음의 어느 하나에 해당하는 때에는 대통령령으로 정하는 행정처분의 기준에 따라 그 허가를 취소하거나 6개월 이내의 기간을 정하여 영업의 전부 또는 일부에 대하여 영업정지를 명할 수 있다. • 시·도 경찰청장의 허가 없이 경비업무를 변경한 때(제1호) • 도급을 의뢰받은 경비업무가 위법한 것임에도 이를 거부하지 아니한 때(제2호) • 경비지도사를 집단민원현장에 선임·배치하지 아니한 때(제3호) • 경비대상시설에 관한 경보 대응체제를 갖추지 아니한 때(제4호) • 관련 서류를 작성·비치하지 아니한 때(제5호) • 결격사유에 해당하는 경비원을 배치하거나 결격사유에 해당하는 경비지도사를 선임·배치한 때(제6호) • 대통령령이 정하는 바에 따르지 아니하고 이를 위반하여 경비지도사를 선임한 때(제7호) • 경비원으로 하여금 교육을 받게 하지 아니한 때(제8호) • 경비원의 복장 등에 관한 규정을 위반한 때(제9호) • 경비원의 장비 등에 관한 규정을 위반한 때(제10호) • 경비원의 출동차량 등에 관한 규정을 위반한 때(제11호) • 집단민원현장에 일반경비원 명부를 작성·비치하지 아니한 때(제12호) • 배치허가를 받지 아니하고 경비원을 배치하거나 경비원 명단 및 배치일시·배치장소 등 배치허가 신청의 내용을 거짓으로 한 때(제13호) • 결격사유에 해당하는 일반경비원을 집단민원현장에 배치한 때(제14호) • 경찰청장, 시·도 경찰청장, 관할 경찰관서장의 감독상 명령에 따르지 아니한 때(제15호) • 업무수행 중 고의 또는 과실로 발생한 경비대상 및 제3자의 손해를 배상하지 아니한 때(제16호)

※ 국회는 2025.1.7. 법률 제20645호에 의하여 경비업자가 허가받은 경비업무 외의 업무에 경비원을 종사시키는 것을 금지하고 이를 위반하는 경우 경비업 허가를 필요적으로 취소하는 것은 과잉금지원칙에 위반하여 경비업자의 직업의 자유를 침해한다는 헌법재판소의 헌법불합치 결정(헌재결[전] 2023.3.23. 2020헌가19) 취지를 반영하여, 경비업자가 경비업무 외의 업무에 경비원을 종사시키는 것을 원칙적으로 금지하되, 경비업무의 목적 달성을 침해하지 않는 범위에서 대통령령으로 정하는 업무는 예외적으로 허용하도록 하였다. 이에 따라 경비업법 제19조도 제1항 제2호를 삭제하면서 제19조 제2항 제2호의2(제7조 제5항을 위반하여 경비업무 또는 경비업무의 목적 달성을 침해하지 아니하는 범위에서 대통령령으로 정하는 업무 외의 업무에 경비원을 종사하게 한 때)를 상대적 허가취소·영업정지사유로 신설하고, 제19조 제3항을 "허가관청은 제1항 및 제2항에 의하여 허가취소 또는 영업정지처분을 하는 때에는 경비업자가 허가받은 경비업무 중 허가취소 또는 영업정지사유에 해당되는 경비업무에 한하여 처분을 하여야 한다. 다만, 제1항 제7호에 해당하여 허가취소를 하는 때에는 그러하지 아니하다"로 개정하였다. 이러한 개정규정은 2026.1.8.부터 시행된다.

18 정답 ④

경비업법 시행령 [별표 5]에 의하면, 경비지도사가 직무를 성실하게 수행하지 아니한 경우(ㄱ) 1차 위반 시에는 자격정지 3월, 경비지도사가 시·도 경찰청장의 명령을 위반한 경우(ㄴ) 1차 위반 시에는 자격정지 1월의 행정처분을 받게 된다.

관계법령 경비지도사 자격정지처분 기준(경비업법 시행령 [별표 5])★

위반행위	해당 법조문	행정처분 기준		
		1차	2차	3차 이상
1. 법 제12조 제3항의 규정에 위반하여 직무를 성실하게 수행하지 아니한 때	법 제20조 제2항 제1호	자격정지 3월	자격정지 6월	자격정지 12월
2. 법 제24조의 규정에 의한 경찰청장, 시·도 경찰청장의 명령을 위반한 때	법 제20조 제2항 제2호	자격정지 1월	자격정지 6월	자격정지 9월

※ 비고
위반행위의 횟수에 따른 행정처분의 기준은 당해 위반행위가 있은 이전 최근 2년간 같은 위반행위로 행정처분을 받은 경우에 적용한다.

19 정답 ②

징계 관계철은 청원주가 비치해야 한다(청원경찰법 시행규칙 제17조 제1항 제10호).

핵심만콕 문서와 장부의 비치(청원경찰법 시행규칙 제17조)★★★

청원주(제1항)	관할 경찰서장(제2항)	시·도 경찰청장(제3항)
• 청원경찰 명부 • 근무일지 • 근무 상황카드 • 경비구역 배치도 • 순찰표철 • 무기·탄약 출납부 • 무기장비 운영카드 • 봉급지급 조서철 • 신분증명서 발급대장 • 징계 관계철 • 교육훈련 실시부 • 청원경찰 직무교육계획서 • 급여품 및 대여품 대장 • 그 밖에 청원경찰의 운영에 필요한 문서와 장부	• 청원경찰 명부 • 감독 순시부 • 전출입 관계철 • 교육훈련 실시부 • 무기·탄약 대여대장 • 징계요구서철 • 그 밖에 청원경찰의 운영에 필요한 문서와 장부	• 배치결정 관계철 • 청원경찰 임용승인 관계철 • 전출입 관계철 • 그 밖에 청원경찰의 운영에 필요한 문서와 장부

20 정답 ❷

경비업법 제29조 제2항이 적용되어 가중처벌되는 형법상 범죄는 형법 제261조(특수폭행죄)이다. 인질강요죄(형법 제324조의2), 공무집행방해죄(형법 제136조), 강도죄(형법 제333조)는 경비업법령상 가중처벌되는 형법상 대상범죄가 아니다.

21 정답 ❷

② (×) 누구든지 장비를 임의로 개조하여 통상의 용법과 달리 사용함으로써 다른 사람의 생명·신체에 위해를 가하여서는 아니 된다(경비업법 제16조의2 제3항).
① (○) 경비업법 제16조의2 제1항
③ (○) 경비업법 시행규칙 [별표 5] 제7호
④ (○) 경비업법 제16조의3 제3항

22 정답 ❸

③ (다름) 경비업법 시행령 [별표 6] 제2호 나목 – 300만원
① (동일) 경비업법 시행령 [별표 6] 제4호 – 400만원
② (동일) 경비업법 시행령 [별표 6] 제5호 – 400만원
④ (동일) 경비업법 시행령 [별표 6] 제7호 – 400만원

관계법령 과태료의 부과기준(경비업법 시행령 [별표 6])★

위반행위	해당 법조문	과태료 금액(단위 : 만원)		
		1회 위반	2회 위반	3회 이상 위반
2. 법 제7조 제7항을 위반하여 경비대행업자 지정신고를 하지 않은 경우 가. 허위로 신고한 경우 나. 그 밖의 사유로 신고하지 않은 경우	법 제31조 제2항 제2호		400 300	
4. 법 제10조 제3항을 위반하여 결격사유에 해당하는 경비원을 배치하거나 결격사유에 해당하는 경비지도사를 선임·배치한 경우	법 제31조 제2항 제6호	100	200	400
5. 법 제12조 제1항(선임규정)을 위반하여 경비지도사를 선임하지 않은 경우	법 제31조 제2항 제4호	100	200	400
7. 법 제16조 제1항을 위반하여 복장 등에 관한 신고규정을 위반하여 신고를 하지 않은 경우	법 제31조 제2항 제7호	100	200	400

23 정답 ④

④ (✕) 재직기간이 23년인 경우 경사에 해당하는 경찰공무원의 보수를 감안한다(청원경찰법 제6조 제2항 제3호).
① (○) 청원경찰법 제6조 제3항
② (○) 청원경찰법 시행령 제12조 제1항
③ (○) 청원경찰법 제7조의2 단서

> **관계법령**
>
> **청원경찰경비(청원경찰법 제6조)** ★
> ② 국가기관 또는 지방자치단체에 근무하는 청원경찰의 보수는 다음 각호의 구분에 따라 같은 재직기간에 해당하는 경찰공무원의 보수를 감안하여 대통령령으로 정한다.
>   1. 재직기간 15년 미만 : 순경
>   2. 재직기간 15년 이상 23년 미만 : 경장
>   3. 재직기간 23년 이상 30년 미만 : 경사
>   4. 재직기간 30년 이상 : 경위
> ③ 청원주의 제1항 제1호에 따른 봉급·수당의 최저부담기준액(국가기관 또는 지방자치단체에 근무하는 청원경찰의 봉급·수당은 제외한다)과 같은 항 제2호 및 제3호에 따른 비용의 부담기준액은 경찰청장이 정하여 고시(告示)한다.
>
> **퇴직금(청원경찰법 제7조의2)**
> 청원주는 청원경찰이 퇴직할 때에는 「근로자퇴직급여보장법」에 따른 퇴직금을 지급하여야 한다. 다만, 국가기관이나 지방자치단체에 근무하는 청원경찰의 퇴직금에 관하여는 따로 대통령령으로 정한다.

24 정답 ④

제시문의 ㄱ과 ㄴ에 들어갈 내용은 순서대로 30명, 15일이다.
ㄱ : 제1호에 따라 경비지도사가 선임·배치된 시·도 경찰청의 관할구역과 경계를 맞닿아 인접한 시·도 경찰청의 관할구역에 배치된 경비원이 30명 이하인 경우에는 제1호에도 불구하고 경비지도사를 따로 선임·배치하지 않을 수 있다. 이 경우 제주특별자치도경찰청과 전라남도경찰청은 경계를 맞닿아 인접한 것으로 본다(경비업법 시행령 [별표 3] 제2호).
ㄴ : 경비업자는 제1항의 규정에 의하여 선임·배치된 경비지도사에 결원이 있거나 자격정지 등의 사유로 그 직무를 수행할 수 없는 때에는 15일 이내에 경비지도사를 새로이 충원하여야 한다(경비업법 시행령 제16조 제2항).

25 정답 ❸

|O|△|×| 경비업 허가의 유효기간은 허가받은 날부터 5년이고(경비업법 제6조 제1항), 경비업의 갱신허가신청을 받으려는 자는 허가의 유효기간 만료일 30일 전까지 경비업 갱신허가신청서를 법인의 주사무소를 관할하는 시·도 경찰청장 또는 해당 시·도 경찰청 소속의 경찰서장에게 제출하여야 한다(경비업법 시행규칙 제6조 제1항 전문). 이 사례에서는 최초 시설경비 허가를 받은 날을 기산점으로 할 것인지, 아니면 기계경비업 추가·변경허가를 받은 날을 기산점으로 할 것인지가 문제인데, 결론부터 말한다면, 추가·변경허가일을 기산점으로 삼는다. 경비업 허가에서 시설경비 허가증, 기계경비 허가증이 따로 있는 것이 아니고 하나의 허가증만 있을 뿐이므로, 변경허가가 있었다면 최종 변경허가일이 기산점이 된다. 경비법인 甲이 기계경비업 허가를 받은 2024년 1월 1일을 기준으로 허가의 유효기간 5년을 기산하면 2029년 1월 1일의 전날인 <u>2028년 12월 31일이 허가의 유효기간 만료일</u>이므로, 갱신허가신청의 만료일은 <u>2028년 12월 1일</u>이다. 따라서 <u>甲은 2028년 12월 1일까지 갱신허가신청을 하여야 한다.</u>

26 정답 ❶

|O|△|×|
① (○) 3년 이하의 징역 또는 3천만원 이하의 벌금(경비업법 제28조 제2항 제6호)
② (×) 2년 이하의 징역 또는 2천만원 이하의 벌금(경비업법 제28조 제3항)
③ (×) 1년 이하의 징역 또는 1천만원 이하의 벌금(경비업법 제28조 제4항 제2호)
④ (×) 1년 이하의 징역 또는 1천만원 이하의 벌금(경비업법 제28조 제4항 제1호)

27 정답 ❸

|O|△|×|
③ (×) <u>경비업자가 집단민원현장에 일반경비원을 배치하면서 경비원의 명부를 배치장소에 작성·비치하지 아니한 경우는 과태료 부과대상</u>(경비업법 제31조 제1항 제3호)이므로, 경비업법령상 <u>양벌규정이 적용되는 경우에 해당하지 않는다.</u> 양벌규정(경비업법 제30조)은 경비업법 제28조(벌칙) 위반행위를 전제로 적용한다.
① (○) 경비업법 제28조 제2항 제5호
② (○) 경비업법 제28조 제4항 제5호
④ (○) 경비업법 제30조 단서, 제28조 제1항

28 정답 ③

③ (✕) 시설주는 관할 경찰관서장으로부터 대여받은 무기를 특수경비원에게 휴대하게 하는 경우에는 관할 경찰관서장의 사전승인을 얻어야 한다(경비업법 시행령 제20조 제2항).
① (○) 경비업법 제14조 제8항 단서
② (○) 경비업법 제14조 제8항 본문
④ (○) 경비업법 시행령 제20조 제4항

관계법령 특수경비원의 직무 및 무기사용 등(경비업법 제14조)

⑧ 특수경비원은 국가중요시설의 경비를 위하여 무기를 사용하지 아니하고는 다른 수단이 없다고 인정되는 때에는 필요한 한도 안에서 무기를 사용할 수 있다. 다만, 다음 각호의 어느 하나에 해당하는 때를 제외하고는 사람에게 위해를 끼쳐서는 아니 된다. 〈개정 2024.2.13.〉
1. 무기 또는 폭발물을 소지하고 국가중요시설에 침입한 자가 특수경비원으로부터 3회 이상 투기(投棄) 또는 투항(投降)을 요구받고도 이에 불응하면서 계속 항거하는 경우 이를 억제하기 위하여 무기를 사용하지 아니하고는 다른 수단이 없다고 인정되는 때
2. 국가중요시설에 침입한 무장간첩이 특수경비원으로부터 투항(投降)을 요구받고도 이에 불응한 때

29 정답 ④

ㄹ. (○) 과태료는 대통령령이 정하는 바에 의하여 시·도 경찰청장 또는 경찰관서장이 부과·징수한다(경비업법 제31조 제3항).
ㅁ. (○) 무기관리에 대한 지도·감독은 관할 경찰관서장의 권한이다(경비업법 시행령 제21조).
ㄱ. (✕) 경비업자는 대통령령이 정하는 바에 따라 경비지도사를 선임하여야 한다(경비업법 제12조 제1항).
ㄴ. (✕) 경비지도사자격의 취소 또는 정지는 경찰청장의 권한이다(경비업법 제20조 제1항·제2항).
ㄷ. (✕) 경비업 허가의 취소 또는 영업정지는 허가관청인 시·도 경찰청장의 권한이다(경비업법 제19조, 제4조 제1항).

30 정답 ④

④ (✕) 경찰청장은 공제사업에 대하여 「금융위원회 설치 등에 관한 법률」에 따른 금융감독원의 원장에게 검사를 요청할 수 있다(경비업법 제23조 제6항).
① (○) 경비업법 제22조 제1항
② (○) 경비업법 제22조 제2항
③ (○) 경비업법 제23조 제1항 제2호

31 정답 ①

① (○) 청원경찰법 시행규칙 제16조 제1항 제7호
② (×) 청원주 및 청원경찰은 <u>행정안전부령으로 정하는 무기관리수칙</u>을 준수하여야 한다(청원경찰법 시행령 제16조 제4항).
③ (×) 시·도 경찰청장이 무기를 대여하여 휴대하게 하려는 경우에는 <u>청원주로부터 국가에 기부채납된 무기에 한정하여 관할 경찰서장으로 하여금 무기를 대여하여 휴대하게 할 수 있다</u>(청원경찰법 시행령 제16조 제2항).
④ (×) 무기를 손질하거나 조작할 때에는 <u>반드시 총구를 공중으로</u> 향하게 하여야 한다(청원경찰법 시행규칙 제16조 제3항 제4호).

32 정답 ④

형사사건으로 조사대상이 된 사람은 무기와 탄약의 지급 금지대상이 되지만, 민사사건의 피고로 소송계류 중인 사람은 이에 해당하지 않는다.

> **관계법령** **무기관리수칙(청원경찰법 시행규칙 제16조)★**
>
> ④ 청원주는 다음 각호의 어느 하나에 해당하는 청원경찰에게 무기와 탄약을 지급해서는 안 되며, 지급한 무기와 탄약은 즉시 회수해야 한다.
> 1. 직무상 비위(非違)로 징계대상이 된 사람
> 2. 형사사건으로 조사대상이 된 사람
> 3. 사직 의사를 밝힌 사람
> 4. 치매, 조현병, 조현정동장애, 양극성 정동장애(조울병), 재발성 우울장애 등의 <u>정신질환으로 인하여 무기와 탄약의 휴대가 적합하지 않다고 해당 분야 전문의가 인정하는 사람</u>
> 5. <u>제1호부터 제4호까지의 규정 중 어느 하나에 준하는 사유로 청원주가 무기와 탄약을 지급하기에 적절하지 않다고 인정하는 사람</u>
> 6. 변태적 성벽(性癖)이 있는 사람 – 삭제 〈2022.11.10.〉

33 정답 ③

③ (×) 청원경찰의 임용자격·임용방법·교육 및 보수에 관하여는 <u>대통령령</u>으로 정한다(청원경찰법 제5조 제3항).
① (○) 청원경찰법 시행령 제3조 제1호
② (○) 청원경찰법 제5조 제2항 – 국가공무원법 제33조(결격사유) 제4호
④ (○) 청원경찰의 복무에 관하여는 「국가공무원법」 제57조, 제58조 제1항, 제60조 및 「경찰공무원법」 제24조(거짓 보고 등의 금지)를 준용한다(청원경찰법 제5조 제4항).

34 정답 ❸

③ (○) 청원경찰법 제9조의3 제1항
① (✕) 관할 경찰서장은 매달 1회 이상 청원경찰을 배치한 경비구역에 대하여 복무규율과 근무 상황, 무기의 관리 및 취급 사항을 감독하여야 한다(청원경찰법 시행령 제17조).
② (✕) 2명 이상의 청원경찰을 배치한 사업장의 청원주는 청원경찰의 지휘·감독을 위하여 청원경찰 중에서 유능한 사람을 선정하여 감독자로 지정하여야 한다(청원경찰법 시행규칙 제19조 제1항).
④ (✕) 시·도 경찰청장은 청원경찰의 효율적인 운영을 위하여 청원주를 지도하며 감독상 필요한 명령을 할 수 있다(청원경찰법 제9조의3 제2항).

35 정답 ❷

청원주는 청원경찰에게 지급한 무기와 탄약은 매주 1회 이상 손질하게 하여야 한다(청원경찰법 시행규칙 제16조 제2항 제3호). 또한 수리가 필요한 무기가 있을 때에는 그 목록과 무기장비 운영카드를 첨부하여 관할 경찰서장에게 수리를 요청할 수 있다(동법 시행규칙 제16조 제2항 제4호).

36 정답 ❶

① (○) 청원경찰법 시행령 제14조 제1항, 동법 시행규칙 제9조 제1항 제3호
② (✕) 청원경찰이 그 배치지의 특수성 등으로 특수복장을 착용할 필요가 있을 때에는 청원주는 시·도 경찰청장의 승인을 받아 특수복장을 착용하게 할 수 있다(청원경찰법 시행령 제14조 제3항).
③ (✕) 청원경찰의 제복의 형태·규격 및 재질은 청원주가 결정하되, 사업장별로 통일해야 한다(청원경찰법 시행규칙 제9조 제2항 제1호 본문).
④ (✕) 청원경찰은 평상근무 중에는 정모, 근무복, 단화, 호루라기, 경찰봉 및 포승을 착용하거나 휴대하여야 한다(청원경찰법 시행규칙 제9조 제3항 전단).

37 정답 ❶

청원주는 그 배치결정의 통지를 받은 날부터 30일 이내에 배치결정된 인원수의 임용예정자에 대하여 청원경찰 임용승인을 시·도 경찰청장에게 신청하여야 한다(청원경찰법 시행령 제4조 제1항).

> **관계법령** 임용방법 등(청원경찰법 시행령 제4조)
> ① 법 제4조 제2항에 따라 청원경찰의 배치결정을 받은 자(이하 "청원주"라 한다)는 법 제5조 제1항에 따라 그 배치결정의 통지를 받은 날부터 30일 이내에 배치결정된 인원수의 임용예정자에 대하여 청원경찰 임용승인을 시·도 경찰청장에게 신청하여야 한다.
> ② 청원주가 법 제5조 제1항에 따라 청원경찰을 임용하였을 때에는 임용한 날부터 10일 이내에 그 임용사항을 관할 경찰서장을 거쳐 시·도 경찰청장에게 보고하여야 한다. 청원경찰이 퇴직하였을 때에도 또한 같다.

38 정답 ❸

청원경찰이 퇴직할 때에는 대여품(허리띠, 경찰봉, 가슴표장, 분사기, 포승)을 청원주에게 반납하여야 한다(청원경찰법 시행규칙 제12조 제2항). 반면에 급여품은 반납하지 아니한다.

관계법령

청원경찰 급여품표(청원경찰법 시행규칙 [별표 2])

품 명	수 량	사용기간	정기지급일
근무복(하복)	1	1년	5월 5일
근무복(동복)	1	1년	9월 25일
한여름 옷	1	1년	6월 5일
외투·방한복 또는 점퍼	1	2~3년	9월 25일
기동화 또는 단화	1	단화 1년, 기동화 2년	9월 25일
비 옷	1	3년	5월 5일
정 모	1	3년	9월 25일
기동모	1	3년	필요할 때
기동복	1	2년	필요할 때
방한화	1	2년	9월 25일
장 갑	1	2년	9월 25일
호루라기	1	2년	9월 25일

청원경찰 대여품표(청원경찰법 시행규칙 [별표 3]) ★

품 명	수 량
허리띠	1
경찰봉	1
가슴표장	1
분사기	1
포 승	1

39 정답 ❷

|O△X| ② (×) 시·도 경찰청장은 청원경찰을 배치하고 있는 사업장이 하나의 경찰서의 관할구역에 있는 경우에는 과태료 부과·징수에 관한 권한을 관할 경찰서장에게 위임한다(청원경찰법 시행령 제20조 제4호).
① (○) 청원경찰법 제12조 제1항 제2호
③ (○) 청원경찰법 시행령 제21조 제2항
④ (○) 청원경찰법 시행규칙 제24조 제3항

40 정답 ❷

|O△X| ② (○) 청원경찰법 시행령 제20조 제4호
① (×) 관할 경찰서장의 고유권한이다(청원경찰법 시행규칙 제20조 제1항).
③ (×) 관할 경찰서장의 고유권한이다(청원경찰법 시행령 제8조 제1항).
④ (×) 임용은 청원주의 고유권한이다(청원경찰법 제5조 제1항).

> **관계법령** 권한의 위임(청원경찰법 시행령 제20조)
>
> 시·도 경찰청장은 법 제10조의3에 따라 다음 각호의 권한을 관할 경찰서장에게 위임한다. 다만, 청원경찰을 배치하고 있는 사업장이 하나의 경찰서의 관할구역에 있는 경우로 한정한다.
> 1. 법 제4조 제2항 및 제3항에 따른 청원경찰 배치의 결정 및 요청에 관한 권한
> 2. 법 제5조 제1항에 따른 청원경찰의 임용승인에 관한 권한
> 3. 법 제9조의3 제2항에 따른 청원주에 대한 지도 및 감독상 필요한 명령에 관한 권한
> 4. 법 제12조에 따른 과태료 부과·징수에 관한 권한

제5회 경호학

> 문제편 124p

정답 CHECK

41	42	43	44	45	46	47	48	49	50	51	52	53	54	55	56	57	58	59	60
②	④	④	③	②	③	③	①	②	①	②	③	①	③	①	②	④	①	①	③
61	62	63	64	65	66	67	68	69	70	71	72	73	74	75	76	77	78	79	80
②	①	②	②	①	②	④	③	③	③	③	④	③	③	③	④	③	③	①	③

41 정답 ②

경호원의 신체적 능력이나 무술적 필요성을 지나치게 강조한 결과, 경호가 체육학·무도학의 일부로 인식되고 있으며, 이는 경호학의 연구와 발전에 걸림돌이 되고 있다.

> **핵심만콕**
>
> 경호는 위해를 가하려는 자와의 최종 대결에 앞서, 위해를 회피하고 예방하는 과정이 훨씬 중요하고 의미 있는 일이다. 경호원은 위해를 예상하고, 경호계획을 수립하고, 경호대책을 철저히 준비해서 위해기도를 사전에 무력화시켜야 한다. 그 방법을 찾고자 하는 것이 경호학이 추구하는 길이다. 사회의 흐름을 읽고, 사회의 변화를 이해하고, 사회의 요구에 부합하는 경호제도와 경호 이론 및 기법을 개발하여, 경호학의 발전을 함께 도모하는 계기가 되어야 하겠다.
>
> 〈출처〉 이두석, 「경호학개론」, 진영사, 2018, P. 36

42 정답 ④

④ (×) 전직대통령 예우에 관한 법률 제7조 제2항에 따르면 전직대통령이 금고 이상의 형이 확정된 경우에도 필요한 기간의 경호 및 경비는 계속할 수 있다.
① (○) 전직대통령 예우에 관한 법률 제5조의2
② (○) 대통령경호안전대책위원회규정 제4조 제1항 전단
③ (○) 대통령경호처와 그 소속기관 직제 제2조

> **관계법령** 권리의 정지 및 제외 등(전직대통령 예우에 관한 법률 제7조)
>
> ② 전직대통령이 다음 각호의 어느 하나에 해당하는 경우에는 제6조 제4항 제1호(필요한 기간의 경호 및 경비)에 따른 예우를 제외하고는 이 법에 따른 전직대통령으로서의 예우를 하지 아니한다.
>   1. 재직 중 탄핵결정을 받아 퇴임한 경우
>   2. 금고 이상의 형이 확정된 경우
>   3. 형사처분을 회피할 목적으로 외국정부에 도피처 또는 보호를 요청한 경우
>   4. 대한민국의 국적을 상실한 경우

43 정답 ❹

제시된 내용은 모두 테러방지법 제2조 제6호의 대테러활동에 해당한다.

관계법령 정의(국민보호와 공공안전을 위한 테러방지법 제2조)

이 법에서 사용하는 용어의 뜻은 다음과 같다.
1. "테러"란 국가・지방자치단체 또는 외국 정부(외국 지방자치단체와 조약 또는 그 밖의 국제적인 협약에 따라 설립된 국제기구를 포함한다)의 권한행사를 방해하거나 의무 없는 일을 하게 할 목적 또는 공중을 협박할 목적으로 하는 다음 각목의 행위를 말한다.
   [각목 생략]
2. "테러단체"란 국제연합(UN)이 지정한 테러단체를 말한다.
3. "테러위험인물"이란 테러단체의 조직원이거나 테러단체 선전, 테러자금 모금・기부, 그 밖에 테러 예비・음모・선전・선동을 하였거나 하였다고 의심할 상당한 이유가 있는 사람을 말한다.
4. "외국인테러전투원"이란 테러를 실행・계획・준비하거나 테러에 참가할 목적으로 국적국이 아닌 국가의 테러단체에 가입하거나 가입하기 위하여 이동 또는 이동을 시도하는 내국인・외국인을 말한다.
5. "테러자금"이란 「공중 등 협박목적 및 대량살상무기확산을 위한 자금조달행위의 금지에 관한 법률」 제2조 제1호에 따른 공중 등 협박목적을 위한 자금을 말한다.
6. "대테러활동"이란 제1호의 테러 관련 정보의 수집, 테러위험인물의 관리, 테러에 이용될 수 있는 위험물질 등 테러수단의 안전관리, 인원・시설・장비의 보호, 국제행사의 안전확보, 테러위협에의 대응 및 무력진압 등 테러 예방과 대응에 관한 제반 활동을 말한다.
7. "관계기관"이란 대테러활동을 수행하는 국가기관, 지방자치단체, 그 밖에 대통령령으로 정하는 기관을 말한다.
8. "대테러조사"란 대테러활동에 필요한 정보나 자료를 수집하기 위하여 현장조사・문서열람・시료채취 등을 하거나 조사대상자에게 자료제출 및 진술을 요구하는 활동을 말한다.

44 정답 ❸

③ (○) 제시문에 나타난 경호의 원칙은 경호대상자를 암살자 또는 위해를 가할 가능성이 있는 자로부터 떼어 놓아야 한다는 목표물 보존의 원칙이다. 목표물을 안전하게 보존하기 위해서는 행차 코스의 비공개, 행차 장소의 비공개, 대중에게 노출되는 보행 행차의 가급적 제한 등이 요구된다.
① (×) 은밀경호의 원칙에 관한 설명이다. 경호원은 타인의 눈에 잘 띄지 않게 침묵 속에서 은밀하게 행동하며 항상 경호대상자의 공적・사적 업무활동에 방해를 주지 않고 신변을 보호할 수 있는 곳에 행동반경을 두고 경호에 임해야 한다는 것이다. 은밀경호는 주변에 위압감을 주어 경호대상자의 이미지에 손상을 주거나 노출에 따른 위해요소들의 대응전략과 수립을 막는 데 그 목적을 둔다.
② (×) 하나의 통제된 지점을 통한 접근의 원칙에 관한 설명이다. 하나의 통제된 출입구나 통로 하더라도 접근자는 경호요원에 의하여 인지되고 확인되어야 하며 허가절차를 거쳐 접근토록 해야 한다.
④ (×) 자기희생의 원칙에 관한 설명이다. 경호대상자는 어떤 상황에서도 절대적으로 보호해야 하므로, 경호원은 경호대상자가 위기에 처했을 때는 자기 몸을 희생하여 경호대상자를 보호하여야 한다.

45 정답 ❷

차량문은 경호대상자차가 정지하는 것과 동시에 너무 성급하게 열지 않도록 한다. 후미경호차에서 내린 경호원까지 모두가 정위치하여 사주경계대형을 갖추고 주변에 이상이 없음을 확인한 후에 팀장의 신호를 받아서 서서히 개방한다.

〈출처〉이두석, 「경호학개론」, 진영사, 2018, P. 315

46 정답 ❸

대통령 등의 경호에 관한 법률 제2조 제1호에 따르면 (   )에 들어갈 내용은 ㄱ : 경호대상자, ㄴ : 위해, ㄷ : 특정 지역, ㄹ : 안전이다.

관계법령 **정의(대통령 등의 경호에 관한 법률 제2조)★**

이 법에서 사용하는 용어의 뜻은 다음과 같다.
1. "경호"란 경호대상자의 생명과 재산을 보호하기 위하여 신체에 가하여지는 위해(危害)를 방지하거나 제거하고, 특정 지역을 경계·순찰 및 방비하는 등의 모든 안전활동을 말한다.
2. "경호구역"이란 소속 공무원과 관계기관의 공무원으로서 경호업무를 지원하는 사람이 경호활동을 할 수 있는 구역을 말한다.
3. "소속 공무원"이란 대통령경호처(이하 "경호처"라 한다) 직원과 경호처에 파견된 사람을 말한다.
4. "관계기관"이란 경호처가 경호업무를 수행함에 있어 필요한 지원과 협조를 요청하는 국가기관, 지방자치단체 등을 말한다.

---

47 정답 ❸

③ (✕) 심정지 환자에게는 기본 인명구조술이 심정지 후 4분 이내에 시작되고, 전문적 인명구조술이 8분 이내에 시작되어야 높은 생존율을 기대할 수 있다.

〈출처〉이두석, 「경호학개론」, 진영사, 2018, P. 283

① (○) 심폐소생술(CPR)은 크게 보아 병원 전(前)단계에서 많이 시행하는 기본 인명구조술(심폐소생술의 초기단계)과 병원에서 주로 시행하는 전문 인명구조술로 구분된다.
② (○) 심폐소생술의 실시 순서로 옳은 설명이다.
④ (○) 성인의 심정지의 원인은 주로 심실세동이므로, 즉시 주변의 자동제세동기를 이용하여 응급조치를 취하거나 응급의료체계로 연락하여 조기에 전문적 인명구조술이 시행되도록 하여야 한다.

> **핵심만콕** 심폐소생술의 시행 순서
>
> 성인의 심정지의 원인은 주로 심실세동이므로, 즉시 주변의 자동제세동기를 이용하여 응급조치를 취하거나 응급의료체계로 연락하여 조기에 전문적 인명구조술이 시행되도록 하여야 한다.
> ① 심정지 확인 : 환자의 반응이 없고 호흡이 없거나 비정상 호흡상태가 관찰될 경우 심정지로 판단한다.
> ② 119 신고 : 환자가 의식이 없으면 주변에 도움을 요청하거나 119로 즉시 신고한다.
> ③ 가슴압박 : 119 신고 후 즉시 가슴압박을 시행한다(속도 : 분당 100~120회, 깊이 : 5~6cm).
> ④ 기도 유지 : 환자의 기도를 개방시켜야 한다.
> ⑤ 인공 호흡 : 30회의 가슴압박과 2회의 인공호흡을 구급대원이 현장에 도착할 때까지 반복해서 시행한다.
> ⑥ 회복자세 : 호흡이 회복되었으면 환자를 옆으로 돌려 눕히고, 정상 호흡이 없어지면 가슴압박과 인공호흡을 실시한다.
> ⑦ 제세동 : 제세동 성공률은 심실세동 발생 직후부터 1분마다 7~10%씩 감소되므로, 신속하게 시행하여야 한다.
>
> 〈참고〉 이두석, 「경호학개론」, 진영사, 2018, P. 284~288

48 정답 ①

[O△X] ①은 대테러센터의 수행 임무에 해당한다. '관계기관의 대테러활동 역할 분담·조정이 필요한 사항'이 국가테러대책위원회의 심의·의결사항이다.

> **관계법령** 국가테러대책위원회(국민보호와 공공안전을 위한 테러방지법 제5조)
>
> ① 대테러활동에 관한 정책의 중요사항을 심의·의결하기 위하여 국가테러대책위원회(이하 "대책위원회"라 한다)를 둔다.
> ② 대책위원회는 국무총리 및 관계기관의 장 중 대통령령으로 정하는 사람으로 구성하고 위원장은 국무총리로 한다.
> ③ 대책위원회는 다음 각호의 사항을 심의·의결한다.
>   1. 대테러활동에 관한 국가의 정책 수립 및 평가
>   2. 국가 대테러 기본계획 등 중요 중장기 대책 추진사항
>   3. 관계기관의 대테러활동 역할 분담·조정이 필요한 사항
>   4. 그 밖에 위원장 또는 위원이 대책위원회에서 심의·의결할 필요가 있다고 제의하는 사항
> ④ 그 밖에 대책위원회의 구성·운영 등에 필요한 사항은 대통령령으로 정한다.

49 정답 ②

[O△X] ㄱ. 통로에서는 통로의 중앙보다는 양 측면을 중점 검측한다.

〈출처〉 김두현, 「경호학개론」, 엑스퍼트, 2020, P. 270

ㄴ. 건물 내부에서는 아래보다는 높은 곳을 중점 검측한다.

〈출처〉 김두현, 「경호학개론」, 엑스퍼트, 2020, P. 270

ㄷ. 검측활동 시에는 위해분자는 인간의 습성(위를 보지 않는 습성, 더러운 곳을 싫어하는 습성, 공기가 탁한 곳을 싫어하는 습성)을 최대한 활용한다는 점을 명심하고, 상하좌우 빠지는 부분이 없도록 반복 중첩되게 실시한다.

〈출처〉 이두석, 「경호학개론」, 진영사, 2018, P. 270

50 정답 ①

① (○) 전통적인 테러 조직에 의한 테러가 아니라, 개인 또는 소규모 조직에 의해 이루어지는 테러가 증가하고 있다.
② (×) 뉴테러리즘은 불특정 다수에 대한 공격을 특징으로 한다.
③ (×) 뉴테러리즘(New Terrorism)은 일반대중들의 공포를 목적으로 적이 누구인지 모르고, 전선이나 전쟁 규칙도 없다. 대량살상무기나 사이버무기, 생물학무기, 생화학무기 등을 사용하며, 결국 사회나 국가전체의 혼란 및 무력화를 추구하는 새로운 테러리즘을 지칭하는 말이다. 기존의 테러리즘과는 달리 요구 조건이나 공격 주체가 불분명하다는 특징을 지닌다.
④ (×) 경제적·물질적 피해 규모가 천문학적인 수준으로 전통적 테러에 비해 피해규모가 큰 양상을 띤다.

핵심만콕 뉴테러리즘

정의	미국의 뉴욕 세계무역센터 테러사건처럼 공격 주체와 목적이 없으며, 테러의 대상이 무차별적인 새로운 개념의 테러리즘을 가리키는 용어이다.
주요 특징	• 불특정 다수를 공격대상으로 한다. • 동시다발적 공격이 가능하다. • 주체가 없고('얼굴 없는 테러') 요구조건과 공격조건이 없다. • 경제적·물질적 피해 규모가 천문학적인 수준이다. • 과학화·정보화의 특성을 반영하여 조직이 고도로 네트워크화되어 있다. 이에 따라 조직 중심이 다원화되어 조직의 무력화가 어렵다. • 테러행위에 소요되는 시간이 짧아 예방대책 수립이 어렵다. • 언론매체를 이용하여 공포가 쉽게 확산된다. • 사회적으로 지식층과 엘리트층이 테러리스트로 활동하여 테러가 보다 지능화되고 성공률이 높아지고 있다. • 증거인멸이 쉬운 대량살상 무기가 사용될 가능성이 많다.

51 정답 ②

② (○) 역쐐기형(V자) 대형은 전방에는 아무런 위협이 없다는 가정하에 경호대상자를 바로 노출시켜 전방에 개방된 대형을 취한다.
① (×) 경호효과가 높으나 경호대상자가 완전히 경호원에 의해 둘러싸여 있는 인상을 주게 되는 근접경호대형은 원형 대형이다.
③ (×) 근접경호대형을 형성하는 각 경호요원에게는 주 경계방향이 지정되고, 각 경호요원의 사주경계 범위는 중첩되게 설정되어, 사각이 발생되지 않도록 한다.
④ (×) 근접경호원은 고정된 위치와 대형을 고수해서는 안 되고, 장소나 상황에 따라 융통성 있게 변화시켜야 한다.

52 정답 ③

③ (○) 우발상황 발생 시 기본원칙의 하나인 촉수거리의 원칙은 위해기도자에 대한 대응은 경호원 중 위해기도자와 가장 가까운 거리에 있는 경호원이 해야 한다는 원칙이다. 촉수거리의 원칙에 따르면 경호원이 위해기도자와의 거리보다 경호대상자와의 거리가 더 가깝다면 경호대상자를 방호해서 신속히 현장을 이탈하는 것이 효과적이고, 위해기도자와의 거리가 경호대상자와의 거리보다 더 가깝고 촉수거리에 있다면 과감하게 위해기도자를 제압하는 것이 효과적일 수 있다.

① (×) 타 지역으로 이동 전에 경호원은 이동로, 소요시간, 경호대형, 주위의 특이상황, 주의사항 및 경호대상자의 이동 위치를 경호대상자에게 알려주어야 한다.

② (×) 경호원은 위해발생 시 경호대상자의 방호 및 대피가 위해기도자의 제압보다 우선이다.

④ (×) 경호요원은 경호대상자와 경호요원 사이에 암살자 등이 끼어들 수 없도록 상대적 위치와 경호 대형을 수시로 바꾸면서 항상 경호대상자와 근접해 있어야 한다.

53 정답 ①

국제화 및 개방화는 경호의 일반적 환경요인이다.

핵심만콕 경호의 환경★

일반적 환경요인	특수적 환경요인
• 국제화 및 개방화 • 경제발전 및 과학기술의 발전 • 정보화 및 범죄의 광역화 • 수출소득의 증대 • 생활양식과 국민의식의 변화 • 범죄의 다양화와 증가	• 경제전쟁 • 지역이기주의 • 한국의 국제적 지위 향상 • 북한의 위협 • 해외에서 우리 국민의 테러위협 증가 • 증오범죄의 등장

54 정답 ③

위해의 성공가능성을 높이기 위해 철저한 보안을 유지하는 폐쇄적 구조를 가지고 있다.

핵심만콕 경호 위해조직의 일반적 특성

동심원적 구조	지도자 조직을 중심으로 행동조직과 지원조직들이 동심원적으로 결합되어 있다.
전문성	과학기술의 발달과 고도의 정밀장비들의 개발로 위해조직들은 전문화되고 있다.
폐쇄적 구조	위해의 성공가능성을 높이기 위해 철저한 보안을 유지하는 폐쇄적 구조를 가지고 있다.
정확성·치밀성	위해기도의 성공을 위해 치밀한 계획과 정확한 행동을 필수로 한다.

55 정답 ①

① (×) 경호차량 선정 시 무엇보다 우선하여 고려되어야 하는 사항은 바로 경호대상자의 안전과 보호이다. 이러한 기준에 비추어 보았을 때 ①은 결코 바람직한 선정방법이 될 수 없다. 경호차량은 경호환경을 잘 파악한 후 효과적으로 선정되어야 한다.
② (○) 행사의 성격(공식·비공식), 도로 및 교통상황, 경호대상자의 성향, 위협의 정도, 경호원의 근무여건 등을 고려하여 차량의 종류와 대형을 결정한다.
③ (○) 가장 안전하고 편리한 최단거리 노선을 선택하기 위해서 행차로와 환차로 등 주변 도로망을 파악하여야 한다.
④ (○) 변칙적인 경호기법으로서 기동차량의 기만에 관한 설명이다. 차량대형의 위치를 수시로 변경시키는 것도 기만경호 기법의 활용이라 할 수 있다.

56 정답 ②

② (○) 경호조직의 특성 중 통합성과 계층성에 대한 옳은 설명이다. 경호조직은 기구단위 및 권한과 책임이 분화되어야 하며, 경호조직 내의 중추세력은 권한의 계층을 통하여 분화된 노력을 상호 조정하고 통제함으로써 경호의 목적을 달성할 수 있다.
① (×) 국제적 테러행위의 수법이 지능화·고도화되고 있어 경호조직에 있어서도 기능의 전문화 내지 분화현상이 나타나고 있다.
③ (×) 지휘가 단일해야 한다고 하는 것은 경호기관(요원)은 한 사람의 지휘를 받아야 한다는 뜻이다. 한 걸음 더 나아가서 지휘의 단일이란 「하나의 지휘자」라는 의미 외에 하급경호요원은 하나의 상급기관에 대해서만 책임을 진다는 의미가 포함된다.

〈출처〉 김두현, 「경호학개론」, 엑스퍼트, 2020, P. 184~185

④ (×) 과학기술의 진보와 더불어 거대정부의 양상은 경호기능의 간접적인 대규모화의 계기가 되었다. 그와 더불어 경호조직도 과거에 비해 그 기구 및 인원 면에서 점차 대규모화·다변화되고 있다.

57 정답 ④

제시된 내용 중 대통령경호안전대책위원회와 테러대책실무위원회의 위원에 공통으로 해당하는 자는 ㄱ, ㄴ, ㄷ, ㅂ이다.
ㄹ. (×) 대검찰청 공공수사정책관은 대통령경호안전대책위원회 위원에만 해당한다(대통령경호안전대책위원회규정 제2조).
ㅁ. (×) 국무조정실 대테러정책관은 테러대책실무위원회의 위원에만 해당한다(국가테러대책위원회 및 테러대책실무위원회 운영규정 제13조 제3항 제1호).
ㅅ. (×) 국가정보원 테러정보통합센터장은 대통령경호안전대책위원회 위원에만 해당한다(대통령경호안전대책위원회규정 제2조). 국가정보원 대테러담당 2급이 테러대책실무위원회의 위원에 해당한다.

관계법령

구성(대통령경호안전대책위원회규정 제2조)

대통령경호안전대책위원회(이하 "위원회"라 한다)의 위원은 국가정보원 테러정보통합센터장, 외교부 의전기획관, 법무부 출입국·외국인정책본부장, 과학기술정보통신부 통신정책관, 국토교통부 항공안전정책관, 식품의약품안전처 식품안전정책국장, 관세청 조사감시국장, 대검찰청 공공수사정책관, 경찰청 경비국장, 소방청 119구조구급국장, 해양경찰청 경비국장, 합동참모본부 작전본부 소속 장성급 장교 중 위원장이 지명하는 1명, 국군방첩사령부 소속 장성급 장교 또는 2급 이상의 군무원 중 위원장이 지명하는 1명, 수도방위사령부 참모장과 위원장이 임명 또는 위촉하는 자로 구성한다.

실무위원회 구성(국가테러대책위원회 및 테러대책실무위원회 운영규정 제13조)

③ 실무위원회 위원은 시행령 제5조 제3항에 따라 대책위원회에 참여하는 관계기관 및 소속기관의 고위공무원단에 속하는 일반직 공무원(이에 상당하는 특정직, 별정직 공무원을 포함한다) 중 다음 각호의 자가 된다.
1. 기획재정부 비상안전기획관, 외교부 국제기구국장·재외동포영사국장, 통일부 정책기획관, 법무부 출입국정책단장·대검찰청 대테러담당검사(고등검찰청 검사급), 국방부 정책기획관·합참작전1처장·국군기무사령부 방첩처장, 행정안전부 비상안전기획관·재난대응정책관, 산업통상자원부 비상안전기획관, 보건복지부 질병관리본부 긴급상황센터장, 환경부 환경보건정책관, 국토교통부 항공정책관·비상안전기획관, 해양수산부 해운물류국장, 금융위원회 금융정보분석원장, 국가정보원 대테러담당 2급, 대통령경호처 경비안전본부장, 국무조정실 대테러정책관, 관세청 조사감시국장, 경찰청 경비국장, 소방청 119구조구급국장, 해양경찰청 경비국장, 원자력안전위원회 방사선방재국장
2. 그 밖에 실무위원장이 지명하는 자

58 정답 ❶

현행 항공안전법에서 드론을 명시적으로 정의하고 있지는 않지만, 초경량비행장치 중 무인(동력)비행장치에 드론이 포함된다고 할 수 있다.

관계법령 정의(항공안전법 제2조)

이 법에서 사용하는 용어의 뜻은 다음과 같다. 〈개정 2024.3.19.〉
3. "초경량비행장치"란 항공기와 경량항공기 외에 공기의 반작용으로 뜰 수 있는 장치로서 자체중량, 좌석 수 등 국토교통부령으로 정하는 기준에 해당하는 동력비행장치, 행글라이더, 패러글라이더, 기구류 및 무인비행장치 등을 말한다.

초경량비행장치의 기준(항공안전법 시행규칙 제5조)

법 제2조 제3호에서 "자체중량, 좌석 수 등 국토교통부령으로 정하는 기준에 해당하는 동력비행장치, 행글라이더, 패러글라이더, 기구류 및 무인비행장치 등"이란 다음 각호의 기준을 충족하는 동력비행장치, 행글라이더, 패러글라이더, 기구류, 무인비행장치, 회전익비행장치, 동력패러글라이더 및 낙하산류 등을 말한다. 〈개정 2024.11.13.〉
  5. 무인비행장치 : 사람이 탑승하지 아니하는 것으로서 다음 각목의 비행장치
    가. 무인동력비행장치 : 연료의 중량을 제외한 자체중량이 150킬로그램 이하인 무인비행기, 무인헬리콥터, 무인멀티콥터 또는 무인수직이착륙기
    나. 무인비행선 : 연료의 중량을 제외한 자체중량이 180킬로그램 이하이고 길이가 20미터 이하인 무인비행선

59 정답 ①

제시문은 보안활동(보안작용) 분야를 설명한 것이다.

60 정답 ③

③ (×) 현재 사이버범죄와 관련된 우리나라의 법률체계는 「정보통신망 이용촉진 및 정보보호 등에 관한 법률(약칭 : 정보통신망법)」이 사이버범죄의 기본법적인 역할을 하고 있으나, 이외에도 「정보통신기반 보호법」, 「전기통신사업법」, 「위치정보의 보호 및 이용 등에 관한 법률(약칭 : 위치정보법)」, 「개인정보 보호법」 등 다양한 법률이 적용되고 있다.
① (○) 경제생활의 향상은 폭리범죄, 신용범죄, 특허범죄 등의 경제사범을 증가시키고 과학기술의 이용, 풍부한 정보의 활용은 범죄의 지능화·조직화 등 질적 변화를 초래하게 된다. 이러한 경호환경 악화에 대응하기 위해 경호의 첨단화가 가속화되고 있다.
② (○) 소수인종 및 민족, 종교적 편견, 장애인, 노인 등 약자 층을 대상으로 이유 없는 증오심을 갖고 테러를 자행하는 증오범죄가 심각하게 등장하고 있다.

〈출처〉 김두현, 「경호학개론」, 엑스퍼트, 2020, P. 462~463

④ (○) 세계는 군사전쟁에서 경제전쟁으로 탈바꿈하여 지역이기주의 또는 지역경제주의로 발전, 소수민족의 테러 단체들의 투쟁이 증가되고 있다. 국제정세의 변화로 구주·중동·아시아 지역의 테러단체 대부분이 재정상 압박 등으로 활동이 크게 위축된 반면 각 지역의 소수민족분리주의 테러단체들에 의한 소모적 테러투쟁은 오히려 증가되고 있다.

61 정답 ②

② (×) 경호등급을 구분하여 운영하는 경우에는 외교부장관, 국가정보원장 및 경찰청장과 미리 협의하여야 한다(대통령 등의 경호에 관한 법률 시행령 제3조의2 제2항).★
① (○) 대통령 등의 경호에 관한 법률 제5조 제1항
③ (○) 대통령 등의 경호에 관한 법률 제5조 제2항
④ (○) 대통령 등의 경호에 관한 법률 시행령 제3조의2 제3항

62 정답 ①

① (○) 행사장에 대한 출입통제는 3선 경호개념에 의거한 경호구역의 설정에 따라 각 구역별 통제의 범위를 결정하여야 한다.
② (×) 출입통로는 가능한 한 단일통로를 원칙으로 하나, 행사장 구조, 참가자 수, 참석자 성분 등을 고려하여 수개의 출입통로를 지정하여 불편요소를 최소화할 수 있다.
③ (×) 2선 경비구역은 행사 참석자를 비롯한 모든 출입요소의 1차 통제점이 되어, 상근자 이외에 용무가 없는 사람들의 출입을 가급적 제한한다.

〈출처〉 이두석, 「경호학개론」, 진영사, 2018, P. 266

④ (×) 대규모 행사 시에는 참석 대상별 또는 좌석별 구분에 따라 출입통로 선정 및 시차입장계획을 수립하여 출입통제가 용이하도록 한다.

63 정답 ❷

② (○) 위급상황 시 근접경호원은 위해자와 경호대상자 사이를 차단하고, 경호대상자를 방호하여 적 공격의 반대 방향이나 비상구 쪽으로 신속하게 대피하여야 한다.
① (×) 근접경호 시 시간상으로나 거리상으로 경호대상자보다 위해기도자가 더 가까이에 있어서, 위해기도자를 제압하는 것이 경호대상자를 보호하는 데 더 효과적이라고 판단할 경우에는 위해기도자를 제압할 수 있다.
③ (×) 경호원은 사격훈련을 할 때에도 꼿꼿이 서서 사격을 함으로써 위해기도자의 총탄을 피하지 않고 몸으로 받아내겠다는 자세를 견지하고, 방호훈련을 할 때에도 체위를 확장하면서 몸을 날리는 훈련을 반복한다. 절체절명의 위기의 순간에 경호원이 살겠다고 몸을 낮추면 경호대상자가 희생되는 결과를 초래할 것이며, 이것은 경호대상자에 대한 배신이자 기만으로, 경호원에게는 결코 있을 수 없는 행동이다.
④ (×) 경호원은 비록 위해기도자가 아무리 만만해 보여도 위해기도자를 잡기 위해 경호대상자를 무방비로 방치해서는 안 된다. 경호원의 수적 여유가 없을 경우 위해기도자의 체포 및 수사는 경찰기관에 맡기고, 어떠한 경우에도 경호원은 경호대상자 옆을 굳건히 지켜서 제2, 제3의 공격에 대비해야 한다.

〈출처〉 이두석, 「경호학개론」, 진영사, 2018, P. 187~189

64 정답 ❷

( ) 안의 ㄱ과 ㄴ에 들어갈 내용은 모두 경호대상자이다.

핵심만콕	경호의 기본원리 - 자연방벽효과의 원리
구 분	내 용
수평적 방벽효과	• 근접경호원이 경호대상자와 위해기도자의 중간에 위치하여 위해기도자의 공격을 차단할 때, 근접경호원의 위치에 따라 경호대상자의 보호범위와 위해기도자의 이동거리가 달라지는 효과를 말한다. • 위해기도자의 위치가 고정된 경우, 즉 위해기도자의 위치를 아는 경우 수평적 방벽효과는 근접경호원이 위해기도자와 가까이 위치할수록 증가한다.★ • 경호대상자의 위치가 고정된 경우 수평적 방벽효과는 근접경호원이 경호대상자와 가까이 위치할수록 증가한다.★
수직적 방벽효과	• 위해기도자가 고층건물과 같이 높은 위치에서 공격한다고 가정할 경우, 수직적 방벽효과는 근접경호원이 경호대상자와 가까이 위치할수록 증가한다.★ • 경호원의 신장의 차이가 수직적 방벽효과에 큰 영향을 미치는 것이다.★ • 경호원이 경호대상자에 대한 수직적 방벽효과를 극대화하기 위해서는 항상 바른 자세로 똑바로 서서 근무에 임해야 하며, 결코 몸을 움츠리거나 어정쩡한 자세를 취해서는 안 된다.★

〈참고〉 이두석, 「경호학개론」, 진영사, 2018, P. 162~164

65 정답 ❶

Ⅰ급 비밀에 관한 설명이다.

핵심만콕	비밀의 구분
Ⅰ급 비밀	누설되는 경우 대한민국과 외교관계가 단절되고 전쟁을 유발하며, 국가의 방위계획, 정보활동 및 국가방위상 필요불가결한 과학·기술을 위태롭게 하는 등의 우려가 있는 비밀
Ⅱ급 비밀	누설되는 경우 국가안전보장에 막대한 지장을 초래할 우려가 있는 비밀
Ⅲ급 비밀	누설되는 경우 국가안전보장에 손해를 끼칠 우려가 있는 비밀
대외비	위의 Ⅰ·Ⅱ·Ⅲ급 비밀 외에 특별히 보호를 요하는 사항을 대외비로 하며, 비밀에 준하여 취급

66 정답 ❷

기계실, 보일러실, 화약고 등의 취약장소에는 경호근무자가 없거나 부족할 경우 해당 장소를 안전조치 후 봉인하여 경호주체가 안전을 확인한 장소임을 표시한다. 경호상황실, 주행사장, 휴게실 등의 장소에는 담당자를 지정하여 임무를 부여한다.

핵심만콕	경호인력의 배치

- 임무별 배치
  - 경호요원을 행사적 관점에서 임무별로 구분하여 배치한다. 행사의 구성에 따라 각 행사장별로 책임자를 지정하여 행사를 준비하고 필요한 경호조치를 강구하게 한다.
  - 경호의 제작전요소와 행사 진행상황을 지휘하고 통제하는 경호상황실, 해당 행사의 주행사장(단상), 그리고 부수적인 휴게실, 접견장, 오찬장이나 만찬장, 또는 역이나 공항 등에 담당자를 지정하여 임무를 부여한다.
  - 더불어 행사 참석자를 구분하고 확인하기 위해 운용하는 비표, 행사 참석자의 안전성을 확인하기 위한 검색(MD근무), 보도요원을 통제하고 지원하는 보도, 행사장 내로 출입하는 인원과 차량을 통제하는 정문과 기타 임무로 구분하여 임무를 부여한다.
- 취약개소별 배치
  - 경호안전의 관점에서 행사장의 취약개소를 판단하여 경호요원을 배치한다. 취약개소는 그 자체로는 별 문제점은 없으나, 위해기도자가 위해기도에 이용할 수 있거나 고장 등과 같은 기능 이상 시 행사 진행에 중대한 영향을 미칠 수 있는 장소를 말한다.
  - 취약장소로는 기계실, 보일러실, 조명실, 공조실, 음향실, 유류고, 화약고, 가스저장소, 비상통로 등이 있을 수 있다. 만약 경호근무자가 없거나 부족할 경우에는 해당 장소를 안전조치 후 봉인하여 경호[경호주체(註)]가 안전을 확인한 장소임을 표시한다.
  - 주요 접근로 및 목지점에도 경요원의 배치가 필요한데, 행사장으로 연결되는 주요 출입문(통로)과 이동로상 접근로 등이 이에 해당된다. 외곽의 주요 직가시 지역인 직시 고층건물 및 감제고지 등에는 감시조(OP조, 행사장 주변의 이상유무를 감시)를 배치하여 위해기도자의 은폐를 차단하거나 역감시조(고층건물·감제고지를 감시)를 배치하여 위해공격에 대비한다.

〈출처〉 이두석, 「경호학개론」, 진영사, 2018, P. 232

67 정답 ❹

후미 경호차량은 좌회전 시에는 경호대상자 차량의 우측 후미차선, 우회전 시에는 좌측 후미차선을 이용하여 회전하면서 접근 차량에 대한 방호임무를 수행한다.

핵심만콕 교차 회전 시 경호차량 운전방법

- 회전 시에는 길 바깥쪽으로 원심력이 작용하여 차량이 전복되거나 전도되는 사고 등의 가능성에 유의해야 한다.
- 회전 시에는 진입하기 전에 충분히 감속해서 커브에 맞는 속도로 조절하면서 직선에 가까운 코스를 유지하는 것이 바람직하다.
- 회전 시 선도차량은 중앙선에 접근하여 회전하면서 반대 방향의 과속차량에 대한 견제 임무를 수행하고 경호대상자 차량과 간격을 유지하며 속도를 조절한다.
- 경호대상자 차량은 선도차량과 일정 간격을 유지하면서 좌·우 회전 시 각각 선도차량의 후미 우측이나 좌측 차선을 이용하여 회전한다.
- 후미 경호차량은 좌회전 시에는 경호대상자 차량의 우측 후미차선, 우회전 시에는 좌측 후미차선을 이용하여 회전하면서 접근 차량에 대한 방호임무를 수행한다. 회전 시에는 경호대상자 차량의 회전 방향의 반대쪽 옆으로 접근하여 경호를 펼쳐야 한다.

〈출처〉 이상철, 「경호현장운용론」, 진영사, 2008, P. 207

68 정답 ❸

제시된 내용 중 행사장 참석자 인원수 및 성향(ㄴ)과 주변 감시통제 건물의 취약도(ㄷ)는 도보대형 형성 시 우선적으로 고려할 사항에 해당한다.

핵심만콕

도보대형 형성 시 우선적으로 고려할 사항	차량 기동 간 사전준비 및 검토할 사항
• 경호대상자의 취향(내성적·외향적·은둔형·과시형) • 주변 감시통제 건물의 취약도 • 인적 취약요소의 이격도 • 물적 취약요소의 위치 • 행사장 사전예방경호의 수준 • 행사장 참석자 인원수 및 성향 • 행사 성격 등	• 행차로와 환차로 등 주변 도로망 파악 • 대피소 및 최기병원 선정 등 주변 구호시설의 파악 • 주도로 및 예비도로의 선정 • 차량대형 및 차종의 선택 • 의뢰자 및 관계자의 차량번호 숙지 • 현지에서 합류되는 차량번호 숙지 등 • 경호대상자의 성향 및 행사 성격 등

69 정답 ❸

③ (×) 테러경보는 테러위협의 정도에 따라 관심·주의·경계·심각의 4단계로 구분한다(테러방지법 시행령 제22조 제2항).
① (○), ② (○) 테러방지법 제2조 제1호·제5호
④ (○) 테러방지법 시행령 제24조 제1항

70 정답 ③

제시된 내용 중 옳지 않은 것은 ㄱ, ㄹ, ㅁ이다.
- ㄱ. (×) 호신장비에 관한 설명이다. 방호장비란 경호대상자나 경호대상자가 사용하는 시설물을 보호하기 위한 장비를 말한다.
- ㄹ. (×), ㅁ. (×) 검색장비는 위해도구나 위해물질을 찾아내는 데 사용하는 장비를 말하고, 검측장비는 위해물질의 존재 여부를 검사하거나 시설물의 안전점검에 사용하는 도구를 말한다. 일반적으로 검측장비로 통칭하며, 검측장비는 탐지장비, 처리장비, 검측공구로 구분하여 사용한다.
- ㄴ. (○), ㄷ. (○) 감시장비는 경호임무에 있어 인력부족으로 인한 경호 취약점을 보완하는 수단으로 위해기도자의 침입이나 범죄행위를 사전에 감시하기 위한 장비(전자파, 초음파, 적외선 등을 이용한 기계장비)를 말한다. 감시장비에는 드론, CCTV, 열선감지기, 쌍안경, 망원경, 포대경(M65), TOD(영상감시장비) 등이 있다.

71 정답 ④

제시된 내용 중 경호복장에 관한 설명으로 옳은 것은 ㄱ, ㄷ, ㄹ, ㅁ이다.
- ㄱ. (○) 근접경호원은 보호색의 원리에 의한 비노출적 근무를 해야 하므로 경호현장의 주변 환경과 조화되는 복장을 착용하여야 한다.
- ㄷ. (○) 경호원의 이미지는 경호대상자의 이미지 형성에도 영향을 미치므로 단정한 용모와 복장으로 경호원으로서 품위를 유지하여야 한다.
- ㄹ. (○) 경호복장 선택 시 고려사항으로 옳은 설명이다.
- ㅁ. (○) 장신구의 착용은 지양한다. 단, 여자 경호원의 경우 평범하고 단순한 것으로 선택하여 착용할 수 있다.
- ㄴ. (×) 행사의 성격과 장소에 어울리는 복장을 착용하여야 하며, 어두운 색상일수록 위엄과 권위가 있다.

72 정답 ③

③은 군작전본부의 업무 분장사항이다(다자간 정상회의 경호 및 안전관리 업무에 관한 규정 제8조 제6호).

> **관계법령** 경호작전본부(다자간 정상회의의 경호 및 안전관리 업무에 관한 규정 제6조)
> ① 경호작전본부는 경호실 및 관계기관의 소속 공무원을 파견받아 구성하고, 다음 각호의 사항을 분장한다.
>   1. 참가국 정상 등의 신변보호를 위한 경호활동의 시행
>   2. 행사별 모든 작전요소의 조정·통제
>   3. 회의장 및 숙소, 공항, 기동로(機動路) 등에 대한 세부 경호·안전계획의 수립 및 시행
>   4. 그 밖에 통제단장이 지시하는 업무 및 경호·안전 관련하여 필요한 업무
> ② 제1항 제1호의 업무는 통제단의 다른 업무보다 우선한다.

73 정답 ❸

③ (✕) 선박경호는 경호대상자가 선박을 이용하는 경우 선박 내에서 이루어지는 경호로 이동수단에 의한 분류에 해당한다.
① (○) 행사장경호는 장소에 의한 분류에 해당한다. 행사장은 일반군중과 가까우므로 완벽한 경호가 필요하다.
② (○) 숙소경호는 장소에 의한 분류에 해당한다. 체류기간이 길고 야간경호를 해야 한다.
④ (○) 연도경호(노상경호)는 장소에 의한 분류에 해당한다. 세부적으로 교통수단에 의해 육로경호(도로상에서의 위해요소 제거행동)와 철도경호(철로 주변에서의 경호활동)로 구분할 수 있다.

74 정답 ❸

③ (✕) 경호기관단위작용의 원칙이란 경호의 업무는 성격상 개인이 아닌 기관단위의 작용으로 기관의 하명에 의해서 이루어진다는 원칙으로, 기관단위의 임무결정은 지휘자만이 할 수 있고 경호의 성패는 지휘자만이 책임을 진다는 의미가 포함된다.
① (○) 경호지휘단일성의 원칙에 관한 설명으로 옳다. 지휘 및 통제의 이원화로 인해 파생되는 문제들을 보완하기 위해 명령과 지휘체계는 반드시 하나의 계통으로 구성해야 하며, 이는 경호업무가 긴급성을 요한다는 점에서도 요청된다.
② (○) 경호체계통일성의 원칙에 관한 설명으로 옳다. 경호기관 구조의 정점으로부터 말단까지 상하계급 간에 일정한 관계가 성립되어 책임과 업무의 분담이 이루어지고, 명령(命令)과 복종(服從)의 지위와 역할의 체계가 통일되어야 한다.
④ (○) 경호조직과 국민과의 협력을 의미하며 완벽한 경호를 위해서는 국민의 절대적인 협력이 필요하다는 경호협력성의 원칙에 관한 옳은 설명이다.

75 정답 ❸

③ (✕) 소속 공무원은 경호처의 직무와 관련된 사항을 발간하거나 그 밖의 방법으로 공표하려면 미리 처장의 허가를 받아야 한다(대통령 등의 경호에 관한 법률 제9조 제2항).
① (○) 정부조직법 제16조 제2항 후단, 대통령 등의 경호에 관한 법률 제3조 제1항 전단
② (○) 대통령 등의 경호에 관한 법률 제17조 제1항 참고
④ (○) 대통령 등의 경호에 관한 법률 제8조 제2항 제1호

76 정답 ④

④ (○) 신임장 제정일 순서로 배치한다(나라의 크기 및 규모와 무관).
① (×) 대한민국은 국가 의전서열을 직접적으로 공식화하지는 않았다. 다만, 정부수립 이후부터 시행해 온 주요 국가행사를 통해 확립된 선례와 관행을 기준으로 한 공직자의 관례상의 서열은 있다. 외교부 의전실무편람상 의전서열은 '대통령 → 국회의장 → 대법원장 → 헌법재판소장 → 국무총리 → 중앙선거관리위원장' 순이다.
② (×) 직급, 기관 순위는 직위에 의한 예우기준에 해당한다.
③ (×) 주요 정당의 대표를 초청하여 좌석을 배치하는 경우 외교부 의전실무편람상 의전서열은 중앙선거관리위원장 다음이 '여당 대표 → 야당 대표(교섭단체 정당의 대표만 해당) → 국회부의장' 순이다.

핵심만콕 정부 의전 시 일반적 예우기준 ★

현재 정부 의전행사에서 적용하고 있는 주요 참석인사에 대한 예우기준은 다음과 같이 하고 있으나, 실제 공식행사의 적용에 있어서는 그 행사의 성격, 경과보고, 기념사 등 참석인사의 행사역할과 당해 행사와의 관련성 등을 감안하여 결정하여야 한다.

직위에 의한 예우 기준	공적 직위가 없는 인사의 예우 기준
• 직급(계급) 순서 • 헌법 및 정부조직법상의 기관순서 • 상급기관 • 국가기관	• 전 직 • 연 령 • 행사 관련성 • 정부산하단체, 공익단체 협회장, 관련 민간단체장

〈출처〉 행정안전부, 2024 "정부의전편람", P. 72

77 정답 ③

제시된 내용은 뇌일혈 증상이다.

78 정답 ③

촌각을 다투는 위급상황 시에는 시간이 비교적 많이 소요되는 대피장소 선정은 옳지 못하다. 즉, 비상상황 시에는 안전한 장소도 중요하지만 빨리 대피하는 것이 주된 목적이다.

79 정답 ❶

① (×) 겸사복(兼司僕)은 조선 전기의 경호기관으로 세종 말엽의 왕의 수발뿐만 아니라 세자의 호위를 담당한 근시군사(近侍軍士)로, 왕의 근접에서 호위업무를 수행하던 소수 정예부대이다.
② (○) 내순검군(內巡檢軍)은 묘청의 난을 계기로 도성의 치안유지를 위하여 좌·우 순금사를 두었으며, 의종 때 와서 내금검이라 하여 왕의 숙위를 더욱 강화하였다.
③ (○) 순마소(巡馬所)는 원나라의 지배하에 몽고의 제도에 따라 설치한 기관으로 도적 방지, 무고자·포악자 등의 단속과 변방 수비 등을 담당하였다.
④ (○) 성중애마(成衆愛馬)는 왕을 측근에서 호위하는 특수부대로 충렬왕 때 상류층 자제들로 하여금 왕을 숙위토록 하여 이들을 홀치라 하였다.

80 정답 ❸

③ (×) "경호"란 경호대상자의 생명과 재산을 보호하기 위하여 신체에 가해지는 위해를 방지하거나 제거하고(호위), 특정 지역을 경계·순찰 및 방비(경비)하는 등의 모든 안전활동을 말한다(대통령 등의 경호에 관한 법률 제2조 제1호). 즉, 대통령 등의 경호에 관한 법률상 경호는 호위와 경비가 포함된 개념이다.
① (○) 대통령 등의 경호에 관한 법률에 의한 대통령경호처가 담당하는 일체의 경호작용은 형식적 의미의 경호개념에 해당한다.
② (○) 형식적 의미의 경호는 대통령 등의 경호에 관한 법률 등 실정법상 경호기관의 권한에 속하는 일체의 경호작용을 의미한다.
④ (○) 형식적 의미의 경호는 경호관계법규에 규정된 현실적인 경호기관을 기준으로 하여 정립된 개념이다.

핵심만콕	경호의 개념★
형식적 의미의 경호	• 경호관계법규에 규정된 현실적인 경호기관을 기준으로 하여 정립된 개념이다. • 실정법상 경호기관의 권한에 속하는 일체의 경호작용을 의미한다. • 실정법·제도·기관 중심적 관점에서 이해한 것이다. • 「대통령 등의 경호에 관한 법률」에서의 경호는 형식적 의미의 경호개념이다.
실질적 의미의 경호	• 경호활동의 본질·성질·이론적인 입장에서 이해한 것으로, 학문적인 측면에서 고찰된 개념이다. • 수많은 경호작용 중에서 공통적인 특성을 추상화한 개념이다. • 경호대상자의 절대적 신변안전을 보호하기 위하여 모든 사용 가능한 수단과 방법을 동원한다. • 경호대상자(피경호자)에 대한 신변 위해요인을 사전에 방지 또는 제거하기 위한 제반활동이다. • 경호주체(국가기관, 민간기관, 개인, 단체 불문)가 경호대상자를 보호하는 모든 활동을 말한다. • 모든 위험과 곤경(인위적·자연적 위해)으로부터 경호대상자를 안전하게 보호하기 위한 제반활동이다.

제6회 경비업법

문제편 136p

정답 CHECK

01	02	03	04	05	06	07	08	09	10	11	12	13	14	15	16	17	18	19	20
③	③	④	③	②	①	②	④	③	②	③	③	①	①	②	①	①	①	①	②
21	22	23	24	25	26	27	28	29	30	31	32	33	34	35	36	37	38	39	40
④	③	④	④	③	④	④	④	②	①	①	②	④	④	①	②	②	③	①	④

01 정답 ③

③ (○) 경비업법 제2조 제2호
① (×) 경비업이란 경비업무의 전부 또는 일부를 도급받아 행하는 영업을 말한다(경비업법 제2조 제1호).
② (×) 시설경비업무란 경비를 필요로 하는 시설 및 장소(이하 "경비대상시설"이라 한다)에서의 도난·화재 그 밖의 혼잡 등으로 인한 위험발생을 방지하는 업무를 말한다(경비업법 제2조 제1호 가목).
④ (×) 무기란 인명 또는 신체에 위해를 가할 수 있도록 제작된 권총·소총 등을 말한다(경비업법 제2조 제4호).

02 정답 ③

③ (×) 임원의 신용은 시·도 경찰청장이 경비업 허가를 신청받아 허가여부를 결정할 때 검토할 대상에 해당한다(경비업법 시행령 제4조 제1항).
① (○) 경비업법 제4조 제1항 전문
② (○) 경비업법 시행령 제3조 제1항 전문
④ (○) 경비업법 시행령 제4조 제2항

관계법령 허가절차(경비업법 시행령 제4조)

① 시·도 경찰청장은 제3조 제1항의 규정에 의하여 허가 또는 변경허가의 신청을 받은 때에는 경비업을 영위하고자 하는 법인의 임원 중 법 제5조의 규정에 의한 결격사유에 해당하는 자가 있는지의 유무, 경비인력·시설 및 장비의 확보 또는 확보가능성의 여부, 자본금과 대표자·임원의 경력 및 신용 등을 검토하여 허가여부를 결정하여야 한다.

03 정답 ④

④ (×) 시설경비업무가 아닌 <u>특수경비업무를 개시하거나 종료한</u> 때가 경비업자(경비업의 허가를 받은 법인)가 시·도 경찰청장에게 신고하여야 할 경우에 해당한다(경비업법 제4조 제3항 제5호).
① (○) 경비업법 제4조 제3항 제3호
② (○) 경비업법 제4조 제3항 제6호, 동법 시행령 제5조 제4항
③ (○) 경비업법 제4조 제3항 제1호

관계법령 경비업의 허가(경비업법 제4조)

③ 제1항의 규정에 의하여 경비업의 허가를 받은 법인은 다음 각호의 어느 하나에 해당하는 때에는 시·도 경찰청장에게 신고하여야 한다.★★ 〈개정 2024.2.13.〉
1. 영업을 폐업하거나 휴업한 때
2. 법인의 명칭이나 대표자·임원을 변경한 때
3. 법인의 주사무소나 출장소를 신설·이전 또는 폐지한 때
4. 기계경비업무의 수행을 위한 관제시설을 신설·이전 또는 폐지한 때
5. 특수경비업무를 개시하거나 종료한 때
6. 그 밖에 대통령령이 정하는 중요사항을 변경한 때

폐업 또는 휴업 등의 신고(경비업법 시행령 제5조)

④ 법 제4조 제3항 제6호에서 "그 밖에 대통령령이 정하는 중요사항"이라 함은 정관의 목적을 말한다.

04 정답 ③

③ (×) 유효기간이 만료된 후 계속하여 경비업을 하고자 하는 법인은 <u>행정안전부령</u>으로 정하는 바에 따라 <u>갱신허가</u>를 받아야 한다(경비업법 제6조 제2항).
① (○) 경비업법 시행규칙 제6조 제3항
② (○) 경비업법 시행규칙 제6조 제1항 전문
④ (○) 경비업법 시행규칙 제6조 제2항

05 정답 ②

② (×) 자본금의 경우는 제외되어야 한다(경비업법 시행령 제3조 제2항 단서).
① (○) 경비업법 제6조 제1항
③ (○) 경비업법 시행령 제4조 제3항 전단
④ (○) 경비업법 제4조 제1항 후문

06 정답 ❶

① (×) 특수경비업무를 수행하는 경비업자는 첫 업무개시의 신고를 하기 전에 시·도 경찰청장의 비밀취급인가를 받아야 한다(경비업법 시행령 제6조 제1항). 비밀취급인가를 받을 의무는 기계경비업자가 아닌 특수경비업자의 의무이다.
② (○) 기계경비업자는 경비계약을 체결하는 때에는 오경보를 막기 위하여 계약상대방에게 기기사용요령 및 기계경비운영체계 등에 관하여 설명하여야 하며, 각종 기기가 오작동되지 아니하도록 관리하여야 한다(경비업법 제9조 제1항).
③ (○) 기계경비업자는 대응조치 등 업무의 원활한 운영과 개선을 위하여 대통령령이 정하는 바에 따라 관련 서류를 작성·비치하여야 한다(경비업법 제9조 제2항).
④ (○) 기계경비업무를 수행하는 경비업자(이하 "기계경비업자"라 한다)는 경비대상시설에 관한 경보를 수신한 때에는 신속하게 그 사실을 확인하는 등 필요한 대응조치를 취하여야 하며, 이를 위한 대응체제를 갖추어야 한다(경비업법 제8조).

07 정답 ❷

호송경비통지서를 출발 전일까지 출발지의 경찰서장에게 제출하면 된다. 사안의 경우 2022년 8월 14일까지 호송경비통지서를 춘천경찰서장에게 제출하면 된다.

> **관계법령** 호송경비의 통지(경비업법 시행규칙 제2조)★
>
> 경비업법 제4조 제1항의 규정에 의하여 경비업의 허가를 받은 법인(경비업자)은 법 제2조 제1호 나목의 규정에 의한 호송경비업무를 수행하기 위하여 관할 경찰서의 협조를 얻고자 하는 때에는 현금 등의 운반을 위한 출발 전일까지 출발지의 경찰서장에게 별지 제1호 서식의 호송경비통지서(전자문서로 된 통지서를 포함한다)를 제출하여야 한다.

08 정답 ❹

④ (×) 경비업법 제5조 제3호의 결격사유에 해당한다. 참고로 집행유예 기간의 기산점은 집행유예 판결 선고일이 아닌 집행유예 판결이 확정된 날이다.
① (○) 경비업법 제5조 제2호의 결격사유에 해당하지 않아 법인의 임원이 될 수 있다.
② (○) 허가취소 당시 법인이 수행하던 업무(호송경비업무)가 아닌 특수경비업무를 수행하는 경우에는 3년이 경과하였는지를 불문하고 임원의 결격사유에 해당하지 않는다(경비업법 제5조 제5호).
③ (○) 벌금형의 선고를 받은 후 3년이 경과하였기 때문에 경비업법 제5조 제4호의 결격사유에 해당하지 않는다.

관계법령 임원의 결격사유(경비업법 제5조)★

다음 각호의 어느 하나에 해당하는 자는 경비업을 영위하는 법인(제4호에 해당하는 자의 경우에는 특수경비업무를 수행하는 법인, 제5호에 해당하는 자의 경우에는 허가취소사유에 해당하는 경비업무와 동종의 경비업무를 수행하는 법인)의 임원이 될 수 없다.
1. 피성년후견인
2. 파산선고를 받고 복권되지 아니한 자
3. 금고 이상의 형의 선고를 받고 그 형이 실효되지 아니한 자
4. 이 법 또는 「대통령 등의 경호에 관한 법률」에 위반하여 벌금형의 선고를 받고 3년이 지나지 아니한 자
5. 이 법(제19조 제1항 제2호 및 제7호는 제외) 또는 이 법에 의한 명령에 위반하여 허가가 취소된 법인의 허가취소 당시의 임원이었던 자로서 그 취소 후 3년이 지나지 아니한 자
6. 제19조 제1항 제2호(허가받은 경비업무 외의 업무에 경비원을 종사하게 한 때) 및 제7호(소속 경비원으로 하여금 경비업무의 범위를 벗어난 행위를 하게 한 때)의 사유로 허가가 취소된 법인의 허가취소 당시의 임원이었던 자로서 허가가 취소된 날부터 5년이 지나지 아니한 자

09 정답 ❸

③ (×) 기계경비업자는 경보의 수신 및 현장도착 일시와 조치의 결과를 기재한 서류를 당해 경보를 수신한 날부터 <u>1년간</u> 보관하여야 한다(경비업법 시행령 제9조 제2항).
① (○) 경비업법 제4조 제3항 제4호
② (○) 경비업법 제2조 제3호 가목
④ (○) 경비업법 시행령 제7조

관계법령 기계경비업자의 관리 서류(경비업법 시행령 제9조)★★

① 기계경비업자는 법 제9조 제2항에 의하여 출장소별로 다음 각호의 사항을 기재한 서류를 갖추어 두어야 한다.
  1. 경비대상시설의 명칭·소재지 및 경비계약기간
  2. 기계경비지도사의 명단·배치일자·배치장소와 출동차량의 대수
  3. <u>경보의 수신 및 현장도착 일시와 조치의 결과</u>
  4. <u>오경보인 경우 오경보가 발생한 경비대상시설 및 그 오경보에 대한 조치의 결과</u>
② 제1항 제3호 및 제4호의 규정에 의한 사항을 기재한 서류는 <u>당해 경보를 수신한 날부터 1년간</u> 이를 보관하여야 한다.

10 정답 ❷

② (×) 경비원 중 신임교육을 받지 아니한 사람이 <u>100분의 21 이상</u>인 경우에는 관할 경찰관서장은 배치허가 신청을 받은 경우에도 배치허가를 하여서는 아니 된다(경비업법 제18조 제3항 전문 제2호, 동법 시행령 제22조).
① (○) 경비업법 제18조 제2항 본문
③ (○) 경비업법 제18조 제3항 전문 제1호
④ (○) 경비업법 제18조 제4항

11 정답 ❸

③ (✕) 시·도 경찰청장은 제출받은 사진을 검토한 후 경비업자에게 도색 및 표지 변경 등에 대한 시정명령을 할 수 있다(경비업법 제16조의3 제3항).
① (○) 경비업법 제16조의3 제1항
② (○) 경비업법 제16조의3 제2항
④ (○) 경비업법 시행규칙 제21조 제1항

12 정답 ❸

③ (✕) 경비업법 제16조 제2항 단서(다만, 집단민원현장이 아닌 곳에서 신변보호업무를 수행하는 경우 또는 경비업무의 성격상 부득이한 사유가 있어 관할 경찰관서장이 허용하는 경우에는 그러하지 아니하다)의 반대해석상 경비업자는 집단민원현장에서 신변보호업무를 수행하는 경우에 신고된 복장과 다른 복장을 경비원에게 착용하게 할 수 없다.
① (○) 경비업법 시행규칙 제20조 제1항 전단
② (○) 경비업법 제16조 제2항 본문 전단
④ (○) 경비업법 시행규칙 제19조 제4항

13 정답 ❶

① (○) 경비업법 제10조의2 단서 후단, 동법 제10조 제2항 제4호
② (✕) 대통령령이 아닌 행정안전부령으로 정하는 신체조건에 미달되는 경우가 당연 퇴직사유에 해당한다(경비업법 제10조의2 본문, 동법 제10조 제2항 제5호).
③ (✕) 심신상실자인 경우에 특수경비원의 결격사유와 당연 퇴직사유에 해당한다(경비업법 제10조의2 본문, 동법 제10조 제2항 제2호).
④ (✕) 60세가 된 날이 1월부터 6월 사이에 있으면 6월 30일에, 7월부터 12월 사이에 있으면 12월 31일에 각각 당연 퇴직된다(경비업법 제10조의2 단서 전단).

관계법령 **특수경비원의 당연 퇴직(경비업법 제10조의2)** ★

특수경비원이 제10조 제2항에 따른 결격사유에 해당하게 될 때에는 당연 퇴직된다. 다만, 제10조 제2항 제1호는 나이가 60세가 되어 퇴직하는 경우에는 60세가 된 날이 1월부터 6월 사이에 있으면 6월 30일에, 7월부터 12월 사이에 있으면 12월 31일에 각각 당연 퇴직되고, 제10조 제2항 제4호는 「성폭력범죄의 처벌 등에 관한 특례법」 제2조, 「아동·청소년의 성보호에 관한 법률」 제2조 제2호 및 직무와 관련하여 「형법」 제355조 또는 제356조에 규정된 죄를 범한 사람으로서 금고 이상의 형의 선고유예를 받은 경우만 해당한다. 〈개정 2025.4.1.〉

14 정답 ❶

① (×) 「형법」 제297조(강간)의 죄를 범하여 벌금형을 선고받은 날부터 10년이 지나지 아니하거나 금고 이상의 형을 선고받고 그 집행이 종료된(종료된 것으로 보는 경우를 포함한다) 날 또는 집행이 유예·면제된 날부터 10년이 지나지 아니한 자는 경비지도사 또는 일반경비원이 될 수 없다(경비업법 제10조 제1항 제5호 다목).

② (○), ③ (○), ④ (○) 「형법」 제329조부터 제331조까지, 제331조의2 및 제332조부터 제343조까지의 죄를 범하여 벌금형을 선고받은 날부터 5년이 지나지 아니하거나 금고 이상의 형을 선고받고 그 집행이 유예된 날부터 5년이 지나지 아니한 자는 경비지도사 또는 일반경비원이 될 수 없다(경비업법 제10조 제1항 제6호 가목).

> **관계법령** 경비지도사 및 경비원의 결격사유(경비업법 제10조)
>
> ① 다음 각호의 어느 하나에 해당하는 자는 경비지도사 또는 일반경비원이 될 수 없다.
> 1. 18세 미만인 사람 또는 피성년후견인
> 2. 파산선고를 받고 복권되지 아니한 자 → 삭제 〈2025.4.1.〉
> 3. 금고 이상의 실형의 선고를 받고 그 집행이 종료(집행이 종료된 것으로 보는 경우를 포함한다)되거나 집행이 면제된 날부터 5년이 지나지 아니한 자
> 4. 금고 이상의 형의 집행유예선고를 받고 그 유예기간 중에 있는 자
> 5. 다음 각목의 어느 하나에 해당하는 죄를 범하여 벌금형을 선고받은 날부터 10년이 지나지 아니하거나 금고 이상의 형을 선고받고 그 집행이 종료된(종료된 것으로 보는 경우를 포함한다) 날 또는 집행이 유예·면제된 날부터 10년이 지나지 아니한 자
>   가. 「형법」 제114조의 죄
>   나. 「폭력행위 등 처벌에 관한 법률」 제4조의 죄
>   다. 「형법」 제297조, 제297조의2, 제298조부터 제301조까지, 제301조의2, 제302조, 제303조, 제305조, 제305조의2의 죄
>   라. 「성폭력범죄의 처벌 등에 관한 특례법」 제3조부터 제11조까지 및 제15조(제3조부터 제9조까지의 미수범만 해당한다)의 죄
>   마. 「아동·청소년의 성보호에 관한 법률」 제7조 및 제8조의 죄
>   바. 다목부터 마목까지의 죄로서 다른 법률에 따라 가중처벌되는 죄
> 6. 다음 각목의 어느 하나에 해당하는 죄를 범하여 벌금형을 선고받은 날부터 5년이 지나지 아니하거나 금고 이상의 형을 선고받고 그 집행이 유예된 날부터 5년이 지나지 아니한 자
>   가. 「형법」 제329조부터 제331조까지, 제331조의2 및 제332조부터 제343조까지의 죄
>   나. 가목의 죄로서 다른 법률에 따라 가중처벌되는 죄
>   다. 삭제 〈2014.12.30.〉
>   라. 삭제 〈2014.12.30.〉
> 7. 제5호 다목부터 바목까지의 어느 하나에 해당하는 죄를 범하여 치료감호를 선고받고 그 집행이 종료된 날 또는 집행이 면제된 날부터 10년이 지나지 아니한 자 또는 제6호 각목의 어느 하나에 해당하는 죄를 범하여 치료감호를 선고받고 그 집행이 면제된 날부터 5년이 지나지 아니한 자
> 8. 이 법이나 이 법에 따른 명령을 위반하여 벌금형을 선고받은 날부터 5년이 지나지 아니하거나 금고 이상의 형을 선고받고 그 집행이 유예된 날부터 5년이 지나지 아니한 자

15 정답 ❷

② (×) 시설주는 무기의 관리를 위한 책임자를 지정하고 관할 경찰관서장에게 이를 통보하여야 한다(경비업법 시행규칙 제18조 제1항 제1호).
① (○) 경비업법 시행령 제20조 제1항
③ (○) 경비업법 시행령 제20조 제5항
④ (○) 경비업법 시행규칙 제18조 제1항 제8호

16 정답 ❶

경비업법령상 "7년 이상 재직 경력"만으로 제1차 시험 면제가 인정되는 경우는 경찰공무원, 행정직군 교정직렬 공무원, 각 군 전투병과 또는 군사경찰병과 부사관 이상 간부, 「대통령 등의 경호에 관한 법률」에 따른 경호공무원 또는 별정직공무원이 있다(경비업법 시행령 제13조).

관계법령 시험의 일부면제(경비업법 시행령 제13조)

법 제11조(경비지도사의 시험 등) 제3항에 따라 다음 각호의 어느 하나에 해당하는 사람은 경비지도사 제1차 시험을 면제한다.
1. 「경찰공무원법」에 따른 경찰공무원으로 7년 이상 재직한 사람
2. 「대통령 등의 경호에 관한 법률」에 따른 경호공무원 또는 별정직 공무원으로 7년 이상 재직한 사람
3. 「군인사법」에 따른 각 군 전투병과 또는 군사경찰병과 부사관 이상 간부로 7년 이상 재직한 사람
4. 「경비업법」에 따른 경비업무에 7년 이상(특수경비업무의 경우에는 3년 이상) 종사하고 행정안전부령으로 정하는 교육과정을 이수한 사람

경비지도사 시험의 일부면제(경비업법 시행규칙 제10조)

영 제13조 제4호에서 "행정안전부령으로 정하는 교육과정을 이수한 사람"이란 다음 각호의 하나에 해당하는 사람을 말한다.
1. 「고등교육법」에 의한 전문대학 이상의 교육기관(경비지도사의 시험과목 3과목 이상이 개설된 교육기관에 한한다)에서 1년 이상의 경비업무관련 과정을 마친 사람★
2. 경찰청장이 지정하는 기관 또는 단체에서 실시하는 64시간 이상의 경비지도사 양성과정을 마치고 수료시험에 합격한 사람★

5. 「고등교육법」에 따른 대학 이상의 학교를 졸업한 사람으로서 재학 중 제12조 제3항에 따른 경비지도사 시험과목을 3과목 이상을 이수하고 졸업한 후 경비업무에 종사한 경력이 3년 이상인 사람
6. 「고등교육법」에 따른 전문대학을 졸업한 사람으로서 재학 중 제12조 제3항에 따른 경비지도사 시험 과목을 3과목 이상을 이수하고 졸업한 후 경비업무에 종사한 경력이 5년 이상인 사람
7. 일반경비지도사의 자격을 취득한 후 기계경비지도사의 시험에 응시하는 사람 또는 기계경비지도사의 자격을 취득한 후 일반경비지도사의 시험에 응시하는 사람
8. 「공무원임용령」에 따른 행정직군 교정직렬 공무원으로 7년 이상 재직한 사람

17 정답 ❶

① (○) 경비업법 제11조의4 제1항 단서는 제1호의 "거짓이나 그 밖의 부정한 방법으로 경비지도사 교육기관의 지정을 받은 경우 교육기관의 지정을 취소하여야 한다"고 규정하고 있다. 나머지 제2호부터 제4호는 상대적(임의적) 지정 취소·업무 정지사유에 해당한다.
② (×) 경비업법 제11조의4 제1항 제2호

③ (×) 경비업법 제11조의4 제1항 제3호
④ (×) 경비업법 제11조의4 제1항 제4호

> **관계법령** 경비지도사 교육기관의 지정 취소 등(경비업법 제11조의4)
>
> ① 경찰청장은 경비지도사 교육기관이 다음 각호의 어느 하나에 해당하는 경우에는 그 지정을 취소하거나 1년의 범위에서 기간을 정하여 업무의 전부 또는 일부를 정지할 수 있다. 다만, 제1호의 경우에는 그 지정을 취소하여야 한다.
> 1. 거짓이나 그 밖의 부정한 방법으로 경비지도사 교육기관의 지정을 받은 경우
> 2. 지정받은 사항을 위반하여 업무를 행한 경우
> 3. 제11조의3 제3항에 따른 시정명령을 받고도 정당한 사유 없이 정하여진 기간 이내에 시정하지 아니한 경우
> 4. 제11조의3 제4항에 따른 지정 기준에 적합하지 아니하게 된 경우
> ② 그 밖에 경비지도사 교육기관의 지정 취소 및 업무 정지에 관한 세부기준 및 절차는 그 위반행위의 유형과 위반의 정도 등을 고려하여 행정안전부령으로 정한다.
> [본조신설 2024.2.13.]

18 정답 ❶

① (×) 경비업자가 시설경비업무, 신변보호업무 또는 혼잡·교통유도경비업무 중 집단민원현장에 일반경비원을 배치하는 경우에는 경비원을 배치하기 48시간 전까지 행정안전부령으로 정하는 바에 따라 배치허가를 신청하고, 관할 경찰관서장의 배치허가를 받은 후에 경비원을 배치하여야 한다(경비업법 제18조 제2항 단서 제1호).
② (○) 경비업법 제18조 제2항 단서 제2호
③ (○) 경비업법 제18조 제2항 단서 제3호
④ (○) 경비업법 제18조 제5항

> **관계법령** 경비원의 명부와 배치허가 등(경비업법 제18조) ★★
>
> ② 경비업자가 경비원을 배치하거나 배치를 폐지한 경우에는 행정안전부령으로 정하는 바에 따라 관할 경찰관서장에게 신고하여야 한다. 다만, 다음 제1호의 경우에는 경비원을 배치하기 48시간 전까지 행정안전부령으로 정하는 바에 따라 배치허가를 신청하고, 관할 경찰관서장의 배치허가를 받은 후에 경비원을 배치하여야 하며(제2호 및 제3호의 경우에는 경비원을 배치하기 전까지 신고하여야 한다), 이 경우 관할 경찰관서장은 배치허가를 함에 있어 필요한 조건을 붙일 수 있다. 〈개정 2025.1.7.〉
> 1. 제2조 제1호에 따른 시설경비업무, 신변보호업무 또는 혼잡·교통유도경비업무 중 집단민원현장에 배치된 일반경비원
> 2. 집단민원현장이 아닌 곳에서 제2조 제1호 다목의 규정에 의한 신변보호업무를 수행하는 일반경비원
> 3. 특수경비원

19 정답 ❶

① (×) 경비업자가 시·도 경찰청장의 허가 없이 경비업무를 변경한 경우 2차 위반에 대하여는 영업정지 6개월이다(경비업법 시행령 [별표 4] 제2호 가목).
② (○) 경비업법 시행령 [별표 4] 제2호 나목
③ (○) 경비업법 시행령 [별표 4] 제2호 바목
④ (○) 경비업법 시행령 [별표 4] 제2호 너목

20 정답 ❷

허가관청은 경비업자가 경비업 및 경비관련업 외의 영업을 한 때에는 그 허가를 취소하여야 한다(경비업법 제19조 제1항 제3호).

핵심만콕	경비업 허가의 취소 등(경비업법 제19조) ★★
절대적 (필요적) 허가 취소 사유 (제1항)	허가관청은 경비업자가 다음의 어느 하나에 해당하는 때에는 그 허가를 취소하여야 한다. • 허위 그 밖의 부정한 방법으로 허가를 받은 때(제1호) • 경비업자가 허가받은 경비업무 외의 업무에 경비원을 종사하게 한 때(제2호) – 적용중지 헌법불합치 결정(2020헌가19) • 특수경비업자가 경비업 및 경비관련업 외의 영업을 한 때(제3호) • 정당한 사유 없이 허가를 받은 날부터 2년 이내에 경비 도급실적이 없거나 계속하여 1년 이상 휴업한 때(제4호) • 정당한 사유 없이 최종 도급계약 종료일의 다음 날부터 2년 이내에 경비 도급실적이 없을 때(제5호) • 영업정지처분을 받고 계속하여 영업을 한 때(제6호) • 소속 경비원으로 하여금 경비업무의 범위를 벗어난 행위를 하게 한 때(제7호) • 관할 경찰관서장의 배치폐지명령에 따르지 아니한 때(제8호)
상대적 (임의적) 허가 취소 · 영업 정지 사유 (제2항)	허가관청은 경비업자가 다음의 어느 하나에 해당하는 때에는 대통령령으로 정하는 행정처분의 기준에 따라 그 허가를 취소하거나 6개월 이내의 기간을 정하여 영업의 전부 또는 일부에 대하여 영업정지를 명할 수 있다. • 시 · 도 경찰청장의 허가 없이 경비업무를 변경한 때(제1호) • 도급을 의뢰받은 경비업무가 위법한 것임에도 이를 거부하지 아니한 때(제2호) • 경비지도사를 집단민원현장에 선임 · 배치하지 아니한 때(제3호) • 경비대상시설에 관한 경보 대응체제를 갖추지 아니한 때(제4호) • 관련 서류를 작성 · 비치하지 아니한 때(제5호) • 결격사유에 해당하는 경비원을 배치하거나 결격사유에 해당하는 경비지도사를 선임 · 배치한 때(제6호) • 대통령령이 정하는 바에 따르지 아니하고 이를 위반하여 경비지도사를 선임한 때(제7호) • 경비원으로 하여금 교육을 받게 하지 아니한 때(제8호) • 경비원의 복장 등에 관한 규정을 위반한 때(제9호) • 경비원의 장비 등에 관한 규정을 위반한 때(제10호) • 경비원의 출동차량 등에 관한 규정을 위반한 때(제11호) • 집단민원현장에 일반경비원 명부를 작성 · 비치하지 아니한 때(제12호) • 배치허가를 받지 아니하고 경비원을 배치하거나 경비원 명단 및 배치일시 · 배치장소 등 배치허가 신청의 내용을 거짓으로 한 때(제13호) • 결격사유에 해당하는 일반경비원을 집단민원현장에 배치한 때(제14호) • 경찰청장, 시 · 도 경찰청장, 관할 경찰관서장의 감독상 명령에 따르지 아니한 때(제15호) • 업무수행 중 고의 또는 과실로 발생한 경비대상 및 제3자의 손해를 배상하지 아니한 때(제16호)

※ 국회는 2025.1.7. 법률 제20645호에 의하여 경비업자가 허가받은 경비업무 외의 업무에 경비원을 종사시키는 것을 금지하고 이를 위반하는 경우 경비업 허가를 필요적으로 취소하는 것은 과잉금지원칙에 위반하여 경비업자의 직업의 자유를 침해한다는 헌법재판소의 헌법불합치 결정(헌재결[전] 2023.3.23. 2020헌가19) 취지를 반영하여, 경비업자가 경비업무 외의 업무에 경비원을 종사시키는 것을 원칙적으로 금지하되, 경비업무의 목적 달성을 침해하지 않는 범위에서 대통령령으로 정하는 업무는 예외적으로 허용하도록 하였다. 이에 따라 경비업법 제19조도 제1항 제2호를 삭제하면서 제19조 제2항 제2호의2(제7조 제5항을 위반하여 경비업무 또는 경비업무의 목적 달성을 침해하지 아니하는 범위에서 대통령령으로 정하는 업무 외의 업무에 경비원을 종사하게 한 때)를 상대적 허가취소 · 영업정지사유로 신설하고, 제19조 제3항을 "허가관청은 제1항 및 제2항에 의하여 허가취소 또는 영업정지처분을 하는 때에는 경비업자가 허가받은 경비업무 중 허가취소 또는 영업정지사유에 해당되는 경비업무에 한하여 처분을 하여야 한다. 다만, 제1항 제7호에 해당하여 허가취소를 하는 때에는 그러하지 아니하다"로 개정하였다. 이러한 개정규정은 2026.1.8.부터 시행된다.

21 정답 ④

④ (✕) 경찰청장 또는 시·도 경찰청장의 명령을 위반한 때는 경비지도사자격의 정지사유에 해당한다(경비업법 제20조 제2항 제2호).
① (○) 경비업법 제20조 제1항 제2호
② (○) 경비업법 제20조 제1항 제3호
③ (○) 경비업법 제20조 제1항 제4호

> **관계법령** 경비지도사자격의 취소 등(경비업법 제20조)★★
>
> ① 경찰청장은 경비지도사가 다음 각호의 어느 하나에 해당하는 때에는 그 자격을 취소하여야 한다. 〈개정 2024.2.13.〉
> 1. 제10조 제1항 각호의 결격사유에 해당하게 된 때
> 2. 허위 그 밖의 부정한 방법으로 경비지도사자격증을 교부받은 때
> 3. 경비지도사자격증을 다른 사람에게 빌려주거나 양도한 때
> 4. 자격정지 기간 중에 경비지도사로 선임되어 활동한 때
>
> ② 경찰청장은 경비지도사가 다음 각호의 어느 하나에 해당하는 때에는 대통령령이 정하는 바에 따라 1년의 범위 내에서 그 자격을 정지시킬 수 있다. 〈개정 2024.2.13.〉
> 1. 제12조 제3항의 규정에 위반하여 직무를 성실하게 수행하지 아니한 때
> 2. 제24조의 규정에 의한 경찰청장 또는 시·도 경찰청장의 명령을 위반한 때

22 정답 ③

③ (○) 경비업법 제23조 제2항·제5항
① (✕) 경비업자는 경비업무의 건전한 발전과 경비원의 자질향상 및 교육훈련 등을 위하여 대통령령이 정하는 바에 따라 경비협회를 설립할 수 있다(경비업법 제22조 제1항).
② (✕) 경비진단에 관한 사항도 경비협회의 업무에 해당한다(경비업법 제22조 제3항 제4호).
④ (✕) 협회는 정관이 정하는 바에 의하여 회원으로부터 회비를 징수할 수 있다(경비업법 시행령 제26조 제2항).

23 정답 ④

④ (✕) 시·도 경찰청장은 배치된 경비원이 「폭력행위 등 처벌에 관한 법률」을 위반하는 행위를 하는 경우 그 위반행위의 중지를 명할 수 있다(경비업법 제24조 제3항).
① (○) 경비업법 제24조 제2항 전문
② (○) 경비업법 제24조 제4항
③ (○) 경비업법 제25조, 동법 시행령 제29조

관계법령

감독(경비업법 제24조) ★
① 경찰청장 또는 시·도 경찰청장은 경비업무의 적정한 수행을 위하여 경비업자 및 경비지도사를 지도·감독하며 필요한 명령을 할 수 있다.
② 시·도 경찰청장 또는 관할 경찰관서장은 소속 경찰공무원으로 하여금 관할구역 안에 있는 경비업자의 주사무소 및 출장소와 경비원 배치장소에 출입하여 근무상황 및 교육훈련상황 등을 감독하며 필요한 명령을 하게 할 수 있다. 이 경우 출입하는 경찰공무원은 그 권한을 표시하는 증표를 관계인에게 내보여야 한다.
③ 시·도 경찰청장 또는 관할 경찰관서장은 경비업자 또는 배치된 경비원이 이 법이나 이 법에 따른 명령, 「폭력행위 등 처벌에 관한 법률」을 위반하는 행위를 하는 경우 그 위반행위의 중지를 명할 수 있다.
④ 시·도 경찰청장 또는 관할 경찰관서장은 경비업무 장소가 집단민원현장으로 판단되는 경우에는 그때부터 48시간 이내에 경비업자에게 경비원 배치허가를 받을 것을 고지하여야 한다.

보안지도·점검 등(경비업법 제25조)
시·도 경찰청장은 대통령령이 정하는 바에 따라 특수경비업자에 대하여 보안지도·점검을 실시하여야 하고, 필요한 경우 관계기관에 보안측정을 요청하여야 한다.

보안지도점검(경비업법 시행령 제29조)
시·도 경찰청장은 법 제25조의 규정에 의하여 특수경비업자에 대하여 연 2회 이상의 보안지도·점검을 실시하여야 한다.

24 정답 ❹

④ (○) 경찰청장으로부터 경비지도사의 시험에 관한 업무를 위탁받은 관계전문기관 또는 단체의 임직원은 「형법」 제129조부터 제132조까지의 규정을 적용할 때에는 공무원으로 본다(경비업법 제27조의3).
① (×), ② (×), ③ (×) 경비업법령상 벌칙 적용에서 공무원으로 의제되는 형법상 범죄는 수뢰죄, 사전수뢰죄(형법 제129조), 제3자뇌물제공죄(형법 제130조), 수뢰후부정처사죄·사후수뢰죄(형법 제131조), 알선수뢰죄(형법 제132조)에 한한다.

관계법령 벌칙 적용에서 공무원 의제(경비업법 제27조의3)

제27조 제2항에 따라 위탁받은 업무에 종사하는 관계전문기관 또는 단체의 임직원은 「형법」 제129조부터 제132조[수뢰죄, 사전수뢰죄(형법 제129조), 제3자뇌물제공죄(형법 제130조), 수뢰후부정처사죄, 사후수뢰죄(형법 제131조), 알선수뢰죄(형법 제132조)]까지의 규정을 적용할 때에는 공무원으로 본다.

25 정답 ③

제시된 내용 중 경비업법령 위반 행위자와 벌칙의 연결이 옳은 것은 ㉢ - ⓒ이다.

③ (○) ㉢ - ⓒ : 정당한 사유 없이 무기를 소지하고 배치된 경비구역을 벗어난 특수경비원은 2년 이하의 징역 또는 2천만원 이하의 벌금에 처한다(경비업법 제28조 제3항).
① (×) ㉠ - ⓐ : 국가중요시설의 정상적인 운영을 해치는 장해를 일으킨 특수경비원은 5년 이하의 징역 또는 5천만원 이하의 벌금에 처한다(경비업법 제28조 제1항).
② (×) ㉡ - ⓑ : 집단민원현장에 경비원을 배치하면서 허가를 받지 아니한 자에게 경비업무를 도급한 자는 3년 이하의 징역 또는 3천만원 이하의 벌금에 처한다(경비업법 제28조 제2항 제4호).
④ (×) ㉣ - ⓓ : 경비원이 휴대할 수 있는 장비 외에 흉기 또는 그 밖의 위험한 물건을 휴대하고 경비업무를 수행한 경비원 또는 경비원에게 이를 휴대하고 경비업무를 수행하게 한 자는 1년 이하의 징역 또는 1천만원 이하의 벌금에 처한다(경비업법 제28조 제4항 제4호).

26 정답 ④

④ (×) 경비업자가 복장 등에 관한 신고규정을 위반하여 신고를 하지 아니한 경우는 과태료 부과대상(경비업법 제31조 제2항 제7호)이므로, 경비업법령상 양벌규정이 적용되는 경우에 해당하지 않는다. 양벌규정(경비업법 제30조)은 경비업법 제28조(벌칙) 위반행위를 전제로 적용한다.
① (○) 경비업법 제28조 제2항 제2호
② (○) 경비업법 제28조 제4항 제2호
③ (○) 경비업법 제29조 제2항

27 정답 ④

④ (○) 신임교육을 이수하지 않은 자를 특수경비원으로 배치한 경비업자에게는 3천만원 이하의 과태료를 부과한다(경비업법 제31조 제1항 제5호). 집단민원현장에 일반경비원을 배치하면서 경비원의 명부를 배치장소에 작성·비치하지 아니한 경비업자에게도 3천만원 이하의 과태료를 부과한다(경비업법 제31조 제1항 제3호).
① (×) 500만원 이하의 과태료(경비업법 제31조 제2항 제2호)
② (×) 500만원 이하의 과태료(경비업법 제31조 제2항 제3호의2)
③ (×) 500만원 이하의 과태료(경비업법 제31조 제2항 제5호)

> **관계법령** 과태료(경비업법 제31조)★★
>
> ① 다음 각호의 어느 하나에 해당하는 경비업자에게는 3천만원 이하의 과태료를 부과한다.
>   1. 제16조 제1항을 위반하여 경비원의 복장에 관한 신고를 하지 아니하고 집단민원현장에 경비원을 배치한 자
>   2. 제16조 제2항을 위반하여 이름표를 부착하게 하지 아니하거나, 신고된 동일 복장을 착용하게 하지 아니하고 집단민원현장에 경비원을 배치한 자
>   3. 제18조 제1항 단서를 위반하여 집단민원현장에 일반경비원을 배치하면서 경비원의 명부를 배치장소에 작성·비치하지 아니한 자
>   4. 제18조 제2항 각호 외의 부분 단서를 위반하여 배치허가를 받지 아니하고 경비원을 배치하거나 경비원 명단 및 배치일시·배치장소 등 배치허가 신청의 내용을 거짓으로 한 자
>   5. 제18조 제7항을 위반하여 제13조에 따른 신임교육을 이수하지 아니한 자를 제18조 제2항 각호의 경비원으로 배치한 자
> ② 다음 각호의 어느 하나에 해당하는 경비업자, 경비지도사 또는 시설주에게는 500만원 이하의 과태료를 부과한다. 〈개정 2024.2.13.〉
>   1. 법 제4조 제3항(시·도 경찰청장에게 신고의무) 또는 제18조 제2항(관할 경찰관서장에게 배치신고의무)을 위반하여 신고를 하지 아니한 자
>   2. 법 제7조 제7항(특수경비업자의 경비대행업자 지정신고의무)의 규정을 위반하여 경비대행업자 지정신고를 하지 아니한 자
>   3. 법 제9조 제1항(기계경비업자의 계약자에 대한 오경보를 막기 위한 기기설명의무)의 규정을 위반하여 설명의무를 이행하지 아니한 자
>   3의2. 제11조의2를 위반하여 정당한 사유 없이 보수교육을 받지 아니한 경비지도사
>   4. 법 제12조 제1항(경비지도사의 선임 등)의 규정에 위반하여 경비지도사를 선임하지 아니한 자
>   4의2. 제12조의2를 위반하여 경비지도사의 선임 또는 해임의 신고를 하지 아니한 자
>   5. 법 제14조 제6항(관할 경찰관서장이 무기의 적정한 관리를 위하여 무기를 대여받은 시설주에 대하여 필요한 명령을 발할 수 있다)의 규정에 의한 감독상 필요한 명령을 정당한 이유 없이 이행하지 아니한 자
>   6. 법 제10조 제3항을 위반하여 결격사유에 해당하는 경비원을 배치하거나 결격사유에 해당하는 경비지도사를 선임·배치한 자
>   7. 법 제16조 제1항의 복장 등에 관한 신고규정을 위반하여 신고를 하지 아니한 자
>   8. 법 제16조 제2항을 위반하여 이름표를 부착하게 하지 아니하거나, 신고된 동일 복장을 착용하게 하지 아니하고 경비원을 경비업무에 배치한 자
>   9. 법 제18조 제1항 본문을 위반하여 명부를 작성·비치하지 아니한 자
>   10. 법 제18조 제5항을 위반하여 경비원의 근무상황을 기록하여 보관하지 아니한 자
> ③ 제1항 및 제2항의 규정에 의한 과태료는 대통령령이 정하는 바에 의하여 시·도 경찰청장 또는 경찰관서장이 부과·징수한다.

28 정답 ④

청원경찰은 청원주와 배치된 기관·시설 또는 사업장 등의 구역을 관할하는 경찰서장의 감독을 받아 그 경비구역만의 경비를 목적으로 필요한 범위에서 경찰관직무집행법에 따른 경찰관의 직무를 수행한다(청원경찰법 제3조).

29 정답 ❷

② (×) 청원주는 청원경찰을 신규로 배치하거나 이동배치하였을 때에는 배치지(이동배치의 경우에는 종전의 배치지)를 관할하는 경찰서장에게 그 사실을 통보하여야 한다(청원경찰법 시행령 제6조 제1항). 청원경찰의 신규배치 및 이동배치(변경배치)의 통보접수는 관할 경찰서장이 한다.
① (○) 시·도 경찰청장은 청원경찰 배치신청을 받으면 지체 없이 그 배치 여부를 결정하여 신청인에게 알려야 한다(청원경찰법 제4조 제2항).
③ (○) 청원경찰은 청원주가 임용하되, 임용을 할 때에는 미리 시·도 경찰청장의 승인을 받아야 한다(청원경찰법 제5조 제1항).
④ (○) 시·도 경찰청장은 청원경찰이 직무를 수행하기 위하여 필요하다고 인정하면 청원주의 신청을 받아 관할 경찰서장으로 하여금 청원경찰에게 무기를 대여하여 지니게 할 수 있다(청원경찰법 제8조 제2항). 즉, 시·도 경찰청장이 무기휴대 여부 결정 권한을 가진다.

30 정답 ❶

① (○) 청원경찰법 시행규칙 제14조 제4항
② (×) 업무처리 및 자체경비를 하는 소내근무자는 근무 중 특이한 사항이 발생하였을 때에는 지체 없이 청원주 또는 관할 경찰서장에게 보고하고 그 지시에 따라야 한다(청원경찰법 시행규칙 제14조 제2항).
③ (×) 순찰근무자는 단독 또는 복수로 정선순찰을 하되, 청원주가 필요하다고 인정할 때에는 요점순찰 또는 난선순찰을 할 수 있다(청원경찰법 시행규칙 제14조 제3항).
④ (×) 자체경비를 하는 입초근무자는 경비구역의 정문이나 그 밖의 지정된 장소에서 경비구역의 내부, 외부 및 출입자의 움직임을 감시한다(청원경찰법 시행규칙 제14조 제1항).

> **관계법령** 근무요령(청원경찰법 시행규칙 제14조)★★
> ① 자체경비를 하는 입초근무자는 경비구역의 정문이나 그 밖의 지정된 장소에서 경비구역의 내부, 외부 및 출입자의 움직임을 감시한다.
> ② 업무처리 및 자체경비를 하는 소내근무자는 근무 중 특이한 사항이 발생하였을 때에는 지체 없이 청원주 또는 관할 경찰서장에게 보고하고 그 지시에 따라야 한다.
> ③ 순찰근무자는 청원주가 지정한 일정한 구역을 순회하면서 경비 임무를 수행한다. 이 경우 순찰은 단독 또는 복수로 정선순찰(정해진 노선을 규칙적으로 순찰하는 것을 말한다)을 하되, 청원주가 필요하다고 인정할 때에는 요점순찰(순찰구역 내 지정된 중요지점을 순찰하는 것을 말한다) 또는 난선순찰(임의로 순찰지역이나 노선을 선정하여 불규칙적으로 순찰하는 것을 말한다)을 할 수 있다.
> ④ 대기근무자는 소내근무에 협조하거나 휴식하면서 불의의 사고에 대비한다.

31 정답 ①

① (✕) 청원주는 청원경찰이 품위를 손상하는 행위를 한 때에는 대통령령으로 정하는 징계절차를 거쳐 징계처분을 하여야 한다(청원경찰법 제5조의2 제1항 제2호).
② (○) 청원경찰법 제5조의2 제2항
③ (○) 청원경찰법 시행령 제8조 제5항 전문
④ (○) 청원경찰법 시행령 제8조 제2항

관계법령 청원경찰의 징계(청원경찰법 제5조의2)★

① 청원주는 청원경찰이 다음 각호의 어느 하나에 해당하는 때에는 대통령령으로 정하는 징계절차를 거쳐 징계처분을 하여야 한다.
  1. 직무상의 의무를 위반하거나 직무를 태만히 한 때
  2. 품위를 손상하는 행위를 한 때
② 청원경찰에 대한 징계의 종류는 파면, 해임, 정직, 감봉 및 견책으로 구분한다.
③ 청원경찰의 징계에 관하여 그 밖에 필요한 사항은 대통령령으로 정한다.

징계(청원경찰법 시행령 제8조)

① 관할 경찰서장은 청원경찰이 법 제5조의2 제1항 각호의 어느 하나에 해당한다고 인정되면 청원주에게 해당 청원경찰에 대하여 징계처분을 하도록 요청할 수 있다.
② 법 제5조의2 제2항의 정직(停職)은 1개월 이상 3개월 이하로 하고, 그 기간에 청원경찰의 신분은 보유하나 직무에 종사하지 못하며, 보수의 3분의 2를 줄인다.
③ 법 제5조의2 제2항의 감봉은 1개월 이상 3개월 이하로 하고, 그 기간에 보수의 3분의 1을 줄인다.
④ 법 제5조의2 제2항의 견책(譴責)은 전과(前過)에 대하여 훈계하고 회개하게 한다.
⑤ 청원주는 청원경찰 배치결정의 통지를 받았을 때에는 통지를 받은 날부터 15일 이내에 청원경찰에 대한 징계규정을 제정하여 관할 시·도 경찰청장에게 신고하여야 한다. 징계규정을 변경할 때에도 또한 같다.
⑥ 시·도 경찰청장은 제5항에 따른 징계규정의 보완이 필요하다고 인정할 때에는 청원주에게 그 보완을 요구할 수 있다.

32 정답 ②

② (✕) 청원경찰은 평상근무 중에는 정모, 근무복, 단화, 호루라기, 경찰봉 및 포승을 착용하거나 휴대하여야 하고, 총기를 휴대하지 아니할 때에는 분사기를 휴대하여야 하며, 교육훈련이나 그 밖의 특수근무 중에는 기동모, 기동복, 기동화 및 휘장을 착용하거나 부착하되, 허리띠와 경찰봉은 착용하거나 휴대하지 아니할 수 있다(청원경찰법 시행규칙 제9조 제3항).
① (○) 청원경찰법 시행규칙 제9조 제1항 제2호
③ (○) 청원경찰법 시행규칙 제9조 제2항 제1호 본문
④ (○) 청원경찰법 시행규칙 제9조 제1항 제3호

> **관계법령** 복제(청원경찰법 시행규칙 제9조)★★
>
> ① 영 제14조에 따른 청원경찰의 제복·장구(裝具) 및 부속물의 종류는 다음 각호와 같다.
>   1. 제복 : 정모(正帽), 기동모(활동에 편한 모자를 말한다. 이하 같다), 근무복(하복, 동복), 한여름 옷, 기동복, 점퍼, 비옷, 방한복, 외투, 단화, 기동화 및 방한화
>   2. 장구 : 허리띠, 경찰봉, 호루라기 및 포승(捕繩)
>   3. 부속물 : 모자표장, 가슴표장, 휘장, 계급장, 넥타이핀, 단추 및 장갑
> ② 영 제14조에 따른 청원경찰의 제복·장구(裝具) 및 부속물의 형태·규격 및 재질은 다음 각호와 같다.
>   1. 제복의 형태·규격 및 재질은 청원주가 결정하되, 경찰공무원 또는 군인 제복의 색상과 명확하게 구별될 수 있어야 하며, 사업장별로 통일해야 한다. 다만, 기동모와 기동복의 색상은 진한 청색으로 하고, 기동복의 형태·규격은 별도 1과 같이 한다.
>   2. 장구의 형태·규격 및 재질은 경찰 장구와 같이 한다.
>   3. 부속물의 형태·규격 및 재질은 다음 각목과 같이 한다.
>   가. 모자표장의 형태·규격 및 재질은 별도 2와 같이 하되, 기동모의 표장은 정모 표장의 2분의 1 크기로 할 것
>   나. 가슴표장, 휘장, 계급장, 넥타이핀 및 단추의 형태·규격 및 재질은 별도 3부터 별도 7까지와 같이 할 것
> ③ 청원경찰은 평상근무 중에는 정모, 근무복, 단화, 호루라기, 경찰봉 및 포승을 착용하거나 휴대하여야 하고, 총기를 휴대하지 아니할 때에는 분사기를 휴대하여야 하며, 교육훈련이나 그 밖의 특수근무 중에는 기동모, 기동복, 기동화 및 휘장을 착용하거나 부착하되, 허리띠와 경찰봉은 착용하거나 휴대하지 아니할 수 있다.
> ④ 가슴표장, 휘장 및 계급장을 달거나 부착할 위치는 별도 8과 같다.

33 정답 ④

④ (O) 청원경찰법 시행령 제13조
① (×), ② (×) 청원주는 청원경찰이 직무수행으로 인하여 부상을 입거나, 질병에 걸리거나 또는 사망한 경우 또는 직무상의 부상·질병으로 인하여 퇴직하거나 퇴직 후 2년 이내에 사망한 경우 대통령령으로 정하는 바에 따라 청원경찰 본인 또는 그 유족에게 보상금을 지급하여야 한다(청원경찰법 제7조).
③ (×) 청원주는 청원경찰이 퇴직할 때에는 「근로자퇴직급여보장법」에 따른 퇴직금을 지급하여야 한다. 다만, 국가기관이나 지방자치단체에 근무하는 청원경찰의 퇴직금에 관하여는 따로 대통령령으로 정한다(청원경찰법 제7조의2).

34 정답 ④

④ (×) 청원주는 무기와 탄약이 분실되거나 도난당하거나 빼앗기거나 훼손되었을 때에는 경찰청장이 정하는 바에 따라 그 전액을 배상해야 한다. 다만, 전시·사변·천재지변이나 그 밖의 불가항력적인 사유가 있다고 시·도 경찰청장이 인정하였을 때에는 그렇지 않다(청원경찰법 시행규칙 제16조 제1항 제8호).
① (O) 청원경찰법 시행규칙 제16조 제1항 제1호
② (O) 청원경찰법 시행규칙 제16조 제1항 제5호
③ (O) 청원경찰법 시행규칙 제16조 제1항 제7호

35 정답 ❶

제시된 내용 중 청원주가 무기와 탄약을 지급해서는 안 되는 사람은 ㄱ, ㄴ, ㄷ이다.

ㄹ. (×) 형사사건으로 조사대상이 된 사람(청원경찰법 시행규칙 제16조 제4항 제2호)은 무기와 탄약을 지급해서는 안 되는 사람으로 규정하고 있으나, 민사재판에 증인으로 출석 예정인 사람에 대해서는 규정하고 있지 않다.

ㅁ. (×) 치매, 조현병, 조현정동장애, 양극성 정동장애(조울병), 재발성 우울장애 등의 정신질환으로 인하여 무기와 탄약의 휴대가 적합하지 않다고 해당 분야 전문의가 인정하는 사람이 청원주가 무기와 탄약을 지급해서는 안 되는 사람에 해당한다(청원경찰법 시행규칙 제16조 제4항 제4호).

관계법령 | 무기관리수칙(청원경찰법 시행규칙 제16조)★

④ 청원주는 다음 각호의 어느 하나에 해당하는 청원경찰에게 무기와 탄약을 지급해서는 안 되며, 지급한 무기와 탄약은 즉시 회수해야 한다.
1. 직무상 비위(非違)로 징계대상이 된 사람
2. 형사사건으로 조사대상이 된 사람
3. 사직 의사를 밝힌 사람
4. 치매, 조현병, 조현정동장애, 양극성 정동장애(조울병), 재발성 우울장애 등의 정신질환으로 인하여 무기와 탄약의 휴대가 적합하지 않다고 해당 분야 전문의가 인정하는 사람
5. 제1호부터 제4호까지의 규정 중 어느 하나에 준하는 사유로 청원주가 무기와 탄약을 지급하기에 적절하지 않다고 인정하는 사람
6. 변태적 성벽(性癖)이 있는 사람 – 삭제〈2022.11.10.〉

36 정답 ❷

무기·탄약 대여대장, 전출입 관계철, 청원경찰 임용승인 관계철은 청원주가 비치해야 할 문서와 장부에 해당하지 않는다.

핵심만콕 | 문서와 장부의 비치(청원경찰법 시행규칙 제17조)

청원주(제1항)	관할 경찰서장(제2항)	시·도 경찰청장(제3항)
• 청원경찰 명부 • 근무일지 • 근무 상황카드 • 경비구역 배치도 • 순찰표철 • 무기·탄약 출납부 • 무기장비 운영카드 • 봉급지급 조서철 • 신분증명서 발급대장 • 징계 관계철 • 교육훈련 실시부 • 청원경찰 직무교육계획서 • 급여품 및 대여품 대장 • 그 밖에 청원경찰의 운영에 필요한 문서와 장부	• 청원경찰 명부 • 감독 순시부 • 전출입 관계철 • 교육훈련 실시부 • 무기·탄약 대여대장 • 징계요구서철 • 그 밖에 청원경찰의 운영에 필요한 문서와 장부	• 배치결정 관계철 • 청원경찰 임용승인 관계철 • 전출입 관계철 • 그 밖에 청원경찰의 운영에 필요한 문서와 장부

37 정답 ❷

② (×) 파산선고를 받고 복권되지 아니한 청원경찰의 경우 파산선고를 받고서「채무자 회생 및 파산에 관한 법률」에 따라 신청기한 내에 면책신청을 하지 아니하였거나 면책불허가 결정 또는 면책 취소가 확정된 경우에만 당연 퇴직된다(청원경찰법 제10조의6 제1호 단서).
① (○) 청원경찰법 제10조의4 제1항
③ (○) 청원경찰법 제10조의6 제2호
④ (○) 청원경찰법 제10조의6 제3호

관계법령 당연 퇴직(청원경찰법 제10조의6)★

청원경찰이 다음 각호의 어느 하나에 해당할 때에는 당연 퇴직된다.
1. 제5조 제2항에 따른 임용결격사유에 해당될 때. 다만,「국가공무원법」제33조 제2호는 파산선고를 받은 사람으로서「채무자 회생 및 파산에 관한 법률」에 따라 신청기한 내에 면책신청을 하지 아니하였거나 면책불허가 결정 또는 면책 취소가 확정된 경우만 해당하고,「국가공무원법」제33조 제5호는「형법」제129조부터 제132조까지,「성폭력범죄의 처벌 등에 관한 특례법」제2조,「아동·청소년의 성보호에 관한 법률」제2조 제2호 및 직무와 관련하여「형법」제355조 또는 제356조에 규정된 죄를 범한 사람으로서 금고 이상의 형의 선고유예를 받은 경우만 해당한다.
2. 제10조의5에 따라 청원경찰의 배치가 폐지되었을 때
3. 나이가 60세가 되었을 때. 다만, 그날이 1월부터 6월 사이에 있으면 6월 30일에, 7월부터 12월 사이에 있으면 12월 31일에 각각 당연 퇴직된다.
[2024.12.31. 법률 제20627호에 의하여 2022.12.22. 헌법재판소에서 위헌 결정된 이 조를 개정함.]

38 정답 ❸

제시된 내용 중 청원경찰법령상 청원경찰 배치대상에 해당하는 것은 ㄴ, ㄷ, ㅁ, ㅂ이다.
ㄱ. (×) 국외 주재 국내기관은 청원경찰이 배치될 수 없다.
ㄹ. (×)「사회복지사업법」에 따른 사회복지시설은 청원경찰이 배치될 수 없다.

관계법령 정의(청원경찰법 제2조)

이 법에서 "청원경찰"이란 다음 각호의 어느 하나에 해당하는 기관의 장 또는 시설·사업장 등의 경영자가 청원경찰경비를 부담할 것을 조건으로 경찰의 배치를 신청하는 경우 그 기관·시설 또는 사업장 등의 경비(警備)를 담당하게 하기 위하여 배치하는 경찰을 말한다.
1. 국가기관 또는 공공단체와 그 관리하에 있는 중요시설 또는 사업장
2. 국내 주재(駐在) 외국기관
3. 그 밖에 행정안전부령으로 정하는 중요시설, 사업장 또는 장소

배치대상(청원경찰법 시행규칙 제2조)
「청원경찰법」제2조 제3호에서 "그 밖에 행정안전부령으로 정하는 중요시설, 사업장 또는 장소"란 다음 각호의 시설, 사업장 또는 장소를 말한다.
1. 선박, 항공기 등 수송시설
2. 금융 또는 보험을 업(業)으로 하는 시설 또는 사업장
3. 언론, 통신, 방송 또는 인쇄를 업으로 하는 시설 또는 사업장
4. 학교 등 육영시설
5. 「의료법」에 따른 의료기관(의원급 의료기관, 조산원, 병원급 의료기관)
6. 그 밖에 공공의 안녕질서 유지와 국민경제를 위하여 고도의 경비(警備)가 필요한 중요시설, 사업체 또는 장소

39 정답 ❶

[O△X] ( ) 안에 들어갈 내용은 순서대로 ㄱ : 대통령령, ㄴ : 시・도 경찰청장이다.

> **관계법령** **과태료(청원경찰법 제12조)★**
>
> ② 제1항에 따른 과태료는 대통령령으로 정하는 바에 따라 시・도 경찰청장이 부과・징수한다.

40 정답 ❹

[O△X] ④는 과태료 부과 처분의 대상이 아니다.

> **관계법령** **과태료(청원경찰법 제12조)**
>
> ① 다음 각호의 어느 하나에 해당하는 자에게는 500만원 이하의 과태료를 부과한다.★
>   1. 시・도 경찰청장의 배치결정을 받지 아니하고 청원경찰을 배치하거나 시・도 경찰청장의 승인을 받지 아니하고 청원경찰을 임용한 자
>   2. 정당한 사유 없이 경찰청장이 고시한 최저부담기준액 이상의 보수를 지급하지 아니한 자
>   3. 제9조의3 제2항(시・도 경찰청장은 청원경찰의 효율적인 운영을 위하여 청원주를 지도하며 감독상 필요한 명령을 할 수 있음)에 따른 감독상 필요한 명령을 정당한 사유 없이 이행하지 아니한 자
> ② 제1항에 따른 과태료는 대통령령으로 정하는 바에 따라 시・도 경찰청장이 부과・징수한다.★★

제6회 경호학

문제편 149p

정답 CHECK

41	42	43	44	45	46	47	48	49	50	51	52	53	54	55	56	57	58	59	60
④	③	②	②	④	①	④	②	③	③	④	④	②	①	④	③	②	①	①	④
61	62	63	64	65	66	67	68	69	70	71	72	73	74	75	76	77	78	79	80
③	②	④	③	②	③	②	③	①	①	④	③	①	②	④	①	②	①	②	①

41 정답 ④

제시된 내용 중 행사장경호 제1선(내부경비)에서 필요한 사항(A)은 ㄱ, ㄷ이고 제2선(내곽경비)에서 필요한 사항(B)은 ㅁ, ㅅ, ㅇ이며, 제3선(외곽경비)에서 필요한 사항(C)은 ㄴ, ㄹ, ㅂ이다.

핵심만콕 3중 경호의 구분

제1선(내부 - 안전구역)	제2선(내곽 - 경비구역)	제3선(외곽 - 경계구역)
• 피경호자가 위치하는 구역 • 내부일 경우 건물 자체를 말하며 외부일 경우는 본부석이 해당됨 • 피경호자에게 직접적인 위해를 가할 수 있는 지역 • MD설치 · 운용 • 비표확인 및 출입자 감시 • 사전 폭발물 설치에 대비한 완벽한 검측	• 소총 유효사거리 내의 취약지점 • 바리케이드 등의 장애물 설치 • 돌발사태에 대비한 비상통로 확보, 소방차나 구급차 등의 대기	• 주변 지역 동향 파악과 행사장을 직시할 수 있는 고층건물 및 주변 감제고지의 확보 • 행사장 주변 감시조 운영 • 도보순찰조 및 기동순찰조 운영 • 원거리 불심자 검문

42 정답 ③

검식활동은 안전대책작용으로서 사전예방경호에 해당하나, 경호실시단계에서 이루어지는 근접경호에는 해당하지 않는다.

43 정답 ❷

제시된 내용 중 경호의 정의와 개념을 잘못 말한 경호원은 C와 D이다.
C. (×) 경호원은 정치적으로 반대 입장에 있는 요인(要人)을 경호해야 하는 상황이 있을 수 있으므로 정치적으로 중립을 유지하여야 한다.
D. (×) 3중 경호는 행사장에 참석하는 경호대상자를 중심으로 가장 가까운 1선을 안전구역, 2선을 경비구역, 3선을 경계구역으로 정해 위해요소의 중복차단과 조기경보를 목적으로 한 지역방어개념이다.
A. (○) 대통령 등의 경호에 관한 법률 제2조 제1호 경호개념으로 호위와 경비가 포함되는 개념이다.
B. (○) 형식적 의미의 경호개념은 경호관계법규에 규정된 현실적인 경호기관을 기준으로 하여 정립된 개념을 말하며, 실질적 의미의 경호개념은 국가기관, 민간기관, 개인, 단체를 불문하고 경호주체가 경호대상자를 보호하는 모든 활동을 말한다.

44 정답 ❷

①은 안전검사, ③은 안전점검, ④는 안전검측에 관한 설명이다.

핵심만콕   안전대책작용

- 의의 : 행사장 내·외부에 산재한 인적·물적·지리적 취약요소에 대한 안전대책 강구, 행사장 내·외곽 시설물에 대한 폭발물 탐지·제거 및 안전점검, 경호대상자에게 제공되는 각종 음식물에 대한 검식작용 등 통합적 안전작용을 말한다.
- 안전대책의 3대 작용원칙
  - 안전점검 : 폭발물 등 각종 유해물을 탐지·제거하는 활동
  - 안전검사 : 이용하는 기구, 시설 등의 안전상태를 검사하는 것
  - 안전유지 : 안전점검 및 검사가 이루어진 상태를 계속 유지하기 위해 통제하는 것
- 위해요소
  - 인적 위해요소 : 경호대상자에게 위해를 가할 소지가 있는 사람
  - 물적 취약요소 : 경호대상지역 주변에 위치하면서 경호대상자에게 직접 위해를 가할 수 있는 인공물이나, 경호대상자에게 위해를 가할 수 있도록 여건을 제공할 수 있는 자연물
- 안전조치 : 경호행사 시 경호대상자에게 위해를 줄 수 있는 위해물질을 안전하게 관리하는 것
- 안전검측 : 경호대상자에게 위해여건을 제공할 수 있는 자연 및 인공물에 대하여 위해를 가할 수 없는 상태로 전환시키는 작용

〈출처〉김두현, 「경호학개론」, 엑스퍼트, 2020, P. 269~270

45 정답 ❹

④ (○) 검측은 경호계획에 의거하여 공식행사에서 실시함을 원칙으로 하되, 비공식행사에서는 비노출 검측 활동을 실시할 수 있다.
① (×) 위해기도자의 입장에서 설치장소를 의심하여 검측을 실시해야 한다.
② (×) 검측은 인원 및 장소를 최대한 지원받아 실시하며, 중복되게 점검이 이루어져야 한다.
③ (×) 회의실, 오찬장, 휴게실 등 경호대상자가 장시간 머물러 있는 곳을 대상으로 검측을 먼저 실시하고, 통로, 현관 등 경호대상자가 움직이는 경로는 순차적으로 실시한다.

핵심만콕	안전검측의 원칙★★

- 검측은 타 업무보다 우선하며, 예외를 불허하고 선 선발개념으로 실시한다.
- 가용 인원 및 장소는 최대한 지원받아 활용한다.
- 범인(적)의 입장에서 설치장소를 의심하며 추적한다.
- 점검은 아래에서 위로, 좌에서 우로 등 일정한 방향으로 체계적으로 점검한다.
- 점과 선에서 실시하되 가까운 곳에서 먼 곳으로, 밖에서 안으로 끝까지 추적한다.
- 통로보다는 양 측면을 점검하고 책임구역을 명확히 구분하여 의심나는 곳은 반복하여 실시한다.
- 검측대상은 외부, 내부, 공중지역, 연도로 구분 실시한다.
- 장비를 이용하되 오감(오관)을 최대한 활용한다.
- 전자제품은 분해하여 확인하고, 확인이 불가능한 것은 현장에서 제거한다.
- 검측인원의 책임구역을 명확하게 하며, 중복되게 점검이 이루어져야 한다.
- 검측은 경호계획에 의거하여 공식행사에서 실시함을 원칙으로 하되, 비공식행사에서는 비노출 검측활동을 실시할 수 있다.
- 회의실, 오찬장, 휴게실 등 경호대상자가 장시간 머물러 있는 곳을 먼저 실시하고, 통로, 현관 등 경호대상자가 움직이는 경로를 순차적으로 실시한다.
- 검측실시 후 현장 확보상태에서 지속적인 안전유지를 한다.
- 행사 직전 반입되는 물품 등은 쉽게 소형 폭발물의 은폐가 가능하므로 계속적인 검측을 실시한다.

46 정답 ❶

① (O) 장용영은 조선 후기 정조 17년에 장용위를 크게 확대하여 설치된 경호기관이다.
② (×) 호위청 : 조선 후기 인조 때 설치한 경호기관이다.
③ (×) 내순검군 : 고려 전기에 설치된 경호기관이다.
④ (×) 삼별초 : 고려 무신집권기에 설치된 경호기관이다.

47 정답 ❹

④ (×) 경호대상자의 방호 및 대피가 경호원의 자기보호본능보다 우선이다. 비록 우발상황 발생 시 자기보호본능 기제가 발동하더라도 경호원은 이를 거부하고 자기희생의 원칙에 따라 체위를 확장하여 경호대상자의 노출을 최소화하고 최대의 방호벽을 형성하여야 한다. 특히 자신의 생명을 보호하기 위하여 자세를 낮추거나 은폐 또는 은신을 해서는 안 된다.
① (O) 우발상황이란 위해기도나 행사 방해책동과 관련하여 발생 시기나 발생 여부 및 그로 인한 피해 정도를 모르는 우발적 위험이 발생한 상황을 의미한다. 우발상황의 유형은 크게 계획적 우발상황, 부주의에 의한 우발상황, 자연발생적 우발상황, 천재지변에 의한 우발상황으로 분류할 수 있으며, 계획적 우발상황이란 위해기도자에 의해 의도되고 계획된 우발상황을 말한다.

〈참고〉 이두석, 「경호학개론」, 진영사, 2018, P. 343~344

② (O) 위해기도가 발생되는 시간, 장소, 방법에 대한 사전예측의 불가능(곤란성)은 우발상황의 특성에 해당한다.
③ (O) 우발상황의 특성 중 현장성에 관한 옳은 설명이다.

48 정답 ②

② (×) 「은행법」 제2조 제2호에 따른 법인은 테러대상시설에 해당하지 않는다(테러방지법 시행령 제25조 제1항).
① (○) 테러방지법 제8조 제1항·제2항
③ (○) 테러방지법 시행령 제30조 제1항·제2항·제5항 제1호
④ (○) 테러방지법 시행령 제16조 제1항

관계법령 테러대상시설 및 테러이용수단 안전대책 수립(테러방지법 시행령 제25조)

① 법 제10조 제1항에서 "대통령령으로 정하는 국가중요시설과 많은 사람이 이용하는 시설 및 장비"(이하 "테러대상시설"이라 한다)란 다음 각호의 시설을 말한다.
1. 국가중요시설 : 「통합방위법」 제21조 제4항에 따라 지정된 국가중요시설 및 「보안업무규정」 제32조에 따른 국가보안시설
2. 많은 사람이 이용하는 시설 및 장비(이하 "다중이용시설"이라 한다) : 다음 각목의 시설과 장비 중 관계기관의 장이 소관업무와 관련하여 대테러센터장과 협의하여 지정하는 시설
   가. 「도시철도법」 제2조 제2호에 따른 도시철도
   나. 「선박안전법」 제2조 제10호에 따른 여선
   다. 「재난 및 안전관리 기본법 시행령」 제43조의8 제1호·제2호에 따른 건축물 또는 시설
   라. 「철도산업발전기본법」 제3조 제4호에 따른 철도차량
   마. 「항공안전법」 제2조 제1호에 따른 항공기

49 정답 ③

경호대상자와 접근할 수 있는 출입구나 통로는 하나만 필요하고 여러 개를 두어서 위해요소가 분산되도록 하여서는 안 된다.

핵심만콕 하나의 통제된 지점을 통한 접근의 원칙

• 경호대상과 일반인을 분리하여 경호대상자와 접근할 수 있는 출입구나 통로는 하나만 필요하고 여러 개를 두어서 위해요소가 분산되도록 하여서는 안 된다는 원칙이다.
• 통제된 출입구나 통로라도 접근자는 경호요원에게 확인될 수 있어야 하고, 허가절차 등을 거쳐 접근이 이루어지도록 해야 한다.

50 정답 ③

테러행위의 수법이 지능화·고도화되고 있으므로 경호조직에 있어서도 기능의 전문화 내지 분화현상이 광범위하게 나타나고 있다.

핵심만콕	경호조직의 특성
기동성	• 교통수단의 발달과 인구집중현상·환경보호, 더 나아가 세계공동체를 향한 외교활동 증대로 고도의 유동성을 띠게 되어 경호조직도 그에 대응하여 높은 기동성을 띤 조직으로 변해가고 있다. • 암살 및 테러의 고도화에 따라 경호장비의 과학화와 이를 지원하기 위한 행정업무의 자동화, 컴퓨터화 등 기동성이 요구되고 있다.
통합성과 계층성	• 경호조직은 전체 구조가 통일적인 피라미드형을 구성하면서 그 조직 내 계층을 이루고 지휘·감독 등을 통하여 경호목적을 실현하므로, 경호행사를 직접 담당하는 경호기관의 조직은 다른 부서에 비해 경호집행기관적 성격으로 계층성이 더욱 강조된다. • 경호조직은 기구단위 및 권한과 책임이 분화되어야 하며, 경호조직 내의 중추세력은 권한의 계층을 통하여 분화된 노력을 상호 조정하고 통제함으로써 경호의 목적을 달성할 수 있다.
폐쇄성 (보안성)	• 경호를 완전무결하게 수행하기 위해서는 경호조직의 비공개와 경호기법의 비노출 등 보안성을 높이는 폐쇄성의 특성을 가져야 한다. • 일반적인 공개주의 원칙에도 불구하고 암살자나 테러집단에 알려지지 않도록 기밀성을 유지한다. • 일반적으로 정부조직은 법령주의와 공개주의 원칙에 따르지만, 경호조직에서는 비밀문서로 관리하거나 배포의 일부제한 등 비공개로 할 수 있다.
전문성	• 테러행위의 수법이 지능화·고도화되고 있으므로 경호조직에 있어서도 기능의 전문화 내지 분화현상이 광범위하게 나타나고 있다. • 경호조직의 권위는 권력의 힘에 의존하는 데서 탈피하여 경호의 전문성에서 찾아야 한다. • 고도로 전문화된 경호전문가의 양성을 통해 경호조직의 권위를 확립하고, 국민의 이해와 협조 속에서 국민과 함께 하는 경호가 요구된다.
대규모성	• 경호조직은 과거에 비해서 그 기구 및 인원면에서 점차 대규모화·다변화되고 있다. • 과학기술의 진보와 더불어 거대정부의 양상은 경호기능의 간접적인 대규모화의 계기가 되었다.

51 정답 ❹

경호차장은 1급 경호공무원 또는 고위공무원단에 속하는 별정직 국가공무원으로 보하며 처장을 보좌한다(대통령 등의 경호에 관한 법률 제3조 제3항).

관계법령 대통령경호처장 등(대통령 등의 경호에 관한 법률 제3조)

① 대통령경호처장(이하 "처장"이라 한다)은 대통령이 임명하고, 경호처의 업무를 총괄하며 소속공무원을 지휘·감독한다.
② 경호처에 차장 1명을 둔다.
③ 차장은 1급 경호공무원 또는 고위공무원단에 속하는 별정직 국가공무원으로 보하며, 처장을 보좌한다.

52 정답 ❹

출동인원에 근거하여 선발대 및 본대 사용차량 배정, 이동수단별 인원, 코스, 휴게실 등을 계획하여 작전 담당에게 전달하는 업무는 주행사장 외부 담당이 아닌 차량 담당의 업무에 해당한다.

핵심만콕 경호원의 분야별 업무담당 ★★

구 분	내 용
작전 담당	정보수집 및 분석을 통하여 작전구역별 특성에 맞는 인원 운용계획 작성, 비상대책체제 구축에 주력하며 부가적으로 시간사용계획 작성, 관계관 회의 시 주요 지침사항·예상 문제점·참고사항(기상, 정보·첩보) 등을 계획하고 임무별 진행사항을 점검하여 통합 세부계획서 작성 등
출입통제 담당	행사 참석대상 및 성격분석, 출입통로 지정, 본인 여부 확인, 검문검색, 주차장 운용계획, 중간집결지 운용, 구역별 비표 구분, 안전 및 질서를 고려한 시차별 입장계획, 상주자 및 민원인 대책, 야간근무자 등의 통제계획을 작전 담당에게 전달 등
안전대책 담당	안전구역 확보계획 검토, 건물의 안전성 여부 확인, 상황별 비상대피로 구상, 행사장 취약시설물 파악, 비상 및 일반예비대 운용방법 확인, 최기병원(적정병원) 확인, 직시건물(고지)·공중 감시대책 검토 등
행정 담당	출장여비 신청 및 수령, 각 대의 숙소 및 식사장소 선정, 비상연락망 구성 등
차량 담당	출동인원에 근거하여 선발대 및 본대 사용차량 배정, 이동수단별 인원, 코스, 휴게실 등을 계획하여 작전 담당에게 전달 등
승·하차 및 정문 담당	진입로 취약요소 파악 및 확보계획 수립 후 주요 위치에 근무자 배치, 통행인 순간통제방법 강구, 비상 및 일반예비대 대기장소 확인, 안전구역 접근자 차단 및 위해요소 제거, 출입차량 검색 및 주차지역 안내 등
보도 담당	배치결정된 보도요원 확인, 보도요원 위장침투 차단, 행사장별 취재계획 수립 전파 등
주행사장 내부 담당	경호대상자 동선 및 좌석 위치에 따른 비상대책 강구, 행사장 내의 인적·물적 접근 통제 및 차단계획 수립, 정전 등 우발상황에 대비한 각 근무자 예행연습, 행사장의 단일 출입 및 단상·천장·경호대상자 동선 등에 대한 안전도의 확인, 각종 집기류 최종 점검 등
주행사장 외부 담당	안전구역 내 단일 출입로 설정, 외곽 감제고지 및 직시건물에 대한 안전조치, 취약요소 및 직시지점을 고려한 단상 설치, 경호대상자 좌석과 참석자 간 거리 유지, 방탄막 설치 및 비상차량 운용계획 수립, 지하대피시설 점검 및 확보, 경비 및 경계구역 내 안전조치 강화, 차량 및 공중강습에 대한 대비책 강구 등

53 정답 ❷

○△× 교육부장관은 테러방지법령상 테러사건대책본부의 설치 및 운영권자가 아니다.

핵심만콕 테러사건대책본부(테러방지법 시행령 제14조 제1항)

외교부장관, 국방부장관, 국토교통부장관, 경찰청장 및 해양경찰청장은 테러가 발생하거나 발생할 우려가 현저한 경우(국외테러의 경우는 대한민국 국민에게 중대한 피해가 발생하거나 발생할 우려가 있어 긴급한 조치가 필요한 경우에 한한다)에는 다음에 따라 테러사건대책본부를 설치·운영하여야 한다.

설치·운영권자	테러사건대책본부
외교부장관	국외테러사건대책본부
국방부장관	군사시설테러사건대책본부
국토교통부장관	항공테러사건대책본부
경찰청장	국내일반 테러사건대책본부
해양경찰청장	해양테러사건대책본부

54 정답 ❶

○△× 제시문은 경호지휘단일성의 원칙에 관한 설명이다.

핵심만콕 경호조직의 (구성)원칙★

경호지휘단일성의 원칙	• 지휘 및 통제의 이원화로 인해 파생되는 문제들을 보완하기 위해 명령과 지휘체계는 반드시 하나의 계통으로 구성해야 한다는 원칙으로, 경호업무가 긴급성을 요한다는 점에서도 요청된다. • 지휘가 단일해야 한다고 하는 것은 경호기관(요원)은 한 사람의 지휘를 받아야 한다는 뜻이다. 한 걸음 더 나아가서 지휘의 단일이란「하나의 지휘자」라는 의미 외에 하급경호요원은 하나의 상급기관에 대해서만 책임을 진다는 의미가 포함된다.
경호체계통일성의 원칙	경호기관 구조의 정점으로부터 말단까지 상하계급 간에 일정한 관계가 이루어져 책임과 업무의 분담이 이루어지고, 명령(命令)과 복종(服從)의 지위와 역할의 체계가 통일되어야 한다는 원칙이다.
경호기관단위작용의 원칙	• 경호의 업무는 성격상 개인적 작용으로 이루어지지 않고 기관단위의 작용으로 기관의 하명에 의해서 이루어진다는 원칙이다. • 기관단위라는 것은 그 경호기관을 지휘하는 지휘자가 있고, 지휘를 받는 하급자가 있으며, 하급자를 관리하기 위한 지휘권과 장비가 편성되며 임무수행을 위한 보급지원체계를 갖추고 있어야 한다는 의미이다. • 기관단위의 관리와 임무의 수행을 위한 결정은 지휘자만이 할 수 있고, 경호의 성패는 지휘자만이 책임을 지는 것이다.
경호협력성의 원칙	경호조직과 국민과의 협력을 의미하며 완벽한 경호를 위해서는 국민의 절대적인 협력이 필요하다는 원칙이다.

〈참고〉이두석, 「경호학개론」, 2018, P. 114~116 / 김두현, 「경호학개론」, 엑스퍼트, 2020, P. 184~187

55 정답 ❹

④ (×) 경호대상자에 대하여 면담을 요청하는 자가 있을 때에는 그 신원을 조사하는 동시에 위험물의 소지 유무를 검색한 후 용의 없는 자에 한하여 감독자에게 보고하여 지휘를 받아야 한다.
① (○) 경호대상자가 평소에 거처하는 관저뿐만 아니라 임시로 외지에서 머무는 장소에 대한 경호경비활동을 말하며, 안전도모를 위해 물적·인적 위해요소를 사전에 배제해야 한다.
② (○) 경호지휘 및 통제에 필요한 경호상황실을 운영하여야 한다. 주로 경호대상자의 옆방이나 거실에 설치하는데, 호텔숙소인 경우 바로 옆방에 설치한다.
③ (○) 숙소경호는 단독 주택과 호텔로 구분되며 3중 경호 개념과 경비 개념이 적용된다. 경비배치는 내부·내곽·외곽으로 구분해서 실시하며 숙소의 외곽은 1, 2, 3선으로 해서 경계망을 구축하고 출입문에 출입통제반을 설치해 방문자 통제체계를 확립한다.

56 정답 ❸

근접경호요원은 돌발적인 위해 발생 시 인적 방벽을 형성하여 경호대상자를 완벽하게 보호하고, 대적 및 제압보다는 경호대상자를 방호하여 안전한 곳으로 대피시키는 것을 우선으로 해야 한다.

57 정답 ❷

乙호 경호에 해당한다.

핵심만콕 대상에 따른 공경호의 분류

종 류	내 용	경호기관
甲호	• 대통령과 그 가족, 대통령 당선인과 그 가족 • 대통령권한대행과 그 배우자 • 전직대통령과 그 배우자(퇴임 후 10년 이내)	경호처
乙호	• 퇴임 후 10년이 경과한 전직대통령, 대통령선거후보자 • 국회의장, 대법원장, 국무총리, 헌법재판소장	경 찰
丙호	甲호·乙호 이외의 경찰청장 또는 경호처장이 필요하다고 인정하는 인사	

〈참고〉 김동제·조성구, 「경호학」, 백산출판사, 2013, P. 49

58 정답 ❶

① (○) 직원의 복제에 관하여 필요한 사항은 처장이 정한다(대통령 등의 경호에 관한 법률 시행령 제34조 제2항).
② (×) 처장은 필요하다고 인정하는 경우 직원에게 제복을 지급할 수 있다(대통령 등의 경호에 관한 법률 시행령 제34조 제1항).
③ (×) 대통령 경호처에서 근무하는 경찰공무원의 복식에 관하여는 「대통령 등의 경호에 관한 법률 시행령」 제34조 제2항에 따른다(경찰복제에 관한 규칙 제11조). 따라서 경호처장이 정한다.
④ (×) 경비원의 복장 신고(변경신고를 포함한다)를 하려는 경비업자는 소속 경비원에게 복장을 착용하도록 하기 전에 경비원 복장 등 신고서(전자문서로 된 신고서를 포함한다)를 경비업자의 주된 사무소를 관할하는 시·도 경찰청장에게 제출하여야 한다(경비업법 시행규칙 제19조 제1항).

59 정답 ❶

① (○) 대통령 등의 경호에 관한 법률 시행령 제3조의3 제3항
② (×) 직원의 징계에 관한 사항을 심사・의결하기 위하여 경호처에 고등징계위원회와 보통징계위원회를 둔다(대통령 등의 경호에 관한 법률 제12조 제1항). 경호안전교육원은 대통령경호처장의 관장사무를 지원하기 위하여 대통령경호처장 소속으로 두는 기관이다(대통령경호처와 그 소속기관 직제 제2조).
③ (×) 처장은 소속 직원에게 징계사유가 있다고 인정되는 때에는 관할 징계위원회에 징계의결을 요구하여야 한다(대통령 등의 경호에 관한 법률 시행령 제28조 제1항).
④ (×) 법 제12조 제1항에 따른 보통징계위원회의 위원장은 기획관리실장이 되고, 위원은 4급 이상의 직원(고위공무원단에 속하는 직원을 포함한다)과 다음 각호의 어느 하나에 해당하는 사람 중에서 성별을 고려하여 처장이 임명 또는 위촉한다(대통령 등의 경호에 관한 법률 시행령 제29조 제2항).

60 정답 ❹

지정한 층에 도착하여 엘리베이터 문이 열렸을 때 예상치 않은 외부로부터의 공격이 있을 수 있기 때문에 경호대상자를 충분히 보호해야 한다. 따라서 문 바로 앞쪽에 경호대상자를 위치하도록 하면 안 된다.

61 정답 ❸

③ (×) 우리나라에서는 일반적으로 오른편을 상위석으로 하는 것이 관례이며, 이 관례는 많은 나라에서 통용되고 있다. 따라서 행사 주최자의 경우 손님에게 상석인 오른쪽을 양보하여야 한다.

〈출처〉 김두현, 「경호학개론」, 엑스퍼트, 2020, P. 321

① (○) '상대에 대한 존중과 배려'는 의전의 중요한 원칙 중 하나이다.
② (○) 의전의 중요한 원칙 중 하나인 '상대에 대한 존중과 배려'가 적용된 경우이다.
④ (○) 한 사람이 2개 이상의 사회적 지위를 가지고 있을 경우 원칙적으로 상위직을 기준으로 적용하되, 행사의 성격에 따라 행사와 관련된 직위를 적용하여 조정하는 등의 일반원칙이 적용된다.

핵심만콕	의전의 원칙
상대에 대한 존중(Respect)과 배려(Consideration)	의전의 바탕은 상대 생활양식 등의 문화와 상대방에 대한 존중과 배려에 있다. 의전의 출발점은 서로가 다름을 인정하는 것이며, 의전의 종결점은 다름을 효과적으로 조율하는 것이다.
문화의 반영(Reflecting Culture)	의전은 문화와 시대의 소산이며, 세상이 변화하면 문화도 변하고 의전 관행도 바뀔 수 있는 것이다. 그래서 의전의 기준과 절차는 때와 장소에 따라, 처해진 상황에 따라 늘 가변적이다.
상호주의(Reciprocity)	상호주의는 상호 배려의 다른 측면이기도 하다. 하지만 의전의 상호주의가 항상 등가로 작용되는 것은 아니며 엄격히 적용되기 어려운 측면도 많다. 상호주의에 대한 지나친 집착은 오히려 족쇄로 작용할 수 있다.
예우기준(Rank)	정부행사에서 공식적으로는 헌법, 정부조직법, 국회법, 법원조직법 등 법령에서 정한 직위 순서를 기준으로 하고, 관례적으로는 정부수립 이후부터 시행해 온 정부 의전행사를 통하여 확립된 선례와 관행에 따른다.
오른쪽(Right)이 상석	문화적, 종교적 이유로 오른쪽이 상석이라는 기준이 발전되었다. 행사 주최자의 경우 손님에게 상석인 오른쪽을 양보한다. 다만, 국기의 경우는 우리나라를 비롯한 대부분의 국가에서 상석을 양보치 않는 관행이 있다.

〈출처〉 행정안전부, 2024 "정부의전편람", P. 5~6

62 정답 ❷

주행사장 내부 담당자의 임무에 해당하는 것은 ②이고, 나머지 ①·③·④는 주행사장 외부 담당자의 임무에 해당한다.

핵심만콕 주행사장 내부 담당자 및 외부 담당자의 주요 임무(업무)★★

내부 담당자	외부 담당자
• 접견 예상에 따른 대책 및 참석자 안내계획 수립 • 경호대상자 동선 및 좌석 위치에 따른 비상대책 강구 • 행사장 내 인적·물적 위해요인 접근통제 및 차단계획 수립 • 정전 등 우발상황을 대비한 각 근무자 예행연습 실시 (필요시 방폭요, 역조명, 랜턴, 손전등을 비치) • 경호대상자의 휴게실, 화장실 위치 파악 및 안전점검 실시 • 행사장 내 단상, 천장, 각종 집기류를 최종 점검	• 방탄막 설치 및 비상차량 운용계획 수립 • 경비 및 경계구역 내에 대한 안전조치 강화 • 차량 및 공중강습에 대한 대비책 수립 • 안전구역 내 단일 출입로 설정 • 외곽 감제고지 및 직시건물에 대한 안전조치 실시 • 지하대피시설 점검·확보 • 취약요소, 직시시점을 고려하여 단상, 전시물 등을 설치

63 정답 ❹

제시된 내용은 모두 경호작용의 기본 고려요소에 관한 옳은 설명이다.

ㄱ.(○) 자원동원에 관한 옳은 설명이다. 경호에 소요되는 자원은 경호대상자의 대중에 대한 노출이나 제반여건, 경호대상자가 참여하는 행사 지속시간과 첩보수집으로 획득된 내재적인 위협분석의 결과에 따라 결정된다.
ㄴ.(○) 보안유지에 관한 옳은 설명이다.
ㄷ.(○) 책임분배에 관한 옳은 설명이다. 2인 이상의 경호대상자가 있을 때는 서열이 높은 경호대상자를 우선하여 경호한다.
ㄹ.(○) 계획수립에 관한 옳은 설명이다. 모든 경호임무는 예기치 않은 변화의 가능성을 내포하고 있으므로 이에 대비하여 융통성 있게 사전계획을 수립해야 한다. 경호활동에 있어 사전계획은 전체 경호활동의 성공 여부와도 관련된 중요한 요소이다.

핵심만콕 경호작용의 기본 고려요소 (🔑 : 계·책·자·보)★

- **계획수립** : 모든 형태의 경호임무는 사전에 신중하게 계획되어야 하며, 예기치 않은 변화의 가능성 때문에 경호임무를 계획함에 있어 융통성 있게 수립되어야 한다.
- **책임** : 경호임무는 명확하게 부여되어야 하며, 경호요원들에게는 각각의 임무형태에 대한 책임이 부과되어야 한다.
- **자원** : 경호대상자를 경호하는 데 소요되는 자원은 경호대상자의 행차, 즉 경호대상자의 대중 앞에서의 노출이나 제반여건에 의해서 필연적으로 노출을 수반하는 행차의 지속시간과 사전 위해첩보 수집 간 획득된 내재적인 위협분석에 따라 결정된다.
- **보안** : 경호대상자와 수행원, 행사 세부일정, 경호경비상황에 관한 보안[정보(註)]의 유출은 엄격히 통제되어야 한다. 경호요원은 이러한 정보를 인가된 자 이외의 사람에게 유출하거나 언급해서는 안 된다.

〈참고〉김두현, 「경호학개론」, 엑스퍼트, 2020, P. 258~259

64 정답 ❸

경호경비 관련법의 제정 순서는 ㄷ. 경찰관직무집행법(1953년 12월 14일) → ㄱ. 청원경찰법(1962년 4월 3일) → ㄹ. 대통령 등의 경호에 관한 법률(1963년 12월 14일 '대통령경호실법' 제정, 2008년 2월 29일 '대통령 등의 경호에 관한 법률'로 명칭 변경) → ㄴ. 국민보호와 공공안전을 위한 테러방지법(2016년) 순이다.

65 정답 ❷

② (×) 국군의 날은 기념일이다(대한민국국기법 제8조 제1항 제1호·제2호).
① (○) 대한민국국기법 제9조 제1항 제2호
③ (○) 국기는 매일·24시간 게양할 수 있다(대한민국국기법 제8조 제2항).
④ (○) 단독주택의 대문과 공동주택의 각 세대 난간에 국기를 게양하려는 경우 밖에서 바라보아 중앙이나 왼쪽에 국기를 게양하는 것을 원칙으로 하되, 부득이한 경우에는 그 위치를 달리할 수 있다(국기의 게양·관리 및 선양에 관한 규정 제10조 제1항).

66 정답 ❸

옳은 내용은 ㄱ, ㄷ, ㅁ, ㅂ이다.
ㄴ. (×) 사주경계의 인적 경계대상은 경호대상자 주변의 모든 인원들이 해당되며, 경호대상자의 수행원이나 보도요원, 공무원, 종업원 등 신분이 확실한 사람들도 일단 경계의 대상이 된다.
ㄹ. (×) 사주경계 요령으로는 인접해 있는 경호원과 경계범위를 중첩되게 설정해야 한다.

67 정답 ❷

② (×) 근접경호원은 고정된 위치와 대형을 고수해서는 안 되고, 장소나 상황에 따라 다변해야 한다.
① (○) 도보대형 형성 시는 주변 감제건물의 취약도, 인적·물적 취약요소 등을 고려해야 한다.
③ (○) 가능한 한 선정된 도보 이동시기 및 이동로는 수시로 변경되어야 하고 단거리 직선통로를 이용한다.
④ (○) 근접경호요원은 경호대상자에게 이르는 모든 접근로를 차단하기 위하여 분산되어야 한다.

68 정답 ❸

③ (×) 사람이 직접 확인할 수 없는 공간의 확인, 유해물질 존재 여부 등은 검측장비로 점검한다.
① (○) 호신장비는 자신과 타인의 생명 및 신체를 보호하는 데 사용되는 도구로서 권총·소총과 같은 무기에서부터 분사기, 가스총, 전자충격기, 경봉, 삼단봉 등에 이르기까지 다양하다.
② (○) 감시장비는 경호임무에 있어서 인력부족으로 인한 경호 취약점을 보완하는 수단으로 침입 또는 범죄행위를 사전에 알아내는 역할을 하는 장비이다. 포대경(M65), 다기능 쌍안경, 고성능 쌍안망원경, TOD(영상감시장비), 드론 등이 있다.
④ (○) 하부검색경은 검측장비를 세분하는 경우 탐지장비에 해당하며, 반사경을 이용하여 사각지역이나 차량 하부 등의 이상 유무를 확인하는 장비이다.

69 정답 ❶

제시된 내용은 암살의 동기 중 적대적(전략적) 동기에 관한 설명이다.

핵심만콕 암살의 동기★

구 분	내 용
개인적 동기	분노, 복수, 원한, 증오 등 극히 개인적 동기에 의해 암살이 이루어진다.
경제적 동기	금전적 보상 혹은 경제적 어려움을 해소하기 위하여 피암살자의 희생이 필요하다는 신념에 의해 암살이 이루어진다.
적대적(전략적) 동기	전쟁 중이거나 적대관계에 있는 지도자를 제거하여 승전을 유도하거나 사회혼란을 조성하기 위해 암살이 이루어진다.
정치적 동기	정권을 바꾸거나 교체하려는 욕망으로 암살이 이루어진다.
심리적 동기	정신분열증, 조울증, 편집증, 노인성 치매 등 정신병력 증세를 갖고 있는 사람들에 의해 암살이 이루어진다.
이념적 동기	어떠한 개인 혹은 집단이 주장·신봉하는 이념이나 사상을 탄압하거나 방해한다고 여겨지는 때 그 대상을 제거하기 위한 목표로 암살이 이루어진다.

〈출처〉 김두현, 「경호학개론」, 엑스퍼트, 2020, P. 464~466

70 정답 ❶

물질정보에 관한 설명이다. 물질정보에는 행사장 내의 가스·전기·공조시설과 승강기 등의 관리 및 안전상태, 그리고 총기류·폭발물·화학물질 등의 이동 및 거래, 소유자에 대한 정보 등이 포함된다.

핵심만콕 경호정보의 분류

인물정보	• 위해를 기도하거나 기도할 가능성이 있는 개인·단체의 동향에 관한 정보이다. • 경호대상자 본인 및 우호·적대적인 주변인물, 비밀관계에 있는 인물에 대한 정보 등을 포함한다.
물질정보	• 자체적으로 위험성을 내포하고 있는 행사장 내의 시설물과 위해의 수단으로 사용되거나 사용될 가능성이 있는 물질의 움직임에 관한 정보이다. • 행사장 내의 가스·전기·공조시설과 승강기 등의 관리 및 안전상태, 그리고 총기류·폭발물·화학물질 등의 이동 및 거래, 소유자에 대한 정보 등이 포함된다.
지리정보	행사장이나 이동로에 관한 지리적 정보로, 지형적 위치, 도로망 및 주변 감제고지 등의 취약요소에 대한 정보가 포함된다.
교통정보	행사장에 이르는 행·환차로 및 예비도로, 구간별 교통상황 등에 대한 정보이다.
기상정보	• 기상보도, 일기예보, 기상주의보 등의 정보이다. • 이동수단 및 행사장의 결정, 행사 진행 및 준비 등에 영향을 미친다.
행사정보	행사진행순서, 의전계획, 참석자 입장계획 등 행사 전반에 걸친 정보를 말한다.

〈출처〉 이두석, 「경호학개론」, 진영사, 2018, P. 208~210

71 정답 ④

촌각을 다투는 위급한 상황에서는 시간이 비교적 많이 소요되는 대피장소를 선정하는 것은 바람직하지 않다.

72 정답 ③

③ (×) 위원회의 소관사항을 예비심의하거나 위원회로부터 위임받은 사항의 처리를 위하여 위원회에 <u>실무위원회</u>를 둘 수 있다(대통령경호안전대책위원회규정 제7조 제1항).
① (○) 이 영은 「대통령 등의 경호에 관한 법률」 제16조에 따른 대통령경호안전대책위원회의 구성 및 운영에 관하여 필요한 사항을 규정함을 목적으로 한다(대통령경호안전대책위원회규정 제1조).
② (○) 대통령경호안전대책위원회규정 제6조
④ (○) 대통령경호안전대책위원회규정 제7조 제2항

73 정답 ①

제시된 내용 중 경호의 분류에 관한 옳은 설명은 ㄱ, ㄴ, ㄷ이다.
ㄱ. (○) 경호의 성격에 의한 분류 중 약식경호(3호·C호)는 출퇴근 시 일상적으로 실시하는 경호와 같이 일정한 방식에 의하지 않고 실시하는 경호이다.
ㄴ. (○) 열차경호는 경호대상자가 열차를 이용하는 경우 열차 내에서 이루어지는 경호로 이동수단에 의한 분류에 해당하고, 철로 주변에서의 경호활동인 철도경호는 장소에 의한 분류에 해당하는 연도경호(노상경호)의 하나라고 할 수 있다.
ㄷ. (○) 현충일, 광복절 행사 등 국경일 행사에 참석하는 대통령에 대한 경호는 경호수준에 의한 분류 중 1(A)급 경호에 해당한다.
ㄹ. (×) 간접경호는 평상시의 치안 및 대공활동, 국제정세를 포함한 안전대책작용 등의 경호이다. 행사장에 인원과 장비를 배치하여 인적·물적·지리적 위험요소를 예방하기 위한 경호는 직접경호에 대한 설명이다.

핵심만콕 경호의 분류

구 분		내 용
대 상	甲(A)호 경호	국왕 및 대통령과 그 가족, 외국의 원수 등
	乙(B)호 경호	수상, 국회의장, 대법원장, 헌법재판소장, 이와 대등한 지위에 있는 외국인사 등
	丙(C)호 경호	경찰청장 또는 경호기관의 장이 필요하다고 인정하는 주요 인사
성 격	공식경호 (1호·A호)	경호관계자의 사전 통보에 의해 계획·준비되는 공식행사 때에 실시하는 경호
	비공식경호 (2호·B호)	경호관계자 간의 사전 통보나 협의절차 없이 이루어지는 비공식행사 때의 경호
	약식경호 (3호·C호)	일정한 방식에 의하지 않고 실시하는 경호(출·퇴근 시 일상적으로 실시하는 경우)
경호수준	1(A)급 경호	행차보안이 사전에 노출되어 경호위해가 증대된 상황하의 각종 행사와 국왕 및 대통령 등 국가원수급의 1등급 경호대상으로 결정된 국빈행사의 경호
	2(B)급 경호	행사 준비 등의 시간적 여유 없이 갑자기 결정된 상황하의 각종 행사와 수상급의 경호대상으로 결정된 국빈행사의 경호
	3(C)급 경호	사전에 행사 준비 등 경호조치가 거의 전무한 상황에서 이루어지는 것으로서 장관급의 경호대상으로 결정된 국빈행사의 경호

〈출처〉 김두현, 「경호학개론」, 엑스퍼트, 2020, P. 57~61

74 정답 ②

② (×) 자동심장충격기는 <u>전원 켬 – 패드부착 – 분석 및 제세동</u> 시행 순으로 사용한다.
① (○) 자동심장충격기는 반응과 정상적인 호흡이 없는 심정지 환자에게만 사용해야 하며, 심폐소생술 시행 중에 자동심장충격기가 도착하면 지체 없이 적용해야 한다. 자동심장충격기는 심정지 목격 시 심폐소생술 시행 후 사용하는 것을 원칙으로 한다.
③ (○) 환자의 피부에 땀이나 물기가 있으면 수건 등으로 닦아내고 패드를 부착하며, 패드 부착 부위에 이물질이 있다면 제거하여야 한다.
④ (○) 제세동 버튼(쇼크 버튼)을 누르기 전에는 반드시 다른 사람이 환자에게서 떨어져 있는지 확인하여야 하므로, 환자를 붙잡은 상태에서 제세동을 실시해서는 안 된다.

75 정답 ④

④ (×) 그 밖에 경호업무의 효율적 수행을 위해 <u>처장이 필요하다고 인정하는 업무</u>(대통령 등의 경호에 관한 법률 시행령 제4조의5 제4호)
① (○) 대통령 등의 경호에 관한 법률 시행령 제4조의5 제1호
② (○) 대통령 등의 경호에 관한 법률 시행령 제4조의5 제2호
③ (○) 대통령 등의 경호에 관한 법률 시행령 제4조의5 제3호

> **관계법령** 과학경호 발전방안의 수립·시행(대통령 등의 경호에 관한 법률 시행령 제4조의5)
>
> 처장은 다음 각호의 업무를 효율적으로 수행하기 위해 필요한 경우 독자적 또는 산학협력 등을 통한 경호연구개발사업의 수행으로 첨단과학기술을 활용한 과학경호 발전방안을 수립·시행할 수 있다.
> 1. 경호구역에서의 경호업무
> 2. 법 제5조 제3항에 따른 안전 활동 업무
> 3. 법 제5조의2 제1항에 따른 신변보호 및 행사장의 안전관리 등의 업무
> 4. 그 밖에 경호업무의 효율적 수행을 위해 처장이 필요하다고 인정하는 업무
>
> [본조신설 2023.5.16.]

76 정답 ①

행사장의 출입자 통제업무 시 적절하지 않은 행동을 수행한 경호원은 A, D이다.
• A경호원 (×) : 출입증은 전 참가자에게 운용함을 원칙으로 한다. 단, 행사성격을 고려하여 일부 제한된 행사에 대해서는 지침에 의거, 운용하지 않을 수 있다.
• D경호원 (×) : 안내요원은 행사 주최측 요원으로 지정하도록 조정·통제한다.

77 정답 ②

자가운전자의 차인 경우 자진해서 운전석 옆자리에 앉는 것이 통례이며 그곳이 상석이 된다. 그리고 조수석 뒷좌석이 제2상석, 운전자 뒷좌석이 제3석, 중앙이 말석이 된다.

핵심만콕	탑승 시 경호예절 ★

구 분	내 용
항공기	• 상급자가 나중에 타고 먼저 내린다. • 창문가 좌석이 상석, 통로 쪽 좌석이 차석, 상석과 차석 사이가 말석이다.
선 박	• 객실의 등급이 정해져 있을 때는 지정된 좌석에 앉고, 지정된 좌석이 없는 경우 선체의 중심부가 상석이 된다. • 일반적 선박의 경우 승선 시 상급자가 나중에 타고 하선 시에는 먼저 내린다. • 함정의 경우 승선 시 상급자가 먼저 타고 하선 시에도 먼저 내린다.
기 차	• 두 사람이 나란히 앉는 좌석에서는 창가 쪽이 상석이고 통로 쪽이 말석이다. • 네 사람이 마주 앉는 자리에서는 기차 진행 방향의 창가 좌석이 가장 상석이고 그 맞은편, 상석의 옆좌석, 그 앞좌석 순이다. • 침대차에서는 아래쪽 침대가 상석이고 위쪽 침대가 말석이다.
승용차	• 운전기사가 있을 경우 자동차 좌석의 서열은 뒷좌석 오른편이 상석이고 왼쪽과 앞자리(조수석), 가운데 순이다(뒷좌석 가운데와 앞자리의 서열은 바뀔 수 있다). • 자가운전자의 경우 자진해서 운전석 옆자리에 앉는 것이 통례이며 그곳이 상석이다. 그리고 뒷좌석 오른편, 왼쪽, 가운데 순이다.
엘리베이터	• 안내하는 사람이 있을 때에는 상급자가 먼저 타고 먼저 내린다. • 안내하는 사람이 없을 때에는 하급자가 먼저 타서 엘리베이터를 조작하고 내릴 때에는 상급자가 먼저 내린다.
에스컬레이터	• 올라갈 때는 상급자가 먼저 올라가고 내려올 때는 하급자가 먼저 내려온다. • 남녀가 올라갈 때는 여성이 먼저 올라가고, 내려올 때는 남성이 먼저 내려온다.

78 정답 ❶

① (×) 선발경호에 동원된 모든 부서는 각자의 기능을 100% 발휘하면서 <u>하나의 지휘체계 아래에 통합되어</u> 상호보완적으로 임무를 수행해야 한다.
② (○) 선발경호의 임무이자 경호의 목표라 할 수 있는 예방경호는 위해요소를 사전에 발견해서 제거하고 침투가능성을 거부함으로써 경호행사의 안전을 확보하는 것이다.
③ (○) 선발경호의 임무는 당연히 행사장의 안전을 확보하는 일이다. 그러기 위해서는 3중 경호의 원리에 입각해서 행사장을 구역별로 구분하여 그 특성에 맞는 경호조치를 강구하여야 한다.
④ (○) 경호행사가 항상 계획되고 예상된 대로만 진행되지는 않는다. 따라서 선발경호는 사전에 경호팀의 능력과 현지 지형과 상황에 맞는 대응계획과 대피계획을 수립하여 비상상황에 대비하여야 한다.

핵심만콕	선발경호의 특성

• 예방성 : 선발경호의 임무이자 경호의 목표라 할 수 있는 예방경호는 위해요소를 사전에 발견해서 제거하고 침투가능성을 거부함으로써 경호행사의 안전을 확보하는 것이다.
• 통합성 : 선발경호에 동원된 모든 부서는 각자의 기능을 100% 발휘하면서 하나의 지휘체계 아래에 통합되어 상호보완적으로 임무를 수행해야 한다.
• 안전성 : 선발경호의 임무는 당연히 행사장의 안전을 확보하는 일이다. 이를 위해서는 3중 경호의 원리에 입각해서 행사장을 구역별로 구분하여 그 특성에 맞는 경호조치를 강구하여야 한다.
• 예비성 : 경호행사가 항상 계획되고 예상된 대로만 진행되지는 않는다. 따라서 선발경호는 사전에 경호팀의 능력과 현지 지형과 상황에 맞는 대응계획과 대피계획을 수립하여 비상상황에 대비하여야 한다.

〈출처〉 이두석, 「경호학개론」, 진영사, 2018, P. 254~255

79 정답 ❷

② (×) 위해기도자로 하여금 행사 상황을 오판하도록 실제 상황을 은폐하고 허위 상황을 제공하여 경호의 효율성을 높이려는 근접경호의 특성이 기만성인데, 제시된 내용에서는 실제 상황 은폐 및 허위 상황 제공 등의 사실은 없으므로 기만성은 제시된 내용에서 나타나지 않는 근접경호의 특성이다.
① (○) 행사 일정과 장소 및 시간이 대외적으로 알려져 있는 상태에서 경호업무를 수행해야 하는 특성이 있다.
③ (○) 경호원은 자신의 신체를 이용하여 외부의 공격으로부터 경호대상자를 근접에서 보호한다.
④ (○) 비상사태의 발생 시 범인을 대적하여 제압하는 것보다, 반사적이고 신속·과감한 행동으로 경호대상자를 대피시켜야 한다.

핵심만콕 근접경호의 특성

노출성	다양한 기동수단과 도보대형에 따라 경호대상자의 행차가 시각적으로 외부에 노출될 뿐만 아니라, 각종 매스컴에 의하여 행사 일정과 장소 및 시간이 대외적으로 알려진 상태에서 업무를 수행해야 하는 특성을 의미
방벽성	근접 도보대형 시 근무자의 체위에 의한 인적 자연방벽 효과와 방탄복 및 각종 방호장비를 이용하여 외부의 공격으로부터 방벽을 구축해야 하는 특성을 의미
기동 및 유동성	근접경호는 주로 도보 또는 차량에 의해 기동 간에 이루어지며 행사 성격이나 주변 여건, 장비의 특성에 따라 능동적(유동적)으로 대처해야 하는 특성을 의미
기만성	변칙적인 경호기법으로 차량대형 기만, 기동시간 기만, 기동로 및 기동수단 기만, 승·하차 지점 기만 등으로 위해기도자로 하여금 행사 상황을 오판하도록 실제 상황을 은폐하고 허위 상황을 제공하여 경호의 효율성을 높이려는 특성을 의미
방호 및 대피성	비상사태 발생 시 범인을 대적하여 제압하는 것보다 반사적이고 신속·과감한 행동으로 경호대상자의 방호 및 대피를 우선해야 한다는 특성을 의미

80 정답 ❶

제시된 내용들은 테러방지법령에 각각 규정된 사항들이다. ( )에 들어갈 내용은 순서대로 행정안전부장관, 관심, 주의, 국무총리이다.

핵심만콕

- 행정안전부장관은 테러사건 발생 시 구조·구급·수습·복구활동을 지원하기 위하여 테러복구지원본부를 설치·운영할 수 있다(국민보호와 공공안전을 위한 테러방지법 시행령 제17조 제1항).
- 테러경보는 테러위협의 정도에 따라 관심·주의·경계·심각의 4단계로 구분한다(국민보호와 공공안전을 위한 테러방지법 시행령 제22조 제2항).
- 대테러활동에 관한 정책의 중요사항을 심의·의결하기 위하여 국가테러대책위원회를 두며, 대책위원회는 국무총리 및 관계기관의 장 중 대통령령으로 정하는 사람으로 구성하고 위원장은 국무총리로 한다(국민보호와 공공안전을 위한 테러방지법 제5조 제1항·2항).

제7회 경비업법

문제편 161p

정답 CHECK

01	02	03	04	05	06	07	08	09	10	11	12	13	14	15	16	17	18	19	20
③	④	④	①	②	④	②	④	③	④	③	④	①	③	①	③	①	④	③	①	④
21	22	23	24	25	26	27	28	29	30	31	32	33	34	35	36	37	38	39	40
④	④	④	③	②	④	③	②	②	①	③	③	④	②	②	①	③	②	④	①

01 정답 ③

제시된 내용 중 경비업법령상 "집단민원현장"에 해당하지 않는 것은 ㄴ, ㄹ, ㅅ이다.
- ㄴ. (×) 「도시 및 주거환경정비법」에 따른 정비사업과 관련하여 이해대립이 있어 다툼이 있는 장소(경비업법 제2조 제5호 나목)
- ㄹ. (×) 주주총회와 관련하여 이해대립이 있어 다툼이 있는 장소(경비업법 제2조 제5호 라목)
- ㅅ. (×) 「행정대집행법」에 따라 대집행을 하는 장소(경비업법 제2조 제5호 사목)

관계법령 정의(경비업법 제2조)★★

이 법에서 사용하는 용어의 정의는 다음과 같다. 〈개정 2024.1.30.〉
5. "집단민원현장"이란 다음 각목의 장소를 말한다.
   가. 「노동조합 및 노동관계조정법」에 따라 노동관계 당사자가 노동쟁의 조정신청을 한 사업장 또는 쟁의행위가 발생한 사업장
   나. 「도시 및 주거환경정비법」에 따른 정비사업과 관련하여 이해대립이 있어 다툼이 있는 장소
   다. 특정 시설물의 설치와 관련하여 민원이 있는 장소
   라. 주주총회와 관련하여 이해대립이 있어 다툼이 있는 장소
   마. 건물・토지 등 부동산 및 동산에 대한 소유권・운영권・관리권・점유권 등 법적 권리에 대한 이해대립이 있어 다툼이 있는 장소
   바. 100명 이상의 사람이 모이는 국제・문화・예술・체육 행사장
   사. 「행정대집행법」에 따라 대집행을 하는 장소

02 정답 ④

시설경비업무, 호송경비업무(ㄹ), 신변보호업무(ㄴ), 특수경비업무(ㅂ), 혼잡·교통유도경비업무(ㄷ)를 하는 경비업자는 일반경비지도사를 선임·배치하고 기계경비업무를 하는 경비업자는 기계경비지도사를 선임·배치해야 한다(경비업법 시행령 [별표 3] 비고 1·2).

관계법령 경비지도사의 선임·배치기준(경비업법 시행령 [별표 3])★★ <개정 2024.8.13.>

1. 경비업자는 경비원을 배치하여 영업활동을 하고 있는 지역을 관할하는 시·도 경찰청의 관할구역별로 경비원 200명까지는 경비지도사 1명을 선임·배치하고, 경비원이 200명을 초과하는 경우 200명을 초과하는 경비원 100명 단위로 경비지도사 1명씩을 추가로 선임·배치해야 한다.
2. 제1호에 따라 경비지도사가 선임·배치된 시·도 경찰청의 관할구역과 경계를 맞닿아 인접한 시·도 경찰청의 관할구역에 배치된 경비원이 30명 이하인 경우에는 제1호에도 불구하고 경비지도사를 따로 선임·배치하지 않을 수 있다. 이 경우 제주특별자치도경찰청과 전라남도경찰청은 경계를 맞닿아 인접한 것으로 본다.
3. 제2호에 따라 경비지도사를 따로 선임·배치하지 않는 경우 경비지도사 1명이 지도·감독 및 교육할 수 있는 경비원의 총수(경계를 맞닿아 인접한 시·도 경찰청의 관할구역에 배치된 경비원의 수를 합산한다)는 200명을 초과할 수 없다.

※ 비고
1. 시설경비업무·호송경비업무·신변보호업무·특수경비업무 또는 혼잡·교통유도경비업무를 하는 경비업자는 일반경비지도사를 선임·배치하고, 시설경비업무·호송경비업무·신변보호업무·특수경비업무 또는 혼잡·교통유도경비업무 중 둘 이상의 경비업무를 하는 경우에는 각 경비업무에 종사하는 경비원의 수를 합산한 인원을 기준으로 경비지도사를 선임·배치해야 한다. 다만, 특수경비업무를 수행하는 경비업자는 제19조 제1항에 따른 특수경비원 신임교육을 이수한 일반경비지도사를 선임·배치해야 한다.
2. 기계경비업무를 하는 경비업자는 기계경비지도사를 선임·배치해야 한다.

03 정답 ④

④ (×) 금고 이상의 형의 선고를 받고 그 형이 실효되지 아니한 자는 <u>경비업법 제5조 제3호의 결격사유에 해당한다</u>. 참고로 <u>집행유예 기간의 기산점은 집행유예 판결 선고일이 아닌 집행유예 판결이 확정된 날이다</u>.
① (○) 경비업법 제5조 제2호는 '파산선고를 받고 복권되지 아니한 자'를 임원이 될 수 없는 자로 규정하고 있으므로 이에 해당하지 않아 특수경비업무를 수행하는 법인의 임원이 될 수 있다.
② (○) 경비업법 제5조 제5호의 결격사유는 허가취소사유에 해당하는 경비업무와 동종의 경비업무를 수행하는 법인의 경우를 전제로 한다. 따라서 허가 취소 당시 법인이 수행하던 업무(호송경비업무)가 아닌 특수경비업무를 수행하는 경우에는 임원의 결격사유에 해당하지 않는다.
③ (○) 벌금형의 선고를 받은 후 3년이 경과하였기 때문에 경비업법 제5조 제4호의 결격사유(이 법 또는 「대통령 등의 경호에 관한 법률」에 위반하여 벌금형의 선고를 받고 3년이 지나지 아니한 자)에 해당하지 않는다.

관계법령 임원의 결격사유(경비업법 제5조)

다음 각호의 어느 하나에 해당하는 자는 경비업을 영위하는 법인(제4호에 해당하는 자의 경우에는 <u>특수경비업무를 수행하는 법인</u>을 말하고, <u>제5호</u>에 해당하는 자의 경우에는 허가취소사유에 해당하는 경비업무와 <u>동종의 경비업무를 수행하는 법인</u>을 말한다)의 임원이 될 수 없다.
1. 피성년후견인
2. 파산선고를 받고 복권되지 아니한 자
3. 금고 이상의 형의 선고를 받고 그 형이 실효되지 아니한 자
4. 이 법 또는 「대통령 등의 경호에 관한 법률」에 위반하여 벌금형의 선고를 받고 3년이 지나지 아니한 자
5. 이 법(제19조 제1항 제2호 및 제7호는 제외한다) 또는 이 법에 의한 명령에 위반하여 허가가 취소된 법인의 허가취소 당시의 임원이었던 자로서 그 취소 후 3년이 지나지 아니한 자
6. 제19조 제1항 제2호(허가받은 경비업무 외의 업무에 경비원을 종사하게 한 때) 및 제7호(소속 경비원으로 하여금 경비업무의 범위를 벗어난 행위를 하게 한 때)의 사유로 허가가 취소된 법인의 허가취소 당시의 임원이었던 자로서 허가가 취소된 날부터 5년이 지나지 아니한 자

04 정답 ❶

관할구역별로 별산하고, 동일한 관할구역 내에서는 합산한다는 점은 동일하다. 하지만 기계경비업무는 기계경비지도사가 담당하는 것이므로 무조건 더하면 안 되고 기계경비에 한하여 일반경비지도사 선임·배치 기준과 동일하게 계산하여야 한다(경비업법 시행령 [별표 3]). 이에 의하면 설문의 경우 경비업자 甲이 선임·배치해야 할 최소한의 경비지도사는 <u>일반경비지도사 4명</u>, <u>기계경비지도사 4명</u>이므로 총인원은 <u>8명</u>이다.

핵심만콕

위치	신변보호	시설경비	일반경비지도사	기계경비	기계경비지도사
서울특별시	200명	200명	200+200=400명(3명)	250명	250명(2명)
제주특별자치도	10명	20명	10+20=30명(0명)	50명	50명(1명)
전라남도	80명	80명	80+80=160명(1명)	160명	160명(1명)
	-	-	일반경비지도사 4명	-	기계경비지도사 4명

05 정답 ❷

② (○) 경비업법 제10조 제1항 제6호 가목
① (×) 「형법」 제114조(범죄단체 등의 조직)의 죄를 범하여 벌금형을 선고받은 날부터 <u>10년</u>이 지나지 아니하거나 금고 이상의 형을 선고받고 <u>그 집행이 종료된(종료된 것으로 보는 경우를 포함한다) 날 또는 집행이 유예·면제된 날부터 10년</u>이 지나지 아니한 자는 경비지도사 또는 일반경비원이 될 수 없다(경비업법 제10조 제1항 제5호 가목).
③ (×) 「성폭력범죄의 처벌 등에 관한 특례법」 제3조(특수강도강간 등)의 죄를 범하여 벌금형을 선고받은 날부터 <u>10년</u>이 지나지 아니하거나 금고 이상의 형을 선고받고 <u>그 집행이 종료된(종료된 것으로 보는 경우를 포함한다) 날 또는 집행이 유예·면제된 날부터 10년</u>이 지나지 아니한 자는 경비지도사 또는 일반경비원이 될 수 없다(경비업법 제10조 제1항 제5호 라목).
④ (×) 「아동·청소년의 성보호에 관한 법률」 제8조(장애인인 아동·청소년에 대한 간음 등)의 죄를 범하여 벌금형을 선고받은 날부터 <u>10년</u>이 지나지 아니하거나 금고 이상의 형을 선고받고 <u>그 집행이 종료된(종료된 것으로 보는 경우를 포함한다) 날 또는 집행이 유예·면제된 날부터 10년</u>이 지나지 아니한 자는 경비지도사 또는 일반경비원이 될 수 없다(경비업법 제10조 제1항 제5호 마목).

06 정답 ④

④ (×) 허가를 받으려는 법인은 대통령령(경비업법 시행령 [별표 1])이 정하는 경비인력·자본금·시설 및 장비를 갖추어야 한다(경비업법 제4조 제2항).
① (○) 경비업법 시행령 제4조 제3항 전단 제2호
② (○) 경비업법 시행령 [별표 1] 제5호
③ (○) 경비업법 시행령 제4조 제1항

07 정답 ②

② (×) 경비업무에 7년 이상 종사하고 경찰청장이 지정하는 기관에서 실시하는 64시간 이상의 경비지도사 양성과정을 마치고 수료시험에 합격한 사람이 경비지도사 시험의 제1차 시험 면제자에 해당한다(경비업법 시행령 제13조 제4호, 동법 시행규칙 제10조 제2호).
① (○) 경비업법 시행령 제13조 제7호
③ (○) 경비업법 시행령 제13조 제2호
④ (○) 경비업법 시행령 제13조 제4호, 동법 시행규칙 제10조 제1호

관계법령 시험의 일부면제(경비업법 시행령 제13조)★

법 제11조(경비지도사의 시험 등) 제3항에 따라 다음 각호의 어느 하나에 해당하는 사람은 경비지도사 제1차 시험을 면제한다.
1. 「경찰공무원법」에 따른 경찰공무원으로 7년 이상 재직한 사람
2. 「대통령 등의 경호에 관한 법률」에 따른 경호공무원 또는 별정직 공무원으로 7년 이상 재직한 사람
3. 「군인사법」에 따른 각 군 전투병과 또는 군사경찰병과 부사관 이상 간부로 7년 이상 재직한 사람
4. 「경비업법」에 따른 경비업무에 7년 이상(특수경비업무의 경우에는 3년 이상) 종사하고 행정안전부령으로 정하는 교육과정을 이수한 사람

   #### 경비지도사 시험의 일부면제(경비업법 시행규칙 제10조)★
   영 제13조 제4호에서 "행정안전부령으로 정하는 교육과정을 이수한 사람"이란 다음 각호의 하나에 해당하는 사람을 말한다.
   1. 「고등교육법」에 의한 전문대학 이상의 교육기관(경비지도사의 시험과목 3과목 이상이 개설된 교육기관에 한한다)에서 1년 이상의 경비업무관련 과정을 마친 사람
   2. 경찰청장이 지정하는 기관 또는 단체에서 실시하는 64시간 이상의 경비지도사 양성과정을 마치고 수료시험에 합격한 사람

5. 「고등교육법」에 따른 대학 이상의 학교를 졸업한 사람으로서 재학 중 제12조 제3항에 따른 경비지도사 시험과목을 3과목 이상을 이수하고 졸업한 후 경비업무에 종사한 경력이 3년 이상인 사람
6. 「고등교육법」에 따른 전문대학을 졸업한 사람으로서 재학 중 제12조 제3항에 따른 경비지도사 시험과목을 3과목 이상을 이수하고 졸업한 후 경비업무에 종사한 경력이 5년 이상인 사람
7. 일반경비지도사의 자격을 취득한 후 기계경비지도사의 시험에 응시하는 사람 또는 기계경비지도사의 자격을 취득한 후 일반경비지도사의 시험에 응시하는 사람
8. 「공무원임용령」에 따른 행정직군 교정직렬 공무원으로 7년 이상 재직한 사람

08 정답 ④

④ (×) 경찰청장 또는 경찰관서장은 경비지도사 시험의 관리에 관한 업무를 경비업무에 관한 인력과 전문성을 갖춘 기관 또는 단체로서 경찰청장이 지정하여 고시하는 기관 또는 단체에 위탁한다(경비업법 시행령 제31조 제2항).
① (○) 경비업법 제27조 제1항
② (○) 경비업법 시행령 제31조 제1항 제1호
③ (○) 경비업법 시행령 제31조 제1항 제2호

> **관계법령** **위임 및 위탁(경비업법 제27조)**
>
> ① 이 법에 의한 경찰청장의 권한은 대통령령이 정하는 바에 따라 그 일부를 시·도 경찰청장에게 위임할 수 있다.
>
> **권한의 위임 및 위탁(경비업법 시행령 제31조)★**
> ① 경찰청장은 법 제27조 제1항의 규정에 의하여 다음 각호의 권한을 시·도 경찰청장에게 위임한다.
>   1. 법 제20조의 규정에 의한 경비지도사자격의 취소 및 정지에 관한 권한
>   2. 법 제21조 제2호의 규정에 의한 경비지도사자격의 취소 및 정지에 관한 청문의 권한
>
> ② 경찰청장은 제11조의 규정에 의한 경비지도사의 시험에 관한 업무를 대통령령이 정하는 바에 따라 관계전문기관 또는 단체에 위탁할 수 있다. 〈개정 2024.2.13.〉
>
> **권한의 위임 및 위탁(경비업법 시행령 제31조)★**
> ② 경찰청장 또는 경찰관서장은 법 제27조 제2항에 따라 법 제11조 제1항에 따른 경비지도사시험의 관리에 관한 업무를 경비업무에 관한 인력과 전문성을 갖춘 기관 또는 단체로서 경찰청장이 지정하여 고시하는 기관 또는 단체에 위탁한다. 〈개정 2024.8.13.〉

09 정답 ③

③ (○) 경비업법 시행령 제18조 제3항, 동법 시행규칙 제13조 제1항
① (×) 일반경비원의 신임교육에서 이론교육은 4시간이고, 과목은 경비업법 등 관계법령, 범죄예방론이다(경비업법 시행규칙 [별표 2]).
② (×) 특수경비업자는 채용 전 3년 이내에 특수경비업무에 종사하였던 경력이 있는 사람을 특수경비원으로 채용한 경우에는 해당 특수경비원을 특수경비원 신임교육대상에서 제외할 수 있다(경비업법 시행령 제19조 제2항).
④ (×) 특수경비업자는 소속 특수경비원에게 법 제12조에 따라 선임한 경비지도사가 수립한 교육계획에 따라 매월 3시간 이상의 직무교육을 받도록 하여야 한다(경비업법 시행령 제19조 제3항, 동법 시행규칙 제16조 제1항).

10 정답 ④

허가받은 경비업무 외의 업무에 경비원을 종사하게 하거나 소속 경비원으로 하여금 경비업무의 범위를 벗어난 행위를 하게 하여 경비업체의 허가가 취소된 경우 허가가 취소된 날부터 10년이 지나지 아니한 때에는 누구든지 허가가 취소된 경비업체와 동일한 명칭으로 경비업의 허가를 받을 수 없다(경비업법 제4조의2 제2항). 또한 위의 사유로 허가가 취소된 법인은 법인명 또는 임원의 변경에도 불구하고 허가가 취소된 날부터 5년이 지나지 아니한 때에는 경비업의 허가를 받을 수 없다(경비업법 제4조의2 제3항).

11 정답 ③

③ (○), ④ (×) 경비업자는 경비원이 업무수행 중 고의 또는 과실로 제3자에게 손해를 입힌 경우에는 이를 배상하여야 한다(경비업법 제26조 제2항).
① (×), ② (×) 경비업자의 손해배상책임은 경비원이 업무수행 중 고의 또는 과실로 경비대상에 손해가 발생하는 것을 방지하지 못한 때 발생하며(경비업법 제26조 제1항), 무과실책임이 아니다.

관계법령 손해배상 등(경비업법 제26조)

① 경비업자는 경비원이 업무수행 중 고의 또는 과실로 경비대상에 손해가 발생하는 것을 방지하지 못한 때에는 그 손해를 배상하여야 한다.
② 경비업자는 경비원이 업무수행 중 고의 또는 과실로 제3자에게 손해를 입힌 경우에는 이를 배상하여야 한다.

12 정답 ①

① (×) 석사 이상의 학위소지자로 경찰청장이 정하는 바에 의하여 경비업무에 관한 연구실적이나 전문경력이 인정되는 사람(경비업법 시행령 제15조 제1항 제2호)
② (○) 경비업법 시행령 제15조 제1항 제3호
③ (○) 경비업법 시행령 제15조 제3항
④ (○) 경비업법 시행령 제15조 제4항

관계법령 시험출제위원의 임명·위촉 등(경비업법 시행령 제15조)

① 경찰청장은 시험문제의 출제를 위하여 다음 각호의 어느 하나에 해당하는 사람 중에서 시험출제위원을 임명 또는 위촉한다. 〈개정 2024.8.13.〉
  1. 고등교육법에 따른 전문대학 이상의 교육기관에서 경찰행정학과 등 경비업무 관련학과 및 법학과의 조교수 이상으로 재직하고 있는 사람
  2. 석사 이상의 학위소지자로 경찰청장이 정하는 바에 의하여 경비업무에 관한 연구실적이나 전문경력이 인정되는 사람
  3. 경감 이상의 경찰공무원(범죄예방·경비 업무를 담당한 경력이 3년 이상인 사람으로 하되, 경감이 되기 전의 경력을 포함한다)
② 제1항의 규정에 의한 시험출제위원의 수는 시험과목별로 2인 이상으로 한다.
③ 시험출제위원으로 임명 또는 위촉된 자는 경찰청장이 정하는 준수사항을 성실히 이행하여야 한다.
④ 시험출제위원과 시험관리업무에 종사하는 자에 대하여는 예산의 범위 안에서 수당과 여비를 지급할 수 있다. 다만, 공무원인 위원이 그 소관업무와 직접적으로 관련하여 시험관리업무에 종사하는 경우에는 그러하지 아니하다.

13 정답 ❸

③ (✕) 청원경찰의 임용자격·임용방법·교육 및 보수에 관하여는 <u>대통령령</u>으로 정한다(청원경찰법 제5조 제3항).
① (○) 청원경찰법 시행령 제4조 제1항
② (○) 청원경찰법 시행령 제4조 제2항 후문
④ (○) 청원경찰법 제5조 제4항

14 정답 ❶

① (○), ② (✕), ③ (✕) 순찰근무자는 청원주가 지정한 일정한 구역을 순회하면서 경비 임무를 수행한다. 이 경우 순찰은 단독 또는 복수로 정선순찰(정해진 노선을 규칙적으로 순찰하는 것을 말한다)을 하되, 청원주가 필요하다고 인정할 때에는 <u>요점순찰(순찰구역 내 지정된 중요지점을 순찰하는 것을 말한다)</u> <u>또는 난선순찰(임의로 순찰지역이나 노선을 선정하여 불규칙적으로 순찰하는 것을 말한다)을 할 수 있다</u>(청원경찰법 시행규칙 제14조 제3항).
④ (✕) 대기근무자는 <u>소내근무</u>에 협조하거나 휴식하면서 불의의 사고에 대비한다(청원경찰법 시행규칙 제14조 제4항).

관계법령 근무요령(청원경찰법 시행규칙 제14조)

① 자체경비를 하는 입초근무자는 경비구역의 정문이나 그 밖의 지정된 장소에서 경비구역의 내부, 외부 및 출입자의 움직임을 감시한다.
② 업무처리 및 자체경비를 하는 소내근무자는 근무 중 특이한 사항이 발생하였을 때에는 지체 없이 청원주 또는 관할 경찰서장에게 보고하고 그 지시에 따라야 한다.
③ 순찰근무자는 청원주가 지정한 일정한 구역을 순회하면서 경비 임무를 수행한다. 이 경우 순찰은 단독 또는 복수로 정선순찰(정해진 노선을 규칙적으로 순찰하는 것)을 하되, 청원주가 필요하다고 인정할 때에는 요점순찰(순찰구역 내 지정된 중요지점을 순찰하는 것) 또는 난선순찰(임의로 순찰지역이나 노선을 선정하여 불규칙적으로 순찰하는 것)을 할 수 있다.
④ 대기근무자는 소내근무에 협조하거나 휴식하면서 불의의 사고에 대비한다.

15 정답 ❸

③ (✕) <u>시설주</u>는 <u>무기지급의 필요성이 해소되었다고 인정되는 때</u>에는 특수경비원으로부터 <u>즉시</u> 무기를 회수하여야 한다(경비업법 시행령 제20조 제4항).
① (○) 경비업법 제14조 제3항 전문
② (○) 경비업법 제14조 제5항
④ (○) 경비업법 시행령 제21조

16 정답 ❶

① (✕) 경비업자는 경비대상시설의 <u>소유자 또는 관리자</u>(이하 "시설주"라 한다)의 관리권의 범위 안에서 경비업무를 수행하여야 하며, 다른 사람의 자유와 권리를 침해하거나 그의 정당한 활동에 간섭하여서는 아니 된다(경비업법 제7조 제1항).
② (○) 경비업법 제7조 제2항
③ (○) 경비업법 제7조 제3항
④ (○) 경비업법 제7조 제4항

17 정답 ❹

제시된 내용 중 행정처분의 일반기준에 관한 설명으로 옳은 것은 ㄱ, ㄴ, ㅁ, ㅂ이다.

ㄷ. (×) 위반행위가 2 이상인 경우로서 2 이상의 처분기준이 동일한 영업정지인 경우에는 중한 처분기준의 2분의 1까지 가중할 수 있다. 다만, 가중하는 경우에도 각 처분기준을 합산한 기간을 초과할 수 없다(경비업법 시행령 [별표 4] 제1호 나목 본문 후단 및 단서).

ㄹ. (×) 위반행위의 횟수에 따른 행정처분 기준은 최근 2년간 같은 위반행위로 행정처분을 받은 경우에 적용한다(경비업법 시행령 [별표 4] 제1호 다목 전문).

관계법령 | 행정처분 기준(경비업법 시행령 [별표 4])

1. 일반기준
   가. 개별기준에 따른 행정처분이 영업정지인 경우에는 위반행위의 동기, 내용 및 위반의 정도 등을 고려하여 가중하거나 감경할 수 있다.
   나. 위반행위가 2 이상인 경우로서 그에 해당하는 각각의 처분기준이 다른 경우에는 그중 중한 처분기준에 따르며, 2 이상의 처분기준이 동일한 영업정지인 경우에는 중한 처분기준의 2분의 1까지 가중할 수 있다. 다만, 가중하는 경우에도 각 처분기준을 합산한 기간을 초과할 수 없다.
   다. 위반행위의 횟수에 따른 행정처분 기준은 최근 2년간 같은 위반행위로 행정처분을 받은 경우에 적용한다. 이 경우 기준 적용일은 위반행위에 대한 행정처분일과 그 처분 후의 위반행위가 다시 적발된 날을 기준으로 한다.
   라. 영업정지처분에 해당하는 위반행위가 적발된 날 이전 최근 2년간 같은 위반행위로 2회 영업정지처분을 받은 경우에는 개별기준에도 불구하고 그 위반행위에 대한 행정처분 기준은 허가취소로 한다.

---

18 정답 ❸

제시된 내용 중 자격취소처분사유(A)는 ㄱ, ㄴ, ㅁ이고, 자격정지처분사유(B)는 ㄷ, ㄹ이다.

관계법령 | 경비지도사자격의 취소 등(경비업법 제20조)

① 경찰청장은 경비지도사가 다음 각호의 어느 하나에 해당하는 때에는 그 자격을 취소하여야 한다. 〈개정 2024.2.13.〉
  1. 제10조 제1항 각호의 결격사유에 해당하게 된 때
  2. 허위 그 밖의 부정한 방법으로 경비지도사자격증을 교부받은 때
  3. 경비지도사자격증을 다른 사람에게 빌려주거나 양도한 때
  4. 자격정지 기간 중에 경비지도사로 선임되어 활동한 때
② 경찰청장은 경비지도사가 다음 각호의 어느 하나에 해당하는 때에는 대통령령이 정하는 바에 따라 1년의 범위 내에서 그 자격을 정지시킬 수 있다. 〈개정 2024.2.13.〉
  1. 제12조 제3항의 규정에 위반하여 직무를 성실하게 수행하지 아니한 때
  2. 제24조의 규정에 의한 경찰청장 또는 시·도 경찰청장의 명령을 위반한 때

---

19 정답 ❶

경비업법령상 경비업 허가의 취소 등에 관한 내용이 올바르게 연결된 것은 ①이다.
②는 모두 상대적(임의적) 허가취소·영업정지사유이고, ③은 모두 절대적(필요적) 허가취소사유이며, ④는 A와 B가 잘못 연결되어 있다.

20 정답 ❹

제시된 내용의 ( ) 안에 들어갈 알맞은 내용은 순서대로 ㄱ : 시·도 경찰청장 또는 경찰관서장, ㄴ : 질서위반행위규제법, ㄷ : 50%이다(경비업법 시행령 제32조 제2항 본문).

관계법령 과태료의 부과기준 등(경비업법 시행령 제32조)

① 법 제31조 제1항 및 제2항에 따른 과태료의 부과기준은 [별표 6]과 같다.
② 시·도 경찰청장 또는 경찰관서장은 「질서위반행위규제법」 제14조 각호의 사항을 고려하여 [별표 6]에 따른 금액의 100분의 50의 범위에서 경감하거나 가중할 수 있다. 다만, 가중하는 때에는 법 제31조 제1항 및 제2항에 따른 과태료 금액의 상한을 초과할 수 없다.

21 정답 ❹

ㄷ. (×) 특수경비업자는 소속 특수경비원에게 경비지도사가 수립한 교육계획에 따라 매월 행정안전부령으로 정하는 시간(3시간) 이상의 직무교육을 받도록 하여야 한다(경비업법 시행령 제19조 제3항).
ㄹ. (×) 시·도 경찰청장 또는 경찰서장은 특수경비원 신임교육을 받은 사람이 요청하는 경우에는 신임교육 이수 확인증을 발급할 수 있다(경비업법 시행규칙 제15조 제4항).
ㄱ. (○) 경비업법 시행령 제18조 제1항
ㄴ. (○) 경비업법 시행령 제18조 제2항 제5호

22 정답 ❹

개인의 직계비속은 경비업법 제30조 양벌규정의 적용대상이 아니다.

관계법령 양벌규정(경비업법 제30조)★

법인의 대표자나 법인 또는 개인의 대리인, 사용인, 그 밖의 종업원이 그 법인 또는 개인의 업무에 관하여 법 제28조(벌칙)의 위반행위를 하면 그 행위자를 벌하는 외에 그 법인 또는 개인에게도 해당 조문의 벌금형을 과(科)한다. 다만, 법인 또는 개인이 그 위반행위를 방지하기 위하여 해당 업무에 관하여 상당한 주의와 감독을 게을리하지 아니한 경우에는 그러하지 아니하다.

23 정답 ❹

제시된 내용은 모두 봉급 산정의 기준이 되는 경력에 산입하여야 한다.

> **관계법령** 보수 산정 시의 경력 인정 등(청원경찰법 시행령 제11조)
>
> ① 청원경찰의 보수 산정에 관하여 그 배치된 사업장의 취업규칙에 특별한 규정이 없는 경우에는 다음 각호의 경력을 봉급 산정의 기준이 되는 경력에 산입하여야 한다.
>   1. 청원경찰로 근무한 경력
>   2. 군 또는 의무경찰에 복무한 경력
>   3. 수위·경비원·감시원 또는 그 밖에 청원경찰과 비슷한 직무에 종사하던 사람이 해당 사업장의 청원주에 의하여 청원경찰로 임용된 경우에는 그 직무에 종사한 경력
>   4. 국가기관 또는 지방자치단체에서 근무하는 청원경찰에 대해서는 국가기관 또는 지방자치단체에서 상근(常勤)으로 근무한 경력
> ② 국가기관 또는 지방자치단체에 근무하는 청원경찰 보수의 호봉 간 승급기간은 경찰공무원의 승급기간에 관한 규정을 준용한다.
> ③ 국가기관 또는 지방자치단체에 근무하는 청원경찰 외의 청원경찰 보수의 호봉 간 승급기간 및 승급액은 그 배치된 사업장의 취업규칙에 따르며, 이에 관한 취업규칙이 없을 때에는 순경의 승급에 관한 규정을 준용한다.

24 정답 ❸

단봉은 금속(합금 포함)이나 플라스틱 재질의 전장 700mm 이하의 호신용 봉을 기준으로 한다(경비업법 시행규칙 [별표 5] 제2호).

> **관계법령** 경비원 휴대장비의 구체적인 기준(경비업법 시행규칙 [별표 5])

장 비	장비기준
1. 경 적	금속이나 플라스틱 재질의 호루라기
2. 단 봉	금속(합금 포함)이나 플라스틱 재질의 전장 700mm 이하의 호신용 봉
3. 분사기	「총포·도검·화약류 등의 안전관리에 관한 법률」에 따른 분사기
4. 안전방패	플라스틱 재질의 폭 500mm 이하, 길이 1,000mm 이하의 방패로 경찰공무원이 사용하는 안전방패와 색상 및 디자인이 명확히 구분되어야 함
5. 무전기	무전기 송신 시 실시간으로 수신이 가능한 것
6. 안전모	얼굴을 가리지 아니하면서, 머리를 보호하는 장비로 경찰공무원이 사용하는 방석모와 색상 및 디자인이 명확히 구분되어야 함
7. 방검복	경찰공무원이 사용하는 방검복과 색상 및 디자인이 명확히 구분되어야 함

25 정답 ❷

② (×) 경보의 수신 및 현장도착 일시와 조치의 결과는 기계경비업자가 출장소별로 갖추어 두어야 하는 서류의 기재사항에 해당한다(경비업법 시행령 제9조 제1항 제3호).
① (○) 경비업법 제2조 제1호 라목
③ (○) 경비업법 시행령 제7조
④ (○) 경비업법 제9조 제1항

> **관계법령** 기계경비업자의 관리 서류(경비업법 시행령 제9조)★★
>
> ① 기계경비업자는 법 제9조 제2항의 규정에 의하여 출장소별로 다음 각호의 사항을 기재한 서류를 갖추어 두어야 한다.
>   1. 경비대상시설의 명칭·소재지 및 경비계약기간
>   2. 기계경비지도사의 명단·배치일자·배치장소와 출동차량의 대수
>   3. 경보의 수신 및 현장도착 일시와 조치의 결과
>   4. 오경보인 경우 오경보가 발생한 경비대상시설 및 그 오경보에 대한 조치의 결과
> ② 제1항 제3호 및 제4호의 규정에 의한 사항을 기재한 서류는 당해 경보를 수신한 날부터 1년간 이를 보관하여야 한다.

26 정답 ❹

순서대로 정오를 표시하면 ○ - × - ○ - ×이다.
ㄱ. (○) 청원경찰법 시행령 제12조 제2항 본문
ㄴ. (×) 교육비는 청원주가 해당 청원경찰의 입교(入校) 3일 전에 해당 경찰교육기관에 낸다(청원경찰법 시행규칙 제8조 제3호).
ㄷ. (○) 청원경찰법 시행령 제13조
ㄹ. (×) 청원주는 청원경찰이 퇴직할 때에는 「근로자퇴직급여보장법」에 따른 퇴직금을 지급하여야 한다. 다만, 국가기관이나 지방자치단체에 근무하는 청원경찰의 퇴직금에 관하여는 따로 대통령령으로 정한다(청원경찰법 제7조의2).

27 정답 ❸

제시된 내용 중 옳지 않은 것은 ㄷ, ㄹ이다.
ㄷ. (×) 법인의 대표자나 법인 또는 개인의 대리인, 사용인, 그 밖의 종업원이 그 법인 또는 개인의 업무에 관하여 제28조의 위반행위를 하면 그 행위자를 벌하는 외에 그 법인 또는 개인에게도 해당 조문의 벌금형을 과(科)한다. 다만, 법인 또는 개인이 그 위반행위를 방지하기 위하여 해당 업무에 관하여 상당한 주의와 감독을 게을리하지 아니한 경우에는 그러하지 아니하다(경비업법 제30조). 따라서 A경비법인이 상당한 주의와 감독을 게을리하지 아니한 경우에는 면책된다.
ㄹ. (×) 양벌규정에 의하여 행위자를 벌하는 외에 그 법인 또는 개인에게도 벌금이 부과되는 것이지 과태료가 부과되는 것은 아니다.

28 정답 ❷

② (×) 경비업자가 시설경비업무, 신변보호업무 또는 혼잡·교통유도경비업무 중 집단민원현장에 일반경비원을 배치하려는 경우에는 경비원을 배치하기 48시간 전까지 행정안전부령이 정하는 바에 따라 관할 경찰관서장에게 배치허가를 신청하여야 한다. 다만, 집단민원현장이 아닌 곳에서 신변보호업무를 수행하는 일반경비원 및 특수경비원의 경우에는 경비원을 배치하기 전까지 신고하여야 한다(경비업법 제18조 제2항).
① (○) 경비업법 제18조 제3항 전문 제2호, 동법 시행령 제22조
③ (○) 경비업법 제18조 제8항 제4호
④ (○) 경비업법 제18조 제6항 제1호

29 정답 ❷

( ) 안에는 순서대로 ㄱ : 관할 경찰관서장, ㄴ : 경찰청장, ㄷ : 시·도 경찰청장이 들어간다.

관계법령 무기의 관리수칙 등(경비업법 시행규칙 제18조)★★

① 법 제14조 제4항에 따라 무기를 대여받은 국가중요시설의 시설주(이하 "시설주"라 한다) 또는 같은 조 제7항에 따른 관리책임자(이하 "관리책임자"라 한다)는 다음 각호의 관리수칙에 따라 무기(탄약을 포함한다. 이하 같다)를 관리해야 한다.
1. 무기의 관리를 위한 책임자를 지정하고 관할 경찰관서장에게 이를 통보할 것
2. 무기고 및 탄약고는 단층에 설치하고 환기·방습·방화 및 총받침대 등의 시설을 할 것
3. 탄약고는 무기고와 사무실 등 많은 사람을 수용하거나 많은 사람이 오고 가는 시설과 떨어진 곳에 설치할 것
4. 무기고 및 탄약고에는 이중 잠금장치를 하여야 하며, 열쇠는 관리책임자가 보관하되, 근무시간 이후에는 열쇠를 당직책임자에게 인계하여 보관시킬 것
5. 관할 경찰관서장이 정하는 바에 의하여 무기의 관리실태를 매월 파악하여 다음 달 3일까지 관할 경찰관서장에게 통보할 것
6. 대여받은 무기를 빼앗기거나 대여받은 무기가 분실·도난 또는 훼손되는 등의 사고가 발생한 때에는 관할 경찰관서장에게 그 사유를 지체 없이 통보할 것
7. 대여받은 무기를 빼앗기거나 대여받은 무기가 분실·도난 또는 훼손된 때에는 경찰청장이 정하는 바에 의하여 그 전액을 배상할 것. 다만, 전시·사변, 천재·지변 그 밖의 불가항력의 사유가 있다고 시·도 경찰청장이 인정한 때에는 그러하지 아니하다.
8. 시설주는 자체계획을 수립하여 보관하고 있는 무기를 매주 1회 이상 손질할 수 있게 할 것

30 정답 ❶

청원주와 관할 경찰서장이 공통적으로 비치해야 할 문서와 장부는 청원경찰 명부와 교육훈련 실시부이고, 관할 경찰서장과 시·도 경찰청장이 공통적으로 비치해야 할 문서와 장부는 전출입 관계철이다.

핵심만콕 문서와 장부의 비치(청원경찰법 시행규칙 제17조) ★★★

청원주(제1항)	관할 경찰서장(제2항)	시·도 경찰청장(제3항)
• 청원경찰 명부 • 근무일지 • 근무 상황카드 • 경비구역 배치도 • 순찰표철 • 무기·탄약 출납부 • 무기장비 운영카드 • 봉급지급 조서철 • 신분증명서 발급대장 • 징계 관계철 • 교육훈련 실시부 • 청원경찰 직무교육계획서 • 급여품 및 대여품 대장 • 그 밖에 청원경찰의 운영에 필요한 문서와 장부	• 청원경찰 명부 • 감독 순시부 • 전출입 관계철 • 교육훈련 실시부 • 무기·탄약 대여대장 • 징계요구서철 • 그 밖에 청원경찰의 운영에 필요한 문서와 장부	• 배치결정 관계철 • 청원경찰 임용승인 관계철 • 전출입 관계철 • 그 밖에 청원경찰의 운영에 필요한 문서와 장부

31 정답 ❸

③ (×) 청원주는 경찰청장이 정하는 바에 따라 매월 무기와 탄약의 관리 실태를 파악하여 다음 달 3일까지 관할 경찰서장에게 통보하여야 한다(청원경찰법 시행규칙 제16조 제1항 제6호).
① (○) 청원경찰법 시행규칙 제16조 제1항 제3호
② (○) 청원경찰법 시행규칙 제16조 제1항 제5호
④ (○) 청원경찰법 시행규칙 제16조 제1항 제8호 본문

32 정답 ❸

밑줄 친 "형법의 죄"에 해당하는 것은 ㄱ, ㄴ, ㄹ이다. 경비업법 제29조 제2항에 따라 경비원에 대해 가중처벌하는 형법상 범죄로는 특수상해죄, 특수폭행죄, 체포·감금죄, 협박죄, 특수강요죄, 특수공갈죄, 재물손괴죄 등을 들 수 있다.

> **관계법령** 형의 가중처벌(경비업법 제29조)★
>
> ① 특수경비원이 무기를 휴대하고 경비업무를 수행 중에 제14조 제8항의 규정 및 제15조 제4항의 규정에 의한 무기의 안전수칙을 위반하여 형법 제258조의2(특수상해죄) 제1항(제257조 제1항의 상해죄로 한정, 존속상해죄는 제외)·제2항(제258조 제1항·제2항의 중상해죄로 한정, 존속중상해죄는 제외), 제259조 제1항(상해치사죄), 제260조 제1항(폭행죄), 제262조(폭행치사상죄), 제268조(업무상과실·중과실치사상죄), 제276조 제1항(체포 또는 감금죄), 제277조 제1항(중체포 또는 중감금죄), 제281조 제1항(체포·감금등의 치사상죄), 제283조 제1항(협박죄), 제324조 제2항(특수강요죄), 제350조의2(특수공갈죄) 및 제366조(재물손괴등죄)의 죄를 범한 때에는 그 죄에 정한 형의 2분의 1까지 가중처벌한다.
> ② 경비원이 경비업무 수행 중에 제16조의2 제1항에서 정한 장비 외에 흉기 또는 그 밖의 위험한 물건을 휴대하고 형법 제258조의2(특수상해죄) 제1항(제257조 제1항의 상해죄로 한정, 존속상해죄는 제외)·제2항(제258조 제1항·제2항의 중상해죄로 한정, 존속중상해죄는 제외), 제259조 제1항(상해치사죄), 제261조(특수폭행죄), 제262조(폭행치사상죄), 제268조(업무상과실·중과실치사상죄), 제276조 제1항(체포 또는 감금죄), 제277조 제1항(중체포 또는 중감금죄), 제281조 제1항(체포·감금등의 치사상죄), 제283조 제1항(협박죄), 제324조 제2항(특수강요죄), 제350조의2(특수공갈죄) 및 제366조(재물손괴등죄)의 죄를 범한 때에는 그 죄에 정한 형의 2분의 1까지 가중처벌한다.

33 정답 ❹

④ (×) 경비협회는 공제사업을 하는 경우 공제사업의 회계는 다른 사업의 회계와 구분하여 경리하여야 한다 (경비업법 시행령 제27조 제1항).
① (○) 경비업법 시행령 제26조 제1항
② (○) 경비업법 시행령 제26조 제2항
③ (○) 경비업법 제22조 제2항·제4항

34 정답 ❷

② (×) 청원경찰은 청원주 등이 경비(經費)를 부담할 것을 조건으로 사업장 등의 경비(警備)를 담당하게 하기 위하여 배치하는 경찰이다(청원경찰법 제2조).
① (○) 청원경찰법 제1조
③ (○) 청원경찰법 제3조
④ (○) 청원경찰법 시행규칙 제21조 제1항

35 정답 ❷

② (✕) <u>청원주</u>는 청원경찰이 배치된 시설이 폐쇄되거나 축소되어 청원경찰의 배치를 폐지하거나 배치인원을 감축할 필요가 있다고 인정하면 청원경찰의 배치를 폐지하거나 배치인원을 감축할 수 있다(청원경찰법 제10조의5 제1항 본문).
① (○) 청원경찰법 제10조의5 제1항 단서 제1호
③ (○) 청원경찰법 제10조의5 제2항 전단
④ (○) 청원경찰법 제10조의5 제3항

> **관계법령** 배치의 폐지 등(청원경찰법 제10조의5)
>
> ① 청원주는 청원경찰이 배치된 시설이 폐쇄되거나 축소되어 청원경찰의 배치를 폐지하거나 배치인원을 감축할 필요가 있다고 인정하면 청원경찰의 배치를 폐지하거나 배치인원을 감축할 수 있다. 다만, 청원주는 다음 각호의 어느 하나에 해당하는 경우에는 청원경찰의 배치를 폐지하거나 배치인원을 감축할 수 없다.
>   1. 청원경찰을 대체할 목적으로 「경비업법」에 따른 특수경비원을 배치하는 경우
>   2. 청원경찰이 배치된 기관·시설 또는 사업장 등이 배치인원의 변동사유 없이 다른 곳으로 이전하는 경우
> ② 제1항에 따라 청원주가 청원경찰을 폐지하거나 감축하였을 때에는 청원경찰 배치 결정을 한 경찰관서의 장에게 알려야 하며, 그 사업장이 제4조 제3항에 따라 시·도 경찰청장이 청원경찰의 배치를 요청한 사업장일 때에는 그 폐지 또는 감축 사유를 구체적으로 밝혀야 한다.
> ③ 제1항에 따라 청원경찰의 배치를 폐지하거나 배치인원을 감축하는 경우 해당 청원주는 배치폐지나 배치인원 감축으로 과원(過員)이 되는 청원경찰 인원을 그 기관·시설 또는 사업장 내의 유사 업무에 종사하게 하거나 다른 시설·사업장 등에 재배치하는 등 청원경찰의 고용이 보장될 수 있도록 노력하여야 한다.

36 정답 ❶

제시된 내용은 모두 옳은 설명이다.
ㄱ. (○) 청원경찰법 제12조 제2항
ㄴ. (○) 청원경찰법 시행령 제21조 제2항
ㄷ. (○) 청원경찰법 시행령 제20조 제4호
ㄹ. (○) 청원경찰법 시행규칙 제24조 제3항

37 정답 ❸

③ (✕) 시·도 경찰청장은 청원경찰 배치신청을 받으면 <u>지체 없이</u> 그 배치 여부를 결정하여 신청인에게 알려야 한다(청원경찰법 제4조 제2항).
① (○), ② (○) 청원주는 청원경찰을 신규로 배치하거나 이동배치하였을 때에는 배치지(이동배치의 경우에는 종전의 배치지)를 관할하는 경찰서장에게 그 사실을 통보하여야 한다(청원경찰법 시행령 제6조 제1항).
④ (○) 청원경찰법 시행령 제2조 전문

관계법령 청원경찰의 배치(청원경찰법 제4조)

① 청원경찰을 배치받으려는 자는 대통령령으로 정하는 바에 따라 관할 시·도 경찰청장에게 청원경찰 배치를 신청하여야 한다.
② 시·도 경찰청장은 제1항의 청원경찰 배치신청을 받으면 지체 없이 그 배치 여부를 결정하여 신청인에게 알려야 한다.
③ 시·도 경찰청장은 청원경찰 배치가 필요하다고 인정하는 기관의 장 또는 시설·사업장의 경영자에게 청원경찰을 배치할 것을 요청할 수 있다.

> **청원경찰의 배치신청 등(청원경찰법 시행령 제2조)**
> 「청원경찰법」 제4조 제1항에 따라 청원경찰의 배치를 받으려는 자는 청원경찰 배치신청서에 다음 각호의 서류를 첨부하여 법 제2조 각호의 기관·시설·사업장 또는 장소(이하 "사업장"이라 한다)의 소재지를 관할하는 경찰서장(이하 "관할 경찰서장"이라 한다)을 거쳐 시·도 경찰청장에게 제출하여야 한다. 이 경우 배치 장소가 둘 이상의 도(특별시, 광역시, 특별자치시 및 특별자치도를 포함한다. 이하 같다)일 때에는 주된 사업장의 관할 경찰서장을 거쳐 시·도 경찰청장에게 한꺼번에 신청할 수 있다.
> 1. 경비구역 평면도 1부
> 2. 배치계획서 1부

38 정답 ②

② (○) 청원경찰법 제10조 제2항
① (×) 청원경찰이 직무를 수행할 때 직권을 남용하여 국민에게 해를 끼친 경우에는 <u>6개월</u> 이하의 징역이나 금고에 처한다(청원경찰법 제10조 제1항).
③ (×) 국가기관 또는 지방자치단체에 근무하는 청원경찰의 직무상 불법행위에 대한 배상책임에 관하여는 <u>국가배상법의 규정</u>을 적용해야 한다(청원경찰법 제10조의2 반대해석, 국가배상법 제2조 및 대판 92다47564).
④ (×) 청원주가 청원경찰을 면직시켰을 때에는 그 사실을 <u>관할 경찰서장을 거쳐 시·도 경찰청장에게 보고</u>하여야 한다(청원경찰법 제10조의4 제2항).

39 정답 ④

④ (○) 300만원(청원경찰법 시행령 [별표 2] 제2호 나목)
① (×) 500만원(청원경찰법 시행령 [별표 2] 제4호 가목)
② (×) 500만원(청원경찰법 시행령 [별표 2] 제3호)
③ (×) 400만원(청원경찰법 시행령 [별표 2] 제1호 나목)

| 관계법령 | 과태료 부과기준(청원경찰법 시행령 [별표 2]) ★ |

위반행위	해당 법조문	과태료 금액
1. 법 제4조 제2항에 따른 시·도 경찰청장의 배치결정을 받지 않고 다음 각목의 시설에 청원경찰을 배치한 경우 [🔑 : 배·5·4] 　가. 국가중요시설(국가정보원장이 지정하는 국가보안목표시설을 말한다) 인 경우 　나. 가목에 따른 국가중요시설 외의 시설인 경우	법 제12조 제1항 제1호	500만원 400만원
2. 법 제5조 제1항에 따른 시·도 경찰청장의 승인을 받지 않고 다음 각목의 청원경찰을 임용한 경우 [🔑 : 승·5·3] 　가. 법 제5조 제2항에 따른 임용결격사유에 해당하는 청원경찰 　나. 법 제5조 제2항에 따른 임용결격사유에 해당하지 않는 청원경찰	법 제12조 제1항 제1호	500만원 300만원
3. 정당한 사유 없이 법 제6조 제3항에 따라 경찰청장이 고시한 최저부담기준액 이상의 보수를 지급하지 않은 경우	법 제12조 제1항 제2호	500만원
4. 법 제9조의3 제2항에 따른 시·도 경찰청장의 감독상 필요한 다음 각목의 명령을 정당한 사유 없이 이행하지 않은 경우 　가. 총기·실탄 및 분사기에 관한 명령 　나. 가목에 따른 명령 외의 명령	법 제12조 제1항 제3호	500만원 300만원

40 정답 ❶

① (✕) 청원경찰은 청원경찰법 제5조 제2항에 따른 임용결격사유(국가공무원법 제33조)에 해당될 때 원칙적으로 당연 퇴직되나, 국가공무원법 제33조 제2호와 제5호에 대한 적용 제한규정이 2022.11.15. 신설되었다(청원경찰법 제10조의6 제1호 단서).

② (○) 청원경찰법 제10조의6 제2호

③ (○) 청원경찰법 제10조의6 제3호

④ (○) 국가기관이나 지방자치단체에 근무하는 청원경찰의 휴직 및 명예퇴직에 관하여는 「국가공무원법」 제71조부터 제73조까지(휴직, 휴직 기간, 휴직의 효력) 및 제74조의2(명예퇴직 등)를 준용한다(청원경찰법 제10조의7).

| 관계법령 | 당연 퇴직(청원경찰법 제10조의6) ★ |

청원경찰이 다음 각호의 어느 하나에 해당할 때에는 당연 퇴직된다.
1. 제5조 제2항에 따른 임용결격사유에 해당될 때. 다만, 「국가공무원법」 제33조 제2호는 파산선고를 받은 사람으로서 「채무자 회생 및 파산에 관한 법률」에 따라 신청기한 내에 면책신청을 하지 아니하였거나 면책불허가 결정 또는 면책 취소가 확정된 경우만 해당하고, 「국가공무원법」 제33조 제5호는 「형법」 제129조부터 제132조까지, 「성폭력범죄의 처벌 등에 관한 특례법」 제2조, 「아동·청소년의 성보호에 관한 법률」 제2조 제2호 및 직무와 관련하여 「형법」 제355조 또는 제356조에 규정된 죄를 범한 사람으로서 금고 이상의 형의 선고유예를 받은 경우만 해당한다.
2. 제10조의5에 따라 청원경찰의 배치가 폐지되었을 때
3. 나이가 60세가 되었을 때. 다만, 그날이 1월부터 6월 사이에 있으면 6월 30일에, 7월부터 12월 사이에 있으면 12월 31일에 각각 당연 퇴직된다.

[2024.12.31. 법률 제20627호에 의하여 2022.12.22. 헌법재판소에서 위헌 결정된 이 조를 개정함.]

제7회 경호학

문제편 176p

정답 CHECK

41	42	43	44	45	46	47	48	49	50	51	52	53	54	55	56	57	58	59	60
①	③	④	②	③	①	③	③	①	③	③	④	②	③	①	②	②	④	④	②
61	62	63	64	65	66	67	68	69	70	71	72	73	74	75	76	77	78	79	80
③	③	④	②	③	①	①	④	④	②	④	③	④	①	②	②	③	①	②	③

41 정답 ❶

제시된 내용 중 형식적 의미의 경호에 관한 내용(A)은 ㄱ, ㄴ, ㄷ이고 실질적 의미의 경호에 관한 내용(B)은 ㄹ, ㅁ, ㅂ이다.

핵심만콕	경호의 개념★
형식적 의미의 경호	• 경호관계법규에 규정된 현실적인 경호기관을 기준으로 하여 정립된 개념이다. • 실정법상 경호기관의 권한에 속하는 일체의 경호작용을 의미한다. • 실정법·제도·기관 중심적 관점에서 이해한 것이다. •「대통령 등의 경호에 관한 법률」에서의 경호는 형식적 의미의 경호개념이다.
실질적 의미의 경호	• 경호활동의 본질·성질·이론적인 입장에서 이해한 것으로, 학문적인 측면에서 고찰된 개념이다. • 수많은 경호작용 중에서 공통적인 특성을 추상화한 개념이다. • 경호대상자의 절대적 신변안전을 보호하기 위하여 모든 사용 가능한 수단과 방법을 동원한다. • 경호대상자(피경호자)에 대한 신변 위해요인을 사전에 방지 또는 제거하기 위한 제반활동이다. • 경호주체(국가기관, 민간기관, 개인, 단체 불문)가 경호대상자를 보호하는 모든 활동을 말한다. • 모든 위험과 곤경(인위적·자연적 위해)으로부터 경호대상자를 안전하게 보호하기 위한 제반활동이다.

42 정답 ❸

제시된 내용의 대한민국 경호역사를 순서대로 연결하면 ㄴ. 경무대 경찰서 신설(1949.2.23.) → ㄱ. 중앙정보부 경호대 발족(1961.11.8.) → ㄷ. 치안본부 소속의 101경비대를 101경비단으로 변경(1976.3.29.) → ㄹ. 대통령경호실을 대통령경호처로 변경(2008.2.29.) 순이다.

43 정답 ④

④는 생물무기 및 화학무기 등에 대한 설명이다. 폭파는 시설 및 자재 등에 파괴적 효과를 준다.

> **핵심만 콕** 폭파가 테러방법으로 빈번하게 사용되는 이유
>
> - 큰 기술이나 복잡한 테러 편성을 요하지 않는다.
> - 기본적인 장비와 단순한 폭파기술만 숙지하면 개인도 충분히 공격이 가능하다.
> - 폭파장비의 구입과 획득이 용이하다.
> - 사전 매설하여 원격폭파를 하면 증거인멸이나 도피가 용이하다.
>
> 〈출처〉 김두현, 「경호학개론」, 엑스퍼트, 2020, P. 487

44 정답 ②

② (×) 전직대통령의 신분과 예우에 관하여는 법률로 정한다(헌법 제85조). 헌법 제85조는 「전직대통령 예우에 관한 법률」의 근거규정이다.
① (○) 대통령경호처와 그 소속기관 직제 제1조
③ (○) 대통령경호안전대책위원회의 구성 및 운영에 필요한 사항은 대통령령으로 정한다(대통령 등의 경호에 관한 법률 제16조 제5항). 이 영은 「대통령 등의 경호에 관한 법률」 제16조에 따른 대통령경호안전대책위원회의 구성 및 운영에 관하여 필요한 사항을 규정함을 목적으로 한다(대통령경호안전대책위원회규정 제1조).
④ (○) 대통령 등의 경호에 관한 법률 제1조

45 정답 ③

③ (×) 선도경호차량의 역할에 해당된다. 선도경호차량은 행・환차로를 안내하고, 행사시간에 맞게 주행속도를 조절하며, 전방의 각종 상황에 대한 경계임무를 수행한다.
① (○) 후미경호차량은 기동 간 경호대상자 차량의 방호업무와 경호지휘 임무를 수행하고, 후미에 접근하는 차량을 통제하고 추월을 방지하도록 한다.
② (○) 후미경호차량은 경호요원이나 의료진의 이동수단으로서의 역할을 수행한다.
④ (○) 후미경호차량은 경호대상자차량(VIP차량)의 기능고장과 같은 비상시에는 VIP 예비차량의 임무를 수행한다.

> **핵심만콕**   **차량경호방법★**
>
> - 경호대상자 차량은 최고 성능의 차량을 선정하고 선도차량과 일정한 간격을 유지하면서 이동하며, 유사시 선도차량과 같은 방향으로 대피한다.
> - 선도경호차량은 행·환차로를 안내하고, 행사시간에 맞게 주행속도를 조절하며, 전방의 각종 상황에 대한 경계임무를 수행한다.
> - 후미경호차량은 기동 간 경호대상자 차량의 방호업무와 경호지휘 임무를 수행하고, 후미에 접근하는 차량을 통제하고 추월을 방지하도록 한다.
> - 경호책임자(경호팀장)는 목적지에 도착하면 가장 먼저 하차하고 출발 시에는 가장 나중에 승차하며 경호대상자 승·하차 시 차량 문의 개폐와 창문과 잠금장치를 통제한다.
> - 경호대상자는 가장 먼저 차량의 뒷좌석 오른쪽에 탑승하고(뒷좌석에 경호대상자, 경호원 1명일 때), 경호책임자의 안내에 따라 가장 마지막에 하차한다. 뒷좌석에 경호대상자, 경호원 2명일 때는 경호대상자가 가운데에 앉는 것이 통상적이다.
>
> 〈출처〉 이상철, 「경호현장운용론」, 진영사, 2008, P. 206

46 정답 ❶

① (○) 행사 관련 참석자, 종사자, 상근자, 반입물품, 기동수단 등 인적·물적 제반 출입요소를 출입통로 지정, 시차입장, 본인 여부 확인, 비표운용, 검문검색, 주차관리 등을 통해 통제하는 안전활동을 의미한다.
② (×) 원칙적으로 경호대상자를 제외한 모든 사람이 검색대상에 해당한다.
③ (×) 대규모 행사 시에는 참석 대상별 또는 좌석별 구별에 따라 출입통로 선정 및 시차입장 계획을 수립하여 출입통제가 용이하도록 한다.
④ (×) 출입자 통제업무는 안전구역 설정권 내에 출입하는 인적·물적 제반 요소에 대한 안전활동이므로, 행사장으로부터 연도경호(노상경호)의 안전거리를 벗어난 주차장이라면 통제범위에 포함되지 않는다고 보아야 한다.

47 정답 ❸

③ (○) 경무대경찰서 : 1949년 2월 23일 왕궁을 관할하고 있던 창덕궁경찰서가 폐지되고 경무대경찰서가 신설되면서 경찰이 대통령 경호임무를 담당하게 되었다. 시대순으로 두 번째에 해당한다.
① (×) 창덕궁경찰서 : 왕이 거처하던 창덕궁과 덕수궁 지역의 경호임무를 수행하였으며, 1949년에 폐지되었다. 시대순으로 첫 번째에 해당한다.
② (×) 대통령경호처 : 2017년 7월 26일 정부조직법 개정으로 대통령경호실은 재개편되어 현재 차관급 대통령경호처가 되었다. 시대순으로 네 번째에 해당한다.
④ (×) 대통령경호실 : 1963년 제3공화국이 출범하여 12월 14일 대통령경호실법과 같은 해 12월 16일 대통령경호실법 시행령을 각각 제정·공포하고, 박정희 대통령 취임과 동시에 대통령경호실을 출범시켰다. 시대순으로 세 번째에 해당한다.

48 정답 ❸

③ (○) C - ㄱ : 근접경호는 주로 도보 또는 차량에 의해 기동 간에 이루어지며 행사 성격이나 주변 여건, 장비의 특성에 따라 능동적(유동적)으로 대처해야 한다.
① (×) A - ㄷ : 행사 일정과 장소 및 시간이 대외적으로 알려져 있는 상태에서 경호업무를 수행해야 하는 특성이 있다.
② (×) B - ㄴ : 비상사태 발생 시 범인을 대적하여 제압하는 것보다 반사적이고 신속·과감한 행동으로 경호대상자의 방호 및 대피를 우선해야 한다.
④ (×) D - ㄹ : 위해기도자로 하여금 행사 상황을 오판하도록 실제 상황을 은폐하고 허위 상황을 제공하여 경호의 효율성을 높이려는 기만성의 특성이 있다. 기만경호기법으로 차량대형 기만, 기동시간 기만, 기동로 및 기동수단 기만, 승·하차 지점 기만, 위장 경호대상자 및 경호원의 이용 등이 있다.

핵심만콕	근접경호의 특성
노출성	다양한 기동수단과 도보대형에 따라 경호대상자의 행차가 시각적으로 외부에 노출될 뿐만 아니라, 각종 매스컴에 의하여 행사 일정과 장소 및 시간이 대외적으로 알려진 상태에서 업무를 수행해야 하는 특성을 의미
방벽성	근접 도보대형 시 근무자의 체위에 의한 인적 자연방벽 효과와 방탄복 및 각종 방호장비를 이용하여 외부의 공격으로부터 방벽을 구축해야 하는 특성을 의미
기동 및 유동성	근접경호는 주로 도보 또는 차량에 의해 기동 간에 이루어지며 행사 성격이나 주변 여건, 장비의 특성에 따라 능동적(유동적)으로 대처해야 하는 특성을 의미
기만성	변칙적인 경호기법으로 차량대형 기만, 기동시간 기만, 기동로 및 기동수단 기만, 승·하차 지점 기만 등으로 위해기도자로 하여금 행사 상황을 오판하도록 실제 상황을 은폐하고 허위 상황을 제공하여 경호의 효율성을 높이려는 특성을 의미
방호 및 대피성	비상사태 발생 시 범인을 대적하여 제압하는 것보다 반사적이고 신속·과감한 행동으로 경호대상자의 방호 및 대피를 우선해야 한다는 특성을 의미

49 정답 ❶

제시문이 설명하는 경호의 원칙은 목표물 보존의 원칙이다.

핵심만콕 경호의 특별원칙★

구 분		내 용
특별원칙	자기담당구역 책임의 원칙	경호원이 배치된 자기담당구역 내에서 일어나는 사태에 대해서는 자신만이 책임을 지고 해결해야 한다는 원칙
	목표물 보존의 원칙	• 경호대상자를 암살자 또는 위해를 가할 가능성이 있는 자로부터 떼어 놓아야 한다는 원칙 • 목표물을 안전하게 보존하기 위해서는 행차 코스의 비공개, 행차 장소의 비공개, 대중에게 노출되는 보행 행차의 가급적 제한 등이 요구됨
	하나의 통제된 지점을 통한 접근의 원칙	• 경호대상자에게 접근할 수 있는 출입구나 통로는 하나만 필요하다는 원칙 • 하나의 통제된 출입구나 통로라 하더라도 접근자는 경호요원에 의하여 인지되고 확인되어야 하며 허가절차를 거쳐 접근토록 해야 함
	자기희생의 원칙	• 경호대상자가 위기에 처했을 때 자기 몸을 희생하여 경호대상자를 보호해야 한다는 원칙 • 경호대상자는 어떠한 상황하에서도 절대적으로 보호되어야 한다는 의미

〈참고〉 김두현, 「경호학개론」, 엑스퍼트, 2020, P. 67~69

50 정답 ❸

국내외 위해사건의 47%가 행사장에서 발생하였고, 위해수단으로 총기(55.2%)와 폭발물(24.2%)이 가장 많이 사용되는 점을 고려하면, 행사 참석자와 출입인원에 대한 철저하고도 예외 없는 검색은 필수적이라 할 수 있다.

핵심만콕

금속탐지기가 비교적 정확하기는 하지만, 어차피 기계장치이기 때문에 오작동이나 오차가 생길 수 있다. 따라서 검색 근무 시 금속탐지기에 전적으로 의존해서는 안 되고, 근무자의 오관과 육감을 이용한 감시활동에 만전을 기해야 한다. 특히 국내외 위해사건의 47%가 행사장에서 발생하였고, 위해수단으로 총기(55.2%)와 폭발물(24.2%)이 가장 많이 사용되는 점을 고려하면, 행사 참석자와 출입인원에 대한 철저하고도 예외 없는 검색은 필수적이라 할 수 있다. 또한 경호원은 최신의 불법무기와 사제폭발물의 제작 및 유통 정보에도 정통하여, 휴대폰 총기나 만년필형 총기와 같은 개인 휴대물품을 이용한 위해무기의 반입을 적극 색출해내야 한다.

〈출처〉 이두석, 「경호학개론」, 진영사, 2018, P. 272

51 정답 ❸

③ (○) 보안과 능률의 원칙에 관한 설명에 해당한다. 보안과 능률은 서로 상반되는 성질을 지니고 있기에 양자의 균형이 유지되도록 하여야 한다.
① (×) 알 필요성의 원칙 : 알 필요성이 없는 사람은 경호대상자에 관한 정보에 접근해서는 안 된다. 즉, 정보는 알 필요성에 근거해서 배포되어야 한다.
② (×) 적당성의 원칙 : 사용자가 필요한 만큼 적당한 양의 정보를 전달하도록 한다. 즉, 정보가 부족해도 임무수행에 장애가 되지만, 너무 많은 정보도 임무수행에 혼란을 줄 수 있다.
④ (×) 부분화의 원칙 : 내용과 가치의 정도에 따라 다른 비밀과 관련되지 않게 독립시키거나 부분적으로 있게 하여야 한다.

52 정답 ❹

제시된 내용은 모두 도보대형 형성 시 고려사항에 해당한다.

핵심만콕 근접경호에서 도보대형 형성 시 고려사항★

- 경호대상자의 취향(내성적·외향적·은둔형·과시형)
- 행사장 주변 감제건물의 취약성
- 행사장 사전예방경호 수준(행사장의 안전도 및 취약성)
- 행사의 성격(공식적·비공식적)
- 행사 참석자의 수 및 성향(우호적 또는 배타적)
- 근접경호원의 수
- 인적 취약요소와의 이격도
- 물적 취약요소의 위치

〈참고〉 이두석, 「경호학개론」, 진영사, 2018, P. 298 / 김두현, 「경호학개론」, 엑스퍼트, 2020, P. 273

53 정답 ❷

해외에서 우리 국민의 테러위협 증가는 특수적 환경요인에 해당한다.

핵심만콕 경호의 환경

일반적 환경요인	특수적 환경요인
• 국제화 및 개방화 • 경제발전 및 과학기술의 발전 • 정보화 및 범죄의 광역화 • 수출소득의 증대 • 생활양식과 국민의식의 변화 • 범죄의 다양화와 증가	• 경제전쟁 • 지역이기주의 • 한국의 국제적 지위 향상 • 북한의 위협 • 해외에서 우리 국민의 테러위협 증가 • 증오범죄의 등장

54 정답 ❸

대통령 등의 경호에 관한 법률에 규정된 3급 경호공무원의 연령정년과 계급정년은 각각 58세, 7년이다.

> **관계법령** 정년(대통령 등의 경호에 관한 법률 제11조)
>
> ① 경호공무원의 정년은 다음의 구분에 따른다.
>   1. 연령정년
>   가. 5급 이상 : 58세
>   나. 6급 이하 : 55세
>   2. 계급정년
>   가. 2급 : 4년
>   나. 3급 : 7년
>   다. 4급 : 12년
>   라. 5급 : 16년
> ② 경호공무원이 강임(降任)된 경우에는 제1항 제2호에 따른 계급정년의 경력을 산정할 때에 강임되기 전의 상위계급으로 근무한 경력은 강임된 계급으로 근무한 경력에 포함한다.
> ③ 징계로 인하여 강등(6급으로 강등된 경우를 포함한다)된 경호공무원의 계급정년은 제1항 제2호에도 불구하고 다음 각 호에 따른다. 〈신설 2024.12.3.〉
>   1. 강등된 계급의 계급정년은 강등되기 전 계급 중 가장 높은 계급의 계급정년으로 한다. 다만, 1급 경호공무원이 강등된 경우에는 제1항 제2호 가목의 계급정년으로 한다.
>   2. 계급정년을 산정할 때에는 강등되기 전 계급의 근무연수와 강등 이후의 근무연수를 합산한다.
> ④ 경호공무원은 그 정년이 된 날이 1월부터 6월 사이에 있는 경우에는 6월 30일에, 7월부터 12월 사이에 있는 경우에는 12월 31일에 각각 당연히 퇴직한다. 〈개정 2024.12.3.〉

55 정답 ❶

① (×) 공격방향 전환 시 경호대상자보다 범인의 방향을 전환시키는 것이 효과적이다.
② (○) 우발상황 발생 시 대응순서는 인지 → 경고 → 방벽 형성 → 방호 및 대피 → 대적 및 제압이다. 위험을 가장 먼저 인지한 경호원은 동료들에게 신속히 전파하여 공조체제를 유지하도록 한다.
③ (○) 우발상황 발생 시 근접경호원은 자기희생의 원칙에 따라 체위를 확장하여 경호대상자의 노출을 최소화하고 최대의 방호벽을 형성하여야 한다.
④ (○) 우발상황이 발생했을 경우 신속한 대적행위보다 방호 및 대피가 우선되어야 하지만, 경우에 따라서는 대적 및 제압이 더 효과적일 수 있다. 대적 여부는 촉수거리의 원칙에 따라 판단한다. 위해기도자에 대한 대응은 경호원 중 위해기도자와 가장 가까운 거리에 있는 경호원이 해야 한다. 경호원이 위해기도자와의 거리보다 경호대상자와의 거리가 더 가깝다면 경호대상자를 방호해서 신속히 현장을 이탈하는 것이 효과적이고, 위해기도자와의 거리가 경호대상자와의 거리보다 더 가깝고 촉수거리에 있다면 과감하게 위해기도자를 제압하는 것이 효과적일 수 있다.

56 정답 ❷

경호원의 직업윤리 측면에서 경호원은 법률 등에 의한 타율적 규제보다 자율적 규제가 보다 활성화되어야 한다.

57 정답 ❷

국민이 경호업무에 협조하여 조직화가 필요할 경우 이런 조직은 어디까지나 임의적이어야 하고 강제성을 띠어서는 아니 된다.

〈참고〉 김두현, 「경호학개론」, 엑스퍼트, 2020, P. 186

58 정답 ④

④ (○) 제시된 내용은 외부로부터 위협이 없다고 판단되며 안전이 확보된 행사장 입장 시와 대외적인 이미지를 중시하는 경호대상자에게 적합한 역쐐기형(V자) 대형이다.
① (×) 개방 대형 : 전방에 아무런 위협이 없다는 가정하에 경호대상자와의 간격을 충분히 유지한 채 경호대상자를 노출시키는 대형이다.
② (×) 함몰 대형 : 수류탄 혹은 폭발물과 같은 폭발성 화기에 의한 공격을 받았을 때 사용되는 방호대형으로 경호대상자를 지면에 완전히 밀착시키고 그 위에 근접경호원들이 밀착하며 포개어, 경호대상자의 신체가 외부에 노출되지 않도록 이중 삼중으로 방호한다.
③ (×) 방어적 원형 대형 : 경호대상자가 완전히 경호원에 의해 둘러싸여 있는 인상을 주게 되어 대외적인 이미지는 안 좋을 수 있으나 경호 효과가 높은 대형으로, 평상시에는 잘 사용하지 않으나 군중이 밀려오거나 군중에 둘러싸여 있을 경우와 같은 위협이 예상될 경우에 적합한 대형이다.

59 정답 ④

④ (○) 학습단계인 학습활동단계(평가단계)에 대한 옳은 설명이다. 학습활동단계에서는 평가결과 대두된 문제점을 보완하기 위한 교육과 훈련을 실시하고, 평가결과를 차기 행사에 반영하기 위한 적용(Feedback)을 실시한다.
① (×) 대비단계인 안전활동단계에서는 경호계획을 근거로, 행사보안의 유지와 위해정보의 수집을 위한 보안활동을 전개한다.
② (×) 예방단계인 정보활동단계에서는 정·첩보를 수집하고 분석하여 경호위협을 평가한다.
③ (×) 대응단계인 경호활동단계에서는 경호인력을 배치하여 지속적인 경계활동을 실시한다.

핵심만콕 경호위기관리단계 및 세부 경호업무 수행절차 ★★

관리단계	주요 활동	활동 내용	세부 활동
1단계 예방단계 (준비단계)	정보활동	경호환경 조성	법과 제도의 정비, 경호지원시스템 구축, 우호적인 공중(公衆)의 확보(홍보활동)
		정보 수집 및 평가	정보네트워크 구축, 정보의 수집 및 생산, 위협의 평가 및 대응방안 강구
		경호계획의 수립	관계부서와의 협조, 경호계획서의 작성, 경호계획 브리핑
2단계 대비단계 (안전활동단계)	안전활동	정보보안활동	보안대책 강구, 위해동향 파악 및 대책 강구, 취약시설 확인 및 조치
		안전대책활동	행사장 안전확보, 취약요소 판단 및 조치, 검측활동 및 통제대책 강구
		거부작전	주요 감제고지 및 취약지 수색, 주요 접근로 차단, 경호 영향요소 확인 및 조치
3단계 대응단계 (실시단계)	경호활동	경호작전	모든 출입요소 통제 및 경계활동, 근접경호, 기동경호
		비상대책활동	비상대책, 구급대책, 비상시 협조체제 확립
		즉각조치활동	경고, 대적 및 방호, 대피
4단계 학습단계 (평가단계)	학습활동	평가 및 자료 존안 행사	행사결과 평가(평가회의), 행사결과보고서 작성, 자료 존안
		교육훈련	새로운 교육프로그램 준비, 교육훈련 실시, 교육훈련의 평가
		적용(피드백)	새로운 이론의 정립, 전파, 행사에의 적용

〈출처〉 이두석, 「경호학개론」, 진영사, 2018, P. 157

60 정답 ❷

제시된 내용 중 근접경호원의 자세에 관한 설명으로 옳은 것은 ㄱ, ㄴ, ㄷ, ㄹ이다.

ㄱ. (○) 짧은 시간에 벌어지는 경호상황을 정확하게 판단하고 그에 대응하기 위해서는 상황을 읽는 눈과 상황을 해석하는 명석한 판단력을 갖춰야 한다. 판단력은 유연한 사고와 다방면에 걸친 해박한 지식이 축적된 결과물이다.
ㄴ. (○) 경호요원은 가능한 한 경호요원 자신은 물론 자신들이 제공하는 경호가 경호대상자의 편의에 부합하도록 해야 하므로, 급박한 상황 외에는 경호대상자의 공적인 기능이나 사적인 기능이 방해를 받지 않도록 모든 노력을 기울여야 한다.
ㄷ. (○) 근접경호원의 이미지는 경호대상자의 이미지 형성에도 영향을 미치게 되고, 단정한 용모는 경호원의 빈틈없는 임무수행태세를 대변한다.
ㄹ. (○) 경호원의 복장은 경호대상자의 복장에 맞추어 정장이나 캐주얼 복장을 상황에 따라 입고, 두발상태도 경호대상자의 두발상태와 비슷하게 관리한다.
ㅁ. (×) 경호요원의 존재가 경호대상자나 일반 행사 참석자에게는 부담이 되지 않아야 하고, 위해기도자에게는 위협이 되어야 한다.

〈출처〉이두석, 「경호학개론」, 진영사, 2018, P. 185

핵심만콕 경호복장

- 경호요원은 행사의 성격에 따라 보호색원리에 의한 경호현장의 주변환경과 조화되는 복장을 착용하여 신분이 노출되지 않도록 한다.
- 경호원의 복장은 경호대상자의 복장에 맞추어 정장이나 캐주얼 복장을 상황에 따라 입고, 두발상태도 경호대상자의 두발상태와 비슷하게 관리한다.
- 경호원의 복장은 주위의 시선을 빼앗는 화려한 색상이나 새로운 패션의 스타일은 눈에 띄기 쉬우므로 착용해서는 안 되고, 보수적인 색상과 스타일의 복장이 적합하다.

〈출처〉이두석, 「경호학개론」, 진영사, 2018, P. 246~247

---

61 정답 ❸

③ (○) ㄷ - d : 암살 및 테러의 고도화에 따라 경호장비의 과학화와 이를 지원하기 위한 행정업무의 자동화·컴퓨터화 등 기동성이 요구되고 있으며, 경호조직도 그에 대응하여 높은 기동성을 띤 조직으로 변해가고 있다.
① (×) ㄱ - b : 테러행위의 수법이 지능화·고도화됨에 따라 경호조직에 있어서도 기능의 전문화 내지 분화현상이 광범위하게 나타나고 있으므로, 경호조직의 권위도 권력의 힘에 의존하는 데서 탈피하여 경호의 전문성에서 찾아야 한다. 고도로 전문화된 경호전문가의 양성을 통해 경호조직의 권위를 확립하고, 국민의 이해와 협조 속에서 국민과 함께 하는 경호가 요구된다.
② (×) ㄴ - a : 경호를 완전무결하게 수행하기 위해서는 경호조직의 비공개와 경호기법의 비노출 등 보안성을 높이는 폐쇄성의 특성을 가져야 한다. 일반적인 공개주의 원칙에도 불구하고 암살자나 테러집단에 알려지지 않도록 기밀성을 유지한다.
④ (×) ㄹ - c : 경호조직은 전체 구조가 통일적인 피라미드형을 구성하면서 그 조직 내 계층을 이루고 지휘·감독 등을 통하여 경호목적을 실현하므로, 경호행사를 직접 담당하는 경호기관의 조직은 다른 부서에 비해 경호집행기관적 성격으로 계층성이 더욱 강조된다.

핵심만콕	경호조직의 특성
기동성	• 교통수단의 발달과 인구집중현상·환경보호, 더 나아가 세계공동체를 향한 외교활동 증대로 고도의 유동성을 띠게 되어 경호조직도 그에 대응하여 높은 기동성을 띤 조직으로 변해가고 있다. • 암살 및 테러의 고도화에 따라 경호장비의 과학화와 이를 지원하기 위한 행정업무의 자동화, 컴퓨터화 등 기동성이 요구되고 있다.
통합성과 계층성	• 경호조직은 전체 구조가 통일적인 피라미드형을 구성하면서 그 조직 내 계층을 이루고 지휘·감독 등을 통하여 경호목적을 실현하므로, 경호행사를 직접 담당하는 경호기관의 조직은 다른 부서에 비해 경호집행기관적 성격으로 계층성이 더욱 강조된다. • 경호조직은 기구단위 및 권한과 책임이 분화되어야 하며, 경호조직 내의 중추세력은 권한의 계층을 통하여 분화된 노력을 상호 조정하고 통제함으로써 경호의 목적을 달성할 수 있다.
폐쇄성 (보안성)	• 경호를 완전무결하게 수행하기 위해서는 경호조직의 비공개와 경호기법의 비노출 등 보안성을 높이는 폐쇄성의 특성을 가져야 한다. • 일반적인 공개주의 원칙에도 불구하고 암살자나 테러집단에 알려지지 않도록 기밀성을 유지한다. • 일반적으로 정부조직은 법령주의와 공개주의 원칙에 따르지만, 경호조직에서는 비밀문서로 관리하거나 배포의 일부제한으로 비공개로 할 수 있다.
전문성	• 테러행위의 수법이 지능화·고도화되고 있으므로 경호조직에 있어서도 기능의 전문화 내지 분화현상이 광범위하게 나타나고 있다. • 경호조직의 권위는 권력의 힘에 의존하는 데서 탈피하여 경호의 전문성에서 찾아야 한다. • 고도로 전문화된 경호전문가의 양성을 통해 경호조직의 권위를 확립하고, 국민의 이해와 협조 속에서 국민과 함께 하는 경호가 요구된다.
대규모성	• 경호조직은 과거에 비해서 그 기구 및 인원 면에서 점차 대규모화·다변화되고 있다. • 과학기술의 진보와 더불어 거대정부의 양상은 경호기능의 간접적인 대규모화의 계기가 되었다.

62 정답 ❸

③ (×) 경호에 만전을 기하기 위해서 인근 주민들도 경계대상에 포함시켜야 한다. 즉, 호텔이나 유숙지 주변의 행사 전 출입자 파악 및 동향감시를 실시하도록 하고 거주 동향주민 외의 유동인원에 대한 유동순찰 및 검문, 검색을 강화하여야 한다.
① (○) 근무는 평상시, 입출 시, 비상시로 구분해서 실시하고, 도보순찰조와 기동순찰조를 운용한다.
② (○) 호텔 유숙 시 위해물 은닉이나 위장침투 등이 가능하기 때문에 일반인, 면담 요청자, 호텔업무종사자, 투숙객 등을 관리하여 위해기도에 대비한 안전대책을 면밀히 수행한다.
④ (○) 주변 민가지역 내 위해분자 은거, 수림지역 및 제반 감제고지 고층건물의 불순분자 은신, 숙소주변 차량, 행·환차로 등의 위해요소를 확인한다.

| 핵심만콕 | 숙소경호 시의 근무 요령 |

- 경비배치는 내부·내곽·외곽으로 구분해서 실시하며 숙소의 외곽은 1, 2, 3선으로 해서 경계망을 구축하고 출입문에 출입통제반을 설치해 방문자 통제체계를 확립한다.
- 근무 시 평상시, 입출 시, 비상시로 구분하고 도보순찰조와 기동순찰조를 운용한다.★
- 출입구, 비상구와 통로, 주차장, 계단, 복도, 전기시스템, 엘리베이터 등을 확실히 점검하고 경계를 강화한다.
- 정복근무자는 출입문 쪽에 배치하여 출입하는 인원의 경계를 강화하고 숙소 주위를 순찰하게 한다.★
- 사복근무자는 숙소 주위에 유동적으로 배치하여 교대로 근무하게 한다.★
- 주변 민가지역 내 위해분자 은거, 수림지역 및 제반 감제고지 고층건물의 불순분자 은신, 숙소 주변 차량, 행·환차로 등의 위해요소를 확인한다.
- 호텔 유숙 시 위해물 은닉이나 위장침투 등이 가능하기 때문에 일반인, 면담 요청자, 호텔업무 종사자, 투숙객 등을 관리하여 위해기도에 대비한 안전대책을 면밀히 수행한다.★
- 호텔 등 유숙지의 시설물은 일반 업무용 숙박시설의 기능을 가지고 있기 때문에 경호적 개념의 방어에 취약하다.★
- 경호에 만전을 기하기 위해서 숙소 주변의 인근 주민들도 경계대상에 포함시켜야 한다.★

63 정답 ❹

주위경계는 인접한 경호원과 경계범위를 중첩되게 설정해야 경호의 만전을 기할 수 있다.

| 핵심만콕 | 사주경계(주위경계)의 방법 및 요령 |

- 근접경호 시 사주경계는 인접해 있는 경호원과 경계범위를 중복되게 설정해야 경호의 만전을 기할 수 있다.★
- 시각의 한계를 고려하여 사주경계의 범위를 선정한다.★
- 경호대상자로부터 가까운 곳에서 먼 곳 순으로 좌우 반복해서 경계를 실시한다.★
- 복도의 좌우측 문, 모퉁이, 창문주위 등에 관심을 두고 경계한다.★
- 위해자는 심리적으로 군중들의 두 번째 열에 위치해 기도하려고 한다.
- 전체적으로 보아 주위 사물과 어울리지 않는 부조화에 주의한다.
- 경호대상자 주변의 군중들의 손과 눈을 주시한다.
- 시각적으로 움직임과 정황들에 대해 의문점을 제기하고 정리, 분석하도록 한다.
- 위험감지의 단계를 주위관찰, 문제제기, 위기의식, 대응조치 계획의 순서로 수립한다.
- 경호대상자에게 접근하는 사람의 거리, 위치, 복장, 손의 움직임을 관찰한다.
- 공격목표를 설정한 사람은 대개 웃지 않고 몸을 움직이지 않으며 목표를 집중하여 주시한다는 점을 알아야 한다.
- 더운 날씨나 추운 날씨 등의 주변환경과 어울리지 않는 복장을 착용하고, 주위상황과 어울리지 않게 행동하는 사람을 특히 주의 깊게 관찰한다.

64 정답 ❷

|O|△|X| 대통령 등의 경호에 관한 법률 제8조 제3항에 따르면 "금고 이상의 형의 선고유예를 받은 경우에 그 선고유예 기간 중에 있는 자"(국가공무원법 제33조 제5호)는 당연 퇴직사유에 해당되지 않는다.

> **관계법령** 직원의 임용 자격 및 결격사유(대통령 등의 경호에 관한 법률 제8조)
>
> ① 경호처 직원은 신체 건강하고 사상이 건전하며 품행이 바른 사람 중에서 임용한다.
> ② 다음 각호의 어느 하나에 해당하는 사람은 직원으로 임용될 수 없다.
> 1. 대한민국의 국적을 가지지 아니한 사람
> 2. 「국가공무원법」 제33조 각호의 어느 하나에 해당하는 사람
>
>> **결격사유(국가공무원법 제33조)★**
>> 다음 각호의 어느 하나에 해당하는 자는 공무원으로 임용될 수 없다. 〈개정 2024.12.31.〉
>> 1. 피성년후견인
>> 2. 파산선고를 받고 복권되지 아니한 자
>> 3. 금고 이상의 실형을 선고받고 그 집행이 끝나거나(집행이 끝난 것으로 보는 경우를 포함한다) 집행이 면제된 날부터 5년이 지나지 아니한 자
>> 4. 금고 이상의 형의 집행유예를 선고받고 그 유예기간이 끝난 날부터 2년이 지나지 아니한 자
>> 5. 금고 이상의 형의 선고유예를 받은 경우에 그 선고유예 기간 중에 있는 자
>> 6. 법원의 판결 또는 다른 법률에 따라 자격이 상실되거나 정지된 자
>> 6의2. 공무원으로 재직기간 중 직무와 관련하여 「형법」 제355조 및 제356조에 규정된 죄를 범한 자로서 300만원 이상의 벌금형을 선고받고 그 형이 확정된 후 2년이 지나지 아니한 자
>> 6의3. 다음 각목의 어느 하나에 해당하는 죄를 범한 사람으로서 100만원 이상의 벌금형을 선고받고 그 형이 확정된 후 3년이 지나지 아니한 사람
>>   가. 「성폭력범죄의 처벌 등에 관한 특례법」 제2조에 따른 성폭력범죄
>>   나. 「정보통신망 이용촉진 및 정보보호 등에 관한 법률」 제74조 제1항 제2호 및 제3호에 규정된 죄
>>   다. 「스토킹범죄의 처벌 등에 관한 법률」 제2조 제2호에 따른 스토킹범죄
>> 6의4. 미성년자에 대하여 「성폭력범죄의 처벌 등에 관한 특례법」 제2조에 따른 성폭력범죄 또는 「아동·청소년의 성보호에 관한 법률」 제2조 제2호에 따른 아동·청소년대상 성범죄를 범한 사람으로서 다음 각목의 어느 하나에 해당하는 날부터 20년이 지나지 아니한 사람
>>   가. 금고 이상의 실형을 선고받고 그 집행이 끝나거나(집행이 끝난 것으로 보는 경우를 포함한다) 집행이 면제된 날
>>   나. 금고 이상의 형의 집행유예를 선고받고 그 집행유예가 확정된 날
>>   다. 벌금 이하의 형을 선고받고 그 형이 확정된 날
>>   라. 치료감호를 선고받고 그 집행이 끝나거나 집행이 면제된 날
>>   마. 징계로 파면처분 또는 해임처분을 받은 날
>> 7. 징계로 파면처분을 받은 때부터 5년이 지나지 아니한 자
>> 8. 징계로 해임처분을 받은 때부터 3년이 지나지 아니한 자
>> [2024.12.31. 법률 제20627호에 의하여 2022.11.24. 헌법재판소에서 헌법불합치 결정된 이 조를 개정함.]
>
> ③ 제2항 각호(「국가공무원법」 제33조 제5호는 제외한다)의 어느 하나에 해당하는 직원은 당연히 퇴직한다.

65 정답 ❸

브리핑은 경호요원뿐만 아니라 경호대상자에게도 실시될 수 있으면 보다 효과적이다.

> **핵심만콕** 경호브리핑
>
> - 브리핑은 경호요원뿐만 아니라 경호대상자에게도 실시될 수 있으면 보다 효과적이다. 경호는 협조문화의 일부분이다. 경호원은 경호대상자의 의도를 충분히 이해하여 경호조치에 반영하고, 경호대상자도 경호행위의 필요성을 이해하고 협조하여야 한다.
> - 브리핑을 통하여, 안전을 위해서는 경호대상자의 협조가 필요함을 설명하고, 경호에 요구되는 권한과 권위를 인정받을 수 있어야 한다.
> - 경호대상자에게 그의 생활방식이나 생활습관의 변화를 요구할 수도 있음을 주지시켜야 한다. 경호대상자도 경호의 일부분이 될 때, 경호는 성공할 것이다.
>
> 〈출처〉 이두석, 「경호학개론」, 진영사, 2018, P. 236

66 정답 ❶

제시문의 ( )에 들어갈 경호안전대책작용은 ㄱ : 안전검사, ㄴ : 안전조치, ㄷ : 안전점검이다.

> **핵심만콕** 안전대책작용★★
>
> - 의의 : 행사장 내·외부에 산재한 인적·물적·지리적 취약요소에 대한 안전대책 강구, 행사장 내·외곽 시설물에 대한 폭발물 탐지·제거 및 안전점검, 경호대상자에게 제공되는 각종 음식물에 대한 검식작용 등 통합적 안전작용을 말한다.
> - 안전대책의 3대 작용원칙
>   - 안전점검 : 폭발물 등 각종 유해물을 탐지·제거하는 활동
>   - 안전검사 : 이용하는 기구, 시설 등의 안전상태를 검사하는 것
>   - 안전유지 : 안전점검 및 검사가 이루어진 상태를 계속 유지하기 위해 통제하는 것
> - 위해요소
>   - 인적 위해요소 : 경호대상자에게 위해를 가할 소지가 있는 사람
>   - 물적 취약요소 : 경호대상지역 주변에 위치하면서 경호대상자에게 직접 위해를 가할 수 있는 인공물이나, 경호대상자에게 위해를 가할 수 있도록 여건을 제공할 수 있는 자연물
> - 안전조치 : 경호행사 시 경호대상자에게 위해를 줄 수 있는 위해물질을 안전하게 관리하는 것
> - 안전검측 : 경호대상자에게 위해여건을 제공할 수 있는 자연 및 인공물에 대하여 위해를 가할 수 없는 상태로 전환시키는 작용
>
> 〈출처〉 김두현, 「경호학개론」, 엑스퍼트, 2020, P. 269~270

67 정답 ❶

① (○) 근접경호대형은 최대한의 인원을 동원하여 경호대형을 취하면 완벽한 방벽효과를 거둘 수 있을지 모르나, 그렇게 되면 경호대상자의 활동이 제약을 받게 되고 대외적으로도 좋은 이미지를 줄 수 없다. 따라서 근접경호대형은 경호대상자의 활동을 최대한 보장할 수 있는 선에서 전방위에 대한 사주경계와 신변안전을 담보할 수 있는 최소한의 인원으로 대형을 형성하는 것이 바람직하다.
② (×) 선발경호가 일정한 지역의 안전을 확보하는 공간개념이라면, 근접경호는 경호대상자 주위에 경호막을 형성하여 동선을 따라 이동하는 선개념이라고 할 수 있다.
③ (×) 근접경호대형을 형성하는 각 경호요원에게는 주 경계방향이 지정되고, 각 경호요원의 사주경계 범위는 중첩되게 설정되어, 사각이 발생되지 않도록 한다.
④ (×) 도보경호는 차량이동 등에 비하여 이동속도가 느리기 때문에 자연히 외부에 노출되는 시간이 길어지게 되고, 결국 위해자가 위해를 가할 수 있는 기회가 많아지게 된다.

〈출처〉 이두석, 「경호학개론」, 진영사, 2018, P. 298~299

68 정답 ❹

④ (×) 비행기를 타고 내릴 때에는 상급자가 나중에 타고 먼저 내린다.
① (○) 일반적으로 여성이 남성보다 상급자로 취급되므로, 승용차에 동승할 때에는 여성이 먼저 타고, 나중에 내린다.
② (○) 일반 선박의 경우에는 보통 상급자가 나중에 타고 먼저 내리지만, 함정의 경우에는 상급자가 먼저 타고 먼저 내린다.
③ (○) 안내하는 사람이 없을 때 엘리베이터를 타는 경우 하급자가 먼저 타서 엘리베이터를 조작하고 내릴 때에는 상급자가 먼저 내린다.

핵심만콕 탑승 시 경호예절★

구 분	내 용
항공기	• 상급자가 나중에 타고 먼저 내린다. • 창문가 좌석이 상석, 통로 쪽 좌석이 차석, 상석과 차석 사이가 말석이다.
선 박	• 객실의 등급이 정해져 있을 때는 지정된 좌석에 앉고, 지정된 좌석이 없는 경우 선체의 중심부가 상석이 된다. • 일반적 선박의 경우 승선 시 상급자가 나중에 타고 하선 시에는 먼저 내린다. • 함정의 경우 승선 시 상급자가 먼저 타고 하선 시에도 먼저 내린다.
기 차	• 두 사람이 나란히 앉는 좌석에서는 창가 쪽이 상석이고 통로 쪽이 말석이다. • 네 사람이 마주 앉는 자리에서는 기차 진행 방향의 창가 좌석이 가장 상석이고 그 맞은편, 상석의 옆좌석, 그 앞좌석 순이다. • 침대차에서는 아래쪽 침대가 상석이고 위쪽 침대가 말석이다.
승용차	• 운전기사가 있을 경우 자동차 좌석의 서열은 뒷좌석 오른편이 상석이고 왼쪽과 앞자리(조수석), 가운데 순이다(뒷좌석 가운데와 앞자리의 서열은 바뀔 수 있다). • 자가운전자의 경우 자진해서 운전석 옆자리에 앉는 것이 통례이며 그곳이 상석이다. 그리고 뒷좌석 오른편, 왼쪽, 가운데 순이다.
엘리베이터	• 안내하는 사람이 있을 때에는 상급자가 먼저 타고 먼저 내린다. • 안내하는 사람이 없을 때에는 하급자가 먼저 타서 엘리베이터를 조작하고 내릴 때에는 상급자가 먼저 내린다.
에스컬레이터	• 올라갈 때는 상급자가 먼저 올라가고 내려올 때는 하급자가 먼저 내려온다. • 남녀가 올라갈 때는 여성이 먼저 올라가고, 내려올 때는 남성이 먼저 내려온다.

69 정답 ❹

테러조직의 구조적 형태에 관한 설명으로 옳은 것은 ④이다.
①은 적극적 지원조직, ②는 행동 조직, ③은 수동적 지원조직에 관한 설명이다.

핵심만콕 테러조직의 구조적 형태★★

구 분	내 용
지도자 조직	지휘부의 정책수립, 계획, 통제 및 집행 임무 수행, 테러조직의 정치적 또는 전술적 두뇌를 제공
행동 조직	공격현장에서 직접 테러행위를 실시, 폭발물 설치, 실제적으로 테러행위에 있어 가장 중요한 요소
직접적 지원조직	대피소, 차고, 공격용 차량 준비, 핵심요원 훈련, 무기·탄약 지원, 테러대상(테러목표)에 대한 정보제공, 전술 및 작전지원
전문적 지원조직	체포된 테러리스트 은닉, 법적 비호, 의료지원 제공, 유리한 알리바이 제공
수동적 지원조직	테러집단의 생존기반, 정치적 전위집단, 후원자, 반정부 시위나 집단행동에서 다수의 위력 구성을 지원
적극적 지원조직	선전효과 증대, 자금획득, 조직의 확대에 기여함으로써 테러활동에 주요한 역할

〈출처〉김두현, 「경호학개론」, 엑스퍼트, 2020, P. 484~485

70 정답 ❷

② (○) 행사일정 및 임무수령에 포함될 사항(A) - 연락 및 협조체제 구축 시 고려사항(B)
① (×) 연락 및 협조체제 구축 시 고려사항(B) - 행사일정 및 임무수령에 포함될 사항(A)
③ (×) 연락 및 협조체제 구축 시 고려사항(B) - 연락 및 협조체제 구축 시 고려사항(B)
④ (×) 행사일정 및 임무수령에 포함될 사항(A) - 행사일정 및 임무수령에 포함될 사항(A)

핵심만콕 경호형성 및 준비작용 시 고려사항

행사일정 및 임무수령에 포함될 사항	• 출발 및 도착 일시, 지역(도착공항 등)에 관한 사항 • 공식 및 비공식 수행원에 관한 사항★ • 경호대상자의 신상에 관한 사항 • 의전에 관한 사항 및 관련 소요비용에 관한 사항★ • 방문지역이나 국가의 특성(기후, 지리, 치안 등)에 관한 사항 • 방문지역에서 수행원 등이 숙박할 숙박시설의 명칭과 위치 등에 관한 사항★ • 이동수단 및 방법에 관한 사항★ • 경호대상자가 참석해야 할 모든 행사와 활동범위에 관한 사항 • 방문지에서 경호대상자와 접촉하게 되는 의전관계자, 관료, 기업인 등에 관한 사항 • 방문단과 함께 움직이는 취재진에 관한 사항 • 경호안전에 영향을 줄 수 있는 행사주최나 방문국의 요구사항
연락 및 협조체제 구축 시 고려사항	• 기후변화 등의 악천후 시를 고려한 행사스케줄과 행사관계자의 시간계획에 관한 사항 • 모든 행사장소와 행사에 참석하는 손님, 진행요원, 관련 공무원, 행사위원 등의 명단 • 경호대상자의 행사 참석 범위, 행사의 구체적인 성격 등★ • 경호대상자와 수행원의 편의시설(휴게실, 화장실, 분장실 등)★ • 행사 시 경호대상자가 관여하는 선물증정식 등 • 취재진의 인가 및 통제 상황★ • 기타 행사 참석에 영향을 줄 수 있는 요인

71 정답 ❹

제시문이 설명하는 경호장비는 검측장비이다.

핵심만콕 경호장비의 기능에 따른 분류★

구분	내용
호신장비	일반적으로 자신의 생명이나 신체가 위험상태에 놓였을 때 스스로를 보호하는 데 사용하는 장비를 말한다. 여기에는 총기, 경봉, 가스분사기, 전자충격기 등이 있다.
방호장비	경호대상자나 경호대상자가 사용하는 시설물을 보호하기 위한 장치를 말한다. 적의 침입 예상경로를 차단하기 위하여 방벽을 설치·이용하는 것으로 경호방법 중 최후의 예방경호방법이라 할 수 있다. 방호장비는 크게 자연적 방벽과 물리적 방벽으로 나뉜다(단순히 방폭담요, 방폭가방 등을 방호장비로 분류하는 견해도 있다).
기동장비	경호대상자의 경호를 위하여 운용하는 차량·항공기·선박·열차 등의 이동수단을 말한다.
검색·검측장비	검색장비는 위해도구나 위해물질을 찾아내는 데 사용하는 장비를 말하고, 검측장비는 위해물질의 존재 여부를 검사하거나 시설물의 안전점검에 사용하는 도구를 말한다. 일반적으로 검측장비로 통칭하며, 검측장비는 탐지장비, 처리장비, 검측공구로 구분하여 사용한다.
감시장비	위해기도자의 침입이나 범죄행위를 사전에 감시하기 위한 장비(전자파, 초음파, 적외선 등을 이용한 기계장비)를 말한다. 경호임무에 있어 인력부족으로 인한 경호 취약점을 보완하는 수단으로, 감시장비에는 드론, CCTV, 열선감지기, 쌍안경, 망원경, 포대경(M65), TOD(영상감시장비) 등이 있다.
통신장비	경호업무를 수행하는 데 필요한 보고 또는 연락을 위한 통신장비(유선·무선)를 말한다. 경호통신은 신뢰성, 신속성, 정확성, 안전성이 고려되어야 한다. 유선통신장비에는 전화기, 교환기, FAX망, 컴퓨터통신, CCTV 등의 장비가 있으며, 무선통신장비에는 휴대용 무전기(FM-1), 페이징, 차량용 무전기(MR-40V, KSM-2510A, FM-5), 무선전화기, 인공위성 등이 있다.

72 정답 ❸

③ (×) 심폐소생술 실시 중 환자의 맥박과 호흡이 회복된 경우에는 심폐소생술을 종료한다.
① (O) 심정지 환자의 경우 기본 인명구조술이 심정지 후 4분 이내 시작되고, 전문 인명구조술이 8분 이내에 시작되어야 높은 소생률을 기대할 수 있다.
② (O) 심폐소생술의 흉부(가슴)압박은 분당 100~120회 속도로, 5~6cm 깊이로 시행하여야 한다.
④ (O) 심폐소생술 교육을 받은 적이 없거나, 받았더라도 자신이 없는 경우, 혹은 인공호흡에 대해 거부감을 가진 경우에는 심폐소생술을 시도조차 하지 않는 경우가 많다. 그러나 인공호흡을 하지 않고 가슴압박만 하더라도 아무것도 하지 않을 때보다 심장정지 환자의 생존율을 높일 수 있으므로 2011년 가이드라인부터 '가슴압박소생술(Compression-Only CPR)'을 권장하였다.

〈출처〉 2020년 한국심폐소생술 가이드라인, 질병관리청·대한심폐소생협회, P. 67

73 정답 ④

④ (×) 국립현충원 행사에 참석한 것은 행사장에 인원과 장비를 배치하여 물적·인적·자연적 위해요소를 배제하기 위한 경호로서 직·간접 여부에 의한 분류 중 직접경호에 해당한다.
① (○) 외국의 원수인 미국 대통령이므로 대상에 의한 분류 중 甲(A)호 경호에 해당한다.
② (○) 사전에 계획된 미국 대통령의 공식행사 때에 실시하는 경호이므로 경호의 성격에 의한 분류 중 공식경호(1호·A호)에 해당한다.
③ (○) 국립현충원 행사에 참석한 것은 장소에 의한 분류 중 행사장경호에 해당한다.

74 정답 ①

① (×) 국기와 함께 외국기를 게양할 때, 게양할 기의 총수가 짝수인 경우 앞에서 게양대를 바라보아 국기의 바로 오른쪽이 차순위, 그 다음이 차차순위로 하여 국기에서 오른쪽으로 멀어질수록 후순위가 되도록 한다. 다만, 국기게양대가 높게 설치된 경우에는 위의 방법을 따르되, 마지막 순서의 기는 오른쪽 끝에 위치하도록 하여 좌우 균형을 맞추도록 한다(국기의 게양·관리 및 선양에 관한 규정 제6조 제3항 제2호).
② (○) 차량에 태극기를 게양하는 경우 차량 운전석에서 볼 때 오른쪽(운전자 중심으로 우측 조수석 방향)에 게양하며, 외국기와 동시에 게양하여 총 2개의 국기를 게양할 경우에도 태극기를 오른쪽에 게양한다.
③ (○) 국기의 게양·관리 및 선양에 관한 규정 제11조 제1항
④ (○) 국기의 게양·관리 및 선양에 관한 규정 제12조 제1항 제1호 본문

핵심만콕 차량의 국기부착

- 각종 차량에는 전면을 밖에서 보아 왼쪽에 국기를 게양★
- 차량에는 앞에서 보아 왼쪽 전면에 차량 전면보다 기폭만큼 높게 부착
- 외국의 원수가 방한, 우리 대통령과 동승 시 앞에서 보아 태극기는 왼쪽, 외국기는 오른쪽에 위치★
- 양 국기를 부착할 경우 우리나라 국기를 운전자 중심으로 우측(조수석 방향)에 부착하고 상대국 국기는 좌측(운전석 방향)에 부착★

75 정답 ②

제시문의 내용은 자원동원에 관한 설명이다.

핵심만콕 경호작용의 기본 고려요소 (두 : 계·책·자·보)★

- 계획수립 : 모든 형태의 경호임무는 사전에 신중하게 계획되어야 하며, 예기치 않은 변화의 가능성 때문에 경호임무를 계획함에 있어 융통성 있게 수립되어야 한다.
- 책임 : 경호임무는 명확하게 부여되어야 하며, 경호요원들은 각각의 임무형태에 대한 책임이 부과되어야 한다.
- 자원 : 경호대상자를 경호하는 데 소요되는 자원은 경호대상자의 행차, 즉 경호대상자의 대중 앞에서의 노출이나 제반여건에 의해서 필연적으로 노출을 수반하는 행차의 지속시간과 사전 위해첩보 수집 간 획득된 내재적인 위협분석에 따라 결정된다.
- 보안 : 경호대상자와 수행원, 행사 세부일정, 경호경비상황에 관한 보안[정보(註)]의 유출은 엄격히 통제되어야 한다. 경호요원은 이러한 정보를 인가된 자 이외의 사람에게 유출하거나 언급해서는 안 된다.

〈참고〉김두현, 「경호학개론」, 엑스퍼트, 2020, P. 258~259

76 정답 ❷

비상계획 및 일반예비대의 운용은 안전대책 담당자의 업무에 해당한다.

핵심만콕	경호원의 분야별 업무담당
구 분	내 용
작전 담당	정보수집 및 분석을 통하여 작전구역별 특성에 맞는 인원 운용계획 작성, 비상대책체제 구축에 주력하며 부가적으로 시간사용계획 작성, 관계관 회의 시 주요 지침사항·예상 문제점·참고사항(기상, 정보·첩보) 등을 계획하고 임무별 진행사항을 점검하여 통합 세부계획서 작성 등
출입통제 담당	행사 참석대상 및 성격분석, 출입통로 지정, 본인 여부 확인, 검문검색, 주차장 운용계획, 중간집결지 운용, 구역별 비표 구분, 안전 및 질서를 고려한 시차별 입장계획, 상주자 및 민원인 대책, 야간근무자 등의 통제계획을 작전 담당에게 전달 등
안전대책 담당	안전구역 확보계획 검토, 건물의 안전성 여부 확인, 상황별 비상대피로 구상, 행사장 취약시설물 파악, 비상 및 일반예비대 운용방법 확인, 최기병원(적정병원) 확인, 직시건물(고지)·공중 감시대책 검토 등
행정 담당	출장여비 신청 및 수령, 각 대의 숙소 및 식사장소 선정, 비상연락망 구성 등
차량 담당	출동인원에 근거하여 선발대 및 본대 사용차량 배정, 이동수단별 인원, 코스, 휴게실 등을 계획하여 작전 담당에게 전달 등
승·하차 및 정문 담당	진입로 취약요소 파악 및 확보계획 수립 후 주요 위치에 근무자 배치, 통행인 순간통제방법 강구, 비상 및 일반예비대 대기장소 확인, 안전구역 접근자 차단 및 위해요소 제거, 출입차량 검색 및 주차지역 안내 등
보도 담당	배치결정된 보도요원 확인, 보도요원 위장침투 차단, 행사장별 취재계획 수립 전파 등
주행사장 내부 담당	경호대상자 동선 및 좌석 위치에 따른 비상대책 강구, 행사장 내의 인적·물적 접근 통제 및 차단계획 수립, 정전 등 우발상황에 대비한 각 근무자 예행연습, 행사장의 단일 출입 및 단상·천장·경호대상자 동선 등에 대한 안전도의 확인, 각종 집기류 최종 점검 등
주행사장 외부 담당	안전구역 내 단일 출입로 설정, 외곽 감제고지 및 직시건물에 대한 안전조치, 취약요소 및 직시지점을 고려한 단상 설치, 경호대상자 좌석과 참석자 간 거리 유지, 방탄막 설치 및 비상차량 운용계획 수립, 지하대피시설 점검 및 확보, 경비 및 경계구역 내 안전조치 강화, 차량 및 공중강습에 대한 대비책 강구 등

77 정답 ❸

③ (×) 응급처치는 전문적인 치료를 받기 전까지의 임시적인 처치이므로, 전문치료는 응급처치의 기본요소에 해당하지 않는다. 응급처치의 구명 3요소는 지혈, 기도유지, 쇼크방지 및 치료이며, 응급처치의 구명 4요소는 여기에 상처보호가 포함된다.
① (○) 응급상황 발생 시 경호원의 역할은 어디까지나 응급처치에 그치는 것이므로, 빠른 시간 내에 전문 응급의료진에게 인계할 수 있도록 한다.
② (○) 쇼크 처치는 기도를 유지하고(척추고정, 적정자세 유지) 산소를 충분히 공급하며, 출혈에 대한 조치(지혈)를 취하는 것이 중요하다.
④ (○) 절단된 부위를 깨끗하게 씻어 무균드레싱 후 비닐주머니에 넣고 물과 얼음이 담긴 용기에 넣어 차갑게 유지하여 운반한다.

78 정답 ①

① (○) 1선인 안전구역에서는 행사와 무관한 사람들의 출입을 통제·제한하여야 한다. 이를 위해 가능한 한 출입구를 단일화하거나 최소화하고, 금속탐지기(MD) 등을 설치하여 출입자와 반입물품을 확인하여야 한다.
② (×) 2선인 경비구역은 행사 참석자를 비롯한 모든 출입요소의 1차 통제점이 된다.
③ (×) 비표는 식별이 용이하도록 단순하고 선명하게 제작하여 사용함으로써 경호조치의 효율성을 증대시킬 수 있다.
④ (×) 지연 참석자에 대해서는 검색 후 별도 지정된 통로로 출입을 허용한다.

79 정답 ②

제시문의 ( )의 ㄱ~ㄹ에 들어갈 내용은 순서대로 즉각조치, 위험하지 않은, 경호대상자, 위험한이다.

> **핵심만콕** 즉각조치의 개념
>
> 즉각조치란 우발상황이 발생하였을 경우 경호대상자를 위험으로부터 보호하기 위한 일련의 순간적인 경호조치를 말하며, 즉각조치의 결과가 경호대상자를 살릴 수도 있고 죽일 수도 있다. 우발상황이 발생하면, 최초로 위협을 발견한 순간부터 경호대상자를 대피시킬 때까지 겨우 4초밖에 안 걸린다고 한다. 따라서 우발상황이 발생하면 처음에 정확하게 대응해야 한다는 데 문제의 핵심이 있다. 위험한 것을 위험하지 않은 것으로 판단하면 자칫 경호대상자를 잃을 수도 있고, 위험하지 않은 것을 위험한 것으로 판단하면 행사장을 혼란에 빠뜨리거나 행사를 망칠 수도 있다.
>
> 〈참고〉 이두석, 「경호학개론」, 진영사, 2018, P. 345170

80 정답 ③

③ (×) 대테러센터장은 긴급한 경우 또는 테러위협의 정도가 <u>주의</u> 이하의 테러경보 발령 시에는 실무위원회의 심의 절차를 생략할 수 있다(국민보호와 공공안전을 위한 테러방지법 시행령 제22조 제1항 단서).
① (○) 국민보호와 공공안전을 위한 테러방지법 시행령 제22조 제1항 본문
② (○) 국민보호와 공공안전을 위한 테러방지법 시행령 제22조 제2항
④ (○) 국민보호와 공공안전을 위한 테러방지법 시행령 제22조 제3항

제8회 경비업법

문제편 189p

정답 CHECK

01	02	03	04	05	06	07	08	09	10	11	12	13	14	15	16	17	18	19	20
①	②	③	④	②	①	①	②	④	①	①	③	④	①	③	③	③	②	④	①
21	22	23	24	25	26	27	28	29	30	31	32	33	34	35	36	37	38	39	40
④	④	③	③	②	④	④	②	③	②	②	③	①	④	①	④	①	②	②	②

01 정답 ❶

제시된 내용의 ( ) 안에 들어갈 용어는 순서대로 ㄱ : 국가보안목표시설, ㄴ : 국방부장관이다.

> **관계법령** 국가중요시설(경비업법 시행령 제2조)★
>
> 경비업법 제2조 제1호 마목에서 "대통령령이 정하는 국가중요시설"이라 함은 공항・항만, 원자력발전소 등의 시설 중 국가정보원장이 지정하는 국가보안목표시설과 「통합방위법」 제21조 제4항의 규정에 의하여 국방부장관이 지정하는 국가중요시설을 말한다.

02 정답 ❷

② (×) 경비업은 <u>법인이 아니면 이를 영위할 수 없다</u>(경비업법 제3조).
① (○) 경비업법 제1조
③ (○) 경비업법 제2조 제1호 마목
④ (○) 경비업법 제2조 제2호

03 정답 ❸

③ (×) 경비업 갱신허가신청서에 허가증 원본, <u>법인의 정관 1부(변경사항이 있는 경우에만 해당)</u>를 첨부하여야 한다(경비업법 시행규칙 제6조 제1항 전문).
① (○) 경비업법 제6조 제2항
② (○) 경비업법 시행규칙 제6조 제1항 전문
④ (○) 경비업법 시행규칙 제6조 제3항

04 정답 ④

④ (✕) 경비원 교육기관의 지정 기준 및 절차 등에 필요한 사항은 <u>대통령령</u>으로 정한다(경비업법 제13조의2 제4항).
① (○) 경비업법 제13조의2 제2항
② (○) 경비업법 제13조의2 제3항
③ (○) 경비업법 제13조의2 제1항

> **관계법령** 경비원 교육기관의 지정 등(경비업법 제13조의2)
> ① 경찰청장은 제13조 제1항부터 제3항까지에 따른 경비원에 대한 신임교육(이하 "신임교육"이라 한다)의 효율성을 제고하기 위하여 전문인력 및 시설 등을 갖춘 기관 또는 단체를 경비원 교육기관(이하 "경비원 교육기관"이라 한다)으로 지정할 수 있다.
> ② 경찰청장은 경비원에 대한 신임교육의 전국적 균형을 유지하기 위하여 교육수준 및 교육방법 등에 필요한 지침을 마련하여 시행할 수 있다.
> ③ 경찰청장은 경비원 교육기관이 제2항에 따른 교육지침을 위반한 경우에는 기간을 정하여 시정을 명할 수 있다.
> ④ 그 밖에 경비원 교육기관의 지정 기준 및 절차 등에 필요한 사항은 대통령령으로 정한다.
> [본조신설 2024.2.13.]

05 정답 ②

② (✕) 허가신청 시 경비인력, 시설 및 장비를 갖추지 못한 경우에 확보계획서 제출 후 허가를 받은 날부터 1월 이내에 경비인력, 시설 및 장비를 갖추고 시·도 경찰청장의 확인을 받을 수 있으나, 자본금은 허가신청 시 갖추고 있어야 한다(경비업법 시행령 제3조 제2항 단서). 즉, 허가요건에 해당하는 자본금을 갖추지 못한 경우에는 조건부 허가를 받을 수 없다.
① (○), ④ (○) 경비업법 시행령 [별표 1] 제4호
③ (○) 출장소별로 2대 이상의 출동차량을 갖출 것을 요건으로 하고 있다. 따라서 서울, 인천, 대전, 광주 4곳에 출장소를 두려는 경우 최소 8대 이상의 출동차량이 있어야 한다(경비업법 시행령 [별표 1] 제4호).

> **관계법령** 경비업의 시설 등의 기준(경비업법 시행령 [별표 1])★ <개정 2024.12.31.>

시설 등 기준 업무별	경비인력	자본금	시 설	장비 등
4. 기계경비업무	• 전자·통신분야 기술자격증소지자 5명을 포함한 일반경비원 10명 이상 • 경비지도사 1명 이상	1억원 이상	• 기준 경비인력 수 이상을 동시에 교육할 수 있는 교육장 • 관제시설	• 감지장치·송신장치 및 수신장치 • 출장소별로 출동차량 2대 이상 • 기준 경비인력 수 이상의 경비원 복장 및 경적, 단봉, 분사기

06 정답 ①

① (✕) 경비원이 되려는 사람은 <u>대통령령</u>으로 정하는 교육기관에서 미리 일반경비원 신임교육을 받을 수 있다(경비업법 제13조 제2항).
② (○) 경비업법 제13조 제4항
③ (○) 경비업법 시행령 제19조 제3항
④ (○) 경비업법 시행령 제18조 제5항(일반경비원) 및 제19조 제4항(특수경비원)

07 정답 ①

① (✕) 경찰청장은 경비지도사시험의 실시계획을 매년 수립해야 한다(경비업법 시행령 제11조 제1항).
② (○) 경비업법 시행령 제12조 제1항
③ (○) 경비업법 시행령 제12조 제2항
④ (○) 경비업법 시행령 제12조 제5항

08 정답 ②

제시문 중 옳은 내용은 ㄱ, ㄴ, ㅁ이다.
ㄷ. (✕) 경비업자의 손해배상책임을 보장하기 위한 사업이 경비협회가 할 수 있는 공제사업이다.
ㄹ. (✕) 경비업 및 경비관련업 외의 영업은 경비업 허가의 취소사유에 해당한다(경비업법 제19조 제1항 제3호).

관계법령 공제사업(경비업법 제23조)

① 경비협회는 다음 각호의 공제사업을 할 수 있다.
1. 제26조에 따른 경비업자의 손해배상책임을 보장하기 위한 사업
2. 경비업자가 경비업을 운영할 때 필요한 입찰보증, 계약보증(이행보증을 포함한다), 하도급보증을 위한 사업
3. 경비원의 복지향상과 업무상 재해로 인한 손실을 보상하는 사업
4. 경비업무와 관련한 연구 및 경비원 교육·훈련에 관한 사업

09 정답 ④

④ (✕) 경비업무범위 위반 및 신임교육 유무 등을 확인하기 위하여 관할 경찰관서장은 소속 경찰관으로 하여금 그 배치장소를 방문하여 조사하게 할 수 있다(경비업법 제18조 제3항 후문 제1호·제2호).
① (○) 경비업법 제18조 제2항 단서 제1호
② (○) 경비업법 제18조 제1항 단서
③ (○) 경비업법 제18조 제2항 단서 후단

관계법령 경비원의 명부와 배치허가 등(경비업법 제18조)★★

① 경비업자는 행정안전부령으로 정하는 바에 따라 경비원의 명부를 작성·비치하여야 한다. 다만, 집단민원현장에 배치되는 일반경비원의 명부는 그 경비원이 배치되는 장소에도 작성·비치하여야 한다.
② 경비업자가 경비원을 배치하거나 배치를 폐지한 경우에는 행정안전부령으로 정하는 바에 따라 관할 경찰관서장에게 신고하여야 한다. 다만, 다음 제1호의 경우에는 경비원을 배치하기 48시간 전까지 행정안전부령으로 정하는 바에 따라 배치허가를 신청하고, 관할 경찰관서장의 배치허가를 받은 후에 경비원을 배치하여야 하며(제2호 및 제3호의 경우에는 경비원을 배치하기 전까지 신고하여야 한다), 이 경우 관할 경찰관서장은 배치허가를 함에 있어 필요한 조건을 붙일 수 있다. 〈개정 2025.1.7.〉
1. 제2조 제1호에 따른 시설경비업무, 신변보호업무 또는 혼잡·교통유도경비업무 중 집단민원현장에 배치된 일반경비원
2. 집단민원현장이 아닌 곳에서 제2조 제1호 다목의 규정에 의한 신변보호업무를 수행하는 일반경비원
3. 특수경비원

③ 관할 경찰관서장은 제2항 각호 외의 부분 단서에 따른 배치허가 신청을 받은 경우 다음 각호의 사유에 해당하는 때에는 배치허가를 하여서는 아니 된다. 이 경우 관할 경찰관서장은 다음 각호의 사유를 확인하기 위하여 소속 경찰관으로 하여금 그 배치장소를 방문하여 조사하게 할 수 있다.
1. 제15조의2 제1항 및 제2항을 위반하여 경비업무의 범위를 벗어난 행위를 할 우려가 있는 경우
2. 경비원 중 제10조 제1항 또는 제2항에 해당하는 결격자나 제13조에 따른 신임교육을 받지 아니한 사람이 대통령령으로 정하는 기준 이상으로 포함되어 있는 경우
3. 제24조에 따라 경비원의 복장·장비 등에 대하여 내려진 필요한 명령을 이행하지 아니하는 경우

10 정답 ❶

제시된 내용의 ( ) 안에 들어갈 내용은 순서대로 ㄱ : 지체 없이, ㄴ : 시·도 경찰청장, ㄷ : 사유서, ㄹ : 허가증이다(경비업법 시행령 제4조 제3항).

11 정답 ❶

① (×) 경비업법에 의한 경찰청장의 권한은 대통령령이 정하는 바에 따라 그 일부를 시·도 경찰청장에게 위임할 수 있다(경비업법 제27조 제1항).
② (○) 경비업법 시행령 제31조 제1항 제1호
③ (○) 경비업법 시행령 제31조 제1항 제2호
④ (○) 경비업법 시행령 제31조 제2항

12 정답 ❸

'특수경비업자가 경비관련업 외의 영업을 한 경우'는 경비업법 제19조 제1항 제3호의 절대적(필요적) 허가취소사유에 해당한다.

핵심만콕	경비업 허가의 취소 등(경비업법 제19조)
상대적(임의적) 허가취소· 영업정지사유	허가관청은 경비업자가 다음 각호의 어느 하나에 해당하는 때에는 대통령령으로 정하는 행정처분의 기준에 따라 그 허가를 취소하거나 6개월 이내의 기간을 정하여 영업의 전부 또는 일부에 대하여 영업정지를 명할 수 있다(제2항). 1. 시·도 경찰청장의 허가 없이 경비업무를 변경한 때 2. 도급을 의뢰받은 경비업무가 위법한 것임에도 이를 거부하지 아니한 때 3. 경비지도사를 집단민원현장에 선임·배치하지 아니한 때 4. 경비대상시설에 관한 경보 대응체제를 갖추지 아니한 때 5. 관련 서류를 작성·비치하지 아니한 때 6. 결격사유에 해당하는 경비원을 배치하거나 결격사유에 해당하는 경비지도사를 선임·배치한 때 7. 대통령령이 정하는 바에 따르지 아니하고 이를 위반하여 경비지도사를 선임한 때 8. 경비원으로 하여금 교육을 받게 하지 아니한 때 9. 경비원의 복장 등에 관한 규정을 위반한 때 10. 경비원의 장비 등에 관한 규정을 위반한 때 11. 경비원의 출동차량 등에 관한 규정을 위반한 때 12. 집단민원현장에 일반경비원 명부를 작성·비치하지 아니한 때 13. 배치허가를 받지 아니하고 경비원을 배치하거나 경비원 명단 및 배치일시·배치장소 등 배치허가 신청의 내용을 거짓으로 한 때 14. 결격사유에 해당하는 일반경비원을 집단민원현장에 배치한 때 15. 경찰청장, 시·도 경찰청장, 관할 경찰관서장의 감독상 명령에 따르지 아니한 때 16. 업무수행 중 고의 또는 과실로 발생한 경비대상 및 제3자의 손해를 배상하지 아니한 때

13 정답 ❹

④ (×) 청원경찰의 복무에 관하여는 「국가공무원법」 제57조(복종의 의무), 제58조 제1항(직장이탈금지), 제60조(비밀엄수의 의무) 및 「경찰공무원법」 제24조(거짓보고 등의 금지)를 준용한다(청원경찰법 제5조 제4항).
① (○) 청원경찰법 시행령 제4조 제1항
② (○) 청원경찰법 시행령 제4조 제2항 전문
③ (○) 청원경찰법 제5조 제3항

14 정답 ❶

① (○) 영업정지 6개월(경비업법 시행령 [별표 4] 제2호 가목)
② (×) 영업정지 3개월(경비업법 시행령 [별표 4] 제2호 나목)
③ (×) 영업정지 1개월(경비업법 시행령 [별표 4] 제2호 자목)
④ (×) 경고(경비업법 시행령 [별표 4] 제2호 라목)

관계법령 행정처분 기준(경비업법 시행령 [별표 4] 제2호)

위반행위	해당 법조문	행정처분 기준		
		1차 위반	2차 위반	3차 이상 위반
가. 법 제4조 제1항 후단을 위반하여 시·도 경찰청장의 허가 없이 경비업무를 변경한 때	법 제19조 제2항 제1호	경고	영업정지 6개월	허가취소
나. 법 제7조 제2항을 위반하여 도급을 의뢰받은 경비업무가 위법한 것임에도 이를 거부하지 않은 때	법 제19조 제2항 제2호	영업정지 1개월	영업정지 3개월	허가취소
라. 법 제8조를 위반하여 경비대상시설에 관한 경보 대응체제를 갖추지 않은 때	법 제19조 제2항 제4호	경고	경고	영업정지 1개월
자. 법 제16조에 따른 경비원의 복장 등에 관한 규정을 위반한 때	법 제19조 제2항 제9호	경고	영업정지 1개월	영업정지 3개월

15 정답 ❸

제시문의 ( )에 들어갈 숫자는 순서대로 48, 2이다.

관계법령

감독(경비업법 제24조)★
④ 시·도 경찰청장 또는 관할 경찰관서장은 경비업무 장소가 집단민원현장으로 판단되는 경우에는 그때부터 48시간 이내에 경비업자에게 경비원 배치허가를 받을 것을 고지하여야 한다.

보안지도·점검 등(경비업법 제25조)★
시·도 경찰청장은 대통령령이 정하는 바에 따라 특수경비업자에 대하여 보안지도·점검을 실시하여야 하고, 필요한 경우 관계기관에 보안측정을 요청하여야 한다.

보안지도점검(경비업법 시행령 제29조)
시·도 경찰청장은 법 제25조의 규정에 의하여 특수경비업자에 대하여 연 2회 이상의 보안지도·점검을 실시하여야 한다.

16 정답 ③

③ (×) 경비업법 제5조 제2호는 "파산선고를 받고 복권되지 아니한 자는 임원이 될 수 없다"고 규정하고 있는바, A는 2019년 11월 1일에 파산선고를 받고 2020년 1월 20일에 복권되었으므로, 임원 취임 시점인 2020년 1월 1일에는 복권되지 않은 상태이므로 甲 경비법인의 임원이 될 수 없었다. 따라서 경비업법상 A의 甲 경비법인 임원 취임은 적법하지 않다.

① (○) 경비업법 제5조 제1호는 "피성년후견인은 경비법인의 임원이 될 수 없다"고 규정하고 있는바, A는 피성년후견인이 아니므로 A의 甲 경비법인 임원 취임은 적법하다.

② (○) 경비업법 제5조 제3호는 "금고 이상의 형의 선고를 받고 그 형이 실효되지 아니한 자는 경비법인의 임원이 될 수 없다"고 규정하고 있는바, A는 2012년 1월 1일 금고 이상의 형의 선고를 받고 2019년 1월 1일 그 형이 실효되었으므로 2020년 1월 1일부터 특수경비업무를 수행하는 법인의 임원이 될 수 있다. 따라서 A의 甲 경비법인 임원 취임은 적법하다.

④ (○) 경비업법 제5조 제4호는 "특수경비업무를 수행하는 법인인 경우, 이 법 또는 「대통령 등의 경호에 관한 법률」에 위반하여 벌금형의 선고를 받고 3년이 지나지 아니한 자는 임원이 될 수 없다"고 규정하고 있을 뿐이고 그 밖에 다른 법령에 위반하여 벌금형을 선고받은 경우에 대한 제한은 규정하고 있지 않으므로, 도로교통법 위반으로 벌금형을 선고받고 벌금을 납부한 A는 甲 경비법인의 임원이 될 수 있다. 따라서 A의 甲 경비법인 임원 취임은 적법하다.

17 정답 ③

③ (×) 교육과목 관련 분야에서 공무원으로 7년 이상 근무한 경력이 있는 사람[경비업법 시행령 [별표 3의2] 제2호 가목 4)]

① (○) 경비업법 시행령 [별표 3의2] 제2호 가목 2)
② (○) 경비업법 시행령 [별표 3의2] 제2호 가목 3)
④ (○) 경비업법 시행령 [별표 3의2] 제2호 가목 5)

관계법령 경비원 교육기관의 지정 기준(경비업법 시행령 [별표 3의2]) <신설 2024.8.13.>

구 분		지정 기준
2. 특수경비원 교육기관	가. 인 력	다음의 어느 하나에 해당하는 강사를 1명 이상 갖출 것 1) 「고등교육법」제2조 각호에 따른 학교 또는 이에 준하는 학교에서 교육과목 관련 학과의 조교수 이상의 직에 1년 이상 근무한 경력이 있는 사람 2) 교육과목 관련 박사학위를 취득한 후 관련 분야의 연구실적이 있는 사람 3) 교육과목 관련 석사 이상의 학위를 취득한 후 관련 분야에 3년 이상 근무한 경력이 있는 사람 4) 교육과목 관련 분야에서 공무원으로 7년 이상 근무한 경력이 있는 사람 5) 교육과목 관련 분야에 10년 이상 근무한 경력이 있는 사람. 다만, 체포·호신술 과목 및 폭발물 처리요령 과목에 대해서는 다음의 구분에 따른다. 　가) 체포·호신술 과목 : 무도 사범 자격을 취득한 후 관련 분야에 2년 이상 근무한 경력이 있는 사람 　나) 폭발물 처리요령 과목 : 관련 분야에 2년 이상 근무한 경력이 있는 사람

18 정답 ❷

청원경찰의 임용에 관한 권한은 청원주가 갖는 고유권한으로 위임할 수 있는 성질의 것이 아니다(청원경찰법 제5조 제1항). 다만, 시·도 경찰청장은 청원경찰의 임용승인에 관한 권한을 위임할 수 있을 뿐이다(청원경찰법 시행령 제20조 제2호).

> **관계법령**
>
> **청원경찰의 임용 등(청원경찰법 제5조)**
> ① 청원경찰은 청원주가 임용하되, 임용을 할 때에는 미리 시·도 경찰청장의 승인을 받아야 한다.
>
> **권한의 위임(청원경찰법 시행령 제20조)**★★
> 시·도 경찰청장은 다음 각호의 권한을 관할 경찰서장에게 위임한다. 다만, 청원경찰을 배치하고 있는 사업장이 하나의 경찰서의 관할구역에 있는 경우로 한정한다.
> 1. 법 제4조 제2항 및 제3항에 따른 청원경찰 배치의 결정 및 요청에 관한 권한
> 2. 법 제5조 제1항에 따른 청원경찰의 임용승인에 관한 권한
> 3. 법 제9조의3 제2항에 따른 청원주에 대한 지도 및 감독상 필요한 명령에 관한 권한
> 4. 법 제12조에 따른 과태료 부과·징수에 관한 권한

19 정답 ❹

④ (×) 청원경찰의 복제(服制)와 무기휴대에 필요한 사항은 대통령령으로 정한다(청원경찰법 제8조 제3항).
① (○) 청원경찰법 시행규칙 제9조 제3항 후단
② (○) 청원경찰법 시행령 제15조
③ (○) 청원경찰법 시행규칙 제9조 제3항 전단

20 정답 ①

①은 1년 이하의 징역 또는 1천만원 이하의 벌금에 처하는 경우이나, ②·③·④는 3년 이하의 징역 또는 3천만원 이하의 벌금에 처하는 경우이다.

핵심만콕 벌칙(경비업법 제28조) ★★

5년 이하의 징역 또는 5천만원 이하의 벌금(제1항)	국가중요시설의 정상적인 운영을 해치는 장해를 일으킨 특수경비원
3년 이하의 징역 또는 3천만원 이하의 벌금(제2항)	• 허가를 받지 아니하고 경비업을 영위한 자(제1호) • 직무상 알게 된 비밀을 누설하거나 부당한 목적을 위하여 사용한 자(제2호) • 경비업무의 중단을 통보하지 아니하거나 경비업무를 즉시 인수하지 아니한 특수경비업자 또는 경비대행업자(제3호) • 집단민원현장에 경비원을 배치하면서 허가를 받지 아니한 자에게 경비업무를 도급한 자(제4호) • 집단민원현장에 20명 이상의 경비인력을 배치하면서 그 경비인력을 직접 고용한 자(제5호) • 경비업자의 경비원 채용 시 무자격자나 부적격자 등을 채용하도록 관여하거나 영향력을 행사한 도급인(제6호) • 과실로 인하여 국가중요시설의 정상적인 운영을 해치는 장해를 일으킨 특수경비원(제7호) • 특수경비원으로서 경비구역 안에서 시설물의 절도, 손괴, 위험물의 폭발 등의 사유로 인한 위급사태가 발생한 때에 명령에 불복종한 자 또는 경비구역을 벗어난 자(제8호) • 경비원에게 경비업무의 범위를 벗어난 행위를 하게 한 자(제9호)
2년 이하의 징역 또는 2천만원 이하의 벌금(제3항)	정당한 사유 없이 무기를 소지하고 배치된 경비구역을 벗어난 특수경비원
1년 이하의 징역 또는 1천만원 이하의 벌금(제4항)	• 시설주로부터 무기의 관리를 위하여 지정받은 관리책임자가 법이 정한 의무를 위반한 경우(제1호) • 파업·태업 그 밖에 경비업무의 정상적인 운영을 저해하는 일체의 쟁의행위를 한 특수경비원(제2호) • 직무를 수행함에 있어 타인에게 위력을 과시하거나 물리력을 행사하는 등 경비업무의 범위를 벗어난 행위를 한 경비원(제3호) • 제16조의2 제1항에서 정한 장비 외에 흉기 또는 그 밖의 위험한 물건을 휴대하고 경비업무를 수행한 경비원 또는 경비원에게 이를 휴대하고 경비업무를 수행하게 한 자(제4호) • 경찰관서장의 배치폐지명령을 따르지 아니한 자(제5호) • 시·도 경찰청장 또는 관할 경찰관서장의 중지명령에 따르지 아니한 자(제6호)

21 정답 ④

④ (×) 경비업법 제14조 제7항 제2호에 따라 무기는 관리책임자가 직접 지급·회수하여야 한다.
① (○) 경비업법 제14조 제9항
② (○) 경비업법 시행령 제21조
③ (○) 경비업법 제14조 제8항 제2호

22 정답 ④

(　) 안의 ㄱ~ㄷ에 들어갈 과태료는 ㄱ : 200, ㄴ : 400, ㄷ : 200이므로 과태료의 합은 800이다.
- ㄱ - 경비업법 시행령 [별표 6] 제1호 다목
- ㄴ - 경비업법 시행령 [별표 6] 제2호 가목
- ㄷ - 경비업법 시행령 [별표 6] 제9호

관계법령 과태료의 부과기준(경비업법 시행령 [별표 6])★

위반행위	해당 법조문	과태료 금액(단위 : 만원)		
		1회 위반	2회 위반	3회 이상
1. 법 제4조 제3항 또는 제18조 제2항을 위반하여 신고를 하지 않은 경우 　가. 1개월 이내의 기간 경과 　나. 1개월 초과 6개월 이내의 기간 경과 　다. 6개월 초과 12개월 이내의 기간 경과 　라. 12개월 초과의 기간 경과	법 제31조 제2항 제1호	50 100 200 400		
2. 법 제7조 제7항을 위반하여 경비대행업자 지정신고를 하지 않은 경우 　가. 허위로 신고한 경우 　나. 그 밖의 사유로 신고하지 않은 경우	법 제31조 제2항 제2호	400 300		
9. 법 제16조 제2항을 위반하여 이름표를 부착하게 하지 않거나, 신고된 동일 복장을 착용하게 하지 않고 경비원을 경비업무에 배치한 경우	법 제31조 제2항 제8호	100	200	400

23 정답 ③

③ (×) 청원주가 부담하여야 하는 봉급·수당의 최저부담기준액(국가기관 또는 지방자치단체에 근무하는 청원경찰의 봉급·수당은 제외한다)과 청원경찰의 피복비 및 교육비 비용의 부담기준액은 <u>경찰청장이 정하여 고시(告示)한다</u>(청원경찰법 제6조 제3항).
① (○), ② (○) 청원경찰법 제6조 제2항
④ (○) 청원경찰법 시행령 제9조 제3항

24 정답 ❸

경범죄처벌법은 청원경찰의 실무교육과목에 해당한다(청원경찰법 시행규칙 [별표 1]).

관계법령 일반경비원과 특수경비원의 신임교육의 과목 및 시간★★ <개정 2024.8.14.>

구분 (교육시간)	일반경비원(경비업법 시행규칙 [별표 2])	구분 (교육시간)	특수경비원(경비업법 시행규칙 [별표 4])
이론교육 (4h)	「경비업법」 등 관계법령(2h), 범죄예방론(2h)	이론교육 (15h)	「경비업법」 및 「경찰관직무집행법」 등 관계법령(8h), 「헌법」 및 형사법(4h), 범죄예방론(3h)
실무교육 (19h)	시설경비실무(3h), 호송경비실무(2h), 신변보호실무(2h), 기계경비실무(2h), 혼잡·교통유도경비실무(2h), 사고예방대책(2h), 체포·호신술(2h), 장비사용법(2h), 직업윤리 및 인권보호(2h)	실무교육 (61h)	테러 및 재난대응요령(4h), 폭발물 처리요령(6h), 화재대처법(3h), 응급처치법(3h), 장비사용법(3h), 출입통제 요령(3h), 직업윤리 및 인권보호(2h), 기계경비실무(3h), 혼잡·교통유도경비업무(4h), 정보보호 및 보안업무(6h), 시설경비 요령(4h), 민방공(4h), 총기조작(3h), 사격(6h), 체포·호신술(4h), 관찰·기록기법(3h)
기타(1h)	입교식, 평가 및 수료식(1h)	기타(4h)	입교식, 평가 및 수료식(4h)
계	24h	계	80h

25 정답 ❷

제시된 내용 중 설문에 해당하는 사항은 ㄱ, ㄷ, ㅁ이다(경비업법 시행령 제8조 제1항).
- ㄴ. (×), ㄹ. (×) 기계경비업자가 출장소별로 갖추어 두어야 할 서류에 기재하여야 할 사항이다(경비업법 시행령 제9조 제1항).
- ㅂ. (×) '손해배상의 범위와 손해배상액에 관한 사항'은 오경보의 방지를 위한 설명 시 교부하는 서면등에 기재할 사항은 아니지만, 계약상대방에게 교부해야 하는 서면등에는 해당한다는 점을 반드시 비교하여 알아두어야 한다(경비업법 시행령 제8조 제2항). 즉, 교부의무 대상에는 해당하나, 설명의무 대상에는 해당하지 않는다.

26 정답 ❹

④ (×) 경비원에게 경비업무를 벗어난 행위를 하게 한 자는 3년 이하의 징역 또는 3천만원 이하의 벌금에 처하는데(경비업법 제28조 제2항 제9호), 경비업법에서 정한 장비 외에 흉기 또는 그 밖의 위험한 물건을 휴대하고 경비업무를 수행한 경비원 또는 경비원에게 이를 휴대하고 경비업무를 수행하게 한 자는 <u>1년 이하의 징역 또는 1천만원 이하의 벌금</u>에 처한다(경비업법 제28조 제4항 제4호).
① (○) 3년 이하의 징역 또는 3천만원 이하의 벌금(경비업법 제28조 제2항 제2호)
② (○) 3년 이하의 징역 또는 3천만원 이하의 벌금(경비업법 제28조 제2항 제4호)
③ (○) 3년 이하의 징역 또는 3천만원 이하의 벌금(경비업법 제28조 제2항 제5호)

27 정답 ❹

〈보기〉 중 밑줄 친 "형법의 죄"에 해당하지 않는 형법상 범죄는 특수강도죄(ㄷ), 과실치사죄(ㅂ), 폭행죄 (ㅊ)이다.

ㄷ. (×) 특수강도죄(형법 제334조)는 경비업법 제29조 제2항의 가중처벌 대상범죄에 해당하지 않는다.
ㅂ. (×) 경비업법 제29조 제2항은 과실범과 관련하여 가중처벌 대상범죄로 업무상과실치사상죄, 중과실치사상죄를 규정하고 있을 뿐이고 단순과실치사상죄는 규정하고 있지 않다.
ㅊ. (×) 폭행죄는 특수경비원이 무기를 휴대하고 경비업무를 수행 중에 무기의 안전수칙을 위반하여 죄를 범한 경우, 그 죄에 정한 형의 2분의 1까지 가중처벌하는 형법상 범죄에 해당한다(경비업법 제29조 제1항). 특수폭행죄가 경비원이 경비업무 수행 중에 경비업법에서 정한 장비 외에 흉기 등을 휴대하고 범죄를 범한 경우 그 법정형의 2분의 1까지 가중처벌하는 형법상 범죄에 해당한다.

> **관계법령** 형의 가중처벌(경비업법 제29조)
>
> ② 경비원이 경비업무 수행 중에 제16조의2 제1항에서 정한 장비 외에 흉기 또는 그 밖의 위험한 물건을 휴대하고 형법 제258조의2(특수상해죄) 제1항(제257조 제1항의 상해죄로 한정, 존속상해죄는 제외)·제2항(제258조 제1항·제2항의 중상해죄로 한정, 존속중상해죄는 제외), 제259조 제1항(상해치사죄), 제261조(특수폭행죄), 제262조(폭행치사상죄), 제268조(업무상과실·중과실치사상죄), 제276조 제1항(체포 또는 감금죄), 제277조 제1항(중체포 또는 중감금죄), 제281조 제1항(체포·감금등의 치사상죄), 제283조 제1항(협박죄), 제324조 제2항(특수강요죄), 제350조의2(특수공갈죄) 및 제366조(재물손괴등죄)의 죄를 범한 때에는 그 죄에 정한 형의 2분의 1까지 가중처벌한다.

28 정답 ❷

( ) 안에 들어갈 내용은 순서대로 ㉠ : 시설주, ㉡ : 시설주, ㉢ : 시설주 및 관할 경찰관서장, ㉣ : 관할 경찰관서장이다(경비업법 제14조 제3항·제5항).

> **관계법령** 특수경비원의 직무 및 무기사용 등(경비업법 제14조)
>
> ③ 시·도 경찰청장은 국가중요시설에 대한 경비업무의 수행을 위하여 필요하다고 인정하는 때에는 시설주의 신청에 의하여 무기를 구입한다. 이 경우 시설주는 그 무기의 구입대금을 지불하고, 구입한 무기를 국가에 기부채납하여야 한다.
> ⑤ 시설주가 제4항의 규정에 의하여 대여받은 무기에 대하여 시설주 및 관할 경찰관서장은 무기의 관리책임을 지고, 관할 경찰관서장은 시설주 및 특수경비원의 무기관리상황을 대통령령이 정하는 바에 따라 지도·감독하여야 한다.

29 정답 ❸

사안의 경우 일반경비지도사는 서울특별시에 2명, 전라남도에 1명, 대구광역시에 2명씩 각각 선임·배치해야 하고, 제주특별자치도의 경우에는 기계경비지도사 1명을 선임·배치해야 한다. 이에 따라 A 경비업자는 최소 6명의 경비지도사를 선임·배치해야 한다.

| 관계법령 | 경비지도사의 선임·배치기준(경비업법 시행령 [별표 3])★★ <개정 2024.8.13.> |

1. 경비업자는 경비원을 배치하여 영업활동을 하고 있는 지역을 관할하는 시·도 경찰청의 관할구역별로 경비원 200명까지는 경비지도사 1명을 선임·배치하고, 경비원이 200명을 초과하는 경우 200명을 초과하는 경비원 100명 단위로 경비지도사 1명씩을 추가로 선임·배치해야 한다.
2. 제1호에 따라 경비지도사가 선임·배치된 시·도 경찰청의 관할구역과 경계를 맞닿아 인접한 시·도 경찰청의 관할구역에 배치된 경비원이 30명 이하인 경우에는 제1호에도 불구하고 경비지도사를 따로 선임·배치하지 않을 수 있다. 이 경우 제주특별자치도경찰청과 전라남도경찰청은 경계를 맞닿아 인접한 것으로 본다.
3. 제2호에 따라 경비지도사를 따로 선임·배치하지 않는 경우 경비지도사 1명이 지도·감독 및 교육할 수 있는 경비원의 총수(경계를 맞닿아 인접한 시·도 경찰청의 관할구역에 배치된 경비원의 수를 합산한다)는 200명을 초과할 수 없다.

※ 비고
1. 시설경비업무·호송경비업무·신변보호업무·특수경비업무 또는 혼잡·교통유도경비업무를 하는 경비업자는 일반경비지도사를 선임·배치하고, 시설경비업무·호송경비업무·신변보호업무·특수경비업무 또는 혼잡·교통유도경비업무 중 둘 이상의 경비업무를 하는 경우에는 각 경비업무에 종사하는 경비원의 수를 합산한 인원을 기준으로 경비지도사를 선임·배치해야 한다. 다만, 특수경비업무를 수행하는 경비업자는 제19조 제1항에 따른 특수경비원 신임교육을 이수한 일반경비지도사를 선임·배치해야 한다.
2. 기계경비업무를 하는 경비업자는 기계경비지도사를 선임·배치해야 한다.

30 정답 ❷

② (×) 허가관청은 경비업자가 도급을 의뢰받은 경비업무가 위법한 것임에도 이를 거부하지 아니한 때에는 대통령령으로 정하는 행정처분의 기준에 따라 그 허가를 취소하거나 6개월 이내의 기간을 정하여 영업의 전부 또는 일부에 대하여 영업정지를 명할 수 있다(경비업법 제19조 제2항 제2호). 이는 필요적(절대적) 허가취소사유가 아닌 임의적(상대적) 허가취소·영업정지사유에 해당한다.
① (○) 경비업법 제19조 제1항 제3호
③ (○) 경비업법 제19조 제1항 제7호
④ (○) 경비업법 제19조 제1항 제5호

| 관계법령 | 경비업 허가의 취소 등(경비업법 제19조) |

① 허가관청은 경비업자가 다음 각호의 어느 하나에 해당하는 때에는 그 허가를 취소하여야 한다.
1. 허위 그 밖의 부정한 방법으로 허가를 받은 때
2. 제7조 제5항의 규정에 위반하여 허가받은 경비업무 외의 업무에 경비원을 종사하게 한 때 - 적용중지 헌법불합치 결정(2020헌가19)
3. 제7조 제9항의 규정에 위반하여 경비업 및 경비관련업 외의 영업을 한 때
4. 정당한 사유 없이 허가를 받은 날부터 2년 이내에 경비 도급실적이 없거나 계속하여 1년 이상 휴업한 때
5. 정당한 사유 없이 최종 도급계약 종료일의 다음 날부터 2년 이내에 경비 도급실적이 없을 때
6. 영업정지처분을 받고 계속하여 영업을 한 때
7. 제15조의2 제2항을 위반하여 소속 경비원으로 하여금 경비업무의 범위를 벗어난 행위를 하게 한 때
8. 제18조 제8항에 따른 관할 경찰관서장의 배치폐지명령에 따르지 아니한 때

31 정답 ②

② (○) 청원경찰법 시행규칙 제14조 제2항
① (×) 자체경비를 하는 입초근무자는 경비구역의 정문이나 그 밖의 지정된 장소에서 경비구역의 내부, 외부 및 출입자의 움직임을 감시한다(청원경찰법 시행규칙 제14조 제1항).
③ (×) 순찰근무자는 단독 또는 복수로 정선순찰(정해진 노선을 규칙적으로 순찰하는 것을 말한다)을 하되, 청원주가 필요하다고 인정할 때에는 요점순찰(순찰구역 내 지정된 중요지점을 순찰하는 것을 말한다) 또는 난선순찰(임의로 순찰지역이나 노선을 선정하여 불규칙적으로 순찰하는 것을 말한다)을 할 수 있다 (청원경찰법 시행규칙 제14조 제3항).
④ (×) 대기근무자는 소내근무에 협조하거나 휴식하면서 불의의 사고에 대비한다(청원경찰법 시행규칙 제14조 제4항).

관계법령 근무요령(청원경찰법 시행규칙 제14조)★★

① 자체경비를 하는 입초근무자는 경비구역의 정문이나 그 밖의 지정된 장소에서 경비구역의 내부, 외부 및 출입자의 움직임을 감시한다.
② 업무처리 및 자체경비를 하는 소내근무자는 근무 중 특이한 사항이 발생하였을 때에는 지체 없이 청원주 또는 관할 경찰서장에게 보고하고 그 지시에 따라야 한다.
③ 순찰근무자는 청원주가 지정한 일정한 구역을 순회하면서 경비 임무를 수행한다. 이 경우 순찰은 단독 또는 복수로 정선순찰(정해진 노선을 규칙적으로 순찰하는 것을 말한다)을 하되, 청원주가 필요하다고 인정할 때에는 요점순찰(순찰구역 내 지정된 중요지점을 순찰하는 것을 말한다) 또는 난선순찰(임의로 순찰지역이나 노선을 선정하여 불규칙적으로 순찰하는 것을 말한다)을 할 수 있다.
④ 대기근무자는 소내근무에 협조하거나 휴식하면서 불의의 사고에 대비한다.

32 정답 ③

제시된 내용의 ( ) 안에 들어갈 내용을 순서대로 연결하면 ㄱ : 면직, ㄴ : 면직, ㄷ : 시ㆍ도 경찰청장이다.

관계법령 의사에 반한 면직(청원경찰법 제10조의4)

① 청원경찰은 형의 선고, 징계처분 또는 신체상ㆍ정신상의 이상으로 직무를 감당하지 못할 때를 제외하고는 그 의사(意思)에 반하여 면직(免職)되지 아니한다.
② 청원주가 청원경찰을 면직시켰을 때에는 그 사실을 관할 경찰서장을 거쳐 시ㆍ도 경찰청장에게 보고하여야 한다.

33 정답 ❶

제시된 내용은 모두 청문을 실시하여야 하는 행정처분에 해당한다.

> **관계법령** 청문(경비업법 제21조)
>
> 경찰청장 또는 시·도 경찰청장은 다음 각호의 어느 하나에 해당하는 처분을 하고자 하는 경우에는 청문을 실시하여야 한다. 〈개정 2024.2.13.〉
> 1. 제11조의4에 따른 경비지도사 교육기관의 지정 취소 또는 업무의 정지
> 2. 제13조의3에 따른 경비원 교육기관의 지정 취소 또는 업무의 정지
> 3. 제19조의 규정에 의한 경비업 허가의 취소 또는 영업정지
> 4. 제20조 제1항 또는 제2항의 규정에 의한 경비지도사자격의 취소 또는 정지

34 정답 ❹

④ (×) 수리가 필요한 무기가 있을 때 그 목록과 무기장비 운영카드를 첨부하여 관할 경찰서장에게 수리를 요청할 수 있는 자는 '청원주'이다(청원경찰법 시행규칙 제16조 제2항 제4호). '청원경찰'은 지급받은 무기를 다른 사람에게 보관 또는 휴대하게 할 수 없으며 손질을 의뢰할 수도 없다(동법 시행규칙 제16조 제3항 제3호).
① (○) 청원경찰법 시행규칙 제16조 제1항 제1호
② (○) 청원경찰법 시행규칙 제16조 제3항 제1호
③ (○) 청원경찰법 시행규칙 제16조 제4항 제3호

35 정답 ❶

A와 B가 올바르게 연결된 것은 ①이다.

> **핵심만콕** 문서와 장부의 비치(청원경찰법 시행규칙 제17조)

청원주(제1항)	관할 경찰서장(제2항)	시·도 경찰청장(제3항)
• 청원경찰 명부 • 근무일지 • 근무 상황카드 • 경비구역 배치도 • 순찰표철 • 무기·탄약 출납부 • 무기장비 운영카드 • 봉급지급 조서철 • 신분증명서 발급대장 • 징계 관계철 • 교육훈련 실시부 • 청원경찰 직무교육계획서 • 급여품 및 대여품 대장 • 그 밖에 청원경찰의 운영에 필요한 문서와 장부	• 청원경찰 명부 • 감독 순시부 • 전출입 관계철 • 교육훈련 실시부 • 무기·탄약 대여대장 • 징계요구서철 • 그 밖에 청원경찰의 운영에 필요한 문서와 장부	• 배치결정 관계철 • 청원경찰 임용승인 관계철 • 전출입 관계철 • 그 밖에 청원경찰의 운영에 필요한 문서와 장부

36 정답 ❹

청원경찰법 시행령 [별표 2] 과태료 부과기준에 의하면 ㄱ : 400만원, ㄴ : 300만원, ㄷ : 500만원임을 확인할 수 있다. 따라서 정답은 A : ㄷ, B : ㄴ이다.

관계법령 과태료 부과기준(청원경찰법 시행령 [별표 2])★

위반행위	해당 법조문	과태료 금액

1. 법 제4조 제2항에 따른 시·도 경찰청장의 배치결정을 받지 않고 다음 각목의 시설에 청원경찰을 배치한 경우 [두 : 배·5·4]
  가. 국가중요시설(국가정보원장이 지정하는 국가보안목표시설을 말한다)인 경우
  나. 가목에 따른 국가중요시설 외의 시설인 경우
	법 제12조
	제1항 제1호
		500만원
		
		400만원

2. 법 제5조 제1항에 따른 시·도 경찰청장의 승인을 받지 않고 다음 각목의 청원경찰을 임용한 경우 [두 : 승·5·3]
  가. 법 제5조 제2항에 따른 임용결격사유에 해당하는 청원경찰
  나. 법 제5조 제2항에 따른 임용결격사유에 해당하지 않는 청원경찰
	법 제12조
	제1항 제1호
		500만원
		300만원

3. 정당한 사유 없이 법 제6조 제3항에 따라 경찰청장이 고시한 최저부담기준액 이상의 보수를 지급하지 않은 경우	법 제12조 제1항 제2호	500만원

4. 법 제9조의3 제2항에 따른 시·도 경찰청장의 감독상 필요한 다음 각목의 명령을 정당한 사유 없이 이행하지 않은 경우
  가. 총기·실탄 및 분사기에 관한 명령
  나. 가목에 따른 명령 외의 명령
	법 제12조
	제1항 제3호
		500만원
		300만원

37 정답 ❶

허리띠, 경찰봉, 가슴표장, 분사기, 포승은 청원경찰에게 지급하는 대여품에 해당한다. 반면 장갑, 호루라기, 한여름 옷은 급여품에 해당한다(청원경찰법 시행규칙 [별표 2]·[별표 3] 참조).

관계법령

청원경찰 급여품표(청원경찰법 시행규칙 [별표 2])

품 명	수 량	사용기간	정기지급일
근무복(하복)	1	1년	5월 5일
근무복(동복)	1	1년	9월 25일
한여름 옷	1	1년	6월 5일
외투·방한복 또는 점퍼	1	2~3년	9월 25일
기동화 또는 단화	1	단화 1년, 기동화 2년	9월 25일
비 옷	1	3년	5월 5일
정 모	1	3년	9월 25일
기동모	1	3년	필요할 때
기동복	1	2년	필요할 때
방한화	1	2년	9월 25일
장 갑	1	2년	9월 25일
호루라기	1	2년	9월 25일

청원경찰 대여품표(청원경찰법 시행규칙 [별표 3])★

품 명	수 량
허리띠	1
경찰봉	1
가슴표장	1
분사기	1
포 승	1

38 정답 ❷

② (○) 청원경찰법 시행규칙 제24조 제3항
① (✕) 청원경찰이 직무를 수행할 때에 경찰관직무집행법령에 따라 하여야 할 모든 보고는 관할 경찰서장에게 서면으로 보고하기 전에 지체 없이 구두로 보고하고 그 지시에 따라야 한다(청원경찰법 시행규칙 제22조).
③ (✕) 경비전화를 가설할 때 드는 비용은 청원주가 부담한다(청원경찰법 시행규칙 제20조 제2항).
④ (✕) 청원경찰이 법 제3조에 따른 직무를 수행할 때에는 경비 목적을 위하여 필요한 최소한의 범위에서 하여야 한다(청원경찰법 시행규칙 제21조 제1항).

39 정답 ❷

② (○) 청원경찰법 시행령 제5조 제2항
① (✕) 직무수행에 필요한 교육기간·교육과목·수업시간 및 그 밖에 교육의 시행에 필요한 사항은 행정안전부령으로 정한다(청원경찰법 시행령 제5조 제3항).
③ (✕) 청원경찰이 배치된 사업장의 소재지를 관할하는 경찰서장은 필요하다고 인정하는 경우에는 그 사업장에 소속 공무원을 파견하여 직무집행에 필요한 교육을 할 수 있다(청원경찰법 시행규칙 제13조 제2항).
④ (✕) 경찰교육기관의 교육계획상 부득이하다고 인정할 때에는 우선 배치하고 임용 후 1년 이내에 교육을 받게 할 수 있다(청원경찰법 시행령 제5조 제1항 단서).

40 정답 ❷

시·도 경찰청장 또는 경찰서장이 일정한 사무를 수행하기 위하여 불가피한 경우 처리할 수 있는 자료에 노동조합의 가입정보는 포함되지 않는다.

> **관계법령** 민감정보 및 고유식별정보의 처리(청원경찰법 시행령 제20조의2)
>
> 시·도 경찰청장 또는 경찰서장은 다음 각호의 사무를 수행하기 위하여 불가피한 경우 「개인정보보호법」 제23조에 따른 건강에 관한 정보와 같은 법 시행령 제18조 제2호에 따른 범죄경력자료에 해당하는 정보, 같은 영 제19조 제1호 또는 제4호에 따른 주민등록번호 또는 외국인등록번호가 포함된 자료를 처리할 수 있다.
> 1. 법 및 이 영에 따른 청원경찰의 임용, 배치 등 인사관리에 관한 사무
> 2. 법 제8조에 따른 청원경찰의 제복 착용 및 무기휴대에 관한 사무
> 3. 법 제9조의3에 따른 청원주에 대한 지도·감독에 관한 사무
> 4. 제1호부터 제3호까지의 규정에 따른 사무를 수행하기 위하여 필요한 사무

제8회 경호학

문제편 202p

정답 CHECK

41	42	43	44	45	46	47	48	49	50	51	52	53	54	55	56	57	58	59	60
①	①	③	②	③	②	②	②	④	③	③	②	③	③	③	④	②	②	②	④
61	62	63	64	65	66	67	68	69	70	71	72	73	74	75	76	77	78	79	80
②	④	④	①	①	②	②	②	②	③	①	④	②	④	②	②	③	②	②	④

41 정답 ①

① (×) 대통령경호실법이 2008년 2월 29일 대통령 등의 경호에 관한 법률로 개칭되었다. 종전의 대통령경호실법에서는 그 대상에 따른 적용범위 제한의 필요에 의해 경호를 '호위'와 '경비'로 구별하였으나 현재의 대통령 등의 경호에 관한 법률에서는 두 요소 간의 구분을 두지 않는다. 또한 이러한 경호개념은 새로운 것이라기보다 현실적인 경호기관을 기준으로 하여 정립된 개념으로서, 형식적 의미의 경호개념에 속한다.
② (○) 전직대통령 예우에 관한 법률은 1969년 1월 22일 제정되었다. 전직대통령 예우에 관한 법률 제5조의 2에 따르면 민간단체 등이 전직대통령을 위한 기념사업을 추진하는 경우에는 관계 법령에서 정하는 바에 따라 필요한 지원을 할 수 있다.
③ (○) 용역경비업법은 1999년 10월 1일 경비업법으로 개칭되었다. 제1조에 규정된 경비업법의 목적에 대한 옳은 설명이다.
④ (○) 청원경찰법은 1962년 4월 3일 제정되었다. 제1조에 규정된 청원경찰법의 목적에 대한 옳은 설명이다.

42 정답 ①

제시된 내용 중 현장답사 시 고려할 사항으로 보기 어려운 것은 ㄱ과 ㄴ이다.
ㄱ. (×) 행사장 출입자에 대한 시차입장계획 수립은 행사장 출입자 통제 시 고려할 사항이다.
ㄴ. (×) 현장답사 시에 지휘소(CP ; Command Post)를 설치하고 유·무선망 설치를 완료한다는 것은 너무 성급하다고 볼 수 있다. 행사장이 경호하기에 적당한지, 주변에 취약요소는 없는지 등 행사의전계획서에 맞춰 미리 확인하는 것이 현장답사의 임무이다.

핵심만콕 현장답사 시 고려사항

- 주최 측과 협조하여 행사의전계획서를 확보
- 행사장의 기상, 특성, 구조, 시설 등에 대한 여건 판단
- 취약요소를 분석하고 안전대책에 대한 판단기준 설정
- 출입과 통제 범위 및 병력동원 범위 판단
- 헬기장 선정(안전공간, 주변여건)
- 진입로, 주통로, 주차장 등을 고려하여 기동수단 및 승·하차지점 판단
- 대규모행사가 예상되는 장소라면 지역의 집회나 공연관련관계법, 조례 등을 살펴보고 관계기관에 신고

43 정답 ❸

③ (○) 경호원의 신장의 차이가 수직적 방벽효과에 큰 영향을 미치므로 경호원이 경호대상자에 대한 수직적 방벽효과를 극대화하기 위해서는 항상 바른 자세로 똑바로 서서 근무에 임해야 하며, 결코 몸을 움츠리거나 어정쩡한 자세를 취해서는 안 된다.
① (✕) 위해기도자의 위치가 고정된 경우, 즉 위해기도자의 위치를 아는 경우 수평적 방벽효과는 근접경호원이 위해기도자와 가까이 위치할수록 증가한다.
② (✕) 경호대상자의 위치가 고정된 경우 수평적 방벽효과는 근접경호원이 경호대상자와 가까이 위치할수록 증가한다.
④ (✕) 위해기도자의 위치를 모르는 야외에서의 경호행사 시, 예를 들면 위해기도자가 고층건물과 같이 높은 위치에서 공격한다고 가정할 경우, 수직적 방벽효과는 근접경호원이 경호대상자와 가까이 위치할수록 증가한다.

핵심만콕 경호의 기본원리 - 자연방벽효과의 원리

구 분	내 용
수평적 방벽효과	• 근접경호원이 경호대상자와 위해기도자의 중간에 위치하여 위해기도자의 공격을 차단할 때, 근접경호원의 위치에 따라 경호대상자의 보호범위와 위해기도자의 이동거리가 달라지는 효과를 말한다. • 위해기도자의 위치가 고정된 경우, 즉 위해기도자의 위치를 아는 경우 수평적 방벽효과는 근접경호원이 위해기도자와 가까이 위치할수록 증가한다. • 경호대상자의 위치가 고정된 경우 수평적 방벽효과는 근접경호원이 경호대상자와 가까이 위치할수록 증가한다.
수직적 방벽효과	• 위해기도자가 고층건물과 같이 높은 위치에서 공격한다고 가정할 경우, 수직적 방벽효과는 근접경호원이 경호대상자와 가까이 위치할수록 증가한다. • 경호원의 신장의 차이가 수직적 방벽효과에 큰 영향을 미치는 것이다. • 경호원이 경호대상자에 대한 수직적 방벽효과를 극대화하기 위해서는 항상 바른 자세로 똑바로 서서 근무에 임해야 하며, 결코 몸을 움츠리거나 어정쩡한 자세를 취해서는 안 된다.

〈참고〉 이두석, 「경호학개론」, 진영사, 2018, P. 162~164

44 정답 ❷

② (✕) 주어진 책임구역에 따른 사주경계 및 발생한 우발상황에 대응하여 인적 방벽을 형성하고 경호대상자를 보호하는 것은 선발경호가 아닌 근접경호의 기본 임무이다.
① (○) 선발경호원은 행사장 내외부의 경호여건을 점검하여 경호 대상자의 신변안전을 확보하기 위한 위험요소를 사전에 제거하여야 한다.
③ (○) 경호대상자의 입장이 완료된 후 복도, 화장실, 로비, 휴게실 등을 통제하는 것은 선발경호원 중 주행사장 내부 담당자의 업무이다.
④ (○) 행사장 주변의 취약요소를 봉쇄하고 감시할 수 있는 위치를 선정하여 기동순찰조를 운용함으로써 경호 대상자의 신변안전을 확보하기 위한 위험요소를 차단하는 것은 선발경호원 중 주행사장 외부 담당자의 업무이다.

45 정답 ❸

①과 ②는 도보대형 형성 시 우선적으로 고려할 사항에만 해당하고, ④는 차량 기동 간 사전준비 및 검토할 사항에만 해당한다.

핵심만콕

도보대형 형성 시 우선적으로 고려할 사항	차량 기동 간 사전준비 및 검토할 사항
• 경호대상자의 취향(내성적·외향적·은둔형·과시형) • 주변 감시통제 건물의 취약도 • 인적 취약요소의 이격도 • 물적 취약요소의 위치 • 행사장 사전예방경호의 수준 • 행사장 참석자 인원수 및 성향 • 행사 성격 등	• 행차로와 환차로 등 주변 도로망 파악 • 대피소 및 최기병원 선정 등 주변 구호시설의 파악 • 주도로 및 예비도로의 선정 • 차량대형 및 차종의 선택 • 의뢰자 및 관계자의 차량번호 숙지 • 현지에서 합류되는 차량번호 숙지 등 • 경호대상자의 성향 및 행사 성격 등

46 정답 ❷

제시문은 소극적 협력형에 대한 설명으로, 트루먼·포드·카터 등이 대표적이다.

핵심만콕 경호대상자의 유형

• 정치학자 드와이트 테이즈(Dwight L. Tays)는 경호에 대한 대통령들의 반응 방식을 분석하여 역대 미국 대통령의 유형을 세 가지로 분류하였다.

경호사절형	• 경호조치의 필요성을 거의 느끼지 않으며, 경호를 거의 무시하다시피 행동하는 유형이다. • 케네디, 루즈벨트, 존슨, 클린턴 대통령이 대표적이다.
소극적 협력형	• 경호의 필요성은 느끼지 않으나, 가능하면 경호부서와 불화를 일으키지 않으려 노력하는 유형이다. • 트루먼, 포드, 카터 대통령이 대표적이다.
적극적 지원형	• 경호조치에 수용적이고, 경호조치로 인한 대중과의 일정한 격리를 선호하는 유형이다. • 아이젠하워, 닉슨, 레이건, 부시 대통령이 대표적이다.

• 경호의 질과 방식은 대통령의 심리적 성향에 큰 영향을 받으며, 대통령들은 자신의 성격이나 정치스타일에 따라 경호에 관한 나름대로의 규칙을 정해놓고 있다.

〈출처〉 이두석, 「경호학개론」, 진영사, 2018, P. 76

47 정답 ②

② (✕) 방호(Cover)는 위협상황을 알리는 경고를 인지하는 즉시, 경호대상자 주변 근무자가 자신의 신체로 방벽을 형성하여 경호대상자의 노출을 최소화함으로써 직접적인 위해를 방지하는 행위를 말한다.
① (○) 우발상황 발생 시 대응순서는 인지 → 경고 → 방벽 형성 → 방호 및 대피 → 대적 및 제압이다. 우발상황을 인지한 경호원은 간단명료하고 신속하게 위기상황을 알려야 한다.
③ (○) 우발상황 발생 시 방호와 동시에 위해기도자의 반대 방향으로 경호대상자를 신속히 이동하여야 하며, 방호대형을 형성하여 비상대피소나 비상대기차량이 있는 안전지역으로 이동한다.
④ (○) 우발상황이 발생했을 경우 신속한 대적행위보다 방호 및 대피가 우선되어야 하지만, 경우에 따라서는 대적 및 제압이 더 효과적일 수 있다. 대적 여부는 촉수거리의 원칙에 따라 판단한다. 위해기도자에 대한 대응은 경호원 중 위해기도자와 가장 가까운 거리에 있는 경호원이 해야 한다. 경호원이 위해기도자와의 거리보다 경호대상자와의 거리가 더 가깝다면 경호대상자를 방호해서 신속히 현장을 이탈하는 것이 효과적이고, 위해기도자와의 거리가 경호대상자와의 거리보다 더 가깝고 촉수거리에 있다면 과감하게 위해기도자를 제압하는 것이 효과적일 수 있다.

핵심만콕 즉각조치의 개념 및 단계 ★

즉각조치는 경호활동 중 위해기도나 행사 방해책동과 관련하여 발생 시기나 발생 여부 및 피해 정도를 모르는 우발적 상황에서의 즉각적 행동원칙을 말한다.

- 즉각조치의 과정은 경고와 방호 및 대피, 대적이 포함되며, 이는 순차적인 개념이라기보다 우선순위 없이 동시에 이루어지는 일체적 개념이다.
- 경고(Sound off)는 위해상황을 가장 먼저 인지한 사람이 주변 근무자에게 상황을 간단명료하게 전파하는 것으로, 상황발생을 인지한 경호원이 가장 먼저 취해야 할 조치이다.
- 방호(Cover)는 위협상황을 알리는 경고를 인지하는 즉시, 경호대상자 주변 근무자가 자신의 신체로 방벽을 형성하여 경호대상자의 노출을 최소화함으로써 직접적인 위해를 방지하는 행위를 말한다.
- 대피(Evacuate)는 우발상황 발생 시 위해자의 표적이 되는 경호대상자를 안전지역으로 이동시키는 행위를 말한다. 대피는 방호와 동시에 공격자의 반대 방향으로 신속히 이동하여야 하며, 방호대형을 형성하여 비상대피소나 비상대기차량이 있는 안전지역으로 이동한다.
- 즉각조치과정은 일단 경고 - 방호 - 대피의 순으로 전개된다. 대적 여부는 촉수거리의 원칙에 따라 판단한다. 대적의 목적은 위해자의 공격선을 차단하여 경호대상자를 보호하는 것이다. 대적 시에는 우선 경호대상자를 등지고 위험발생지역으로 향한 다음, 몸을 최대한 크게 벌려 방호범위를 확대하고, 경호대상자와 위해기도자 사이의 일직선상에 위치하여 위해자의 공격을 차단한다.

〈출처〉 이두석, 「경호학개론」, 진영사, 2018, P. 350~354

48 정답 ②

테러방지법 시행령 제20조 제2항에 따라 ㄱ, ㄴ, ㄷ이 테러정보통합센터의 임무에 해당하며, ㄹ, ㅁ, ㅂ은 테러방지법 시행령 제19조 제2항의 테러대응구조대의 임무에 해당한다.

관계법령

테러대응구조대(테러방지법 시행령 제19조)
② 테러대응구조대는 다음 각호의 임무를 수행한다.★
  1. 테러발생 시 초기단계에서의 조치 및 인명의 구조·구급
  2. 화생방테러 발생 시 초기단계에서의 오염 확산 방지 및 독성제거
  3. 국가 중요행사의 안전한 진행 지원
  4. 테러취약요인의 사전 예방·점검 지원

테러정보통합센터(테러방지법 시행령 제20조)
② 테러정보통합센터는 다음 각호의 임무를 수행한다.★★
  1. 국내외 테러 관련 정보의 통합관리·분석 및 관계기관에의 배포
  2. 24시간 테러 관련 상황 전파체계 유지
  3. 테러 위험 징후 평가
  4. 그 밖에 테러 관련 정보의 통합관리에 필요한 사항

49 정답 ④

제시문은 균형의 원칙에 관한 설명이다.

핵심만콕 경비수단의 주요 원칙

- 균형의 원칙 : 한정된 경비력을 가지고 최대의 효과를 발휘할 수 있도록 상황과 대상에 따라서 유효적절하게 부대를 배치하여 실력행사를 실행하는 것을 말한다.
- 위치의 원칙 : 경비사태에 있어 실력행사를 함에 있어서 상대방보다 유리한 지점과 위치를 신속하게 확보 유지하는 것을 말한다.
- 적시성의 원칙 : 상대방의 기세와 힘이 가장 허약한 시점을 포착하여 그때를 기준으로 하여 집중적인 강력한 실력행사를 감행하는 것을 말한다.
- 안전의 원칙 : 경비사태 발생 시 경비병력이나 군중들을 사고 없이 안전하게 진압해야 한다는 것을 말한다.

〈출처〉 김두현, 「경호학개론」, 엑스퍼트, 2020, P. 334

50 정답 ③

TEAM 모델의 의식교육에 관한 설명이다.

핵심만콕 TEAM 모델

- 훈련(Training) : 경호원의 임무수행능력을 배양하는 것이다.
- 교육(Education) : 경호에 필요한 지식과 경호의 방법을 가르치는 것이다.
- 의식교육(Awareness) : 경호의 현주소나 중요성을 인식시키는 것이다.
- 동기부여(Motivation) : 경호 임무수행에 대한 강한 의욕과 자신감과 자긍심을 심어주기 위한 것이다.

〈출처〉 이두석, 「경호학개론」, 진영사, 2018, P. 362~364

51 정답 ❸

O△X 제시된 내용 중 옳은 것은 ㄴ, ㄷ, ㄹ이다.
- ㄴ. (○) 국토교통부 항공안전정책관의 분장책임은 민간항공기의 행사장 상공비행 관련 업무 지원 및 협조, 육로 및 철로와 공중기동수단 관련 업무 지원 및 협조 등이다(대통령경호안전대책위원회규정 제4조 제2항 제8호).
- ㄷ. (○) 식품의약품안전처 식품안전정책국장의 분장책임은 식품의약품 안전 관련 입수된 첩보 및 정보의 신속한 전파・보고, 경호임무에 필요한 식음료 위생 및 안전관리 지원, 식음료 관련 영업장 종사자에 대한 위생교육, 식품의약품 안전검사 및 그 밖에 필요한 자료의 지원 등이다(대통령경호안전대책위원회규정 제4조 제2항 제8호의2).
- ㄹ. (○) 소방청 119구조구급국장의 분장책임은 경호임무 수행을 위한 소방방재업무 지원 등이다(대통령경호안전대책위원회규정 제4조 제2항 제13호).
- ㄱ. (×) 출입국자에 대한 검색 및 검사는 <u>관세청 조사감시국장의 분장책임</u>이다(대통령경호안전대책위원회규정 제4조 제2항 제9호 나목).
- ㅁ. (×) 경호유관시설에 대한 보안지원 활동은 <u>국군방첩사령부 소속 장성급 장교 또는 2급 이상의 군무원 중 위원장이 지명하는 1명</u>의 분장책임이다(대통령경호안전대책위원회규정 제4조 제2항 제15호 아목).

52 정답 ❷

O△X 장비를 이용하되 오감을 최대한 활용한다.

핵심만콕	안전검측 활동 시의 원칙

- 검측은 타 업무보다 우선하여 예외를 불허하고 선 선발개념으로 실시하며, 인원 및 장소를 최대한 지원받아 활용한다. ★
- 범인(적)의 입장에서 설치장소를 의심하며 추적한다.
- 점검은 아래에서 위로, 좌에서 우로 등 일정한 방향으로 체계적으로 점검한다.
- 점과 선에서 실시하되 가까운 곳에서 먼 곳으로, 밖에서 안으로 끝까지 추적한다. ★
- 통로보다는 양 측면을 점검하고 책임구역을 명확히 구분하여 의심나는 곳은 반복하여 실시한다. ★
- 장비를 이용하되 오감을 최대한 활용한다. ★
- 회의실, 오찬장, 휴게실 등 경호대상자가 장시간 머물러 있는 곳을 먼저 실시하고, 통로, 현관 등 경호대상자가 움직이는 경로를 순차적으로 실시한다. ★
- 전자제품은 분해하여 확인하고, 확인이 불가능한 것은 현장에서 제거한다.
- 검측은 경호계획에 의거하여 공식행사에서 실시함을 원칙으로 하며, 비공식행사에서는 비노출 검측활동을 실시할 수 있다. ★
- 검측 인원의 책임구역을 명확하게 하며 중복되게 점검이 이루어져야 한다. ★
- 검측 대상은 외부, 내부, 공중지역, 연도로 구분 실시한다.
- 검측실시 후 현장 확보상태에서 지속적인 안전유지를 한다.
- 행사직전 반입되는 물품 등은 쉽게 소형 폭발물의 은폐가 가능하므로 계속적인 검측을 실시한다.

53 정답 ❸

O△X
- ③ (○) 경호원은 각자 주어진 책임구역에 따라 사주경계를 실시하고 우발상황 발생 시 인적방벽을 형성하여 경호대상자를 완벽하게 보호하여야 한다.
- ① (×) 근접경호원은 도보대형을 <u>장소와 상황에 따라</u> 융통성 있게 변화시켜야 한다.
- ② (×) 근접도보경호 대형을 형성하여 이동할 경우는 경호에 취약하기 때문에 <u>이동속도를 빨리하여 이동하는 것이 좋다.</u>
- ④ (×) 근접경호대형은 경호대상자의 활동을 최대한 보장할 수 있는 선에서 전방위에 대한 사주경계와 신변안전을 담보할 수 있는 <u>최소한의 인원으로</u> 대형을 형성하는 것이 바람직하다.

54 정답 ❸

③ (○) 경호체계의 통일이라 함은 경호기관 구조의 정점으로부터 말단까지 상하계급 간에 일정한 관계가 이루어져 책임과 업무의 분담이 이루어지고, 명령(命令)과 복종(服從)의 지위와 역할의 체계가 통일되어야 한다는 원칙으로 일반기업의 책임과 분업원리와 연계되는 경호원칙이다.
① (×) 지휘 및 통제의 이원화로 인해 파생되는 문제들을 보완하기 위해 명령과 지휘체계는 반드시 하나의 계통으로 구성해야 한다는 원칙이다. 지휘의 단일성은 경호업무가 긴급성을 요한다는 점에서 또한 모순·중복·혼란 등을 피해야 한다는 점에서 요청된다.
② (×) 경호의 업무는 성격상 개인이 아닌 기관단위의 작용으로 기관의 하명에 의해서 이루어진다는 원칙으로, 기관단위의 임무결정은 지휘자만이 할 수 있고 경호의 성패는 지휘자만이 책임을 진다.
④ (×) 하나의 경호조직이 단독으로 경호임무 수행에 필요한 모든 정보활동을 수행할 수 없으므로, 국민의 협력이 필요하다는 원칙이다. 즉, 경호조직과 일반국민과의 유기적인 상호작용을 의미한다.

핵심만콕 경호조직의 (구성)원칙★

경호지휘단일성의 원칙	• 지휘 및 통제의 이원화로 인해 파생되는 문제들을 보완하기 위해 명령과 지휘체계는 반드시 하나의 계통으로 구성해야 한다는 원칙으로, 경호업무가 긴급성을 요한다는 점에서도 요청된다. • 지휘가 단일해야 한다고 하는 것은 경호기관(요원)은 한 사람의 지휘를 받아야 한다는 뜻이다. 한 걸음 더 나아가서 지휘의 단일이란 「하나의 지휘자」라는 의미 외에 하급경호요원은 하나의 상급기관에 대해서만 책임을 진다는 의미가 포함된다.
경호체계통일성의 원칙	경호기관 구조의 정점으로부터 말단까지 상하계급 간에 일정한 관계가 이루어져 책임과 업무의 분담이 이루어지고, 명령(命令)과 복종(服從)의 지위와 역할의 체계가 통일되어야 한다는 원칙이다.
경호기관단위작용의 원칙	• 경호의 업무는 성격상 개인적 작용으로 이루어지지 않고 기관단위의 작용으로 기관의 하명에 의해서 이루어진다는 원칙이다. • 기관단위라는 것은 그 경호기관을 지휘하는 지휘자가 있고, 지휘를 받는 하급자가 있으며, 하급자를 관리하기 위한 지휘권과 장비가 편성되며 임무수행을 위한 보급지원체계를 갖추고 있어야 한다는 의미이다. • 기관단위의 관리와 임무의 수행을 위한 결정은 지휘자만이 할 수 있고, 경호의 성패는 지휘자만이 책임을 지는 것이다.
경호협력성의 원칙	경호조직과 국민과의 협력을 의미하며 완벽한 경호를 위해서는 국민의 절대적인 협력이 필요하다는 원칙이다.

〈참고〉이두석, 「경호학개론」, 2018, P. 114~116 / 김두현, 「경호학개론」, 엑스퍼트, 2020, P. 184~187

55 정답 ❸

③ (×) 우발상황이 발생했을 경우 신속한 대적행위보다 방호 및 대피가 우선되어야 하므로, C경호원이 경호대상자의 방호보다 위해기도자의 제압을 우선으로 한 행위는 부적절하다.
① (○) 경고(Sound off)는 위해상황을 가장 먼저 인지한 사람이 주변 근무자에게 상황을 간단명료하게 전파하는 것으로, 상황 발생을 인지한 A경호원이 가장 먼저 취해야 할 조치로서 적절하다.
② (○) 방호(Cover)는 위협상황을 알리는 경고를 인지하는 즉시, 경호대상자 주변 근무자가 자신의 신체로 방벽을 형성하여 경호대상자의 노출을 최소화함으로써 직접적인 위해를 방지하는 행위로서 B경호원의 대응은 적절하다.
④ (○) 수류탄 또는 폭발물과 같은 폭발성 화기에 의한 공격을 받았을 때는 함몰형 대형을 사용하여 경호대상자를 지면에 완전히 밀착시키고 그 위에 근접경호원들이 밀착하며 포개어, 경호대상자의 신체가 외부에 노출되지 않도록 해야 한다. D경호원의 대응은 적절하다.

56 정답 ❹

보일러실, 승강기, 통제실 등의 접근통로는 사용하지 않을 때 잠겨 있어야 하고 폭발물이 외부에서 내부로 유입될 수도 있으므로 환기구, 채광창은 막혀 있어야 한다.

핵심만콕	폭발사고 방지대책

- 폭탄은 차량에 의해 전달되거나 차량에 남겨지는 경우가 많기 때문에 주차는 엄격히 통제되어야 한다.
- 폭발사고를 막기 위해서 주차차량은 가능하다면 경호대상자의 건물이나 어떤 다른 종합건물로부터 100m 정도는 이격이 되어야 한다.
- 사제폭발물은 특정한 형태가 없고 테러리스트들이 필요한 형태로 자유롭게 제작하기 때문에 검측이 더욱 어렵다.
- 폭발물이 외부에서 내부로 유입될 수도 있으므로 환기구, 채광창은 막혀 있어야 한다.
- 보일러실, 승강기, 통제실 등의 접근통로는 사용하지 않을 때 잠겨 있어야 한다.

〈출처〉 이상철, 「경호현장운용론」, 진영사, 2008, P. 81

57 정답 ❷

선발경호의 특성은 예방성, 통합성, 안전성, 예비성 등이고, 근접경호의 특성은 노출성, 방벽성, 기동 및 유동성, 기만성, 방호 및 대피성 등이다. 이에 따라 선발경호의 특성(A)은 ㄱ, ㄴ, ㅁ, ㅇ이고 근접경호의 특성(B)은 ㄷ, ㄹ, ㅂ, ㅅ이다.

핵심만콕	
선발경호의 특성	
예방성	선발경호의 임무이자 경호의 목표라 할 수 있는 예방경호는 위해요소를 사전에 발견해서 제거하고 침투가능성을 거부함으로써 경호행사의 안전을 확보하는 것이다.
통합성	선발경호에 동원된 모든 부서는 각자의 기능을 100% 발휘하면서 하나의 지휘체계 아래에 통합되어 상호보완적으로 임무를 수행해야 한다.
안전성	선발경호의 임무는 당연히 행사장의 안전을 확보하는 일이다. 그러기 위해선 3중 경호의 원리에 입각해서 행사장을 구역별로 구분하여 그 특성에 맞는 경호조치를 강구하여야 한다.
예비성	경호행사는 항상 계획되고 예상된 대로만 진행되지는 않는다. 따라서 선발경호는 사전에 경호팀의 능력과 현지 지형과 상황에 맞는 대응계획과 대피계획을 수립하여 비상상황에 대비하여야 한다.

〈출처〉 이두석, 「경호학개론」, 진영사, 2018, P. 254~255

근접경호의 특성	
노출성	다양한 기동수단과 도보대형에 따라 경호대상자의 행차가 시각적으로 외부에 노출될 뿐만 아니라, 각종 매스컴에 의하여 행사 일정과 장소 및 시간이 대외적으로 알려진 상태에서 업무를 수행해야 하는 특성을 의미
방벽성	근접 도보대형 시 근무자의 체위에 의한 인적 자연방벽 효과와 방탄복 및 각종 방호장비를 이용하여 외부의 공격으로부터 방벽을 구축해야 하는 특성을 의미
기동 및 유동성	근접경호는 주로 도보 또는 차량에 의해 기동 간에 이루어지며 행사 성격이나 주변 여건, 장비의 특성에 따라 능동적(유동적)으로 대처해야 하는 특성을 의미
기만성	변칙적인 경호기법으로 차량대형 기만, 기동시간 기만, 기동로 및 기동수단 기만, 승・하차 지점 기만 등으로 위해기도자로 하여금 행사 상황을 오판하도록 실제 상황을 은폐하고 허위 상황을 제공하여 경호의 효율성을 높이려는 특성을 의미
방호 및 대피성	비상사태 발생 시 범인을 대적하여 제압하는 것보다 반사적이고 신속・과감한 행동으로 경호대상자의 방호 및 대피를 우선해야 한다는 특성을 의미

58 정답 ❷

조정용 장치 내 부품을 임의로 조작해서는 안 된다.

> **관계법령** 관리 및 운용(경찰장비관리규칙 제141조)
>
> ① 문형 금속탐지기는 다음 각호의 사항을 유의하여 관리·운용한다.
>   1. 취급, 운반 및 설치 시 파손 등에 주의한다.
>   2. 조정용 장치 내 부품을 임의로 조작해서는 안 된다.
>   3. 우천·강설 등 야외행사 시 문형 금속탐지기용 천막 등을 설치하여야 한다.
>   4. 영하 10℃ 이하인 경우 문형 금속탐지기의 보온방안을 강구하여야 한다.
> ② X-ray 소화물 검색기는 다음 각호의 사항을 유의하여 관리·운용한다.
>   1. 이중 차단커튼 안에 신체 일부분을 집어넣어서는 안 된다.
>   2. 조작요원 및 판독요원은 반드시 사전교육을 이수한 자로 배치하고, 고장 시는 전문업체에 수리를 의뢰한다.
>   3. 창고에 보관할 경우 높이 5~10cm 이상의 깔판 위에 보관하여야 한다.
>   4. 직사광선은 피하고 가능한 한 보관함 등에 넣어서 보관한다.
> ③ 탐침봉은 다음 각호의 사항을 유의하여 관리·운용한다.
>   1. 사용 후 반드시 건전지를 분리하여 보관한다.
>   2. 탐침봉은 사용 후 흙 등 이물질을 깨끗이 닦은 후 보관한다.
> ④ 차량 검색거울은 유리를 깨끗이 닦은 후 습기가 없는 곳에 보관한다.

59 정답 ❷

2단계 대비단계는 안전활동단계이다. 안전활동에는 정보보안활동, 안전대책활동, 거부작전 등이 있다. ②의 즉각조치는 3단계 대응단계의 활동에 포함된다.

> **핵심만콕** 경호위기관리단계 및 세부 경호업무 수행절차★★

관리단계	주요 활동	활동 내용	세부 활동
1단계 예방단계 (준비단계)	정보활동	경호환경 조성	법과 제도의 정비, 경호지원시스템 구축, 우호적인 공중(公衆)의 확보(홍보활동)
		정보 수집 및 평가	정보네트워크 구축, 정보의 수집 및 생산, 위협의 평가 및 대응방안 강구
		경호계획의 수립	관계부서와의 협조, 경호계획서의 작성, 경호계획 브리핑
2단계 대비단계 (안전활동단계)	안전활동	정보보안활동	보안대책 강구, 위해동향 파악 및 대책 강구, 취약시설 확인 및 조치
		안전대책활동	행사장 안전확보, 취약요소 판단 및 조치, 검측활동 및 통제대책 강구
		거부작전	주요 감제고지 및 취약지 수색, 주요 접근로 차단, 경호영향요소 확인 및 조치
3단계 대응단계 (실시단계)	경호활동	경호작전	모든 출입요소 통제 및 경계활동, 근접경호, 기동경호
		비상대책활동	비상대책, 구급대책, 비상시 협조체제 확립
		즉각조치활동	경고, 대적 및 방호, 대피

4단계 학습단계 (평가단계)	학습활동	평가 및 자료 존안 행사	행사결과 평가(평가회의), 행사결과보고서 작성, 자료 존안
		교육훈련	새로운 교육프로그램 준비, 교육훈련 실시, 교육훈련의 평가
		적용(피드백)	새로운 이론의 정립, 전파, 행사에의 적용

〈출처〉 이두석, 「경호학개론」, 진영사, 2018, P. 157

60 정답 ④

④ (○) 차량경호기법에 관한 옳은 설명이다.
① (×) 경호대상자 차량 운행 시 차문은 반드시 닫아야 하고, 선도차량과 일정한 간격을 유지하면서 이동한다. 주행 시 운전은 항상 도로의 중앙차선을 이용하고 차문은 항상 잠가 두어야 한다.
② (×) 주차장소는 가능한 한 자주 변경하는 것이 좋으며, 특히 야간에는 밝은 곳에 주차해야 한다.
③ (×) 승차 시 차량은 안전점검 후 시동이 걸린 상태에서 대기한다.

61 정답 ②

② (○) 경호조직의 권위는 권력의 힘에 의존하는 데에서 탈피하여 경호의 전문성에서 찾아야 한다. 고도로 전문화된 경호전문가의 양성을 통해 경호조직의 권위를 확립하고, 국민의 이해와 협조 속에서 국민과 함께하는 경호가 요구된다.
① (×) 경호조직은 전체 구조가 통일적인 피라미드형을 구성하면서 그 조직 내 계층을 이루고 지휘·감독 등을 통하여 경호목적을 실현하므로, 경호행사를 직접 담당하는 경호기관의 조직은 다른 부서에 비해 경호집행기관적 성격으로 계층성이 더욱 강조된다.
③ (×) 경호조직은 기구단위 및 권한과 책임이 분화되어야 하며, 경호조직 내의 중추세력은 권한의 계층을 통하여 분화된 노력을 상호 조정하고 통제함으로써 경호의 목적을 달성할 수 있다.
④ (×) 과학기술의 진보와 더불어 거대정부의 양상은 경호기능의 간접적인 대규모화의 계기가 되었다. 그와 더불어 경호조직도 과거에 비해 그 기구 및 인원 면에서 점차 대규모화·다변화되고 있다.

핵심만콕 경호조직의 특성과 구성원칙★

경호조직의 특성	경호조직의 구성원칙
• 경호조직의 기동성 • 경호조직의 통합성과 계층성 • 경호조직의 폐쇄성 ↔ 개방성(×) • 경호조직의 전문성 • 경호조직의 대규모성 ↔ 소규모성(×)	• 경호지휘단일성의 원칙 ↔ 경호지휘다양성의 원칙(×) • 경호체계통일성의 원칙 • 경호기관단위작용의 원칙 ↔ 개인단위작용의 원칙(×) • 경호협력성의 원칙

62 정답 ❹

승차자가 소지하고 있는 위해물품 등은 물품보관소에 보관시키도록 한다.

핵심만콕	행사장 경호 시의 출입자 통제관리 및 내·외곽 경계
행사장 정문 근무자	• 행사 주최측과 협조하여 초청장 발급·비표 패용 여부를 확인한다. • 거동수상자와 정문 부근에서 비표 없이 배회하는 자는 철저한 검문검색을 한다. • 차량 출입문과 도보 출입문을 구분하여 입장토록 한다. • 승차입장 차량에 대하여는 정차선에서 승차입장표지와 승차자입장표지를 확인한다. • 승차자가 소지하고 있는 위해물품 등은 물품보관소에 보관시키도록 한다.
내부경비 (제1선 안전구역)	• 입장자 및 입장 중인 자에 대한 입장표지 패용 등을 확인한다. • 계속적 경계를 유지하면서 불심자를 색출한다. • 입장이 완료되면 복도·화장실·로비·휴게실 등에 근무자 이외에는 한 사람도 없도록 통제한다. • 행사 진행 중에는 좌석에서 식순에 없이 일어나거나 움직이는 사람이 없도록 통제한다. • 근무자는 국민의례 등에 참여하지 않고 오직 군중경계에만 전념한다. • 돌발사태 발생 시 육탄방어의 자세를 갖추고 있어야 한다.
내곽경계 (제2선 경비구역)	• 예비대·비상통로·소방차·구급차 등을 확보하여 요원과 함께 대기하며 돌발사태에 대비한다. • 행사장과 부근 건물 등에 대한 안전을 유지한다. • 주최측 요원 및 참석자에 대한 철저한 동정 감시와 순찰조를 운용하여 불심자의 접근을 제지하고 위해요소를 적발한다.
외곽경비 (제3선 경계구역)	• 행사장 주변의 취약요소를 봉쇄, 감시할 수 있는 위치를 선정하여 감시조를 운용한다. • 도보순찰·기동순찰조를 운용하여 외부로부터 내부로의 불심자 접근을 차단한다. • 행사장과 인접한 위치에 예비대를 대기시켜 돌발사태에 대한 즉응태세를 갖추어야 한다.

〈출처〉 김두현, 「경호학개론」, 엑스퍼트, 2020, P. 265~266

63 정답 ❹

참석자의 동태 및 표정을 살피되 참석자가 불쾌감을 갖지 않도록 유념해야 하며, 근무자의 오관과 육감을 이용하여 감시활동에 만전을 기해야 한다.

핵심만콕	일반적인 검색 근무 시 유의사항

• 참석자의 동태 및 표정을 살핀다.
• 비표 패용 여부를 확인한다.
• 은닉 및 위장 가능성이 있는 물품에 유념해서 검색한다. 필기구나 전자제품은 개방해서 정상작동 여부를 확인한다.
• 개방이나 작동이 곤란한 물품, 또는 파손 우려가 있거나 내부 확인이 곤란한 물품은 본인이 직접 개방해서 작동해 보도록 요청하거나 X-Ray를 이용하여 검색한다.
• 액체 및 캔류는 그 내용물을 확인한다.
• 금속탐지기에서 경보음이 울릴 경우에는 그 발생 원인을 끝까지 추적하여 확인한다. 촉수검색이나 휴대용 금속탐지기를 이용하여 경보음의 발생 원인이 규명되어야 한다.

〈출처〉 이두석, 「경호학개론」, 진영사, 2018, P. 271

64 정답 ❶

① (×) 미국의 SS는 위조화폐 등과 관련된 경제범죄를 수사하는 임무도 수행하고 있으며, 이스라엘의 SHABAK은 국가안보활동과 대테러작전, 방첩활동을 수행하면서 국가 요인에 대한 경호임무를 수행하는 정보기관이다.
② (○) 러시아의 연방경호실은 대통령 직속의 경호기관으로, 국가 경호대상에 대한 경호 및 연방 국가기관의 건물 경비임무를 수행한다.
③ (○) 영국의 경호기관은 런던수도경찰청 소속 요인경호본부(산하 기관으로 경호국·안전국·대테러작전국이 존재)이고, 왕과 수상은 경호국 내 왕실 및 특별요인경호과의 경호대상이다.
④ (○) 국방부 산하 국립헌병대 소속의 공화국경비대(GSPR, 관저경비)는 대통령과 그 가족, 특정 중요 인물(전직대통령, 대통령 후보 등)을 보호한다는 목적으로 1983년 설치되었으며, 대통령관저 및 영빈관 내곽 경비업무를 담당한다.

65 정답 ❶

부분화의 원칙에 관한 설명은 ①이다. ②는 보안과 능률의 원칙, ③은 알 사람만 알아야 하는 원칙, ④는 적당성의 원칙에 관한 설명이다.

66 정답 ❸

③은 연락 및 협조체제 구축 시 고려사항이다.

핵심만콕	경호형성 및 준비작용 시 고려사항
행사일정 및 임무수령에 포함될 사항	• 출발 및 도착 일시, 지역(도착공항 등)에 관한 사항 • 공식 및 비공식 수행원에 관한 사항★ • 경호대상자의 신상에 관한 사항★ • 의전에 관한 사항 • 방문지역이나 국가의 특성(기후, 지리, 치안 등)에 관한 사항 • 방문지역에서 수행원 등이 숙박할 숙박시설의 명칭과 위치 등에 관한 사항 • 이동 수단 및 방법에 관한 사항★ • 경호대상자가 참석해야 할 모든 행사와 활동 범위에 관한 사항★ • 방문지에서 경호대상자와 접촉하게 되는 의전 관련자, 관료, 기업인 등에 관한 사항 • 방문단과 함께 움직이는 취재진에 관한 사항 • 관련 소요비용에 관한 사항 • 경호안전에 영향을 줄 수 있는 행사주최나 방문국의 요구사항
연락 및 협조체제 구축 시 고려사항	• 기후변화 등의 악천후 시를 고려한 행사스케줄과 행사관계자의 시간계획에 관한 사항 • 모든 행사 장소와 행사에 참석하는 사람, 진행요원, 관련 공무원, 행사위원 등의 명단★ • 경호대상자의 행사 참석 범위, 행사의 구체적인 성격 등★ • 경호대상자와 수행원의 편의시설(휴게실, 화장실, 분장실 등)★ • 행사 시 경호대상자가 관여하는 선물증정식 등★ • 취재진의 인가 및 통제 상황

67 정답 ③

테러방지법령상 국가정보원은 국방부, 경찰청 및 해양경찰청과 달리 대테러특공대를 설치·운영할 수 있는 기관이 아니다(테러방지법 시행령 제18조 제1항).

> **관계법령** 대테러특공대 등(테러방지법 시행령 제18조)★
>
> ① 국방부장관, 경찰청장 및 해양경찰청장은 테러사건에 신속히 대응하기 위하여 대테러특공대를 설치·운영한다.
> ② 국방부장관, 경찰청장 및 해양경찰청장은 제1항에 따른 대테러특공대를 설치·운영하려는 경우에는 대책위원회의 심의·의결을 거쳐야 한다.
> ③ 대테러특공대는 다음 각호의 임무를 수행한다.
>   1. 대한민국 또는 국민과 관련된 국내외 테러사건 진압
>   2. 테러사건과 관련된 폭발물의 탐색 및 처리
>   3. 주요 요인 경호 및 국가 중요행사의 안전한 진행 지원
>   4. 그 밖에 테러사건의 예방 및 저지활동

68 정답 ②

국기와 함께 외국기를 게양할 때 앞에서 게양대를 바라보아 게양할 기의 총수가 짝수인 경우 국기는 맨 왼쪽의 첫 번째에, 바로 오른쪽이 차순위가 되도록 한다.

> **핵심만콕** 경호의전 시 국기게양요령
>
> - 국기와 함께 외국기를 게양할 때 앞에서 게양대를 바라보아 게양할 기의 총수가 짝수인 경우 국기는 맨 왼쪽의 첫 번째에, 바로 오른쪽이 차순위가 되도록 한다.★
> - 공항·호텔 등 국제적인 교류장소는 태극기를 되도록 연중 게양한다.
> - 태극기 게양일은 3월 1일, 7월 17일, 8월 15일, 10월 1일, 10월 3일이며, 6월 6일은 조기를 게양한다. 2013년부터 한글날이 국경일로 재지정되어 10월 9일도 태극기 게양일이다.★★
> - 옥내 게양 시 깃대에 의한 게양을 원칙으로 하되, 실내 여건 등을 감안하여 필요한 경우 깃면만을 게시할 수 있다.
> - 차량용 국기게양의 경우에는 차량의 본네트(보닛) 앞에 서서 차량을 정면으로 바라볼 때 본네트(보닛)의 왼쪽이나 왼쪽 유리창문에 단다.★
> - 외국 국가원수가 방한, 우리나라 대통령과 차량동승 시 앞에서 보아 태극기는 왼쪽, 외국기는 오른쪽에 단다.★
> - 옥내 게양 시 깃대에 의한 게양을 원칙으로 하되, 교육목적이나 관리목적 또는 옥내 여건 등을 감안하여 필요할 경우 깃면만을 게시할 수 있다.★
> - 옥내 회의장, 강당 등의 경우 국기를 깃대에 달아서 세워 놓을 때에는 단상 등 전면 왼쪽에 위치하도록 하고, 깃면만을 게시할 경우에는 전면 중앙에 위치하도록 한다.★
> - 옥내 정부행사장 중 중·대형 행사장의 경우 대형 태극기 깃면을 단상 뒤쪽 중앙 벽면에 설치하는 것을 원칙으로 한다. 다만, 원형 실내체육관 등은 참석인사 모두가 깃면을 잘 볼 수 있도록 시설 내부구조에 알맞은 위치를 선정하도록 한다.★

69 정답 ❷

( ) 안의 ㄱ, ㄴ에 들어갈 내용은 ㄱ : 스톡홀름 증후군, ㄴ : 리마 증후군이다.

> **핵심만콕** 테러리즘의 증후군
>
> - 스톡홀름 증후군(Stockholm Syndrome) : 인질사건에서 인질이 인질범에게 정신적으로 동화되어 자신을 인질범과 동일시하는 현상을 말한다.
> - 리마 증후군(Lima Syndrome) : 인질사건에서 인질범이 인질의 문화에 익숙해지고 정신적으로 동화되면서 자신을 인질과 동일시하고 결과적으로 공격적인 태도가 완화되는 현상으로, 1996년 12월 페루 리마(Lima)에서 발생한 일본 대사관저 점거 인질사건에서 유래되었다.
> - 런던 증후군(London Syndrome) : 인질사건의 협상단계에서 통역이나 협상자가 인질범 사이에 생존동일시 현상이 일어나는 것을 말한다.
> - 항공교통기피증후군 : 9·11 테러 이후 사람들이 항공기의 이용을 기피하는 사회적 현상을 말한다.
>
> 〈출처〉 김두현, 「현대테러리즘론」, 백산출판사

70 정답 ❷

② (○) 문을 통과할 경우에는 항상 경호원이 먼저 통과하여 안전을 확인한 후 경호대상자를 통과시켜야 하고, 경호원이 사전에 점검하지 않은 지역이나 장소에는 경호대상자가 절대 접근하지 않도록 한다.
① (✕) 가능하면 회전문을 사용하지 않는 것이 좋다. 부득이한 경우에는 경호원이 먼저 탑승하여 작동 여부와 내부 위해요소에 대한 경계를 하고 경호대상자와 1칸의 간격으로 접근하여 들어와서 정상적 도보대형을 형성한 후 이동하도록 한다.
③ (✕) 에스컬레이터는 사방이 노출되어 있으므로 가급적이면 계단이나 엘리베이터로 이동하는 것이 상대적으로 더 안전하다.
④ (✕) 에스컬레이터를 이용할 경우, 걸음을 멈추지 않고 최대한 짧은 시간에 에스컬레이터를 벗어나도록 한다.

71 정답 ❸

③ (○) 초경량비행장치를 소유하거나 사용할 수 있는 권리가 있는 자는 초경량비행장치의 종류, 용도, 소유자의 성명, 개인정보 및 개인위치정보의 수집 가능 여부 등을 국토교통부령으로 정하는 바에 따라 국토교통부장관에게 신고하여야 한다. 다만, 대통령령으로 정하는 초경량비행장치(군사목적 등)는 그러하지 아니하다(항공안전법 제122조 제1항, 동법 시행령 제24조 제9호 참고).
① (✕) 군용·경찰용 또는 세관용 무인비행장치와 이에 관련된 업무에 종사하는 사람에 대하여는 이 법을 적용하지 아니한다(항공안전법 제131조의2 제1항).
② (✕) 개인정보보호법 제25조에 따르면, 무인기에 영상장치를 장착해서 촬영하는 경우, 영상정보를 사용할 수 있는 곳이 범죄예방, 시설안전 및 화재예방, 교통단속 등 상당히 제한적이다.
〈출처〉 신승균, 「무인항공기 활용에 따른 법제도적 쟁점사항 검토」, 2015
④ (✕) 드론을 민간경비에 활용하기 위해서는 법적 규제 내용을 검토하고 경비업법상 드론을 조종하는 경비원의 자격과 권한 범위를 조정하여야 하며 드론을 경비장비로 수용하는 등 개정의 필요성이 있다.
〈출처〉 김계원·서진석, 「민간경비에서 드론 활용과 법적 규제에 관한 연구」, 2017

72 정답 ❶

제시된 내용 중 보안업무규정상 보호지역에 관한 설명으로 옳은 것은 ㄹ뿐이다.
ㄹ. (○) 보안업무규정 시행규칙 제54조 제1항 제3호
ㄱ. (×) 보호지역은 그 중요도에 따라 제한지역, 제한구역 및 통제구역으로 나눈다(보안업무규정 제34조 제2항).
ㄴ. (×) 제한구역은 비인가자가 비밀, 주요시설 및 Ⅲ급 비밀 소통용 암호자재에 접근하는 것을 방지하기 위하여 안내를 받아 출입하여야 하는 구역을 말한다(보안업무규정 시행규칙 제54조 제1항 제2호).
ㄷ. (×) 제한지역은 비밀 또는 국·공유재산의 보호를 위하여 울타리 또는 방호·경비인력에 의하여 영 제34조 제3항에 따른 승인을 받지 않은 사람의 접근이나 출입에 대한 감시가 필요한 지역을 말한다(보안업무규정 시행규칙 제54조 제1항 제1호).

73 정답 ❹

3중 경호의 원칙에 해당하는 내용은 ㄷ, ㄹ, ㅁ이다.
ㄱ. (×) 긴급하고 위험한 상황이 발생했을 때 예리하고 순간적인 판단력을 이용하여 경호를 하는 원칙으로 경호학의 이론적 뒷받침이 되는 것은 두뇌경호의 원칙이다.
ㄴ. (×) 경호요원은 은밀하고 침묵 속에서 행동하며 항상 경호대상자의 신변을 보호할 수 있는 곳에 행동반경을 두고 경호에 임해야 하는 것은 은밀경호의 원칙이다.

74 정답 ❷

1960년 4·19 혁명으로 제1공화국이 끝나고 3차 개헌을 통해 정부형태가 대통령 중심제에서 내각책임제로 바뀌면서 국무총리의 지위가 크게 강화됨에 따라 대통령 경호를 담당하던 경무대경찰서가 폐지되고 경무대 지역의 경비업무는 서울시 경찰국 경비과에서 담당하게 되었다. 이후 1960년 6월 제2공화국이 수립되면서 서울시경 소속으로 청와대 경찰관파견대를 설치하여 경비과에서 담당하던 대통령 경호 및 대통령관저의 경비를 담당하게 하였다.

| 핵심만콕 | 대한민국 정부수립 이후의 경호기관 ★★ |

구 분	내 용
경무대경찰서 (1949)	• 1949년 2월 왕궁을 관할하고 있던 창덕궁경찰서가 폐지되고 경무대경찰서가 신설되면서 경찰이 대통령 경호임무를 담당하게 되었다. 이때, 종로경찰서 관할인 중앙청 및 경무대 구내가 경무대경찰서의 관할구역이 되었다.★ • 1949년 12월 내무부훈령 제25호에 의하여 경호규정이 제정되면서 최초로 경호라는 용어의 사용과 경호업무의 체제가 정비되었다.★ • 경무대경찰서는 신설 당시에는 종로경찰서 관할인 중앙청 및 경무대 구내가 관할구역이었으나, 1953년 3월 30일 경찰서 직제의 개정으로 그 관할구역을 경무대 구내로 제한하였다.★
청와대 경찰관파견대 (1960)	• 1960년 4·19 혁명으로 제1공화국이 끝나고 3차 개헌을 통해 정부형태가 대통령 중심제에서 내각책임제로 바뀌면서 국무총리의 지위가 크게 강화됨에 따라 대통령 경호를 담당하던 경무대경찰서가 폐지되고 경무대 지역의 경비업무는 서울시 경찰국 경비과에서 담당하게 되었다.★ • 1960년 6월 제2공화국이 수립되면서 서울시경 소속으로 청와대 경찰관파견대를 설치하여 경비과에서 담당하던 대통령 경호 및 대통령관저의 경비를 담당케 하였다.★
국가재건최고회의 의장경호대 ↓ 중앙정보부 경호대 (1961)	• 1961년 5월 군사혁명위원회가 국가재건최고회의로 발족되면서 국가재건최고회의 의장 경호대가 임시로 편성되었다가 중앙정보부로 예속되고, 그 해 9월 중앙정보부 내훈 제2호로 경호규정이 제정 시행되면서 11월 정식으로 중앙정보부 경호대가 발족되었다.★ • 중앙정보부 경호대의 주요 임무는 국가원수, 최고회의의장, 부의장, 내각수반, 국빈의 신변보호, 기타 경호대장이 지명하는 주요 인사의 신변보호 등이었다.
대통령경호실 (1963) ↓ 대통령실장 소속 경호처 (2008, 차관급) ↓ 대통령경호실 (2013, 장관급) ↓ 대통령경호처 (2017~, 차관급)	• 1963년 제3공화국이 출범하여 대통령경호실법을 제정·공포하고 박정희 대통령 취임과 동시에 대통령경호실을 출범시켰다.★ • 1974년 8·15사건을 계기로 '대통령경호경비안전대책위원회'가 설치되고, 청와대 외각 경비가 경찰에서 군(55경비대대)으로 이양되었으며, 22특별경호대와 666특공대가 창설되고, 경호행사 시 3중 경호의 원칙이 도입되는 등 조직과 제도가 대폭 보강되었다. • 1981년 '대통령 당선 확정자의 가족의 호위'와 '전직대통령과 그 배우자 및 자녀의 호위'가 임무에 추가되었다.★ • 2004년 대통령 탄핵안이 가결됨에 따라 대통령 권한대행에 대한 경호임무를 추가로 수행하였다.★ • 2008년 2월 29일 '대통령경호실법'은 '대통령 등의 경호에 관한 법률'로 개칭되고 소속도 대통령 직속기관인 대통령경호실에서 대통령실장 소속 경호처로 변경되었다. • 2013년 2월 25일 경호처는 다시 대통령비서실과 독립된 대통령경호실로 환원되고, 지위도 장관급으로 격상되었다. • 2017년 7월 26일 정부조직법 개정으로 대통령경호실은 재개편되어 현재 차관급 대통령경호처가 되었다.

75 정답 ④

대통령 등의 경호에 관한 법률 제4조, 동법 시행령 제2조에 의하면 대통령과 그 배우자·직계존비속, 대통령 당선인과 그 배우자·직계존비속, 대통령권한대행과 그 배우자가 대통령경호처의 경호대상이다. 따라서 대통령권한대행의 아들은 대통령경호처의 경호대상에 해당하지 않는다.

관계법령

경호대상(대통령 등의 경호에 관한 법률 제4조)
① 경호처의 경호대상은 다음과 같다.
 1. 대통령과 그 가족
 2. 대통령 당선인과 그 가족
 3. 본인의 의사에 반하지 아니하는 경우에 한정하여 퇴임 후 10년 이내의 전직대통령과 그 배우자. 다만, 대통령이 임기 만료 전에 퇴임한 경우와 재직 중 사망한 경우의 경호 기간은 그로부터 5년으로 하고, 퇴임 후 사망한 경우의 경호 기간은 퇴임일부터 기산하여 10년을 넘지 아니하는 범위에서 사망 후 5년으로 한다.
 4. 대통령권한대행과 그 배우자
 5. 대한민국을 방문하는 외국의 국가원수 또는 행정수반(行政首班)과 그 배우자
 6. 그 밖에 처장이 경호가 필요하다고 인정하는 국내외 요인(要人)
② 제1항 제1호 또는 제2호에 따른 가족의 범위는 대통령령으로 정한다.
③ 제1항 제3호에도 불구하고 전직대통령 또는 그 배우자의 요청에 따라 처장이 고령 등의 사유로 필요하다고 인정하는 경우에는 5년의 범위에서 같은 호에 규정된 기간을 넘어 경호할 수 있다.

가족의 범위(대통령 등의 경호에 관한 법률 시행령 제2조)
「대통령 등의 경호에 관한 법률」(이하 "법"이라 한다) 제4조 제1항 제1호 및 제2호에 따른 가족은 대통령 및 대통령 당선인의 배우자와 직계존비속으로 한다.

76 정답 ②

제시된 내용 중 ㄱ, ㄴ, ㄷ, ㅅ은 출혈이 심한 경우(A)의 응급처치 요령이고 ㄹ, ㅁ, ㅂ, ㅇ은 출혈이 심하지 않은 경우(B)의 응급처치 요령이다.

핵심만콕 출혈 시 응급처치 요령★

구 분	내 용
출혈이 심한 경우	• 출혈이 심하면 즉시 지혈을 하고 출혈 부위를 심장부위보다 높게 하여 안정되게 눕힌다. • 출혈이 멎기 전에는 음료를 주지 않는다. • 지혈방법은 직접 압박, 지압점 압박, 지혈대 사용 등의 방법이 있다. • 소독된 거즈나 헝겊으로 세게 직접 압박한다. • 환자를 편안하게 눕히고 보온한다.
출혈이 심하지 않은 경우	• 출혈이 심하지 않은 상처에 대한 처치는 병균의 침입을 막아 감염을 예방하는 것이다. • 상처를 손이나 깨끗하지 않은 헝겊으로 건드리지 말고, 엉키어 뭉친 핏덩어리를 떼어내지 말아야 한다. • 더러운 것이 묻었을 때는 깨끗한 물로 상처를 씻어 준다. • 소독한 거즈를 상처에 대고 드레싱을 한다. • 의사의 치료를 받게 한다.

77 정답 ❷

얼굴이 붉은 인사불성환자의 증상이다. 쇼크환자는 맥박이 약하고 빠르다. 쇼크는 의식을 잃는 경우도 있지만 의식이 있는 상태로도 발생할 수 있는데, 의식이 없는 경우를 실신이라고 한다.

> **핵심만콕**   쇼크와 관계된 증상 및 징후
>
> - 불안감
> - 약하고 빠른 맥박
> - 차고 축축한 피부
> - 발 한
> - 창백한 얼굴
> - 빠르고 깊이가 얕으며 힘들어 보이는 호흡
> - 초점 없는 눈과 확장된 동공
> - 심한 갈증
> - 오심 또는 구토
> - 점차적인 혈압하강
> - 졸 도
> - 말초혈관 재충혈 시간의 지연 등
>
> 〈출처〉 김두현, 「경호학개론」, 엑스퍼트, 2020, P. 299

78 정답 ❸

제시된 내용 중 옳지 않은 것은 ㄴ과 ㄷ이다.

- ㄴ. (×) 테러위험인물에 관한 설명이다. "외국인테러전투원"이란 테러를 실행·계획·준비하거나 테러에 참가할 목적으로 국적국이 아닌 국가의 테러단체에 가입하거나 가입하기 위하여 이동 또는 이동을 시도하는 내국인·외국인을 말한다(국민보호와 공공안전을 위한 테러방지법 제2조 제4호).
- ㄷ. (×) 외국인테러전투원에 관한 설명이다. "테러위험인물"이란 테러단체의 조직원이거나 테러단체 선전, 테러자금 모금·기부, 그 밖에 테러 예비·음모·선전·선동을 하였거나 하였다고 의심할 상당한 이유가 있는 사람을 말한다(국민보호와 공공안전을 위한 테러방지법 제2조 제3호).
- ㄱ. (○) 국민보호와 공공안전을 위한 테러방지법 제2조 제2호
- ㄹ. (○) 국민보호와 공공안전을 위한 테러방지법 제2조 제6호
- ㅁ. (○) 국민보호와 공공안전을 위한 테러방지법 제2조 제8호

관계법령 정의(국민보호와 공공안전을 위한 테러방지법 제2조)★★

이 법에서 사용하는 용어의 뜻은 다음과 같다.
1. "테러"란 국가·지방자치단체 또는 외국 정부(외국 지방자치단체와 조약 또는 그 밖의 국제적인 협약에 따라 설립된 국제기구를 포함한다)의 권한행사를 방해하거나 의무 없는 일을 하게 할 목적 또는 공중을 협박할 목적으로 하는 다음 각목의 행위를 말한다.
   [각목 생략]
2. "테러단체"란 국제연합(UN)이 지정한 테러단체를 말한다.
3. "테러위험인물"이란 테러단체의 조직원이거나 테러단체 선전, 테러자금 모금·기부, 그 밖에 테러 예비·음모·선전·선동을 하였거나 하였다고 의심할 상당한 이유가 있는 사람을 말한다.
4. "외국인테러전투원"이란 테러를 실행·계획·준비하거나 테러에 참가할 목적으로 국적국이 아닌 국가의 테러단체에 가입하거나 가입하기 위하여 이동 또는 이동을 시도하는 내국인·외국인을 말한다.
5. "테러자금"이란 「공중 등 협박목적 및 대량살상무기확산을 위한 자금조달행위의 금지에 관한 법률」 제2조 제1호에 따른 공중 등 협박목적을 위한 자금을 말한다.
6. "대테러활동"이란 제1호의 테러 관련 정보의 수집, 테러위험인물의 관리, 테러에 이용될 수 있는 위험물질 등 테러수단의 안전관리, 인원·시설·장비의 보호, 국제행사의 안전확보, 테러위협에의 대응 및 무력진압 등 테러 예방과 대응에 관한 제반 활동을 말한다.
7. "관계기관"이란 대테러활동을 수행하는 국가기관, 지방자치단체, 그 밖에 대통령령으로 정하는 기관을 말한다.
8. "대테러조사"란 대테러활동에 필요한 정보나 자료를 수집하기 위하여 현장조사·문서열람·시료채취 등을 하거나 조사대상자에게 자료제출 및 진술을 요구하는 활동을 말한다.

79 정답 ❷

금군은 국왕의 친위부대적 성격을 띤 군대로 신라·조선에서 모두 존재하였다. 조선의 경우 1666년(효종 6)에 내금위·겸사복·우림위 등이 3군영(내삼청)으로 통합되어 금군청을 설치함으로써 금군이라는 명칭이 붙게 되었다.

80 정답 ❹

간접경호에 관한 설명이다. 직접경호는 행사장 주변에 인원과 장비를 배치하여 인적·물적·자연적 위해요소를 배제하기 위한 경호작용이다.
①은 성격에 의한 분류 중 약식경호에 관한 설명이다.

〈출처〉 이두석, 「경호학개론」, 진영사, P. 87 / 최선우, 「경호학」, 박영사, P. 36

핵심만콕 경호의 분류

구 분		내 용
대 상	甲(A)호 경호	국왕 및 대통령과 그 가족, 외국의 원수 등
	乙(B)호 경호	수상, 국회의장, 대법원장, 헌법재판소장, 이와 대등한 지위에 있는 외국인사 등
	丙(C)호 경호	경찰청장 또는 경호기관의 장이 필요하다고 인정하는 주요 인사
장 소	행사장경호	행사장은 일반군중과 가까우므로 완벽한 경호가 필요
	숙소경호	체류기간이 길고, 야간경호를 해야 함
	연도경호 (노상경호)	연도경호는 세부적으로 교통수단에 의해 분류됨(육로경호·철도경호)
성 격	공식경호 (1호·A호)	경호관계자의 사전 통보에 의해 계획·준비되는 공식행사 때에 실시하는 경호
	비공식경호 (2호·B호)	경호관계자 간의 사전 통보나 협의절차 없이 이루어지는 비공식행사 때의 경호
	약식경호 (3호·C호)	일정한 방식에 의하지 않고 실시하는 경호(출·퇴근 시 일상적으로 실시하는 경우)
경호수준	1(A)급 경호	행차보안이 사전에 노출되어 경호위해가 증대된 상황하의 각종 행사와 국왕 및 대통령 등 국가원수급의 1등급 경호대상으로 결정된 국빈행사의 경호
	2(B)급 경호	행사 준비 등의 시간적 여유 없이 갑자기 결정된 상황하의 각종 행사와 수상급의 경호대상으로 결정된 국빈행사의 경호
	3(C)급 경호	사전에 행사 준비 등 경호조치가 거의 전무한 상황하에서 이루어지는 것으로서 장관급의 경호대상으로 결정된 국빈행사의 경호

〈출처〉 김두현, 「경호학개론」, 엑스퍼트, 2020, P. 57~61

제9회 경비업법

문제편 214p

정답 CHECK

01	02	03	04	05	06	07	08	09	10	11	12	13	14	15	16	17	18	19	20
②	③	③	①	③	②	②	④	③	③	①	④	④	③	②	①	④	②	①	④
21	22	23	24	25	26	27	28	29	30	31	32	33	34	35	36	37	38	39	40
①	③	①	③	②	③	③	④	①	②	②	④	③	③	④	②	③	①	②	②

01 정답 ②

② (×) 기계경비업무에 대한 정의이다. 시설경비업무란 경비를 필요로 하는 시설 및 장소(이하 "경비대상시설"이라 한다)에서의 도난·화재 그 밖의 혼잡 등으로 인한 위험발생을 방지하는 업무를 말한다(경비업법 제2조 제1호 가목).
① (○) 경비업법 제2조 제1호
③ (○) 경비업법 제2조 제2호
④ (○) 경비업법 제2조 제3호

관계법령 정의(경비업법 제2조)

이 법에서 사용하는 용어의 정의는 다음과 같다. 〈개정 2024.1.30.〉
1. "경비업"이라 함은 다음 각목의 1에 해당하는 업무(경비업무)의 전부 또는 일부를 도급받아 행하는 영업을 말한다.
   가. 시설경비업무 : 경비를 필요로 하는 시설 및 장소(경비대상시설)에서의 도난·화재 그 밖의 혼잡 등으로 인한 위험발생을 방지하는 업무
   나. 호송경비업무 : 운반 중에 있는 현금·유가증권·귀금속·상품 그 밖의 물건에 대하여 도난·화재 등 위험발생을 방지하는 업무
   다. 신변보호업무 : 사람의 생명이나 신체에 대한 위해의 발생을 방지하고 그 신변을 보호하는 업무
   라. 기계경비업무 : 경비대상시설에 설치한 기기에 의하여 감지·송신된 정보를 그 경비대상시설 외의 장소에 설치한 관제시설의 기기로 수신하여 도난·화재 등 위험발생을 방지하는 업무
   마. 특수경비업무 : 공항(항공기를 포함) 등 대통령령이 정하는 국가중요시설의 경비 및 도난·화재 그 밖의 위험발생을 방지하는 업무
   바. 혼잡·교통유도경비업무 : 도로에 접속한 공사현장 및 사람과 차량의 통행에 위험이 있는 장소 또는 도로를 점유하는 행사장 등에서 교통사고나 그 밖의 혼잡 등으로 인한 위험발생을 방지하는 업무
2. "경비지도사"라 함은 경비원을 지도·감독 및 교육하는 자를 말하며 일반경비지도사와 기계경비지도사로 구분한다.
3. "경비원"이라 함은 제4조 제1항의 규정에 의하여 경비업의 허가를 받은 법인(이하 "경비업자"라 한다)이 채용한 고용인으로서 다음 각목의 1에 해당하는 자를 말한다.
   가. 일반경비원 : 제1호 가목 내지 라목의 경비업무를 수행하는 자
   나. 특수경비원 : 제1호 마목의 경비업무를 수행하는 자

02 정답 ③

③ (○) 경비업법 제2조 제5호 바목
① (×) 단순히 정비사업을 하는 장소가 아니라, 「도시 및 주거환경정비법」에 따른 정비사업과 관련하여 이해대립이 있어 다툼이 있는 장소를 말한다(경비업법 제2조 제5호 나목).
② (○) 단순히 주주총회가 개최되고 있는 장소가 아니라, 주주총회와 관련하여 이해대립이 있어 다툼이 있는 장소를 말한다(경비업법 제2조 제5호 라목).
④ (×) 「행정절차법」이 아닌 「행정대집행법」에 따라 대집행을 하는 장소를 말한다(경비업법 제2조 제5호 사목).

관계법령 정의(경비업법 제2조)★★

이 법에서 사용하는 용어의 정의는 다음과 같다. 〈개정 2024.1.30.〉
5. "집단민원현장"이란 다음 각목의 장소를 말한다.
   가. 「노동조합 및 노동관계조정법」에 따라 노동관계 당사자가 노동쟁의 조정신청을 한 사업장 또는 쟁의행위가 발생한 사업장
   나. 「도시 및 주거환경정비법」에 따른 정비사업과 관련하여 이해대립이 있어 다툼이 있는 장소
   다. 특정 시설물의 설치와 관련하여 민원이 있는 장소
   라. 주주총회와 관련하여 이해대립이 있어 다툼이 있는 장소
   마. 건물·토지 등 부동산 및 동산에 대한 소유권·운영권·관리권·점유권 등 법적 권리에 대한 이해대립이 있어 다툼이 있는 장소
   바. 100명 이상의 사람이 모이는 국제·문화·예술·체육 행사장
   사. 「행정대집행법」에 따라 대집행을 하는 장소

03 정답 ③

③ (○) 경비업법 제5조 제4호
① (×) 피성년후견인이 경비업을 영위하는 법인의 임원 결격사유에 해당한다(경비업법 제5조 제1호).
② (×) 경비업법을 위반하여 벌금형의 선고를 받고 3년이 지나지 아니한 자는 특수경비업무를 수행하는 법인의 임원이 될 수 없다(경비업법 제5조 제4호).
④ (×) 관할 경찰관서장의 배치폐지명령에 따르지 아니하여(경비업법 제19조 제1항 제8호 위반) 허가가 취소된 법인의 허가취소 당시의 임원이었던 자로서 허가가 취소된 날부터 3년이 지나지 아니한 자는 허가취소된 경비업무와 동종의 경비업무를 수행하는 법인의 임원이 될 수 없다(경비업법 제5조 제5호).

관계법령 임원의 결격사유(경비업법 제5조)

다음 각호의 어느 하나에 해당하는 자는 경비업을 영위하는 법인(제4호에 해당하는 자의 경우에는 특수경비업무를 수행하는 법인을 말하고, 제5호에 해당하는 자의 경우에는 허가취소사유에 해당하는 경비업무와 동종의 경비업무를 수행하는 법인을 말한다)의 임원이 될 수 없다.
1. 피성년후견인
2. 파산선고를 받고 복권되지 아니한 자
3. 금고 이상의 형의 선고를 받고 그 형이 실효되지 아니한 자
4. 이 법 또는 대통령 등의 경호에 관한 법률에 위반하여 벌금형의 선고를 받고 3년이 지나지 아니한 자
5. 이 법(제19조 제1항 제2호 및 제7호는 제외한다) 또는 이 법에 의한 명령에 위반하여 허가가 취소된 법인의 허가취소 당시의 임원이었던 자로서 그 취소 후 3년이 지나지 아니한 자
6. 제19조 제1항 제2호(허가받은 경비업무 외의 업무에 경비원을 종사하게 한 때) 및 제7호(소속 경비원으로 하여금 경비업무의 범위를 벗어난 행위를 하게 한 때)의 사유로 허가가 취소된 법인의 허가취소 당시의 임원이었던 자로서 허가가 취소된 날부터 5년이 지나지 아니한 자

04 정답 ①

허가관청은 경비업자가 영업정지처분을 받고 계속하여 영업을 한 때에는 경비업의 허가를 취소하여야 한다(경비업법 제19조 제1항 제6호).

> **관계법령** 경비원의 명부와 배치허가 등(경비업법 제18조)
>
> ⑧ 관할 경찰관서장은 경비업자가 다음 각호의 어느 하나에 해당하는 때에는 배치폐지를 명할 수 있다.
>   1. 제2항 각호 외의 부분 단서를 위반하여 배치허가를 받지 아니하고 경비원을 배치하거나 경비원 명단 및 배치일시·배치장소 등 배치허가 신청의 내용을 거짓으로 한 때
>   2. 제6항의 결격사유에 해당하는 자를 집단민원현장에 일반경비원으로 배치한 때
>   3. 제7항을 위반하여 신임교육을 이수하지 아니한 자를 제2항 각호의 경비원으로 배치한 때
>   4. 경비업자 또는 경비원이 위력이나 흉기 또는 그 밖의 위험한 물건을 사용하여 집단적 폭력사태를 일으킨 때
>   5. 경비업자가 제2항 각호 외의 부분 본문을 위반하여 신고하지 아니하고 일반경비원을 배치한 때

05 정답 ③

제시된 내용의 (   ) 안에 들어갈 내용은 순서대로 ㄱ : 청원주, ㄴ : 시·도 경찰청장, ㄷ : 대통령령이다.

> **관계법령** 청원경찰의 임용 등(청원경찰법 제5조)
>
> ① 청원경찰은 청원주가 임용하되, 임용을 할 때에는 미리 시·도 경찰청장의 승인을 받아야 한다.
> ② 「국가공무원법」 제33조 각호의 어느 하나의 결격사유에 해당하는 사람은 청원경찰로 임용될 수 없다.
> ③ 청원경찰의 임용자격·임용방법·교육 및 보수에 관하여는 대통령령으로 정한다.
> ④ 청원경찰의 복무에 관하여는 「국가공무원법」 제57조, 제58조 제1항, 제60조 및 「경찰공무원법」 제24조를 준용한다.
> [2018.9.18. 법률 제15765호에 의하여 2017.9.28. 헌법재판소에서 헌법불합치 결정된 이 조 제4항을 개정함.]

06 정답 ②

② (×) 일반경비원 교육기관 시설·장비 지정 기준으로 규정되지 않고 특수경비원 교육기관만의 시설·장비 지정 기준에 해당한다[경비업법 시행령 [별표 3의2] 제2호 나목 4)].
① (○) 경비업법 시행령 [별표 3의2] 제1호 나목 1) 및 제2호 나목 1)
③ (○) 경비업법 시행령 [별표 3의2] 제1호 나목 3) 및 제2호 나목 3)
④ (○) 경비업법 시행령 [별표 3의2] 제1호 나목 2) 및 제2호 나목 2)

관계법령 경비원 교육기관의 지정 기준(경비업법 시행령 [별표 3의2]) <신설 2024.8.13.>

구 분		지정 기준
1. 일반경비원 교육기관	나. 시설·장비	1) 지정기간 동안 교육 수행에 필요한 강의실과 사무실을 소유 또는 임차 등의 방법으로 확보할 것 2) 교육 수행에 필요한 컴퓨터, 시청각 장비 등 교육훈련 기자재를 확보할 것 3) 체포·호신술 과목의 경우에는 실습을 위한 별도의 공간 또는 매트 등 안전장비를 확보할 것
2. 특수경비원 교육기관	나. 시설·장비	1) 지정기간 동안 교육 수행에 필요한 강의실과 사무실을 소유 또는 임차 등의 방법으로 확보할 것 2) 교육 수행에 필요한 컴퓨터, 시청각 장비 등 교육훈련 기자재를 확보할 것 3) 체포·호신술 과목의 경우에는 실습을 위한 별도의 공간 또는 매트 등 안전장비를 확보할 것 4) 소총에 의한 실탄사격이 가능하고 10개 사로(射路) 이상을 갖춘 사격장을 사용할 수 있을 것. 다만, 사용계획서를 제출한 경우에는 교육기관 지정을 받은 날부터 2개월 이내에 시·도 경찰청장에게 사격장 사용이 가능하다는 사실의 확인을 받아야 한다.

※ 비고
위 표에서 규정한 사항 외에 일반경비원 교육기관 또는 특수경비원 교육기관의 지정에 필요한 인력 및 시설·장비의 세부기준 등은 경찰청장이 정한다.

07 정답 ❷

ㄱ. (○), ㄹ. (○) 경비업법 제14조 제8항
ㄴ. (×) 사전경고 없이 사람을 향하여 권총 또는 소총을 발사할 수 있는 경우이다(경비업법 제15조 제4항 제1호 단서 나목).
ㄷ. (×) 정신질환자인 특수경비원에게는 무기를 지급하여서는 아니 된다(경비업법 시행규칙 제18조 제5항).

08 정답 ❹

④ (×) 허가신청 시 경비인력, 시설 및 장비를 갖추지 못한 경우에 확보계획서 제출 후 허가를 받은 날부터 1월 이내에 경비인력, 시설 및 장비를 갖추고 시·도 경찰청장의 확인을 받을 수 있으나, 자본금은 허가신청 시 갖추고 있어야 한다(경비업법 시행령 제3조 제2항 단서). 즉, 허가요건에 해당하는 자본금을 갖추지 못한 경우에는 조건부 허가를 받을 수 없다.
① (○) 경비업법 제4조 제3항 제4호
② (○) 경비업법 제4조의2 제1항
③ (○) 경비업법 시행령 제3조 제1항 전문

09 정답 ③

③ (○) 특수경비업자가 할 수 있는 전자부품, 컴퓨터, 영상, 음향 및 통신장비 제조업 분야의 경비관련업에는 전자카드 제조업, 통신 및 방송 장비 제조업, 영상 및 음향기기 제조업이 있다(경비업법 시행령 [별표 1의2]).

① (×) 특수경비업자가 할 수 있는 전기장비 제조업 분야의 경비관련업에 해당한다(경비업법 시행령 [별표 1의2]).

② (×) 특수경비업자가 할 수 있는 도매 및 상품중개업 분야의 경비관련업에 해당한다(경비업법 시행령 [별표 1의2]).

④ (×) 특수경비업자가 할 수 있는 통신업 분야의 경비관련업에 해당한다(경비업법 시행령 [별표 1의2]).

관계법령 특수경비업자가 할 수 있는 영업(경비업법 시행령 [별표 1의2])

분야	해당 영업
금속가공제품 제조업 (기계 및 가구 제외)	• 일반철물 제조업(자물쇠제조 등 경비 관련 제조업에 한정) • 금고 제조업
그 밖의 기계 및 장비제조업	분사기 및 소화기 제조업
전기장비 제조업	전기경보 및 신호장치 제조업
전자부품, 컴퓨터, 영상, 음향 및 통신장비 제조업	• 전자카드 제조업 • 통신 및 방송 장비 제조업 • 영상 및 음향기기 제조업
전문직별 공사업	• 소방시설 공사업 • 배관 및 냉·난방 공사업(소방시설 공사 등 방재 관련 공사에 한정) • 내부 전기배선 공사업 • 내부 통신배선 공사업
도매 및 상품중개업	통신장비 및 부품 도매업
통신업	전기통신업
부동산업	부동산 관리업
컴퓨터 프로그래밍, 시스템 통합 및 관리업	• 컴퓨터 프로그래밍 서비스업 • 컴퓨터시스템 통합 자문, 구축 및 관리업
건축기술, 엔지니어링 및 관련기술 서비스업	• 건축설계 및 관련 서비스업(소방시설 설계 등 방재 관련 건축설계에 한정) • 건물 및 토목엔지니어링 서비스업(소방공사 감리 등 방재 관련 서비스업에 한정)
사업시설 관리 및 조경 서비스업	• 사업시설 유지관리 서비스업 • 건물 산업설비 청소 및 방제 서비스업
사업지원 서비스업	• 인력공급 및 고용알선업 • 경비, 경호 및 탐정업
교육서비스업	• 직원훈련기관 • 그 밖의 기술 및 직업훈련학원(경비 관련 교육에 한정)
수리업	• 일반 기계 수리업 • 전기, 전자, 통신 및 정밀기기 수리업
창고 및 운송 관련 서비스업	주차장 운영업

10 정답 ❸

제시된 내용 중 일반경비원과 특수경비원의 신임교육과목 중 실무교육과목으로 공통된 것은 장비사용법(ㄱ), 체포·호신술(ㄴ), 직업윤리 및 인권보호(ㄹ)이다(경비업법 시행규칙 [별표 2]·[별표 4] 참조). 폭발물 처리요령(ㄷ), 정보보호 및 보안업무(ㅁ), 테러 및 재난대응요령(ㅂ)은 특수경비원의 신임교육과목 중 실무교육과목에만 해당한다.

관계법령 | 일반경비원과 특수경비원의 신임교육의 과목 및 시간 ★★ <개정 2024.8.14.>

구분 (교육시간)	일반경비원(경비업법 시행규칙 [별표 2])	구분 (교육시간)	특수경비원(경비업법 시행규칙 [별표 4])
이론교육 (4h)	「경비업법」 등 관계법령(2h), 범죄예방론(2h)	이론교육 (15h)	「경비업법」 및 「경찰관직무집행법」 등 관계법령(8h), 「헌법」 및 형사법(4h), 범죄예방론(3h)
실무교육 (19h)	시설경비실무(3h), 호송경비실무(2h), 신변보호실무(2h), 기계경비실무(2h), 혼잡·교통유도경비실무(2h), 사고예방대책(2h), 체포·호신술(2h), 장비사용법(2h), 직업윤리 및 인권보호(2h)	실무교육 (61h)	테러 및 재난대응요령(4h), 폭발물 처리요령(6h), 화재대처법(3h), 응급처치법(3h), 장비사용법(3h), 출입통제요령(3h), 직업윤리 및 인권보호(2h), 기계경비실무(3h), 혼잡·교통유도경비업무(4h), 정보보호 및 보안업무(6h), 시설경비 요령(4h), 민방공(4h), 총기조작(3h), 사격(6h), 체포·호신술(4h), 관찰·기록기법(3h)
기타(1h)	입교식, 평가 및 수료식(1h)	기타(4h)	입교식, 평가 및 수료식(4h)
계	24h	계	80h

11 정답 ❶

( ) 안의 ㄱ~ㄷ에 들어갈 내용은 ㄱ : 위력, ㄴ : 시·도 경찰청장, ㄷ : 경찰청장이다.

관계법령

경비원 등의 의무(경비업법 제15조의2)
① 경비원은 직무를 수행함에 있어 타인에게 위력을 과시하거나 물리력을 행사하는 등 경비업무의 범위를 벗어난 행위를 하여서는 아니 된다.
② 누구든지 경비원으로 하여금 경비업무의 범위를 벗어난 행위를 하게 하여서는 아니 된다.

특수경비업자의 업무개시 전의 조치(경비업법 시행령 제6조)
① 법 제2조 제1호 마목의 규정에 의한 특수경비업무를 수행하는 경비업자(이하 "특수경비업자"라 한다)는 법 제4조 제3항 제5호의 규정에 의하여 첫 업무개시의 신고를 하기 전에 시·도 경찰청장의 비밀취급인가를 받아야 한다.
② 시·도 경찰청장은 제1항의 규정에 의하여 특수경비업자에게 비밀취급인가를 하고자 하는 때에는 법 제25조의 규정에 의하여 특수경비업자로 하여금 경찰청장을 거쳐 국가정보원장에게 보안측정을 요청하도록 하여야 한다.

12 정답 ④

④ (○) 경비업법 제22조 제3항 제3호·제4호
① (✕) 경비업자가 경비협회를 설립하려는 경우에는 정관을 작성하여야 한다(경비업법 시행령 제26조 제1항).
② (✕) 경비협회에 관하여 경비업법에 특별한 규정이 있는 것을 제외하고는 민법 중 사단법인에 관한 규정을 준용한다(경비업법 제22조 제4항).
③ (✕) 경비협회는 경비업자의 손해배상책임을 보장하기 위하여 공제사업을 할 수 있으나(경비업법 제23조 제1항), 경비원의 고용안전보장을 위하여 공제사업을 운영할 수는 없다.

관계법령 경비협회(경비업법 제22조)★

① 경비업자는 경비업무의 건전한 발전과 경비원의 자질향상 및 교육훈련 등을 위하여 대통령령이 정하는 바에 따라 경비협회를 설립할 수 있다.
② 경비협회는 법인으로 한다.
③ 경비협회의 업무는 다음과 같다.
  1. 경비업무의 연구
  2. 경비원 교육·훈련 및 그 연구
  3. 경비원의 후생·복지에 관한 사항
  4. 경비진단에 관한 사항
  5. 그 밖에 경비업무의 건전한 운영과 육성에 관하여 필요한 사항
④ 경비협회에 관하여 이 법에 특별한 규정이 있는 것을 제외하고는 민법 중 사단법인에 관한 규정을 준용한다.

13 정답 ④

( ) 안에 들어갈 내용은 ㄱ : 2주 76시간, ㄴ : 1년, ㄷ : 3년이다.

관계법령 교육(청원경찰법 시행령 제5조)

① 청원주는 청원경찰로 임용된 사람으로 하여금 경비구역에 배치하기 전에 경찰교육기관에서 직무수행에 필요한 교육을 받게 하여야 한다. 다만, 경찰교육기관의 교육계획상 부득이하다고 인정할 때에는 우선 배치하고 임용 후 1년 이내에 교육을 받게 할 수 있다.
② 경찰공무원(의무경찰을 포함한다) 또는 청원경찰에서 퇴직한 사람이 퇴직한 날부터 3년 이내에 청원경찰로 임용되었을 때에는 제1항에 따른 교육을 면제할 수 있다.
③ 제1항의 교육기간·교육과목·수업시간 및 그 밖에 교육의 시행에 필요한 사항은 행정안전부령으로 정한다.

교육기간 등(청원경찰법 시행규칙 제6조)
영 제5조 제3항에 따른 교육기간은 2주로 하고, 교육과목 및 수업시간(76h)은 [별표 1]과 같다.

14 정답 ❸

③ (○) 청원경찰법 제5조 제4항
① (×) 청원경찰은 청원주와 배치된 기관·시설 또는 사업장 등의 구역을 관할하는 경찰서장의 감독을 받아 그 경비구역만의 경비를 목적으로 필요한 범위에서 「경찰관직무집행법」에 따른 경찰관의 직무를 수행한다(청원경찰법 제3조).
② (×) 청원경찰은 「형법」이나 그 밖의 법령에 따른 벌칙을 적용하는 경우와 청원경찰법 및 동법 시행령에서 특별히 규정한 경우를 제외하고는 공무원으로 보지 아니한다(청원경찰법 시행령 제18조). ★
④ (×) 청원경찰이 직무를 수행할 때에 「경찰관직무집행법」 및 같은 법 시행령에 따라 하여야 할 모든 보고는 관할 경찰서장에게 서면으로 보고하기 전에 지체 없이 구두로 보고하고 그 지시에 따라야 한다(청원경찰법 시행규칙 제22조). ★

15 정답 ❷

행정안전부령이 정하는 신체조건은 ㄴ(팔과 다리가 완전하고)과 ㄹ(두 눈의 맨눈시력이 각각 0.2 이상 또는 교정시력이 각각 0.8 이상일 것)이다.

관계법령

특수경비원의 신체조건(경비업법 시행규칙 제7조)
법 제10조 제2항 제5호에서 "행정안전부령이 정하는 신체조건"이라 함은 팔과 다리가 완전하고 두 눈의 맨눈시력 각각 0.2 이상 또는 교정시력 각각 0.8 이상을 말한다.

[비교] 청원경찰 임용의 신체조건(청원경찰법 시행규칙 제4조)
영 제3조 제2호에 따른 신체조건은 다음 각호와 같다.
1. 신체가 건강하고 팔다리가 완전할 것
2. 시력(교정시력을 포함한다)은 양쪽 눈이 각각 0.8 이상일 것

16 정답 ❶

기계경비업자가 출장소별로 갖추어 두어야 할 관리 서류의 기재사항은 ㄱ·ㄴ·ㄷ이다(경비업법 시행령 제9조 제1항). ㄹ은 기계경비업자가 계약상대방에게 설명의무 이행 시 교부하는 서면등에 기재할 사항이며(동 시행령 제8조 제1항 제4호), ㅁ은 기계경비업자가 계약상대방에게 교부의무가 있는 서면등의 기재사항이다(동 시행령 제8조 제2항).

관계법령 기계경비업자의 관리 서류(경비업법 시행령 제9조) ★★

① 기계경비업자는 출장소별로 다음 각호의 사항을 기재한 서류를 갖추어 두어야 한다.
  1. 경비대상시설의 명칭·소재지 및 경비계약기간
  2. 기계경비지도사의 명단·배치일자·배치장소와 출동차량의 대수
  3. 경보의 수신 및 현장도착 일시와 조치의 결과
  4. 오경보인 경우 오경보가 발생한 경비대상시설 및 그 오경보에 대한 조치의 결과
② 제1항 제3호 및 제4호의 규정에 의한 사항을 기재한 서류는 당해 경보를 수신한 날부터 1년간 이를 보관하여야 한다.

17 정답 ❹

경비업법에 명시된 청문 사유는 ① 경비지도사 교육기관의 지정 취소 또는 업무의 정지, ② 경비원 교육기관의 지정 취소 또는 업무의 정지, ③ 경비업 허가의 취소 또는 영업정지, ④ 경비지도사자격의 취소 또는 정지에 한정된다. 벌칙에 있는 징역, 벌금, 과태료는 청문을 실시하지 않더라도 그 과벌절차가 법정되어 있기 때문에 굳이 청문규정을 둘 필요가 없다.

> **관계법령** 청문(경비업법 제21조)
>
> 경찰청장 또는 시·도 경찰청장은 다음 각호의 어느 하나에 해당하는 처분을 하고자 하는 경우에는 청문을 실시하여야 한다. 〈개정 2024.2.13.〉
> 1. 제11조의4에 따른 경비지도사 교육기관의 지정 취소 또는 업무의 정지
> 2. 제13조의3에 따른 경비원 교육기관의 지정 취소 또는 업무의 정지
> 3. 제19조의 규정에 의한 경비업 허가의 취소 또는 영업정지
> 4. 제20조 제1항 또는 제2항의 규정에 의한 경비지도사자격의 취소 또는 정지

18 정답 ❷

제시된 내용 중 ㄴ, ㅁ은 관할 경찰서장에게 위임된 권한에 해당하지 않는다.
- ㄴ. (×) 관할 경찰서장의 고유권한에 해당한다(청원경찰법 시행규칙 제20조 제1항).
- ㅁ. (×) 봉급·수당의 최저부담기준 결정은 경찰청장의 권한에 해당한다(청원경찰법 제6조 제3항).

> **관계법령** 권한의 위임(청원경찰법 시행령 제20조)
>
> <u>시·도 경찰청장은 다음 각호의 권한을 관할 경찰서장에게 위임한다</u>. 다만, 청원경찰을 배치하고 있는 사업장이 하나의 경찰서의 관할구역에 있는 경우로 한정한다.
> 1. 법 제4조 제2항 및 제3항에 따른 <u>청원경찰 배치의 결정 및 요청에 관한 권한</u>
> 2. 법 제5조 제1항에 따른 <u>청원경찰의 임용승인에 관한 권한</u>
> 3. 법 제9조의3 제2항에 따른 <u>청원주에 대한 지도 및 감독상 필요한 명령에 관한 권한</u>
> 4. 법 제12조에 따른 <u>과태료 부과·징수에 관한 권한</u>

19 정답 ①

관할 경찰서장과 시·도 경찰청장이 공통적으로 비치해야 할 부책은 전출입 관계철이다.

핵심만콕 문서와 장부의 비치(청원경찰법 시행규칙 제17조)★★★

청원주(제1항)	관할 경찰서장(제2항)	시·도 경찰청장(제3항)
• 청원경찰 명부 • <u>근무일지</u> • 근무 상황카드 • <u>경비구역 배치도</u> • <u>순찰표철</u> • 무기·탄약 출납부 • <u>무기장비 운영카드</u> • 봉급지급 조서철 • <u>신분증명서 발급대장</u> • 징계 관계철 • 교육훈련 실시부 • 청원경찰 직무교육계획서 • 급여품 및 대여품 대장 • 그 밖에 청원경찰의 운영에 필요한 문서와 장부	• 청원경찰 명부 • 감독 순시부 • <u>전출입 관계철</u> • 교육훈련 실시부 • <u>무기·탄약 대여대장</u> • 징계요구서철 • 그 밖에 청원경찰의 운영에 필요한 문서와 장부	• 배치결정 관계철 • <u>청원경찰 임용승인 관계철</u> • <u>전출입 관계철</u> • 그 밖에 청원경찰의 운영에 필요한 문서와 장부

20 정답 ④

④ (○) 경비업법 제15조 제4항 제2호 단서
① (×) 특수경비원은 소속상사의 허가 또는 정당한 사유 없이 경비구역을 벗어나서는 아니 된다(경비업법 제15조 제2항). 특수경비원은 소속상사의 허가 없이도 <u>정당한 사유가 있는 경우에는 경비구역을 벗어날 수 있다</u>.
② (×) 특수경비원은 사람을 향하여 권총 또는 소총을 발사하고자 하는 때에는 미리 구두 또는 공포탄에 의한 사격으로 상대방에게 경고하여야 한다(경비업법 제15조 제4항 제1호 본문). 다만, 특수경비원을 급습하거나 타인의 생명·신체에 대한 중대한 위험을 야기하는 범행이 목전에 실행되고 있는 등 상황이 급박하여 경고할 시간적 여유가 없는 경우와 인질·간첩 또는 테러사건에 있어서 은밀히 작전을 수행하는 경우로서 부득이한 때에는 경고하지 아니할 수 있다(경비업법 제15조 제4항 제1호 단서). <u>경비업무 수행 중 절도범과 마주친 경우는 미리 구두 또는 공포탄에 의한 사격으로 경고하지 아니할 수 있는 예외적인 상황에 해당하지 않는다</u>.
③ (×) 특수경비원은 파업·태업 그 밖에 경비업무의 정상적인 운영을 저해하는 <u>일체의 쟁의행위를 하여서는 아니 된다</u>(경비업법 제15조 제3항).

> **관계법령** 특수경비원의 의무(경비업법 제15조)★★

① 특수경비원은 직무를 수행함에 있어 시설주·관할 경찰관서장 및 소속상사의 직무상 명령에 복종하여야 한다.
② 특수경비원은 소속상사의 허가 또는 정당한 사유 없이 경비구역을 벗어나서는 아니 된다.
③ 특수경비원은 파업·태업 그 밖에 경비업무의 정상적인 운영을 저해하는 일체의 쟁의행위를 하여서는 아니 된다.
④ 특수경비원이 무기를 휴대하고 경비업무를 수행하는 때에는 다음 각호의 어느 하나에서 정하는 무기의 안전사용수칙을 지켜야 한다. 〈개정 2024.2.13.〉
  1. 특수경비원은 사람을 향하여 권총 또는 소총을 발사하고자 하는 때에는 미리 구두 또는 공포탄에 의한 사격으로 상대방에게 경고하여야 한다. 다만, 다음 각목의 1에 해당하는 경우로서 부득이한 때에는 경고하지 아니할 수 있다.
     가. 특수경비원을 급습하거나 타인의 생명·신체에 대한 중대한 위험을 야기하는 범행이 목전에 실행되고 있는 등 상황이 급박하여 경고할 시간적 여유가 없는 경우
     나. 인질·간첩 또는 테러사건에 있어서 은밀히 작전을 수행하는 경우
  2. 특수경비원은 무기를 사용하는 경우에 있어서 범죄와 무관한 다중의 생명·신체에 위해를 가할 우려가 있는 때에는 이를 사용하여서는 아니 된다. 다만, 무기를 사용하지 아니하고는 타인 또는 특수경비원의 생명·신체에 대한 중대한 위협을 방지할 수 없다고 인정되는 때에는 필요한 최소한의 범위 안에서 이를 사용할 수 있다.
  3. 특수경비원은 총기 또는 폭발물을 가지고 대항하는 경우를 제외하고는 14세 미만의 자 또는 임산부에 대하여는 권총 또는 소총을 발사하여서는 아니 된다.

21 정답 ❶

( ) 안의 ㄱ~ㄹ에 들어갈 내용은 ㄱ : 전문대학, ㄴ : 1, ㄷ : 경찰청장, ㄹ : 64이다.

> **관계법령** 시험의 일부면제(경비업법 시행령 제13조)★

법 제11조(경비지도사의 시험 등) 제3항에 따라 다음 각호의 어느 하나에 해당하는 사람은 경비지도사 제1차 시험을 면제한다.
  1. 「경찰공무원법」에 따른 경찰공무원으로 7년 이상 재직한 사람
  2. 「대통령 등의 경호에 관한 법률」에 따른 경호공무원 또는 별정직공무원으로 7년 이상 재직한 사람
  3. 「군인사법」에 따른 각 군 전투병과 또는 군사경찰병과 부사관 이상 간부로 7년 이상 재직한 사람
  4. 「경비업법」에 따른 경비업무에 7년 이상(특수경비업무의 경우에는 3년 이상) 종사하고 행정안전부령으로 정하는 교육과정을 이수한 사람

  > **경비지도사 시험의 일부면제(경비업법 시행규칙 제10조)★**
  > 영 제13조 제4호에서 "행정안전부령으로 정하는 교육과정을 이수한 사람"이란 다음 각호의 하나에 해당하는 사람을 말한다.
  >   1. 고등교육법에 의한 전문대학 이상의 교육기관(경비지도사의 시험과목 3과목 이상이 개설된 교육기관에 한한다)에서 1년 이상의 경비업무 관련 과정을 마친 사람
  >   2. 경찰청장이 지정하는 기관 또는 단체에서 실시하는 64시간 이상의 경비지도사 양성과정을 마치고 수료시험에 합격한 사람

  5. 「고등교육법」에 따른 대학 이상의 학교를 졸업한 사람으로서 재학 중 제12조 제3항에 따른 경비지도사 시험과목을 3과목 이상 이수하고 졸업한 후 경비업무에 종사한 경력이 3년 이상인 사람
  6. 「고등교육법」에 따른 전문대학을 졸업한 사람으로서 재학 중 제12조 제3항에 따른 경비지도사 시험과목을 3과목 이상 이수하고 졸업한 후 경비업무에 종사한 경력이 5년 이상인 사람
  7. 일반경비지도사의 자격을 취득한 후 기계경비지도사의 시험에 응시하는 사람 또는 기계경비지도사의 자격을 취득한 후 일반경비지도사의 시험에 응시하는 사람
  8. 「공무원임용령」에 따른 행정직군 교정직렬 공무원으로 7년 이상 재직한 사람

22 정답 ❸

③ (○) 경비업법 제24조 제4항
① (×) 경찰청장 또는 시·도 경찰청장은 경비업무의 적정한 수행을 위하여 경비업자 및 경비지도사를 지도·감독하며 필요한 명령을 할 수 있다(경비업법 제24조 제1항).
② (×) 시·도 경찰청장 또는 관할 경찰관서장은 경비업자 또는 배치된 경비원이 경비업법이나 경비업법에 따른 명령, 「폭력행위 등 처벌에 관한 법률」을 위반하는 행위를 하는 경우 그 위반행위의 중지를 명할 수 있다(경비업법 제24조 제3항).
④ (×) 시·도 경찰청장은 특수경비업자에 대하여 연 2회 이상의 보안지도·점검을 하여야 하고, 필요한 경우 관계기관에 보안측정을 요청하여야 한다(경비업법 제25조, 동법 시행령 제29조).

관계법령 보안지도·점검 등(경비업법 제25조)★

시·도 경찰청장은 대통령령이 정하는 바에 따라 특수경비업자에 대하여 보안지도·점검을 실시하여야 하고, 필요한 경우 관계기관에 보안측정을 요청하여야 한다.

보안지도점검(경비업법 시행령 제29조)★
시·도 경찰청장은 법 제25조의 규정에 의하여 특수경비업자에 대하여 연 2회 이상의 보안지도·점검을 실시하여야 한다.

23 정답 ❶

제시된 내용 중 청원주가 부담해야 하는 청원경찰경비는 ㄱ과 ㄴ이다.

관계법령 청원경찰경비(청원경찰법 제6조)

① 청원주는 다음 각호의 청원경찰경비를 부담하여야 한다.
　1. 청원경찰에게 지급할 봉급과 각종 수당
　2. 청원경찰의 피복비
　3. 청원경찰의 교육비
　4. 제7조에 따른 보상금 및 제7조의2에 따른 퇴직금

24 정답 ❷

② (○) 경비업법 시행규칙 제18조 제4항 제6호
① (×) 무기를 대여받은 국가중요시설의 시설주 또는 관리책임자는 관할 경찰관서장이 정하는 바에 의하여 무기의 관리실태를 매월 파악하여 다음 달 3일까지 관할 경찰관서장에게 통보하여야 한다(경비업법 시행규칙 제18조 제1항 제5호).
③ (×) 무기를 대여받은 시설주 또는 관리책임자가 특수경비원에게 탄약을 출납하고자 하는 때에는 소총에 있어서는 1정당 15발 이내, 권총에 있어서는 1정당 7발 이내로 출납하되, 생산된 후 오래된 탄약을 우선적으로 출납하여야 한다(경비업법 시행규칙 제18조 제3항 제2호).
④ (×) 시설주는 무기를 수송하는 때에는 출발하기 전에 관할 경찰서장에게 그 사실을 통보하여야 하며, 통보를 받은 관할 경찰서장은 1인 이상의 무장경찰관을 무기를 수송하는 자동차 등에 함께 타도록 하여야 한다(경비업법 시행규칙 제18조 제6항).

25 정답 ❸

이 문제는 과태료와 관련하여 경비업법 제31조를 적용하면 안 되고, 동법 시행령 [별표 6]의 과태료 부과기준을 적용하여야 한다. 이에 따르면 최초 1회 위반을 기준으로 할 경우에 ①·②·④는 600만원, ③은 300만원이 되므로 과태료 부과금액이 다른 경우는 ③이다.

관계법령 과태료의 부과기준(경비업법 시행령 [별표 6])

위반행위	해당 법조문	과태료 금액(단위 : 만원)		
		1회 위반	2회 위반	3회 이상
8. 법 제16조 제1항을 위반하여 경비원의 복장에 관한 신고를 하지 않고 집단민원현장에 경비원을 배치한 경우	법 제31조 제1항 제1호	600	1,200	2,400
10. 법 제16조 제2항을 위반하여 이름표를 부착하게 하지 않거나, 신고된 동일 복장을 착용하게 하지 않고 집단민원현장에 경비원을 배치한 경우	법 제31조 제1항 제2호	600	1,200	2,400
12. 법 제18조 제1항 단서를 위반하여 집단민원현장에 배치되는 일반경비원의 명부를 그 배치 장소에 작성·비치하지 않은 경우 가. 경비원 명부를 비치하지 않은 경우 나. 경비원 명부를 작성하지 않은 경우	법 제31조 제1항 제3호	600 300	1,200 600	2,400 1,200
15. 법 제18조 제7항을 위반하여 법 제13조에 따른 신임교육을 이수하지 않은 자를 법 제18조 제2항 각 호의 경비원으로 배치한 경우	법 제31조 제1항 제5호	600	1,200	2,400

26 정답 ❷

특수폭행죄는 경비원이 경비업무 수행 중에 경비업법에서 정한 장비 외에 흉기 등을 휴대하고 범죄를 범한 경우 그 법정형의 2분의 1까지 가중처벌하는 형법상 범죄에 해당한다(경비업법 제29조 제2항). 폭행죄가 특수경비원이 무기를 휴대하고 경비업무를 수행 중에 무기의 안전수칙을 위반하여 죄를 범한 경우, 그 죄에 정한 형의 2분의 1까지 가중처벌하는 형법상 범죄에 해당한다.

관계법령 형의 가중처벌(경비업법 제29조)

① 특수경비원이 무기를 휴대하고 경비업무를 수행 중에 제14조 제8항의 규정 및 제15조 제4항의 규정에 의한 무기의 안전수칙을 위반하여 「형법」 제258조의2(특수상해죄) 제1항(제257조 제1항 상해죄로 한정, 존속상해죄는 제외)·제2항(제258조 제1항·제2항 중상해죄로 한정, 존속중상해죄는 제외), 제259조 제1항(상해치사죄), 제260조 제1항(폭행죄), 제262조(폭행치사상죄), 제268조(업무상과실치사상죄, 중과실치사상죄), 제276조 제1항(체포 또는 감금죄), 제277조 제1항(중체포 또는 중감금죄), 제281조 제1항(체포·감금치사상죄), 제283조 제1항(협박죄), 제324조 제2항(특수강요죄), 제350조의2(특수공갈죄) 및 제366조(재물손괴등죄)의 죄를 범한 때에는 그 죄에 정한 형의 2분의 1까지 가중처벌한다.

27 정답 ❸

③ (○) 특수경비원으로서 경비구역 안에서 시설물의 절도, 손괴, 위험물의 폭발 등의 사유로 인한 위급사태가 발생한 때에 시설주·관할 경찰관서장 및 소속 상사의 직무상 명령에 복종하지 않거나 소속 상사의 허가 또는 정당한 사유 없이 경비구역을 벗어나는 경우 3년 이하의 징역 또는 3천만원 이하의 벌금에 처한다(경비업법 제28조 제2항 제8호).

① (×) 경찰관서장의 배치폐지 명령을 따르지 아니한 자는 1년 이하의 징역 또는 1천만원 이하의 벌금에 처한다(경비업법 제28조 제4항 제5호).

② (×) 정당한 사유 없이 무기를 소지하고 배치된 경비구역을 벗어난 특수경비원은 2년 이하의 징역 또는 2천만원 이하의 벌금에 처한다(경비업법 제28조 제3항).

④ (×) 경비업무의 정상적인 운영을 저해하는 쟁의행위를 한 특수경비원은 1년 이하의 징역 또는 1천만원 이하의 벌금에 처한다(경비업법 제28조 제4항 제2호).

28 정답 ❹

④ (×) 경찰청장은 경비지도사가 제24조의 규정에 의한 경찰청장 또는 시·도 경찰청장의 명령을 위반한 때에는 대통령령이 정하는 바에 따라 1년의 범위 내에서 그 자격을 정지시킬 수 있다(경비업법 제20조 제2항 제2호). 경찰청장 또는 시·도 경찰청장의 명령을 위반한 경우는 경비지도사자격의 정지사유에 해당한다.

① (○) 경비업법 제20조 제1항 제1호(경비업법 제10조 제1항 제3호 결격사유)
② (○) 경비업법 제20조 제1항 제1호(경비업법 제10조 제1항 제5호 다목 결격사유)
③ (○) 경비업법 제20조 제1항 제3호

관계법령 경비지도사자격의 취소 등(경비업법 제20조)★★

① 경찰청장은 경비지도사가 다음 각호의 어느 하나에 해당하는 때에는 그 자격을 취소하여야 한다. 〈개정 2024.2.13.〉
  1. 제10조 제1항 각호의 결격사유에 해당하게 된 때
  2. 허위 그 밖의 부정한 방법으로 경비지도사자격증을 교부받은 때
  3. 경비지도사자격증을 다른 사람에게 빌려주거나 양도한 때
  4. 자격정지 기간 중에 경비지도사로 선임되어 활동한 때
② 경찰청장은 경비지도사가 다음 각호의 어느 하나에 해당하는 때에는 대통령령이 정하는 바에 따라 1년의 범위 내에서 그 자격을 정지시킬 수 있다. 〈개정 2024.2.13.〉
  1. 제12조 제3항의 규정에 위반하여 직무를 성실하게 수행하지 아니한 때
  2. 제24조의 규정에 의한 경찰청장 또는 시·도 경찰청장의 명령을 위반한 때
③ 경찰청장은 제1항의 규정에 의하여 경비지도사의 자격을 취소한 때에는 경비지도사자격증을 회수하여야 하고, 제2항의 규정에 의하여 경비지도사의 자격을 정지한 때에는 그 정지기간 동안 경비지도사자격증을 회수하여 보관하여야 한다.

29 정답 ❶

① (×) 허가관청은 경비업자가 소속 경비원으로 하여금 경비업무의 범위를 벗어난 행위를 하게 한 때에는 그 허가를 취소하여야 한다(경비업법 제19조 제1항 제7호). 이는 위반한 경우 허가관청이 경비업 허가의 취소 또는 6개월 이내의 기간을 정하여 영업의 전부 또는 일부에 대하여 영업정지를 명할 수 있는 임의적(상대적) 허가취소·영업정지사유가 아니라 필요적(절대적) 허가취소사유에 해당한다.
② (○) 경비업법 제19조 제2항 제4호
③ (○) 경비업법 제19조 제2항 제9호
④ (○) 경비업법 제19조 제2항 제11호

30 정답 ❷

제시된 내용 중 ㄱ과 ㅂ은 경찰청장, 시·도 경찰청장, 경찰서장 및 경찰관서장(제31조에 따라 경찰청장 및 경찰관서장의 권한을 위임·위탁받은 자를 포함한다)이 민감정보 및 고유식별정보를 처리할 수 있는 사무에 해당하지 않는다.

> **관계법령** 민감정보 및 고유식별정보의 처리(경비업법 시행령 제31조의2)★★
>
> 경찰청장, 시·도 경찰청장, 경찰서장 및 경찰관서장(제31조에 따라 경찰청장 및 경찰관서장의 권한을 위임·위탁받은 자를 포함한다)은 다음 각호의 사무를 수행하기 위하여 불가피한 경우 「개인정보보호법」 제23조에 따른 건강에 관한 정보(제1호의2 및 제4호의 사무로 한정한다), 같은 법 시행령 제18조 제2호에 따른 범죄경력자료에 해당하는 정보(제1호의2 및 제9호의 사무로 한정한다), 같은 영 제19조 제1호 또는 제4호에 따른 주민등록번호 또는 외국인등록번호가 포함된 자료를 처리할 수 있다. 〈개정 2024.8.13.〉
> 1. 법 제4조 및 제6조에 따른 경비업의 허가 및 갱신허가 등에 관한 사무
> 1의2. 법 제5조 및 제10조에 따른 임원, 경비지도사 및 경비원의 결격사유 확인에 관한 사무
> 2. 법 제11조에 따른 경비지도사 시험 등에 관한 사무
> 2의2. 법 제12조의2에 따른 경비지도사의 선임·해임 신고에 관한 사무
> 3. 법 제13조에 따른 경비원의 교육 등에 관한 사무
> 4. 법 제14조에 따른 특수경비원의 직무 및 무기사용 등에 관한 사무
> 5. 삭제 〈2021.7.13.〉
> 6. 법 제18조에 따른 경비원 배치허가 등에 관한 사무
> 7. 법 제19조 및 제20조에 따른 행정처분에 관한 사무
> 8. 법 제24조에 따른 경비업자 및 경비지도사의 지도·감독에 관한 사무
> 9. 법 제25조에 따른 보안지도·점검 및 보안측정에 관한 사무
> 10. 삭제 〈2022.12.20.〉

31 정답 ❷

② (×) 장구(裝具)의 형태·규격 및 재질은 경찰 장구와 같이 한다(청원경찰법 시행규칙 제9조 제2항 제2호).
① (○) 청원경찰법 시행규칙 제9조 제2항 제1호 단서
③ (○) 청원경찰법 시행령 제14조 제3항
④ (○) 청원경찰법 시행규칙 제9조 제2항 제3호 가목

32 정답 ❹

④는 청원경찰법령상 청원경찰이 배치되는 시설에 해당하지 않는다.

> **관계법령** 정의(청원경찰법 제2조)★★
>
> 이 법에서 "청원경찰"이란 다음 각호의 어느 하나에 해당하는 기관의 장 또는 시설·사업장 등의 경영자가 청원경찰경비를 부담할 것을 조건으로 경찰의 배치를 신청하는 경우 그 기관·시설 또는 사업장 등의 경비(警備)를 담당하게 하기 위하여 배치하는 경찰을 말한다.
> 1. 국가기관 또는 공공단체와 그 관리하에 있는 중요시설 또는 사업장
> 2. 국내 주재(駐在) 외국기관
> 3. 그 밖에 행정안전부령으로 정하는 중요시설, 사업장 또는 장소
>
> **배치대상(청원경찰법 시행규칙 제2조)★**
>
> 「청원경찰법」 제2조 제3호에서 "그 밖에 행정안전부령으로 정하는 중요시설, 사업장 또는 장소"란 다음 각호의 시설, 사업장 또는 장소를 말한다.
> 1. 선박, 항공기 등 수송시설
> 2. 금융 또는 보험을 업(業)으로 하는 시설 또는 사업장
> 3. 언론, 통신, 방송 또는 인쇄를 업으로 하는 시설 또는 사업장
> 4. 학교 등 육영시설
> 5. 「의료법」에 따른 의료기관(의원급 의료기관, 조산원, 병원급 의료기관)
> 6. 그 밖에 공공의 안녕질서 유지와 국민경제를 위하여 고도의 경비(警備)가 필요한 중요시설, 사업체 또는 장소

33 정답 ❸

공제사업의 감독에 관한 기준은 경찰청장이 공제사업의 건전한 육성과 가입자 보호를 위하여 정할 수 있다(경비업법 제23조 제4항).

> **관계법령** 공제사업(경비업법 제23조)
>
> ① 경비협회는 다음 각호의 공제사업을 할 수 있다.
> 1. 제26조에 따른 경비업자의 손해배상책임을 보장하기 위한 사업
> 2. 경비업자가 경비업을 운영할 때 필요한 입찰보증, 계약보증(이행보증을 포함한다), 하도급보증을 위한 사업
> 3. 경비원의 복지향상과 업무상 재해로 인한 손실을 보상하는 사업
> 4. 경비업무와 관련한 연구 및 경비원 교육·훈련에 관한 사업
> ② 경비협회는 제1항의 규정에 의한 공제사업을 하고자 하는 때에는 공제규정을 제정하여야 한다.
> ③ 제2항의 공제규정에는 공제사업의 범위, 공제계약의 내용, 공제금, 공제료 및 공제금에 충당하기 위한 책임준비금 등 공제사업의 운영에 관하여 필요한 사항을 정하여야 한다.
> ④ 경찰청장은 제1항에 따른 공제사업의 건전한 육성과 가입자의 보호를 위하여 공제사업의 감독에 관한 기준을 정할 수 있다.
> ⑤ 경찰청장은 제2항에 따른 공제규정을 승인하거나 제4항에 따라 공제사업의 감독에 관한 기준을 정하는 경우에는 미리 금융위원회와 협의하여야 한다.
> ⑥ 경찰청장은 제1항에 따른 공제사업에 대하여 「금융위원회의 설치 등에 관한 법률」에 따른 금융감독원의 원장에게 검사를 요청할 수 있다.

34 정답 ③

설문의 경우 선임·배치해야 할 최소한의 경비지도사는 일반경비지도사 8명, 기계경비지도사 4명 총 12명이다.

핵심만콕

위 치	신변보호	시설경비	일반경비지도사	기계경비	기계경비지도사
서울특별시	250명	250명	250 + 250 = 500명(4명)	250명	250명(2명)
제주특별자치도	50명	50명	50 + 50 = 100명(1명)	50명	50명(1명)
충청남도 서산시	160명	160명	160 + 160 = 320명(3명)	160명	160명(1명)
	–	–	일반경비지도사 8명	–	기계경비지도사 4명

관계법령 경비지도사의 선임·배치기준(경비업법 시행령 [별표 3]) ★★ <개정 2024.8.13.>

1. 경비업자는 경비원을 배치하여 영업활동을 하고 있는 지역을 관할하는 시·도 경찰청의 관할구역별로 경비원 200명까지는 경비지도사 1명을 선임·배치하고, 경비원이 200명을 초과하는 경우 200명을 초과하는 경비원 100명 단위로 경비지도사 1명씩을 추가로 선임·배치해야 한다.
2. 제1호에 따라 경비지도사가 선임·배치된 시·도 경찰청의 관할구역과 경계를 맞닿아 인접한 시·도 경찰청의 관할구역에 배치된 경비원이 30명 이하인 경우에는 제1호에도 불구하고 경비지도사를 따로 선임·배치하지 않을 수 있다. 이 경우 제주특별자치도경찰청과 전라남도경찰청은 경계를 맞닿아 인접한 것으로 본다.
3. 제2호에 따라 경비지도사를 따로 선임·배치하지 않는 경우 경비지도사 1명이 지도·감독 및 교육할 수 있는 경비원의 총수(경계를 맞닿아 인접한 시·도 경찰청의 관할구역에 배치된 경비원의 수를 합산한다)는 200명을 초과할 수 없다.

※ 비고
1. 시설경비업무·호송경비업무·신변보호업무·특수경비업무 또는 혼잡·교통유도경비업무를 하는 경비업자는 일반경비지도사를 선임·배치하고, 시설경비업무·호송경비업무·신변보호업무·특수경비업무 또는 혼잡·교통유도경비업무 중 둘 이상의 경비업무를 하는 경우에는 각 경비업무에 종사하는 경비원의 수를 합산한 인원을 기준으로 경비지도사를 선임·배치해야 한다. 다만, 특수경비업무를 수행하는 경비업자는 제19조 제1항에 따른 특수경비원 신임교육을 이수한 일반경비지도사를 선임·배치해야 한다.
2. 기계경비업무를 하는 경비업자는 기계경비지도사를 선임·배치해야 한다.

35 정답 ④

④ (○) 청원경찰법 시행규칙 제16조 제1항 제6호
① (×) 청원주는 「총포·도검·화약류 등의 안전관리에 관한 법률」에 따른 분사기의 소지허가를 받아 청원경찰로 하여금 그 분사기를 휴대하여 직무를 수행하게 할 수 있다(청원경찰법 시행령 제15조).
② (×) 청원주가 청원경찰이 휴대할 무기를 대여받으려는 경우에는 관할 경찰서장을 거쳐 시·도 경찰청장에게 무기대여를 신청하여야 한다(청원경찰법 시행령 제16조 제1항).
③ (×) 무기를 대여하였을 때 관할 경찰서장은 청원경찰의 무기관리상황을 수시로 점검하여야 한다(청원경찰법 시행령 제16조 제3항).

36 정답 ❷

법인의 대표자 변경의 경우 신고인이 첨부해야 할 서류는 허가증 원본과 법인 대표자의 이력서 1부이다(경비업법 시행규칙 제5조 제2항 제2호).

핵심만콕 경비업 허가사항 등의 변경신고서 구비서류(경비업법 시행규칙 [별지 제6호 서식])

구 분	신고인 제출서류	담당 공무원 확인사항
명칭 변경	허가증 원본	법인의 등기사항증명서
대표자 변경	• 법인 대표자의 이력서 1부★ • 허가증 원본★	
임원 변경	법인 임원의 이력서 1부★	
주사무소 또는 출장소 변경	허가증 원본	
정관의 목적 변경	법인의 정관 1부★	

37 정답 ❸

③ (×) 청원주는 청원경찰 배치결정의 통지를 받았을 때에는 통지를 받은 날부터 15일 이내에 청원경찰에 대한 징계규정을 제정하여 관할 시·도 경찰청장에게 신고하여야 하며 징계규정을 변경할 때에도 또한 같다(청원경찰법 시행령 제8조 제5항).
① (○) 청원경찰법 제5조의2 제1항
② (○) 청원경찰법 제5조의2 제2항
④ (○) 청원경찰법 시행령 제8조 제6항

관계법령 청원경찰의 징계(청원경찰법 제5조의2)

① 청원주는 청원경찰이 다음 각호의 어느 하나에 해당하는 때에는 대통령령으로 정하는 징계절차를 거쳐 징계처분을 하여야 한다.
  1. 직무상의 의무를 위반하거나 직무를 태만히 한 때
  2. 품위를 손상하는 행위를 한 때
② 청원경찰에 대한 징계의 종류는 파면, 해임, 정직, 감봉 및 견책으로 구분한다.
③ 청원경찰의 징계에 관하여 그 밖에 필요한 사항은 대통령령으로 정한다.

징계(청원경찰법 시행령 제8조)
① 관할 경찰서장은 청원경찰이 법 제5조의2 제1항 각호의 어느 하나에 해당한다고 인정되면 청원주에게 해당 청원경찰에 대하여 징계처분을 하도록 요청할 수 있다.
② 법 제5조의2 제2항의 정직(停職)은 1개월 이상 3개월 이하로 하고, 그 기간에 청원경찰의 신분은 보유하나 직무에 종사하지 못하며, 보수의 3분의 2를 줄인다.
③ 법 제5조의2 제2항의 감봉은 1개월 이상 3개월 이하로 하고, 그 기간에 보수의 3분의 1을 줄인다.
④ 법 제5조의2 제2항의 견책(譴責)은 전과(前過)에 대하여 훈계하고 회개하게 한다.
⑤ 청원주는 청원경찰 배치결정의 통지를 받았을 때에는 통지를 받은 날부터 15일 이내에 청원경찰에 대한 징계규정을 제정하여 관할 시·도 경찰청장에게 신고하여야 한다. 징계규정을 변경할 때에도 또한 같다.
⑥ 시·도 경찰청장은 제5항에 따른 징계규정의 보완이 필요하다고 인정할 때에는 청원주에게 그 보완을 요구할 수 있다.

38 정답 ❶

① (○) 청원경찰법 제6조 제2항 제2호
② (✕) 청원경찰이 직무상의 부상·질병으로 인하여 퇴직하거나, 퇴직 후 2년 이내에 사망한 경우 청원주는 대통령령으로 정하는 바에 따라 청원경찰 본인 또는 그 유족에게 보상금을 지급하여야 한다(청원경찰법 제7조 제2호).
③ (✕) 교육비는 청원주가 해당 청원경찰의 입교(入校) 3일 전에 해당 경찰교육기관에 낸다(청원경찰법 시행규칙 제8조 제3호).
④ (✕) 청원경찰의 피복비 및 교육비의 부담기준액은 경찰청장이 정하여 고시한다(청원경찰법 제6조 제3항).

39 정답 ❷

② (✕) 청원주가 청원경찰을 면직시켰을 때에는 그 사실을 관할 경찰서장을 거쳐 시·도 경찰청장에게 보고하여야 한다(청원경찰법 제10조의4 제2항).
① (○) 청원경찰법 제10조의6 제2호
③ (○) 청원경찰법 제10조의6 제3호
④ (○) 국가기관이나 지방자치단체에 근무하는 청원경찰의 휴직 및 명예퇴직에 관하여는 「국가공무원법」 제71조부터 제73조까지 및 제74조의2를 준용한다(청원경찰법 제10조의7).

관계법령 당연 퇴직(청원경찰법 제10조의6)★

청원경찰이 다음 각호의 어느 하나에 해당할 때에는 당연 퇴직된다.
1. 제5조 제2항에 따른 임용결격사유에 해당될 때. 다만, 「국가공무원법」 제33조 제2호는 파산선고를 받은 사람으로서 「채무자 회생 및 파산에 관한 법률」에 따라 신청기한 내에 면책신청을 하지 아니하였거나 면책불허가 결정 또는 면책 취소가 확정된 경우만 해당하고, 「국가공무원법」 제33조 제5호는 「형법」 제129조부터 제132조까지, 「성폭력범죄의 처벌 등에 관한 특례법」 제2조, 「아동·청소년의 성보호에 관한 법률」 제2조 제2호 및 직무와 관련하여 「형법」 제355조 또는 제356조에 규정된 죄를 범한 사람으로서 금고 이상의 형의 선고유예를 받은 경우만 해당한다.
2. 제10조의5에 따라 청원경찰의 배치가 폐지되었을 때
3. 나이가 60세가 되었을 때. 다만, 그날이 1월부터 6월 사이에 있으면 6월 30일에, 7월부터 12월 사이에 있으면 12월 31일에 각각 당연 퇴직된다.

[2024.12.31. 법률 제20627호에 의하여 2022.12.22. 헌법재판소에서 위헌 결정된 이 조를 개정함.]

40 정답 ❷

②는 청원경찰법 제11조(벌칙)의 적용대상에 해당한다.

관계법령

벌칙(청원경찰법 제11조)

제9조의4(쟁의행위의 금지)를 위반하여 파업, 태업 또는 그 밖에 업무의 정상적인 운영을 방해하는 쟁의행위를 한 사람은 1년 이하의 징역 또는 1천만원 이하의 벌금에 처한다.

과태료(청원경찰법 제12조)★

① 다음 각호의 어느 하나에 해당하는 자에게는 500만원 이하의 과태료를 부과한다.
   1. 시·도 경찰청장의 배치결정을 받지 아니하고 청원경찰을 배치하거나 시·도 경찰청장의 승인을 받지 아니하고 청원경찰을 임용한 자
   2. 정당한 사유 없이 경찰청장이 고시한 최저부담기준액 이상의 보수를 지급하지 아니한 자
   3. 제9조의3 제2항(시·도 경찰청장은 청원경찰의 효율적인 운영을 위하여 청원주를 지도하며 감독상 필요한 명령을 할 수 있다)에 따른 감독상 필요한 명령을 정당한 사유 없이 이행하지 아니한 자
② 제1항에 따른 과태료는 대통령령으로 정하는 바에 따라 시·도 경찰청장이 부과·징수한다.★★

제9회 경호학

문제편 228p

정답 CHECK

41	42	43	44	45	46	47	48	49	50	51	52	53	54	55	56	57	58	59	60
③	①	①	④	②	③	③	④	③	②	②	③	①	②	②	②	②	①	④	①
61	62	63	64	65	66	67	68	69	70	71	72	73	74	75	76	77	78	79	80
④	③	①	①	①	④	②	③	③	①	④	②	③	①	④	③	④	③	④	③

41 정답 ③

제시된 내용 중 경호의 분류에 관한 설명으로 옳지 않은 것은 ㄷ과 ㄹ이다.

ㄷ. (×) 간접경호는 평상시에 이루어지는 치안 및 대공활동, 국제정세를 포함한 안전대책작용이고, 직접경호는 행사장에 인원과 장비를 배치하여 인적·물적·지리적 위해요소를 배제하기 위한 경호이다.

ㄹ. (×) 열차경호는 이동수단에 의한 경호의 분류에 해당하고, 철도경호는 장소에 의한 경호의 분류에 해당한다.

핵심만콕 경호의 분류

구분		내용
대 상	甲(A)호 경호	국왕 및 대통령과 그 가족, 외국의 원수 등
	乙(B)호 경호	수상, 국회의장, 대법원장, 헌법재판소장, 이와 대등한 지위에 있는 외국인사 등
	丙(C)호 경호	경찰청장 또는 경호기관의 장이 필요하다고 인정하는 주요 인사
장 소	행사장경호	행사장은 일반군중과 가까우므로 완벽한 경호가 필요
	숙소경호	체류기간이 길고, 야간경호를 해야 함
	연도경호(노상경호)	연도경호는 세부적으로 교통수단에 의해 분류됨(육로경호·철도경호)
성 격	공식경호(1호·A호)	경호관계자의 사전통보에 의해 계획·준비되는 공식행사 때에 실시하는 경호
	비공식경호(2호·B호)	경호관계자 간의 사전통보나 협의절차 없이 이루어지는 비공식행사 때의 경호
	약식경호(3호·C호)	일정한 방식에 의하지 않고 실시하는 경호(출·퇴근 시 일상적으로 실시하는 경우)
경호 수준	1(A)급 경호	행차보안이 사전에 노출되어 경호위해가 증대된 상황하의 각종 행사와 국왕 및 대통령 등 국가원수급의 1등급 경호대상으로 결정된 국빈행사의 경호
	2(B)급 경호	행사 준비 등의 시간적 여유 없이 갑자기 결정된 상황하의 각종 행사와 수상급의 경호대상으로 결정된 국빈행사의 경호
	3(C)급 경호	사전에 행사 준비 등 경호조치가 거의 전무한 상황하에서 이루어지는 것으로서 장관급의 경호대상으로 결정된 국빈행사의 경호
직접· 간접	직접경호	행사장에 인원과 장비를 배치하여 인적·물적·지리적 위해요소를 배제하기 위한 경호
	간접경호	평상시의 치안 및 대공활동, 국제정세를 포함한 안전대책작용 등의 경호

〈출처〉 김두현, 「경호학개론」, 엑스퍼트, 2020, P. 57~61

42 정답 ❶

A : 경호정보작용은 정확성(사용자가 추구하는 가치의 달성을 위한 정책 수립과 수행에 있어 이용 가능한 사전지식으로 그 존재 가치가 정확해야 한다), 적시성(정확하고 완전한 정보라 하여도 사용자가 필요로 하는 시기에 사용하지 않으면 가치가 없게 된다), 완전성(절대적인 완전성이 아니더라도 시간이 허용되는 범위에서 가능한 한 사용자가 의도한 대상과 관련한 모든 상황이 작성되어야 한다)의 요건을 구비해야 한다.

B : 안전대책의 3대 작용 원리는 안전점검, 안전검사, 안전유지이다. 안전점검은 폭발물 등 각종 유해물을 탐지하여 제거하는 활동이고, 안전검사는 이용하는 기구, 시설 등의 안전상태를 검사하는 것이며, 안전유지는 안전점검 및 검사가 이루어진 상태를 유지하는 것이다.

〈참고〉 김두현, 「경호학개론」, 엑스퍼트, 2020, P. 269~270

43 정답 ❶

① (×) 「은행법」제2조 제2호에 따른 법인은 테러대상시설에 해당하지 않는다(국민보호와 공공안전을 위한 테러방지법 시행령 제25조 제1항).
② (○) 국민보호와 공공안전을 위한 테러방지법 시행령 제10조 제1항
③ (○) 국민보호와 공공안전을 위한 테러방지법 시행령 제9조 제1항·제8조 제1항 제2호
④ (○) 국민보호와 공공안전을 위한 테러방지법 시행령 제16조 제1항

44 정답 ❹

④ (×) 발생한 위험에 대응하여 경호대상자를 보호하는 것은 근접경호의 목적이다.
① (○) 선발경호는 행사장에 대한 인적·물적·지리적 정보를 수집하여 이에 필요한 지원요소 소요를 판단한 후 세부계획을 수립한다.
② (○) 선발경호는 행사장소와 주변시설에 대한 자료를 이용하여 행사장에 대한 잠재적 위해요소를 판단하여 우발상황에 대응하기 위한 비상대책을 강구하는 것이다.
③ (○) 선발경호는 완벽한 경호를 위한 준비활동으로 행사 지역의 인적·물적·지리적 위험요소를 사전에 제거 또는 감소시킴으로써 행사장에 대한 안전성을 확보하는 것이다.

45 정답 ❷

다이아몬드형 대형에 관한 설명이다.

> **핵심만콕**
>
> - **다이아몬드 대형** : 혼잡한 복도, 군중이 밀집해 있는 통로 등에서 적합한 대형으로 경호대상자의 전후좌우 전 방향에 대해 둘러싸고, 각각의 경호원에게는 기동로에 대해 360° 경계를 할 수 있도록 책임구역이 부여된다.★
> - **쐐기형 대형** : 무장한 위해자와 직면했을 때 적당한 대형으로, 다이아몬드 대형보다 느슨한 대형이 필요한 상황에서는 3명으로 쐐기 대형을 형성하며, 다이아몬드 대형과 같이 각각의 경호원에게는 기동로를 향해 360° 지역 중 한 부분의 책임구역이 할당되어야 한다.★
>   - 대중이 별로 없는 장소 통과 시, 인도와 좁은 통로 이동 시 유용하다.★
>   - 한쪽에 인위적·자연적 방벽이 있을 때 유용하다.★
> - **역쐐기형(V자형) 대형** : 외부로부터 위협이 없다고 판단되며 안전이 확보된 행사장 입장 시와 대외적인 이미지를 중시하는 경호대상자에게 적합한 도보대형이다.★
>   - 전방에는 아무런 위협이 없다는 가정하에 경호대상자를 바로 노출시켜 전방에 개방된 대형을 취한다.★
>   - 후미의 경호원들은 자연스럽게 수행원과 뒤섞여 노출이 되지 않는다.★
>   - 경호팀장만 경호대상자를 즉각 방호할 수 있는 위치에서 경호 임무를 수행한다.★

46 정답 ❸

③ (○) 물적 위해요소 배제활동에 관한 설명이다.
① (×) 비표 운용은 경호안전대책 중 인적 위해요소의 배제활동에 해당한다.
② (×) 지리적 취약요소의 배제활동에 관한 설명이다. 인적 위해요소의 배제를 위한 세부 활동으로는 신원조사, 비표 관리, 요시찰인 동향감시, 경호첩보수집의 강화 등을 들 수 있다.
④ (×) 지리적 취약요소의 배제활동에는 행사장 주변 수색 및 위해광고물 일제정비 등이 있다.

47 정답 ❸

제시된 내용 중 경호의 원칙에 관한 설명으로 옳지 않은 것은 ㄱ, ㄷ, ㄹ이다.

ㄱ. (×) 자기희생의 원칙에 관한 설명이다. 방어경호의 원칙은 경호는 위해기도자의 공격행동에 대항하여 경호대상자를 보호하는 행위이므로 경호요원은 최후의 방어수단인 자신의 몸으로 경호대상자를 안전하게 보호하는 것이 최선이라는 원칙을 말한다. 다만, 근접경호 시 시간상으로나 거리상으로 경호대상자보다 위해기도자가 더 가까이에 있어서 위해기도자를 제압하는 것이 경호대상자를 보호하는 데 더 효과적이라고 판단할 경우에는 위해기도자를 제압할 수 있다.
ㄷ. (×) 목표물 보존의 원칙에 관한 설명이다. 자기희생의 원칙은 경호대상자가 위기에 처했을 때 자기 몸을 희생하여 경호대상자를 보호해야 한다는 원칙으로 경호대상자는 어떠한 상황하에서도 절대적으로 보호되어야 한다는 것을 말한다.
ㄹ. (×) 기만경호 기법 중 복제경호요원 운용에 관한 설명이다. 은밀경호의 원칙이란 경호요원은 타인의 눈에 잘 띄지 않게 침묵 속에서 은밀하게 행동하며, 항상 경호대상자의 공적·사적 업무활동에 방해를 주지 않고 신변을 보호할 수 있는 곳에 행동반경을 두고 경호에 임해야 한다는 원칙이다.
ㄴ. (○) 두뇌경호의 원칙은 사전에 치밀한 계획을 세우고 준비를 철저히 하여 위험요소를 제거하는 데 중점을 두며, 경호임무 수행 중 긴급하고 위험한 상황이 발생하였을 때에는 고도의 예리하고 순간적인 판단력이 중요시된다는 원칙이다.
ㅁ. (○) 하나의 통제된 지점을 통한 접근의 원칙은 경호대상자에게 접근할 수 있는 출입구나 통로는 하나만 필요하다는 원칙이다. 하나의 통제된 출입구나 통로라 하더라도 접근자는 경호요원에 의하여 인지되고 확인되어야 하며 허가절차를 거쳐 접근토록 해야 한다.

48 정답 ④

④ (×) 테러단체를 구성하거나 구성원으로 가입한 사람 중 타국의 외국인테러전투원으로 가입한 사람은 5년 이상의 징역에 처한다(테러방지법 제17조 제1항 제3호).
① (○) 테러방지법 제2조 제4호
② (○) 테러방지법 제13조 제1항·제2항 본문
③ (○) 테러방지법 제13조 제3항

49 정답 ③

경호기관단위작용의 원칙에 관한 설명으로 옳은 것은 ③이다. ①·②는 경호지휘단일성의 원칙, ④는 경호체계통일성의 원칙에 관한 설명이다.

핵심만콕	경호조직의 (구성)원칙★
경호지휘단일성의 원칙	• 지휘 및 통제의 이원화로 인해 파생되는 문제들을 보완하기 위해 명령과 지휘체계는 반드시 하나의 계통으로 구성해야 한다는 원칙으로, 경호업무가 긴급성을 요한다는 점에서도 요청된다. • 지휘가 단일해야 한다고 하는 것은 경호기관(요원)은 한 사람의 지휘를 받아야 한다는 뜻이다. 한 걸음 더 나아가서 지휘의 단일이란 「하나의 지휘자」라는 의미 외에 하급경호요원은 하나의 상급기관에 대해서만 책임을 진다는 의미가 포함된다.
경호체계통일성의 원칙	경호기관 구조의 정점으로부터 말단까지 상하계급 간에 일정한 관계가 이루어져 책임과 업무의 분담이 이루어지고, 명령(命令)과 복종(服從)의 지위와 역할의 체계가 통일되어야 한다는 원칙이다.
경호기관단위작용의 원칙	• 경호의 업무는 성격상 개인적 작용으로 이루어지지 않고 기관단위의 작용으로 기관의 하명에 의해서 이루어진다는 원칙이다. • 기관단위라는 것은 그 경호기관을 지휘하는 지휘자가 있고, 지휘를 받는 하급자가 있으며, 하급자를 관리하기 위한 지휘권과 장비가 편성되며 임무수행을 위한 보급지원체계를 갖추고 있어야 한다는 의미이다. • 기관단위의 관리와 임무의 수행을 위한 결정은 지휘자만이 할 수 있고, 경호의 성패는 지휘자만이 책임을 지는 것이다.
경호협력성의 원칙	경호조직과 국민과의 협력을 의미하며 완벽한 경호를 위해서는 국민의 절대적인 협력이 필요하다는 원칙이다.

〈참고〉 이두석, 「경호학개론」, 2018, P. 114~116 / 김두현, 「경호학개론」, 엑스퍼트, 2020, P. 184~187

50 정답 ②

제한구역에 관한 설명이다.

핵심만콕	보호지역의 구분(보안업무규정 시행규칙 제54조)
구 분	내 용
제한지역	비밀 또는 국·공유재산의 보호를 위하여 울타리 또는 방호·경비인력에 의하여 영 제34조 제3항에 따른 승인을 받지 않은 사람의 접근이나 출입에 대한 감시가 필요한 지역
제한구역	비인가자가 비밀, 주요시설 및 Ⅲ급 비밀 소통용 암호자재에 접근하는 것을 방지하기 위하여 안내를 받아 출입하여야 하는 구역
통제구역	보안상 매우 중요한 구역으로서 비인가자의 출입이 금지되는 구역

51 정답 ❷

제시된 내용은 대통령경호처장의 분장책임이다(대통령경호안전대책위원회규정 제4조 제2항 제1호).

핵심만콕 각 구성원의 분장책임(대통령경호안전대책위원회규정 제4조 제2항)

1. 대통령경호처장	안전대책활동에 관한 전반적인 업무를 총괄하며 필요한 안전대책활동지침을 수립하여 관계부서에 부여한다.
2. 국가정보원 테러정보통합센터장	가. 입수된 경호 관련 첩보 및 정보의 신속한 전파·보고 나. 위해요인의 제거 다. 정보 및 보안대상기관에 대한 조정 라. 행사참관 해외동포 입국자에 대한 동향파악 및 보안조치 마. 그 밖에 국내·외 경호행사의 지원
8. 국토교통부 항공안전정책관	가. 입수된 경호 관련 첩보 및 정보의 신속한 전파·보고 나. 민간항공기의 행사장 상공비행 관련 업무 지원 및 협조 다. 육로 및 철로와 공중기동수단 관련 업무 지원 및 협조 라. 그 밖에 국내·외 경호행사의 지원
11. 경찰청 경비국장	가. 입수된 경호 관련 첩보 및 정보의 신속한 전파·보고 나. 위해가능인물에 대한 동향파악 다. 행사 참석자 및 종사자의 신원조사 라. 삭제 〈2020.4.21.〉 마. 행사장·이동로 주변 집회 및 시위관련 정보제공과 비상상황 방지대책의 수립 바. 우범지대 및 취약지역에 대한 안전조치 사. 행사장 및 이동로 주변에 있는 물적 취약요소에 대한 안전조치 아. 삭제 〈2020.4.21.〉 자. 총포·화약류의 영치관리와 봉인 등 안전관리 차. 불법무기류의 단속 및 분실무기의 수사 카. 그 밖에 국내·외 경호행사의 지원

52 정답 ❸

③ (○) 검식은 경호대상자에게 제공되는 음식물의 이상 유무를 검사하고 확인하는 경호활동이다.
① (×) 검식활동은 식재료의 구매과정 단계부터 시작한다.
② (×) 음식물의 운반 시에도 철저하게 근접감시를 실시한다.
④ (×) 검식활동은 경호대상자에 제공되는 음식물에 대하여 구매, 운반, 저장, 조리 및 제공되는 과정에서 위해요소를 제거하는 활동을 의미한다. 즉, 조리가 완료된 후라 하더라도 검식활동이 종료되는 것은 아니다.

핵심만콕 검식활동

- 사전에 조리담당 종사자에 대한 신원조사를 실시하여 신원특이자는 배제한다.
- 음식물은 전문요원에 의한 검사를 실시한다.
- 행사 당일에는 경호원이 주방에 입회하여 조리사의 동향을 감시한다.
- 음식물 운반 시에도 철저하게 근접감시를 실시한다.
- 식재료는 신선도와 안전 여부를 확인 및 점검한다.
- 각종 기물은 철저하게 검색하고 사용하기 전에는 열탕소독을 실시한다.
- 주방종사자는 위생검사를 실시하고, 질병이 있는 자는 미리 제외시킨다.

〈출처〉 김계원, 「경호학」, 백산출판사, 2008, P. 211

53 정답 ❶

①은 사회적 환경에 해당한다.

> **핵심만콕** 거시적 관점의 경호환경
>
> - 사회적 환경
>   - 일반 환경 : 어느 나라에서나 나타나는 보편적인 사회환경(산업화, 도시화, 정보화, 세계화 등)
>   - 특수 환경 : 특정한 나라에 국한된 특수한 경호환경(남북분단, 양극화, 지역갈등 등)
> - 기술적 환경
>   - 제도적 요인 : 경호 관련 법규, 타 기관과의 긴밀한 업무협조, 경호협조기구 등
>   - 기술적 요인 : 경호조직의 전문적인 역량·임무수행능력
> - 자연적 환경
>   - 지형적 요인 : 지형적 경호영향요인(화산활동 지역, 고지대, 밀림지대, 산악지대, 수변도시 등)
>   - 기후적 요인 : 경호에 영향을 미치는 대기상태(해당 지역의 기온, 비, 눈, 바람, 백야현상, 황사 등)
>   - 시간적 요인 : 이른 새벽, 퇴근 무렵, 축제기간, 휴가철, 야간행사 등
>
> 〈참고〉 이두석, 「경호학개론」, 진영사, 2018, P. 373~378

54 정답 ❷

GIGN은 프랑스 국가헌병대 소속의 대테러부대로 1994년 에어프랑스 항공기 납치사건을 해결하였다. FBI는 미연방수사국이고, GSG-9은 독일의 대테러부대이며, Shayetet 13은 이스라엘의 대테러부대이다.

55 정답 ❷

② (○) 1선 안전구역은 권총 등의 유효사거리를 고려한 건물 내부구역으로서 근접경호원에 의한 완벽한 통제가 이루어져야 한다.
① (×) 3중 경호의 기본 구조는 경호대상자가 위치한 집무실이나 행사장으로부터 내부(근접경호), 내곽(중간경호), 외곽(외곽경호)으로 구분하여 경호 행동반경을 거리 개념으로 설명한 것이다.
③ (×) 2선 경비구역은 부분적 통제가 실시되지만 경호원의 확인을 거치지 않은 인원 및 물품은 감시의 영역을 벗어나서는 안 된다.
④ (×) 3선 경계구역은 소구경 곡사화기의 유효사거리를 고려한 외곽구역을 말한다. 소총 등의 유효사거리를 고려한 울타리 내곽구역은 2선 경비구역에 대한 설명이다.

> **핵심만콕** 3중 경호의 원칙
>
> 경호대상자의 위치를 중심으로 3선 개념에 따라 체계적으로 실시되어야 한다.
>
> | | | | |
> |---|---|---|---|
> | 1선 | 내 부 | 안전구역 | 근접경호원에 의한 완벽한 통제, 권총 등의 유효사거리를 고려한 건물 내부구역 |
> | 2선 | 내 곽 | 경비구역 | 근접경호원 및 경비경찰에 의한 부분적 통제, 소총 등의 유효사거리를 고려한 울타리 내곽구역 |
> | 3선 | 외 곽 | 경계구역 | 인적·물적·자연적 취약요소에 대한 첩보·경계, 소구경 곡사화기의 유효사거리를 고려한 외곽구역 |
>
> 〈참고〉 이두석, 「경호학개론」, 진영사, 2018, P. 159~161

56 정답 ❷

급조폭발물(=사제폭발물, IED)은 다양한 형태로 제작이 가능하지만, 일회용으로서 재사용이 제한된다.

57 정답 ❷

② (○) 경계구역 : 경계구역은 행사장을 중심으로 한 외곽울타리 지역으로 행사에 직·간접적으로 영향을 미칠 수 있는 지역이며, 소구경 곡사화기의 유효사거리 기준인 600m 반경 이상의 범위이고, 수색 및 사찰활동이 중점 실시된다.
① (×) 안전구역 : 안전구역은 권총의 평균 유효사거리 및 수류탄 투척거리를 기준으로 50m 반경 이내에 설정되고, 비인가자에 대한 절대적 출입통제가 실시된다.
③ (×) 경비구역 : 건물 내곽의 울타리 안쪽으로, 대체로 소총 유효사거리인 50~600m 반경 이내이고, 행사장으로 통로 통제 시는 반드시 방호벽을 설치하며, 중요지점에는 경호원의 추가배치가 원칙이다.
④ (×) 작전구역 : 작전 및 이에 부수되는 행정이 필요한 지역이다.

58 정답 ❶

②·③·④는 개인장비, ①은 공용장비이다. 공용장비는 관리주체가 불분명한 경우가 많으므로 장비관리자를 별도로 지명하여 운용하는 것이 좋다.

핵심만콕	경호장비의 운용에 따른 분류★
개인장비	<u>권총</u>, 무전기, <u>가스총(가스분사기)</u>, <u>전자충격기</u>, 삼단봉, 만능칼, 개인 전화기, <u>방탄복</u>, 색안경, 소형 플래시, 수첩(메모지) 및 펜, 지갑(신분증, 비상금 등), 개인 임무별 체크리스트, 경호대상자 관련 사항이 기록된 임무카드 등이 있다.
공용장비	<u>방탄막</u>, <u>방탄가방</u>, <u>방독면</u>, 쌍안경, 우산 및 우의, 스노체인, 야간 투시장비, 예비 무전기 및 건전지, 비상용 전등, 소화기, 사진기, 삼각대 등의 안전표지판, 구급약품함, (통제용) 로프, 공기호흡기, 도끼, 계획서나 보고서 작성 등에 필요한 서류가방(참고자료, 지도 등 포함) 등이 있다.

〈출처〉 이두석, 「경호학개론」, 진영사, 2018, P. 245

59 정답 ❹

경찰관서의 수와 위치는 근접경호에서 도보대형 형성 시 고려사항에 해당하지 않는다.

| 핵심만콕 | 근접경호에서 도보대형 형성 시 고려사항★ |

- <u>경호대상자의 취향</u>(내성적·외향적·은둔형·과시형)
- 행사장 주변 감제건물의 취약성
- 행사장 사전예방경호 수준(행사장의 안전도 및 취약성)
- 행사의 성격(공식적·비공식적)
- <u>행사 참석자의 수 및 성향</u>(우호적 또는 배타적)
- 근접경호원의 수
- <u>인적 취약요소와의 이격도</u>
- 물적 취약요소의 위치

〈참고〉 이두석, 「경호학개론」, 진영사, 2018, P. 298 / 김두현, 「경호학개론」, 엑스퍼트, 2020, P. 273

60 정답 ❶

MD(금속탐지기)를 통과하면 바로 안전구역(제1선)에 들어오게 되므로, MD근무자는 막중한 사명감을 갖고 임무를 수행해야 한다.

핵심만콕

MD(금속탐지기)를 통과하게 되면 바로 안전구역에 들어오게 된다. 따라서 MD근무자는 예리한 관찰력으로 위해기도자의 침투 및 위험물질의 반입을 차단해야 하는 막중한 사명감을 갖고 임무를 수행한다. 비표의 패용 여부와 진위 여부를 세밀히 관찰하고, 위해물질의 소지 여부를 색출한다. 안색 및 표정의 변화, 행동거지를 잘 살펴서 비금속성 위해물질 반입을 차단한다. 행사 참석자의 성향에 따라 MD의 감도를 적절히 조절하여 참석자 입장이 원활히 이루어질 수 있도록 한다.

〈출처〉 이두석, 「경호학개론」, 진영사, 2018, P. 272

61 정답 ❹

제시된 내용은 모두 옳은 설명이다.

핵심만콕 대한민국 정부수립 이후의 경호기관★★

구 분	내 용
경무대경찰서 (1949)	• 1949년 2월 왕궁을 관할하고 있던 창덕궁경찰서가 폐지되고 경무대경찰서가 신설되면서 경찰이 대통령 경호임무를 담당하게 되었다. 이때, 종로경찰서 관할인 중앙청 및 경무대 구내가 경무대경찰서의 관할구역이 되었다.★ • 1949년 12월 내무부훈령 제25호에 의하여 경호규정이 제정되면서 최초로 경호라는 용어의 사용과 경호업무의 체제가 정비되었다.★ • 경무대경찰서는 신설 당시에는 종로경찰서 관할인 중앙청 및 경무대 구내가 관할구역이었으나, 1953년 3월 30일 경찰서 직제의 개정으로 그 관할구역을 경무대 구내로 제한하였다.★
청와대 경찰관파견대 (1960)	• 1960년 4·19 혁명으로 제1공화국이 끝나고 3차 개헌을 통해 정부형태가 대통령 중심제에서 내각책임제로 바뀌면서 국무총리의 지위가 크게 강화됨에 따라 대통령 경호를 담당하던 경무대 경찰서가 폐지되고 경무대 지역의 경비업무는 서울시 경찰국 경비과에서 담당하게 되었다.★ • 1960년 6월 제2공화국이 수립되면서 서울시경 소속으로 청와대 경찰관파견대를 설치하여 경비과에서 담당하던 대통령 경호 및 대통령관저의 경비를 담당하게 하였다.★
국가재건최고회의 의장경호대 ↓ 중앙정보부 경호대 (1961)	• 1961년 5월 군사혁명위원회가 국가재건최고회의로 발족되면서 국가재건최고회의 의장경호대가 임시로 편성되었다가 중앙정보부로 예속되고, 그 해 9월 중앙정보부 내훈 제2호로 경호규정이 제정 시행되면서 11월 정식으로 중앙정보부 경호대가 발족되었다.★ • 중앙정보부 경호대의 주요 임무는 국가원수, 최고회의장, 부의장, 내각수반, 국빈의 신변보호, 기타 경호대장이 지명하는 주요 인사의 신변보호 등이었다.

| 대통령경호실(1963)
↓
대통령실장 소속
경호처
(2008, 차관급)
↓
대통령경호실
(2013, 장관급)
↓
대통령경호처
(2017~, 차관급) | • 1963년 제3공화국이 출범하여 대통령경호실법을 제정·공포하고 박정희 대통령 취임과 동시에 대통령경호실을 출범시켰다.★
• 1974년 8·15사건을 계기로 '대통령경호경비안전대책위원회'가 설치되고, 청와대 외곽경비가 경찰에서 군(55경비대대)으로 이양되었으며, 22특별경호대와 666특공대가 창설되고, 경호행사 시 3중 경호 원칙이 도입되는 등 조직과 제도가 대폭 보강되었다.
• 1981년 '대통령 당선 확정자의 가족의 호위'와 '전직대통령과 그 배우자 및 자녀의 호위'가 임무에 추가되었다.★
• 2004년 대통령 탄핵안이 가결됨에 따라 대통령 권한대행에 대한 경호임무를 추가로 수행하였다.★
• 2008년 2월 29일 '대통령경호실법'은 '대통령 등의 경호에 관한 법률'로 개칭되고 소속도 대통령 직속기관인 대통령경호실에서 대통령실장 소속 경호처로 변경되었다.
• 2013년 2월 25일 경호처는 다시 대통령비서실과 독립된 대통령경호실로 환원되고, 지위도 장관급으로 격상되었다.
• 2017년 7월 26일 정부조직법 개정으로 대통령경호실은 재개편되어 현재 차관급 대통령경호처가 되었다. |

62 정답 ❸

③ (×) 출발과 도착시간을 변칙적으로 하여 예측 가능성을 두지 않도록 해야 한다.
① (○) 주차 장소는 가능한 한 자주 변경하여 계획된 위해 상황과 불심문자의 관찰로부터 벗어나게 하여야 한다.
② (○) 야간 주차 시에는 시야확보를 위해서 밝은 곳에 주차를 하여야 한다.
④ (○) 선도경호차량은 행·환차로를 안내하고, 행사시간에 맞게 주행속도를 조절하며, 전방의 각종 상황에 대한 경계임무를 수행하고, 후미경호차량은 기동 간 경호대상자 차량의 방호업무와 경호지휘 임무를 수행한다. 경호대상자 차량은 선도차량과 일정한 간격을 유지하면서 이동하며, 유사시 선도차량과 같은 방향으로 대피한다.

63 정답 ❶

근접경호의 특성 중 방호 및 대피성에 관한 설명은 ①이다. ②는 방벽성, ③은 기동 및 유동성, ④는 노출성에 관한 설명이다.

핵심만콕 근접경호의 특성

노출성	다양한 기동수단과 도보대형에 따라 경호대상자의 행차가 시각적으로 외부에 노출될 뿐만 아니라, 각종 매스컴에 의하여 행사 일정과 장소 및 시간이 대외적으로 알려진 상태에서 업무를 수행해야 하는 특성을 의미
방벽성	근접 도보대형 시 근무자의 체위에 의한 인적 자연방벽 효과와 방탄복 및 각종 방호장비를 이용하여 외부의 공격으로부터 방벽을 구축해야 하는 특성을 의미
기동 및 유동성	근접경호는 주로 도보 또는 차량에 의해 기동 간에 이루어지며 행사 성격이나 주변 여건, 장비의 특성에 따라 능동적(유동적)으로 대처해야 하는 특성을 의미
기만성	변칙적인 경호기법으로 차량대형 기만, 기동시간 기만, 기동로 및 기동수단 기만, 승·하차 지점 기만 등으로 위해기도자로 하여금 행사 상황을 오판하도록 실제 상황을 은폐하고 허위 상황을 제공하여 경호의 효율성을 높이려는 특성을 의미
방호 및 대피성	비상사태 발생 시 범인을 대적하여 제압하는 것보다 반사적이고 신속·과감한 행동으로 경호대상자의 방호 및 대피를 우선해야 한다는 특성을 의미

64 정답 ❶

① (○) 대통령 등의 경호에 관한 법률 제16조 제1항
② (×) <u>위원장은 처장</u>이 되고, <u>부위원장은 차장</u>이 되며, 위원은 대통령령으로 정하는 관계기관의 공무원이 된다(대통령 등의 경호에 관한 법률 제16조 제3항).
③ (×) 대통령경호처의 기획관리실장·경호본부장·경비안전본부장 및 지원본부장은 <u>2급 경호공무원</u>으로 보한다(대통령경호처와 그 소속기관 직제 제5조 제2항).
④ (×) 전직대통령이 재직 중 탄핵결정을 받아 퇴임한 경우에는 '<u>필요한 기간의 경호 및 경비(警備)</u>'를 제외<u>하고는 이 법에 따른 전직대통령으로서의 예우를 하지 아니한다</u>(전직대통령 예우에 관한 법률 제7조 제2항 제1호). 즉, '필요한 기간의 경호 및 경비(警備)'의 예우는 할 수 있다.

관계법령　권리의 정지 및 제외 등(전직대통령 예우에 관한 법률 제7조)

② 전직대통령이 다음 각호의 어느 하나에 해당하는 경우에는 <u>제6조 제4항 제1호(필요한 기간의 경호 및 경비)에 따른 예우를 제외하고는</u> 이 법에 따른 전직대통령으로서의 예우를 하지 아니한다.
  1. <u>재직 중 탄핵결정을 받아 퇴임한 경우</u>
  2. 금고 이상의 형이 확정된 경우
  3. 형사처분을 회피할 목적으로 외국정부에 도피처 또는 보호를 요청한 경우
  4. 대한민국의 국적을 상실한 경우

65 정답 ❶

① (○) 비표 분실사고 발생 시 조치사항이다.
② (×) 비표의 종류는 적을수록 좋고 행사장마다 비표를 구분하여 운영한다.
③ (×) 비표는 행사 당일에 출입구에서 신원확인 후 바로 배포한다.
④ (×) 경호근무자의 경호안전활동 시에도 비표를 운영해야 한다.

66 정답 ❹

통제점은 내부의 경우 행사장 내부로 통하는 각 출입구, 내곽은 정문·후문 등의 출입문이 된다. 외곽은 별도의 가시적인 통제선을 설치하지는 않지만, 지형의 판단과 행사에의 영향권을 고려하여 일정 구역을 설정하고 정보사찰조나 순찰조를 운용하여 조기경보체제를 구축한다.

〈참고〉이두석, 「경호학개론」, 진영사, 2018, P. 262~263

67 정답 ❷

② (×) 경호대상자 주변의 모든 인원이 해당하며, <u>경호대상자의 수행원이나 보도요원, 공무원, 종업원 등 신분이 확실한 사람들도 일단 경계의 대상이 된다</u>. 경호대상자에게 접근하기 쉬운 경찰 근무자, 수행원, 종업원 등의 신분으로 위장할 가능성이 있으므로 신분이 확실하다 하여 경계의 대상에서 제외할 수는 없다.
① (○) 사주경계란 위해요인을 사전에 인지하기 위하여 경호대상자를 중심으로 360° 전 방향을 감시하는 경계활동을 말한다.
③ (○) 외관상 안전하게 보이는 물체라도 폭발물이나 독극물이 숨겨져 있을 수 있으므로 긴장을 늦추지 말고 경계해야 한다.
④ (○) 더운 날씨에 긴 코트를 입거나 추운 날씨에 단추를 푸는 등 주변 환경과 어울리지 않는 복장을 착용하고, 주위상황과 어울리지 않게 행동하는 사람을 특히 주의 깊게 관찰한다.

68 정답 ❸

제시문 중 옳지 않은 내용은 ㄴ, ㄹ이다.
ㄴ. (×) 우리나라 정부 인사가 외국정부의 같은 급의 인사를 초청한 경우에는 외빈 인사를 상위의 좌석에 배치하는 것이 일반적인 관례이다.
ㄹ. (×) 정부 의전행사에서 적용하고 있는 주요 참석인사에 대한 예우기준에 따라 직위에 의한 서열의 경우 직급 순위, 헌법 및 정부조직법상 기관순위, 기관장・상급기관・국가기관 선순위를 기준으로 하고, 공적 지위가 없는 인사의 서열의 경우 전직, 연령, 행사 관련성, 정부산하단체, 공익단체 협회장, 관련 민간단체장을 기준으로 한다.

69 정답 ❸

③ (○) 대한민국국기법 제9조 제1항 제2호
① (×) 단독주택의 대문과 공동주택의 각 세대 난간에 국기를 게양하려는 경우 밖에서 바라보아 중앙이나 왼쪽에 국기를 게양하는 것을 원칙으로 하되, 부득이한 경우에는 그 위치를 달리할 수 있다(국기의 게양・관리 및 선양에 관한 규정 제10조 제1항).
② (×) 각급 학교 및 군부대의 주된 게양대에는 국기를 매일 낮에만 게양한다(대한민국국기법 제8조 제4항). 국기를 매일 게양・강하하는 경우, 강하시각은 3월부터 10월까지는 오후 6시, 11월부터 다음 해 2월까지는 오후 5시이다(대한민국국기법 시행령 제12조 제1항 제2호).
④ (×) 국가, 지방자치단체 및 공공기관의 청사 등에는 연중 국기를 게양하여야 하며, 이 경우 야간에는 적절한 조명을 하여야 한다(대한민국국기법 제8조 제3항).

70 정답 ❶

검측의 순서는 회의실, 오찬장, 휴게실 등 경호대상자가 장시간 머물러 있는 곳을 먼저 실시하고, 통로, 현관 등 경호대상자가 움직이는 경로를 순차적으로 실시한다.

핵심만콕 **안전검측의 기본적 요령**

- 검측의 순서는 회의실, 오찬장, 휴게실 등 경호대상자가 장시간 머물러 있는 곳을 먼저 실시하고, 통로, 현관 등 경호대상자가 움직이는 경로를 순차적으로 실시한다.★★
- 검측은 경호원의 입장이 아니라 적(위해자)의 입장에서 실시한다.
- 검측은 책임구역을 구분하여 실시하되, 가까운 곳에서 먼 곳으로, 좌에서 우로, 밖에서 안으로 계속 중복하여 실시한다.★★
- 검측대상은 외부, 내부, 공중지역, 연도로 구분하여 실시한다.
- 전기제품은 분해하여 이상 유무를 확인한다.
- 통로보다는 양 측면을, 아래보다는 높은 곳을 더 주의하여 실시하고, 의심나는 곳은 반복해서 실시한다.

〈출처〉 김계원, 「경호학」, 백산출판사, 2008, P. 208

71 정답 ❸

③ (×) 감시장비에 관한 설명이다. 검색장비는 신변보호 및 중요행사를 수행함에 있어 행사장, 숙소, 연도 등에 대하여 폭발물을 탐지하고 제거하며, 제반시설물의 안전점검을 실시하는 데 사용하는 장비를 말한다. 즉, 위해요소에 대한 분석과 판단으로 적절한 조치를 강구하여 위해요소를 사전에 제거하는 작용에 활용되는 장비를 말한다.
① (○) 호신장비는 자신의 생명이나 신체가 위험상태에 놓였을 때 스스로를 보호하는 데 사용하는 장비로서, 총기, 경봉, 가스분사기, 전자충격기 등이 이에 해당한다.
② (○) 통신장비는 경호임무 수행에 있어 필요한 보고 또는 연락을 위한 장비로 차량용무전기, 휴대용무전기 등이 있다. 통신장비에서 경호통신의 기본요소로 신속성, 신뢰성, 정확성, 안전성이 고려되어야 한다.
④ (○) 방호장비는 경호대상자나 경호대상자가 사용하는 시설물을 보호하기 위한 장비로서 적의 침입 예상 경로를 차단하기 위하여 방벽을 설치·이용하는 것으로 경호방법 중 최후의 예방경호방법이라 할 수 있다. 방호장비는 크게 자연적 방벽과 물리적 방벽으로 나뉜다.

72 정답 ❸

경호처의 경호대상에 본인의 의사에 반하지 아니하는 경우에 한정하여 퇴임 후 10년 이내의 전직대통령과 그 배우자가 포함된다. 다만, 대통령이 임기 만료 전에 퇴임한 경우와 재직 중 사망한 경우의 경호 기간은 그로부터 5년으로 하고, 퇴임 후 사망한 경우의 경호 기간은 퇴임일부터 기산(起算)하여 10년을 넘지 아니하는 범위에서 사망 후 5년으로 한다(대통령 등의 경호에 관한 법률 제4조 제1항 제3호).

73 정답 ❷

제시문의 내용과 관련된 신변보호의 일반적 원칙은 지휘권 단일화 원칙이다.

> **핵심만콕** 신변보호의 일반적 원칙
>
> - 고도의 경계력 유지 원칙 : 신변보호활동은 제한된 인원 및 장비, 장애물을 가지고 보이지 않는 고도로 훈련된 공격자들을 사전에 봉쇄하기 위해서는 고도의 경계력이 유지되어야 한다는 것이다.
> - 지휘권 단일화 원칙 : 신변보호 목표가 성공적으로 달성되기 위해서는 단일 지휘관에 의한 적극적이고 신속한 결단과 지휘명령 하달체계에 의한 일사분란한 행동통일이 필요하다는 것이다.
> - 합리적 지역방어 원칙 : 신변보호대상자를 효과적으로 보호하고 공격자의 직·간접적인 공격행위를 사전에 봉쇄하기 위한 원칙을 말한다.
> - 과학적 두뇌작용 원칙 : 신변보호작용에 있어서 발생할 수 있는 각종 위해요소는 대부분 은폐되어 있고 공격자들도 사전에 치밀한 공격준비로 다양한 공격을 하므로 요원들이 이를 방지하기 위해서는 과학적 두뇌작용이 필요하다는 것이다.

74 정답 ❶

① (○) 순마소에 관한 설명이다.
② (×) 순군만호부 : 방도금란(防盜禁亂 : 일반적 치안유지)이 주된 임무였으나 왕의 뜻을 거스른 자에 대한 징계·처벌도 담당하였다.
③ (×) 성중애마 : 왕을 측근에서 호위하는 특수부대로 충렬왕 때 상류층 자제들로 하여금 왕을 숙위토록 하여 이들을 홀치라 하였다.
④ (×) 겸사복 : 세종 말엽의 왕의 수발뿐만이 아니라 세자의 호위를 담당한 근시군사이다.

75 정답 ❹

④ (×) 대통령경호처장은 거짓 또는 부정한 방법으로 보상금을 받은 자에 대하여는 해당 보상금을 환수하여야 한다(대통령 등의 경호에 관한 법률 제20조 제4항).
① (○) 대통령 등의 경호에 관한 법률 제20조 제2항
② (○) 대통령 등의 경호에 관한 법률 시행령 제36조 제2항
③ (○) 대통령 등의 경호에 관한 법률 시행령 제36조 제4항

76 정답 ❸

경호대상자 동선 및 좌석 위치에 따른 비상대책을 강구하는 것은 주행사장 내부 담당자의 업무 내용이다.

핵심만콕	주행사장 내부 담당자 및 외부 담당자의 주요 임무(업무)★★
내부 담당자	**외부 담당자**
• 접견 예상에 따른 대책 및 참석자 안내계획 수립 • 경호대상자 동선 및 좌석 위치에 따른 비상대책 강구 • 행사장 내 인적·물적 위해요인 접근통제 및 차단계획 수립 • 정전 등 우발상황을 대비한 각 근무자 예행연습 실시(필요시 방폭요, 역조명, 랜턴, 손전등을 비치) • 경호대상자의 휴게실, 화장실 위치 파악 및 안전점검 실시 • 행사장 내 단상, 천장, 각종 집기류를 최종 점검	• 방탄막 설치 및 비상차량 운용계획 수립 • 경비 및 경계구역 내에 대한 안전조치 강화 • 차량 및 공중강습에 대한 대비책 수립 • 안전구역 내 단일 출입로 설정 • 외곽 감제고지 및 직시건물에 대한 안전조치 실시 • 지하대피시설 점검·확보 • 취약요소, 직시시점을 고려하여 단상, 전시물 등을 설치

77 정답 ❹

④ (×) 골절된 뼈를 맞추는 것은 전문응급의료진이 할 수 있는 전문치료에 해당한다. 응급상황 발생 시 경호원의 역할은 어디까지나 응급처치에 그치는 것이므로 골절 부위가 더 이상 손상되지 않도록 골절환자를 함부로 움직여서는 안 된다.
① (○) 골절 환자는 움직임으로 인해 통증이 심화되고, 추가적인 손상을 입을 수 있으므로 움직임을 최소화해야 한다. 또한, 상처 감염을 방지하기 위해 깨끗한 천이나 거즈로 상처를 덮고, 손 소독을 철저히 해야 한다.
② (○) 다친 곳을 건드리거나 환자를 함부로 옮김으로써 부러진 뼈끝이 신경, 혈관 또는 근육을 손상케 하거나 피부를 뚫어 복잡골절이 되게 하는 일이 없도록 한다.
③ (○) 복잡골절에 있어서 출혈이 있으면 직접 압박으로 출혈을 방지하고, 만약 출혈이 심하면 지압점 압박으로 지혈한다. 복잡골절은 피가 멈춘 후에 소독한 붕대를 감는다.

78 정답 ❸

③ (○) 1선인 안전구역은 행사와 무관한 사람들의 행사장 출입을 통제 또는 제한하고, 그 효과를 극대화하기 위해서 가능한 한 출입구를 단일화하거나 최소화한다.
① (×) 행사장에 대한 출입통제는 3선 경호개념에 의거한 경호구역의 설정에 따라 각 구역별 통제의 범위를 결정한다.
② (×) 2선 경비구역은 행사 참석자를 비롯한 모든 출입요소의 1차 통제점이 되어, 상근자 이외에 용무가 없는 사람들의 출입을 가급적 제한한다.

〈출처〉 이두석, 「경호학개론」, 진영사, 2018, P. 266

④ (×) 금속탐지기(MD)를 설치·운용하는 곳은 1선(안전구역)이다.

79 정답 ③

( )에 들어갈 숫자는 순서대로 10, 1, 5이므로 ( )에 들어가지 않는 숫자는 7이다.

관계법령 테러단체 구성죄 등(국민보호와 공공안전을 위한 테러방지법 제17조)★

② 테러자금임을 알면서도 자금을 조달·알선·보관하거나 그 취득 및 발생원인에 관한 사실을 가장하는 등 테러단체를 지원한 사람은 10년 이하의 징역 또는 1억원 이하의 벌금에 처한다.
③ 테러단체 가입을 지원하거나 타인에게 가입을 권유 또는 선동한 사람은 5년 이하의 징역에 처한다.

80 정답 ③

③의 테러위험인물 감시 강화는 관심 단계의 조치사항에 해당한다.

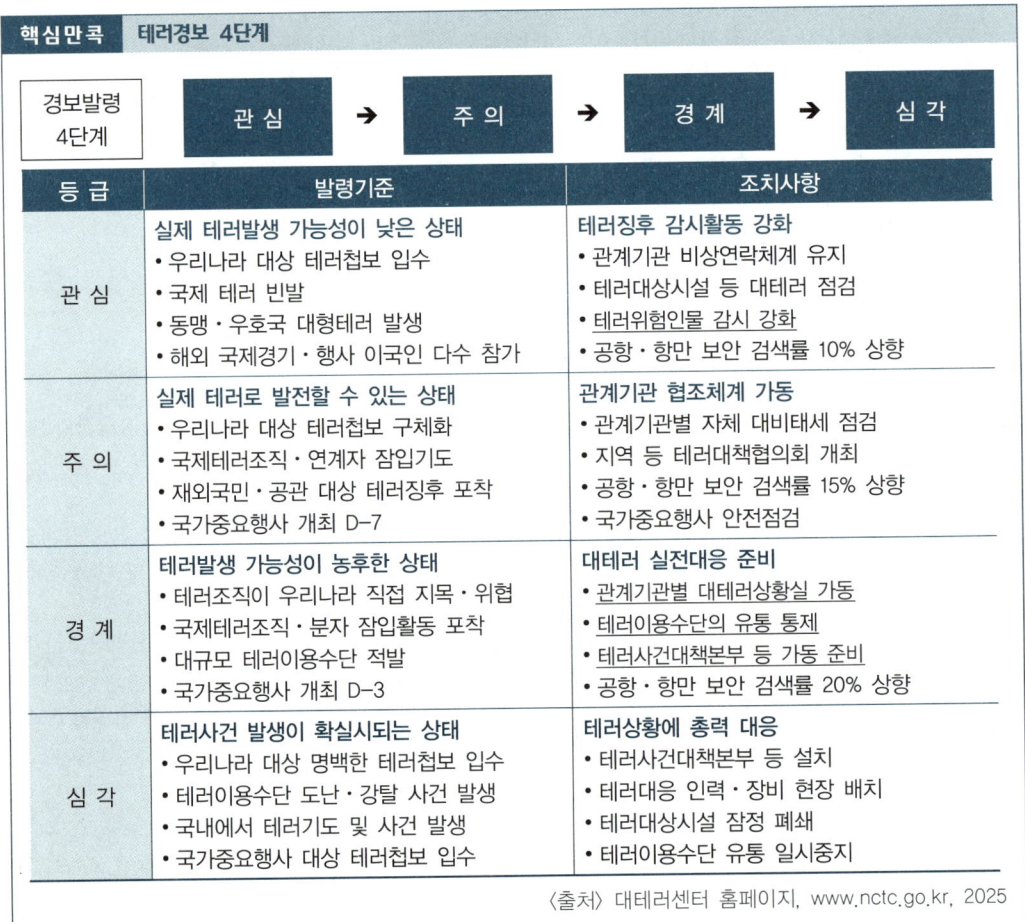

제10회 경비업법

문제편 240p

정답 CHECK

01	02	03	04	05	06	07	08	09	10	11	12	13	14	15	16	17	18	19	20
①	②	④	②	②	④	②	①	③	①	④	③	④	②	①	②	③	③	③	①
21	22	23	24	25	26	27	28	29	30	31	32	33	34	35	36	37	38	39	40
④	③	①	①	③	②	③	④	②	④	②	④	②	①	④	①	③	③	③	③

01 정답 ❶

( ) 안에 들어갈 내용은 순서대로 ㄱ : 전일, ㄴ : 출발지, ㄷ : 호송경비통지서이다.

관계법령 호송경비의 통지(경비업법 시행규칙 제2조)

경비업법(이하 "법"이라 한다) 제4조 제1항의 규정에 의하여 경비업의 허가를 받은 법인(이하 "경비업자"라 한다)은 법 제2조 제1호 나목의 규정에 의한 호송경비업무를 수행하기 위하여 관할 경찰서의 협조를 얻고자 하는 때에는 현금 등의 운반을 위한 출발 전일까지 출발지의 경찰서장에게 별지 제1호 서식의 호송경비통지서(전자문서로 된 통지서를 포함한다)를 제출하여야 한다.

02 정답 ❷

② (×) 경비업법 제2조 제5호의 집단민원현장에 해당하지 않는다.
① (○), ③ (○), ④ (○) 각각 경비업법 제2조 제5호 가목·나목·사목의 집단민원현장에 해당한다.

관계법령 정의(경비업법 제2조)★

이 법에서 사용하는 용어의 정의는 다음과 같다.
5. "집단민원현장"이란 다음 각목의 장소를 말한다.
　가. 「노동조합 및 노동관계조정법」에 따라 노동관계 당사자가 노동쟁의 조정신청을 한 사업장 또는 쟁의행위가 발생한 사업장
　나. 「도시 및 주거환경정비법」에 따른 정비사업과 관련하여 이해대립이 있어 다툼이 있는 장소
　다. 특정 시설물의 설치와 관련하여 민원이 있는 장소
　라. 주주총회와 관련하여 이해대립이 있어 다툼이 있는 장소
　마. 건물·토지 등 부동산 및 동산에 대한 소유권·운영권·관리권·점유권 등 법적 권리에 대한 이해대립이 있어 다툼이 있는 장소
　바. 100명 이상의 사람이 모이는 국제·문화·예술·체육 행사장
　사. 「행정대집행법」에 따라 대집행을 하는 장소

03 정답 ④

④ (×) 관할 경찰관서장의 배치폐지명령에 따르지 아니하여(경비업법 제19조 제1항 제8호 위반) 허가가 취소된 법인의 허가취소 당시의 임원이었던 자로서 허가가 취소된 날부터 3년이 지나지 아니한 자는 <u>허가취소된 경비업무와 동종의 경비업무를 수행하는 법인의 임원이 될 수 없다</u>(경비업법 제5조 제5호).
① (○), ② (○) 경비업법 제5조 제4호
③ (○) 허위 그 밖의 부정한 방법으로 허가를 받아(경비업법 제19조 제1항 제1호 위반) 허가가 취소된 호송경비업무를 수행하는 법인의 허가취소 당시의 임원이었던 자로서 허가가 취소된 날부터 3년이 지나지 아니한 자는 호송경비업무를 수행하는 법인의 임원이 될 수 없다(경비업법 제5조 제5호).

관계법령 임원의 결격사유(경비업법 제5조)★

다음 각호의 어느 하나에 해당하는 자는 경비업을 영위하는 법인(제4호에 해당하는 자의 경우에는 특수경비업무를 수행하는 법인, 제5호에 해당하는 자의 경우에는 허가취소사유에 해당하는 경비업무와 동종의 경비업무를 수행하는 법인)의 임원이 될 수 없다.
1. 피성년후견인
2. 파산선고를 받고 복권되지 아니한 자
3. 금고 이상의 형의 선고를 받고 그 형이 실효되지 아니한 자
4. 이 법 또는 「대통령 등의 경호에 관한 법률」에 위반하여 벌금형의 선고를 받고 3년이 지나지 아니한 자
5. 이 법(제19조 제1항 제2호 및 제7호는 제외) 또는 이 법에 의한 명령에 위반하여 허가가 취소된 법인의 허가취소 당시의 임원이었던 자로서 그 취소 후 3년이 지나지 아니한 자
6. 제19조 제1항 제2호(허가받은 경비업무 외의 업무에 경비원을 종사하게 한 때) 및 제7호(소속 경비원으로 하여금 경비업무의 범위를 벗어난 행위를 하게 한 때)의 사유로 허가가 취소된 법인의 허가취소 당시의 임원이었던 자로서 허가가 취소된 날부터 5년이 지나지 아니한 자

04 정답 ②

제시된 내용 중 경비업법령상 경찰청장, 시·도 경찰청장, 경찰서장 및 경찰관서장(제31조에 따라 경찰청장 및 경찰관서장의 권한을 위임·위탁받은 자를 포함한다)이 민감정보 및 고유식별정보를 처리할 수 있는 사무에 해당하는 것은 4개(ㄱ, ㄴ, ㄷ, ㄹ)이다.

관계법령 민감정보 및 고유식별정보의 처리(경비업법 시행령 제31조의2)★★

<u>경찰청장, 시·도 경찰청장, 경찰서장 및 경찰관서장(제31조에 따라 경찰청장 및 경찰관서장의 권한을 위임·위탁받은 자를 포함한다)</u>은 다음 각호의 사무를 수행하기 위하여 불가피한 경우 「개인정보보호법」 제23조에 따른 <u>건강에 관한 정보</u>(제1호의2 및 제4호의 사무로 한정한다), 같은 법 시행령 제18조 제2호에 따른 <u>범죄경력자료에 해당하는 정보</u>(제1호의2 및 제9호의 사무로 한정한다), 같은 영 제19조 제1호 또는 제4호에 따른 <u>주민등록번호 또는 외국인등록번호가 포함된 자료</u>를 처리할 수 있다. 〈개정 2024.8.13.〉
1. 법 제4조 및 제6조에 따른 <u>경비업의 허가 및 갱신허가 등에 관한 사무</u>
1의2. 법 제5조 및 제10조에 따른 임원, 경비지도사 및 경비원의 결격사유 확인에 관한 사무
2. 법 제11조에 따른 <u>경비지도사 시험 등에 관한 사무</u>
2의2. 법 제12조의2에 따른 <u>경비지도사의 선임·해임 신고에 관한 사무</u>
3. 법 제13조에 따른 <u>경비원의 교육 등에 관한 사무</u>
4. 법 제14조에 따른 특수경비원의 직무 및 무기사용 등에 관한 사무
5. 삭제 〈2021.7.13.〉
6. 법 제18조에 따른 경비원 배치허가 등에 관한 사무
7. 법 제19조 및 제20조에 따른 행정처분에 관한 사무

8. 법 제24조에 따른 경비업자 및 경비지도사의 지도·감독에 관한 사무
9. 법 제25조에 따른 보안지도·점검 및 보안측정에 관한 사무
10. 삭제 〈2022.12.20.〉

05 정답 ②

②는 관할 시·도 경찰청장의 허가를 받아야 하는 사항이다(경비업법 제4조 제1항 후문).

관계법령 경비업의 허가(경비업법 제4조)

③ 제1항의 규정에 의하여 경비업의 허가를 받은 법인은 다음 각호의 어느 하나에 해당하는 때에는 시·도 경찰청장에게 신고하여야 한다. 〈개정 2024.2.13.〉
1. 영업을 폐업하거나 휴업한 때
2. 법인의 명칭이나 대표자·임원을 변경한 때
3. 법인의 주사무소나 출장소를 신설·이전 또는 폐지한 때
4. 기계경비업무의 수행을 위한 관제시설을 신설·이전 또는 폐지한 때
5. 특수경비업무를 개시하거나 종료한 때
6. 그 밖에 대통령령이 정하는 중요사항을 변경한 때

폐업 또는 휴업 등의 신고(경비업법 시행령 제5조)

④ 법 제4조 제3항 제6호에서 "그 밖에 대통령령이 정하는 중요사항"이라 함은 정관의 목적을 말한다.

06 정답 ④

④ (○) 경비업법 시행령 [별표 1] 제6호
① (×) 호송경비업무의 경우 무술유단자인 일반경비원 5명 이상 및 경비지도사 1명 이상의 경비인력을 갖추어야 한다(경비업법 시행령 [별표 1] 제2호).
② (×) 기계경비업무의 경우 전자·통신 분야 기술자격증소지자 5명을 포함한 일반경비원 10명 이상 및 경비지도사 1명 이상의 경비인력을 갖추어야 한다(경비업법 시행령 [별표 1] 제4호).
③ (×) 특수경비업무의 경우 특수경비원 20명 이상 및 경비지도사 1명 이상의 경비인력을 갖추어야 한다(경비업법 시행령 [별표 1] 제5호).

관계법령 경비업의 시설 등의 기준(경비업법 시행령 [별표 1]) 〈개정 2024.12.31.〉

시설 등 기준 업무별	경비인력	자본금	시 설	장비 등
1. 시설경비업무	• 일반경비원 10명 이상★ • 경비지도사 1명 이상	1억원 이상	기준 경비인력 수 이상을 동시에 교육할 수 있는 교육장	• 기준 경비인력 수 이상의 경비원 복장 및 경적, 단봉, 분사기
2. 호송경비업무	• 무술유단자인 일반경비원 5명 이상★ • 경비지도사 1명 이상	1억원 이상	기준 경비인력 수 이상을 동시에 교육할 수 있는 교육장	• 호송용 차량 1대 이상★ • 현금호송백 1개 이상★ • 기준 경비인력 수 이상의 경비원 복장 및 경적, 단봉, 분사기

3. 신변보호업무	• 무술유단자인 일반경비원 5명 이상★ • 경비지도사 1명 이상	1억원 이상	기준 경비인력 수 이상을 동시에 교육할 수 있는 교육장	• 기준 경비인력 수 이상의 무전기 등 통신장비★ • 기준 경비인력 수 이상의 경적, 단봉, 분사기
4. 기계경비업무	• 전자·통신분야 기술자격증 소지자 5명을 포함한 일반경비원 10명 이상★ • 경비지도사 1명 이상	1억원 이상	• 기준 경비인력 수 이상을 동시에 교육할 수 있는 교육장 • 관제시설★	• 감지장치·송신장치 및 수신장치★ • 출장소별로 출동차량 2대 이상★ • 기준 경비인력 수 이상의 경비원 복장 및 경적, 단봉, 분사기
5. 특수경비업무	• 특수경비원 20명 이상★ • 경비지도사 1명 이상	3억원 이상★	기준 경비인력 수 이상을 동시에 교육할 수 있는 교육장	• 기준 경비인력 수 이상의 경비원 복장 및 경적, 단봉, 분사기
6. 혼잡·교통유도경비업무	• 일반경비원 10명 이상★ • 경비지도사 1명 이상	1억원 이상	기준 경비인력 수 이상을 동시에 교육할 수 있는 교육장	• 기준 경비인력 수 이상의 경비원 복장 및 경적, 단봉, 분사기, 무전기, 경광봉

07 정답 ❷

「경비업법」에 따른 경비업무에 7년 이상(특수경비업무의 경우 3년 이상) 종사하고 행정안전부령(경비업법 시행규칙 제10조)으로 정하는 교육과정을 이수한 사람(경비업법 시행령 제13조 제4호)이 1차 시험 면제대상자이다. 모든 조건이 충족되어야 한다.

> **관계법령** 시험의 일부면제(경비업법 시행령 제13조)
>
> 법 제11조 제3항에 따라 다음 각호의 어느 하나에 해당하는 사람은 경비지도사 제1차 시험을 면제한다.
> 1. 「경찰공무원법」에 따른 경찰공무원으로 7년 이상 재직한 사람
> 2. 「대통령 등의 경호에 관한 법률」에 따른 경호공무원 또는 별정직 공무원으로 7년 이상 재직한 사람
> 3. 「군인사법」에 따른 각 군 전투병과 또는 군사경찰병과 부사관 이상 간부로 7년 이상 재직한 사람
> 4. 「경비업법」에 따른 경비업무에 7년 이상(특수경비업무의 경우에는 3년 이상) 종사하고 행정안전부령으로 정하는 교육과정을 이수한 사람
>
>> **경비지도사 시험의 일부면제(경비업법 시행규칙 제10조)**
>> 영 제13조 제4호에서 "행정안전부령으로 정하는 교육과정을 이수한 사람"이란 다음 각호의 하나에 해당하는 사람을 말한다.
>> 1. 고등교육법에 의한 전문대학 이상의 교육기관(경비지도사의 시험과목 3과목 이상이 개설된 교육기관에 한한다)에서 1년 이상의 경비업무관련 과정을 마친 사람
>> 2. 경찰청장이 지정하는 기관 또는 단체에서 실시하는 64시간 이상의 경비지도사 양성과정을 마치고 수료시험에 합격한 사람
>
> 5. 「고등교육법」에 따른 대학 이상의 학교를 졸업한 사람으로서 재학 중 제12조 제3항에 따른 경비지도사 시험과목을 3과목 이상을 이수하고 졸업한 후 경비업무에 종사한 경력이 3년 이상인 사람
> 6. 「고등교육법」에 따른 전문대학을 졸업한 사람으로서 재학 중 제12조 제3항에 따른 경비지도사 시험 과목을 3과목 이상을 이수하고 졸업한 후 경비업무에 종사한 경력이 5년 이상인 사람

7. 일반경비지도사의 자격을 취득한 후 기계경비지도사의 시험에 응시하는 사람 또는 기계경비지도사의 자격을 취득한 후 일반경비지도사의 시험에 응시하는 사람
8. 「공무원임용령」에 따른 행정직군 교정직렬 공무원으로 7년 이상 재직한 사람

08 정답 ❶

① (○) 경비업법 제11조의3 제3항
② (×) 그 밖에 경비지도사 교육기관의 지정 기준 및 절차 등에 필요한 사항은 대통령령으로 정한다(경비업법 제11조의3 제4항).
③ (×) 그 밖에 경비지도사 교육기관의 지정 취소 및 업무 정지에 관한 세부기준 및 절차는 그 위반행위의 유형과 위반의 정도 등을 고려하여 행정안전부령으로 정한다(경비업법 제11조의4 제2항).
④ (×) 경찰청장은 경비지도사 교육기관이 다음 각호의 어느 하나에 해당하는 경우에는 그 지정을 취소하거나 1년의 범위에서 기간을 정하여 업무의 전부 또는 일부를 정지할 수 있다(경비업법 제11조의4 제1항 본문).

관계법령

경비지도사 교육기관의 지정 및 교육의 위탁 등(경비업법 제11조의3)
① 경찰청장은 경비지도사에 대한 기본교육 및 보수교육에 관한 업무를 전문인력 및 시설 등을 갖춘 법인으로서 경찰청장이 지정하는 기관 또는 단체(이하 "경비지도사 교육기관"이라 한다)에 위탁할 수 있다.
② 경찰청장은 경비지도사에 대한 기본교육 및 보수교육의 전국적 균형을 유지하기 위하여 교육수준 및 교육방법 등에 필요한 지침을 마련하여 시행할 수 있다.
③ 경찰청장은 경비지도사 교육기관이 제2항에 따른 교육지침을 위반한 경우에는 기간을 정하여 시정을 명할 수 있다.
④ 그 밖에 경비지도사 교육기관의 지정 기준 및 절차 등에 필요한 사항은 대통령령으로 정한다.
[본조신설 2024.2.13.]

경비지도사 교육기관의 지정 취소 등(경비업법 제11조의4)
① 경찰청장은 경비지도사 교육기관이 다음 각 호의 어느 하나에 해당하는 경우에는 그 지정을 취소하거나 1년의 범위에서 기간을 정하여 업무의 전부 또는 일부를 정지할 수 있다. 다만, 제1호의 경우에는 그 지정을 취소하여야 한다.
  1. 거짓이나 그 밖의 부정한 방법으로 경비지도사 교육기관의 지정을 받은 경우
  2. 지정받은 사항을 위반하여 업무를 행한 경우
  3. 제11조의3 제3항에 따른 시정명령을 받고도 정당한 사유 없이 정하여진 기간 이내에 시정하지 아니한 경우
  4. 제11조의3 제4항에 따른 지정 기준에 적합하지 아니하게 된 경우
② 그 밖에 경비지도사 교육기관의 지정 취소 및 업무 정지에 관한 세부기준 및 절차는 그 위반행위의 유형과 위반의 정도 등을 고려하여 행정안전부령으로 정한다.
[본조신설 2024.2.13.]

09 정답 ❸

( ) 안의 ㄱ, ㄴ에는 순서대로 5, 30이 들어간다. 따라서 숫자의 합은 35이다.

> **핵심만콕**
>
> - 경비업 허가의 유효기간은 허가받은 날부터 (5)년으로 한다(경비업법 제6조 제1항).
> - 갱신허가를 받고자 하는 자는 허가의 유효기간 만료일 (30)일 전까지 경비업 갱신허가신청서에 허가증 원본 및 정관(변경사항이 있는 경우만 해당한다)을 첨부하여 법인의 주사무소를 관할하는 시·도 경찰청장 또는 해당 시·도 경찰청 소속의 경찰서장에게 제출하여야 한다(경비업법 시행규칙 제6조 제1항 전문).

10 정답 ❶

기계경비업무에 종사하는 甲과 호송경비업무에 종사하는 乙은 일반경비원으로서 매월 2시간 이상의 직무교육을 받아야 하고(경비업법 시행령 제18조 제3항·동법 시행규칙 제13조 제1항), 특수경비원 丙은 매월 3시간 이상의 직무교육을 받아야 한다(경비업법 시행령 제19조 제3항·동법 시행규칙 제16조 제1항). 따라서 甲은 8시간 이상, 乙은 6시간 이상, 丙은 9시간 이상의 직무교육을 받았다. 따라서 甲, 乙, 丙이 각각 받은 총 직무교육시간의 합은 최소 23시간 이상이다.

11 정답 ❹

④ (×) 제27조 제2항에 따라 위탁받은 업무에 종사하는 관계전문기관 또는 단체의 임직원은 「형법」제129조부터 제132조까지의 규정을 적용할 때에는 공무원으로 본다(경비업법 제27조의3). 형법 제136조(공무집행방해)의 죄는 벌칙 적용에서 공무원 의제규정이 적용되는 형법상 범죄에 해당하지 않는다.
① (○) 경비업법 시행규칙 제25조 제1항
② (○) 경비업법 제31조 제3항
③ (○) 경비업법 제30조·제28조 제4항 제2호

> **관계법령** 벌칙 적용에서 공무원 의제(경비업법 제27조의3) ★
>
> 제27조 제2항에 따라 위탁받은 업무에 종사하는 관계전문기관 또는 단체의 임직원은 「형법」제129조부터 제132조(수뢰·사전수뢰, 제3자뇌물제공, 수뢰후부정처사·사후수뢰, 알선수뢰)까지의 규정을 적용할 때에는 공무원으로 본다.

12 정답 ❸

제시된 내용 중 경비업법령상 경비협회가 할 수 있는 공제사업은 ㄴ, ㄷ, ㄹ이다.
ㄱ. (×), ㅁ. (×) 경비업자의 손해배상책임을 보장하기 위한 사업이 경비협회가 할 수 있는 공제사업에 해당한다. 또한 형사책임을 보장하기 위한 사업은 경비업법령상 공제사업으로 규정되어 있지 않다.

관계법령 공제사업(경비업법 제23조)

① 경비협회는 다음 각호의 공제사업을 할 수 있다.
1. 제26조에 따른 경비업자의 손해배상책임을 보장하기 위한 사업
2. 경비업자가 경비업을 운영할 때 필요한 입찰보증, 계약보증(이행보증을 포함한다), 하도급보증을 위한 사업
3. 경비원의 복지향상과 업무상 재해로 인한 손실을 보상하는 사업
4. 경비업무와 관련한 연구 및 경비원 교육·훈련에 관한 사업

13 정답 ❹

④ (×) 청원경찰법 시행령 제8조 제3항에 따르면 감봉은 1개월 이상 3개월 이하로 하고, 그 기간에 보수의 3분의 1을 줄인다.
① (○) 청원경찰법 제5조의2 제1항 제2호
② (○) 청원경찰법 제5조의2 제3항
③ (○) 청원경찰법 시행령 제8조 제5항 전문

14 정답 ❷

제시된 내용 중 경비협회의 업무에 해당하지 않는 것은 ㄹ과 ㅂ이다.
ㄹ. (×) 경찰청장 또는 시·도 경찰청장은 경비업무의 적정한 수행을 위하여 경비업자 및 경비지도사를 지도·감독하며 필요한 명령을 할 수 있다(경비업법 제24조 제1항). 즉, 경비지도사 지도·감독은 경비협회의 업무가 아닌 경찰청장 또는 시·도 경찰청장의 권한에 해당한다.
ㅂ. (×) 경비지도사 및 경비원의 신분증명서의 발급은 현행 법령에는 규정이 없지만, 경비업자가 발급한다.

관계법령 경비협회(경비업법 제22조)

③ 경비협회의 업무는 다음과 같다.
1. 경비업무의 연구
2. 경비원 교육·훈련 및 그 연구
3. 경비원의 후생·복지에 관한 사항
4. 경비진단에 관한 사항
5. 그 밖에 경비업무의 건전한 운영과 육성에 관하여 필요한 사항

15 정답 ❶

① (×) 금고 이상의 형의 선고유예를 받고 그 유예기간 중에 있는 자가 특수경비원의 결격사유에 해당한다(경비업법 제10조 제2항 제4호).
② (○) 경비업법 제10조 제1항 제3호ㆍ제2항 제3호
③ (○) 경비업법 제10조 제1항 제5호 가목ㆍ제2항 제3호
④ (○) 경비업법 제10조 제1항 제7호ㆍ제2항 제3호

관계법령 | 경비지도사 및 경비원의 결격사유(경비업법 제10조)★★

① 다음 각호의 어느 하나에 해당하는 자는 경비지도사 또는 일반경비원이 될 수 없다.
1. 18세 미만인 사람, 피성년후견인
2. 파산선고를 받고 복권되지 아니한 자 → 삭제 〈2025.4.1.〉
3. 금고 이상의 실형의 선고를 받고 그 집행이 종료(집행이 종료된 것으로 보는 경우를 포함)되거나 집행이 면제된 날부터 5년이 지나지 아니한 자
4. 금고 이상의 형의 집행유예선고를 받고 그 유예기간 중에 있는 자
5. 다음 각목의 어느 하나에 해당하는 죄를 범하여 벌금형을 선고받은 날부터 10년이 지나지 아니하거나 금고 이상의 형을 선고받고 그 집행이 종료된(종료된 것으로 보는 경우를 포함) 날 또는 집행이 유예ㆍ면제된 날부터 10년이 지나지 아니한 자
   가. 「형법」 제114조의 죄
   나. 「폭력행위 등 처벌에 관한 법률」 제4조의 죄
   다. 「형법」 제297조, 제297조의2, 제298조부터 제301조까지, 제301조의2, 제302조, 제303조, 제305조, 제305조의2의 죄
   라. 「성폭력범죄의 처벌 등에 관한 특례법」 제3조부터 제11조까지 및 제15조(제3조부터 제9조까지의 미수범만 해당)의 죄
   마. 「아동ㆍ청소년의 성보호에 관한 법률」 제7조 및 제8조의 죄
   바. 다목부터 마목까지의 죄로서 다른 법률에 따라 가중처벌되는 죄
6. 다음 각목의 어느 하나에 해당하는 죄를 범하여 벌금형을 선고받은 날부터 5년이 지나지 아니하거나 금고 이상의 형을 선고받고 그 집행이 유예된 날부터 5년이 지나지 아니한 자
   가. 「형법」 제329조부터 제331조까지, 제331조의2 및 제332조부터 제343조까지의 죄
   나. 가목의 죄로서 다른 법률에 따라 가중처벌되는 죄
   다. 삭제 〈2014.12.30.〉
   라. 삭제 〈2014.12.30.〉
7. 제5호 다목부터 바목까지의 어느 하나에 해당하는 죄를 범하여 치료감호를 선고받고 그 집행이 종료된 날 또는 집행이 면제된 날부터 10년이 지나지 아니한 자 또는 제6호 각목의 어느 하나에 해당하는 죄를 범하여 치료감호를 선고받고 그 집행이 면제된 날부터 5년이 지나지 아니한 자
8. 이 법이나 이 법에 따른 명령을 위반하여 벌금형을 선고받은 날부터 5년이 지나지 아니하거나 금고 이상의 형을 선고받고 그 집행이 유예된 날부터 5년이 지나지 아니한 자

② 다음 각호의 어느 하나에 해당하는 자는 특수경비원이 될 수 없다.
1. 18세 미만이거나 60세 이상인 사람 또는 피성년후견인
2. 심신상실자, 알코올 중독자 등 대통령령으로 정하는 정신적 제약이 있는 자
3. 제1항 제2호부터 제8호까지의 어느 하나에 해당하는 자
4. 금고 이상의 형의 선고유예를 받고 그 유예기간 중에 있는 자
5. 행정안전부령으로 정하는 신체조건에 미달되는 자

16 정답 ❷

② (○) 경비업법 시행령 제8조 제1항 제2호
① (×) 기계경비업자는 관제시설 등에서 경보를 수신한 때에는 경보를 수신한 때부터 늦어도 25분 이내에는 도착시킬 수 있는 대응체제를 갖추어야 한다(경비업법 시행령 제7조).
③ (×) 기계경비업자가 계약상대방에게 하여야 하는 설명은 서면 또는 전자문서(계약상대방이 원하는 경우에 한함)를 교부하는 방법으로 한다(경비업법 시행령 제8조 제1항).
④ (×) 경보의 수신 및 현장도착 일시와 조치의 결과는 기계경비업자가 출장소별로 갖추어 두어야 하는 서류의 기재사항에 해당한다(경비업법 시행령 제9조 제1항 제3호).

17 정답 ❸

③ (×) 경비대상시설에 관한 경보 대응체제를 갖추지 아니한 때는 상대적(임의적) 취소사유·영업정지사유에 해당한다(경비업법 제19조 제2항 제4호).
① (○) 경비업법 제19조 제1항 제1호
② (○) 경비업법 제19조 제1항 제5호
④ (○) 경비업법 제19조 제1항 제7호

18 정답 ❸

제시된 내용 중 경비지도사자격의 취소사유에 해당하는 것은 ㄴ, ㄷ이다.
ㄱ. (×) 자격정지사유에 해당한다(경비업법 제20조 제2항 제1호).
ㄹ. (×) 자격정지사유에 해당한다(경비업법 제20조 제2항 제2호).

핵심만콕 경비지도사자격의 취소 등(경비업법 제20조)

자격취소사유(제1항)	자격정지사유(제2항)
경찰청장은 경비지도사가 다음의 어느 하나에 해당하는 때에는 그 자격을 취소하여야 한다. 1. 제10조(경비지도사 및 경비원의 결격사유) 제1항 각호의 결격사유에 해당하게 된 때 2. **허위 그 밖의 부정한 방법으로 경비지도사자격증을 교부받은 때** 3. **경비지도사자격증을 다른 사람에게 빌려주거나 양도한 때** 4. 자격정지 기간 중에 경비지도사로 선임되어 활동한 때	경찰청장은 경비지도사가 다음의 어느 하나에 해당하는 때에는 대통령령이 정하는 바에 따라 1년의 범위 내에서 그 자격을 정지시킬 수 있다. 1. 선임된 경비지도사가 법 규정을 위반하여 **직무를 성실하게 수행하지 아니한 때** **선임된 경비지도사의 직무(경비업법 제12조 제2항)** 1. 경비원의 지도·감독·교육에 관한 계획의 수립·실시 및 그 기록의 유지 2. **경비현장에 배치된 경비원에 대한 순회점검 및 감독** 3. 경찰기관 및 소방기관과의 연락방법에 대한 지도 4. 집단민원현장에 배치된 경비원에 대한 지도·감독 5. 그 밖에 대통령령(경비업법 시행령 제17조)이 정하는 직무 2. 선임된 경비지도사가 법 제24조(감독)의 규정에 의한 **경찰청장 또는 시·도 경찰청장의 명령을 위반한 때**

19 정답 ❸

제시된 내용 중 관할 경찰서장이 비치해야 할 문서와 장부에 해당하는 것은 ㄱ, ㄴ, ㄷ이다.

핵심만콕 문서와 장부의 비치(청원경찰법 시행규칙 제17조)★★★

청원주(제1항)	관할 경찰서장(제2항)	시·도 경찰청장(제3항)
• 청원경찰 명부 • 근무일지 • 근무 상황카드 • 경비구역 배치도 • 순찰표철 • 무기·탄약 출납부 • 무기장비 운영카드 • 봉급지급 조서철 • 신분증명서 발급대장 • 징계 관계철 • 교육훈련 실시부 • 청원경찰 직무교육계획서 • 급여품 및 대여품 대장 • 그 밖에 청원경찰의 운영에 필요한 문서와 장부	• 청원경찰 명부 • 감독 순시부 • 전출입 관계철 • 교육훈련 실시부 • 무기·탄약 대여대장 • 징계요구서철 • 그 밖에 청원경찰의 운영에 필요한 문서와 장부	• 배치결정 관계철 • 청원경찰 임용승인 관계철 • 전출입 관계철 • 그 밖에 청원경찰의 운영에 필요한 문서와 장부

20 정답 ❶

① (×) 경비업의 허가(추가·변경·갱신허가를 포함한다)를 받고자 하는 경우에는 1만원의 수수료를 납부하여야 한다(경비업법 시행령 제28조 제1항 제1호).
② (○) 경비업법 시행령 제28조 제4항 제1호
③ (○) 경비업법 시행령 제28조 제4항 제3호
④ (○) 경비업법 시행령 제28조 제4항 제2호

관계법령 허가증 등의 수수료(경비업법 시행령 제28조)

① 법에 의한 경비업의 허가를 받거나 허가증을 재교부받고자 하는 자는 다음 각호의 수수료를 납부하여야 한다.
  1. 법 제4조 제1항 및 법 제6조 제2항의 규정에 의한 경비업의 허가(추가·변경·갱신허가를 포함한다)의 경우에는 1만원
  2. 허가사항의 변경신고로 인한 허가증 재교부의 경우에는 2천원
② 제1항의 규정에 의한 수수료는 허가 등의 신청서에 수입인지를 첨부하여 납부한다.
③ 시험에 응시하고자 하는 자는 경찰청장이 정하여 고시하는 수수료를 납부하여야 한다.
④ 경찰청장은 다음 각호의 어느 하나에 해당하는 경우에는 제3항에 따라 받은 응시수수료의 전부 또는 일부를 다음 각호의 구분에 따라 반환하여야 한다.
  1. 응시수수료를 과오납한 경우 : 과오납한 금액 전액
  2. 시험시행기관의 귀책사유로 시험에 응시하지 못한 경우 : 응시수수료 전액
  3. 시험시행일 20일 전까지 접수를 취소하는 경우 : 응시수수료 전액
  4. 시험시행일 10일 전까지 접수를 취소하는 경우 : 응시수수료의 100분의 50
⑤ 경찰청장 및 시·도 경찰청장은 제2항 및 제3항의 규정에 불구하고 정보통신망을 이용하여 전자화폐·전자결제 등의 방법으로 수수료를 납부하게 할 수 있다.

21 정답 ④

제시된 내용 중 경비업법령상 경찰청장이 3년마다 타당성을 검토하여 개선 등의 조치를 해야 하는 것은 ㄱ, ㄴ, ㄷ, ㅂ이다. 경비지도사의 기본교육 및 보수교육의 시간(ㄷ)은 2024.8.13. 경비업법 시행령 제31조의3 개정 시 규제의 재검토 사항으로 추가되었고, 행정처분 기준(ㄹ)과 과태료 부과기준(ㅁ)은 2021.3.2. 동조 개정 시 규제의 재검토 사항에서 삭제되었다. 경비원이 휴대하는 장비(ㅂ)는 경비업법 시행규칙 제27조의2에서 규정하고 있다.

관계법령

규제의 재검토(경비업법 시행령 제31조의3)

경찰청장은 다음 각호의 사항에 대하여 다음 각호의 기준일을 기준으로 3년마다(매 3년이 되는 해의 기준일과 같은 날 전까지를 말한다) 그 타당성을 검토하여 개선 등의 조치를 해야 한다. 〈개정 2024.8.13.〉

1. 제3조 제2항 및 [별표 1]에 따른 경비업의 시설 등의 기준 : 2014년 6월 8일
1의2. 제15조의2 제1항 및 제15조의3 제1항에 따른 경비지도사의 기본교육 및 보수교육의 시간 : 2025년 1월 1일
2. 제22조에 따른 집단민원현장 배치 불허가 기준 : 2014년 6월 8일
3. 제24조 및 [별표 4]에 따른 행정처분 기준 : 2014년 6월 8일 → 삭제 〈2021.3.2.〉
4. 제32조 제1항 및 [별표 6]에 따른 과태료의 부과기준 : 2014년 6월 8일 → 삭제 〈2021.3.2.〉

규제의 재검토(경비업법 시행규칙 제27조의2)

경찰청장은 제20조에 따른 경비원이 휴대하는 장비 등에 대하여 2014년 6월 8일을 기준으로 3년마다(매 3년이 되는 해의 6월 8일 전까지를 말한다) 그 타당성을 검토하여 개선 등의 조치를 하여야 한다.

22 정답 ③

③ (×) 시·도 경찰청장 또는 관할 경찰관서장은 경비업무 장소가 집단민원현장으로 판단되는 경우에는 그때부터 48시간 이내에 경비업자에게 경비원 배치허가를 받을 것을 고지하여야 한다(경비업법 제24조 제4항).
① (○) 경비업법 제24조 제1항
② (○) 경비업법 시행령 제29조
④ (○) 경비업법 제24조 제3항

관계법령 감독(경비업법 제24조)

① 경찰청장 또는 시·도 경찰청장은 경비업무의 적정한 수행을 위하여 경비업자 및 경비지도사를 지도·감독하며 필요한 명령을 할 수 있다.
② 시·도 경찰청장 또는 관할 경찰관서장은 소속 경찰공무원으로 하여금 관할구역 안에 있는 경비업자의 주사무소 및 출장소와 경비원 배치장소에 출입하여 근무상황 및 교육훈련상황 등을 감독하며 필요한 명령을 하게 할 수 있다. 이 경우 출입하는 경찰공무원은 그 권한을 표시하는 증표를 관계인에게 내보여야 한다.
③ 시·도 경찰청장 또는 관할 경찰관서장은 경비업자 또는 배치된 경비원이 이 법이나 이 법에 따른 명령, 「폭력행위 등 처벌에 관한 법률」을 위반하는 행위를 하는 경우 그 위반행위의 중지를 명할 수 있다.
④ 시·도 경찰청장 또는 관할 경찰관서장은 경비업무 장소가 집단민원현장으로 판단되는 경우에는 그때부터 48시간 이내에 경비업자에게 경비원 배치허가를 받을 것을 고지하여야 한다.

23 정답 ❶

제시된 내용 중 학술교육과목에 해당하는 것은 ㄱ과 ㄹ이다. ㄴ, ㄷ, ㅅ은 실무교육과목이고, ㅂ은 정신교육과목에 해당한다. ㅁ은 청원경찰법령상 청원경찰의 교육과목에 해당하지 않는다.

관계법령 청원경찰의 교육과목 및 수업시간표(청원경찰법 시행규칙 [별표 1])

학과별	과 목		시 간
정신교육	정신교육		8
학술교육	형사법		10
	청원경찰법		5
실무교육	경 무	경찰관직무집행법	5
	방 범	방범업무	3
		경범죄처벌법	2
	경 비	시설경비	6
		소 방	4
	정 보	대공이론	2
		불심검문	2
	민방위	민방공	3
		화생방	2
	기본훈련		5
	총기조작		2
	총검술		2
	사 격		6
술 과	체포술 및 호신술		6
기 타	입교·수료 및 평가		3

24 정답 ❶

① (×) 허위 그 밖의 부정한 방법으로 경비업 허가를 받은 경우는 배치폐지를 명할 수 있는 사유가 아니라 허가관청의 절대적 허가 취소사유에 해당한다(경비업법 제19조 제1항 제1호).
② (○) 경비업법 제18조 제8항 제3호
③ (○) 경비업법 제18조 제8항 제1호
④ (○) 경비업법 제18조 제8항 제4호

> **관계법령**
>
> **경비원의 명부와 배치허가 등(경비업법 제18조)**
> ⑧ 관할 경찰관서장은 경비업자가 다음의 어느 하나에 해당하는 때에는 배치폐지를 명할 수 있다.
> 1. 배치허가를 받지 아니하고 경비원을 배치하거나 경비원 명단 및 배치일시·배치장소 등 배치허가 신청의 내용을 거짓으로 한 때
> 2. 결격사유에 해당하는 자를 집단민원현장에 일반경비원으로 배치한 때
> 3. 신임교육을 이수하지 아니한 자를 제2항 각호의 경비원으로 배치한 때
> 4. 경비업자 또는 경비원이 위력이나 흉기 또는 그 밖의 위험한 물건을 사용하여 집단적 폭력사태를 일으킨 때
> 5. 경비업자가 제2항 각호 외의 부분 본문을 위반하여 신고하지 아니하고 일반경비원을 배치한 때
>
> **경비업 허가의 취소 등(경비업법 제19조)**
> ① 허가관청은 경비업자가 다음 각호의 어느 하나에 해당하는 때에는 그 허가를 취소하여야 한다.
> 1. 허위 그 밖의 부정한 방법으로 허가를 받은 때
> 2. 제7조 제5항의 규정에 위반하여 허가받은 경비업무 외의 업무에 경비원을 종사하게 한 때 – 적용중지 헌법불합치 결정(2020헌가19)
> 3. 제7조 제9항의 규정에 위반하여 경비업 및 경비관련업 외의 영업을 한 때
> 4. 정당한 사유 없이 허가를 받은 날부터 2년 이내에 경비 도급실적이 없거나 계속하여 1년 이상 휴업한 때
> 5. 정당한 사유 없이 최종 도급계약 종료일의 다음 날부터 2년 이내에 경비 도급실적이 없을 때
> 6. 영업정지처분을 받고 계속하여 영업을 한 때
> 7. 제15조의2 제2항을 위반하여 소속 경비원으로 하여금 경비업무의 범위를 벗어난 행위를 하게 한 때
> 8. 제18조 제8항에 따른 관할 경찰관서장의 배치폐지명령에 따르지 아니한 때

25 정답 ❸

A회사가 시설경비업무를 수행하고 있으므로, 우선 서울에 4명, 강원도에 1명의 일반경비지도사를 선임·배치하여야 한다. 또한, 제주특별자치도의 경우 경비업법 시행령 [별표 3] 제2호에 의하면 전라남도와 인접한 것으로 간주되고, 제주특별자치도에 30명의 경비원이 배치되었으므로, 원칙적으로는 따로 일반경비지도사를 선임·배치하지 않을 수 있으나, 동시행령 [별표 3] 제3호에 의하면 전라남도에 배치된 일반경비지도사 1명이 지도·감독 및 교육할 수 있는 경비원의 총수는 인접한 제주특별자치도에 배치된 경비원의 수를 합산하여 200명을 초과할 수 없으므로 따로 1명의 일반경비지도사를 선임·배치하여야 한다. 이에 따라 A회사가 선임·배치해야 할 최소 일반경비지도사는 7명이다.

관계법령 경비지도사의 선임·배치기준(경비업법 시행령 [별표 3]) ★★ <개정 2024.8.13.>

1. 경비업자는 경비원을 배치하여 영업활동을 하고 있는 지역을 관할하는 시·도 경찰청의 관할구역별로 경비원 200명까지는 경비지도사 1명을 선임·배치하고, 경비원이 200명을 초과하는 경우 200명을 초과하는 경비원 100명 단위로 경비지도사 1명씩을 추가로 선임·배치해야 한다.
2. 제1호에 따라 경비지도사가 선임·배치된 시·도 경찰청의 관할구역과 경계를 맞닿아 인접한 시·도 경찰청의 관할구역에 배치된 경비원이 30명 이하인 경우에는 제1호에도 불구하고 경비지도사를 따로 선임·배치하지 않을 수 있다. 이 경우 제주특별자치도경찰청과 전라남도경찰청은 경계를 맞닿아 인접한 것으로 본다.
3. 제2호에 따라 경비지도사를 따로 선임·배치하지 않는 경우 경비지도사 1명이 지도·감독 및 교육할 수 있는 경비원의 총수(경계를 맞닿아 인접한 시·도 경찰청의 관할구역에 배치된 경비원의 수를 합산한다)는 200명을 초과할 수 없다.

※ 비고
1. 시설경비업무·호송경비업무·신변보호업무·특수경비업무 또는 혼잡·교통유도경비업무를 하는 경비업자는 일반경비지도사를 선임·배치하고, 시설경비업무·호송경비업무·신변보호업무·특수경비업무 또는 혼잡·교통유도경비업무 중 둘 이상의 경비업무를 하는 경우에는 각 경비업무에 종사하는 경비원의 수를 합산한 인원을 기준으로 경비지도사를 선임·배치해야 한다. 다만, 특수경비업무를 수행하는 경비업자는 제19조 제1항에 따른 특수경비원 신임교육을 이수한 일반경비지도사를 선임·배치해야 한다.
2. 기계경비업무를 하는 경비업자는 기계경비지도사를 선임·배치해야 한다.

26 정답 ❷

② (○) 직무상 알게 된 비밀을 누설하거나 부당한 목적을 위하여 사용한 자에 대한 법정형은 3년 이하의 징역 또는 3천만원 이하의 벌금(경비업법 제28조 제2항 제2호)이고, 집단민원현장에 20명 이상의 경비인력을 배치하면서 그 경비인력을 직접 고용한 자에 대한 법정형도 3년 이하의 징역 또는 3천만원 이하의 벌금이다(경비업법 제28조 제2항 제5호).
① (×) 2년 이하의 징역 또는 2천만원 이하의 벌금(경비업법 제28조 제3항)
③ (×) 1년 이하의 징역 또는 1천만원 이하의 벌금(경비업법 제28조 제4항 제1호)
④ (×) 1년 이하의 징역 또는 1천만원 이하의 벌금(경비업법 제28조 제4항 제5호)

27 정답 ❸

③ (×) 3천만원 이하의 과태료 부과(경비업법 제31조 제1항 제4호)
① (○) 500만원 이하의 과태료 부과(경비업법 제31조 제2항 제3호의2)
② (○) 500만원 이하의 과태료 부과(경비업법 제31조 제2항 제6호)
④ (○) 500만원 이하의 과태료 부과(경비업법 제31조 제2항 제4호의2)

28 정답 ❹

제시된 내용 중 옳은 것은 ㄷ과 ㄹ이다.
- ㄷ. (○) 경비업법 시행령 제20조 제3항
- ㄹ. (○) 경비업법 시행령 제20조 제4항
- ㄱ. (×) 시설주는 법 제14조 제4항의 규정에 의하여 특수경비원이 휴대할 무기를 대여받고자 하는 때에는 무기대여신청서를 관할 경찰서장 및 공항경찰대장 등 국가중요시설의 경비책임자(이하 "관할 경찰관서장"이라 한다)를 거쳐 시·도 경찰청장에게 제출하여야 한다(경비업법 시행령 제20조 제1항).
- ㄴ. (×) 시설주는 법 제14조 제4항의 규정에 의하여 관할 경찰관서장으로부터 대여받은 무기를 특수경비원에게 휴대하게 하는 경우에는 동조 제9항의 규정에 의하여 관할 경찰관서장의 사전승인을 얻어야 한다(경비업법 시행령 제20조 제2항).

> **관계법령**   특수경비원 무기휴대의 절차 등(경비업법 시행령 제20조)★★
>
> ① 시설주는 특수경비원이 휴대할 무기를 대여받고자 하는 때에는 무기대여신청서를 관할 경찰서장 및 공항경찰대장 등 국가중요시설의 경비책임자(이하 "관할 경찰관서장"이라 한다)를 거쳐 시·도 경찰청장에게 제출하여야 한다.
> ② 시설주는 관할 경찰관서장으로부터 대여받은 무기를 특수경비원에게 휴대하게 하는 경우에는 관할 경찰관서장의 사전승인을 얻어야 한다.
> ③ 사전승인을 함에 있어서 관할 경찰관서장은 국가중요시설에 총기 또는 폭발물의 소지자나 무장간첩 침입의 우려가 있는지의 여부 등을 고려하는 등 특수경비원에게 무기를 지급하여야 할 필요성이 있는지의 여부에 관하여 판단하여야 한다.
> ④ 시설주는 무기 지급의 필요성이 해소되었다고 인정되는 때에는 특수경비원으로부터 즉시 무기를 회수하여야 한다.
> ⑤ 특수경비원이 휴대할 수 있는 무기종류는 권총 및 소총으로 한다.
> ⑥ 위해성 경찰장비의 사용기준 등에 관한 규정 제18조 및 [별표 2]의 규정은 법 제14조 제9항의 규정에 의한 안전검사의 기준에 관하여 이를 준용한다.
> ⑦ 시설주, 무기관리책임자와 특수경비원은 행정안전부령이 정하는 무기관리수칙을 준수하여야 한다.

29 정답 ❷

경비업자가 경비원으로 하여금 분사기를 휴대하여 직무를 수행하게 하는 경우에는 「총포·도검·화약류 등의 안전관리에 관한 법률(총포·도검·화약류 등 단속법)」에 따라 미리 분사기의 소지허가를 받아야 한다(경비업법 제16조의2 제2항).

> **관계법령**
>
> **경비원의 장비 등(경비업법 제16조의2)**
> ② 경비업자가 경비원으로 하여금 분사기를 휴대하여 직무를 수행하게 하는 경우에는 「총포·도검·화약류 등 단속법」에 따라 미리 분사기의 소지허가를 받아야 한다.
>
> **다른 법률과의 관계(총포, 도검, 화약류 등의 안전관리에 관한 법률 부칙 제6조) <법률 제12960호, 2015.1.6.>**
> 이 법 시행 당시 다른 법률에서 종전의 「총포·도검·화약류 등 단속법」 또는 그 규정을 인용한 경우 이 법 또는 이 법의 해당 규정을 각각 인용한 것으로 본다.

30 정답 ④

④ (×) 청원경찰 배치신청서 제출 시, 배치 장소가 둘 이상의 도(특별시, 광역시, 특별자치시 및 특별자치도를 포함한다)일 때에는 주된 사업장의 관할 경찰서장을 거쳐 시·도 경찰청장에게 한꺼번에 신청할 수 있다(청원경찰법 시행령 제2조 후문).
① (○) 청원경찰법 제4조 제1항
② (○) 청원경찰법 제4조 제3항
③ (○) 청원경찰법 시행령 제2조 전문

31 정답 ②

② (×) 청원경찰의 제복·장구 및 부속물에 관하여 필요한 사항은 행정안전부령으로 정한다(청원경찰법 시행령 제14조 제2항).
① (○) 청원경찰법 제8조 제1항
③ (○) 청원경찰법 제8조 제2항
④ (○) 청원경찰법 시행령 제15조

32 정답 ④

④ (×) 「사회복지사업법」에 따른 사회복지시설은 청원경찰이 배치될 수 없다.
① (○) 청원경찰법 시행규칙 제2조 제5호
② (○) 청원경찰법 시행규칙 제2조 제3호
③ (○) 청원경찰법 제2조 제2호

> **관계법령** 정의(청원경찰법 제2조)★★
>
> 이 법에서 "청원경찰"이란 다음 각호의 어느 하나에 해당하는 기관의 장 또는 시설·사업장 등의 경영자가 경비(이하 "청원경찰경비"(請願警察經費)라 한다)를 부담할 것을 조건으로 경찰의 배치를 신청하는 경우 그 기관·시설 또는 사업장 등의 경비(警備)를 담당하게 하기 위하여 배치하는 경찰을 말한다.
> 1. 국가기관 또는 공공단체와 그 관리하에 있는 중요시설 또는 사업장
> 2. 국내 주재(駐在) 외국기관
> 3. 그 밖에 행정안전부령으로 정하는 중요시설, 사업장 또는 장소
>
> > **배치대상(청원경찰법 시행규칙 제2조)★**
> > 「청원경찰법」 제2조 제3호에서 "그 밖에 행정안전부령으로 정하는 중요시설, 사업장 또는 장소"란 다음 각호의 시설, 사업장 또는 장소를 말한다.
> > 1. 선박, 항공기 등 수송시설
> > 2. 금융 또는 보험을 업(業)으로 하는 시설 또는 사업장
> > 3. 언론, 통신, 방송 또는 인쇄를 업으로 하는 시설 또는 사업장
> > 4. 학교 등 육영시설
> > 5. 「의료법」에 따른 의료기관(의원급 의료기관, 조산원, 병원급 의료기관)
> > 6. 그 밖에 공공의 안녕질서 유지와 국민경제를 위하여 고도의 경비(警備)가 필요한 중요시설, 사업체 또는 장소

33 정답 ②

② (○) 경비업법 시행규칙 제20조
① (×) 청원경찰법령상 청원경찰에게 공적상과 우등상을 수여할 수 있는 자는 시·도 경찰청장, 관할 경찰서장, 청원주이다(청원경찰법 시행규칙 제18조).
③ (×) 청원경찰은 「경찰관직무집행법」에 따른 직무 외의 수사활동 등 사법경찰관리의 직무를 수행해서는 아니 된다(청원경찰법 시행규칙 제21조 제2항).
④ (×) 청원경찰이 직무를 수행할 때에 「경찰관직무집행법」 및 같은 법 시행령에 따라 하여야 할 모든 보고는 관할 경찰서장에게 서면으로 보고하기 전에 지체 없이 구두로 보고하고 그 지시에 따라야 한다(청원경찰법 시행규칙 제22조).

34 정답 ①

① (○) 경비업법 제17조 제1항
② (×) 경비업자는 선출·선임·채용 또는 배치하려는 임원, 경비지도사 또는 경비원이 결격사유에 해당하는지를 확인하기 위하여 주된 사무소, 출장소 또는 배치장소를 관할하는 시·도 경찰청장 또는 경찰관서장에게 형의 실효 등에 관한 법률에 따른 범죄경력조회를 요청할 수 있다(경비업법 제17조 제2항).
③ (×) 범죄경력조회 요청을 받은 시·도 경찰청장 또는 관할 경찰관서장은 경비업자에게 그 결과를 통보할 때에는 경비업자의 임원, 경비지도사 또는 경비원이 결격사유에 해당하는지 여부만을 통보하여야 한다(경비업법 제17조 제3항).
④ (×) 시·도 경찰청장 또는 관할 경찰관서장은 경비업자의 임원, 경비지도사 또는 경비원이 결격사유에 해당하는 사실을 알게 되거나 경비업법 또는 경비업법에 따른 명령을 위반한 때에는 경비업자에게 그 사실을 통보하여야 한다(경비업법 제17조 제4항).

35 정답 ④

④ (×) 관할 경찰서장의 지시에 따라 제2호에 따른 탄약의 수를 늘리거나 줄일 수 있고, 무기와 탄약의 출납을 중지할 수 있으며, 무기와 탄약을 회수하여 집중관리할 수 있다(청원경찰법 시행규칙 제16조 제2항 단서).
① (○) 청원경찰법 시행규칙 제16조 제1항 제5호
② (○) 청원경찰법 시행령 제16조 제1항
③ (○) 청원경찰법 시행규칙 제16조 제1항 제8호 본문

36 정답 ①

제시된 내용 중 옳은 것은 ㄱ과 ㄴ이다.
ㄱ. (○) 경비업법 제15조 제2항
ㄴ. (○) 경비업법 제15조 제4항 제2호 본문
ㄷ. (×) 특수경비원은 파업·태업 그 밖에 경비업무의 정상적인 운영을 저해하는 일체의 쟁의행위를 하여서는 아니 된다(경비업법 제15조 제3항).
ㄹ. (×) 특수경비원은 직무를 수행함에 있어 시설주, 관할 경찰관서장 및 소속상사의 직무상 명령에 복종하여야 한다(경비업법 제15조 제1항).
ㅁ. (×) 상황이 급박하여 경고할 시간적 여유가 없거나 은밀히 작전을 수행하는 경우에는 사전경고 없이 발사할 수 있다(경비업법 제15조 제4항 제1호 단서).

37 정답 ③

③ (×) 청원경찰경비의 최저부담기준액 및 부담기준액은 경찰공무원 중 순경의 것을 고려하여 다음 연도분을 매년 12월에 고시하여야 한다. 다만, 부득이한 사유가 있을 때에는 수시로 고시할 수 있다(청원경찰법 시행령 제12조 제2항).
① (○) 청원경찰법 시행규칙 제8조 제2호
② (○) 청원경찰법 시행규칙 제8조 제3호
④ (○) 청원경찰법 시행규칙 제8조 제1호

38 정답 ③

③ (×) 청원경찰의 피복비 및 교육비의 부담기준액은 경찰청장이 정하여 고시한다(청원경찰법 제6조 제3항).
① (○) 청원경찰법 제6조 제1항 제1호
② (○) 청원경찰법 제6조 제2항 제3호
④ (○) 청원경찰법 제7조 제2호

관계법령 　**청원경찰경비(청원경찰법 제6조)**

① 청원주는 다음 각호의 청원경찰경비를 부담하여야 한다.
　1. 청원경찰에게 지급할 봉급과 각종 수당
　2. 청원경찰의 피복비
　3. 청원경찰의 교육비
　4. 제7조에 따른 보상금 및 제7조의2에 따른 퇴직금
② 국가기관 또는 지방자치단체에 근무하는 청원경찰의 보수는 다음 각호의 구분에 따라 같은 재직기간에 해당하는 경찰공무원의 보수를 감안하여 대통령령으로 정한다.
　1. 재직기간 15년 미만 : 순경
　2. 재직기간 15년 이상 23년 미만 : 경장
　3. 재직기간 23년 이상 30년 미만 : 경사
　4. 재직기간 30년 이상 : 경위
③ 청원주의 제1항 제1호에 따른 봉급·수당의 최저부담기준액(국가기관 또는 지방자치단체에 근무하는 청원경찰의 봉급·수당은 제외한다)과 같은 항 제2호 및 제3호에 따른 비용의 부담기준액은 경찰청장이 정하여 고시(告示)한다.

39 정답 ❸

③ (×) 300만원의 과태료를 부과한다(청원경찰법 시행령 [별표 2] 제2호 나목).
① (○) 청원경찰법 제10조 제1항
② (○) 청원경찰법 제11조
④ (○) 청원경찰법 시행령 [별표 2] 제1호 가목

관계법령 과태료의 부과기준(청원경찰법 시행령 [별표 2])

위반행위	해당 법조문	과태료 금액
1. 법 제4조 제2항에 따른 시·도 경찰청장의 배치결정을 받지 않고 다음 각목의 시설에 청원경찰을 배치한 경우 　가. 국가중요시설(국가정보원장이 지정하는 국가보안목표시설을 말한다)인 경우 　나. 가목에 따른 국가중요시설 외의 시설인 경우	법 제12조 제1항 제1호	500만원 400만원
2. 법 제5조 제1항에 따른 시·도 경찰청장의 승인을 받지 않고 다음 각목의 청원경찰을 임용한 경우 　가. 법 제5조 제2항에 따른 임용결격사유에 해당하는 청원경찰 　나. 법 제5조 제2항에 따른 임용결격사유에 해당하지 않는 청원경찰	법 제12조 제1항 제1호	500만원 300만원
3. 정당한 사유 없이 법 제6조 제3항에 따라 경찰청장이 고시한 최저부담기준액 이상의 보수를 지급하지 않은 경우	법 제12조 제1항 제2호	500만원
4. 법 제9조의3 제2항에 따른 시·도 경찰청장의 감독상 필요한 다음 각목의 명령을 정당한 사유 없이 이행하지 않은 경우 　가. 총기·실탄 및 분사기에 관한 명령 　나. 가목에 따른 명령 외의 명령	법 제12조 제1항 제3호	500만원 300만원

40 정답 ❸

근무인원이 90명일 경우 대장 1명, 반장 4명, 조장 12명을 지정해야 한다(청원경찰법 시행규칙 [별표 4]).

관계법령 감독자 지정기준(청원경찰법 시행규칙 [별표 4])

근무인원	직급별 지정기준		
	대 장	반 장	조 장
9명까지	-	-	1명
10명 이상 29명 이하	-	1명	2~3명
30명 이상 40명 이하	-	1명	3~4명
41명 이상 60명 이하	1명	2명	6명
61명 이상 120명 이하	1명	4명	12명

제10회 경호학

문제편 255p

정답 CHECK

41	42	43	44	45	46	47	48	49	50	51	52	53	54	55	56	57	58	59	60
①	④	①	②	③	③	④	②	④	③	①	③	④	②	④	③	④	③	④	④
61	62	63	64	65	66	67	68	69	70	71	72	73	74	75	76	77	78	79	80
④	④	②	②	③	①	③	①	①	②	④	②	②	②	①	②	③	②	①	②

41 정답 ①

① (○) 제시문에 나타난 경호의 원칙은 경호대상자를 암살자 또는 위해를 가할 가능성이 있는 자로부터 떼어 놓아야 한다는 목표물 보존의 원칙이다. 목표물을 안전하게 보존하기 위해서는 행차 코스의 비공개, 행차 장소의 비공개, 대중에게 노출되는 보행 행차의 가급적 제한 등이 요구된다.

② (×) 자기담당구역 책임의 원칙에 관한 설명이다. 경호원은 자기가 맡은 담당구역 내에서 발생하는 사태는 어떠한 상황에서도 자기 자신만이 책임을 지고 해결해야 한다는 것이다. 따라서 경호원은 비록 자기담당구역이 아닌 다른 구역에서 위급한 상황이 발생했다고 해도 자기책임구역을 이탈해서는 안 된다.

③ (×) 은밀경호의 원칙에 관한 설명이다. 경호원은 타인의 눈에 잘 띄지 않게 침묵 속에서 은밀하게 행동하며 항상 경호대상자의 공적·사적 업무활동에 방해를 주지 않고 신변을 보호할 수 있는 곳에 행동반경을 두고 경호에 임해야 한다는 것이다. 은밀경호는 주변에 위압감을 주어 경호대상자의 이미지에 손상을 주거나 노출에 따른 위해요소들의 대응전략과 수립을 막는 데 그 목적을 둔다.

④ (×) 자기희생의 원칙에 관한 설명이다. 경호대상자는 어떤 상황에서도 절대적으로 보호해야 하므로, 경호원은 경호대상자가 위기에 처했을 때는 자기 몸을 희생하여 경호대상자를 보호하여야 한다.

42 정답 ④

제시된 내용 중 지리정보에 해당하지 않는 것은 ㄱ, ㄴ, ㅁ이다.

ㄱ. (×) 경호정보 중 인물정보에 해당한다. 경호대상자 본인 및 우호·적대적인 주변인물, 비밀관계에 있는 인물에 대한 정보도 인물정보에 포함된다.

ㄴ. (×) 경호정보 중 물질정보에 해당한다. 자체적으로 위험성을 내포하고 있는 행사장 내의 시설물과 위해의 수단으로 사용되거나 사용될 가능성이 있는 물질의 움직임에 관한 정보로서 행사장 내의 가스·전기·공조시설과 승강기 등의 관리 및 안전상태, 그리고 총기류·폭발물·화학물질 등의 이동 및 거래, 소유자에 대한 정보 등이 포함된다.

ㅁ. (×) 경호정보 중 교통정보에 해당한다. 이동소요시간을 산출하거나 이동로 상의 취약성을 판단하는 중요한 요소인 교통정보에는 행사장에 이르는 행·환차로 및 예비도로, 도로의 구간별 교통상황, 사고 및 공사 등에 대한 정보가 포함된다.

ㄷ. (○) 경호정보 중 지리정보에 해당한다. 위해기도자가 공격장소로 이용 가능한 이동로상의 건널목이나 교량, 서행이 요구되는 곡각지(도로의 꺾인 부문)나 좁은 도로, 열차 건널목, 강 등의 취약요소에 대한 정보는 중요한 지리정보이다.

ㄹ. (O) 경호정보 중 지리정보에 해당한다. 지리정보는 행사장이나 이동로에 관한 지리적 정보를 말하며 행사장의 지형적 위치, 행사장에 이르는 도로망, 주변 감제고지, 고층건물 및 수림지 등에 대한 정보가 포함된다.

핵심만콕 경호정보의 분류

인물정보	• 위해를 기도하거나 기도할 가능성이 있는 개인·단체의 동향에 관한 정보이다. • 경호대상자 본인 및 우호·적대적인 주변인물, 비밀관계에 있는 인물에 대한 정보 등을 포함한다.
물질정보	• 자체적으로 위험성을 내포하고 있는 행사장 내의 시설물과 위해의 수단으로 사용되거나 사용될 가능성이 있는 물질의 움직임에 관한 정보이다. • 행사장 내의 가스·전기·공조시설과 승강기 등의 관리 및 안전상태, 그리고 총기류·폭발물·화학물질 등의 이동 및 거래, 소유자에 대한 정보 등이 포함된다.
지리정보	행사장이나 이동로에 관한 지리적 정보로, 지형적 위치, 도로망 및 주변 감제고지 등의 취약요소에 대한 정보가 포함된다.
교통정보	행사장에 이르는 행·환차로 및 예비도로, 구간별 교통상황 등에 대한 정보이다.
기상정보	• 기상보도, 일기예보, 기상주의보 등의 정보이다. • 이동수단 및 행사장의 결정, 행사 진행 및 준비 등에 영향을 미친다.
행사정보	행사진행순서, 의전계획, 참석자 입장계획 등 행사 전반에 걸친 정보를 말한다.

〈출처〉 이두석, 「경호학개론」, 진영사, 2018, P. 208~210

43 정답 ①

①은 국가테러대책위원회의 주요 기능(심의 및 의결사항)에 해당한다.

핵심만콕 국가테러대책기구의 주요 기능★★

국가테러대책위원회	대테러센터
테러대책위원회는 다음의 사항을 심의·의결한다(테러방지법 제5조 제3항). 1. 대테러활동에 관한 국가의 정책 수립 및 평가 2. 국가 대테러 기본계획 등 중요 중장기 대책 추진사항 3. 관계기관의 대테러활동 역할 분담·조정이 필요한 사항 4. 그 밖에 위원장 또는 위원이 대책위원회에서 심의·의결할 필요가 있다고 제의하는 사항	대테러활동과 관련하여 다음 각호의 사항을 수행하기 위하여 국무총리 소속으로 관계기관 공무원으로 구성되는 대테러센터를 둔다(테러방지법 제6조 제1항). 1. 국가 대테러활동 관련 임무분담 및 협조사항 실무조정 2. 장단기 국가대테러활동 지침 작성·배포 3. 테러경보 발령 4. 국가 중요행사 대테러안전대책 수립 5. 대책위원회의 회의 및 운영에 필요한 사무의 처리 6. 그 밖에 대책위원회에서 심의·의결한 사항

44 정답 ②

검측활동이 주로 행사장 내부나 내곽의 인적 위해요소 및 물적 위해요소를 대상으로 하는 안전활동이라면, 안전대책은 주로 행사장 외곽의 지리적 취약요소 및 물적 위해요소를 대상으로 하는 안전조치활동을 말한다.

〈출처〉 이두석, 「경호학개론」, 진영사, 2018, P. 273

45 정답 ❸

③ (○) 경호원은 위해기도자와 경호대상자와의 사이에서 적정한 간격을 두고 위치해야 하는데, 이를 이격거리(離隔距離)라고 한다. 경호원은 경계대상인 군중과의 거리를 2m 이상 유지하여 위해기도자의 공격에 대비하고, 경호대상자와의 거리도 2m 정도를 유지하여 경호원의 존재가 경호대상자의 사회활동에 방해가 되지 않으면서, 경호원 본연의 방호임무를 다할 수 있도록 해야 한다.

〈참고〉 이두석, 「경호학개론」, 진영사, 2018, P. 168~170

① (×) 자연방벽효과의 원리는 근접경호원들은 경호대상자를 중심으로 정지 또는 이동 간 주변의 인적·물적 취약요소에 대해 자신들의 신체를 이용하여 자연스러운 방벽을 형성하여 수평적 방벽효과 또는 수직적 방벽효과를 증가시킴으로써 경호대상자를 보호한다는 원리(원칙)이다.

② (×) 대응시간의 원리는 위해기도자의 총기 공격에 대해 근접경호원이 총기로 응사하여 대응하는 것보다 자신의 몸을 이용하여 경호대상자를 보호하는 것이 보다 효과적이라는 원리로서 경호의 원칙 중 방어경호의 원칙이나 자기희생의 원칙과 연결된다.

④ (×) 보호색의 원리는 경호원들이 경호현장의 주변 환경과 조화되는 복장·행동을 통해 노출을 최소화한다는 원리이다. 경호원들이 행사 참석자들과 유사한 복장을 착용하고 행사 참석자들 사이에 위치하기도 하며, 행사 진행요원으로 위장하거나 상황에 따라 장비를 착용하지 않고 근무하기도 하는 것은 보호색의 원리를 준용한 경호기법이다.

46 정답 ❸

제시된 내용 중 옳은 연결은 ㄱ, ㄴ, ㅁ이다.

ㄷ. (×) 프랑스의 국가원수에 대한 경호담당기관은 내무부 산하 국립경찰청 소속의 요인경호국(SPHP, 구 V.O)이고, GIGN은 프랑스의 대테러기구이다.

ㄹ. (×) 독일의 국가원수에 대한 경호 담당기관은 연방범죄수사국 경호안전과이다. CSG-9는 독일의 대테러기구이다.

47 정답 ❹

일반 선박은 보통 상급자가 나중에 타고 먼저 내린다. 그러나 함정의 경우에는 상급자가 먼저 타고 먼저 내린다.

핵심만콕 탑승 시 경호예절★

구 분	내 용
항공기	• 상급자가 나중에 타고 먼저 내린다. • 창문 쪽 좌석이 상석, 통로 쪽 좌석이 차석, 상석과 차석 사이가 말석이다.
선 박	• 객실의 등급이 정해져 있을 때는 지정된 좌석에 앉고, 지정된 좌석이 없는 경우 선체의 중심부가 상석이 된다. • 일반적 선박의 경우 승선 시 상급자가 나중에 타고 하선 시에는 먼저 내린다. • 함정의 경우 승선 시 상급자가 먼저 타고 하선 시에도 먼저 내린다.
기 차	• 두 사람이 나란히 앉는 좌석에서는 창가 쪽이 상석이고 통로 쪽이 말석이다. • 네 사람이 마주 앉는 자리에서는 기차 진행 방향의 창가 좌석이 가장 상석이고 그 맞은편, 상석의 옆좌석, 그 앞좌석 순이다. • 침대차에서는 아래쪽 침대가 상석이고 위쪽 침대가 말석이다.

승용차	• 운전기사가 있을 경우 자동차 좌석의 서열은 뒷좌석 오른편이 상석이고 왼쪽과 앞자리(조수석), 가운데 순이다(뒷좌석 가운데와 앞자리의 서열은 바뀔 수 있다). • 자가운전자의 경우 자진해서 운전석 옆자리에 앉는 것이 통례이며 그곳이 상석이다. 그리고 뒷좌석 오른편, 왼쪽, 가운데 순이다.
엘리베이터	• 안내하는 사람이 있을 때에는 상급자가 먼저 타고 먼저 내린다. • 안내하는 사람이 없을 때에는 하급자가 먼저 타서 엘리베이터를 조작하고 내릴 때에는 상급자가 먼저 내린다.
에스컬레이터	• 올라갈 때는 상급자가 먼저 올라가고 내려올 때는 하급자가 먼저 내려온다. • 남녀가 올라갈 때는 여성이 먼저 올라가고, 내려올 때는 남성이 먼저 내려온다.

48 정답 ❷

제시된 내용 중 대테러특공대의 임무를 수행한 자는 A, C, E이다.
A. (○) 국민보호와 공공안전을 위한 테러방지법 시행령 제18조 제3항 제1호
C. (○) 국민보호와 공공안전을 위한 테러방지법 시행령 제18조 제3항 제2호
E. (○) 국민보호와 공공안전을 위한 테러방지법 시행령 제18조 제3항 제3호
B. (×) 테러대응구조대의 임무에 해당한다(국민보호와 공공안전을 위한 테러방지법 시행령 제19조 제2항 제4호).
D. (×) 테러대응구조대의 임무에 해당한다(국민보호와 공공안전을 위한 테러방지법 시행령 제19조 제2항 제2호).

관계법령

대테러특공대 등(테러방지법 시행령 제18조)
③ 대테러특공대는 다음 각호의 임무를 수행한다.
1. 대한민국 또는 국민과 관련된 국내외 테러사건 진압
2. 테러사건과 관련된 폭발물의 탐색 및 처리
3. 주요 요인경호 및 국가중요행사의 안전한 진행 지원
4. 그 밖에 테러사건의 예방 및 저지활동

테러대응구조대(테러방지법 시행령 제19조)
② 대테러특공대는 다음 각호의 임무를 수행한다.
1. 테러발생 시 초기단계에서의 조치 및 인명의 구조·구급
2. 화생방테러 발생 시 초기단계에서의 오염 확산 방지 및 독성제거
3. 국가 중요행사의 안전한 진행 지원
4. 테러취약요인의 사전 예방·점검 지원

49 정답 ④

④ (○) 제시문은 경호지휘단일성의 원칙에 관한 설명이다. 지휘가 단일해야 한다고 하는 것은 경호기관(요원)은 한 사람의 지휘를 받아야 한다는 뜻이다. 한 걸음 더 나아가서 지휘의 단일이란 "하나의 지휘자"라는 의미 외에 하급경호요원은 하나의 상급기관에 대해서만 책임을 진다는 의미가 포함된다.
① (×) 경호협력성의 원칙에 관한 설명이다.
② (×) 경호체계통일성의 원칙에 관한 설명이다.
③ (×) 경호기관단위작용의 원칙에 관한 설명이다.

50 정답 ③

부분화의 원칙에 관한 설명이다.

핵심만콕 보안업무의 원칙★

- 알 사람만 알아야 하는 원칙 : 보안의 대상이 되는 사실은 전파할 때 전파가 꼭 필요한가 또는 피전파자가 반드시 전달받아야 하는 것인가를 검토하여야 한다(꼭 필요한 사람에게만 전달되어야 한다).
- 적당성의 원칙 : 사용자가 필요한 만큼 적당한 양의 정보를 전달하도록 하는 것으로, 정보가 부족하면 임무수행에 장애가 되지만 정보가 너무 많아도 임무수행에 혼란을 줄 수가 있다.
- 부분화의 원칙 : 내용과 가치의 정도에 따라 다른 비밀과 관련되지 않게 독립시켜야 한다는 것으로, 한 번에 다량의 비밀이나 정보가 유출되지 않도록 하여야 한다.
- 보안과 능률의 원칙 : 보안을 지나치게 강조할 경우 생산된 정보가 사용자에게 제대로 전달되지 않아 정책결정에 사용하지 못할 수 있다는 것으로, 보안과 능률(업무효율)은 반비례 관계가 있으므로 양자의 적절한 조화를 유지하는 방법을 강구해야 한다.

---

51 정답 ①

① (○) ㄱ - b : 관세청 조사감시국장의 분장책임은 출입국자에 대한 검색 및 검사와 휴대품·소포·화물에 대한 검색 등이다(대통령경호안전대책위원회규정 제4조 제2항 제9호).
② (×) ㄴ - c : 국가정보원 테러정보통합센터장의 분장책임은 위해요인의 제거, 정보 및 보안대상기관에 대한 조정, 행사참관 해외동포 입국자에 대한 동향파악 및 보안조치 등이다(대통령경호안전대책위원회규정 제4조 제2항 제2호).
③ (×) ㄷ - d : 대검찰청 공공수사정책관의 분장책임은 위해음모 발견 시 수사지휘 총괄, 위해가능인물의 관리 및 자료수집, 국제테러범죄 조직과 연계된 위해사범의 방해책동 사전차단 등이다(대통령경호안전대책위원회규정 제4조 제2항 제10호).
④ (×) ㄹ - a : 경찰청 경비국장의 분장책임은 위해가능인물에 대한 동향파악, 행사참석자 및 종사자의 신원조사, 행사장·이동로 주변 집회 및 시위관련 정보제공과 비상상황 방지대책의 수립, 우범지대 및 취약지역에 대한 안전조치 등이다(대통령경호안전대책위원회규정 제4조 제2항 제11호).

52 정답 ❸

경호임무의 수행절차는 <u>행사일정획득</u>(관계기관이나 행사주관기관으로부터 행사일정을 획득한다) → <u>연락 및 협조체제 구축</u>(다른 행사관계 요원들과의 연락 및 협조가 유기적으로 이루어져야 한다) → <u>위해분석</u>(행사일정이 획득되면 유관부서에 세부일정을 제공하여 위해첩보를 수집하여 분석한다) → <u>계획수립단계</u>(계획수립의 2단계는 경호대상자가 방문할 지역의 사전예방 경호팀이 현장답사를 함으로써 이루어진다. 현장답사를 토대로 사전예방 경호팀에서 분석한 정보를 경호계획서에 추가 작성하기 위한 준비를 한다) → <u>경호실시</u>(경호대상자가 경호임무 수행지역에 도착함으로써 시작된다. 경호실시에 있어서 경호지휘관은 관계정보의 자료화, 경호계획의 작성과 안전검측, 관내실태 파악 등에 유의하여야 한다) → <u>경호평가</u>(임무가 완성된 직후에 설정된 기준과 실적을 비교평가한다) → <u>행사결과보고서 작성</u>(임무종료 직후 계획전담요원에 의해 경호임무 수행 간 주요 강조사항을 기록한다) 순이다.

53 정답 ❹

어디까지나 응급처치에 그치고, 그 다음은 전문 의료요원의 처치에 맡겨야 한다.

핵심만콕 응급처치 시 지켜야 할 사항

- 응급처치원 자신의 안전을 확보한다.
- 환자나 부상자에 대한 생사의 판정은 하지 않는다.
- 원칙적으로 의약품을 사용하지 않는다.
- 어디까지나 응급처치로 그치고, 그 다음은 전문 의료요원의 처치에 맡긴다.
- 먼지나 세균에 의한 2차 감염을 방지한다.
- 되도록 손이나 물건을 상처에 대지 않는다.
- 출혈이 있는 환자는 지혈을 하여야 한다.
- 응급환자 발생 시에 현장에서 응급처치 후 곧바로 이송하여야 한다.

54 정답 ❷

제시된 내용 중 경호조직의 특성으로 옳은 것은 ㄱ, ㄴ, ㄹ이다.

핵심만콕 경호조직의 특성과 구성원칙★

경호조직의 특성	경호조직의 구성원칙
• 경호조직의 기동성 • 경호조직의 통합성과 계층성 • 경호조직의 폐쇄성 ↔ 개방성(×) • 경호조직의 전문성 • 경호조직의 대규모성 ↔ 소규모성(×)	• 경호지휘단일성의 원칙 ↔ 경호지휘다양성의 원칙(×) • 경호체계통일성의 원칙 • 경호기관단위작용의 원칙 ↔ 개인단위작용의 원칙(×) • 경호협력성의 원칙

55 정답 ④

④ (✕) 수류탄 또는 폭발물과 같은 폭발성 화기에 의한 공격을 받았을 때 사용되는 <u>함몰형 대형</u>은 경호대상자를 지면에 완전히 밀착시키고 그 위에 근접경호원들이 밀착하며 포개어, 경호대상자의 신체가 외부에 노출되지 않도록 해야 한다.

① (○) 대피 시에는 경호대상자를 신속하게 안전지대로 대피시키기 위해 경호대상자에게 신체적 무리가 뒤따르고 다소 예의를 무시하더라도 과감하게 행동하여야 한다.

② (○), ③ (○) 대적 여부는 촉수거리의 원칙에 따라 판단한다. 대적의 목적은 위해자의 공격선을 차단하여 경호대상자를 보호하는 것이다. 대적 시에는 우선 경호대상자를 등지고 위험발생지역으로 향한 다음, 몸을 최대한 크게 벌려 방호범위를 확대하고, 경호대상자와 위해기도자 사이의 일직선상에 위치하여 위해자의 공격을 차단한다.

56 정답 ③

우발상황 대응기법 순서는 "공격의 인지 → 경고 → 방패막의 형성 → 방호 및 대피 대형의 형성 → 대피 → 대적 및 제압" 순이다.

57 정답 ④

④ (○) 제시된 내용은 통합성에 관한 설명이다. 선발경호에 동원된 모든 부서는 각자의 기능을 100% 발휘하면서 하나의 지휘체계 아래에 통합되어 상호보완적으로 임무를 수행해야 한다.

① (✕) 선발경호의 임무는 당연히 행사장의 안전을 행사가 종료될 때까지 확보·유지하는 일이다. 그러기 위해서는 3중 경호의 원리에 입각해서 행사장을 구역별로 구분하여 그 특성에 맞는 경호조치를 강구하여야 한다.

② (✕) 선발경호의 임무이자 경호의 목표라 할 수 있는 예방경호는 위해요소를 사전에 발견해서 제거하고 침투가능성을 거부함으로써 경호행사의 안전을 확보하는 것이다.

③ (✕) 경호행사가 항상 계획되고 예상된 대로만 진행되지는 않는다. 따라서 선발경호는 사전에 경호팀의 능력과 현지 지형과 상황에 맞는 비상대응계획과 비상대피계획을 수립하여 비상상황에 대비하여야 한다.

58 정답 ③

제시문은 조사단계에 관한 설명이다.

> **핵심만콕** 예방경호작용 수행단계★★
>
> - 예견(예측)단계 : 신변보호대상자에게 영향을 줄 수 있는 각종 장애요소 또는 위해요소에 대하여 정·첩보를 수집하고 분석하는 단계
> - 인식(인지)단계 : 수집된 정·첩보 중에서 위해가능성이 있는지를 확인하고 판단하는 과정으로서 정확하고 신속하며 종합적인 고도의 판단력을 필요로 하는 단계★
> - 조사(분석)단계 : 위해가능성이 있다고 판단된 위해요소를 추적하고 사실 여부를 확인하는 단계로, 과학적이고 신중한 행동이 요구되는 단계★
> - 무력화(억제)단계 : 예방경호작용의 마지막 단계로서, 이전 단계에서 확인된 실제 위해요소를 차단하거나 무력화하는 단계

59 정답 ❹

경호처장이 경호등급을 구분하여 운영하는 경우 외교부장관, 국가정보원장 및 경찰청장과 미리 협의하여야 한다.

> **관계법령** 경호등급(대통령 등의 경호에 관한 법률 시행령 제3조의2)
>
> ① 처장은 법 제4조 제1항 제5호 및 제6호에 따른 경호대상자의 경호임무를 수행하기 위하여 해당 경호대상자의 지위와 경호위해요소, 해당 국가의 정치상황, 국제적 상징성, 상호주의 측면, 적대국가 유무 등 국제적 관계를 고려하여 경호등급을 구분하여 운영할 수 있다.
> ② 제1항에 따라 경호등급을 구분하여 운영하는 경우에는 외교부장관, 국가정보원장 및 경찰청장과 미리 협의하여야 한다.
> ③ 제1항의 경호등급과 관련하여 필요한 사항은 처장이 따로 정한다.

60 정답 ❹

④ (O) D – ㄷ : 경호원은 위해기도자와 경호대상자와의 사이에서 적정한 간격을 두고 위치해야 하는데, 이를 이격거리(離隔距離)라고 한다. 경호원은 경계대상인 군중과의 거리를 2m 이상 유지하여 위해기도자의 공격에 대비하고, 경호대상자와의 거리도 2m 정도를 유지하여 경호원의 존재가 경호대상자의 사회활동에 방해가 되지 않으면서, 경호원 본연의 방호임무를 다할 수 있도록 해야 한다.

〈출처〉 이두석, 「경호학개론」, 진영사, 2018, P. 168~170

① (×) A – ㄹ : 자연방벽효과의 원리는 근접경호원들은 경호대상자를 중심으로 정지 또는 이동 간 주변의 인적·물적 취약요소에 대해 자신들의 신체를 이용하여 자연스러운 방벽을 형성하여 수평적 방벽효과 또는 수직적 방벽효과를 증가시킴으로써 경호대상자를 보호한다는 원리(원칙)이다.

② (×) B – ㄱ : 대응시간의 원리는 위해기도자의 총기 공격에 대해 근접경호원이 총기로 응사하여 대응하는 것보다 자신의 몸을 이용하여 경호대상자를 보호하는 것이 보다 효과적이라는 원리로서 경호의 원칙 중 방어경호의 원칙이나 자기희생의 원칙과 연결된다.

③ (×) C – ㄴ : 주의력은 경호원이 군중(경계 대상)의 이상 징후를 포착할 수 있는 능력을 말하는데, 주의력효과는 경호원이 군중(경계 대상)과 가까울수록 증가한다. 대응력은 위해기도에 반응하여 경호대상자를 보호하고 대피시킬 수 있는 경호능력을 말하는데, 대응효과는 경호원이 경호대상자와 가까울수록 증가한다. 주의력효과와 대응효과는 서로 역의 관계이다.

61 정답 ❹

④ (×) 관계기관의 장은 외국인테러전투원으로 가담한 사람에 대하여 「여권법」 제13조에 따른 여권의 효력 정지 및 같은 법 제12조의2에 따른 재발급 제한을 외교부장관에게 요청할 수 있다(국민보호와 공공안전을 위한 테러방지법 제13조 제3항).

① (O) 대통령경호처에 기획관리실·경호본부·경비안전본부 및 지원본부를 둔다(대통령경호처와 그 소속기관 직제 제5조 제1항).

② (O) 대통령경호처와 그 소속기관 직제 제5조 제5항

③ (O) 대통령 등의 경호에 관한 법률 시행령 제9조

62 정답 ④

제시된 내용 중 옳지 않은 것은 ㄷ과 ㄹ이다.

ㄷ. (×) 방비성(security)에 관한 설명이다. 안전성(safety)은 각종 사고로부터 경호대상자를 보호해야 한다는 것으로서 방어운전을 통한 사고 방지, 교통법규 준수를 통한 사고 위험성 차단 등을 말한다.
ㄹ. (×) 안전성(safety)에 관한 설명이다. 방비성(security)은 고의적이거나 계획적인 위해자의 차량공격에 대비하여 경호대상자를 안전하게 보호하는 것을 말한다.
ㄱ. (○) 안락성(comfort)에 관한 옳은 설명이다. 경호대상자가 차량을 편안하고 쾌적하게 이용할 수 있도록 차량을 관리하여야 한다.
ㄴ. (○) 편의성(convenience)에 관한 옳은 설명이다. 경호대상자가 계획된 시간에 맞춰 목적지에 안전하게 도착하도록 하는 것은 경호의 중요한 임무이므로 차량을 이용하는 것이 시간을 관리하고 한 지점에서 다른 지점으로 이동하는 데 도움이 되어야 한다.

> **핵심만콕** **차량기동경호의 목표**
>
> - 안락성(comfort) : 경호대상자가 차량을 이용하여 이동하는 동안 편안하게 시간을 보낼 수 있도록 하는 것이다.
> - 편의성(convenience) : 정확한 시간 엄수로 업무스케줄에 차질이 생기지 않도록 하는 것이다.
> - 안전성(safety) : 각종 사고로부터 경호대상자를 보호해야 한다는 것이다.
> - 방비성(security) : 고의적이거나 계획적인 외부의 위해공격으로부터 경호대상자를 안전하게 보호하는 것을 말한다.
>
> 〈출처〉 이두석, 「경호학개론」, 진영사, 2018, P. 325

63 정답 ②

제시된 내용 중 옳지 않은 것은 ㄹ과 ㅁ이다.

ㄹ. (×), ㅁ. (×) 검색장비는 위해도구나 위해물질을 찾아내는 데 사용하는 장비를 말하고, 검측장비는 위해물질의 존재 여부를 검사하거나 시설물의 안전점검에 사용하는 도구를 말한다. 일반적으로 검측장비로 통칭하며, 검측장비는 탐지장비, 처리장비, 검측공구로 구분하여 사용한다.
ㄱ. (○) 호신장비에 관한 옳은 설명이다. 호신장비에는 총기, 경봉, 가스분사기, 전자충격기 등이 있다.
ㄴ. (○) 방호장비에 관한 옳은 설명이다. 적의 침입 예상경로를 차단하기 위하여 방벽을 설치·이용하는 것으로 경호방법 중 최후의 예방경호방법이라 할 수 있다. 방호장비는 크게 자연적 방벽과 물리적 방벽으로 나뉜다(단순히 방폭담요, 방폭가방 등을 방호장비로 분류하는 견해도 있다).
ㄷ. (○) 감시장비는 경호임무에 있어 인력부족으로 인한 경호 취약점을 보완하는 수단으로 위해기도자의 침입이나 범죄행위를 사전에 감시하기 위한 장비(전자파, 초음파, 적외선 등을 이용한 기계장비)를 말한다. 감시장비에는 드론, CCTV, 열선감지기, 쌍안경, 망원경, 포대경(M65), TOD(영상감시장비) 등이 있다.
ㅂ. (○) 경호통신은 신뢰성, 신속성, 정확성, 안전성이 고려되어야 한다. 유선통신장비(전화기, 교환기, FAX망, 컴퓨터통신, CCTV 등의)와 무선통신장비[휴대용 무전기(FM-1), 페이징, 차량용 무전기(MR-40V, KSM-2510A, FM-5), 무선전화기, 인공위성 등]로 구분할 수 있다.

64 정답 ❷

ㅇ △ ✕   대한민국 정부수립 이후 경호기관은 경무대경찰서(1949) → 청와대 경찰관파견대(1960) → 중앙정보부 경호대(1961) → 대통령경호실(1963) 순이다.

핵심만콕   대한민국 정부수립 이후 경호기관★★

구 분	내 용
경무대경찰서 (1949)	• 1949년 2월 왕궁을 관할하고 있던 <u>창덕궁경찰서가 폐지되고 경무대경찰서가 신설</u>되면서 경찰이 대통령 경호임무를 담당하게 되었다. <u>이때, 종로경찰서 관할인 중앙청 및 경무대 구내가 경무대경찰서의 관할구역이 되었다.</u>★ • 1949년 12월 내무부훈령 제25호에 의하여 경호규정이 제정되면서 <u>최초로 경호라는 용어의 사용과 경호업무의 체제가 정비되었다.</u>★ • <u>경무대경찰서는 신설 당시에는 종로경찰서 관할인 중앙청 및 경무대 구내가 관할구역이었으나, 1953년 3월 30일 경찰서 직제의 개정으로 그 관할구역을 경무대 구내로 제한하였다.</u>★
청와대 경찰관파견대 (1960)	• 1960년 4·19 혁명으로 제1공화국이 끝나고 <u>3차 개헌을 통해 정부형태가 대통령중심제에서 내각책임제로 바뀌면서 국무총리의 지위가 크게 강화됨에 따라 대통령 경호를 담당하던 경무대경찰서가 폐지되고 경무대 지역의 경비업무는 서울시 경찰국 경비과에서 담당하게 되었다.</u>★ • 1960년 6월 제2공화국이 수립되면서 <u>서울시경 소속으로 청와대 경찰관파견대를 설치하여 경비과에서 담당하던 대통령 경호 및 대통령관저의 경비를 담당케 하였다.</u>★
국가재건최고회의 의장경호대 ↓ 중앙정보부 경호대(1961)	• <u>1961년 5월 군사혁명위원회가 국가재건최고회의로 발족되면서 국가재건최고회의 의장경호대가 임시로 편성되었다가 중앙정보부로 예속되고, 그 해 9월 중앙정보부 내훈 제2호로 경호규정이 제정 시행되면서 11월 정식으로 중앙정보부 경호대가 발족되었다.</u>★ • 중앙정보부 경호대의 주요 임무는 국가원수, 최고회의의장, 부의장, 내각수반, 국빈의 신변보호, 기타 경호대장이 지명하는 주요 인사의 신변보호 등이었다.
대통령경호실(1963) ↓ 대통령실장 소속 경호처 (2008, 차관급) ↓ 대통령경호실 (2013, 장관급) ↓ 대통령경호처 (2017~, 차관급)	• <u>1963년 제3공화국이 출범하여 대통령경호실법을 제정·공포하고 박정희 대통령 취임과 동시에 대통령경호실을 출범시켰다.</u>★ • 1974년 8·15사건을 계기로 '대통령경호경비안전대책위원회'가 설치되고, 청와대 외각경비가 경찰에서 군(55경비대대)으로 이양되었으며, 22특별경호대와 666특공대가 창설되고, 경호행사 시 3중 경호의 원칙이 도입되는 등 조직과 제도가 대폭 보강되었다. • <u>1981년 '대통령 당선 확정자의 가족의 호위'와 '전직대통령과 그 배우자 및 자녀의 호위'가 임무에 추가되었다.</u>★ • 2004년 대통령 탄핵안이 가결됨에 따라 <u>대통령 권한대행과 그 배우자에 대한 경호임무를 추가로 수행하였다.</u>★ • 2008년 2월 29일 '대통령경호실법'은 '대통령 등의 경호에 관한 법률'로 개칭되고 소속도 <u>대통령 직속기관인 대통령경호실에서 대통령실장 소속 경호처로 변경되었다.</u> • <u>2013년 2월 25일 경호처는 다시 대통령비서실과 독립된 대통령경호실로 환원되고, 지위도 장관급으로 격상되었다.</u> • 2017년 7월 26일 정부조직법 개정으로 대통령경호실은 재개편되어 <u>현재 차관급 대통령경호처가 되었다.</u>

65 정답 ❸

③ (O) ㄷ - d : 자원동원은 경호에 소요되는 자원은 경호대상자의 대중에 대한 노출이나 제반 여건, 경호대상자가 참여하는 행사 지속시간과 첩보수집으로 획득된 내재적인 위협분석의 결과에 따라 결정된다는 것을 의미한다.
① (×) ㄱ - a : 계획수립은 경호대상자의 안전에 영향을 미칠 수 있는 경호환경을 극복하기 위하여 예비 및 우발계획이 준비되어야 한다는 것을 의미한다.
② (×) ㄴ - b : 책임분배는 경호활동은 단독기관의 작용이 아닌 다양한 기관 간의 유기적인 연계(경호기관단위작용의 원칙)가 필요하므로 경호임무는 명확하게 부여되어야 하며, 경호원들에게는 각각의 임무형태에 대한 책임이 부과되어야 한다는 것을 의미한다.
④ (×) ㄹ - c : 보안유지는 경호경비상황에 관한 보안 유출에 대한 엄격한 통제를 의미한다.

핵심만콕 경호작용의 기본 고려요소 (🗝 : 계·책·자·보)★

- 계획수립 : 모든 형태의 경호임무는 사전에 신중하게 계획되어야 하며, 예기치 않은 변화의 가능성 때문에 경호임무를 계획함에 있어 융통성 있게 수립되어야 한다.
- 책임 : 경호임무는 명확하게 부여되어야 하며, 경호요원들은 각각의 임무형태에 대한 책임이 부과되어야 한다.
- 자원 : 경호대상자를 경호하는 데 소요되는 자원은 경호대상자의 행차, 즉 경호대상자의 대중 앞에서의 노출이나 제반여건에 의해서 필연적으로 노출을 수반하는 행차의 지속시간과 사전 위해첩보 수집 간 획득된 내재적인 위협분석에 따라 결정된다.
- 보안 : 경호대상자와 수행원, 행사 세부일정, 경호경비상황에 관한 보안[정보(註)]의 유출은 엄격히 통제되어야 한다. 경호요원은 이러한 정보를 인가된 자 이외의 사람에게 유출하거나 언급해서는 안 된다.

〈참고〉 김두현, 「경호학개론」, 엑스퍼트, 2020, P. 258~259

66 정답 ❶

위험하지 않지만 위험한 것으로 예측된 경우(잘못된 긍정, false positive)는 불필요한 자원과 인력의 낭비를 가져올 수 있다.

핵심만콕 위험 예측

- 경호대상자의 신변 안전을 위협하는 위험요소를 예측하고 파악하여 대응책을 마련하는 것은 경호의 시작이자 핵심이다.
- 위험 예측의 문제는 잘못된 긍정(false positive)과 잘못된 부정(false negative)의 문제를 야기할 수 있다.
- 위험함에도 위험하지 않은 것으로 예측된 위험(false negative)은 경호의 실패를 가져올 수 있고, 반대로 위험하지 않음에도 위험한 것으로 예측된 경우(false positive)는 불필요한 자원과 인력의 낭비를 가져올 수 있다.

〈출처〉 이두석, 「경호학개론」, 진영사, 2018, P. 41

67 정답 ❸

지리적 경계대상에는 위해기도자가 은폐하기 좋은 장소나 공격하기 용이한 장소가 해당된다(감제고지·열린 창문, 옥상 등).

> **핵심만콕**
>
> 인적 경계대상은 경호대상자 주변의 모든 인원이 그 지위나 차림새 등에 상관없이 포함되어야 하고, 특히 행사 상황이나 분위기에 어울리지 않는 행동이나 복장을 착용한 사람들을 중점적으로 감시한다. 물적 경계대상은 행사장이나 주변의 모든 시설물과 물체가 그 대상이다. 또한 지리적 경계대상은 위해기도자가 은폐하기 좋은 장소나 공격하기 용이한 장소가 해당된다.
>
> 〈출처〉 이두석, 「경호학개론」, 진영사, 2018, P. 180

68 정답 ❶

① (○) 대한민국국기법 제9조 제1항 제2호
② (×) 국군의 날은 기념일이다(대한민국국기법 제8조 제1항 제1항·제2호).
③ (×) 태극기 게양일은 3월 1일, 6월 6일(기념일 : 조기를 게양한다), 7월 17일, 8월 15일, 10월 1일(기념일), 10월 3일, 10월 9일이며, 국기는 매일·24시간 게양할 수 있다(대한민국국기법 제8조 제2항).
④ (×) 국가, 지방자치단체 및 공공기관의 청사 등에는 가능한 한 연중 국기를 게양하여야 한다. 이 경우 야간에는 적절한 조명을 하여야 한다(대한민국국기법 제8조 제3항).

> **관계법령**
>
> **국경일의 종류(국경일에 관한 법률 제2조)**
> 국경일은 다음 각호와 같다.
>   1. 3·1절 : 3월 1일
>   2. 제헌절 : 7월 17일
>   3. 광복절 : 8월 15일
>   4. 개천절 : 10월 3일
>   5. 한글날 : 10월 9일
>
> **국기의 게양일 등(대한민국국기법 제8조)**
> ① 국기를 게양하여야 하는 날은 다음 각호와 같다.
>   1. 「국경일에 관한 법률」 제2조의 규정에 따른 국경일
>   2. 「각종 기념일 등에 관한 규정」 제2조의 규정에 따른 기념일 중 현충일 및 국군의 날
>   3. 「국가장법」 제6조에 따른 국가장기간
>   4. 정부가 따로 지정한 날
>   5. 지방자치단체가 조례 또는 지방의회의 의결로 정하는 날
> ② 제1항의 규정에 불구하고 국기는 매일·24시간 게양할 수 있다.
> ③ 국가, 지방자치단체 및 공공기관의 청사 등에는 국기를 연중 게양하여야 하며, 다음 각호의 장소에는 가능한 한 연중 국기를 게양하여야 한다. 이 경우 야간에는 적절한 조명을 하여야 한다.
>   1. 공항·호텔 등 국제적인 교류장소
>   2. 대형건물·공원·경기장 등 많은 사람이 출입하는 장소
>   3. 주요 정부청사의 울타리

    4. 많은 깃대가 함께 설치된 장소
    5. 그 밖에 대통령령이 정하는 장소
④ 각급 학교 및 군부대의 주된 게양대에는 국기를 매일 낮에만 게양한다.
⑤ 국기가 심한 눈·비와 바람 등으로 그 훼손이 우려되는 경우에는 이를 게양하지 아니한다.
⑥ 국기의 게양 및 강하 시각, 시각의 변경 등에 관하여 필요한 사항은 대통령령으로 정한다.

국기의 게양방법 등(대한민국국기법 제9조)
① 국기는 다음 각호의 방법으로 게양하여야 한다.
    1. 경축일 또는 평일 : 깃봉과 깃면의 사이를 떼지 아니하고 게양함
    2. 현충일·국가장기간 등 조의를 표하는 날 : 깃봉과 깃면의 사이를 깃면의 너비만큼 떼어 조기(弔旗)를 게양함
② 국기의 게양 및 강하 방법, 국기와 다른 기의 게양 및 강하 방법, 국기의 게양위치, 게양식·강하식 등 그 밖에 필요한 사항은 대통령령으로 정한다.

69 정답 ❶

제시된 내용 중 테러조직의 유형 중 수동적 지원조직에 관한 내용은 ㄱ뿐이다.
ㄷ은 적극적 지원조직, ㅁ은 전문적 지원조직, ㅂ은 지도자 조직에 관한 내용이다. ㄴ의 목표물에 대한 정보 제공은 직접적 지원조직에 관한 내용이고, 의료지원은 전문적 지원조직에 관한 내용이다. ㄹ의 폭발물 설치는 행동 조직에 관한 내용이나, 무기탄약 지원은 직접적 지원조직에 관한 내용이다.

핵심만콕 테러조직의 구조적 형태★★

구 분	내 용
지도자 조직	지휘부의 정책수립, 계획, 통제 및 집행 임무 수행, 테러조직의 정치적 또는 전술적 두뇌를 제공
행동 조직	공격현장에서 직접 테러행위를 실시, 폭발물 설치, 실제적으로 테러행위에 있어 가장 중요한 요소
직접적 지원조직	대피소, 차고, 공격용 차량 준비, 핵심요원 훈련, 무기·탄약 지원, 테러대상(테러목표)에 대한 정보제공, 전술 및 작전지원
전문적 지원조직	체포된 테러리스트 은닉, 법적 비호, 의료지원 제공, 유리한 알리바이 제공
수동적 지원조직	테러집단의 생존기반, 정치적 전위집단, 후원자, 반정부 시위나 집단행동에서 다수의 위력 구성을 지원
적극적 지원조직	선전효과 증대, 자금획득, 조직의 확대에 기여함으로써 테러활동에 주요한 역할

〈출처〉 김두현, 「경호학개론」, 엑스퍼트, 2020, P. 484~485

70 정답 ②

제시문의 ( )에 들어갈 용어는 순서대로 경호정보작용, 경호보안작용, 안전대책작용이다.

핵심만콕 경호안전작용 (🔑 : 정·보·안)

경호대상자의 절대안전을 도모하기 위하여 모든 수단과 방법을 이용하여 사전에 각종 위해요소를 탐지·봉쇄·제거하는 예방업무를 말한다. 경호안전작용은 크게 경호보안작용, 경호정보작용, 안전대책작용으로 구분할 수 있다.

유 형	내 용
경호정보작용	경호작용의 원천적 사전지식을 생산·제공하는 것으로 경호대상자의 신변안전을 위협하는 인적·물적·지리적 취약요소를 사전에 수집·분석·예고함으로써 예방경호를 수행하는 활동이다. 경호정보작용은 정확성, 적시성, 완전성의 요건을 구비해야 한다.
경호보안작용	경호와 관련된 인원, 문서, 시설, 지역, 자재, 통신 등에 대하여 불순분자로부터 완벽한 보호대책을 수립하여 지속적으로 보안을 유지해 나가는 작용을 말한다.
안전대책작용	경호대상자 신변의 위해요소를 사전에 제거하는 통합적 안전작용으로, 안전점검, 안전검사, 안전유지를 3대 작용원칙으로 한다.

71 정답 ④

드론을 활용할 경우 넓어진 시야와 손쉬운 접근성, 뛰어난 영상촬영기술을 통해 증거자료 수집이 용이해진다.

핵심만콕 드론을 물리보안 분야에 활용할 경우의 장점

- 첫째, 감시·점검에 있어 시야가 확대된다. 육안이나 CCTV를 통한 지상관찰의 한계를 극복해 공중뿐만 아니라 하수도 내 등 협소한 구역까지 시야가 확보되는 등 비행촬영을 통해 전 구역의 관찰이 가능해진다.
- 둘째, 접근성이 좋아진다. 고층건물, 송전탑, 감시탑 등 사람이 접근하거나 기존의 장비로는 확인이 어려웠던 곳에도 손쉽게 접근해 확인이 가능하다는 것이다.
- 셋째, 불법행위 예방효과가 CCTV보다 뛰어나다. 고정된 자리에서 주어진 구역만을 감시하는 CCTV에 비해 사각지대까지도 비행을 하며 감시를 하는 데다 보는 자체로도 위압감을 느낄 수 있어 범죄예방효과가 뛰어나다는 점이다.
- 넷째, 증거자료의 수집이 용이하다. 넓어진 시야와 손쉬운 접근성, 그리고 뛰어난 영상촬영기술의 도움으로 증거자료 수집이 용이해진다.

〈출처〉 양영우·이주락, 「드론의 물리보안 활용방안과 한계에 관한 고찰」,
경찰대학 치안정책연구소, 2018, P. 13~14

72 정답 ②

② (O) 비밀정보국(SIS)에 관한 설명이다.
① (×) 보안국(SS) : 영국의 내무성 소속으로 국내 경호 관련 정보의 수집·분석·처리 업무를 담당한다. MI5라고도 불린다.
③ (×) 통신정보본부 : 영국의 외무부 소속으로 경호와 관련된 통신정보를 수집·분석·배포하는 업무를 수행한다.
④ (×) 국방정보본부 : 영국의 국방성 소속으로 국방 관련 정보의 수집 및 분석 업무를 수행하고 있다.

73 정답 ❷

B. (×) 우발상황 발생 시 경호원 자신의 체위를 최대한 확장·노출시켜 방어공간을 넓힘으로써 경호대상자에 대한 방호효과를 극대화해야 한다.
A. (○) 대통령 등의 경호에 관한 법률 제2조 제1호의 경호개념은 호위와 경비가 포함되는 개념이다.
C. (○) 경호는 경호대상자와 위해행위자 사이의 완충벽이라 볼 수 있다.

74 정답 ❷

제시문은 V자(역쐐기) 대형에 관한 설명이다.

핵심만콕 근접경호대형 ★★

- **다이아몬드(마름모) 대형**: 혼잡한 복도, 군중이 밀집해 있는 통로 등에서 적합한 대형으로 경호대상자의 전후좌우 전 방향에 대해 둘러싸고, 각각의 경호원에게는 기동로에 대해 360° 경계를 할 수 있도록 책임구역이 부여된다.
- **쐐기형 대형**: 무장한 위해자와 직면했을 때 적당한 대형으로, 다이아몬드 대형보다 느슨한 대형이 필요한 상황에서는 3명으로 쐐기형 대형을 형성하며, 다이아몬드 대형과 같이 각각의 경호원에게는 기동로를 향해 360° 지역 중 한 부분의 책임구역이 할당되어야 한다.
  - 대중이 별로 없는 장소 통과 시, 인도와 좁은 통로 이동 시 유용하다.
  - 한쪽에 인위적·자연적 방벽이 있을 때 유용하다.
- **역쐐기형(V자) 대형**: 외부로부터 위협이 없다고 판단되며 안전이 확보된 행사장 입장 시와 대외적인 이미지를 중시하는 경호대상자에게 적합한 도보대형이다.
  - 전방에는 아무런 위협이 없다는 가정하에 경호대상자를 바로 노출시켜 전방에 개방된 대형을 취한다.
  - 후미의 경호원들은 자연스럽게 수행원과 뒤섞여 노출이 되지 않는다.
  - 경호팀장만 경호대상자를 즉각 방호할 수 있는 위치에서 경호 임무를 수행한다.
- **삼각형 대형**: 3명의 경호원이 삼각형 형태를 유지하여 이동하는 도보대형으로 행사와 주위 사람의 성격, 숫자, 주변 환경의 여건에 따라서 이동한다.
- **역삼각형 대형**: 진행 방향 전방에 위해 가능성이 있는 경우 취하는 대형으로, 진행 방향의 전방에 오솔길, 곡각지, 통로 등과 같은 지리적 취약점이 있는 경우 유용하다.
- **원형 대형**: 경호대상자가 완전히 경호원에 의해 둘러싸여 있는 인상을 주게 되어 대외적인 이미지는 안 좋을 수 있으나 경호효과가 높은 대형으로, 평상시에는 잘 사용하지 않으나, 군중이 밀려오거나 군중에 둘러싸여 있을 경우와 같은 위협이 예상될 경우에 적합한 대형이다.
- **사다리형 대형**: 경호대상자의 진행 방향을 중심으로 양쪽에 군중이 운집해 있는 도로의 중앙을 이동할 때 적합한 대형으로, 경호대상자를 중심으로 4명의 경호원이 사다리 형태를 유지하며 이동하는 대형이다.

75 정답 ❶

① (○) 대통령 등의 경호에 관한 법률 시행령 제12조 제1항
② (×) 별정직·일반직공무원에 대하여는 신규채용의 경우를 제외하고는 시험을 과하지 아니한다(대통령 등의 경호에 관한 법률 시행령 제12조 제3항).
③ (×) 경호공무원의 공개경쟁채용시험의 대상이 되는 계급은 5급·7급 및 9급으로 하고, 일반직공무원의 공개경쟁채용시험의 대상이 되는 계급은 9급으로 한다(대통령 등의 경호에 관한 법률 시행령 제13조 제2항).
④ (×) 경력경쟁채용시험등은 필기시험·면접시험 및 신체검사로 실시하며, 서류전형·실기시험·체력검정·지능검사·인성검사 및 적성검사의 전부 또는 일부를 병행하여 실시할 수 있다(대통령 등의 경호에 관한 법률 시행령 제14조 제1항).

76 정답 ②

② (○) 목적지에 도착하면 경호책임자는 가장 먼저 하차하고 출발 시에는 가장 나중에 승차하며 경호대상자 승·하차 시 차량 문의 개폐와 잠금장치를 통제한다. 차량이 하차 지점에 도착하면 정차 후 운전석 옆에 탑승한 경호요원(보통 경호팀장)이 차에서 내려 먼저 주변 안전을 확인하여야 하고, 차량 문을 먼저 개방해서는 안 된다. 경호팀장은 준비가 완료되면 경호대상자차의 잠금장치를 풀고 경호대상자를 차에서 내리게 한 후 경호대상자가 신속하게 건물 안으로 이동할 수 있도록 한다.

① (×) 선도차량과 일정한 간격을 유지하면서 이동하며, 유사시 선도차량과 같은 방향으로 대피한다.

③ (×) 차선 변경 시에는 후미경호차가 먼저 차선을 바꾸어 차선을 확보한 후에 경호대상자차가 안전하게 진입한다.

④ (×) 선도경호차는 차량대형을 리드하여 계획된 시간에 목적지에 도착할 수 있도록 속도를 조절하고 기동 간 전방 상황에 대처한다.

77 정답 ③

③ (×) 심정지 환자에게는 기본 인명구조술이 심정지 후 4분 이내에 시작되고, 전문적 인명구조술이 8분 이내에 시작되어야 높은 생존율을 기대할 수 있다.

〈출처〉 이두석, 「경호학개론」, 진영사, 2018, P. 283

① (○) 대한심폐소생협회의 심폐소생술 시행방법은 반응의 확인 – 119신고 – 호흡 확인 – 가슴압박 30회 시행 – 기도 개방 – 인공호흡 2회 시행 – 가슴압박과 인공호흡의 반복 – 회복자세이다. 인공호흡 방법을 모르거나, 꺼려지는 경우에는 인공호흡을 제외하고 가슴압박만을 지속적으로 시행한다.

② (○) 자동심장충격기(AED)는 반응과 정상적인 호흡이 없는 심정지 환자에게만 사용해야 하며, 심폐소생술 시행 중에 자동심장충격기가 도착하면 지체 없이 적용해야 한다.

④ (○) 심폐소생술 교육을 받은 적이 없거나 받았더라도 자신이 없는 경우, 혹은 인공호흡에 대해 거부감을 가진 경우에는 심폐소생술을 시도조차 하지 않는 경우가 많다. 그러나 인공호흡을 하지 않고 가슴압박만 하더라도 아무것도 하지 않을 때보다 심장정지 환자의 생존율을 높일 수 있다. 2011년 가이드라인부터 심폐소생술 교육을 받은 적이 없거나 심폐소생술에 자신이 없는 일반인은 '가슴압박소생술(Compression-Only CPR)'을 하도록 권장하였고, 2015년 가이드라인에서는 일반인은 가슴압박소생술을 시행하도록 권고하고 인공호흡을 할 수 있는 구조자는 인공호흡이 포함된 심폐소생술을 시행하도록 하였다.

〈출처〉 2020년 한국심폐소생술 가이드라인, 질병관리청·대한심폐소생협회, P. 67

78 정답 ②

제시된 내용 중 출입자 통제대책의 방침에 관한 설명으로 옳은 것은 총 3개(ㄱ, ㄴ, ㄹ)이다.

ㄷ. (×) 대규모 행사 시에는 참석 대상별 또는 좌석별 구분에 따라 출입통로 선정 및 시차입장계획을 수립하여 출입통제가 용이하도록 한다.

ㅁ. (×) 원칙적으로 경호대상자를 제외한 모든 사람이 검색대상이다.

79 정답 ❶

① (×) 수평적 방벽효과는 근접경호원이 경호대상자와 위해기도자의 중간에 위치하여 위해기도자의 공격을 차단할 때, 근접경호원의 위치에 따라 경호대상자의 보호범위와 위해기도자의 이동거리가 달라지는 효과를 말하는 것으로, 위해기도자의 위치가 고정된 경우, 수평적 방벽효과는 경호원이 위해기도자와 가까이 위치할수록 증가한다.

②는 촉수거리의 원칙, ③은 위력경호, ④는 체위확장의 원칙에 관한 설명이다.

핵심만콕 경호의 기본원리 - 자연방벽효과의 원리

구 분	내 용
수평적 방벽효과	• 근접경호원이 경호대상자와 위해기도자의 중간에 위치하여 위해기도자의 공격을 차단할 때, 근접경호원의 위치에 따라 경호대상자의 보호범위와 위해기도자의 이동거리가 달라지는 효과를 말한다. • 위해기도자의 위치가 고정된 경우, 즉 위해기도자의 위치를 아는 경우 수평적 방벽효과는 근접경호원이 위해기도자와 가까이 위치할수록 증가한다.★ • 경호대상자의 위치가 고정된 경우 수평적 방벽효과는 근접경호원이 경호대상자와 가까이 위치할수록 증가한다.★
수직적 방벽효과	• 위해기도자가 고층건물과 같이 높은 위치에서 공격한다고 가정할 경우, 수직적 방벽효과는 근접경호원이 경호대상자와 가까이 위치할수록 증가한다.★ • 경호원의 신장의 차이가 수직적 방벽효과에 큰 영향을 미치는 것이다.★ • 경호원이 경호대상자에 대한 수직적 방벽효과를 극대화하기 위해서는 항상 바른 자세로 똑바로 서서 근무에 임해야 하며, 결코 몸을 움츠리거나 어정쩡한 자세를 취해서는 안 된다.★

〈참고〉이두석, 「경호학개론」, 진영사, 2018, P. 162~164

80 정답 ❷

2(B)급 경호에 해당하는 것은 ②이다.

①은 1(A)급 경호, ③은 3(C)급 경호, ④는 丙(C)호 경호에 관한 설명이다.

핵심만콕 경호의 분류

구 분		내 용
대 상	甲(A)호 경호	국왕 및 대통령과 그 가족, 외국의 원수 등
	乙(B)호 경호	수상, 국회의장, 대법원장, 헌법재판소장 및 이와 대등한 지위에 있는 외국인사 등
	丙(C)호 경호	경찰청장 또는 경호기관의 장이 필요하다고 인정하는 주요 인사
경호 수준	1(A)급 경호	행차보안이 사전에 노출되어 경호위해가 증대된 상황하의 각종 행사와 국왕 및 대통령 등 국가원수급의 1등급 경호대상으로 결정된 국빈행사의 경호
	2(B)급 경호	행사를 준비할 시간적 여유 없이 갑자기 결정된 상황하의 각종 행사와 수상급의 경호대상으로 결정된 국빈행사의 경호
	3(C)급 경호	사전에 행사 준비 등 사전경호조치가 거의 전무한 상황하에서 이루어지는 것으로서 장관급의 경호대상으로 결정된 국빈행사의 경호

〈출처〉김두현, 「경호학개론」, 엑스퍼트, 2020, P. 57~61

2025 시대에듀 경비지도사 2차 시험 최종점검 FINAL 모의고사 [일반경비]

개정13판2쇄 발행		2025년 08월 25일(인쇄 2025년 09월 18일)
초 판 발 행		2012년 10월 10일(인쇄 2012년 08월 16일)
발 행 인		박영일
책 임 편 집		이해욱
편 저		시대에듀 경비지도사 교수진
편 집 진 행		이재성·고광옥·백승은
표지디자인		박종우
편집디자인		윤준하·임창규
발 행 처		(주)시대고시기획
출 판 등 록		제10-1521호
주 소		서울시 마포구 큰우물로 75 [도화동 538 성지 B/D] 9F
전 화		1600-3600
팩 스		02-701-8823
홈 페 이 지		www.sdedu.co.kr
I S B N		979-11-383-9586-1 (13350)
정 가		30,000원

※ 이 책은 저작권법의 보호를 받는 저작물이므로 동영상 제작 및 무단전재와 배포를 금합니다.
※ 잘못된 책은 구입하신 서점에서 바꾸어 드립니다.

정답 마킹표(40문/4지선다)

연 도		과 목	
시 간		회 독	
문 번	CHECK	문 번	CHECK
1	① ② ③ ④	21	① ② ③ ④
2	① ② ③ ④	22	① ② ③ ④
3	① ② ③ ④	23	① ② ③ ④
4	① ② ③ ④	24	① ② ③ ④
5	① ② ③ ④	25	① ② ③ ④
6	① ② ③ ④	26	① ② ③ ④
7	① ② ③ ④	27	① ② ③ ④
8	① ② ③ ④	28	① ② ③ ④
9	① ② ③ ④	29	① ② ③ ④
10	① ② ③ ④	30	① ② ③ ④
11	① ② ③ ④	31	① ② ③ ④
12	① ② ③ ④	32	① ② ③ ④
13	① ② ③ ④	33	① ② ③ ④
14	① ② ③ ④	34	① ② ③ ④
15	① ② ③ ④	35	① ② ③ ④
16	① ② ③ ④	36	① ② ③ ④
17	① ② ③ ④	37	① ② ③ ④
18	① ② ③ ④	38	① ② ③ ④
19	① ② ③ ④	39	① ② ③ ④
20	① ② ③ ④	40	① ② ③ ④
정 답		오 답	
점 수			

MEMO

정답 마킹표(40문/4지선다)

연 도		과 목	
시 간		회 독	
문 번	CHECK	문 번	CHECK
1	① ② ③ ④	21	① ② ③ ④
2	① ② ③ ④	22	① ② ③ ④
3	① ② ③ ④	23	① ② ③ ④
4	① ② ③ ④	24	① ② ③ ④
5	① ② ③ ④	25	① ② ③ ④
6	① ② ③ ④	26	① ② ③ ④
7	① ② ③ ④	27	① ② ③ ④
8	① ② ③ ④	28	① ② ③ ④
9	① ② ③ ④	29	① ② ③ ④
10	① ② ③ ④	30	① ② ③ ④
11	① ② ③ ④	31	① ② ③ ④
12	① ② ③ ④	32	① ② ③ ④
13	① ② ③ ④	33	① ② ③ ④
14	① ② ③ ④	34	① ② ③ ④
15	① ② ③ ④	35	① ② ③ ④
16	① ② ③ ④	36	① ② ③ ④
17	① ② ③ ④	37	① ② ③ ④
18	① ② ③ ④	38	① ② ③ ④
19	① ② ③ ④	39	① ② ③ ④
20	① ② ③ ④	40	① ② ③ ④
정 답		오 답	
점 수			

MEMO

정답 마킹표(40문/4지선다)

연 도		과 목	
시 간		회 독	
문 번	CHECK	문 번	CHECK
41	① ② ③ ④	61	① ② ③ ④
42	① ② ③ ④	62	① ② ③ ④
43	① ② ③ ④	63	① ② ③ ④
44	① ② ③ ④	64	① ② ③ ④
45	① ② ③ ④	65	① ② ③ ④
46	① ② ③ ④	66	① ② ③ ④
47	① ② ③ ④	67	① ② ③ ④
48	① ② ③ ④	68	① ② ③ ④
49	① ② ③ ④	69	① ② ③ ④
50	① ② ③ ④	70	① ② ③ ④
51	① ② ③ ④	71	① ② ③ ④
52	① ② ③ ④	72	① ② ③ ④
53	① ② ③ ④	73	① ② ③ ④
54	① ② ③ ④	74	① ② ③ ④
55	① ② ③ ④	75	① ② ③ ④
56	① ② ③ ④	76	① ② ③ ④
57	① ② ③ ④	77	① ② ③ ④
58	① ② ③ ④	78	① ② ③ ④
59	① ② ③ ④	79	① ② ③ ④
60	① ② ③ ④	80	① ② ③ ④
정 답		오 답	
점 수			

MEMO

정답 마킹표(40문/4지선다)

연 도		과 목	
시 간		회 독	
문 번	CHECK	문 번	CHECK
41	① ② ③ ④	61	① ② ③ ④
42	① ② ③ ④	62	① ② ③ ④
43	① ② ③ ④	63	① ② ③ ④
44	① ② ③ ④	64	① ② ③ ④
45	① ② ③ ④	65	① ② ③ ④
46	① ② ③ ④	66	① ② ③ ④
47	① ② ③ ④	67	① ② ③ ④
48	① ② ③ ④	68	① ② ③ ④
49	① ② ③ ④	69	① ② ③ ④
50	① ② ③ ④	70	① ② ③ ④
51	① ② ③ ④	71	① ② ③ ④
52	① ② ③ ④	72	① ② ③ ④
53	① ② ③ ④	73	① ② ③ ④
54	① ② ③ ④	74	① ② ③ ④
55	① ② ③ ④	75	① ② ③ ④
56	① ② ③ ④	76	① ② ③ ④
57	① ② ③ ④	77	① ② ③ ④
58	① ② ③ ④	78	① ② ③ ④
59	① ② ③ ④	79	① ② ③ ④
60	① ② ③ ④	80	① ② ③ ④
정 답		오 답	
점 수			

MEMO

정답 마킹표(40문/4지선다)

연 도		과 목	
시 간		회 독	
문 번	CHECK	문 번	CHECK
1	① ② ③ ④	21	① ② ③ ④
2	① ② ③ ④	22	① ② ③ ④
3	① ② ③ ④	23	① ② ③ ④
4	① ② ③ ④	24	① ② ③ ④
5	① ② ③ ④	25	① ② ③ ④
6	① ② ③ ④	26	① ② ③ ④
7	① ② ③ ④	27	① ② ③ ④
8	① ② ③ ④	28	① ② ③ ④
9	① ② ③ ④	29	① ② ③ ④
10	① ② ③ ④	30	① ② ③ ④
11	① ② ③ ④	31	① ② ③ ④
12	① ② ③ ④	32	① ② ③ ④
13	① ② ③ ④	33	① ② ③ ④
14	① ② ③ ④	34	① ② ③ ④
15	① ② ③ ④	35	① ② ③ ④
16	① ② ③ ④	36	① ② ③ ④
17	① ② ③ ④	37	① ② ③ ④
18	① ② ③ ④	38	① ② ③ ④
19	① ② ③ ④	39	① ② ③ ④
20	① ② ③ ④	40	① ② ③ ④
정 답		오 답	
점 수			

MEMO

정답 마킹표(40문/4지선다)

연 도		과 목	
시 간		회 독	
문 번	CHECK	문 번	CHECK
1	① ② ③ ④	21	① ② ③ ④
2	① ② ③ ④	22	① ② ③ ④
3	① ② ③ ④	23	① ② ③ ④
4	① ② ③ ④	24	① ② ③ ④
5	① ② ③ ④	25	① ② ③ ④
6	① ② ③ ④	26	① ② ③ ④
7	① ② ③ ④	27	① ② ③ ④
8	① ② ③ ④	28	① ② ③ ④
9	① ② ③ ④	29	① ② ③ ④
10	① ② ③ ④	30	① ② ③ ④
11	① ② ③ ④	31	① ② ③ ④
12	① ② ③ ④	32	① ② ③ ④
13	① ② ③ ④	33	① ② ③ ④
14	① ② ③ ④	34	① ② ③ ④
15	① ② ③ ④	35	① ② ③ ④
16	① ② ③ ④	36	① ② ③ ④
17	① ② ③ ④	37	① ② ③ ④
18	① ② ③ ④	38	① ② ③ ④
19	① ② ③ ④	39	① ② ③ ④
20	① ② ③ ④	40	① ② ③ ④
정 답		오 답	
점 수			

MEMO

정답 마킹표(40문/4지선다)

연 도		과 목	
시 간		회 독	
문 번	CHECK	문 번	CHECK
41	① ② ③ ④	61	① ② ③ ④
42	① ② ③ ④	62	① ② ③ ④
43	① ② ③ ④	63	① ② ③ ④
44	① ② ③ ④	64	① ② ③ ④
45	① ② ③ ④	65	① ② ③ ④
46	① ② ③ ④	66	① ② ③ ④
47	① ② ③ ④	67	① ② ③ ④
48	① ② ③ ④	68	① ② ③ ④
49	① ② ③ ④	69	① ② ③ ④
50	① ② ③ ④	70	① ② ③ ④
51	① ② ③ ④	71	① ② ③ ④
52	① ② ③ ④	72	① ② ③ ④
53	① ② ③ ④	73	① ② ③ ④
54	① ② ③ ④	74	① ② ③ ④
55	① ② ③ ④	75	① ② ③ ④
56	① ② ③ ④	76	① ② ③ ④
57	① ② ③ ④	77	① ② ③ ④
58	① ② ③ ④	78	① ② ③ ④
59	① ② ③ ④	79	① ② ③ ④
60	① ② ③ ④	80	① ② ③ ④
정 답		오 답	
점 수			

MEMO

정답 마킹표(40문/4지선다)

연 도		과 목	
시 간		회 독	
문 번	CHECK	문 번	CHECK
41	① ② ③ ④	61	① ② ③ ④
42	① ② ③ ④	62	① ② ③ ④
43	① ② ③ ④	63	① ② ③ ④
44	① ② ③ ④	64	① ② ③ ④
45	① ② ③ ④	65	① ② ③ ④
46	① ② ③ ④	66	① ② ③ ④
47	① ② ③ ④	67	① ② ③ ④
48	① ② ③ ④	68	① ② ③ ④
49	① ② ③ ④	69	① ② ③ ④
50	① ② ③ ④	70	① ② ③ ④
51	① ② ③ ④	71	① ② ③ ④
52	① ② ③ ④	72	① ② ③ ④
53	① ② ③ ④	73	① ② ③ ④
54	① ② ③ ④	74	① ② ③ ④
55	① ② ③ ④	75	① ② ③ ④
56	① ② ③ ④	76	① ② ③ ④
57	① ② ③ ④	77	① ② ③ ④
58	① ② ③ ④	78	① ② ③ ④
59	① ② ③ ④	79	① ② ③ ④
60	① ② ③ ④	80	① ② ③ ④
정 답		오 답	
점 수			

MEMO

정답 마킹표(40문/4지선다)

연 도					과 목				
시 간					회 독				
문 번	CHECK				문 번	CHECK			
1	①	②	③	④	21	①	②	③	④
2	①	②	③	④	22	①	②	③	④
3	①	②	③	④	23	①	②	③	④
4	①	②	③	④	24	①	②	③	④
5	①	②	③	④	25	①	②	③	④
6	①	②	③	④	26	①	②	③	④
7	①	②	③	④	27	①	②	③	④
8	①	②	③	④	28	①	②	③	④
9	①	②	③	④	29	①	②	③	④
10	①	②	③	④	30	①	②	③	④
11	①	②	③	④	31	①	②	③	④
12	①	②	③	④	32	①	②	③	④
13	①	②	③	④	33	①	②	③	④
14	①	②	③	④	34	①	②	③	④
15	①	②	③	④	35	①	②	③	④
16	①	②	③	④	36	①	②	③	④
17	①	②	③	④	37	①	②	③	④
18	①	②	③	④	38	①	②	③	④
19	①	②	③	④	39	①	②	③	④
20	①	②	③	④	40	①	②	③	④
정 답					오 답				
점 수									

MEMO

정답 마킹표(40문/4지선다)

연 도					과 목				
시 간					회 독				
문 번	CHECK				문 번	CHECK			
1	①	②	③	④	21	①	②	③	④
2	①	②	③	④	22	①	②	③	④
3	①	②	③	④	23	①	②	③	④
4	①	②	③	④	24	①	②	③	④
5	①	②	③	④	25	①	②	③	④
6	①	②	③	④	26	①	②	③	④
7	①	②	③	④	27	①	②	③	④
8	①	②	③	④	28	①	②	③	④
9	①	②	③	④	29	①	②	③	④
10	①	②	③	④	30	①	②	③	④
11	①	②	③	④	31	①	②	③	④
12	①	②	③	④	32	①	②	③	④
13	①	②	③	④	33	①	②	③	④
14	①	②	③	④	34	①	②	③	④
15	①	②	③	④	35	①	②	③	④
16	①	②	③	④	36	①	②	③	④
17	①	②	③	④	37	①	②	③	④
18	①	②	③	④	38	①	②	③	④
19	①	②	③	④	39	①	②	③	④
20	①	②	③	④	40	①	②	③	④
정 답					오 답				
점 수									

MEMO

정답 마킹표(40문/4지선다)

연 도		과 목	
시 간		회 독	
문 번	CHECK	문 번	CHECK
41	① ② ③ ④	61	① ② ③ ④
42	① ② ③ ④	62	① ② ③ ④
43	① ② ③ ④	63	① ② ③ ④
44	① ② ③ ④	64	① ② ③ ④
45	① ② ③ ④	65	① ② ③ ④
46	① ② ③ ④	66	① ② ③ ④
47	① ② ③ ④	67	① ② ③ ④
48	① ② ③ ④	68	① ② ③ ④
49	① ② ③ ④	69	① ② ③ ④
50	① ② ③ ④	70	① ② ③ ④
51	① ② ③ ④	71	① ② ③ ④
52	① ② ③ ④	72	① ② ③ ④
53	① ② ③ ④	73	① ② ③ ④
54	① ② ③ ④	74	① ② ③ ④
55	① ② ③ ④	75	① ② ③ ④
56	① ② ③ ④	76	① ② ③ ④
57	① ② ③ ④	77	① ② ③ ④
58	① ② ③ ④	78	① ② ③ ④
59	① ② ③ ④	79	① ② ③ ④
60	① ② ③ ④	80	① ② ③ ④
정 답		오 답	
점 수			

MEMO

정답 마킹표(40문/4지선다)

연 도		과 목	
시 간		회 독	
문 번	CHECK	문 번	CHECK
41	① ② ③ ④	61	① ② ③ ④
42	① ② ③ ④	62	① ② ③ ④
43	① ② ③ ④	63	① ② ③ ④
44	① ② ③ ④	64	① ② ③ ④
45	① ② ③ ④	65	① ② ③ ④
46	① ② ③ ④	66	① ② ③ ④
47	① ② ③ ④	67	① ② ③ ④
48	① ② ③ ④	68	① ② ③ ④
49	① ② ③ ④	69	① ② ③ ④
50	① ② ③ ④	70	① ② ③ ④
51	① ② ③ ④	71	① ② ③ ④
52	① ② ③ ④	72	① ② ③ ④
53	① ② ③ ④	73	① ② ③ ④
54	① ② ③ ④	74	① ② ③ ④
55	① ② ③ ④	75	① ② ③ ④
56	① ② ③ ④	76	① ② ③ ④
57	① ② ③ ④	77	① ② ③ ④
58	① ② ③ ④	78	① ② ③ ④
59	① ② ③ ④	79	① ② ③ ④
60	① ② ③ ④	80	① ② ③ ④
정 답		오 답	
점 수			

MEMO

정답 마킹표(40문/4지선다)

연 도		과 목	
시 간		회 독	

문 번	CHECK	문 번	CHECK
1	① ② ③ ④	21	① ② ③ ④
2	① ② ③ ④	22	① ② ③ ④
3	① ② ③ ④	23	① ② ③ ④
4	① ② ③ ④	24	① ② ③ ④
5	① ② ③ ④	25	① ② ③ ④
6	① ② ③ ④	26	① ② ③ ④
7	① ② ③ ④	27	① ② ③ ④
8	① ② ③ ④	28	① ② ③ ④
9	① ② ③ ④	29	① ② ③ ④
10	① ② ③ ④	30	① ② ③ ④
11	① ② ③ ④	31	① ② ③ ④
12	① ② ③ ④	32	① ② ③ ④
13	① ② ③ ④	33	① ② ③ ④
14	① ② ③ ④	34	① ② ③ ④
15	① ② ③ ④	35	① ② ③ ④
16	① ② ③ ④	36	① ② ③ ④
17	① ② ③ ④	37	① ② ③ ④
18	① ② ③ ④	38	① ② ③ ④
19	① ② ③ ④	39	① ② ③ ④
20	① ② ③ ④	40	① ② ③ ④
정 답		오 답	
점 수			

MEMO

정답 마킹표(40문/4지선다)

연 도		과 목	
시 간		회 독	

문 번	CHECK	문 번	CHECK
1	① ② ③ ④	21	① ② ③ ④
2	① ② ③ ④	22	① ② ③ ④
3	① ② ③ ④	23	① ② ③ ④
4	① ② ③ ④	24	① ② ③ ④
5	① ② ③ ④	25	① ② ③ ④
6	① ② ③ ④	26	① ② ③ ④
7	① ② ③ ④	27	① ② ③ ④
8	① ② ③ ④	28	① ② ③ ④
9	① ② ③ ④	29	① ② ③ ④
10	① ② ③ ④	30	① ② ③ ④
11	① ② ③ ④	31	① ② ③ ④
12	① ② ③ ④	32	① ② ③ ④
13	① ② ③ ④	33	① ② ③ ④
14	① ② ③ ④	34	① ② ③ ④
15	① ② ③ ④	35	① ② ③ ④
16	① ② ③ ④	36	① ② ③ ④
17	① ② ③ ④	37	① ② ③ ④
18	① ② ③ ④	38	① ② ③ ④
19	① ② ③ ④	39	① ② ③ ④
20	① ② ③ ④	40	① ② ③ ④
정 답		오 답	
점 수			

MEMO

정답 마킹표(40문/4지선다)

연 도		과 목	
시 간		회 독	
문 번	CHECK	문 번	CHECK
41	① ② ③ ④	61	① ② ③ ④
42	① ② ③ ④	62	① ② ③ ④
43	① ② ③ ④	63	① ② ③ ④
44	① ② ③ ④	64	① ② ③ ④
45	① ② ③ ④	65	① ② ③ ④
46	① ② ③ ④	66	① ② ③ ④
47	① ② ③ ④	67	① ② ③ ④
48	① ② ③ ④	68	① ② ③ ④
49	① ② ③ ④	69	① ② ③ ④
50	① ② ③ ④	70	① ② ③ ④
51	① ② ③ ④	71	① ② ③ ④
52	① ② ③ ④	72	① ② ③ ④
53	① ② ③ ④	73	① ② ③ ④
54	① ② ③ ④	74	① ② ③ ④
55	① ② ③ ④	75	① ② ③ ④
56	① ② ③ ④	76	① ② ③ ④
57	① ② ③ ④	77	① ② ③ ④
58	① ② ③ ④	78	① ② ③ ④
59	① ② ③ ④	79	① ② ③ ④
60	① ② ③ ④	80	① ② ③ ④
정 답		오 답	
점 수			

MEMO

정답 마킹표(40문/4지선다)

연 도		과 목	
시 간		회 독	
문 번	CHECK	문 번	CHECK
41	① ② ③ ④	61	① ② ③ ④
42	① ② ③ ④	62	① ② ③ ④
43	① ② ③ ④	63	① ② ③ ④
44	① ② ③ ④	64	① ② ③ ④
45	① ② ③ ④	65	① ② ③ ④
46	① ② ③ ④	66	① ② ③ ④
47	① ② ③ ④	67	① ② ③ ④
48	① ② ③ ④	68	① ② ③ ④
49	① ② ③ ④	69	① ② ③ ④
50	① ② ③ ④	70	① ② ③ ④
51	① ② ③ ④	71	① ② ③ ④
52	① ② ③ ④	72	① ② ③ ④
53	① ② ③ ④	73	① ② ③ ④
54	① ② ③ ④	74	① ② ③ ④
55	① ② ③ ④	75	① ② ③ ④
56	① ② ③ ④	76	① ② ③ ④
57	① ② ③ ④	77	① ② ③ ④
58	① ② ③ ④	78	① ② ③ ④
59	① ② ③ ④	79	① ② ③ ④
60	① ② ③ ④	80	① ② ③ ④
정 답		오 답	
점 수			

MEMO

정답 마킹표(40문/4지선다)

연도					과목				
시 간					회 독				
문 번	CHECK				문 번	CHECK			
1	①	②	③	④	21	①	②	③	④
2	①	②	③	④	22	①	②	③	④
3	①	②	③	④	23	①	②	③	④
4	①	②	③	④	24	①	②	③	④
5	①	②	③	④	25	①	②	③	④
6	①	②	③	④	26	①	②	③	④
7	①	②	③	④	27	①	②	③	④
8	①	②	③	④	28	①	②	③	④
9	①	②	③	④	29	①	②	③	④
10	①	②	③	④	30	①	②	③	④
11	①	②	③	④	31	①	②	③	④
12	①	②	③	④	32	①	②	③	④
13	①	②	③	④	33	①	②	③	④
14	①	②	③	④	34	①	②	③	④
15	①	②	③	④	35	①	②	③	④
16	①	②	③	④	36	①	②	③	④
17	①	②	③	④	37	①	②	③	④
18	①	②	③	④	38	①	②	③	④
19	①	②	③	④	39	①	②	③	④
20	①	②	③	④	40	①	②	③	④
정 답					오 답				
점 수									

MEMO

정답 마킹표(40문/4지선다)

연도					과목				
시 간					회 독				
문 번	CHECK				문 번	CHECK			
1	①	②	③	④	21	①	②	③	④
2	①	②	③	④	22	①	②	③	④
3	①	②	③	④	23	①	②	③	④
4	①	②	③	④	24	①	②	③	④
5	①	②	③	④	25	①	②	③	④
6	①	②	③	④	26	①	②	③	④
7	①	②	③	④	27	①	②	③	④
8	①	②	③	④	28	①	②	③	④
9	①	②	③	④	29	①	②	③	④
10	①	②	③	④	30	①	②	③	④
11	①	②	③	④	31	①	②	③	④
12	①	②	③	④	32	①	②	③	④
13	①	②	③	④	33	①	②	③	④
14	①	②	③	④	34	①	②	③	④
15	①	②	③	④	35	①	②	③	④
16	①	②	③	④	36	①	②	③	④
17	①	②	③	④	37	①	②	③	④
18	①	②	③	④	38	①	②	③	④
19	①	②	③	④	39	①	②	③	④
20	①	②	③	④	40	①	②	③	④
정 답					오 답				
점 수									

MEMO

정답 마킹표(40문/4지선다)

연 도		과 목	
시 간		회 독	

문 번	CHECK	문 번	CHECK
41	① ② ③ ④	61	① ② ③ ④
42	① ② ③ ④	62	① ② ③ ④
43	① ② ③ ④	63	① ② ③ ④
44	① ② ③ ④	64	① ② ③ ④
45	① ② ③ ④	65	① ② ③ ④
46	① ② ③ ④	66	① ② ③ ④
47	① ② ③ ④	67	① ② ③ ④
48	① ② ③ ④	68	① ② ③ ④
49	① ② ③ ④	69	① ② ③ ④
50	① ② ③ ④	70	① ② ③ ④
51	① ② ③ ④	71	① ② ③ ④
52	① ② ③ ④	72	① ② ③ ④
53	① ② ③ ④	73	① ② ③ ④
54	① ② ③ ④	74	① ② ③ ④
55	① ② ③ ④	75	① ② ③ ④
56	① ② ③ ④	76	① ② ③ ④
57	① ② ③ ④	77	① ② ③ ④
58	① ② ③ ④	78	① ② ③ ④
59	① ② ③ ④	79	① ② ③ ④
60	① ② ③ ④	80	① ② ③ ④
정 답		오 답	
점 수			

MEMO

정답 마킹표(40문/4지선다)

연 도		과 목	
시 간		회 독	

문 번	CHECK	문 번	CHECK
41	① ② ③ ④	61	① ② ③ ④
42	① ② ③ ④	62	① ② ③ ④
43	① ② ③ ④	63	① ② ③ ④
44	① ② ③ ④	64	① ② ③ ④
45	① ② ③ ④	65	① ② ③ ④
46	① ② ③ ④	66	① ② ③ ④
47	① ② ③ ④	67	① ② ③ ④
48	① ② ③ ④	68	① ② ③ ④
49	① ② ③ ④	69	① ② ③ ④
50	① ② ③ ④	70	① ② ③ ④
51	① ② ③ ④	71	① ② ③ ④
52	① ② ③ ④	72	① ② ③ ④
53	① ② ③ ④	73	① ② ③ ④
54	① ② ③ ④	74	① ② ③ ④
55	① ② ③ ④	75	① ② ③ ④
56	① ② ③ ④	76	① ② ③ ④
57	① ② ③ ④	77	① ② ③ ④
58	① ② ③ ④	78	① ② ③ ④
59	① ② ③ ④	79	① ② ③ ④
60	① ② ③ ④	80	① ② ③ ④
정 답		오 답	
점 수			

MEMO

정답 마킹표(40문/4지선다)

연 도		과 목	
시 간		회 독	
문 번	CHECK	문 번	CHECK
1	① ② ③ ④	21	① ② ③ ④
2	① ② ③ ④	22	① ② ③ ④
3	① ② ③ ④	23	① ② ③ ④
4	① ② ③ ④	24	① ② ③ ④
5	① ② ③ ④	25	① ② ③ ④
6	① ② ③ ④	26	① ② ③ ④
7	① ② ③ ④	27	① ② ③ ④
8	① ② ③ ④	28	① ② ③ ④
9	① ② ③ ④	29	① ② ③ ④
10	① ② ③ ④	30	① ② ③ ④
11	① ② ③ ④	31	① ② ③ ④
12	① ② ③ ④	32	① ② ③ ④
13	① ② ③ ④	33	① ② ③ ④
14	① ② ③ ④	34	① ② ③ ④
15	① ② ③ ④	35	① ② ③ ④
16	① ② ③ ④	36	① ② ③ ④
17	① ② ③ ④	37	① ② ③ ④
18	① ② ③ ④	38	① ② ③ ④
19	① ② ③ ④	39	① ② ③ ④
20	① ② ③ ④	40	① ② ③ ④
정 답		오 답	
점 수			

MEMO

정답 마킹표(40문/4지선다)

연 도		과 목	
시 간		회 독	
문 번	CHECK	문 번	CHECK
1	① ② ③ ④	21	① ② ③ ④
2	① ② ③ ④	22	① ② ③ ④
3	① ② ③ ④	23	① ② ③ ④
4	① ② ③ ④	24	① ② ③ ④
5	① ② ③ ④	25	① ② ③ ④
6	① ② ③ ④	26	① ② ③ ④
7	① ② ③ ④	27	① ② ③ ④
8	① ② ③ ④	28	① ② ③ ④
9	① ② ③ ④	29	① ② ③ ④
10	① ② ③ ④	30	① ② ③ ④
11	① ② ③ ④	31	① ② ③ ④
12	① ② ③ ④	32	① ② ③ ④
13	① ② ③ ④	33	① ② ③ ④
14	① ② ③ ④	34	① ② ③ ④
15	① ② ③ ④	35	① ② ③ ④
16	① ② ③ ④	36	① ② ③ ④
17	① ② ③ ④	37	① ② ③ ④
18	① ② ③ ④	38	① ② ③ ④
19	① ② ③ ④	39	① ② ③ ④
20	① ② ③ ④	40	① ② ③ ④
정 답		오 답	
점 수			

MEMO

정답 마킹표(40문/4지선다)

연도		과목	
시간		회독	

문번	CHECK	문번	CHECK
41	① ② ③ ④	61	① ② ③ ④
42	① ② ③ ④	62	① ② ③ ④
43	① ② ③ ④	63	① ② ③ ④
44	① ② ③ ④	64	① ② ③ ④
45	① ② ③ ④	65	① ② ③ ④
46	① ② ③ ④	66	① ② ③ ④
47	① ② ③ ④	67	① ② ③ ④
48	① ② ③ ④	68	① ② ③ ④
49	① ② ③ ④	69	① ② ③ ④
50	① ② ③ ④	70	① ② ③ ④
51	① ② ③ ④	71	① ② ③ ④
52	① ② ③ ④	72	① ② ③ ④
53	① ② ③ ④	73	① ② ③ ④
54	① ② ③ ④	74	① ② ③ ④
55	① ② ③ ④	75	① ② ③ ④
56	① ② ③ ④	76	① ② ③ ④
57	① ② ③ ④	77	① ② ③ ④
58	① ② ③ ④	78	① ② ③ ④
59	① ② ③ ④	79	① ② ③ ④
60	① ② ③ ④	80	① ② ③ ④
정답		오답	
점수			

MEMO

정답 마킹표(40문/4지선다)

연도		과목	
시간		회독	

문번	CHECK	문번	CHECK
41	① ② ③ ④	61	① ② ③ ④
42	① ② ③ ④	62	① ② ③ ④
43	① ② ③ ④	63	① ② ③ ④
44	① ② ③ ④	64	① ② ③ ④
45	① ② ③ ④	65	① ② ③ ④
46	① ② ③ ④	66	① ② ③ ④
47	① ② ③ ④	67	① ② ③ ④
48	① ② ③ ④	68	① ② ③ ④
49	① ② ③ ④	69	① ② ③ ④
50	① ② ③ ④	70	① ② ③ ④
51	① ② ③ ④	71	① ② ③ ④
52	① ② ③ ④	72	① ② ③ ④
53	① ② ③ ④	73	① ② ③ ④
54	① ② ③ ④	74	① ② ③ ④
55	① ② ③ ④	75	① ② ③ ④
56	① ② ③ ④	76	① ② ③ ④
57	① ② ③ ④	77	① ② ③ ④
58	① ② ③ ④	78	① ② ③ ④
59	① ② ③ ④	79	① ② ③ ④
60	① ② ③ ④	80	① ② ③ ④
정답		오답	
점수			

MEMO